Lars Klingberg

»Politisch fest in unseren Händen«
Musikalische und musikwissenschaftliche Gesellschaften in der DDR

Musiksoziologie

herausgegeben
von
Christian Kaden

Band 3

Lars Klingberg

»Politisch fest in unseren Händen«

Musikalische und musikwissenschaftliche
Gesellschaften in der DDR

Dokumente und Analysen

Bärenreiter
Kassel · Basel · London · New York · Prag

Die Deutsche Bibliothek – CIP-Einheitsaufnahme

Klingberg, Lars:
"Politisch fest in unseren Händen" : musikalische und
musikwissenschaftliche Gesellschaften in der DDR / Lars Klingberg. –
Kassel ; Basel ; London ; New York ; Prag : Bärenreiter, 1997
(Musiksoziologie ; Bd. 3)
Zugl.: Diss.
ISBN 3-7618-1352-X

© Bärenreiter-Verlag Karl Vötterle GmbH & Co. KG, Kassel 1997
Umschlaggestaltung: Jörg Richter, Bad Emstal
Druckvorlage: Lars Klingberg, Berlin
Druck und Bindung: Weihert-Druck GmbH, Darmstadt
ISBN 3-7618-1352-X

Inhalt

Teil I: Der politische Hintergrund

Teil II: Die Gesellschaften

Anhang

Vorwort

Die vorliegende Arbeit – die überarbeitete Fassung meiner im Juli 1995 von der Philosophischen Fakultät der Universität Rostock angenommenen Dissertation – vereinigt Forschungsergebnisse über die Politik der DDR mit musikalischen und musikwissenschaftlichen Gesellschaften. Zum Teil handelt es sich um Überarbeitungen bereits veröffentlichter Texte, andere Abschnitte sind eigens für diese Arbeit geschrieben worden. Zwei Publikationen liegen dem Kapitel über die Neue Bachgesellschaft zugrunde;[1] die Darstellung der Ereignisse in der Gesellschaft für Musikforschung und in der Internationalen Gesellschaft für Musikwissenschaft folgt Aufsätzen aus den Jahren 1993 beziehungsweise 1997.[2] Den größten Teil des Buches bilden chronologisch geordnete Dokumente, die in ihrer Mehrzahl bisher unveröffentlicht sind.

Der Schwerpunkt der Betrachtung liegt aus verschiedenen Gründen auf der Zeit bis zum Beginn der Ära Honecker. Zum einen war die von Partei und Staat in der DDR betriebene Umstrukturierung der betreffenden Gesellschaften Anfang der siebziger Jahre im wesentlichen abgeschlossen, zum anderen steht – wohl vor allem aus eben diesem Grund – für die Aufarbeitung der späteren Zeit kaum noch Aktenmaterial aus dem Partei- und Staatsapparat zur Verfügung.

Für die Unterstützung meiner Arbeit durch mündliche oder schriftliche Auskünfte danke ich Prof. Dr. Heinz Alfred Brockhaus (Berlin), Dr. Gerd Dietrich (Petershagen bei Berlin), Dr. Alfred Dürr (Bovenden), Prof. Dr. Rudolf Eller (Rostock), KMD Hartwig Eschenburg (Rostock), Prof. Dr. Ludwig Finscher (Wolfenbüttel), Prof. Dr. Kurt von Fischer (Bern), Prof. Dr. Hans-Dieter Grampp (Berlin), Prof. Dr. Hans Grüß (Großpösna bei Leipzig), Prof. Dr. Karl Heller (Rostock), Prof. Dr. Christian Kaden (Berlin), Prof. Dr. Günther Klotz (Berlin), Prof. Dr. Reiner Kluge (Berlin), Prof. Dr. Georg Knepler (Berlin), Prof. Dr. Karl-Heinz Köhler (Weimar), Dr. Eberhard Möller (Zwickau), Dr. Konrad Niemann (Berlin; † 1995), Prof. Dr. Wolfgang Osthoff (Würzburg), Dr. Bernhard Powileit (Oranienburg bei Berlin), Dr. Lukas Richter (Berlin), Prof. Dr. Gerd Rienäcker (Mühlenbeck bei Berlin), Prof. Dr. Martin Ruhnke (Erlangen), Prof. Dr. Walther Siegmund-Schultze (Halle/Saale; † 1993), Prof. Dr. Hans-Joachim Schulze (Leipzig), Prof. Dr. Wolfram Steude (Dresden), Prof. Dr. Erich Stockmann (Berlin), Adele Stolte (Potsdam) und Frieder Zschoch (Leipzig).

---

[1] L. Klingberg, *Neue Bachgesellschaft und DDR.*

[2] Ders., *Gesellschaft für Musikforschung und DDR*; ders., *Internationale Gesellschaft für Musikwissenschaft und DDR.*

Ferner gilt für die Ermöglichung der Archivbenutzung mein Dank dem Bach-Archiv Leipzig, dem Bundesarchiv (Außenstelle Berlin-Lichterfelde), dem Bundesbeauftragten für die Unterlagen des Staatssicherheitsdienstes der ehemaligen Deutschen Demokratischen Republik (Berlin), der Georg-Friedrich-Händel-Gesellschaft (Halle/Saale), der Gesellschaft für Musikforschung (Kassel), der Neuen Bachgesellschaft (Leipzig), der Robert-Schumann-Gesellschaft (Zwickau), dem Sächsischen Hauptstaatsarchiv Dresden, dem Sächsischen Staatsarchiv Leipzig, der Sächsischen Landesbibliothek (Dresden), der Stiftung Archiv der Akademie der Künste (Berlin), der Stiftung Archiv der Parteien und Massenorganisationen der DDR im Bundesarchiv (Berlin) und dem Universitätsarchiv der Humboldt-Universität zu Berlin. Der Universität Rostock und dem Land Mecklenburg-Vorpommern danke ich für die Gewährung eines Promotionsstipendiums.

Zur Zitierweise und zur Dokumentation:
Offensichtliche Schreibfehler wurden stillschweigend korrigiert, signifikante Abweichungen, Ergänzungen sowie Auslassungen mit eckigen Klammern kenntlich gemacht. Die in älteren Typoskripten häufig vorkommenden Ersetzungen von »ß« durch »ss« wurden, mit Ausnahme von in der Schweiz entstandenen Texten, rückgängig gemacht. Hervorhebungen wurden einheitlich in Kursivschrift wiedergegeben, ebenso handschriftliche Eintragungen und Unterschriften in maschinenschriftlichen Texten. Die Originaltitel der im dritten Teil des Buches wiedergegebenen Dokumente wurden – wie auch die Texte von Briefköpfen – beibehalten; in einigen Fällen wurden Titel in eckigen Klammern ergänzt. Um den Anmerkungsapparat zu entlasten, erscheinen in den Fußnoten die Angaben zu gedruckten Quellen und Literatur nur als Kurztitel; die vollständigen Angaben können dem Literaturverzeichnis entnommen werden.

Berlin, August 1997   Lars Klingberg

Einleitung

Gegenstand

Im vorliegenden Band wird der Prozeß der deutschen Teilung nach dem Zweiten Weltkrieg am Beispiel ausgewählter Institutionen untersucht. In die Betrachtung einbezogen wurden nur musikalische beziehungsweise musikwissenschaftliche Gesellschaften im engeren Sinne, nicht jedoch solche Vereinigungen wie etwa der Komponistenverband und der Kulturbund der DDR.

Im Mittelpunkt stehen folgende Institutionen:
* die *Neue Bachgesellschaft* (gegründet 1900, Sitz Leipzig),
* die *Gesellschaft für Musikforschung* (gegründet 1946, Sitz Kassel) und
* die *Internationale Gesellschaft für Musikwissenschaft* (gegründet 1927, Sitz Basel).

Darüber hinaus wird auch die Entwicklung in der *Internationalen Heinrich Schütz-Gesellschaft* (bis 1963 *Neue Schütz-Gesellschaft*; gegründet 1930, Sitz zunächst Dresden, dann Kassel), in der *Georg-Friedrich-Händel-Gesellschaft* (gegründet 1955, Sitz Halle/Saale), in der *Robert-Schumann-Gesellschaft* (gegründet 1957, Sitz Zwickau) und in anderen musikalischen Vereinigungen untersucht.

Das Schicksal der genannten Gesellschaften hing maßgeblich davon ab, ob es sich um Organisationen handelte, die schon vor der Gründung der DDR existierten (und damit gesamtdeutsche Traditionen aufwiesen) oder um solche, die später entstanden sind und darum von der SED von Beginn an mit bestimmten kulturpolitischen Zielsetzungen versehen werden konnten. Neben den politischen Rahmenbedingungen für Vereinigungen in der DDR – beispielsweise zählen dazu Versuche, gesamtdeutschen Gesellschaften vermittels härterer administrativer Vorschriften die legale Existenzgrundlage zu entziehen – wird vor allem die konkrete Einflußnahme von Partei und Staat untersucht, aber auch das persönliche Engagement einzelner Funktionäre und willfähriger Mitglieder, ohne welches es nicht möglich gewesen wäre, die Gesellschaften für die politischen Ziele der SED zu instrumentalisieren.

Der historische Verlauf in Umrissen

In den ersten Nachkriegsjahren war es in der Sowjetischen Besatzungszone beziehungsweise DDR bald wieder möglich, daß wissenschaftliche und künstlerische Gesellschaften ihre Arbeit aufnahmen, wenn auch zunächst nur im Rahmen der bestehenden »demokratischen Massenorganisationen«. Allmählich versuchte dann die SED, vermittels linientreuer Parteimitglieder ihre Stellung in diesen Institutionen auszubauen. Dabei ging es in erster Linie darum, den DDR-Mitgliedern paritätische Vertretungen in den gesamtdeutschen Leitungsgremien zu ermöglichen. Nachdem sich immer deutlicher abzeichnete, daß der erhoffte politische Geländegewinn im Westen ausblieb und keine SED-Vorherrschaft in den Leitungsgremien zu erringen war, verlagerte sich, besonders nach dem Bau der Berliner Mauer, die Zielsetzung auf die Gründung separater DDR-Gesellschaften. Die Fähigkeit, Organisationen zu tolerieren, die der SED zwar nicht nützten, aber ihr auch nicht unbedingt schadeten, war grundsätzlich nicht vorhanden; was keinen Nutzen brachte, verlor die Existenzberechtigung.

Die letzte Etappe begann mit einem Beschluß des Sekretariats des ZK der SED vom 5. April 1967. DDR-Bürgern war es fortan untersagt, Mitglied in westdeutschen wissenschaftlichen oder künstlerischen Gesellschaften zu sein. Gesamtdeutsche Gesellschaften mit westdeutschem Sitz wurden »wie westdeutsche Gesellschaften« betrachtet, ihr weiteres Wirken in der DDR wurde verboten. Dies traf zum Beispiel für die Gesellschaft für Musikforschung zu, die 1968 ihre Tätigkeit in der DDR einstellen mußte. Gesamtdeutsche Gesellschaften mit ostdeutschem Sitz sollten umgewandelt werden in sogenannte »internationale« Gesellschaften mit Ländersektionen. (Hauptsächlich sollten dadurch die Mitglieder der beiden deutschen Staaten voneinander getrennt werden.) Letzteres Modell wurde in der Neuen Bachgesellschaft verwirklicht: Sie mußte sich 1970 zu einer »Internationalen Vereinigung« erklären und Ländersektionen bilden. Die Robert-Schumann-Gesellschaft, in der schon 1961 jeglicher westdeutscher Einfluß ausgeschaltet worden war, verharrte in provinzieller Harmlosigkeit am Tropf des Kulturministeriums. Ebenfalls nicht zu ändern brauchte sich die Georg-Friedrich-Händel-Gesellschaft, die schon von Anbeginn dem Modell einer »DDR-Gesellschaft mit internationaler Mitgliedschaft« entsprochen hatte. Mit der wohldosiert eingesetzten Präsenz westdeutscher und ausländischer Händelforscher schmückte man sich mit einem gewissen internationalen Flair, mußte aber die von linientreuen Funktionären (Ernst Hermann Meyer, Walther Siegmund-Schultze) gesicherte Vorherrschaft der DDR nie gefährdet sehen.

Problematik

Das speziell in Deutschland beheimatete Vereinswesen mit seiner bis in die Epoche der Aufklärung zurückgehenden Tradition[1] war unter den Bedingungen der SED-Herrschaft konfrontiert mit einem Staats- und Gesellschaftsmodell, das für Phänomene individueller Selbstorganisation der Bürger keinen Platz ließ. Der aus der abendländischen bürgerlich-liberalen Tradition erwachsenen Auffassung, wonach der Staat wesentliche Momente sozialer Organisation der Gesellschaft überläßt, stand in der DDR (wie auch in den anderen kommunistisch beherrschten Ländern) das staatszentrierte leninistische Modell gegenüber, das die Trennung von Staat und Gesellschaft negiert, dem Staat das selbstverständliche Recht einräumt, über jedes Detail gesellschaftlicher Belange zu verfügen und der Gesellschaft gegenüber als universeller Eigentümer aufzutreten.[2]

Es wäre aber verfehlt, würde man die DDR und die ehemaligen sozialistischen Länder schlechthin mit diesem ›östlichen‹ Modell identifizieren. Tatsächlich spielten hier mehrere Tendenzen eine Rolle, überlagerten sich ›östliche‹ und ›westliche‹ Einflüsse; genauer: westliche Traditionen und Einflüsse irritierten erheblich die Souveränität des ›östlichen‹ Modells. Statt die eigene Bevölkerung und den westlichen ›Klassenfeind‹ zur bedingungslosen Akzeptanz ihres Gesellschaftsmodells zu zwingen, sahen sich die Herrschenden einem permanenten Legitimationsdruck ausgesetzt, der sich nicht zuletzt dadurch manifestierte, daß sie durch formale Kompatibilität zum bürgerlichen Staats- und Gesellschaftsaufbau ihr Modell zu verleugnen suchten. Der vordergründige Haß auf alles Bürgerliche erklärt sich denn auch psychoanalytisch als Reaktionsbildung, als der geheime Wunsch, vom Westen anerkannt, ja gleichsam ›geliebt‹ zu werden.[3] (Dies wiederum dürfte seine Ursache vor allem in dem fundamentalen Mangel an Herrschaftslegitimation gehabt haben; nicht zuletzt vermittels von nach außen hin nichtstaatlichen Organisationen wie den musikalischen Gesellschaften versuchte die DDR, ihre staatliche Anerkennung im Westen durchzusetzen.) Von besonderem Interesse ist in diesem Zusammenhang das gespaltene – nicht souverän ablehnende – Verhältnis der DDR zu rechtsstaatlichen Grundsätzen und überhaupt zur bürgerlichen Rechtstradition. Obgleich sie sich, der Theorie nach, selbst als Diktatur definierte, bekannte sie sich niemals offen zu dieser Staatsform, versuchte vielmehr, diese stets zu verleugnen. Ein charakteristisches Beispiel dafür, wie empfindlich die Politbürokratie reagierte, wenn sie auf diesen

---

[1] Vgl. u. a. J. Habermas, *Strukturwandel der Öffentlichkeit*, Vorwort zur Neuauflage 1990, S. 13.
[2] Vgl. R. Bahro, *Die Alternative*, bes. S. 19–140; vgl. auch R. Henrich, *Der vormundschaftliche Staat*, bes. S. 24–59.
[3] Vgl. A. Ignatow, *Psychologie des Kommunismus*, S. 37 ff.

Sachverhalt aufmerksam gemacht wurde, schilderte der Dramatiker Heiner Müller, als er in seiner Autobiographie auf die Affäre um sein Ende 1961 verbotenes Theaterstück *Die Umsiedlerin oder Das Leben auf dem Lande* zu sprechen kam:

»Als [Stephan] Hermlin im Zentralkomitee nach meinem Stück fragte, war die empörte Antwort, daß die DDR bei mir als Diktatur dargestellt würde. Hermlin sagte: ›Das verstehe ich nicht, wir haben doch die Diktatur des Proletariats.‹«[4]

Statt sich zur Willkürherrschaft zu bekennen, entwickelte die Politbürokratie in starkem Maße den mitunter grotesk anmutenden Ehrgeiz, ihre diktatorisch getroffenen Entscheidungen nach außen demokratisch zu legitimieren, also gewissermaßen westlichen Wertvorstellungen anzupassen. Dies ist um so mehr interessant, als solcher Ehrgeiz nach dem Bau der Berliner Mauer an Stärke eher noch zunahm, zu einer Zeit also, als für Rücksichtnahmen auf das Rechtsempfinden der Bevölkerung eigentlich kein Anlaß mehr bestanden hätte und auch potentielle politische Gegner (Sozialdemokratie und bürgerliche Parteien) längst ausgeschaltet waren. Je stärker die Alleinherrschaft der SED-Führung gesichert war, je weniger sie also tatsächlich mit einem Machtverlust hätte rechnen müssen, desto mehr wuchs interessanterweise ihr Sicherheitsbedürfnis, manifestiert durch den an Umfang immer mehr zunehmenden Sicherheitsapparat und durch immer perfektioniertere strukturelle Absicherungen. Im gleichen Maße wie die Möglichkeiten staatlicher Willkür zunahmen, nahmen die Auswüchse tatsächlich praktizierter Willkür eher immer mehr ab.

Die Tatsache, daß einige der ›bürgerlichen‹ Vereinigungen die DDR überleben konnten, ist vor allem diesem prinzipiellen Zwiespalt zu verdanken, der Inkonsequenz, mit der die SED das östliche Modell zu verwirklichen suchte, dem Zwang, das westliche Demokratieverständnis wenigstens ›auf dem Papier‹ zu respektieren. Einerseits hatte sie mit ihrem geheimen Selbstverständnis als Generaleigentümer der gesamten Gesellschaft keine Bedenken, ihre vermeintlichen Eigentümerrechte auch an selbständigen Vereinigungen wie den musikalischen und musikwissenschaftlichen Gesellschaften wahrzunehmen. Gleichzeitig tat sie aber alles, um in der Öffentlichkeit diesem Eindruck entgegenzuwirken, und arbeitete daher oft mit konspirativen Mitteln. Intern wurden die Gesellschaften von der SED in ihrer Integrität als juristische Personen mißachtet, wie nachgeordnete Einrichtungen des Staates behandelt, als bloße Ausführungsorgane der von der Partei bestimmten Kulturpolitik angesehen. DDR-Bürger,

---

[4] H. Müller, *Krieg ohne Schlacht*, S. 181.

die internationalen Gesellschaften angehörten, wurden nicht als Vertreter dieser Institutionen, sondern als Vertreter einer imaginären DDR-Mitgliedschaft, mithin als Staatsvertreter betrachtet. So wurde beispielsweise die Ausrichtung dieser oder jener Veranstaltung einer musikalischen Gesellschaft nicht nur schlechthin erlaubt, sie wurde *angeordnet* (zumeist per Beschluß des Sekretariats des ZK der SED). Die Teilnahme eines ausgesuchten Personenkreises an einer Veranstaltung im Westen wurde nicht nur *genehmigt* (es wurde nicht etwa davon ausgegangen, aus dem gesamten Kreis der Mitglieder, die ja eigentlich alle das gleiche Recht auf Teilnahme gehabt hätten, bestimmten Mitgliedern die Ausreise zu gestatten), vielmehr mußten die Teilnehmer vom Staat *delegiert* werden. Diese »Delegationen« sollten dann nicht etwa die ostdeutschen Mitglieder der jeweiligen Gesellschaft repräsentieren, sondern den SED-Staat, der, wie erwähnt, sich selbst gewissermaßen als das eigentliche Mitglied und die tatsächlichen Mitglieder als seine Vertreter betrachtete, was schon im Sprachgebrauch (»die DDR-Mitgliedschaft« oder »Delegation der DDR«) sich offenbarte. Es genügte nicht, daß eine Gesellschaft im Vereinsregister eingetragen war; eigens mußte der Gesetzgeber bemüht werden, um jede Gesellschaft per gesetzlicher Anordnung zu legitimieren. Das generelle Phänomen kommunistischer Diktaturen, daß grundsätzlich verboten ist, was nicht speziell genehmigt, genauer gesagt: angeordnet ist,[5] kann also auch im Umgang der DDR mit den musikalischen Gesellschaften diagnostiziert werden. Die DDR-Bürokratie sah zunehmend ihre Aufgabe nicht nur in der Festsetzung eines Bewegungsrahmens für die Tätigkeit der Gesellschaften, der den Spielraum für das gesellschaftliche Leben zwar eingeschränkt, dieses Leben selbst aber im Prinzip weiterhin auf traditionelle ›bürgerlich-autonome‹ Art und Weise ermöglicht hätte – nein, sie trachtete nach der Inbesitznahme des gesellschaftlichen Lebens *an sich*. Dabei verließ sie sich nicht einmal völlig auf die Zuverlässigkeit der ihr ergebenen SED-Genossen unter den Mitgliedern (etwa in dem Sinne, daß diese in entscheidenden Momenten schon selbst am besten wissen müßten, was sie zum Nutzen der DDR zu tun hätten); sie wollte selbst dieses geringe ›Restrisiko‹ nicht hinnehmen und betraute auch ihre Gleichgesinnten mit detaillierten Direktiven.

Forschungsstand

Nimmt man die (zwar zahlreichen, für das Anliegen der Arbeit aber meist nicht ergiebigen) kleineren Berichte über Veranstaltungen der betreffenden Gesellschaften in Fachzeitschriften und Mitteilungsblättern sowie die betreffenden

---

[5] So sinngemäß Arthur Koestler auf dem »Kongreß für kulturelle Freiheit« 1950 in West-Berlin.

Artikel in Musiklexika[6] aus, ist bisher nur wenig veröffentlicht worden, was die Thematik behandelt beziehungsweise berührt. Die wichtigsten Publikationen werden nachfolgend kurz vorgestellt. Darüber hinaus liegt inzwischen auch eine von mir verfaßte zusammenfassende Darstellung zur Problematik des Schicksals musikalischer und musikwissenschaftlicher Gesellschaften in der DDR vor.[7] Zu den einzelnen Gesellschaften:

• *Neue Bachgesellschaft (NBG)*
Hier war die Geschichte bis vor kurzem noch weitgehend unaufgearbeitet. Lediglich ein 1975 erschienener Aufsatz von Werner Felix enthält auch Rückblicke in die Vergangenheit, wobei aber der vorherrschende affirmative Argumentationsstil im Sinne der SED-Propaganda diesen Beitrag lediglich als zeitgenössisches Dokument offiziöser Selbstdarstellung der DDR-Kulturpolitik erscheinen läßt.[8] Westdeutsche Autoren hingegen übten sich vor 1989, was die politische Problematik betrifft, in diplomatischer Zurückhaltung.[9] Zwei von mir im Frühjahr 1994 gehaltene Vorträge zur Geschichte der Neuen Bachgesellschaft in der DDR im allgemeinen und zum Bachfest 1950 im besonderen liegen in Druckfassungen vor.[10]

• *Gesellschaft für Musikforschung (GfM)*
Die Aufarbeitung begann im November 1990, als Rudolf Eller auf der ersten Jahrestagung der kurzlebigen ostdeutschen »Gesellschaft für Musikwissenschaft« in Rostock einen (1991 auch im Druck erschienenen) Erinnerungsbericht über die Spaltung der Gesellschaft für Musikforschung vorstellte. Ende 1991 begann ich mit Archivrecherchen über die Politik der DDR mit der GfM und veröffentlichte die Ergebnisse im Herbst 1993 in einem von dieser Gesellschaft besorgten Sammelband zur Aufarbeitung ihrer Geschichte.[11] Neben dem Nachdruck des erwähnten Berichts von Rudolf Eller enthielt dieser Band außerdem zwei weitere Beiträge von Augenzeugen der damaligen Ereignisse: einen ergänzenden Bericht von Rudolf Eller[12] sowie von Martin Ruhnke eine Darstellung der Spaltung der GfM aus westlicher Sicht.[13]

---

[6] Insbesondere von Bedeutung sind folgende *MGG*-Artikel: W. Bittinger, *Schütz-Gesellschaften*; F. Blume, *Bach-Gesellschaft*; G. Feder, *Händelgesellschaften*; W. Pfannkuch, *Organisationen der Musik*; R. Schaal, *Gesellschaften und Vereine*.
[7] L. Klingberg, *Zum Schicksal musikalischer und musikwissenschaftlicher Gesellschaften in der DDR*
[8] W. Felix, *Die Neue Bachgesellschaft*.
[9] C. Trautmann, *Die Neue Bachgesellschaft*; U. Siegele, *Die Neue Bachgesellschaft – das verpflichtete Erbe*.
[10] Siehe Vorwort, Fußnote 1.
[11] Siehe Vorwort, Fußnote 2.
[12] R. Eller, *Die Spaltung der Gesellschaft für Musikforschung 1961 bis 1968*.
[13] R. Eller, *Zum Thema*; M. Ruhnke, *Die Ereignisse der 1960er Jahre aus westlicher Sicht*.

- *Internationale Gesellschaft für Musikwissenschaft (IGMW)*
  Bei dem letztgenannten Beitrag Rudolf Ellers handelt es sich zugleich um die
  erste Publikation zur Problematik des Verhältnisses IGMW – DDR. Daran
  knüpft die im vorliegenden Band enthaltene Darstellung an, die in gekürzter
  Form bereits an anderer Stelle veröffentlicht worden ist.[14]

- *Internationale Heinrich Schütz-Gesellschaft (ISG)*
  Die Autobiographie von Karl Vötterle enthält eine knappe Darstellung der
  Geschichte der Gesellschaft,[15] wobei aber politische Gesichtspunkte kaum
  eine Rolle spielen. Im Jahr 1990 erinnerte Wolfram Steude an die nach 1961
  abgerissene gesamtdeutsche Tradition der Gesellschaft und forderte zugleich
  die ostdeutschen Schütz-Freunde zu aktiver Mitarbeit in der ISG auf.[16]

- *Georg-Friedrich-Händel-Gesellschaft*
  Hier ist die Situation ähnlich wie bei der NBG. Aufsätze von Walther Siegmund-Schultze und anderen DDR-Autoren reklamierten bis 1989 die Gesellschaft und auch die ursprünglich auf Privatinitiative beruhenden Halleschen
  Händelfestspiele für die Kulturpolitik der DDR.[17] Eine kritische Aufarbeitung begann erst in jüngster Zeit: In einem 1995 erschienenen Aufsatz hat
  Gert Richter anhand von Unterlagen der SED-Bezirksleitung Halle die Einflußnahme von Partei und Staat auf die Händel-Pflege in der DDR einschließlich der Georg-Friedrich-Händel-Gesellschaft nachgewiesen.[18]

- *Robert-Schumann-Gesellschaft*
  Hier ist bisher keine Aufarbeitung erfolgt.

Quellenlage

Wegen des erwähnten Mangels an Sekundärliteratur mußte vor allem auf un-
veröffentlichte Unterlagen aus verschiedenen Archiven zurückgegriffen werden.
Die unbestritten wichtigste archivalische Hinterlassenschaft der ehemaligen
DDR bilden die Unterlagen des zentralen SED-Parteiapparats, die seit 1993 zu
den Beständen der in Berlin ansässigen Stiftung Archiv der Parteien und Massenorganisationen der DDR im Bundesarchiv (SAPMO) gehören. Für den vor-

---

[14] Siehe Vorwort, Fußnote 2.
[15] K. Vötterle, *Haus unterm Stern*, bes. S. 250–261.
[16] W. Steude, *Die Heinrich-Schütz-Gesellschaft*.
[17] Vgl. u. a. W. Siegmund-Schultze, *Die Georg-Friedrich-Händel-Gesellschaft*, ders., *40 Jahre DDR – 4 Jahrzehnte Händelfestspiele*.
[18] G. Richter, *Annotationen zur Händelpflege im politischen System der DDR*.

liegenden Band wurden dort Materialien der ZK-Abteilungen Wissenschaften und Kultur, der Büros Kurt Hager und Alfred Kurella, der »Westkommission beim Politbüro« sowie des Politbüros und des Sekretariats des ZK der SED eingesehen. Ebenfalls zu dieser Stiftung gehört das Archiv des Kulturbundes der DDR, worin sich auch Unterlagen über die Neue Bachgesellschaft befinden, da diese Gesellschaft nach dem Zweiten Weltkrieg zunächst nur im Rahmen des Kulturbundes tätig werden durfte. Über das Bachfest der NBG 1950 in Leipzig befinden sich außerdem Materialien im Dresdner Sächsischen Hauptstaatsarchiv.

Von großer Bedeutung sind auch die Bestände des Ministeriums für Kultur (MfK) und des Ministeriums für Hoch- und Fachschulwesen der DDR (MHF), welche sich in der Berliner Außenstelle des Bundesarchivs befinden. Aus dem Bestand des Kulturministeriums konnte aufgrund mangelhafter Erschließung nur ein Teil der benötigten Akten eingesehen werden.

Die archivalische Hinterlassenschaft des Ministeriums für Staatssicherheit der DDR (MfS) wird zur Zeit von der in Berlin ansässigen Behörde des Bundesbeauftragten für die Unterlagen des Staatssicherheitsdienstes der ehemaligen Deutschen Demokratischen Republik (BStU) verwaltet und erschlossen. Materialien über musikalische Gesellschaften konnten in drei Sachakten sowie in einer Reihe von personenbezogenen Akten aufgefunden werden.

Unterlagen über mehrere Gesellschaften befinden sich auch in Beständen der Stiftung Archiv der Akademie der Künste in Berlin (SAAdK): im Archiv des Komponistenverbandes der DDR (VKM), im Ernst-Hermann-Meyer-Archiv (EHMA) und im Hans-Pischner-Archiv (HPA). Einige Dokumente aus dem Ernst-Hermann-Meyer-Archiv, vor allem Briefe, konnten aus juristischen Gründen nicht eingesehen werden.

Als wichtig für die Aufarbeitung der Geschichte der Internationalen Heinrich Schütz-Gesellschaft, der Robert-Schumann-Gesellschaft und der Gesellschaft für Musikforschung erwies sich der Nachlaß von Karl Laux in der Sächsischen Landesbibliothek Dresden (SLB).

Ferner geben die im Universitätsarchiv der Humboldt-Universität zu Berlin befindlichen Materialien des Musikwissenschaftlichen Instituts dieser Universität Auskunft über Aktivitäten der Neuen Bachgesellschaft und der Gesellschaft für Musikforschung bis zur ersten Hälfte der sechziger Jahre.

Einsicht in private Unterlagen über die Gesellschaft für Musikforschung und die Internationale Gesellschaft für Musikwissenschaft gewährten Rudolf Eller (Rostock), Wolfgang Osthoff (Würzburg) und Martin Ruhnke (Erlangen). Nicht zuletzt sind darüber hinaus die Archive der einzelnen Gesellschaften eingesehen worden.

Zur Zeit nicht verfügbar, weil noch nicht aufgearbeitet, sind im Landesarchiv Berlin die Unterlagen des Berliner Senats über das Bachfest der NBG 1978.

TEIL I:
DER POLITISCHE HINTERGRUND

Zur Politik der DDR gegenüber wissenschaftlichen und künstlerischen Gesellschaften

Obwohl in der ersten Verfassung der DDR von 1949 die Koalitionsfreiheit im allgemeinen (Artikel 12) und für die Gewerkschaften im besonderen (Artikel 14) gewährt wurde – ausgenommen blieben Unternehmer- und Unternehmensvereinigungen (Artikel 24) – und auch alle späteren Verfassungen die Vereinigungsfreiheit formal gewährleisteten – im übrigen galt sogar bis 1975 noch das Vereinsrecht des Bürgerlichen Gesetzbuchs –, konnte von wirklicher Vereinigungsfreiheit in der DDR bis 1989 keine Rede sein. Da sich die SED bereits 1949 mit der Auffassung durchsetzte, auf die Einführung einer Verfassungsgerichtsbarkeit zu verzichten, hatten die in der Verfassung garantierten Rechte ohnehin immer nur den Charakter von Lippenbekenntnissen. Tatsächlich sollten die Organisationen vor allem die Funktion der Mobilisierung der gesamten Bevölkerung, ihre organisatorische Erfassung und Kontrolle erfüllen.[1]

Dennoch ist bemerkenswert, daß die SED sich formal nie gänzlich von einem pluralistischen Konzept im Umgang mit anderen politischen und gesellschaftlichen Kräften verabschiedete, selbst dann nicht, als sie mit keinem Widerstand mehr rechnen mußte. Bis zuletzt entsprach – bei allen Einschränkungen – der verfassungsmäßige Aufbau von Staat und Gesellschaft im Prinzip dem eines ganz normalen bürgerlichen Gemeinwesens. Ein Grund des Beharrens am überkommenen Gesellschafts- und Staatsmodell dürfte sich im Theoriedefizit der marxistischen Bewegung, was den Aufbau der sozialistischen Gesellschaft betrifft, ausfindig machen lassen, weniger in der (zumeist vermuteten) Rücksichtnahme auf das Ausland. Schon Lenin vermochte sich die erste Phase des Kommunismus nur mit einem traditionellen Staatsgebilde vorzustellen, einem »bürgerlichen Staat ohne Bourgeoisie«, in dem das bürgerliche Recht »eine gewisse Zeit fortbesteht«.[2] Statt anderen Interessengruppen die Möglichkeit einer Vertretung in der Gesellschaft überhaupt zu verweigern, begnügte sich die SED damit, in den einzelnen Organisationen ihre »führende Rolle« durchzusetzen. Zwar nahm sie damit de facto deren Platz selbst ein, füllte staatsfreie Räume mit eigenem Potential aus, vor einer formalen Verstaatlichung oder Auflösung der sogenannten »gesellschaftlichen Organisationen«, selbst vor einem Verbot anderer Parteien schreckte sie hingegen zurück. Dabei wäre es im Prinzip sogar

---

[1] Vgl. *Organisationen und Verbände in der DDR*, S. 8.
[2] W. I. Lenin, *Staat und Revolution*, in: ders., *Werke*, Bd. 25, Berlin [Ost] 1960, S. 485.

denkbar gewesen, daß sie den Staat vollständig durch ihren Parteiapparat ersetzen und damit formal abschaffen ließ. Zugleich hätte sie damit die marxistische Vision vom »Absterben« des Staates verwirklichen können. Statt so zu verfahren, hielt sie sogar noch an der formalen Existenz eines völlig funktionslos gewordenen Parlaments fest.

Die von ihr betriebene Entmündigung des Staates – nicht nur der Gesellschaft – erhärtet die Vermutung, daß die SED dem eigenen Staat nach wie vor wie einer fremden Macht gegenübertrat, die zu unterwerfen und zu kontrollieren sei. Jedenfalls verhielt sie sich so, als hätte sie es noch mit dem alten bürgerlichen Staatswesen zu tun gehabt. Überhaupt schienen die führenden SED-Funktionäre gewisse in der Zeit der Illegalität eingeübte Allüren niemals ganz abgelegt zu haben. Wie anders ist etwa die hypertrophierte Rolle des Staatssicherheitsdienstes zu erklären, der sich konspirativer und illegaler Praktiken auch *im eigenen Land* bedienen und seine nach innen gerichtete Tätigkeit stets verleugnen mußte. Statt zum Beispiel die Post- und Telefonkontrolle zu einer legitimen staatlichen Angelegenheit zu erklären und auch formal zu legalisieren – wer hätte dies denn verhindern können? –, glaubte die SED, de jure am verfassungsmäßig garantieren Post- und Fernmeldegeheimnis festhalten zu müssen – als wenn sie nicht die Macht gehabt hätte, die Verfassung jederzeit nach ihrem eigenen Gutdünken zu ändern oder überhaupt auf ein solches bürgerliches ›Relikt‹ zu verzichten. Bezüglich »gesellschaftlicher Organisationen« bestand das Dilemma der SED darin, ihren Eigentumsanspruch nur intern durchsetzen zu können. Nach außen mußte sie den Eindruck vermitteln, es handele sich – wie im Westen – um selbständige Zusammenschlüsse einzelner Bürger.

Allein durch Druck von ›oben‹, ohne die oft freiwillige Unterstützung vieler Einzelpersonen, wäre es der SED nicht gelungen, die Instrumentalisierung der Gesellschaften so weit wie geschehen voranzutreiben. Was das Verhalten von Mitgliedern betrifft, waren zum Teil interessante Abweichungen vom passiven Opportunismus (als »Normalfall« sozialen Verhaltens)[3] zu beobachten: Das Spektrum reichte von (mindestens passivem) Widerstand bis zur aktiven Unterstützung der vorgegebenen Kulturpolitik. Dabei ist einerseits passiver Gehorsam zu unterscheiden vom vorauseilenden Gehorsam derjenigen, die der SED über das geforderte Maß hinaus freiwillig ihre Dienste zur Verfügung stellten, andererseits muß unterschieden werden zwischen den aus ehrlicher kommunistischer Überzeugung Handelnden und denjenigen, welchen es in erster Linie darum ging, sich ihrer erhofften Anerkennung wegen als getreue Gefolgsleute des Regimes auszuweisen.

---

[3] J. Becker, *Eine Art Einheit*, S. 39.

Vorbild Sowjetunion – Lenin und gesellschaftliche Organisationen nach der Oktoberrevolution in Rußland

Daß die gesellschaftliche Selbstorganisation in vom Staat unabhängigen Vereinigungen nicht überhaupt von der SED als bürgerliches Relikt abgeschafft worden ist, muß nicht zuletzt damit erklärt werden, daß es auch in der UdSSR neben den »Massenorganisationen« noch diverse kleinere – zumeist berufsständische – Vereinigungen gegeben hatte. Diese in der offiziellen sowjetischen Publizistik so genannten »gesellschaftlichen Organisationen« sollten nicht beseitigt, sondern umfunktioniert werden: sie sollten ein »Bollwerk der kommunistischen Partei« bilden.[4] In den Unterlagen der mit wissenschaftlichen Gesellschaften befaßten DDR-Staatsorgane ist die Orientierung am sowjetischen Modell frühzeitig nachweisbar. Im Sommer 1951 etwa ließ sich der damalige Staatssekretär für Hochschulwesen, Gerhard Harig, vom sowjetischen Hochschulministerium Informationsmaterial über den Aufbau wissenschaftlicher Gesellschaften in der UdSSR zukommen.[5] In einer Rückfrage an das Außenministerium bekundete das Staatssekretariat wenige Monate später näheres Interesse an der »Arbeit der wissenschaftlichen Gesellschaften in den uns befreundeten Ländern«, zum Beispiel hinsichtlich der Frage, ob es sich bei diesen Gesellschaften um staatliche oder selbständige Organisationen handeln würde.[6]

Die Konzeption der Quasi-Verstaatlichung gesellschaftlicher Vereinigungen ging auf Vorstellungen Lenins zurück, der gefordert hatte, im Sozialismus nicht nur den Staatsapparat, sondern überhaupt die Gesellschaft einem zentralen Lenkungsmechanismus zu unterwerfen. Nicht nur sollte, wie Lenin im August 1917 verlangte, der Staat künftig als einziger Arbeitgeber fungieren:

> »Alle Bürger verwandeln sich hier in entlohnte Angestellte des Staates, den die bewaffneten Arbeiter bilden. Alle Bürger werden Angestellte und Arbeiter eines das gesamte Volk umfassenden Staats»syndikats«.«[7]

Die »gesamte Gesellschaft« sollte in »*ein* Büro und *eine* Fabrik mit gleicher Arbeit und gleichem Lohn« verwandelt werden.[8] Von Partei und Staat unabhängige Organisationen sollte es im Sozialismus nicht mehr geben. Mehr noch: Die ge-

---

[4] So A. I. Stschiglik, *Die sozialistische Revolution und die gesellschaftlichen Organisationen*, S. 31.
[5] Richter (Hauptreferent im MfAA), Brief an das SfH, Abt. Hochschulbeziehungen mit dem Ausland, vom 23. 7. 1951, BA Berlin, DR-3/1671.
[6] Franz Wohlgemuth (Hauptabteilungsleiter im SfH), Brief an das MfAA vom 14. 12. 1951, BA Berlin, DR-3/1671.
[7] W. I. Lenin, *Staat und Revolution*, a. a. O., S. 488.
[8] Ebd.

samte gesellschaftliche Tätigkeit sollte mit staatlicher beziehungsweise parteilicher Tätigkeit im Grunde *identisch* sein. Bereits 1905 hatte Lenin etwa von den Literaten gefordert, sich völlig in den Dienst der Partei zu stellen:

»Die literarische Tätigkeit muß zu einem Teil der allgemeinen proletarischen Sache, zu einem ›Rädchen und Schräubchen‹ des einen einheitlichen, großen sozialdemokratischen Mechanismus werden, der von dem ganzen politisch bewußten Vortrupp der ganzen Arbeiterklasse in Bewegung gesetzt wird. Die literarische Betätigung muß ein Bestandteil der organisierten, planmäßigen, vereinigten sozialdemokratischen Parteiarbeit werden. [...] Die Zeitungen müssen Organe der verschiedenen Parteiorganisationen werden. Die Literaten müssen unbedingt Parteiorganisationen angehören. Verlage und Lager, Läden und Leseräume, Bibliotheken und Buchvertriebe – alles dies muß der Partei unterstehen und ihr rechenschaftspflichtig sein.«[9]

Welche Rolle den »gesellschaftlichen Organisationen« im Sozialismus zukommen sollte, erläuterte Lenin 1922 am Beispiel der Gewerkschaften:

»Wie die beste Fabrik mit einem ausgezeichneten Triebwerk und erstklassigen Maschinen stillstehen wird, wenn der Transmissionsmechanismus zwischen dem Triebwerk und den Maschinen nicht funktioniert, so ist eine Katastrophe unseres sozialistischen Aufbaus unvermeidlich, wenn der Transformationsmechanismus zwischen der Kommunistischen Partei und den Massen – die Gewerkschaften – falsch aufgebaut ist oder nicht richtig funktioniert. Es genügt nicht, diese Wahrheit zu erläutern, an sie zu erinnern, sie zu bestätigen, sie muß in der gesamten Struktur der Gewerkschaften und in ihrer tagtäglichen Arbeit organisatorisch verankert sein.«[10]

Den Gewerkschaften sollte also keinerlei eigenständige politische Betätigung gestattet sein. Sie hatten lediglich die Politik der Partei an die Masse der parteilosen Arbeiterschaft heranzutragen; sie hatten zu gewährleisten, daß die von der Machtzentrale erlassenen Beschlüsse den kleinsten Winkel der Gesellschaft erreichen. Es muß angenommen werden, daß dies im gleichen Maße auch für alle anderen Organisationen zutreffen sollte. Ein Beleg dafür sind Lenins Forderungen an die sowjetrussische Kulturbewegung »Proletkult«. Anläßlich eines Kongresses dieser Vereinigung wandte er sich im Jahr 1920 in einer von ihm selbst

---

[9] W. I. Lenin, *Parteiorganisation und Parteiliteratur*, in: ders., *Werke*, Bd. 10, Berlin [Ost] 1958, S. 30 f.
[10] W. I. Lenin, *Über die Rolle und die Aufgaben der Gewerkschaften unter den Verhältnissen der Neuen Ökonomischen Politik. Beschluß des ZK der KPR(B) vom 12. Januar 1922*, in: ders., *Werke*, Bd. 33, Berlin [Ost] 1962, S. 178.

geschriebenen Resolution gegen deren Unabhängigkeit gegenüber Staat und Partei:

>»Der Gesamtrussische Kongreß des Proletkult [...] weist alle Versuche, eine eigene, besondere Kultur auszuklügeln, sich in eigenen, abgesonderten Organisationen abzukapseln, die Arbeitsgebiete des Volkskommissariats für Bildungswesen und des Proletkult voneinander abzugrenzen oder eine ›Autonomie‹ des Proletkult innerhalb der Institutionen des Volkskommissariats für Bildungswesen herzustellen usw., als theoretisch falsch und praktisch schädlich aufs entschiedenste zurück. Der Kongreß macht es im Gegenteil allen Organisationen des Proletkult zur unbedingten Pflicht, sich als Hilfsorgane der Institutionen des Volkskommissariats für Bildungswesen zu betrachten und ihre Aufgaben, die einen Teil der Aufgaben der Diktatur des Proletariats bilden, unter der allgemeinen Leitung der Sowjetmacht (insbesondere des Volkskommissariats für Bildungswesen) und der Kommunistischen Partei Rußlands zu lösen.«[11]

Organisationen jeglicher Art sollten also offenbar nur dann eine Daseinsberechtigung in der Gesellschaft haben, wenn sie einen verlängerten Arm der Partei- und Staatsmaschine bildeten. Der einzige Unterschied in der den Vereinigungen zugeschriebenen Funktionen bestand in den Bevölkerungsgruppen, die jeweils organisatorisch erfaßt werden sollten.

Zum Zweck der Gleichschaltung der Vereinigungen empfahl Lenin die

»Ersetzung der alten Führer durch Kommunisten in ausnahmslos allen proletarischen Organisationen, nicht nur den politischen, sondern auch den gewerkschaftlichen, genossenschaftlichen, kulturellen usw.«[12]

In diesem Sinne wurde in Rußland nach der Oktoberrevolution bei der Transformation bestehender Vereinigungen ein Selektionsprozeß in Gang gesetzt, der starke Parallelen zu der entsprechenden Entwicklung nach 1945 in der SBZ/DDR aufwies. Um ihre Tätigkeit fortsetzen zu können, mußten die bestehenden Organisationen staatliche Genehmigungen einholen, sich neu registrieren und ihre Statuten bestätigen lassen.[13] Vielfach kam es dabei zu der von Lenin geforderten Ersetzung der Führungen durch Parteimitglieder. Bereits 1920 hatte Lenin feststellen können:

---

[11] W. I. Lenin, *Über proletarische Kultur*, in: ders., *Werke*, Bd. 31, Berlin [Ost] 1959, S. 308.
[12] W. I. Lenin, *Thesen über die Hauptaufgaben des Zweiten Kongresses der Kommunistischen Internationale*, in: ders., *Werke*, Bd. 31, Berlin [Ost] 1959, S. 179.
[13] A. I. Stschiglik, *Die sozialistische Revolution und die gesellschaftlichen Organisationen*, S. 36.

»Taktisch bestehen alle leitenden Körperschaften der weitaus meisten Verbände und in erster Linie natürlich der Zentrale oder des Büros aller Gewerkschaften [...] aus Kommunisten und führen alle Direktiven der Partei durch.«[14]

In einer Reihe von Fällen wurden Vereinigungen, die sich den neuen Machthabern nicht unterwerfen wollten, verboten und aufgelöst. So geschah es beispielsweise mit dem »Gesamtrussischen Lehrerverband«, der im Dezember 1918 »auseinandergejagt« wurde, wie Lenin es ausdrückte, weil er »nicht die Prinzipien der proletarischen Diktatur eingehalten, sondern die Interessen des Kleinbürgertums vertreten und dessen Politik durchgeführt« hätte.[15]

Die politische Organisation der Einflußnahme der DDR auf musikalische und musikwissenschaftliche Gesellschaften

Die zum großen Teil schon vor dem Krieg gegründeten wissenschaftlichen Gesellschaften wurden anfangs in ihrem gesamtdeutschen Charakter von der DDR im Prinzip akzeptiert – gemäß der Wiedervereinigungsoption in der damaligen kulturpolitischen Zielstellung. Schon frühzeitig allerdings ließen die DDR-Behörden das Interesse erkennen, die Tätigkeit dieser Gesellschaften nicht dem Selbstlauf zu überlassen. Von Anfang an gehörten deren Kontrolle und Lenkung zu den als selbstverständlich angesehenen staatlichen Aufgaben. Dabei richtete sich die Zuständigkeit der Staatsorgane danach, ob es sich um im engeren Sinne wissenschaftliche oder um künstlerische Gesellschaften handelte. Zunächst war bis 1951 sowohl für kulturelle als auch für wissenschaftliche Belange das »Ministerium für Volksbildung« zuständig, das die Nachfolge der »Deutschen Zentralverwaltung für Volksbildung« übernommen hatte und anfangs wie diese von Paul Wandel geleitet wurde. Um Fragen der Wissenschaftsorganisation kümmerte sich im Ministerium eine »Hauptabteilung Hochschulwesen«, während als kulturpolitisches Ressort eine »Hauptabteilung Kunst und Literatur« eingerichtet wurde, welche sich 1950 in die Hauptabteilungen »Kunst« und »Literatur« aufspaltete. Die im engeren Sinne wissenschaftlichen Gesellschaften wurden von der Hauptabteilung Hochschulwesen betreut, die dafür Anfang 1951 ein eigenes Referat (»Wissenschaftliche Gesellschaften und Tagungen«) zur Verfügung gestellt bekam. Als wenige Monate später die Hauptabteilung aus

---

[14] W. I. Lenin, *Der »linke Radikalismus«, die Kinderkrankheit im Kommunismus*, in: ders., *Werke*, Bd. 31, Berlin [Ost] 1959, S. 33.
[15] W. I. Lenin, *Schlußwort* [auf der VIII. Gesamtrussischen Konferenz der KPR(B)] *zur Frage der Sowjetmacht in der Ukraine*, in: ders., *Werke*, Bd. 30, Berlin [Ost] 1961, S. 180.

dem Ministerium für Volksbildung ausgegliedert und in ein neugegründetes
Staatssekretariat mit eigenem Geschäftsbereich (»Staatssekretariat für Hoch-
schulwesen« – SfH) überführt wurde, übernahm diese Arbeit ein Hauptreferat
(»Wissenschaftliche Tagungen und Gesellschaften«) beziehungsweise ein Sektor
(»Internationale Tagungen und Kongresse und wissenschaftliche Gesellschaften
in der DDR«).

Die durch die Währungsspaltung notwendig gewordene staatliche Zuteilung
anderer Währungen bei Reisen von Wissenschaftlern nach Westdeutschland
oder ins Ausland erleichterte es der DDR, die Teilnahme an auswärtigen wissenschaftlichen Veranstaltungen zu lenken und zu kontrollieren. Dabei wurde von
Anbeginn stets nach dem sogenannten Delegationsprinzip verfahren, was bedeutete, daß die Wissenschaftler zu geschlossenen Reisegruppen (»Delegationen«) zusammengefaßt wurden. Bis zum Bau der Berliner Mauer mußte allerdings, wer nicht das Privileg hatte, einer solchen Gruppe anzugehören, keineswegs notwendigerweise auf eine Teilnahme an westdeutschen Veranstaltungen
verzichten. So waren beispielsweise 1953 zum Bamberger Kongreß der Gesellschaft für Musikforschung nicht nur die Mitglieder der offiziellen, vom Staatssekretariat für Hochschulwesen zusammengestellten DDR-Delegation gefahren,
sondern auch zahlreiche auf eigene Faust reisende Studenten (die von den westdeutschen Teilnehmern natürlich besonders herzlich begrüßt wurden).[16] Auf
dem GfM-Kongreß 1956 in Hamburg wurden sogar mehr ost- als westdeutsche
Teilnehmer (191 beziehungsweise 166) registriert.[17] Nach dem 13. August 1961
bestand freilich eine solche Möglichkeit nicht mehr. Für die führenden marxistischen Musikwissenschaftler blieb jedoch die Teilnahme an westlichen Veranstaltungen weiterhin eine selbstverständliche Angelegenheit. Wenn darüber hinaus bisweilen auch eine Anzahl parteiloser Mitglieder reisen konnte, war das vor
allem der Solidarität einiger westdeutscher Musikwissenschaftler zu verdanken,
die sich des öfteren darum bemüht hatten, der DDR durch Einladungen Reisegenehmigungen abzutrotzen.

Das Staatssekretariat für Hochschulwesen wurde im Februar 1958 umbenannt in »Staatssekretariat für das Hoch- und Fachschulwesen« (SHF); seit Juli
1967 hieß es dann »Ministerium für Hoch- und Fachschulwesen« (MHF). Für
die Fachrichtung Musikwissenschaft, darunter auch für die Arbeit mit musikwissenschaftlichen Gesellschaften war seitens des Fachsektors von 1953 bis 1963

---

[16] Walther Vetter, *Delegations-Bericht über den Internationalen Musikwissenschaftlichen Kongreß Bamberg,* Universitätsarchiv der Humboldt-Universität zu Berlin, Bestand: Musikwissenschaftliches Institut, Si-
gnatur: 203.

[17] M. Ruhnke, *GfM. Geschichte,* Privatarchiv M. Ruhnke. Nach einer anderen Quelle (Elisabeth Wenzke, *Verhältnis GfM – DDR,* unveröff. Ms., 1990, Archiv der GfM, Kassel) konnten mit Unterstützung des westdeutschen Ministeriums für gesamtdeutsche Fragen 150 Ostdeutsche teilnehmen; 30 weiteren Interessenten habe abgesagt werden müssen.

Konrad Niemann[18] zuständig, danach Hans-Dieter Grampp[19]. Nach einer 1958 entstandenen Übersicht des SfH über die »Verantwortlichkeit bei der Vorbereitung und Durchführung internationaler Tagungen und Kongresse [und] der Gründung und Anleitung wissenschaftlicher DDR-Gesellschaften«[20] war der jeweilige Fachsektor im wesentlichen verantwortlich für das hausinterne Melden einer Veranstaltung, für die Bildung einer SED-Parteigruppe und für die »politisch-wissenschaftliche Anleitung« der Gesellschaften beziehungsweise Veranstalter. Die Regelung der technischen und finanziellen Angelegenheiten sowie überhaupt die allgemeine Planung der in einem Kalenderjahr zu betreuenden Kongresse oblag hingegen dem Sektor Internationale Tagungen und Kongresse des Staatssekretariats. Ungeachtet aller späterer Strukturänderungen blieb diese Form der Arbeitsteilung im Prinzip bis zum Ende der DDR erhalten.

Von 1952 bis 1966 unterhielt das Staatssekretariat außerdem für die einzelnen universitären Fachrichtungen sogenannte Wissenschaftliche Beiräte, denen die Lehrstuhlinhaber und sonstige Professoren der entsprechenden Wissenschaftsdisziplin angehörten. In der Regel übernahm der zuständige Fachreferent darin den Posten eines Sekretärs. Laut Ministerratsbeschluß vom 28. August 1952 dienten die Beiräte hauptsächlich der Aufstellung von Studienplänen – die nach der Hochschulreform des Jahres 1951 für alle Studienrichtungen obligatorisch geworden waren – sowie der Beratung von Fragen der Forschung und Lehre. Administrative Vollmachten erhielten sie jedoch nicht.[21]Unter Leitung von Ernst Hermann Meyer[22] existierte seit 1952 ein solcher Beirat auch für die Fach-

---

[18] Konrad Niemann (1929–1995), 1946 »Neulehrer«, 1946 SPD (später SED), 1947–1952 Lehrerstudium (Musikerziehung/Germanistik und Gesang/Sprecherziehung) in Greifswald und Leipzig, anschließend Schuldienst, 1952–1953 Assistent bzw. Oberassistent am Institut für Musikerziehung der Humboldt-Universität zu Berlin, 1953–1963 Hauptreferent für Kunst- und Musikwissenschaft (zeitweise stellvertretender Sektorleiter) im SHF, anschließend Aspirant am Musikwissenschaftlichen Institut der HUB (1968 Promotion), 1970–1979 Leiter des Zentralinstituts für Musikforschung im VDK, anschließend wissenschaftlicher Mitarbeiter der Akademie der Wissenschaften der DDR in Ost-Berlin (ab 1985 stellvertretender Leiter des Instituts für Ästhetik und Kunstwissenschaften), ab 1971 SED-Parteisekretär des Komponistenverbandes; 1963–1975 inoffizielle Kuriertätigkeit für die HA XX am MfS (Deckadresse »Konrad«).

[19] Hans-Dieter Grampp, geb. 1927, 1942–1944 Nationalpolitische Erziehungsanstalt (NAPOLA) in Naumburg, anschließend Kriegsdienst, 1949–1953 Studium der Kunsterziehung in Rostock und Ost-Berlin, anschließend bis 1963 Assistent/Oberassistent bzw. Aspirant an der HUB, danach bis 1990 Mitarbeiter des SHF bzw. MHF (zeitweise Leiter der Abteilungen Kultur-, Sprach- und Erziehungswissenschaften sowie Bibliotheken und Museen); 1944 NSDAP, 1956 SED, 1970–1989 inoffizielle Tätigkeit für die HA XX des MfS (GMS »Künstler«).

[20] BA Berlin, DR 3/1671.

[21] E. E. Müller/M. Müller, »... stürmt die Festung Wissenschaft!«, S. 227 f.

[22] Ernst Hermann Meyer (1905–1988), studierte Musikwissenschaft in Berlin und Heidelberg (u. a. bei F. Blume und H. Besseler), 1930 KPD, 1933–1948 Exil in England, 1948–1968 Professor für Musiksoziologie an der HUB, 1963 Kandidat (seit 1971 Mitglied) des ZK der SED, 1965–1969 Vizepräsident der Deutschen Akademie der Künste zu Berlin, 1965–1971 Präsident des Musikrates der DDR, 1968–1982 Präsident (danach Ehrenpräsident) des Komponistenverbandes der DDR.

richtung Musikwissenschaft. Anfang 1966 wurden die Beratungsorgane des SHF umstrukturiert. Es entstand ein »Hoch- und Fachschulrat der DDR«, dem Mitglieder aus allen gesellschaftlichen Bereichen angehörten und der vom Staatssekretär beziehungsweise Minister geleitet wurde. Außerdem wurden die bestehenden Beiräte der wissenschaftlichen Einzelgebiete als »Sektionen« in neu geschaffene größere Beiräte eingegliedert.[23] Der bisherige Beirat für Musikwissenschaft hieß nun »Sektion Musikwissenschaft des Wissenschaftlichen Beirats für Literatur-, Kunst- und Sprachwissenschaften«. Sektionsvorsitzender blieb noch bis 1968 Ernst Hermann Meyer, danach übernahm Walther Siegmund-Schultze[24] den Vorsitz. Den Posten des Sekretärs hatte als zuständiger Fachreferent anfangs Konrad Niemann inne. Nach seinem Ausscheiden aus dem Staatssekretariat und der Amtsübernahme durch Hans-Dieter Grampp behielt jedoch Niemann seinen Sitz im Beirat bei. In den achtziger Jahren wurde die Funktion des Beirats von einer »Arbeitsgruppe Musikwissenschaft« des »Wissenschaftlichen Rates für Kultur- und Kunstwissenschaften« der »Akademie für Gesellschaftswissenschaften beim ZK der SED«, geleitet von Heinz Alfred Brockhaus[25], ausgeübt.

Besonders in den fünfziger und frühen sechziger Jahren bildete der Beirat für Musikwissenschaft, der seine Sitzungen häufig zusammen mit dem Beirat für Musikerziehung abhielt, ein Forum der Auseinandersetzungen um die Zukunft der Gesellschaft für Musikforschung. Von größerer Bedeutung als der eigentliche Beirat war allerdings dessen SED-Parteigruppe. Weil ihm auch einige parteilose (sogenannte »bürgerliche«) Professoren angehörten, die es von der Ent-

---

[23] A. Herbst/W. Ranke/J. Winkler, *So funktionierte die DDR*, Bd. 2, S. 674.

[24] Walther Siegmund-Schultze (1916–1993), studierte in Breslau (u. a. Musikwissenschaft bei Arnold Schmitz), 1937 NSDAP, 1940 Promotion, 1948 SED, 1949–53 Referent im Ministerium für Volksbildung des Landes Sachsen-Anhalt bzw. im Rat des Bezirkes Halle, 1951 Habilitation, 1954–1981 Abgeordneter des Bezirkstages Halle, 1956–1982 Direktor des Instituts für Musikwissenschaft der Universität Halle (Saale), zeitweise dort auch Dekan der Philosophischen Fakultät, 1965–1971 außerdem kommissarischer Institutsdirektor in Leipzig (als Nachfolger von H. Besseler); 1959–1964 inoffizielle Tätigkeit für die HA V (bzw. für die Abteilung V der BV Halle) des MfS (GI »Bergmann«), danach wurde seitens des MfS »offiziell« mit ihm Kontakt gehalten.

[25] Heinz Alfred Brockhaus, geb. 1930 in Krefeld, Schulbesuch in Erfurt, studierte Musikwissenschaft an den Musikhochschulen in Weimar und Ost-Berlin, 1952 SED, 1953 Fortsetzung des Studiums am Musikwissenschaftlichen Institut der Ost-Berliner Humboldt-Universität (bei E. H. Meyer und W. Vetter), dort 1956 Assistent (ab 1958 Oberassistent), 1962 Promotion, 1966 Habilitation und 1968 Professor für Musikwissenschaft (Nachfolger von E. H. Meyer), außerdem Leiter der Kommission Musikwissenschaft des VDK, 1970 Leiter des Bereichs Musikwissenschaft der HUB; 1957–1962 Geheimer Hauptinformator (GHI) der Abteilung V der Stasi-Bezirksverwaltung Berlin (betreute mehrere andere an der Philosophischen Fakultät der HUB tätige Inoffizielle MfS-Mitarbeiter und schrieb unter seinem Decknamen »Bergmann« zahlreiche denunziatorische Berichte über Lehrkräfte und Studenten des Musikwissenschaftlichen Instituts), 1978–1989 Fortsetzung der inoffiziellen Tätigkeit für das MfS (lieferte als IMS »John« der für Spionageabwehr zuständigen HA II detaillierte politische Analysen über Musikwissenschaftler und musikwissenschaftliche Institutionen aus Ost und West).

scheidungsgewalt weitgehend auszuschließen galt, mußte den SED-Mitgliedern Gelegenheit gegeben werden, alle wichtigen Entscheidungen zuerst unter sich auszumachen. Zu diesem Zweck traf man sich für gewöhnlich unmittelbar vor den offiziellen Beiratssitzungen zu internen Beratungen. Mit den »bürgerlichen« Musikwissenschaftlern wurde anschließend faktisch nur noch Illusionstheater gespielt. Wenn dennoch einige Beiratsmitglieder mitunter versuchten, Sand ins Getriebe der eingespielten Maschinerie zu streuen, mit kritischen Bemerkungen und ihrem Veto die Umsetzung mancher vorbestimmter Entscheidungen wenigstens zu verzögern, kurz: passiven Widerstand zu leisten, dann verdient das angesichts der geschilderten Umstände höchsten Respekt. So versuchten beispielsweise Hellmuth Christian Wolff[26] und Rudolf Eller[27] in den Jahren 1961 und 1962 die damals geplante Spaltung der Gesellschaft für Musikforschung zu verhindern. Und nachdem Wolff 1967 aus politischen Gründen seine Professur verloren hatte, forderte Eller in der Beiratssektion Musikwissenschaft die Weiterbeschäftigung des Leipziger Kollegen.[28] Bereits auf einer früheren Sitzung hatte sich Georg Knepler[29] gegen die Einleitung eines Disziplinarverfahrens gewandt. Und sogar Ernst Hermann Meyer setzte sich nach dieser Sitzung, an der

---

[26] Hellmuth Christian Wolff (1906–1988), 1925–1932 Studium der Musikwissenschaft in Berlin, 1933–1934 Assistent von Heinz Hilpert an der Berliner Volksbühne, 1936 Assistent von Hermann Scherchen in Winterthur, 1942 Habilitation bei Friedrich Blume in Kiel, erhielt wegen seiner ablehnenden Haltung zum NS-Regime keine Dozentur, 1943–1945 Geschäftsführer der Niedersächsischen Musikgesellschaft in Braunschweig, 1945–1946 freischaffend, 1947 Dozent (1954–1967 Professor) an der Universität Leipzig, 1967 Entlassung wegen eines der Wochenzeitung *Sonntag* angebotenen kritischen Artikels über die Kulturpolitik der SED, Wiedereinstellung als wissenschaftlicher Mitarbeiter ohne Lehrberechtigung (bis 1971); zahlreiche Publikationen vor allem zur Barock-Oper, war auch als Maler und Komponist tätig.

[27] Rudolf Eller, geb. 1914, zunächst von 1934–1936 Musikstudium in Dresden, danach Studium an der Universität Leipzig (hauptsächlich Musikwissenschaft), dort nach dem Krieg als Assistent bzw. Dozent am Wiederaufbau des Musikwissenschaftlichen Instituts beteiligt; 1965 scheiterte aus politischen Gründen seine Berufung zum Institutsdirektor als Nachfolger von Heinrich Besseler (vgl. meine Darstellung *Die Kampagne gegen Eberhardt Klemm und das Institut für Musikwissenschaft der Universität Leipzig in den 60er Jahren*, in: *Berliner Beiträge zur Musikwissenschaft*, 9. Jg., Beiheft zu Heft 3/1994 der Neuen Berlinischen Musikzeitung, S. 45–51), seit 1959 an der Universität Rostock, zunächst als Dozent, seit 1962 als Professor und Institutsdirektor; Publikationen hauptsächlich zu Bach und Vivaldi.

[28] K. Niemann, *Bericht über die Beratung der Sektion Musikwissenschaft am 30. 11. 67*, SAAdK, EHMA, 826.

[29] Georg Knepler, geb. 1906 in Wien, studierte in Wien Musikwissenschaft (u. a. bei Guido Adler), Klavier und Dirigieren, anschließend Kapellmeister in Mannheim, Wiesbaden und Wien, 1933 Mitglied der KP Österreichs (später von der SED übernommen), in Wien zeitweise inhaftiert, Emigration nach England, 1946 Rückkehr nach Wien, 1949 Übersiedlung nach Ost-Berlin, wo er die Deutsche Hochschule für Musik aufbaute, deren Rektor er bis 1959 war, anschließend Nachfolger Walther Vetters als Prof. und (bis 1968 gemeinsam mit Ernst Hermann Meyer) Direktor des Musikwissenschaftlichen Instituts der Ost-Berliner Humboldt-Universität, 1971 emeritiert; in den sechziger Jahren allmähliche Abkehr vom orthodoxen Kommunismus, Publikationen vor allem zu Mozart und zur Musikgeschichte des 19. Jahrhunderts sowie zum Verhältnis von Musik und Gesellschaft.

er nicht teilgenommen hatte, mit dem für das Verfahren verantwortlichen kommissarischen Institutsdirektor Walther Siegmund-Schultze telefonisch in Verbindung und bat darum, der vom Staatssekretär geforderten Entlassung Wolffs nicht zu entsprechen.[30] In einer Analyse der politischen Situation am Musikwissenschaftlichen Institut der Berliner Humboldt-Universität mußte Hans-Dieter Grampp im Mai 1967 feststellen:

> »Gewisse Tendenzen des Liberalismus zeigen sich in der wenig entschiedenen politischen Bewertung der Angelegenheit Prof. Wolff, Leipzig. Gen. Prof. Meyer, besonders aber Gen. Prof. Knepler halten die fristlose Entlassung Prof. Wolffs für eine politische Fehlentscheidung und beurteilen die ganze Frage sehr einseitig vom sozialen Aspekt (›menschlichen‹) und nach möglichen Auswirkungen auf den Gegner.«[31]

Nach der 5. Tagung des ZK der SED im März 1951 wurde auch die staatliche Kulturpolitik institutionell neu organisiert und aus dem Ministerium für Volksbildung ausgegliedert. Neben dem »Amt für Literatur und Verlagswesen« und dem »Staatlichen Komitee für Filmwesen« entstand die »Staatliche Kommission für Kunstangelegenheiten«. Als Folge des »Neuen Kurses« wurde Anfang 1954 das »Ministerium für Kultur« (MfK) unter Leitung des Schriftstellers Johannes R. Becher gegründet, zu deren Aufgaben auch die Betreuung künstlerischer Gesellschaften gehörte. Von den musikalischen Gesellschaften betraf dies vorerst nur die Neue Bachgesellschaft, die 1949 ihre Tätigkeit wieder aufgenommen hatte (zunächst unter dem Dach des Kulturbundes). Später gründeten sich unter maßgeblicher Vorarbeit des Ministeriums in Halle eine Georg-Friedrich-Händel-Gesellschaft und in Zwickau eine Robert-Schumann-Gesellschaft (1955 beziehungsweise 1957), in beiden Fällen nach historischen Vorbildern. Auch an der Errichtung der Zweiggeschäftsstellen der Gesellschaft für Musikforschung und der Neuen Schütz-Gesellschaft in Leipzig (1954) war das MfK beteiligt. Die Gesellschaft für Musikforschung wurde zwar in der DDR, weil eingestuft als »wissenschaftliche Gesellschaft«, dem Staatssekretariat für Hochschulwesen zugeordnet; das für musikalische Gesellschaften zuständige Kulturministerium blieb aber auch hier nie ganz ohne Mitspracherecht, zumal die politischen Konzeptionen der auf die musikalischen Gesellschaften einflußnehmenden Kräfte die GfM immer mit einschlossen. Im Rahmen des Ministeriums waren besonders

---

[30] Pawula (1. Sekretär der SED-Kreisleitung der Karl-Marx-Universität Leipzig), *Information über den Stand der Auseinandersetzungen am Institut für Musikwissenschaften*, 20. 3. 1967, Sächsisches Staatsarchiv Leipzig, IV A-4/14/058.

[31] H.-D. Grampp, *Zur politisch-ideologischen Situation am Institut für Musikwissenschaft der Berliner Humboldt-Universität*, 18. 5. 1967, SAPMO, DY 30/IV A 2/9.04/230.

die Mitarbeiter Hans-Georg Uszkoreit[32], Hans Pischner[33], Werner Rackwitz[34] und Gerhard Brattke für den Umgang mit den musikalischen Gesellschaften verantwortlich.

Beide Staatsorgane, das für die Hochschul- und das für die Kulturpolitik zuständige, wurden kontrolliert vom Apparat des Zentralkomitees der SED – genauer: von dessen Abteilungen »Wissenschaften« und »Kultur«, die wiederum zum Ressort des für Wissenschaft, Volksbildung und Kultur zuständigen ZK-Sekretärs (seit 1955 Kurt Hager) gehörten. Recht früh hatte sich durchgesetzt, daß die vom jeweiligen Staatsorgan erstellten Konzeptionen über die während der bevorstehenden Veranstaltung einer Gesellschaft zu erreichenden politischen Ziele mit der entsprechenden Abteilung des ZK-Apparats koordiniert und dann dem Sekretariat des ZK zur Beschlußfassung vorgelegt wurden.

Die Kontrolle des Staates durch den Parteiapparat gehörte bereits seit der Gründung der DDR zu den konstitutiven Maximen der SED-Herrschaftssicherung. Am 17. Oktober 1949 sah ein Beschluß des Kleinen Sekretariats des Politbüros vor, daß »Gesetze und Verordnungen von Bedeutung, Materialien sonstiger Art, über die Regierungsbeschlüsse herbeigefuhrt werden sollen, weiterhin Vorschläge zum Erlaß von Gesetzen und Verordnungen« vor ihrer Verabschiedung durch die Volkskammer oder die Regierung dem Politbüro beziehungsweise Sekretariat des Politbüros zur Beschlußfassung übermittelt werden mußten. Aber auch für »alle wichtigen Verwaltungsmaßnahmen« war von nun an »vor ihrer Durchführung die Entscheidung der zuständigen Abteilung beim Parteivorstand herbeizuführen«.[35]

Nicht ohne Einfluß war auch immer der Generalsekretär beziehungsweise Erste Sekretär des Verbandes Deutscher Komponisten und Musikwissenschaftler (VDK) beziehungsweise des Verbandes der Komponisten und Musikwissen-

---

[32] Hans-Georg Uszkoreit, geb. 1926, Musikstudium in Königsberg und nach Kriegsende in Ost-Berlin, 1951–1963 Mitarbeiter der Staatlichen Kommission für Kunstangelegenheiten bzw. des MfK (1956–1963 Leiter der Abteilung Musik), 1963–1968 Dozent für Musikgeschichte und Rektor der Musikhochschule Dresden (seit 1965 Professor), 1968–1975 im VEB Deutsche Schallplatten (bis 1972 Leiter der Abteilung Wissenschaft, danach Chefredakteur des Eterna-Labels), 1975 »Republikflucht« nach Westdeutschland, später Direktor einer Volkshochschule in Schwerte bei Dortmund.

[33] Hans Pischner, geb. 1914, Studium der Musik und Musikwissenschaft in Breslau, nach Kriegsdienst und Gefangenschaft 1946–1950 Dozent (seit 1949 Professor) an der Musikhochschule Weimar, 1950–1954 Leiter der Hauptabteilung Musik des Berliner Rundfunks, 1954–1956 Leiter der Hauptabteilung Musik im MfK, 1956–1963 Stellvertreter des Ministers für Kultur, 1963–1984 Intendant der Deutschen Staatsoper Berlin, 1977–1990 Präsident des KB, 1980–1981 Mitglied des ZK der SED.

[34] Werner Rackwitz, geb. 1929, Studium der Musikwissenschaft in Halle (Saale), 1957–1963 Assistent, 1963–1969 Leiter der Abt. Musik des MfK, danach bis 1981 Stellvertreter des Ministers für Kultur, anschließend Intendant der Komischen Oper Berlin.

[35] Dokument 6.

schaftler der DDR (VKM). Dieses Amt übte von 1951 bis 1968 Nathan Noto-wicz[36] aus, danach bis 1979 Wolfgang Lesser, anschließend Peter Spahn. Besonders Notowicz machte von seinem Mitspracherecht des öfteren Gebrauch. Daß er im Kreis der Musikfunktionäre über eine erhebliche Autorität verfügte, wurde spätestens 1962 deutlich, als er seine Position bezüglich der geplanten Spaltung der Gesellschaft für Musikforschung und der Neuen Bachgesellschaft durchsetzen konnte. Überhaupt ist der Einfluß, den – unabhängig von ihren bekleideten Ämtern – gleichgesinnte Musikwissenschaftler auf die Politik mit den musikalischen und musikwissenschaftlichen Gesellschaften ausüben konnten, nicht zu unterschätzen. Zu nennen sind hier neben Notowicz vor allem Ernst Hermann Meyer, Georg Knepler, Karl Laux[37], Walther Siegmund-Schultze, Werner Felix[38] und Heinz Alfred Brockhaus. Ohne deren aktive Beteiligung wäre die Instrumentalisierung der Gesellschaften für politische Zwecke wohl kaum gelungen.

Es ist zum Teil schwer auszumachen, wie groß der Anteil der genannten Wissenschaftler an politischen Entscheidungen im Einzelfall war. Grundsätzlich galt, daß Entscheidungen des Partei- und Staatsapparats nie isoliert, sondern stets unter Einbeziehung von Wissenschaftlern aus dem genannten Kreis getroffen wurden. Schließlich waren es ja auch letztlich Wissenschaftler, welche auf Kongressen und Mitgliederversammlungen sowie in den Leitungsgremien der Gesellschaften die politischen Vorgaben umzusetzen hatten. Nicht selten ging sogar bei den zahlreichen Versuchen, der DDR durch geschicktes Taktieren einen politischen Geländegewinn zu verschaffen, von diesem Personenkreis die Initiative aus. Es kann daher nicht behauptet werden, daß den linientreuen Wissenschaftlern lediglich die Rolle von Multiplikatoren für vorher von Funktionären beschlossene Entscheidungen zukam – oder gar nur die Rolle von bloßen

---

[36] Nathan Notowicz (1911–1968), Musikstudium in Düsseldorf, Köln, Amsterdam und Brüssel, 1933 Emigration nach Holland, 1940 KPD, 1946–1948 KPD-Funktionär in Düsseldorf, 1948 Übersiedelung nach Ost-Berlin, 1950 dort Professor an der Deutschen Hochschule für Musik, 1951–1968 Generalsekretär (bzw. seit 1957 Erster Sekretär) des VDK, 1962–1968 Sekretär des Musikrates der DDR.

[37] Karl Laux (1896–1978), vor 1945 Musikkritiker bei verschiedenen Zeitungen, verherrlichte in mehreren Publikationen das NS-Regime (vgl. R. Eller, *Die Spaltung der Gesellschaft für Musikforschung 1961 bis 1968*, S. 49 f.), 1946 KPD/SED, 1945–1948 Ministerialrat (Referent für Musik und Theater) der Landesregierung Sachsen, anschließend Musikredakteur der Ost-Berliner SMAD-Zeitung *Tägliche Rundschau*, 1951–1963 in Dresden Direktor der Akademie für Musik und Theater bzw. Rektor der Hochschule für Musik.

[38] Werner Felix, geb. 1927, studierte an der Musikhochschule in Weimar, 1951–1952 Mitarbeiter im Staatssekretariat für Hochschulwesen, 1952–1954 Direktor des Konservatoriums Erfurt, 1955 Rektor der Hochschule für Musik Weimar, 1956 Promotion, 1959 Professor, 1965–1968 Professor für Musikgeschichte an der Universität Leipzig, 1968–1971 Intendant des Gewandhauses Leipzig, 1971 wissenschaftlicher Sekretär des Bach-Komitees der DDR, 1979 Generaldirektor der »Nationalen Forschungs- und Gedenkstätten Johann Sebastian Bach der DDR«.

Befehlsempfängern. Sie gehörten vielmehr mit zu jenem großen Kartell verschiedener Entscheidungsträger, das dem Außenstehenden, der die vielfältige Verflechtung von Institutionen und Personen nicht überschauen konnte, als monolithisches und beinahe dämonisches Gebilde erscheinen mußte.

Das »Delegationsprinzip«

Besonders eindrucksvoll läßt sich das Zusammenspiel der genannten Entscheidungsträger anhand der Vorbereitungen der Jahrestagungen und Kongresse der Gesellschaft für Musikforschung und der Internationalen Gesellschaft für Musikwissenschaft darstellen. Zunächst stand in den fünfziger Jahren und am Beginn der sechziger Jahre die Gesellschaft für Musikforschung im Mittelpunkt des staatlichen Interesses an musikalischen und musikwissenschaftlichen Gesellschaften. Später wurde die eingeübte Verfahrensweise dann auch im Umgang mit der IGMW praktiziert.

Vor jeder Jahrestagung der Gesellschaft hatte das Staatssekretariat für Hochschulwesen als »delegationsbildendes Organ« dem Sekretariat des ZK der SED eine entsprechende Beschlußvorlage anzufertigen. Erst Mitte der siebziger Jahre wurde von dieser Praxis allmählich Abstand genommen und dem Sekretariat des ZK nur noch in einigen wenigen Fällen das letzte Wort bei der »Delegierung« überlassen. Die Zahl der Kongreßreisen hatte in der DDR inzwischen einen die Kapazität der Sekretariatssitzungen völlig überfordernden Umfang angenommen. Bereits in den sechziger Jahren wurde daher bei der Entscheidung mitunter auf die von Kurt Hager geleitete Ideologische Kommission beim Politbüro ausgewichen. Auch hatte sich in den siebziger Jahren die Kontrolle des dienstlichen Reiseverkehrs in westliche Länder bereits so weit formalisiert (siehe unten), daß auf eine Bestätigung durch den Parteiapparat verzichtet werden konnte.

In der Regel wurden die Beschlußvorlagen vom zuständigen Fachreferenten im Staatssekretariat beziehungsweise Ministerium für Hoch- und Fachschulwesen ausgearbeitet und zunächst hausintern bestätigt, bevor die Abteilung Wissenschaften und andere Partei- und Staatsorgane zur Stellungnahme aufgefordert wurden. Zu den festen Bestandteilen der Vorlagen gehörte zunächst eine Liste mit den Namen der zur »Delegierung« vorgesehenen Wissenschaftler. Danach folgten kurze Informationen über den Charakter der jeweiligen Gesellschaft, anschließend wurde auf den zu erwartenden politischen Nutzen der Veranstaltung hingewiesen. (Hier wurde meist gehörig übertrieben, um die Chancen einer Bestätigung der Vorlage zu erhöhen.) Eine Konzeption über die künftig in Angriff zu nehmenden politischen Etappenziele fehlte ebensowenig wie die sogenannte Direktive – eine Verhaltensrichtlinie für die zur Teilnahme vorgesehenen Wissenschaftler. Vor Reisebeginn wurden dann die Teilnehmer auf einer eigens dafür einberufenen »Delegationsbesprechung« mit dem Inhalt der Direktive vertraut gemacht. In den Vorlagen wurde auch vermerkt, welcher »Delegierte« als »Parteigruppenorganisator« vorgesehen war. Denn für die Kontrolle der Teilnehmer am Ort des Geschehens wurde obendrein jedesmal eine temporäre SED-Parteigruppe (beziehungsweise ein »Parteiaktiv«) gebildet – wie es das SED-Statut für solche Gelegenheiten vorsah. Ein darüber hinaus eingesetzter »Delegationsleiter« war allen »Delegationsmitgliedern« gegenüber weisungsberechtigt und hatte nach jeder Veranstaltung dem Staatssekretariat (häufig auch noch dem Kulturministerium und den beiden zuständigen ZK-Abteilungen) schriftlich zu berichten, in welchen Punkten die jeweils aktuelle politische Mission erfüllt werden konnte. Daß der Staatssicherheitsdienst uneingeschränkten Zugang zu diesen Berichten hatte, versteht sich fast von selbst (siehe folgendes Kapitel). So befinden sich beispielsweise die Berichte von Walther Siegmund-Schultze über die Teilnahme an verschiedenen Kongressen der Internationalen Gesellschaft für Musikwissenschaft in einer von der Stasi-Bezirksverwaltung Halle eigens für diesen »Reisekader« angelegten Akte.[39]

Von den »Kaderabteilungen« der Institutionen, welchen die zur »Delegierung« vorgesehenen Personen angehörten, wurden vom Staatssekretariat beziehungsweise Ministerium rechtzeitig Kurzbiographien und Stellungnahmen angefordert, die ebenfalls Bestandteile der Vorlagen bildeten. Die zur Stellungnahme aufgeforderten Partei- und Staatsorgane mahnten mitunter vor der Sekretariatssitzung eine Reduzierung der Teilnehmerzahl an; es konnte aber auch passieren, daß das Sekretariat des ZK einige Personen noch während der Behandlung der Vorlage – das hieß in der Regel unmittelbar vor Reisebeginn – von der Teilnehmerliste streichen ließ. Ein besonderes politisches Kalkül läßt sich dabei nicht erkennen. Um so mehr mußte daher den Betroffenen die Auswahlpraxis wie ein Lotteriespiel vorkommen.

Nach dem Bau der Berliner Mauer wurden die Möglichkeiten für DDR-Bürger, an wissenschaftlichen Veranstaltungen im Westen teilzunehmen, weiter eingeschränkt. Gemäß eines Beschlusses des Sekretariats des ZK der SED vom 18. April 1962 über die »Entsendung von Wissenschaftlern der Deutschen Demokratischen Republik zu Tagungen und Kongressen in nichtsozialistische Länder und nach Westdeutschland« waren solche Reisen nur noch dann zu genehmigen, wenn »eine selbständige Mitgliedschaft der DDR in einer internationalen wissenschaftlichen Organisation (Kollektivmitgliedschaft oder Einzelmitgliedschaft) besteht und ein selbständiges Auftreten unserer Wissenschaftler von vornherein gegeben ist«. Weiter wurde verfügt:

---

[39] BStU, ASt Halle, MfS BV Halle Abt. XX ZMA Nr.: 2709.

»Alle Reisen erfolgen offiziell als ›Delegation der DDR‹.

Es sind nur solche Wissenschaftler zu delegieren, die klar und unzweideutig die Interessen unserer Republik vertreten, ein ausgewiesenes hohes wissenschaftliches Ansehen besitzen und in der Regel auf Tagungen mit einem Vortrag auftreten.

Die Anzahl der zu delegierenden Wissenschaftler ist auf ein Mindestmaß zu reduzieren, in der Zusammensetzung der Delegation ist auch quantitativ der Einfluß unserer Parteimitglieder zu sichern.

Es sind grundsätzlich keine Ehepaare zu delegieren.«[40]

Später wurde diese Richtlinie weiter präzisiert. So beschloß am 22. April 1965 das Sekretariat des ZK der SED eine »Ordnung über die Verantwortung der staatlichen Organe bei der Beschickung von Tagungen und Kongressen in den nichtsozialistischen Staaten«.[41]

Voraussetzung für dienstliche Westreisen von Wissenschaftlern, Künstlern und sonstigen Personen war seit den sechziger Jahren die Bestätigung als Reise- beziehungsweise Auslandskader[42]. Aber auch wenn diese Hürde übersprungen war, bedeutete das keineswegs eine Garantie für die Genehmigung jeder nachfolgend beantragten Reise, so daß der Betreffende nie sicher sein konnte, ob man ihn fahren lassen würde oder nicht. Reisen ins westliche Ausland wurden so »zu einer bis zur letzten Stunde ungewissen Gnade«, wie es der Sprachwissenschaftler Manfred Bierwisch formulierte.[43]

Am 13. Januar 1982 trat für die Abwicklung dieser mit riesigem Aufwand an Sicherheitsvorkehrungen betriebenen Angelegenheit eine vom Ministerrat beschlossene »Anordnung« in Kraft, welche an die Stelle einer zuletzt 1972 geänderten »Richtlinie« getreten war.[44] Im folgenden soll dieses aufschlußreiche – seinerzeit der Öffentlichkeit selbstverständlich verborgen gebliebene – Dokument etwas näher unter die Lupe genommen werden. Notwendig erscheint freilich die Vorbemerkung, daß die aberwitzigen Vorschriften dieser Anordnung nur unter der Prämisse verständlich sind, daß die Bürger in der DDR vom Regime als Staatseigentum betrachtet wurden, denen das Recht auf das Verlassen ihres Landes mit kaltschnäuziger Selbstverständlichkeit verwehrt wurde. Das galt auch für die bestätigten Reisekader, die nicht etwa vom Reiseverbot ausgenommen

---

[40] Dokument 30.
[41] Dokument 18.
[42] »Auslandskader« waren Personen, die für mehrjährige »Einsätze« im Ausland vorgesehen waren, während »Reisekader« nur für kurzfristige Dienstreisen, z. B. Kongreßbesuche, »eingesetzt« werden durften.
[43] M. Bierwisch, *Wissenschaft im realen Sozialismus*, S. 118.
[44] *Anordnung über die Auswahl, Bestätigung und Vorbereitung von Reise- und Auslandskadern und die Durchführung ihrer dienstlichen Reisen*, BStU, ZA, Dokumentenstelle, VVS B 2 – 1034/81.

waren. Die Qualifikation zum Reisekader bedeutete eben nicht, daß der Betreffende nun nach eigenem Ermessen hätte entscheiden können, wann und wohin er ins westliche Ausland fahren wollte. Es handelte sich vielmehr um eine Erlaubnis für seinen staatlichen Dienstherren, ihn im Westen zum »Einsatz« bringen zu dürfen.

»Antragsberechtigt« im Sinne der »Anordnung« war deshalb nicht etwa der Reisewillige, sondern der Staat – und zwar auf Ministerebene beziehungsweise auf der Ebene der Vorsitzenden der Räte der Bezirke. Darüber hinaus konnten dieses Recht nur die Leiter einiger weniger großer Institutionen – darunter die Akademien der Wissenschaften und der Künste, nicht aber die Universitäten – für sich in Anpruch nehmen. Als oberstes Koordinierungs- und Kontrollgremium für die gesamte Reise- und Auslandskader-Problematik war eigens ein zentrales Gremium gebildet worden, nämlich die »Abteilung Auslandsdienstreisen der Arbeitsgruppe für Organisation und Inspektion beim Ministerrat«, kurz: »Abteilung ADR«, in der alle Reise- und Auslandskader »erfaßt« wurden. Die »antragsberechtigten Leiter« hatten dafür zu sorgen, »daß nur solche Personen als Reise- und Auslandskader ausgewählt werden, deren politische Zuverlässigkeit erwiesen ist«. Zum Zweck der Auswahl und der Überprüfung der »Kader« wurden in den Ministerien sowie in größeren Betrieben und Institutionen, wie zum Beispiel den Universitäten, sogenannte Beratungs- und Kontrollgruppen gebildet, denen der »Kaderleiter«, der »Sicherheitsbeauftragte«, der Parteisekretär und andere zuverlässige Funktionäre angehörten. Daß der Staatssicherheitsdienst bei der Bestätigung der Reise- und Auslandskader ein gehöriges Wort mitzureden hatte, versteht sich fast von selbst (siehe folgendes Kapitel).

Um dem Leser einen Eindruck von dem Procedere der Antragstellung zu geben, seien im folgenden mehrere Abschnitte aus »§ 5« (»Bestätigung von Reise- und Auslandskadern«) des besagten Dokuments zitiert:

»(1) Der antragsberechtigte Leiter ist verpflichtet, zur umfassenden Einschätzung der Kader jeden Kadervorschlag in der Beratungs- und Kontrollgruppe zu behandeln und dabei eng mit den gesellschaftlichen Organen zusammenzuarbeiten.

(2) Die Kader sind über ihren Einsatz erst dann zu informieren, wenn die Zustimmung der zuständigen Dienststelle des Ministeriums für Staatssicherheit im Rahmen ihrer sicherheitspolitischen Verantwortung vorliegt. Aktive Einsatzvorbereitungen haben erst danach zu beginnen.

(3) Die Beratung und Entscheidung über die Bestätigung eines Kaders erfolgt auf der Grundlage eines zu erarbeitenden Dokumentes (nachfolgend Entscheidungsdokument genannt). Es besteht aus einem Personalbogen, einer Verwandtenaufstellung zum Ehepartner, Kindern, Eltern, Geschwistern, El-

tern und Geschwistern des Ehepartners und einer Einschätzung des Kaders. Die Einschätzung muß umfassende Aussagen über

- den politisch-ideologischen Bewußtseinsstand und die politisch-moralische Haltung des Kaders, seine Zuverlässigkeit und Standhaftigkeit, seine gesellschaftspolitischen Aktivitäten und seine Entwicklung;
- die beruflich-fachliche Eignung, die Kenntnisse einschließlich der Sprachkenntnisse, Fertigkeiten und Erfahrungen, die zum geplanten Einsatz befähigen sowie Arbeitsmoral und Arbeitsdisziplin;
- die charakterlichen Eigenschaften und Qualitäten sowie seine Verhaltensweisen, die familiären Verhältnisse sowie sein Verhalten und seine Kontakte im Arbeits-, Wohn- und Freizeitbereich;
- die ehemaligen und gegenwärtigen Beziehungen, Verbindungen und Kontakte der Reise- und Auslandskader, ihrer Ehepartner und der im Haushalt lebenden Personen zu Personen nichtsozialistischer Staaten und Berlin (West) sowie ihre persönliche Einstellung dazu

enthalten.
[...]
(4) Mit einem schriftlichen Antrag auf Zustimmung als Reise- bzw. Auslandskader ist das Entscheidungsdokument der zuständigen Dienststelle des Ministeriums für Staatssicherheit zu übergeben. Der antragsberechtigte Leiter wird über die sicherheitspolitische Entscheidung des Ministeriums für Staatssicherheit mit der Rückgabe des Entscheidungsdokumentes in Kenntnis gesetzt. Erst danach kann die Bestätigung durch ihn erfolgen.
(5) Eine Berufung auf die sicherheitspolitische Entscheidung des Ministeriums für Staatssicherheit zur Begründung der Ablehnung eines Kaders bzw. der Rücknahme der Bestätigung gemäß Abs. 8 durch den antragsberechtigten Leiter, seine Beauftragten oder Mitglieder der Beratungs- und Kontrollgruppe gegenüber Reise- und Auslandskadern ist nicht gestattet.«

In den übrigen Paragrahen des Dokuments wurden weitere Details der Antragstellung minutiös geregelt. Beispielsweise wurde festgelegt, daß Dienstreisen von Reisekadern »nur auf der Grundlage bestätigter Reisedirektiven« erfolgen durften (§ 12). Der Paragraph 11 (»Delegationsleiter«) hat folgenden Wortlaut:

»(1) Bei dienstlichen Reisen mehrerer Reisekader, die aufgrund einer gemeinsamen Reisedirektive erfolgen, ist durch den antragsberechtigten Leiter des delegierenden Organs ein Delegationsleiter einzusetzen. Er ist für die Dauer der Reise gegenüber den Delegationsteilnehmern weisungsberechtigt.
(2) In Zusammenarbeit mit dem verantwortlichen antragsberechtigten Leiter bzw. mit dem festgelegten delegierenden Organ nimmt der Delegationsleiter

vor Ausreise die Einweisung der Mitreisenden in die Reisedirektive vor, auf
der er sich die Kenntnisnahme schriftlich bestätigen läßt.«

Auch die Berichterstattung war genauestens geregelt. Jeder Reisekader hatte bis
zum dritten Arbeitstag nach Rückkehr von der Reise einen »Sofortbericht« vorzulegen (§ 13). Und schließlich entpuppt sich beim Lesen der »Anordnung« die
von zahlreichen Reisekadern als besonders schikanös empfundene Praxis, daß
ihnen der Reisepaß erst unmittelbar vor Antritt der Reise ausgehändigt wurde,
nicht als Willkürmaßnahme einzelner heimtückischer Funktionäre, sondern als
Vorschrift (§ 15).

Zur Rolle des Staatssicherheitsdienstes[45]

Bei der Entscheidung darüber, ob ein Wissenschaftler an einer Tagung im
Westen teilnehmen durfte, spielte in den Jahrzehnten nach dem Bau der Mauer
das Ministerium für Staatssicherheit (MfS) eine wachsende Rolle. Sofern das
MfS die betreffende Person nicht ohnehin schon »operativ bearbeitete« beziehungsweise als Inoffiziellen Mitarbeiter (IM) in ihren Diensten zu stehen
hatte, wurde es spätestens dann tätig, wenn der Kandidat als Reisekader für das
sogenannte Nichtsozialistische Währungsgebiet (NSW) bestätigt werden sollte.
    Der Umgang des Staatssicherheitsdienstes mit Reisekadern war mittels ver-
schiedener MfS-interner Richtlinien geregelt worden. So legte beispielsweise die
»Dienstanweisung Nr. 4/85 über die politisch-operative Sicherung des Reiseverkehrs von Bürgern der DDR nach nichtsozialistischen Staaten und Westberlin« vom 12. August 1985 die Verantwortung der verschiedenen Stasi-Dienst-
einheiten bei der Überprüfung von Reisekadern und sonstigen Westreise-Privile-
gierten fest.[46] Eine »Ordnung über die Erfassung von Personen in der Abteilung
XII auf der Grundlage von Sicherungsvorgängen« aus dem Jahr 1976 schrieb
vor, daß alle bestätigten Reisekader in der Abteilung XII des MfS (Speicher-
führung und Archiv) »aktiv erfaßt« werden mußten.[47] Im Rahmen der »Sicher-
heitsüberprüfung« wurde über den Antragsteller eine Akte angelegt und es wurde damit begonnen, über ihn »Ermittlungen« zu führen. Zunächst wurde in den
Datenspeichern des MfS gesucht, ob der Kandidat im Laufe seines Lebens bereits einmal »operativ angefallen« war (viele Westkontakte, Beschlagnahmungen

---

[45] Über die Rolle des Staatssicherheitsdienstes in der musikwissenschaftlichen Forschung und Lehre
    der DDR bereite ich gegenwärtig eine separate Publikation vor.
[46] BStU, ZA, Dokumentenstelle, VVS MfS 008-59/85. Dieses Dokument ersetzte die zehn Jahre
    früher in Kraft getretene gleichnamige Dienstanweisung 4/75.
[47] BStU, ZA, Dokumentenstelle, VVS MfS 008-506/76.

seitens der Zollverwaltung und dergleichen mehr). Weiter wurden im Wohngebiet des Antragstellers »ermittelt«. Als förderlich im Sinne des Reisewunsches galt, wenn eingeschätzt werden konnte, daß der Kandidat in der DDR »Bindungsfaktoren« hatte, wenn er etwa eine »harmonische Ehe« nach den »Prinzipien der sozialistischen Moral« führte – denn Ehestreitigkeiten wie auch Ehelosigkeit galten als Unsicherheitsfaktoren einer möglichen »Republikflucht« –, wenn er im Wohngebiet »gesellschaftlich aktiv« war, und wenn überhaupt er einen »guten Leumund« bei seinen Nachbarn hatte.

Die wichtigste Überprüfung freilich war die nach einer aktiven oder passiven »Erfassung« für das MfS. Stellte sich heraus, daß der Kandidat schon für eine andere Stasi-Diensteinheit erfaßt war (entweder »positiv« als Inoffizieller Mitarbeiter oder »negativ« als »operativ bearbeitete« Person), wurde die erfassende Diensteinheit um Stellungnahme gebeten. Von deren Urteil hing dann die Befürwortung oder Ablehnung des Antrags ab. Dafür ein eindrucksvolles Beispiel:

Als der Leipziger Musikästhetiker Eberhard Lippold sich in den achtziger Jahren mehrfach darum bemühte, in den »Reisekaderstamm NSW« aufgenommen zu werden, wurden seine diesbezüglichen Anträge immer wieder abgelehnt. Der Grund: Lippold war als IM der Hauptverwaltung Aufklärung (HVA) erfaßt und hatte vom 5. November 1980 bis zum 15. Dezember 1981 in der Bundesrepublik (MfS-Vokabel: »Operationsgebiet«) im Gefängnis sitzen müssen. Die erfassende Diensteinheit, die Abteilung A II der HVA,[48] gab deshalb nur für »Einsätze in sozialistischen Ländern«, nicht aber für »Einsätze in das NSW« grünes Licht. Da nützte es Lippold auch nichts, daß sie ihm ein glänzendes Zeugnis ausstellte:

»Der IM vertritt konsequent den Klassenstandpunkt, auch unter den komplizierten Bedingungen der Haft im Operationsgebiet hat er operatives Wissen nicht offenbart und seinen politisch-operativen Auftrag erfüllt.«[49]

Doch so schnell ließ die Stasi einen verdienten Genossen (SED-Mitglied seit 1956), der sich bis 1985 an der Leipziger Karl-Marx-Universität bis zum Sektionsdirektor hochgedient hatte, nicht fallen. »Frank Seiler« und »Mario«[50], zwei

---

[48] Die Abteilung A II der HVA, zuletzt geleitet von Oberst Dr. Kurt Gailat, war für die »Aufklärung und Bearbeitung« der Parteien, Organisationen, Gewerkschaften, Verbände und Stiftungen sowie der Kirchen und der Friedensbewegung in der Bundesrepublik Deutschland zuständig (vgl. *Die Organisationsstruktur des Ministeriums für Staatssicherheit 1989*, S. 369).

[49] Brief von Oberst Kurt Gailat (Stellvertretender Leiter der Abt. A II der HVA) an die Abt. XX der BV Leipzig vom 21. 1. 1983, BStU, ASt Leipzig, ZMA BV Lpz Abt XX 7253.

[50] Einer der beiden Decknamen konnte entschlüsselt werden. Bei IMS »Frank Seiler« handelt es sich um Hans-Joachim Wadewitz, geb. am 15. 9. 1946 in Wurzen; er war damals als politischer Mitarbeiter im Rektorat der Leipziger Universität tätig (Mitteilung von Hans Grüß).

an der Universität beschäftigte Inoffizielle MfS-Mitarbeiter unterstützten 1986 in Stellungnahmen nachdrücklich den Reiseantrag. Lippold sei aus Sicht der Universität »über alle Zweifel erhaben«, er ließe in seinem Auftreten »einen klaren marxistisch-leninistischen Klassenstandpunkt erkennen«.[51] Dieses Drängen hatte Erfolg, noch im selben Jahr revidierte die HVA ihre Entscheidung und stimmte dem »Einsatz« ihres wackeren Tschekisten »als NSW-Reisekader« mit der Einschränkung zu, »daß keine Reisen in die BRD/Westberlin erfolgen«.[52] Die für die Bestätigung der Reisekader an der Leipziger Universität zuständige Stasi-Diensteinheit, zu deren »Sicherungsbereich« auch ansonsten die Universität gehörte, schloß sich erwartungsgemäß dieser Entscheidung an.[53] Das dürfte ihr um so leichter gefallen sein, als Lippold sich inzwischen auch bei ihr als zuverlässiger Gefolgsmann empfohlen hatte, so daß sie später, im Februar 1988, sogar den Vorschlag machte, ihn anläßlich seines 50. Geburtstages mit einem »Sachgeschenk« – einem »Minibuch« im Wert von 24 Mark – auszuzeichnen. Begründung:

> »Gen. Prof. Lippold ist als offizielle Schlüsselposition sehr um eine effektive Zusammenarbeit mit unserem Organ bemüht. Als Sektionsdirektor wird Gen. Prof. Lippold noch mindestens bis Herbst 1989 im Amt verbleiben. Gen. Prof. Lippold ist in seiner Funktion stets bemüht, die Interessen des MfS an seiner Sektion durchzusetzen.«[54]

Das letzte Wort bei der Entscheidung, ob ein Wissenschaftler ins westliche Ausland reisen durfte, kam allerdings nicht der Stasi zu, sondern dem staatlichen Auftraggeber, also dem entsprechendem Ministerium sowie der Leitung der Universität oder sonstigen staatlichen Dienststelle im Bunde mit deren Parteileitung. Wenn Reisewünsche unerfüllt blieben, lag dies nicht selten auch an mangelnder Unterstützung seitens des Arbeitgebers.[55]

Überhaupt sollte die Rolle des Staatssicherheitsdienstes bei politischen Entscheidungen in der DDR, auch bei Entscheidungen, die musikalische und musikwissenschaftliche Gesellschaften betrafen, nicht überschätzt werden. Die Stasi

---

[51] »Personeneinschätzungen« der BV Leipzig, Abt. XX, vom 28. 2. 1986 (»Frank Seiler«) bzw. vom 1. 10. 1986 (»Mario«), BStU, ASt Leipzig, ZMA BV Lpz Abt XX 7253.

[52] Brief von Oberstleutnant Gerhard Behnke (HVA, Abt. A II) an das Referat XX/3 der BV Leipzig vom 30. 9. 1986, BStU, ASt Leipzig, ZMA BV Lpz Abt XX 7253.

[53] Schreiben von Oberstleutnant Rolf Wallner (Leiter der Abt. XX der BV Leipzig) und Major Gabriel (Leiter des Referats 3 derselben Abteilung) vom 16. 10. 1986, BStU, ASt Leipzig, ZMA BV Lpz Abt XX 7253.

[54] BV Leipzig, Referat XX/8, *Vorschlag zur Prämierung*, BStU, ASt Leipzig, ZMA BV Lpz Abt XX 7253. Der Vorschlag wurde vom Abteilungsleiter, Oberstleutnant Wallner, bestätigt, so daß davon auszugehen ist, daß Lippold die Prämie auch erhalten hat.

[55] Einen solchen Fall schildert S. Bimberg, *Nachhall*, Bd. I, S. 170.

war, wie alle Forschungsergebnisse seit 1990 immer wieder bestätigen, eben nicht »Staat im Staate«, sondern Garant der SED-Diktatur. Sie hat keine eigene Politik gemacht, sondern war nur dazu da, den Willen der eigentlichen Machthaber, der SED-Führungsriege, mit geheimdienstlichen Mitteln durchzusetzen. Diesem Auftrag entsprach auch ihre vorrangig personenbezogene Arbeitsweise. Dennoch sammelte die Stasi über diverse »gesellschaftliche Organisationen« wie die genannten Gesellschaften auch »objektbezogenes« Material, das sie in sogenannten Sachakten ablegte. Als am umfangreichsten unter den bisher aufgefundenen Unterlagen über musikalische Gesellschaften erwies sich die von der Bezirksverwaltung Halle des MfS angelegte Akte über die Georg-Friedrich-Händel-Gesellschaft.[56] Daraus geht hervor, daß die Stasi spätestens in den achtziger Jahren mit Hilfe eines im »Georg-Friedrich-Händel-Zentrum« in Halle plazierten Inoffiziellen Mitarbeiters über alle wichtigen Ereignisse in der Gesellschaft informiert war. Sie war im Besitz der kompletten Mitgliederliste, wußte, welche Mitglieder aus dem »NSW« zu den Händelfestspielen in die DDR einreisen wollten, und sie war auch über die Kontoführung und über die Kontakte zur Göttinger Händel-Gesellschaft auf dem laufenden. Als zur Eröffnungsveranstaltung der Händelfestspiele 1988 der Leiter der bundesdeutschen Ständigen Vertretung in der DDR, Hans-Otto Bräutigam, eingeladen wurde, erfuhr das sogleich auch die zuständige Bezirksverwaltung der Stasi – und wertete diese Information als »von besonderer Bedeutung für die operative Absicherung der Händelfestspiele«.[57]

Der Bericht eines für die Kreisdienststelle Zwickau tätigen IM veranlaßte Ende 1979 die Hauptabteilung XX der Berliner Stasi-Zentrale, eine Akte über die Robert-Schumann-Gesellschaft anzulegen. Streng genommen ging es aber weniger um die Zwickauer, sondern vor allem um die im selben Jahr in Düsseldorf gegründete Robert-Schumann-Gesellschaft. Dem Berichterstatter war gelegentlich eines Besuchs im Bonner Schumannhaus bekannt geworden, daß die Düsseldorfer Gesellschaft ein Schumann-Museum aufbauen und einen Musikwettbewerb ins Leben rufen wolle. Nun fürchtete der Stasi-Zuträger Konkurrenz für die gleichnamige DDR-Gesellschaft und deren Robert-Schumann-Wettbewerb. Es müsse deshalb geprüft werden, »ob der Name der westdeutschen Gesellschaft rechtens geführt wird« und ob man ihr die Herausgabe der *Neuen Zeitschrift für Musik* »abstreiten« könne. Fazit des besorgten IM:

»Diese Entscheidungen sind kulturpolitisch hoch wichtig. Es geht darum, daß die Arbeiterklasse und ihr Staat das revolutionäre und demokratisch-revolu-

---

[56] BStU, ASt. Halle, MfS BV Halle, Abt. XX, Sachakten Nr.: 173; vgl. auch Dokument 78.
[57] Kreisdienststelle Halle, *Information zum Stand der Vorbereitung der Händelfestspiele*, 26. 5. 1988, BStU, ASt. Halle, MfS BV Halle, Abt. XX, Sachakten, Nr.: 173, Bl. 43 f.

tionäre Kulturerbe in ihren Händen hält und bewahrt, und daß es nicht mißbraucht wird von Kräften, die damit den Bonner Staat aufwerten und ka-
schieren können und damit wirklich die guten nationalen Traditionen mißbrauchen.«[58]

Die für künstlerische Organisationen zuständige Abteilung 7 der Hauptabteilung
XX suchte, durch diese Einschätzung aufgeschreckt, Anfang Januar 1980 Kontakt mit dem Stellvertreter des Ministers für Kultur, Werner Rackwitz. Als dieser
im Gespräch erklärte, er sehe »zur Zeit keine Notwendigkeit zur Einleitung von
aktiven Maßnahmen gegen die Robert-Schumann-Gesellschaft in der BRD«,[59]
war die Angelegenheit für die Stasi offenbar erledigt, und die Akte wurde geschlossen.

Die politischen Rahmenbedingungen für Vereinigungen in der Sowjetischen Besatzungszone (1945–1949)

Unmittelbar nach Kriegsende war nicht nur die staatliche, sondern überhaupt
die gesamte gesellschaftliche Organisation in Deutschland zum Erliegen gekommen. Jegliche Form von gesellschaftlicher Tätigkeit unterlag der Genehmi-
gungspflicht und Kontrolle der jeweiligen Besatzungsmacht und des Alliierten
Kontrollrates. Die Tätigkeit nazistischer Organisationen wurde darüber hinaus
vom Alliierten Kontrollrat ausdrücklich verboten,[60] in der Sowjetischen Besatzungszone außerdem per Befehl des Obersten Chefs der Militäradministration
(SMAD).[61]
    Früher als ihre westlichen Verbündeten erlaubte die Sowjetunion in ihrer Zo-
ne die Neugründung von Parteien und Gewerkschaften.[62] Die sich daraufhin als
erste legale Organisation nach dem Krieg wieder gründende Kommunistische
Partei Deutschlands präsentierte sich in der Öffentlichkeit anfangs durchaus als
pluralistisch und liberal. In ihrem Gründungsaufruf vertrat sie die Auffassung,
»daß der Weg, Deutschland das Sowjetsystem aufzuzwingen, falsch wäre«, weil
dieser Weg »nicht gegenwärtigen Entwicklungsbedingungen in Deutschland«
entspreche. Statt dessen empfahl sie den »Weg der Aufrichtung eines antifaschistischen, demokratischen Regimes, einer parlamentarisch-demokratischen Re-

[58] *Bericht Robert-Schumann-Gesdenkstätte in Bonn vom 22. 11. 1979*, BStU, ZA, HA XX ZMA 1636, Bl. 6.
[59] HA XX/7, *Vermerk*, 7. 1. 1980, BStU, ZA, HA XX ZMA 1636.
[60] *Gesetz Nr. 2 [des Alliierten Kontrollrates]. Auflösung und Liquidierung der Naziorganisationen*, in: *Amtsblatt des Kontrollrats in Deutschland*, Nr. 1 vom 29. 10. 1945, S. 19–21.
[61] *Befehl Nr. 80 des Obersten Chefs der Sowjetischen Militäradministration in Deutschland über die Auflösung na-zistischer Organisationen (29. 9. 1945)*, in: *Um ein antifaschistisch-demokratisches Deutschland*, S. 162–165.
[62] Dokument 1.

publik mit allen demokratischen Rechten und Freiheiten für das Volk«.[63] An diesem Ansatz hielt anfangs auch die im April 1946 aus KPD und SPD gebildete Sozialistische Einheitspartei Deutschlands fest, die sich beispielsweise kulturpolitisch für die »Freiheit der Wissenschaft und der Künste« einsetzen wollte.[64] Freilich entsprach dieser Liberalismus genau der von der Moskauer KPD-Führung in den Jahren 1944 und 1945 für die Zeit nach Kriegsende entworfenen Taktik und bedeutete nicht, daß sich die deutschen Kommunisten etwa damals von ihrem Endziel, die Alleinherrschaft zu übernehmen, verabschiedet hätten.[65]

Im September 1945 verfügte der Oberste Chef SMAD die »Wiedererrichtung und die Tätigkeit von Museen, Theatern und anderen Kunstinstitutionen«. Zugleich erklärte er »alle ehemals auf dem Territorium der Sowjetischen Besatzungszone Deutschlands existierenden künstlerischen Gesellschaften und Vereinigungen [...] vom Zeitpunkt der Kapitulation Deutschlands an als aufgelöst«.[66] Die Bildung neuer Kunstgesellschaften war nur in Einzelfällen und nur »mit Genehmigung der Abteilung für Volksbildung der Sowjetischen Militäradministration auf Vorschlag der Deutschen Zentralverwaltung für Volksbildung oder ihrer örtlichen Organe« gestattet.[67] Eintragungen früherer Vereinigungen in den Vereinsregistern der Amtsgerichte wurden in den folgenden Jahren gelöscht. Dieses Schicksal ereilte zum Beispiel im Jahr 1949 die in Jena ansässige »Geographische Gesellschaft«,[68] aber auch die Neue Bachgesellschaft in Leipzig.

Die sowjetische Besatzungsmacht sorgte von Anfang an dafür, daß die von Kommunisten majorisierten Deutschen Zentralverwaltungen und die ebenfalls in Berlin ansässige »Deutsche Wirtschaftskommission« große Entscheidungskompetenzen erhielten. Offenbar war von sowjetischer Seite vorgesehen, mit der Bildung der Zentralverwaltungen Keimzellen einer künftigen gesamtdeutschen Regierung zu schaffen.[69] Im Kulturbereich war es die von Paul Wandel geleitete »Deutsche Zentralverwaltung für Volksbildung«, die von der SMAD mit weitreichenden Befugnissen für die gesamte Sowjetische Besatzungszone ausgestattet wurde. Eine von Wandels Behörde mitgetragene Verordnung der Deutschen Verwaltung des Innern verbot im Januar 1949 die freie Betätigung künstlerischer Vereinigungen, indem sie deren Anschluß an die damals bereits nahezu vollständig von der SED kontrollierten sogenannten »demokratischen

---

[63] *Aufruf des Zentralkomitees der Kommunistischen Partei Deutschlands an das deutsche Volk zum Aufbau eines antifaschistisch-demokratischen Deutschlands*, in: *Um ein antifaschistisch-demokratisches Deutschland*, S. 60.

[64] *Manifest an das deutsche Volk*, in: *Dokumente der Sozialistischen Einheitspartei Deutschlands. Beschlüsse und Erklärungen des Zentralsekretariats und des Parteivorstandes*, Berlin [Ost] 1948, S. 28.

[65] Vgl. *»Nach Hitler kommen wir«*.

[66] Dokument 2.

[67] Ebd.

[68] Nach einer Mitteilung des Sektors Tagungen und Kongresse des SfH (1951), BA Berlin, DR-3/1644.

[69] Vgl. H. Weber, *Geschichte der DDR*, S. 97.

Massenorganisationen« vorschrieb.[70] Der Vorschlag dazu war im Oktober 1948 von dem SED-Funktionär Anton Ackermann gekommen. »Gruppen und Vereinen«, die »ohne größeren Zusammenhang und ohne Kontrolle und Leitung durch eine Organisation« arbeiten, könnten »Feinden« »bequemen Unterschlupf« bieten, hatte Ackermann in einem Entwurf für einen Beschluß des Zentralsekretariats der SED gewarnt.[71] Für künstlerische Vereinigungen, auch für künftig sich bildende, bedeutete die Verordnung einen Anschluß an den 1945 gegründeten »Kulturbund zur demokratischen Erneuerung Deutschlands«. Von den musikalischen Gesellschaften war von dieser Regelung die Neue Bachgesellschaft betroffen, die nun für mehrere Jahre ihre Selbständigkeit aufgeben und sich in den Kulturbund eingliedern lassen mußte. Für kurze Zeit mußten sich auch die in der DDR nach sowjetischem Vorbild entstandenen Künstlervereinigungen im Rahmen des Kulturbundes betätigen, so der 1951 gegründete Verband Deutscher Komponisten und Musikwissenschaftler. Erst im März 1952 wurde die Verordnung von 1949 teilweise wieder aufgehoben, indem (in Umsetzung eines Beschlusses des Sekretariats des ZK der SED) die Künstlerverbände in die formelle Selbständigkeit entlassen wurden.[72] Für verschiedene andere Vereinigungen blieb allerdings der Kulturbund die Dachorganisation bis zum Ende der DDR.

Die Verordnung von 1949 schuf Voraussetzungen dafür, welchen Platz Gesellschaften und andere Vereinigungen künftig in der DDR nach dem Willen der SED einzunehmen hatten. Obgleich in den Landesverfassungen der SBZ von 1947 (mit Ausnahme Thüringens) die Koalitionsfreiheit gewährt wurde (ausgenommen faschistische oder militaristische Organisationen),[73] waren SMAD und SED von Anfang an darum bemüht, die Selbständigkeit von Vereinigungen zu verhindern. Angestrebt wurden monopolistische und zentralistische Vereinigungen, die von der SMAD beziehungsweise SED besser kontrolliert werden konnten. Das zeigte sich bereits im Sommer 1945 mit der Bildung des »Blocks der antifaschistisch-demokratischen Parteien«, den die Kommunisten spätestens nach der Vereinigung von KPD und SPD im April 1946 dominieren konnten. Darüber hinaus strebten SMAD und KPD frühzeitig die Bildung von einheitlichen Gewerkschafts-, Frauen- und Jugendorganisationen an. Spätestens mit deren Einbindung in die »Nationale Front des demokratischen Deutschland« war nach der Gründung der DDR die Gleichschaltung der politisch bedeutendsten

---

[70] Dokument 5.

[71] Zitiert in: M. Heider, *Politik – Kultur – Kulturbund*, S. 102 f. Der Entwurf ist einem Brief Ackermanns an Johannes R. Becher vom 21. 10. 1948 (SAAdK, Johannes R. Becher-Archiv, 13.093) beigegeben.

[72] *Protokoll Nr. 139 zur Sitzung des Sekretariats des ZK am 11. Februar 1952*, SAPMO, DY 30/J IV 2/3/268, Bl. 4 f.

[73] *Organisationen und Verbände in der DDR*, S. 17.

Vereinigungen vollzogen. Bereits zuvor verhinderte die starke Stellung des Kulturbundes, die in manchen Gegenden, wie Mecklenburg-Vorpommern, einer Monopolstellung gleichkam, die Wiederentstehung des vielgliedrigen regionalen Vereinslebens in Form der Heimat-, Kunst- und Museumsvereine.[74] Seitens der tonangebenden kommunistischen Kräfte im Kulturbund wurde diese Tendenz gefördert. Offenbar erachtete die SMAD es von Anfang an als wünschenswert, der besseren Überschaubarkeit und Kontrolle wegen möglichst viele der traditionellen Kunst- und Kulturvereinigungen in den Kulturbund einzugliedern.[75] Bereits im Jahr 1948 polemisierte der thüringische Landessekretär des Kulturbundes unter dem Vorwand des Schutzes vor reaktionärem »Gift« gegen die Zulassung selbständiger Vereinigungen:

»Wir sagen es ganz offen, die bisherigen Vereine waren in ihrer politischen Indifferenz nicht gut. Diese politische Indifferenz, die sich in allen Schichten unseres Volkes bemerkbar machte, führte uns in die Katastrophe, immunisierte uns nicht gegen das Gift, das von Reaktionären aller Schattierungen ausgespritzt wurde. (Ganz zu schweigen von den Vereinen, deren politische Indifferenz nur eine Maske war.)

Unsere Aufgabe ist es, diese Indifferenz zu beseitigen und alle Interessengruppen mit einem fortschrittlichen humanistischen Zeitgeist zu erfüllen.

Könnten wir dieses Ziel erreichen, wenn wir die Vereinsmeierei von ehedem ›ihre eigenen Wege‹ gehen ließen?

Wir sagen es offen: Das geistige Fundament unserer neuen Demokratie ist noch nicht stark genug, um uns der Gefahr dieser ›eigenen Wege‹ auszusetzen, noch ist unser Organismus nicht so gesund, daß er verhängnisvolle Bakterien von selbst ausstoßen würde.«[76]

Vereinigungen in der DDR in den fünfziger Jahren

Im Januar 1950 genehmigte das Sekretariat des ZK der SED die Tätigkeit »nichtpolitischer Organisationen« – zunächst in Ost-Berlin –, indem es einer entsprechenden Anordnung des Polizeipräsidenten im sowjetischen Sektor der Stadt seine Zustimmung gab. Gleichzeitig wurde die nichtregistrierte Vereinstätigkeit mit Haftstrafen bis zu sechs Monaten bedroht.[77] Möglicherweise steht diese Regelung im Zusammenhang mit einer »Anfrage« von Volksbildungsmini-

---

[74] J. Wehner, *Kulturpolitik und Volksfront*, S. 266.
[75] Ebd.
[76] P. D[ornberger], *Vereinsmeierei – unsere alte deutsche Schwäche?*
[77] *Protokoll Nr. 76 der Sitzung des Sekretariats am 6. Januar 1950*, SAPMO, DY 30/J IV 2/3/076.

ster Paul Wandel bezüglich der »Genehmigung von wissenschaftlichen Gesellschaften«, zu der das Sekretariat des ZK am 5. Dezember 1949 erklärt hatte:

> »Nach den bestehenden Bestimmungen können Vereine oder Gesellschaften
> nur gegründet werden, wenn die Zustimmung des Ministeriums des Innern
> vorliegt.«[78]

Am 15. Oktober 1952 ordnete die Regierung der DDR an, daß »Angelegenheiten der Freiwilligen Gerichtsbarkeit« auf die einschlägigen staatlichen Verwaltungsorgane überzugehen hätten.[79] Damit ging zugleich ein wesentlicher Teil
der bürgerlichen Rechtsordnung verloren. Beseitigt wurde die bisherige Praxis,
gesellschaftliche Angelegenheiten weitgehend ohne direktes Zutun des Staates
zu regeln. Betroffen davon war auch das traditionelle Vereinswesen, denn die
Führung der Vereinsregister – bisher eine Sache der Amtsgerichte – ging auf die
Volkspolizeikreisämter über. Zugleich nutzte man die Gelegenheit, die Zulassungsbedingungen zu verschärfen:

> »Dem Verein muß die Rechtsfähigkeit durch Verfügung des Leiters des
> Volkspolizeikreisamtes entzogen werden, wenn die Tätigkeit gegen die demo
> kratische Gesetzlichkeit verstößt.«[80]

In der ersten Hälfte der fünfziger Jahre bemühte sich das Staatssekretariat für
Hochschulwesen der DDR um die Gründung wissenschaftlicher Gesellschaften.
In einer Hauptabteilungsleitersitzung wurde im April 1952 beschlossen, vordringlich »Gesellschaften, die schon früher ihren Sitz im jetzigen Gebiet der
DDR hatten«, wieder ins Leben zu rufen und »zu überlegen, welche anderen
wissenschaftlichen Gesellschaften beschleunigt gegründet werden müssen«.[81] Zu
Beginn des Jahres 1953 arbeitete das Staatssekretariat einen regelrechten »Plan
der zu gründenden wissenschaftlichen Gesellschaften« samt eines an das Statut
der »Physikalischen Gesellschaft in der DDR« angelehnten »Musterstatuts« aus.[82]
Alle in den folgenden Jahren auf diese Weise gebildeten Gesellschaften beschränkten ihre Tätigkeit auf das Gebiet der DDR. Allein in den Jahren 1952 bis
1954 wurden Gesellschaften für die Disziplinen Physik, Chemie, Geographie
und Geologie gegründet. In zahlreichen Fällen ging die staatliche Verantwortung
später auf die Deutsche Akademie der Wissenschaften über, bei medizinischen

---

[78] *Protokoll Nr. 70 der Sitzung des Sekretariats am 5. Dezember 1949*, SAPMO, DY 30/J IV A-53.

[79] Dokument 9.

[80] Ebd., § 41.

[81] *Beschlußprotokoll der Hauptabteilungsleitersitzung am 26. 4. 52 von 9.30 bis 13.30*, BA Berlin, DR-3/144.

[82] *(Beschluß-)Protokoll der 5/53 Sitzung des Kollegiums im Staatssekretariat für Hochschulwesen am Mittwoch, dem 4. Februar 1953*, BA Berlin, DR-3/146.

Gesellschaften auf das Ministerium für Gesundheitswesen.[83] Die Mitgliedschaft von DDR-Bürgern in Gesellschaften mit westdeutschem Sitz wurde anfangs toleriert. Ein Mitarbeiter des Hauptreferats »Wissenschaftliche Tagungen und Gesellschaften« im Staatssekretariat für Hochschulwesen wagte beispielsweise noch 1952 gegenüber einem Vorgesetzten die Frage zu stellen, ob es »allen westdeutschen Gesellschaften« empfohlen werden sollte, Sonderkonten in der DDR zu errichten, damit deren ostdeutsche Mitglieder reguläre Beitragszahlungen leisten könnten.[84]

Im Jahr 1954 schrieb die SED in ihrem Parteistatut nicht nur ihre Führungsrolle gegenüber allen anderen gesellschaftlichen Organisationen fest, sondern verpflichtete die Parteimitglieder in Staatsorganen und »Massenorganisationen« sich in eigenen Parteigruppen zusammenzuschließen. Alle späteren SED-Statuten übernahmen diese Regelung. Ein parteiamtliches »Handmaterial für den Parteisekretär« aus dem Jahr 1972 führte dazu folgendes aus:

»Entsprechend dem Statut unserer Partei werden auf allen Kongressen, Beratungen und in den wählbaren Organen des Staates und der Massenorganisationen mit mindestens drei Parteimitgliedern Parteigruppen gebildet (Statut, Pkt. 69 und 70.)
Ihre Aufgabe ist es, den Einfluß der Partei allseitig zu verstärken, unsere Politik unter den Parteilosen zu vertreten, die Partei- und Staatsdisziplin zu festigen und die Befolgung der Partei- und Regierungsdirektiven zu kontrollieren. Für die laufende Arbeit wählt die Gruppe einen Sekretär. [...]
Ausgehend von der konkreten Situation, wird entschieden, wann die *Parteigruppe* zusammentritt und welche Fragen beantwortet werden sollen. Sie *beschäftigt sich im wesentlichen mit folgendem:*
– Beratung darüber, wer zu welchen Fragen der Politik der Partei spricht;
– Verständigung über die Haltung und das Auftreten der Genossen zu bestimmten Problemen;
– Auseinandersetzung mit einzelnen Genossen über ihre Arbeit oder über ihr Verhalten.
Die Festlegungen der Gruppe sind für alle ihr angehörenden Genossen bindend.«[85]

Nach diesem Muster wurden auch bei Mitgliederversammlungen und Kongressen musikalischer und musikwissenschaftlicher Gesellschaften die SED-Mitglieder zu temporären Parteigruppen (beziehungsweise »Parteiaktiven«) unter

---

[83] A. Herbst, W. Ranke und J. Winkler, *So funktionierte die DDR*, Bd. 2, a. a. O., S. 1171.
[84] Schad (Oberreferent im SfH), Brief an Freitag (SfH) vom 17. 11. 1952, BA Berlin, DR-3/1671.
[85] *Handmaterial für den Parteisekretär*, S. 45.

Leitung eines Sekretärs beziehungsweise »Parteigruppenorganisators« zusammengefaßt.

Auch das Ministerium für Kultur entdeckte bald sein Interesse an gesamtdeutschen und internationalen Gesellschaften, zumal die DDR während der Zeit ihrer internationalen Isolierung auf inoffizielle, formal nichtstaatliche Repräsentanten zurückgreifen mußte. Dabei spielten auch musikalische Gesellschaften eine Rolle. Zunächst ging es darum, sich über die bestehenden Mitgliedschaften von DDR-Bürgern in solchen Gesellschaften zu informieren und weitere Gesellschaften für Mitgliedschaften zu erschließen. Am 8. November 1956 bat der für Musik zuständige Hauptabteilungsleiter im Kulturministerium, Hans-Georg Uszkoreit, den Generalsekretär des VDK, Nathan Notowicz, dem Ministerium über die Adresse des Komponistenverbandes Informationsmaterial von internationalen musikalischen und musikwissenschaftlichen Organisationen zu besorgen.[86] Einen Monat später forderte der stellvertretende Außenminister Sepp Schwab Kulturminister Johannes R. Becher zum stärkeren kulturpolitischen Engagement in den entsprechenden gesamtdeutschen und internationalen Organisationen auf. Ziel müsse es sein, »eine gleichberechtigte Stellung in der gesamtdeutschen Vertretung zu erreichen«.[87] Die musikalischen Gesellschaften betreffend, forderte Becher daraufhin von der zuständigen Hauptabteilung Musik seines Ministeriums die nötigen Informationen an. Das Antwortschreiben von Hauptabteilungsleiter Uszkoreit enthielt sodann über allgemeine Angaben hinaus Vorschläge, wie mit den einzelnen Gesellschaften zu verfahren sei, um die Position der DDR zu stärken.[88] Im November 1957 erstellte das MfK eine auf dieser Linie liegende »Direktive« für die Umgestaltung aller gesamtdeutschen kulturellen Gesellschaften. Danach sollte es in Zukunft nur noch zwei Möglichkeiten für eine staatlich geduldete Mitgliedschaft von DDR-Bürgern geben:

»In den bestehenden gesamtdeutschen Gesellschaften auf kulturellem Gebiet ist eine selbständige Vertretung der DDR zu bilden oder eine paritätische Zusammensetzung des Vorstandes und des Präsidiums zu sichern. Dabei sind selbständige, von Westdeutschland unabhängige Geschäftsstellen bei uns einzurichten, die unserer Verfassung und unseren Gesetzen verpflichtet sind.«[89]

Etwa zur selben Zeit erklärte der Staatssekretär für Hochschulwesen, Wilhelm Girnus, die weitere Tätigkeit gesamtdeutscher wissenschaftlicher Gesellschaften

---

[86] BA Berlin, DR-1/66.

[87] Brief vom 12. 12. 1956, BA Berlin, DR-1/66.

[88] Brief vom 9. 5. 1957, BA Berlin, DR-1/66.

[89] Zitiert in: *Zum Stand der Literarischen Gesellschaften in der Deutschen Demokratischen Republik* (enthalten in Dokument 12).

würde davon abhängen, ob die Mitglieder aus der DDR paritätisch an der Leitung beteiligt seien; andernfalls müßten separate DDR-Organisationen geschaffen werden.[90] Das Drängen der DDR-Behörden auf paritätisch besetzte Leitungsgremien beziehungsweise auf die organisatorische Trennung der Mitglieder in Ost und West durch die Bildung von Ländersektionen war in den folgenden Jahren in allen gesamtdeutschen Gesellschaften mit überwiegend westdeutscher Mitgliedschaft spürbar.

Die Entwicklung nach dem Bau der Berliner Mauer

Sogleich nach dem 13. August 1961 wurde im Partei- und Staatsapparat eine Konzeption darüber erarbeitet, welche Konsequenzen sich aus der neuen politischen Situation für die noch bestehenden gesamtdeutschen Gesellschaften zu ergeben hätten:

> »Es wird vorgeschlagen, an Stelle der gesamtdeutschen Gesellschaften entweder eigene DDR Gesellschaften oder Arbeitskreise zu gründen. Die DDR Gesellschaften arbeiten nach einer neuen, unserer Situation und unseren Aufgaben entsprechenden Konzeption. In diesen Gesellschaften ist es für führende Persönlichkeiten des jeweiligen Gebiets des Auslands möglich, Mitglied zu werden.«[91]

Zutreffen sollte dies sowohl für literarische Gesellschaften (Goethe-, Schiller-, Shakespeare-, Dante- und Barlach-Gesellschaft) als auch für die Bach- und die Schütz-Gesellschaft sowie für die Gesellschaft für Musikforschung. Lediglich die Händel- und die Schumann-Gesellschaft sollten von Veränderungen verschont bleiben, da sie »ihrem Charakter nach DDR-Gesellschaften« seien.

Wenig später, im Oktober 1961, wurden diese Vorschläge auf einer Beratung im Kulturministerium präzisiert. Man einigte sich auf folgendes Vorgehen: Die Neue Bachgesellschaft, Sitz Leipzig, sei aufzulösen und durch eine eigene Bach-Gesellschaft der DDR unter Vorsitz des Thomaskantors Erhard Mauersberger zu ersetzen. Ein ähnliches Schicksal war der Neuen Schütz-Gesellschaft zugedacht: An ihre Stelle sollte ein »Arbeitskreis der Schütz-Freunde« unter Vorsitz des Dresdner Kreuzkantors Rudolf Mauersberger treten. Als Ersatz für die GfM war eine eigene »Gesellschaft für Musikforschung« vorgesehen, die ihre Geschäftsstelle wie bisher in Leipzig unterhalten, ansonsten aber engen Kontakt zum VDK unterhalten sollte. Einzig unangetastet sollte in Halle die Georg-

---

90 K. Plück, *Innerdeutsche Beziehungen*, S. 2034; vgl. auch die Aussage von F. von Zahn in Dokument 17.
91 Dokument 18.

Friedrich-Händel-Gesellschaft bleiben, denn sie sei »politisch fest in unseren Händen«. Das weitere Vorgehen gegenüber den gesamtdeutschen Gesellschaften sollte von einem Beschluß der SED-Führung abhängig gemacht werden.[92]

Der zur gleichen Zeit entstandene Entwurf eines Briefes von Nathan Notowicz an den Kulturminister Hans Bentzien gibt Auskunft über die persönlichen Vorstellungen des höchsten Funktionärs des Komponistenverbandes zur Problematik der Umwandlung der musikalischen Gesellschaften: Der Vorstand der Neuen Bachgesellschaft müsse entweder von DDR-Vertretern hegemonisiert werden (Thomaskantor anstelle des westdeutschen Vorsitzenden Christhard Mahrenholz[93]) oder es müsse eine eigene Bach-Gesellschaft der DDR gegründet werden. Die Neue Schütz-Gesellschaft sei in der DDR ersatzlos aufzulösen und das weitere Bestehen der Gesellschaft für Musikforschung abhängig zu machen vom Verhalten des Vorstandes bezüglich des geforderten Protestes gegen das Einreiseverbot, mit dem die amerikanischen Behörden Wissenschaftler aus der DDR, die zum IGMW-Kongreß nach New York fahren wollten, belegt hatten (wobei Notowicz keinen Zweifel hatte, daß der Vorstand den von DDR-Seite geforderten Protest ablehnen würde; in diesem Fall sollte die Arbeit der Gesellschaft vom VDK übernommen werden).[94]

Am 19. Februar 1962 forderte der Leiter der Abteilung Kultur des ZK der SED, Siegfried Wagner, den Stellvertretenden Kulturminister Hans Pischner auf, anläßlich des anstehenden Bachfestes die Lage in der Neuen Bachgesellschaft zu »klären«, mit dem Ziel, in der DDR ein »eigenes Zentrum der Bach-Pflege« zu schaffen.[95] Gleichzeitig bat er den Leiter der Abteilung Wissenschaften des ZK, Hannes Hörnig, um Unterstützung bei der Umorganisation der musikalischen Gesellschaften.[96]

Da sich der angekündigte Beschluß der SED-Führung verzögerte, konnten die meisten der gesamtdeutschen Kulturgesellschaften noch einige Jahre ihre Einheit bewahren. Schon der erste Entwurf eines als Vorlage für das Sekretariat des ZK gedachten »Plans« zur »Entwicklung und Förderung des wissenschaftlichen Lebens auf dem Gebiet der wissenschaftlichen Gesellschaften und wissenschaftlichen Veranstaltungen« vom 1. März 1962, ausgearbeitet vom Staatssekretariat für das Hoch- und Fachschulwesen,[97] stieß in der ZK-Abtei-

---

[92] Dokument 20.
[93] Christhard [eigentlich Christian Reinhard] Mahrenholz (1900–1980), studierte in Leipzig und Göttingen (u. a. Musikwissenschaft), 1930 Lehrbeauftragter, 1946 Professor für Kirchenmusik an der Universität Göttingen; zahlreiche Schriften zu Samuel Scheidt, zur Orgelkunde und zur evangelischen Kirchenmusik; war wesentlich an der Fertigstellung des Gesangbuches der EKD beteiligt.
[94] Dokument 19.
[95] SAPMO, DY 30/IV 2/9.06/296, Bl. 12 f.
[96] SED-Hausmitteilung vom 19. 2. 1962 (Dokument 26).
[97] SAPMO, DY 30/IV 2/9.04/449, Bl. 2–25.

lung Wissenschaften auf Kritik.[98] Vorgesehen war, daß Mitgliedschaften von DDR-Bürgern in westdeutschen wissenschaftlichen Gesellschaften generell nur noch in Ausnahmefällen gestattet sein sollten und daß DDR-Mitglieder in gesamtdeutschen Gesellschaften »von der Notwendigkeit des freiwilligen Austritts« überzeugt werden müßten. Aber auch die folgenden Fassungen des »Plans« – als Vorlage für das Politbüro (vom 16. April 1962)[99] und dann wieder für das Sekretariat des ZK (vom 7. Juli 1962)[100] – fanden nicht das Wohlwollen der Abteilung. Insbesondere der Sinn der Schaffung einer »Union der wissenschaftlichen Gesellschaften der DDR« zur »allseitigen politischen, wissenschaftlichen und ökonomischen Anleitung, Koordinierung und Kontrolle der Tätigkeit aller wissenschaftlichen Gesellschaften der DDR« wurde bezweifelt.[101] Keine Einwände gab es hinsichtlich der Forderung, Mitgliedschaften von DDR-Bürgern in westdeutschen Gesellschaften ruhen zu lassen (beziehungsweise auf einen »festgelegten Personenkreis« zu beschränken) und die gesamtdeutschen Gesellschaften durch »eigene wissenschaftliche Gesellschaften, Arbeitsgemeinschaften oder Sektionen in der DDR, die auf der Basis der Gleichberechtigung mit den in Westdeutschland bestehenden Gesellschaften zusammenarbeiten«, zu ersetzen.[102]

Der Beschluß des Sekretariats des ZK der SED vom 5. April 1967 und seine Folgen

Erst nach der Wende in der Deutschlandpolitik der SED nach der Bildung der Großen Koalition in Bonn begann man sich im Partei- und Staatsapparat wieder an das steckengebliebene Vorhaben zu erinnern. 1967 beschloß das Sekretariat des ZK (anschließend pro forma auch der Ministerrat) neue »Richtlinien für die Gestaltung der Arbeit im Bereich der Wissenschaft und Kultur der DDR nach Westdeutschland sowie nach Westberlin«. Nun verfügte die SED kurzerhand das Verbot sämtlicher noch existierender gesamtdeutscher Gesellschaften – ohne sich noch die Mühe zu machen, nach möglichen ostdeutschen Ersatzvereinigungen zu suchen:

---

[98] Kommentar des Sektorenleiters des Sektors Gesellschaftswissenschaften der Abteilung Wissenschaften, Werner Möhwald, auf dem Anschreiben zum o. g. Entwurf: »Wir sind nicht einverstanden mit einer Reihe von Festlegungen«, a. a. O, Bl. 1.

[99] SAPMO, DY 30/IV 2/9.04/449, Bl. 26–32.

[100] Ebd., Bl. 36–45.

[101] Dieter Heinze, *Notiz für Genossen Hörnig. Betr.: Beiliegende Vorlage des Staatssekretariats für das Hoch- und Fachschulwesen an das Sekretariat des ZK*, 19. 9. 1962, a. a. O., Bl. 35.

[102] Ebd., Bl. 49.

»In der Arbeit mit wissenschaftlichen und literarisch-künstlerischen Gesellschaften, Vereinigungen und Vereinen ist davon auszugehen, daß es für die
Existenz und Tätigkeit sogenannter gesamtdeutscher Gesellschaften und für
die Mitgliedschaft von DDR-Bürgern in westdeutschen Gesellschaften keine
Grundlage mehr gibt. [...]

1. Wissenschaftliche Gesellschaften, die in Westdeutschland ihren Sitz haben,
   werden generell nicht als ›gesamtdeutsche Gesellschaften‹ behandelt oder
   anerkannt.

2. In westdeutschen Gesellschaften, die die Bonner Alleinvertretungsanmaßung praktizieren und die die Mitgliedschaft von Wissenschaftlern der
   DDR dazu mißbrauchen, die Aufnahme von DDR-Gesellschaften in internationale Organisationen zu sabotieren, ist eine Mitgliedschaft von Bürgern der DDR ab sofort ausgeschlossen.

   Über alle übrigen Mitgliedschaften von Bürgern der DDR in westdeutschen Gesellschaften sind etappenweise – bis Ende 1968 – Entscheidungen herbeizuführen.
   [...]

3. Bei einzelnen bisher ›gesamtdeutschen Gesellschaften‹, mit Sitz in der
   DDR, denen Wissenschaftler oder Künstler aus der DDR und aus Westdeutschland sowie aus anderen Staaten angehören, ist die Möglichkeit zu
   prüfen, sie in Internationale Gesellschaften bzw. in Gesellschaften der
   DDR mit internationaler Mitgliedschaft einschließlich der Mitgliedschaft
   von Bürgern der westdeutschen Bundesrepublik umzuwandeln.«[103]

Einzig die auf DDR-Gebiet ansässigen Gesellschaften behielten nun also in
modifizierter Form noch eine Überlebenschance. Sukzessive wurden in den folgenden Jahren DDR-Bürger zum Austritt aus westdeutschen Gesellschaften ge-
drängt. Nach einer »Information« des Ost-Berliner Staatssekretariats für westdeutsche Fragen vom 24. Juni 1969 seien in den zurückliegenden zwei Jahren
von einst 10 665 Mitgliedschaften in 231 Gesellschaften 5 165 Mitgliedschaften
in 30 Gesellschaften gekündigt worden.[104] Nach späteren Angaben[105] mußten

---

[103] *Protokoll Nr. 24/67 der Sitzung des Sekretariats des ZK vom 5. 4. 1967*, Anlage Nr. 31, SAPMO, DY
30/J IV 2/3/1290, Bl. 130 f.

[104] *Information über den Stand der Durchführung des Beschlusses des Ministerrates vom 18. 5. 1967 zur Richtlinie
für die Gestaltung der Arbeit im Bereich Wissenschaft und Kultur nach Westdeutschland sowie nach Westberlin*,
BA Berlin, DD-2/15, zit. in: Jochen Staadt, *Die geheime Westpolitik der SED 1960–1970. Von der gesamtdeutschen Orientierung zur sozialistischen Nation*, Berlin 1993, S. 236.

[105] Zur Auflösung bzw. Umwandlung von Kulturgesellschaften vgl. *Information über die Auflösung der
Mitgliedschaften von DDR-Bürgern in westdeutschen Gesellschaften mit Stand vom 15. 11. 1969*, SAPMO,
DY 30/IV A 2/9.06/169; H. Lindemann/K. Müller, *Auswärtige Kulturpolitik der DDR*, S. 30–32;
Literarische Gesellschaften in Deutschland, bes. S. 39–42, K.-E. Murawski, *Die Kulturbeziehungen zwischen
der Bundesrepublik Deutschland und der DDR*, S. 55.

folgende gesamtdeutsche Kulturgesellschaften ihre Tätigkeit in der DDR beenden:

• die 1946 gegründete Ernst-Barlach-Gesellschaft, Sitz Hamburg (am 30. April 1968 durch die Bildung eines Arbeitskreises Ernst Barlach des Kulturbundes in Schwerin),

• die Gesellschaft für Musikforschung (am 3. September 1968 durch Beschluß der selbsternannten »Sektion DDR« und der Kommission Musikwissenschaft des VDK),

• der 1869 gegründete Hansische Geschichtsverein, Sitz Bremen (durch Anschluß der in der DDR bestehenden Arbeitsgemeinschaft an die Deutsche Historiker-Gesellschaft der DDR Anfang 1969),

• die Deutsche Schiller-Gesellschaft (mit dem Beschluß des Kulturbundes am 29. April 1969, einen zentralen Arbeitskreis Friedrich Schiller aufzubauen) und

• die Hölderlin-Gesellschaft, Sitz Tübingen.

Gesellschaften mit Sitz auf DDR-Gebiet wurden in der Folgezeit »internationalisiert«, so

• die Neue Bachgesellschaft (durch die Bildung von Ländersektionen seit Beginn der siebziger Jahre) und

• die 1885 gegründete Goethe-Gesellschaft (durch die Gründung von Ortsvereinigungen in verschiedenen Ländern und Aufnahme ausländischer Mitglieder in die Leitungsgremien sowie durch die Wahl eines ostdeutschen Präsidenten im Jahr 1971).

Bereits vor dem Beschluß wurde die seit ihrer Gründung 1864 in Weimar ansässige Deutsche Shakespeare-Gesellschaft gespalten. Seit Mitte der fünfziger Jahre hatte das Ministerium für Kultur – insbesondere dessen Mitarbeiterin Johanna Rudolph[106] – versucht, den Einfluß der DDR in der Gesellschaft zu erhöhen und die Gesellschaft zu einem Instrument der DDR-Kulturpolitik zu machen. Obwohl etwa 80 Prozent der Mitglieder in Westdeutschland wohnten – die Gesellschaft war nach dem Zweiten Weltkrieg von Bochum aus reaktiviert worden –, strebte das Ministerium eine Parität der Leitungsgremien an.[107] Im Laufe der Jahre wurde der politische Druck der DDR auf die Gesellschaft im-

---

[106] Johanna Rudolph – Pseudonym der Kulturpolitikerin und Händel-Forscherin Marianne Gundermann (1902–1974), die in der DDR berüchtigt war für ihre unnachgiebige Durchsetzung der Kulturpolitik der SED; in Fachkreisen nannte man sie spöttisch »Witwe Händel«; geb. in Crimmitschau (Sachsen), nach 1917 Arbeit bei verschiedenen Verlagen in Berlin, 1924 KPD (später SED), 1933 Emigration nach Paris, 1934–1938 illegale Arbeit in Deutschland, im Saargebiet und in Holland, 1943–1945 KZ Auschwitz und Ravensbrück, 1946 Rückkehr nach Berlin, redaktionelle Tätigkeit beim Berliner Rundfunk bzw. bei der Redaktion Neues Deutschland, anschließend langjährige einflußreiche Tätigkeit im MfK (als Abteilungsleiterin bzw. »Wissenschaftlicher Mitarbeiter«), 1964 Promotion an der HUB mit einer Dissertation über »Händels Rolle als Aufklärer«.

[107] Siehe Dokument 11.

mer größer. Nach dem Tod des Präsidenten Rudolf Alexander Schröder (Bremen) wählte im Oktober 1962 die Jahreshauptversammlung in Frankfurt am Main zum Mißfallen der DDR den früheren nordrhein-westfälischen Kultusminister Werner Schütz (CDU) zum Präsidenten. Auf der im April 1963 in Weimar veranstalteten Mitgliederversammlung wurde diese Wahl für ungültig erklärt und der Ost-Berliner Anglist Martin Lehnert zum neuen Präsidenten gewählt. Unmittelbar zuvor hatte Schütz diese Versammlung abgesagt. Im Oktober 1963 konstituierte sich daraufhin der westdeutsche Teil der Gesellschaft als eigener Verein (»Deutsche Shakespeare-Gesellschaft West«).[108] Die Wiedervereinigung beider Gesellschaften fand 1993 in Weimar statt.[109]

Die 1929 in Dresden gegründete Neue Schütz-Gesellschaft (seit 1963 Internationale Heinrich Schütz-Gesellschaft) hatte bereits 1964 ihre gesamtdeutsche Struktur aufgegeben, nachdem angesichts der Situation nach dem Mauerbau eine Weiterarbeit in dieser Form nicht mehr möglich schien.

Unangetastet von dem Beschluß des ZK-Sekretariats blieben von den musikalischen Gesellschaften lediglich die 1956 gegründete Robert-Schumann-Gesellschaft (Sitz Zwickau) und die seit 1955 in Halle ansässige Georg-Friedrich-Händel-Gesellschaft, da beide Gesellschaften bereits die angestrebte Norm von »Gesellschaften der DDR« beziehungsweise »Gesellschaften der DDR mit internationaler Mitgliedschaft« erfüllten.

Der Sekretariatsbeschluß umfaßte auch eine Aufforderung an den Innenminister und an die »zuständigen zentralen staatlichen Organe« zu prüfen, »welche Maßnahmen zur Zulassung und besseren Erfassung sowie zur Registrierung der Mitgliedschaft von Bürgern der DDR in Gesellschaften und Vereinigungen anderer Länder sowie der in der DDR bestehenden Gesellschaften und Vereinigungen möglich und zweckmäßig sind«.[110] Diese Regelung wurde noch im selben Jahr getroffen. Eine am 1. Januar 1968 in Kraft getretene »Verordnung zur Registrierung von Vereinigungen« verpflichtete sämtliche Organisationen (ausgenommen politische Parteien, »Massenorganisationen« und Kirchen), sich über die formale Eintragung ins Vereinsregister hinaus bei den »zuständigen Staatsorganen« registrieren zu lassen. Zugleich wurde der Wirkungskreis von Vereinigungen, die registriert und damit zugelassen werden konnten, eingeschränkt:

»Vereinigungen können registriert werden, wenn ihr Charakter und ihre Zielstellung den Grundsätzen der sozialistischen Gesellschaftsordnung entspre-

---

[108] Zu den Vorgängen bei der Spaltung der Deutschen Shakespeare-Gesellschaft vgl. M. Lehnert, *Hundert Jahre Deutsche Shakespeare-Gesellschaft*, S. 32–37; Karl H. Pressler, *Die Deutsche Shakespeare-Gesellschaft*; H. Lindemann/K. Müller, *Auswärtige Kulturpolitik der DDR*, S. 31 f.
[109] Zur Wiedervereinigung der Shakespeare-Gesellschaften: A. Rossmann, *Eins oder nicht eins?*; ders., *Im Pendeltakt der Parität*; Shakespeare »*for all times*«.
[110] Dokument 54.

chen, sie zur Befriedigung geistig-kultureller oder anderer gesellschaftlicher Bedürfnisse beitragen und nicht den gesetzlichen Bestimmungen zuwiderlaufen.«[111]

Verstöße gegen die Registrierpflicht wurden mit Ordnungsstrafen bis zu 500 Mark – bei Vorsatz und »grober Mißachtung der gesellschaftlichen Entwicklung« bis zu 1000 Mark – bedroht.[112] (Bereits Anfang 1967 hatte im übrigen das neue Strafgesetzbuch der DDR für solche »Verbrechen«, wie »Vereinsbildung zur Verfolgung gesetzwidriger Ziele« und »ungesetzliche Verbindungsaufnahme« zu »Organisationen, Einrichtungen, Gruppen oder Personen, die sich eine gegen die staatliche Ordnung der Deutschen Demokratischen Republik gerichtete Tätigkeit zum Ziele setzen«, Haftstrafen von bis zu zwei beziehungsweise drei Jahren vorgesehen.[113]) Eine Sonderrolle wies der Gesetzgeber den internationalen Vereinigungen zu:

»Die Mitgliedschaft von Bürgern und Vereinigungen der Deutschen Demokratischen Republik in internationalen Organisationen sowie in Organisationen, die außerhalb der Deutschen Demokratischen Republik ihren Sitz haben, und die Zusammenarbeit mit diesen sowie die Mitgliedschaft von Bürgern oder Organisationen anderer Staaten in Vereinigungen in der Deutschen Demokratischen Republik bedarf der Zustimmung des zuständigen zentralen staatlichen Organs, dessen Aufgabenbereich durch den Charakter und die Zielstellung der Organisation bzw. Vereinigung berührt wird.«[114]

Gemäß dieser Verordnung bekam im Juni 1968 der Verband Deutscher Komponisten und Musikwissenschaftler vom Ministerium für Kultur eine Urkunde über die Registrierung seiner Mitgliedschaft in der IGMW ausgestellt.[115]

Zum Ende des Jahres 1975 wurde in der DDR das Bürgerliche Gesetzbuch (und damit auch das einheitliche deutsche Vereinsrecht) außer Kraft gesetzt. Als Ersatz erließ der Ministerrat der DDR am 6. November 1975 eine »Verordnung über die Gründung und Tätigkeit von Vereinigungen«, die sich im wesentlichen an der acht Jahre zuvor erlassenen Verordnung orientierte und bis 1990 Gültigkeit hatte.[116] Auf der Grundlage dieser neuen gesetzlichen Regelung verlieh am 23. März 1976 der Minister für Kultur per Anordnung einigen musikalischen

---

[111] Dokument 57 (§ 2, Absatz 2).
[112] Ebd. (§ 9).
[113] Dokument 59.
[114] Dokument 57 (§ 5).
[115] Dokument 61.
[116] Dokument 76.

und anderen Gesellschaften die Rechtsfähigkeit.[117] Der Georg-Friedrich-Händel-Gesellschaft in Halle war diese Form der staatlichen Anerkennung bereits im Jahr 1967 zuteil geworden.[118]

---

[117] Dokument 77.
[118] Dokument 55.

Zur Deutschlandpolitik der SED

Dieses Kapitel ist als Lesehilfe zum Verständnis des politischen Hintergrundes der Ereignisse in den Musikgesellschaften gedacht. Es soll dem Leser ermöglichen, die wichtigsten der damaligen politischen Prozesse ohne zusätzliche Lektüre über die Geschichte der deutsch-deutschen Beziehungen nachvollziehen zu können. Selbstverständlich können in diesem Rahmen nur die Grundlinien der Problematik skizziert werden.

Die Deutschlandpolitik der SED, respektive der DDR, unterlag im Laufe der Geschichte starken Schwankungen. Mindestens zwei große Phasen lassen sich mühelos ausmachen: Bis Mitte der sechziger Jahre strebte die DDR erklärtermaßen die deutsche Wiedervereinigung an. Seit der Bildung der Großen Koalition in der Bundesrepublik Ende 1966 – stärker noch nach der Regierungsübernahme durch die sozial-liberalen Koalition Ende 1969 – nahm sie von diesem Ziel Abstand, hielt sie die deutsche Frage für gelöst und ging sie zu offener Abgrenzungspolitik gegenüber der Bundesrepublik Deutschland über.

Immer jedoch war sie in geradezu neurotischer Weise auf die Bundesrepublik fixiert gewesen. Zahlreichen außen- und innenpolitischen Aktionen der SED/DDR lag ein verborgenes Motiv zugrunde: die Abwehr eines stets wirksamen Minderwertigkeitskomplexes bei der Konfrontation mit dem anderen deutschen Staat, »den alle, auch die Träger der Macht, für den besseren hielten, allen gegenteiligen Bekundungen zum Trotz«.[1] Symptomatisch dafür war unter anderem die (Wunsch-)Vorstellung, daß die westdeutsche Politik – auch die Innenpolitik – in ähnlicher Weise auf den anderen Teil Deutschlands bezogen sein müßte, wie es die eigene war. Sehr treffend hat diesen Sachverhalt einmal der SPD-Politiker Erhard Eppler in einer Bundestagsrede zum Ausdruck gebracht:

> »Wer das ›Neue Deutschland‹ liest, spürt, daß dieser Staat sich jeden Tag, jede Stunde daraus legitimieren muß, daß wir hier ein Pfuhl von Revanchismus, Militarismus, Faschismus und ähnlichen Ismen sind. Anders gesagt: die Verruchtheit dieser Republik ist zur Raison d'être der DDR geworden. [...]
> Das wird um so schlimmer, je mehr wir auf sie zugehen. Die DDR empfindet sich mindestens in den Köpfen der im Augenblick Führenden nach

---

[1] M. Bierwisch, *Wissenschaft im realen Sozialismus*, S. 119.

wie vor als Gegenwurf, als Gegenstaat zu dieser Republik. Aber wir hier verstehen uns nicht als Gegenwurf oder Gegenstaat zur DDR. Das ist der entscheidende Unterschied.«[2]

Die jahrzehntelange Ignoranz des Westens gegenüber den Mächtigen in der
DDR mußte deren Minderwertigkeitsgefühl noch verstärken. Denn im Grunde
ging es der SED bei ihrem hartnäckigen Kampf um die internationale Anerkennung ihres Staates vor allem um die *Anerkennung ihrer Herrschaft in diesem Staat.*

Der Alleinvertretungsanspruch der DDR in den Jahren 1949 bis 1955

Während der gesamten ersten deutschlandpolitischen Phase stellte die DDR die
Existenzberechtigung der westdeutschen Bundesrepublik – zumindest indirekt –
in Frage, indem sie sich als der »allein rechtmäßige deutsche Staat« definierte.[3]
Dafür machte sie einerseits staatsrechtliche Argumente geltend (die DDR hätte
als einziger deutscher Staat die Bestimmungen des Potsdamer Abkommens verwirklicht), andererseits bemühte sie sich um eine soziale Legitimation (die DDR
vertrete die Interessen des ganzen deutschen Volkes, während diese Interessen
von den in Westdeutschland Regierenden verraten worden seien und sich dort
eine »Kolonie des amerikanischen Imperialismus« herausgebildet hätte).

Schon in seiner Antrittsrede betonte der erste (und letzte) ostdeutsche Staatspräsident, Wilhelm Pieck, am 11. Oktober 1949 den Anspruch der DDR, der
allein rechtmäßige deutsche Staat und »Kerngebiet« eines künftigen wiedervereinigten Deutschlands zu sein.[4] Deren Regierung nehme die »Interessen des
gesamten deutschen Volkes« wahr und besitze die Legitimation, »für das ganze
deutsche Volk zu sprechen«.[5]

Pieck bemühte damit im Grunde die gleiche Argumentation, mit der wenig
später Bundeskanzler Konrad Adenauer in einer Regierungserklärung den westdeutschen Alleinvertretungsanspruch konstituierte[6], einen Anspruch, an dem
fürderhin alle Bundesregierungen bis zur Bildung der sozial-liberalen Koalition
im Jahr 1969 festhielten. Die Wiedervereinigung Deutschlands vermochte man

---

[2] Rede in der 180. Sitzung des Deutschen Bundestages am 20. 6. 1968 (*Verhandlungen des Deutschen
Bundestages. 5. Wahlperiode. Stenographische Berichte*, Bonn 1968, Bd. 67, S. 9709), zitiert in: A. Vogtmeier, *Egon Bahr und die deutsche Frage*, S. 111.
[3] Vgl. die zahlreichen Belege dafür bei F. Kopp, *Kurs auf ganz Deutschland?*, S. 135 ff.
[4] W. Pieck, *An der Wende der deutschen Geschichte*, S. 300.
[5] Ebd., S. 299 f.
[6] Adenauer am 21. 10. 1949: »Die Bundesrepublik Deutschland ist allein befugt, für das deutsche
Volk zu sprechen. [...] Sie erkennt Erklärungen der Sowjetzone nicht als verbindlich für das deutsche Volk an.« (*Verhandlungen des Deutschen Bundestages. 1. Wahlperiode 1949. Stenographische Berichte*, Bd.
1, Bonn 1950, S. 308).

sich in Bonn damals nur als »Befreiung der Ostzone« von der »kommunistischen
Zwangsherrschaft« vorzustellen, und man lehnte es zumeist ab, über einen anderen Weg der Vereinigung überhaupt nachzudenken. Für die Regierungen Adenauer und Erhard hatte stets die westdeutsche Besitzstandswahrung absoluten
Vorrang vor gesamtdeutschen Experimenten, so risikoarm diese auch immer
sein mochten. Das zeigte sich insbesondere an der ablehnenden Haltung gegenüber der sogenannten »Stalin-Note« vom Frühjahr 1952. Die Bundesregierung
und die Mehrheit im Bundestag ließen diese Chance für die Wiedervereinigung
verstreichen, indem sie auf einer internationalen Kontrolle der von Moskau
vorgeschlagenen gesamtdeutschen Wahlen beharrten. Daß aber so oder so nur
die *ostdeutschen* Wahlen hätten manipuliert werden können, daß also keinesfalls
eine kommunistische Mehrheit im gesamtdeutschen Parlament befürchtet werden mußte, vermochte weder die Westmächte noch die Regierung Adenauer von
ihrem strikten Kurs auf Westintegration abzubringen.[7] Zu sehr hatten »Russen-
angst« und Antikommunismus bereits an Boden gewonnen, zu groß war die
Furcht, mit dem kommunistischen »Bazillus« überhaupt nur in Berührung zu
kommen, und zu gering war die Bereitschaft namentlich Adenauers, einen noch
so kleinen Preis für die Wiedervereinigung zu zahlen.

Nach dem Scheitern der »Stalin-Note« – und damit nach dem Scheitern des
Versuchs der Sowjetunion, die Westintegration der Bundesrepublik zu verhin-
dern – bestand keine reale Chance mehr für eine Wiedervereinigung auf dem
Verhandlungsweg. Die Sowjetunion gab 1952 der SED den Weg frei für den
»Aufbau des Sozialismus« in der DDR, also für die Anerkennung des erreichten
Standes der volksdemokratischen Transformation.[8] Gleichwohl setzte die SED
ihre nationalstaatliche Agitation uneingeschränkt fort; nunmehr sah sie aller-
dings die Voraussetzung für die Wiederherstellung der Einheit Deutschlands im
»Sturz des Bonner Vasallenregimes«.[9] Lediglich von Juni 1953 an schien der der
SED von Stalins Nachfolgern verordnete »Neue Kurs« noch einmal für kurze
Zeit gesamtdeutsche Hoffnungen wecken zu können. Die noch bestehenden
deutsch-deutschen Verbindungen sollten nicht abgebrochen, neue Verbindungen sogar gefördert werden. So sah es die Programmerklärung des Anfang 1954
geschaffenen Ministeriums für Kultur vor. Die Musik betreffend, dachte man an
eine gesamtdeutsche Mozart-Ehrung 1956; eine gesamtdeutsche Musikzeit-
schrift sollte geschaffen, der Austausch von Solisten und gefördert werden.[10]

---

[7] Vgl. P. Bender, *Die »Neue Ostpolitik« und ihre Folgen*, S. 21.
[8] Vgl. D. Staritz, *Sozialismus in einem halben Lande*, bes. S. 184–192.
[9] So formuliert in der Entschließung der II. Parteikonferenz der SED *Zur gegenwärtigen Lage und zu
   den Aufgaben im Kampf für Frieden, Einheit, Demokratie und Sozialismus*, in: *Dokumente der Sozialistischen
   Einheitspartei Deutschlands*, Bd. IV, Berlin [Ost] 1954, S. 71.
[10] *Aus der Programmerklärung des Ministeriums für Kultur. Wie kann eine gesamtdeutsche Zusammenarbeit beginnen?*, in: *MuG* 4 (1954), H. 5, S. 162.

Schon die bloße Gründung des Ministeriums, das die Nachfolge der gefürch-
teten Zensurbehörden »Staatliche Kommission für Kunstangelegenheiten« und
»Amt für Literatur und Verlagswesen« angetreten hatte, muß als Folge des
»Neuen Kurses« angesehen werden.[11] Und tatsächlich nahm nach 1953 der kulturelle und wissenschaftliche Austausch zwischen beiden deutschen Staaten zu.
So hielten 1955 an DDR-Universitäten 255 westdeutsche Wissenschaftler Gast-
vorlesungen; zwischen April und September 1956 nahmen an 38 Kongressen in
der Bundesrepublik insgesamt 1467 ostdeutsche Wissenschaftler teil.[12] In den
Jahren 1953 bis 1956 fanden in Eisenach vier vom Chorausschuß der DDR veranstaltete »Wartburgtreffen deutscher Sänger« mit Beteiligung des Deutschen
Allgemeinen Sängerbundes (DAS) aus der Bundesrepublik statt.[13] Die Zusammenarbeit des DDR-Komponistenverbandes mit der (westdeutschen) Vereinigung der Landesverbände Deutscher Tonkünstler und Musiklehrer (VLDTM)
führte zu »Gesamtdeutschen Musikfesten«: 1955 in Weimar, ein Jahr später in
Coburg.[14]

Doch bald war es mit dem »Neuen Kurs« wieder vorbei. Nach den anti-
stalinistischen Unruhen in Ungarn 1956 begann eine Phase der politischen und
kulturpolitischen Verschärfung, die alle nach dem XX. Parteitag entstandenen
Hoffnungen auf Liberalisierung zunichte machte. Es folgten die Prozesse gegen
Wolfgang Harich, Walter Janka, Gustav Just und andere SED-Reformer sowie
die restaurative Kulturkonferenz der SED 1957 und der Sturz von Johannes R.
Becher als Kulturminister 1958. Da Becher für eine Politik der Zusammenarbeit
mit Westdeutschland eingetreten war, ist seine vom Politbüro angeordnete »Pen-
sionierung«[15] kurz vor seinem Tod im Zusammenhang mit den gesamtdeutschen
Gesellschaften von besonderer Bedeutung. Ab 1957 ging der wissenschaftliche
und künstlerische Austausch, der 1956 einen Höhepunkt erreicht hatte, drastisch
zurück.[16]

Konföderation und »Differenzierung« (1955–1966)

Neben der Kulturpolitik war spätestens 1955, nach dem Beitritt der Bundesrepublik zur NATO und der anschließenden Gründung des Warschauer Paktes,

[11] Vgl. z. B. J. Rühle, *Der 17. Juni und die Intellektuellen*, S. 156–174.
[12] K. Plück, *Innerdeutsche Beziehungen*, S. 2033.
[13] H. Sass/H. Thiemer, *Beziehungen des Deutschen Musikrates zum Musikleben in der ehemaligen DDR*, S.
    84 f.
[14] Ebd., S. 84.
[15] *Protokoll Nr. 13/58 der Sitzung des Politbüros des Zentralkomitees am Dienstag, dem 18. 3. 1958 im Zentral-
    haus der Einheit, Großer Sitzungssaal*, SAPMO, DY 30/J IV 2/2/585, Bl. 6.
[16] K. Plück, *Innerdeutsche Beziehungen*, S. 2033.

auch die Deutschlandpolitik der SED in eine neue Phase getreten. Mit der Anerkennung der DDR als souveränem Staat hatte die Sowjetunion signalisiert, daß
sie nicht mehr bereit war, ihren Besitzstand in Deutschland zur Disposition zu
stellen, daß sie also begonnen hatte, sich auf die dauerhafte Teilung Deutschlands einzustellen.[17] Ihre Vorschläge für die Wiedervereinigung hatten jetzt die
Bewahrung der »politischen und sozialen Errungenschaften« in der DDR zur
Voraussetzung. »Man kann die deutsche Frage nicht auf Kosten der Interessen
der Deutschen Demokratischen Republik lösen«, erklärte Chruschtschow am 26.
Juli 1955 in Berlin und lehnte »die mechanische Vereinigung beider Teile
Deutschlands« ab.[18] Wenige Tage später, am 12. August 1955, übernahm DDR-
Ministerpräsident Otto Grotewohl in seiner Regierungserklärung diese Ar-
gumentation; auch er lehnte jetzt gesamtdeutsche Wahlen ab und nannte als
Voraussetzung einer Wiedervereinigung, daß in Westdeutschland die »Herrschaft
der Monopolkapitalisten und Großgrundbesitzer« gebrochen werden,[19] daß im
Grunde also ein kommunistischer Umsturz Erfolg gehabt haben müsse. Ergebnis dieses Kurswechsels in der Deutschlandpolitik der SED war zum Jahres-
wechsel 1956/1957 Walter Ulbrichts Vorschlag einer »Zwischenlösung« auf dem
Weg zur Wiedervereinigung beider deutscher Staaten »in Form der Konföderation oder Föderation«.[20]

Zugleich verstärkte die SED ihre propagandistischen Bemühungen, um im
Westen Deutschlands gewissermaßen »von unten« eine Art Volksbewegung ins
Leben zu rufen, die sich, so Ulbricht im April 1958, »über die Zonengrenzen
hinweg« mit der Nationalen Front in der DDR vereinigen sollte, um dann vorzugehen »gegen den gemeinsamen Feind, die Atomkriegspolitiker in Bonn«.[21]
Zu bewirken vermochte dieser Vorschlag ebensowenig wie der in ähnlicher Ab-
sicht zwei Jahre später von der SED verbreitete *Deutschlandplan des Volkes* in
Form eines »Offenen Briefs des Zentralkomitees an die Arbeiterschaft West-
deutschlands«[22] oder das 1962 vom Nationalrat der Nationalen Front als »Nationales Dokument« popularisierte Grundsatzpapier *Die geschichtliche Aufgabe der
Deutschen Demokratischen Republik und die Zukunft Deutschlands*, das ebenfalls der
Werbung für eine Konföderation und für ein westdeutsches Bündnis gegen
»Imperialismus und Militarismus« diente.

Die in den dreißiger Jahren von der KPD entwickelte Volksfront-Taktik ließ
sich in Westdeutschland nicht einmal ansatzweise zur Wirkung bringen, so daß

---

[17] Vgl. P. Bender, *Die »Neue Ostpolitik« und ihre Folgen*, S. 30.
[18] *Dokumente zur Außenpolitik der Regierung der Deutschen Demokratischen Republik*, Bd. III, Berlin [Ost]
1956, S. 226.
[19] Ebd., S. 35.
[20] W. Ulbricht, *Was wir wollen und was wir nicht wollen*, S. 3.
[21] W. Ulbricht, *Die Staatslehre des Marxismus-Leninismus und ihre Anwendung in Deutschland*, S. 43.
[22] *ND*, 15. Jg., Nr. 107 vom 17. 4. 1960, S. 1 u. 3.

das jahrelange Festhalten der SED-Führung an dieser politischen Taktik, zumal nach der Errichtung der Berliner Mauer im August 1961, verwundern muß. Dennoch darf die Ernsthaftigkeit des weiteren Insistierens der SED auf eine Konföderation und den Abschluß eines Friedensvertrages nicht gänzlich bezweifelt werden, gehörte doch die Vorstellung einer »gesetzmäßigen« Entwicklung zum Sozialismus – und damit auch die Hoffnung auf eine sozialistische Perspektive im Westen Deutschlands – zu den Grundfesten der kommunistischen Geschichtsphilosophie. Und so machte sich die SED über längere Zeit offenbar ernstlich Hoffnungen auf gesellschaftliche Veränderungen in der Bundesrepublik und darauf, daß ihr Sozialismusmodell dort an Attraktivität gewinnen könnte.

Daß die SED (beziehungsweise die DDR) in den sechziger Jahren ihre Apparate auf ihr Konföderationsmodell einschwor und in der »Westarbeit« nicht nachließ, gibt der Vermutung, daß ihre gesamtdeutsche Agitation mehr war als bloße Polemik, zusätzlich eine gewisse Bestätigung. So wurde zum Beispiel Anfang April 1962 in einer Dienstbesprechung beim Staatssekretär für das Hoch- und Fachschulwesen beschlossen, daß das sogenannte Nationale Dokument »zur politischen Grundlage für die Arbeit aller Abteilungen und Sektoren auf lange Sicht zu nehmen« und darum »von allen Mitarbeitern gründlich zu studieren« sei.[23] Aber auch die gesamtdeutschen musikalischen und musikwissenschaftlichen Gesellschaften dienten eifrigen SED-Agitatoren als Betätigungsfelder für die politische Einflußnahme – so bescheiden die Erfolge im Westen auch immer ausfielen. Dafür einige Beispiele:

In einem Bericht der Kulturabteilung des ZK der SED an verschiedene Parteifunktionäre über das 1962 in Leipzig veranstaltete Bachfest der Neuen Bachgesellschaft hieß es, daß mit der neuen Satzung dieser Gesellschaft künftig »praktisch innerhalb der Neuen Bachgesellschaft eine Konföderation zwischen den Vertretern beider deutscher Staaten durchgeführt werden« könne.[24] In einem Bericht über die Jahrestagung der Gesellschaft für Musikforschung 1963 in Tübingen begründete Georg Knepler seinen Vorschlag, die Vorstandsvertreter der DDR in dieser Gesellschaft künftig separat zu wählen, mit dem Hinweis, daß so »die größtmögliche Annäherung an eine Konföderation« erreicht werden könne.[25] Ebenfalls von Georg Knepler stammte der Hinweis, daß es im Kreis der in der DDR lebenden marxistischen Musikwissenschaftler noch in den sechziger Jahren die Vorstellung gab, unter den westdeutschen Kollegen Verbündete

[23] *Beschluß-Protokoll der 9./62 Dienstbesprechung beim Staatssekretär am Montag, dem 2. April 1962*, BA Berlin, DR-3/187.
[24] *38. Deutsches Bachfest und 750-jähriges Bestehen des Thomaner-Chores vom 21. bis 26. Juni 1962 in Leipzig*, SAPMO, DY 30/IV 2/9.06/25, Bl. 169.
[25] Dokument 46.

gewinnen und von diesen die vermeintlich reaktionären Kräfte isolieren zu können. Für dieses Ziel sollten auch Wissenschaftler anderer westlicher Staaten eingespannt werden. »Die Konzeption, Westdeutschland vom Westen her zu durchdringen, scheint mir immer noch richtig«, schrieb Knepler nach der Coburger GfM-Jahrestagung 1965 und fügte hinzu, daß dabei künftig »die jüngeren Kollegen aus Westdeutschland das unmittelbare Ziel unserer politischen Arbeit« sein sollten, da die älteren Wissenschaftler politisch »so sehr verhärtet« seien, daß »Überzeugungsarbeit« bei ihnen »im großen und ganzen gesehen, keine großen Erfolge« verspreche.[26] In einer Anfang 1961 wahrscheinlich von Nathan Notowicz ausgearbeiteten Konzeption über die Gesellschaft für Musikforschung hieß es, der Kampf um die Rückführung der 1951 aus Ost-Berlin gestohlenen Beethoven-Autographe böte »einen wirkungsvollen Hebel für die Intensivierung unserer Arbeit, besonders zur Differenzierung innerhalb der westdeutschen Kollegen«.[27] Im Jahr 1962 begründete Notowicz seine Zurückhaltung gegenüber Plänen, in der DDR eine eigene musikwissenschaftliche Gesellschaft zu gründen, unter anderem mit dem Optimismus, daß es im Rahmen der bestehenden Gesellschaft für Musikforschung »zu einer stärkeren Differenzierung der Kräfte in Westdeutschland« kommen werde.[28] Genauso sah dies auch der damals in der Abteilung Kultur des ZK der SED tätige Musikfunktionär Peter Czerny, wenn er in Auswertung von Notowicz' Vorschlägen das Ziel für die DDR darin sah,

»weiterhin einen Druck für die Differenzierung der Kräfte in der westdeutschen Gesellschaft ausüben zu können und zu erreichen, daß die verständigungsbereiten Kräfte mit uns in Kontakt bleiben und wir unsere nationale Politik für diesen Kreis der Westdeutschen entwickeln können«.[29]

Die Autoren einer Beschlußvorlage des Staatssekretariats für das Hoch- und Fachschulwesen für die Ideologische Kommission beim SED-Politbüro glaubten schon 1964 anläßlich der Vorbereitung der nächsten GfM-Jahrestagung in Halle, die ersten Erfolge dieser Differenzierungstaktik vermelden zu können:

»Durch einen spürbaren Differenzierungsprozeß innerhalb der westdeutschen Mitgliedschaft, der besonders durch die Maßnahmen zum Schutze unserer Staatsgrenze am 13. August 1961 gefördert wurde, hat unter den westdeutschen Mitgliedern eine Gruppe an Einfluß gewonnen, die an einer

---

[26] G. Knepler, *Bericht. Reise einer 14-köpfigen Delegation zur Jahreskonferenz der Gesellschaft für Musikforschung, Coburg, 22.–25. X. 65*, SAAdK, VKM, 271.
[27] *Aufgaben der Musikwissenschaft in Bezug auf die Gesellschaft für Musikforschung*, SAAdK, VKM, 512.
[28] Dokument 37.
[29] Dokument 38.

Zusammenarbeit mit den Wissenschaftlern der DDR interessiert und ehrlich dazu bereit ist.«[30]

Von anhaltendem illusionärem Wunschdenken zeugt auch die (von Hans-Dieter Grampp, Fachreferent im SHF, ausgearbeitete) Beschlußvorlage für den 1966 in der DDR bevorstehenden Kongreß der Gesellschaft für Musikforschung:

»Der Kongreß soll [...] die humanistischen und demokratischen Kräfte der westdeutschen Musikwissenschaft stärken und sie in der Auseinandersetzung mit den Verfechtern der spätbürgerlichen Dekadenz unterstützen. Der Kongreß soll helfen, den politischen Differenzierungsprozeß unter den westdeutschen und Westberliner Mitgliedern und Gästen der Gesellschaft zu fördern.«[31]

Die Taktik der »Differenzierung« im Umgang mit der westdeutschen Seite in den fünfziger und sechziger Jahren, teilweise noch darüber hinaus, war keineswegs nur für die Wissenschafts-, sondern auch etwa für die Kirchenpolitik der SED bestimmend.[32]

Der Beginn der Abgrenzungspolitik Ende der sechziger Jahre

Nach der Bildung der Großen Koalition in Bonn, also nach dem Eintritt der SPD in die Bundesregierung im Dezember 1966, änderte die SED ihre Deutschlandpolitik grundlegend. Die plötzliche Dialogbereitschaft der westdeutschen Sozialdemokraten hatte zuvor die SED-Führung offenbar völlig überrascht und verunsichert.[33] Während bisher alle gesamtdeutschen Offerten der SED von westlicher Seite prinzipiell abgelehnt worden waren, hatte sich die SPD nach dem jüngsten »Offenen Brief« vom Februar 1966 zu einer »Offenen Antwort« durchgerungen. Ein vereinbarter Redneraustausch wurde Ende Juni von der DDR abgesagt. Mit der Bildung der Großen Koalition entfiel nun die westdeutsche Sozialdemokratie gänzlich als Adressat für oppositionelle Bündniserwartungen der SED-Führung.[34] Auch muß vermutet werden, daß sich die SED

---

[30] *Betrifft: Jahresversammlung der Gesellschaft für Musikforschung vom 23.–25. Oktober 1964 in Halle/Saale*, BA Berlin, DR-3/2152/3.

[31] *Vorlage Nr. 29/3/65 für die 29. Dienstbesprechung beim Staatssekretär am 3. 8. 65. Entwurf einer Vorlage für die Ideologische Kommission zur Vorbereitung und Durchführung des Kongresses der Gesellschaft für Musikforschung vom 19.–22. 9. 1966 in Weimar*, BA Berlin, DR-3/206.

[32] Vgl. die Beispiele dafür bei G. Besier, *Der SED-Staat und die Kirche. Der Weg in die Anpassung.*

[33] Vgl. J. Staadt, *Die geheime Westpolitik der SED*, S. 225.

[34] Vgl. P. Erker, *»Arbeit nach Westdeutschland«*, S. 178.

durch die Ende 1966 beginnende vorsichtige Annäherung des neuen sowjetischen Parteichefs Leonid Breschnew an die Bonner Regierung verunsichert fühlte.[35]

Im Januar 1967 ließ die SED in ihrer Presse Erklärungen von »Bürgern unserer Republik« gegen eine Wiedervereinigung abdrucken.[36] Ein am 20. Februar 1967 von der Volkskammer beschlossenes Staatsbürgerschaftsgesetz fixierte die Eigenstaatlichkeit der DDR. Ebenfalls im Februar 1967 wurde das (erst im Dezember 1965 gebildete) »Staatssekretariat für gesamtdeutsche Fragen« umbenannt in »Staatssekretariat für westdeutsche Fragen«.[37] Nach einer Außenministertagung des Warschauer Paktes Anfang Februar 1967 begann die DDR, ihre im Westen »Ulbricht-Doktrin« genannte außenpolitische Linie zu praktizieren, welche darin bestand, Druck auf ihre Verbündeten auszuüben, um zu verhindern, daß westliche Staaten mit diesen Ländern in diplomatische Beziehungen treten ohne zugleich die DDR diplomatisch anzuerkennen.

Auf dem VII. SED-Parteitag im April 1967 war die bislang immerzu propagierte Konföderation kein Thema mehr. Die SED ging nun von der unwiderruflichen Zweistaatlichkeit Deutschlands aus, auch wenn sie 1968 in die neue DDR-Verfassung noch eine (1974 wieder gestrichene) gesamtdeutsche Option aufnehmen ließ. Auf der ganzen Linie wurden jetzt alle noch bestehenden gesamtdeutschen Verbindungen unterbrochen und entsprechende Institutionen aufgelöst, auch wenn es sich dabei eindeutig um Institutionen nichtstaatlichen Charakters handelte.

So verlangte ein Politbürobeschluß vom 28. Februar 1967 die Spaltung der bisher gesamtdeutschen evangelischen Kirchenvereinigungen:

»Der Minister des Innern gemeinsam mit dem Staatssekretär für Kirchenfragen werden beauftragt, Maßnahmen einzuleiten, daß die Büros und Einrichtungen der EKD und EKU ihre Tätigkeit in der Deutschen Demokratischen Republik einstellen.«[38]

Nachdem es der DDR bereits 1967 gelungen war, die Berlin-Brandenburgische Kirche de facto zu spalten, gelang es ihr 1969, die Spaltung in der gesamten DDR durchzusetzen: Mit Hilfe »progressiver« Kirchenmänner erwirkte sie die

---

[35] Vgl. ebd.

[36] H. Weber, Geschichte der DDR, S. 373.

[37] Vorausgegangen war am 24. 1. 1967 ein entsprechender Politbüro-Beschluß, den Walter Ulbricht angeregt hatte (vgl. J. Staadt, Die geheime Westpolitik der SED, S. 233). Am 7. 7. 1971 wurde das Staatssekretariat gänzlich aufgelöst.

[38] Anlage Nr. 4 zum Protokoll Nr. 9/67 der Sitzung des Politbüros des ZK am 28. 2. 1967, SAPMO, DY 30/J IV 2/2/1101; auch in: G. Besier, Der SED-Staat und die Kirche. Der Weg in die Anpassung, S. 629–633, hier: S. 632.

Ausgliederung der auf DDR-Gebiet existierenden evangelischen Landeskirchen aus der gesamtdeutschen Evangelischen Kirche in Deutschland (EKD) und deren Zusammenfassung in einem separaten »Bund der Evangelischen Kirchen in der DDR«.[39]

Im April 1967, also wenige Wochen nach dem Politbüro-Beschluß über die Spaltung der evangelische Kirche, beendete das Sekretariat des ZK der SED auch die Existenz gesamtdeutscher künstlerischer und wissenschaftlicher Gesellschaften auf dem Gebiet der DDR.[40] Zugleich verstärkte die DDR während dieser Zeit ihre Bemühungen um internationale Anerkennung als völkerrechtlich selbständiger Staat. Bereits in den Jahren nach dem Bau der Berliner Mauer hatte sie auf dieses Ziel hingearbeitet und sich in verschiedenen Ländern durch die Bildung sogenannter Freundschaftsgesellschaften entsprechende Einflußmöglichkeiten geschaffen. Eine weitere Möglichkeit zur Umgehung der »Hallstein-Doktrin« sah sie im Abschluß von Kulturabkommen mit Ländern, die vor einer diplomatischen Anerkennung des SED-Staates noch zurückschreckten. 1963 hatte sie ein solches Abkommen sogar der Bundesrepublik Deutschland angeboten und flankierend zugleich den deutsch-deutschen Kulturaustausch verstärkt. So konnten im Jahr 1965 insgesamt 27 Ensembles und 208 Solisten beziehungsweise Dirigenten aus der DDR im anderen deutschen Staat gastieren.[41] Mit der Wende zur Abgrenzung ging der Austausch aber schon 1966 wieder zurück und kam bis zum Jahr 1968 fast völlig zum Erliegen. Für die DDR existierte nun keine gemeinsame deutsche Kunst und Wissenschaft mehr. In einem Politbüro-Beschluß vom 10. Januar 1967 über die »politisch-ideologische Arbeit an den Universitäten, Hoch- und Fachschulen in Vorbereitung des VII. Parteitages« hieß es:

»Mit dem Märchen von einer einheitlichen deutschen Wissenschaft und Kultur muß Schluß gemacht werden, es gehört auf den Kehrichthaufen.«[42]

Und auf der 14. ZK-Tagung im Dezember 1970 erklärte SED-Politbüro-Mitglied und ZK-Sekretär Günter Mittag:

»Alle in der letzten Zeit wieder vorgebrachten Angebote, die sogenannten ›gesamtdeutschen Auffassungen und Praktiken‹, wozu auch das Vorhandensein und die Forderung nach weiteren gemeinsamen wissenschaftlichen Pu-

---

[39] Vgl. G. Besier, *Der SED-Staat und die Kirche. Der Weg in die Anpassung*, bes. S. 694–722.
[40] Dokument 54.
[41] H. Lindemann/K. Müller, *Auswärtige Kulturpolitik der DDR*, S. 24.
[42] *Protokoll Nr. 1/67 der Sitzung des Politbüros des Zentralkomitees am 10. Januar 1967*, SAPMO, DY 30/ J IV 2/2/1093, Bl. 26.

blikationen, gemeinsamen wissenschaftlich-technischen Gremien u. ä. gehören, sind Teil der imperialistischen Globalstrategie.«[43]

War die SED noch 1968 in der neuen DDR-Verfassung von der Existenz einer gemeinsamen deutschen Nation ausgegangen, erreichte die Abgrenzung gegenüber der Bundesrepublik Deutschland bereits wenige Jahre später, speziell seit dem Beginn der sozial-liberalen Koalition Ende 1969, eine neue Qualität. Immer häufiger war nun in Publikationen offiziellen Charakters von einer eigenständigen »sozialistischen Nationalkultur der DDR« und von einer allmählichen Annäherung der Kulturen der sozialistischen Länder zu lesen. Walter Ulbricht sprach im Januar 1971 von einer »prinzipiellen Abgrenzung« der DDR vom »imperialistischen NATO-Staat BRD«. Die DDR entwickele sich zum »sozialistischen deutschen Nationalstaat«, der »untrennbar und für immer mit der Sowjetunion und der sozialistischen Staatengemeinschaft verbunden« sei.[44] Auf dem VIII. Parteitag der SED im April 1971 ließ Erich Honecker keinen Zweifel aufkommen, daß er als neuer Erster Sekretär des ZK die von Ulbricht eingeleitete Abgrenzungspolitik fortsetzen wollte. Für ihn gab es nunmehr auch keine gemeinsame deutsche Nation mehr. »Im Gegensatz zur BRD«, wo die »bürgerliche Nation« fortbestehe, hätte sich in der DDR ein »neuer Typus der Nation«, die »sozialistische Nation« entwickelt.[45]

Am Beginn der siebziger Jahre nahmen zahlreiche kulturelle, wissenschaftliche und andere in der DDR ansässige Vereinigungen die Abgrenzungspolitik zum Anlaß für die Änderung ihres Namens. Dabei wurden nicht nur alle »deutschen« Begriffe getilgt, sondern mit der Namensergänzung »... der DDR« zugleich die enge Verbindung dieser Vereinigungen zum Staat anerkannt. So nannten sich zum Beispiel die Künstlerverbände um, darunter auch der 1951 gegründete »Verband Deutscher Komponisten und Musikwissenschaftler« (VDK), welcher im November 1972 seinen Namen in »Verband der Komponisten und Musikwissenschaftler der DDR« (VKM) änderte. Der »Kulturbund zur demokratischen Erneuerung Deutschlands«, der seit 1958 unter der Bezeichnung »Deutscher Kulturbund« firmiert hatte, nannte sich nun »Kulturbund der DDR«.

Parallel zur Abgrenzungspolitik verstärkte die DDR ihre Bemühungen, Mitglied in staatlichen und nichtstaatlichen internationalen Organisationen zu werden. Bereits 1966 hatte sie den ersten Antrag auf Mitgliedschaft in den Ver-

---

[43] *ND*, 25. Jg., Nr. 345 vom 14. 12. 1970, S. 3, zitiert in: H. Lindemann/K. Müller, *Auswärtige Kulturpolitik der DDR*, S. 44; vgl. ebd. auch weitere Zitate zur Abgrenzungspolitik.

[44] *ND*, 26. Jg., Nr. 30 vom 30. 1. 1971, S. 3.

[45] *Bericht des Zentralkomitees an den VIII. Parteitag der Sozialistischen Einheitspartei Deutschlands*, in: *Protokoll der Verhandlungen des VIII. Parteitages der Sozialistischen Einheitspartei Deutschlands, 15. bis 19. Juni 1971 in der Werner-Seelenbinder-Halle zu Berlin*, Bd. 1, Berlin [Ost] 1971, S. 56.

einten Nationen gestellt, und sie bewarb sich auch um Mitgliedschaft in einigen UN-Sonderorganisationen. Während die Bundesrepublik bereits seit den frühen fünfziger Jahren Mitglied aller UN-Sonderorganisationen war – in diesen gab es, anders als in den Hauptorganen, für die Ständigen Mitglieder des Sicherheitsrates kein Vetorecht und damit für die UdSSR keine Möglichkeit, die Mitgliedschaft zu verhindern –, gelang es der DDR erst am 21. November 1972, nach der Paraphierung des Grundlagenvertrages zwischen beiden deutschen Staaten, Mitglied einer Sonderorganisation, der UNESCO, zu werden. Dies war für sie deshalb so wichtig, weil nach der sogenannten Wiener Formel auch ein der UNO nicht angehörender Staat das Recht auf Aufnahme in alle Sonderorganisationen hat, sobald seine Aufnahme in eine dieser Organisationen erfolgt ist.[46]

Die völkerrechtliche Anerkennung der DDR wurde Ende der sechziger Jahre von verschiedenen internationalen Gruppen und Komitees – besonders in den skandinavischen Ländern – immer nachdrücklicher gefordert.[47] Aber auch einzelne linke Intellektuelle engagierten sich in diesem Sinne. So unterstützte beispielsweise Luigi Nono 1966 in einem Schreiben an UNO-Generalsekretär U Thant den (damals noch chancenlosen) Antrag der DDR auf Mitgliedschaft in den Vereinten Nationen.[48]

Allmählich gelang es der DDR, ihre internationale Isolierung zu durchbrechen. Im Jahr 1968 war es ihr erstmals möglich, an Olympischen Spielen mit einer eigenen Nationalmannschaft teilzunehmen, im Oktober 1968 wurde ihr Nationales Olympisches Komitee als gleichberechtigtes Mitglied in das IOC aufgenommen. Als die DDR ab 1969 von einigen arabischen und schwarzafrikanischen Staaten diplomatisch anerkannt wurde, ließ sich der Alleinvertretungsanspruch der Bundesrepublik, der von der internationalen Staatenwelt nahezu zwei Jahrzehnte lang toleriert worden war, nun nicht länger aufrecht erhalten. Das zeigte sich bereits 1968, als die DDR-Anträge auf Mitgliedschaft in der Weltgesundheitsorganisation und in der UNESCO nicht mehr prinzipiell abgelehnt, sondern lediglich vertagt wurden.[49]

Die seit Dezember 1969 in Bonn regierende sozial-liberale Koalition reagierte auf diese neue Situation, indem sie nicht nur die Beziehungen zu osteuropäischen Ländern zu verbessern suchte – im August beziehungsweise Dezember 1970 kam es zum Abschluß der sogenannten Ost-Verträge mit der UdSSR und Polen –, sondern indem sie sich auch bemühte, das westdeutsche Verhältnis zur DDR auf eine neue Grundlage zu stellen. Der neue Bundeskanzler Willy Brandt

---

[46] Vgl. W. Bruns, *Die Uneinigen in den Vereinten Nationen*, S. 20.
[47] Vgl. P. C. Ludz, *Die DDR zwischen Ost und West*, S. 217.
[48] Mitteilung in: *MuG* 16 (1966), H. 8, S. 572. Den Antrag auf Mitgliedschaft in den Vereinten Nationen hatte Walter Ulbricht als Vorsitzender des Staatsrates der DDR am 28. 2. 1966 beim UNO-Generalsekretär gestellt.
[49] Vgl. W. Bruns, *Die Uneinigen in den Vereinten Nationen*, S. 39.

anerkannte nun, daß es »zwei Staaten in Deutschland« gebe, die allerdings, weil einer gemeinsamen Nation zugehörig, »füreinander nicht Ausland« seien. Zugleich wollte er sich darum bemühen, »ein weiteres Auseinanderleben der deutschen Nation zu verhindern«.[50] Diese Überlegungen waren das Ergebnis eines nach dem Bau der Berliner Mauer beginnenden Prozesses des deutschlandpolitischen Umdenkens der Sozialdemokratie. Es verwundert nicht, daß dieses Umdenken bei Politikern in jener Stadt, die durch den Mauerbau unmittelbar betroffen war, in Berlin, seinen Ausgangspunkt hatte. In Anlehnung an den Titel einer Rede von Egon Bahr aus dem Jahr 1963 wurden die neuen Überlegungen unter dem Stichwort »Wandel durch Annäherung« zusammengefaßt.[51] Dem lag die Einsicht zugrunde, daß die deutsche Wiedervereinigung auf absehbare Zeit nicht zu erreichen sein würde, so daß es mittelfristig nur darum gehen könne, durch eine »Politik der kleinen Schritte« die Teilung für die Menschen, besonders für die im Osten lebenden, erträglicher zu machen. Durch den Abbau der westlichen Bedrohung und durch eine politische und ökonomische Stabilisierung im Innern, so glaubten und Brandt und seine Berater, würden sich die Machthaber in der DDR zu Zugeständnissen bewegen lassen. Daß dies mit einer partiellen Anerkennung des SED-Regimes und mit finanziellen Gegenleistungen verbunden sein würde, stand außer Zweifel. Bereits Ende 1963 hatte es das erste Ergebnis bei dem Versuch gegeben, »mit den Machthabern in der Zone zu verhandeln«: Ein Passierschein-Abkommen des West-Berliner Senats mit der DDR-Regierung ermöglichte es hunderttausenden West-Berlinern, ihre Verwandten im Ostteil der Stadt zu besuchen. Seit Anfang der sechziger Jahre wurden der Freikauf politischer Häftlinge und andere humanitäre Härtefälle auf der sogenannten »Anwaltsebene« geregelt.

Der Beginn regelmäßiger deutsch-deutscher Verhandlungen Anfang der siebziger Jahre

Ein erster Erfolg der Deutschlandpolitik der sozial-liberalen Koalition war das Treffen Brandts mit dem DDR-Ministerratsvorsitzenden Willi Stoph im März 1970 in Erfurt, bei dem der Bundeskanzler von der DDR-Bevölkerung begeistert empfangen wurde. Freilich war die DDR damals an Verhandlungen mit der Bundesrepublik nur insoweit interessiert, als sie sich davon letztlich die di-

---

[50] So Willy Brandt in seiner Regierungserklärung am 28. 10. 1969 (*Verhandlungen des Deutschen Bundestages. 6. Wahlperiode. Stenographische Berichte*, Bd. 71, Bonn 1969/1970, S. 21).
[51] Vgl. dazu die ausführliche Darstellung in A. Vogtmeier, *Egon Bahr und die deutsche Frage*, bes. S. 51–79.

plomatische Anerkennung durch Bonn erhoffte. Als für sie absehbar war, daß
sie dieses Ziel nicht erreichen würde und als sie überdies erleben mußte, daß die
Sympathien ihrer Bürger bei Willy Brandt lagen, ließ sie das zwei Monate später
in Kassel angesetzte Nachfolgetreffen gezielt ergebnislos verlaufen.[52]

Erst im Zuge der Vier-Mächte-Verhandlungen über den Status Berlins signalisierte sie im Herbst 1970 wieder Verhandlungsbereitschaft. Im November 1970
begannen dann die jahrelangen intensiven vertraulichen Gespräche zwischen
Egon Bahr (als dem Beauftragten des Bundeskanzlers) und seinem DDR-
Pendant, Staatssekretär Michael Kohl. Im Ergebnis dieser Verhandlungen folgten bald nach dem Berlin-Abkommen der Siegermächte des Zweiten Weltkrieges (September 1971) die ersten Verträge zwischen beiden deutschen Staaten: im
Dezember 1971 das Transitabkommen, im Mai 1972 der Verkehrsvertrag und –
last not least – im Dezember 1972 der Grundlagenvertrag, der für die internationale Staatenwelt einer Anerkennung der DDR durch die Bundesrepublik
gleichkam und Voraussetzung war für die Aufnahme beider deutscher Staaten in
die UNO am 18. September 1973. Während der Verhandlungen zum Grundlagenvertrag war es das wichtigste Ziel der DDR-Seite, im Vertragstext jegliche
Hinweise auf die nationale Einheit und eine mögliche Wiedervereinigung zu
eliminieren. Um den Vertrag an diesem Hindernis nicht scheitern zu lassen, entschloß sich die westdeutsche Seite zu einer Sonderregelung: Der Passus, daß der
Vertrag nicht im Widerspruch zum Wiedervereinigungsgebots des Grundgeset-
zes stehe, wurde der DDR in einer separaten Erklärung, dem sogenannten
»Brief zur Deutschen Einheit«, zur Kenntnis gebracht.

Vor der Unterzeichnung hatten DDR-Vertreter ihre Absicht beteuert, die
Verhandlungen über alle drängenden Probleme im deutsch-deutschen Verhältnis, insbesondere über die Familienzusammenführung, auch nach Inkrafttreten
des Vertrages weiterführen zu wollen. Dies stellte sich bald als leeres Versprechen heraus. Anfang 1973 wurde von der DDR die »Anwaltsebene« ohne
Neuregelung außer Kraft gesetzt. Folge waren die sogenannten »Kofferfälle«
(DDR-Bürger, die Ende Dezember 1972 bereits ihre Ausreise genehmigt be-
kamen und denen jetzt die Bewilligung wieder entzogen wurde).

Im Mai 1973 mußte Bahr gegenüber seinem DDR-Verhandlungspartner erklären, daß sich bei der Bundesrepublik der Eindruck verstärkt habe, »die DDR
lasse sich davon leiten, sie habe durch den Vertrag alles erreicht«; es gebe Informationen aus einer »außerordentlich verläßlichen Quelle«, die besagen würden: »Die DDR werde noch die Ratifizierung des Grundlagenvertrages und den
UNO-Beitritt abwarten, dann aber erklären, die BRD kann uns den Buckel
runter rutschen. Der Mohr hat seine Schuldigkeit getan, der Mohr kann

---

[52] Vgl. H. Potthoff, *Bonn und Ost-Berlin 1969–1982*, S. 25 f.

gehen.«[53] Die Krise in den deutsch-deutschen Beziehungen nach der Unterzeichnung des Grundlagenvertrages war Anlaß für den spektakulären Besuch des damaligen SPD-Fraktionsvorsitzenden im Bundestag, Herbert Wehner, bei Erich Honecker im Mai 1973. Durch die enge Beziehung, die sich zwischen Honecker und dessen einstigem Parteifreund Wehner in den folgenden Jahren entwickelte, konnte so manches Problem in den innerdeutschen Beziehungen, vor allem im humanitären Bereich, entschärft werden. Ob Wehner bei seinen Gesprächen mit dem SED-Chef die Grenze zum Landesverrat überschritten hat, wie nach den Enthüllungen des einstigen DDR-Spionagechefs Markus Wolf[54] vermutet wurde, kann hier nicht diskutiert werden. Daß Wehner sich von der mentalen Last seiner kommunistischen Vergangenheit nie gänzlich befreien konnte, dürfte aber unbestritten sein.

Kaum war das Problem der »Kofferfälle« gelöst, gab es im November 1973 den nächsten Rückschlag in den Beziehungen zwischen beiden deutschen Staaten, als die DDR die Mindestumtauschsätze für Westdeutsche verdoppelte beziehungsweise für Rentner einführte. Hatte die SED-Propaganda der Ulbricht-Ära noch auf die sozialen Unterschiede der westdeutschen Bevölkerung abgehoben, so wurden nun alle Bundesbürger gleichermaßen als »Klassenfeinde« behandelt, die von den eigenen Untertanen möglichst ferngehalten werden sollten. Und wenn menschliche Begegnungen schon nicht zu vermeiden waren, mußte sich dies wenigstens finanziell lohnen. In zähen Verhandlungen gelang es der westdeutschen Seite, die DDR zur Rücknahme der Erhöhung des Zwangsumtauschs zu bewegen.

Die erkaufte Stabilität – Zur Deutschlandpolitik in den siebziger und achtziger Jahren

Nach dem Rücktritt Brandts als Bundeskanzler 1974 sorgte dessen Nachfolger Helmut Schmidt für Kontinuität in der westdeutschen Deutschlandpolitik. Die Beziehungen wurden auf der etablierten staatlichen Kontaktebene ohne großes Aufsehen fortgesetzt.

Die gleichberechtigte Teilnahme beider deutscher Staaten an der Konferenz für Sicherheit und Zusammenarbeit in Europa im Jahr 1975 bedeutete für das SED-Regime zwar einerseits einen Prestigegewinn, andererseits mußte sie sich fortan in Menschenrechtsfragen an Maßstäben eines zivilisierten Landes messen

[53] *Niederschrift aus dem Gedächtnis über persönliche Gespräche von Michael Kohl mit Egon Bahr am 16. Mai 1973*, SAPMO, ZPA, DY 30/IV B2/20/433, zitiert in: A. Vogtmeier, *Egon Bahr und die deutsche Frage*, S. 182.
[54] M. Wolf, *Spionagechef im geheimen Krieg*, bes. S. 209–218.

lassen – und das nicht zuletzt auch durch ihre eigenen Bürger. Nach der Helsinki-Konferenz versuchte sich die DDR mehr und mehr als Friedensstifter zu profilieren und diesem Anliegen auch ihre Beziehungen zur Bundesrepublik Deutschland unterzuordnen, was zugleich im sowjetischen Interesse lag.[55] Als Ende der siebziger Jahre mit verstärkter Aufrüstung, NATO-Doppelbeschluß, sowjetischem Einmarsch in Afghanistan und der Krise in Polen eine Art zweiter Kalter Krieg zwischen den Großmächten begann, wurden beide deutsche Staaten nicht müde, ihre Kontakte zu nutzen, um mäßigend auf den »großen Bruder« der jeweils anderen Seite einzuwirken. Später wurden gar Begriffe geprägt wie »Sicherheitspartnerschaft«, »Verantwortungsgemeinschaft« und »Koalition der Vernunft«. Auch bemühte sich die SED, die westdeutsche Friedensbewegung propagandistisch für ihre Zwecke zu vereinnahmen – während sie gleichzeitig die eigene Friedensbewegung kriminalisierte und vom Staatssicherheitsdienst niederzuhalten versuchte.

Im Oktober 1980 fixierte Honecker in einer Rede vor Parteifunktionären in Gera seine an die Bundesrepublik gerichteten Forderungen, die bis zu seinem Sturz 1989 Grundlage der Deutschlandpolitik der SED blieben. Das wichtigste dieser Ziele bestand in der vollen diplomatischen Anerkennung der DDR durch die Bundesrepublik, was die Umwandlung der Ständigen Vertretungen in Botschaften einschloß.

Auch die Regierung Kohl setzte nach der Bonner »Wende« im Herbst 1982 – entgegen früheren Absichtserklärungen von Politikern der Unionsparteien – die »Politik der kleinen Schritte« mit der DDR fort – jetzt auch unter zunehmender Einbeziehung der regionalen und kommunalen Ebene (seit 1986 gab es sogar Städtepartnerschaften). Lediglich wurde anfangs von den neuen Bonner Regierenden etwas deutlicher in der Öffentlichkeit die Illegitimität des SED-Regimes betont.[56] Das hielt die Bundesregierung aber nicht davor zurück, die Finanztransfers in Richtung Ost-Berlin sogar noch auszuweiten. Einem von dem bayrischen Ministerpräsidenten Franz Josef Strauß 1983 »eingefädelten« Milliarden-Kredit folgte in Jahr darauf ein zweiter Kredit etwa in derselben Höhe. Ob es angesichts dieser Summen, die immerhin dazu beitrugen, die DDR vor der drohenden Zahlungsunfähigkeit zu bewahren, gerechtfertigt war, auf ostdeutsche Gegenleistungen beinahe gänzlich zu verzichten, darf allerdings bezweifelt werden. Lediglich wurden damals an der deutsch-deutschen Grenze die Selbstschußanlagen entfernt, und es zivilisierten sich ein wenig die schikanösen Kontrollen bei Grenzübertritten. Auch die Gebühren für die Benutzung

---

[55] Vgl. D. Nakath/G.-R. Stephan, *Von Hubertusstock nach Bonn*, S. 35.

[56] Vgl. u. a. W. Jäger, *Die Deutschlandpolitik der Bundesregierungen der CDU/CSU-F.D.P.-Koalition*, S. 1577. Freilich stellt Jäger die Deutschlandpolitik der Regierung Kohl zuunrecht als eine einzige Erfolgsstory dar.

der Transitwege und das Kopfgeld für die Freilassung politischer Häftlinge konnte die DDR bis zuletzt in schwindelerregende Höhen treiben, ohne daß sie zu nennenswerten Gegenleistungen gezwungen worden wäre.[57] Die Senkung des Zwangsumtauschs für Westdeutsche (der im November 1980 erneut drastisch angehoben wurde) und die Herabsetzung der Altersgrenze für Reisen von DDR-Bürgern in westliche Länder – beides Forderungen, die schon Helmut Schmidt immer wieder gegenüber Honecker erhoben hatte – blieben bis 1989 unerfüllte »Erwartungen« der Bundesregierung. Daran konnte auch der im September 1987 endlich zustande gekommene Honecker-Besuch in der Bundesrepublik nichts ändern, der vor allem einen Prestigegewinn für die DDR bedeutete und Honecker die Tore für Reisen in andere westliche Hauptstädte öffnete. Während sich nach dem Besuch die bundesdeutsche Politik-Prominenz in Ost-Berlin sozusagen die Klinke in die Hand gab, hatten die nichtprivilegierten DDR-Bürger weiterhin kaum eine Chance, den westlichen Teil der Welt vor Erreichen des Rentenalters zu Gesicht zu bekommen.[58]

Kritik am gouvernementalen und stabilitätsorientierten Charakter der Bonner Deutschlandpolitik (bei gleichzeitiger Ignoranz – von wenigen Ausnahmen abgesehen – gegenüber der sich in den achtziger Jahren immer lautstärker meldenden Opposition in der DDR) ist um so mehr angebracht, als sich bald nach dem Machtantritt Gorbatschows herausstellte, daß die SED-Führung in den späten achtziger Jahren keineswegs mehr unter sowjetischer Bevormundung stand, daß sie also ihr Handeln selbst zu verantworten hatte. Noch im Sommer 1989, als der DDR ihre Bürger schon scharenweise davonliefen und es längst erwiesen war, daß sich die Ost-Berliner Politbürokraten dem osteuropäischen Reformprozeß verweigern würden, fiel es den westdeutschen Politikern schwer, ihren Kurs der Stabilisierung des SED-Regimes zu revidieren. Das galt auch für die oppositionelle Sozialdemokratie, die 1987 mit der SED ein Grundsatzpapier ausgehandelt und Ende der achtziger Jahre vereinzelt sogar mit der Anerkennung der DDR-Staatsbürgerschaft geliebäugelt hatte.

So kamen die Ereignisse vom Herbst 1989 nicht nur für die Machthaber in Ost-Berlin unerwartet, auch in Bonn hatte man keine Konzeption dafür parat, wie mit einer demokratischen DDR, geschweige denn mit einem wiedervereinigten Deutschland umzugehen sei. Die dauernde Teilung hatte nicht nur die Vision einer deutschen Vereinigung fast zum Erliegen gebracht, sie bewirkte auch einen sowohl bei der Bevölkerung als auch bei den Politikern in der Bun-

---

[57] Vgl. u. a. T. Garton Ash, *Im Namen Europas*, S. 217.

[58] Nach einer Information der »Zentralen Auswertungs- und Informationsgruppe« des MfS vom 16. 9. 1987 bildeten »Erwartungen über weitere Erleichterungen bzw. Verbesserungen im Reiseverkehr für DDR-Bürger in das nichtsozialistische Ausland« den »absoluten Schwerpunkt« bei den Reaktionen der ostdeutschen Bevölkerung auf den Honecker-Besuch (zitiert in: D. Nakath/G.-R. Stephan, *Von Hubertusstock nach Bonn*, S. 340 f.).

desrepublik fortschreitenden Wahrnehmungswandel gegenüber den tatsächlichen Verhältnissen im zweiten deutschen Staat. Zuletzt schien das Bewußtsein, es bei der DDR mit einer Diktatur zu tun zu haben, nicht nur bei Vertretern des linken Spektrums kaum mehr ausgeprägt zu sein, obwohl sich die dortigen Verhältnisse seit Honeckers Machtantritt kaum geändert hatten.[59] Auch die ökonomische Schwäche und finanzielle Abhängigkeit der DDR von der Bundesrepublik in den achtziger Jahren wurde im Westen kaum wahrgenommen, geschweige denn politisch ausgenutzt.

---

[59] Vgl. T. Garton Ash, *Im Namen Europas*, S. 309.

TEIL II:
DIE GESELLSCHAFTEN

Die Neue Bachgesellschaft

Von der Gründung der NBG bis zum Ende des Zweiten Weltkrieges

Die Neue Bachgesellschaft wurde am 27. Januar 1900 in Leipzig gegründet. Am selben Tag hatte sich die am 15. Dezember 1850 maßgeblich von Otto Jahn gegründete »Bachgesellschaft« aufgelöst, deren Mission mit der Vollendung des 46. Bandes ihrer Bach-Gesamtausgabe im Jahr 1899 erfüllt war. Zum Vorsitzenden der neuen Gesellschaft wurde ihr aktivster Beförderer gewählt, der damalige Leipziger Universitätsmusikdirektor Hermann Kretzschmar. Dem »Direktorium« gehörten weiter an: als Schriftführer Thomaskantor Gustav Schreck, als Schatzmeister der Inhaber des Verlages Breitkopf & Härtel Oskar von Hase, ferner Joseph Joachim, Franz Wüllner, Martin Blumner und Siegfried Ochs.[1] Vorsitzender, Schriftführer und Schatzmeister bildeten den Vorstand. Zur Ergänzung des Direktoriums wurde ein »Ausschuß« von 16 Mitgliedern gebildet, dem unter anderem Ferruccio Busoni und Gustav Mahler angehörten.[2] Stand für die alte Bachgesellschaft die Herausgabe der Gesamtausgabe im Mittelpunkt, so sah die neue ihre Aufgabe in der Popularisierung des Komponisten und seiner Musik. In der ersten Satzung hieß es dazu:

> »Der *Zweck* der Neuen Bachgesellschaft ist, den Werken des großen deutschen Tonmeisters Johann Sebastian Bach eine belebende Macht im deutschen Volke und in den ernster deutscher Musik zugängigen Ländern zu schaffen, insbesondere auch seine für die Kirche geschaffenen Werke dem Gottesdienste nutzbar zu machen.«[3]

Für diesen Zweck ließ die Gesellschaft ihre Gesamtausgabe durch Einzelausgaben »für den praktischen Gebrauch« ergänzen, gab populäre Veröffentlichungen sowie seit 1904 ein »Bach-Jahrbuch« heraus und eröffnete 1907 in dem von ihr erworbenen Bach-Haus in Eisenach, das damals als Bachs Geburtshaus angenommen wurde, ein Museum. Vor allem aber rief sie, auf Vorschlag von Kretzschmar, regelmäßig veranstaltete Bach-Ehrungen ins Leben.[4] Diese »Bach-

---

[1] A. Schering, *Die Neue Bachgesellschaft 1900–1910*, S. 3.
[2] *Neue Bachgesellschaft*, S. 14.
[3] Ebd., S. 21.
[4] *Die Bach-Gesellschaft. Bericht, im Auftrage des Directoriums verfaßt von Hermann Kretzschmar*, S. LXIII.

feste« mit Konzerten, musikalischen Festgottesdiensten und Vorträgen, fanden anfangs in mehrjährigem Turnus, später jährlich statt. Ihrem selbstgestellten Anliegen, Bachs Musik in ganz Deutschland bekanntzumachen, entsprach die Gesellschaft mit dem Prinzip der »wandernden« Bachfeste. Angefangen 1901 in Berlin, trafen sich nun die Mitglieder zu solchen Veranstaltungen regelmäßig in verschiedenen Städten, wobei sie verständlicherweise besonders häufig die Einladungen der Stadt Leipzig annahmen. Obgleich satzungsmäßig nicht auf Deutschland beschränkt, fanden bis in die siebziger Jahre mit einer Ausnahme (Wien 1914) alle Bachfeste im Inland statt, weshalb sie auch jahrzehntelang »Deutsche Bachfeste« genannt wurden.

Der Zweite Weltkrieg brachte die Arbeit der Neuen Bachgesellschaft vorübergehend gänzlich zum Erliegen. Die Geschäftsstelle in Leipzig war durch einen Bombenangriff am 4. Dezember 1943 zerstört worden, wobei alle Unterlagen vernichtet wurden.[5] In dieser Situation gründete sich 1946 im schweizerischen Schaffhausen eine weitere Gesellschaft: die bis heute existierende »Internationale Bachgesellschaft«, welche im Juni 1949 in Basel eine deutsche Sektion bildete.

Neubeginn nach dem Zweiten Weltkrieg

Die Neue Bachgesellschaft reaktivierte sich erst wieder, als es darum ging, das 1950 anstehende Bach-Jubiläum vorzubereiten. Immerhin konnte nach Kriegsende durch den früheren Thomaskantor Karl Straube als »Notvorsitzendem« die Auflösung der Gesellschaft verhindert werden.[6] Auf ihrer ersten Zusammenkunft nach dem Krieg, am 10. August 1949, übergab Straube, wenige Monate vor seinem Tod, den Vorsitz an den Theologen Christhard Mahrenholz.[7] Dieser richtete 1950 in seiner Heimatstadt Hannover eine zweite Geschäftsstelle ein, über welche die in den Westzonen Deutschlands lebenden Mitglieder ihre Beiträge entrichten konnten. Bedingung seiner Amtsübernahme sei gewesen – so äußerte sich Mahrenholz Jahrzehnte später –, die Einheit der NBG zu erhalten und der damals im Westen aufkommenden Absicht entgegenzutreten, »das Verwaltungszentrum von Leipzig in den Westen zu verlegen«.[8]

Anfang 1949 wurde der Gesellschaft vom Amtsgericht Leipzig mitgeteilt, daß ihr provisorischer, auf den Namen von Karl Straube lautender Eintrag im Ver-

---

[5] Darüber informierten im Februar 1953 C. Mahrenholz und Günther Ramin in einem Rundschreiben die Mitglieder der NBG (SAPMO, DY 27/1571).

[6] C. Mahrenholz im Januar 1973 in einem Rundschreiben an alle Mitglieder der NBG (SAAdK, HPA, 1356).

[7] C. Mahrenholz, Brief an die Vorstandsmitglieder der NBG vom 20. 5. 1978, SAAdK, HPA, 1368.

[8] Ebd.

einsregister gelöscht worden war. Etwa zur selben Zeit hatte die Deutsche Zentralverwaltung des Innern der Sowjetischen Besatzungszone die Selbständigkeit gesellschaftlicher Organisationen per Verordnung aufgehoben.[9] Eine Weiterarbeit war jetzt nur noch im Rahmen einer der sogenannten »demokratischen Massenorganisationen« möglich. In einer Ergänzungsverordnung wurde die Neue Bachgesellschaft – und auch die in Weimar ansässige Goethe-Gesellschaft – expressis verbis dem »Kulturbund zur demokratischen Erneuerung Deutschlands« angeschlossen.[10] Dieser Beitritt – und damit faktisch die Neugründung der Gesellschaft – erfolgte am 4. Juli 1949 in Berlin. Gemäß einer am gleichen Tag abgeschlossenen Vereinbarung beider Organisationen hatte die »ideologische und organisatorische Arbeit« der Neuen Bachgesellschaft »in Übereinstimmung mit den grundsätzlichen Prinzipien, die für die Arbeit des Kulturbundes gelten«, zu erfolgen.[11] Später hat man diese Formulierung etwas gemildert.[12] Das Interesse des Kulturbundes an einer Umgestaltung der Gesellschaft hielt sich jedoch in der Folgezeit insgesamt sehr in Grenzen, so daß die Anbindung im Prinzip nur formalen Charakter hatte. Praktisch gestaltete sich die Zusammenlegung so, daß die Neue Bachgesellschaft zehn Prozent ihrer Einnahmen aus den Beiträgen der in der DDR lebenden Mitglieder, später dann einen Pauschalbetrag, an den Kulturbund abführen und je einen Vertreter dieser Organisation in den Vorstand und in den Verwaltungsrat aufnehmen mußte. Den Vertreter im Vorstand betreffend, kam man überein, auf einen zusätzlichen Posten zu verzichten und kurzerhand das Geschäftsführende Vorstandsmitglied, Thomaskantor Günther Ramin, als Vertreter des Kulturbundes anzusehen. In den Verwaltungsrat wurde der Kulturbund-Funktionär Karl Kneschke[13] gewählt. Von seiner Aufsichts- und Zensurfunktion machte dieser aber eher zurückhaltend Gebrauch – ihm oblag es beispielsweise, die Druckgenehmigungen für Publikationen und Rundschreiben zu erteilen –, so daß er bei seinem Rücktritt, Ende 1955, von Mahrenholz sogar mit einem Dankschreiben bedacht wurde (»Ihnen ist im wesentlichen zu verdanken, daß die Neue Bachgesellschaft über der Spaltung unseres deutschen Vaterlandes als eine einheitliche Organisation erhalten blieb«)[14]. Daß der Anschluß an den Kulturbund nicht zu der von der DDR erhofften Gleichschaltung geführt hat, geht auch aus einem Brief des damaligen kommissarischen Hauptabteilungsleiters im Kulturministerium, Hans-

---

[9] Dokument 3.

[10] Dokument 5.

[11] SAPMO, DY 27/1571.

[12] *Protokoll* vom 4. 1. 1952, SAPMO, DY 27/1571.

[13] Karl Kneschke (1898–1959), 1921 Mitbegründer der KP der ČSR, anschließend Kreis- und Bezirkssekretär, 1938 Emigration nach England, 1946–1951 sächsischer Landessekretär des KB, 1950–1957 Bundessekretär des KB.

[14] C. Mahrenholz, Brief an K. Kneschke vom 22. 11. 1955, SAPMO, DY 27/1571.

Georg Uszkoreit, an Minister Johannes R. Becher vom 9. Mai 1957 hervor. Uszkoreit sah »in der starken auf Westdeutschland orientierten Tätigkeit von Prof. Ramin, in der stark kirchlichen Zusammensetzung der Mitgliederschaft und in der Passivität des Kulturbundes« die Ursachen dafür, daß die Neue Bachgesellschaft »in der Zeit von 1950–1953/54 immer mehr unter westdeutsche Führung geraten« sei.[15]

Die »Deutsche Bach-Feier« 1950

Im Jahr 1950 wollte sich die Gesellschaft mit einem großangelegten Bachfest anläßlich des 200. Todestages Bachs wieder in der Öffentlichkeit präsentieren. Wer sich allerdings tatsächlich kulturpolitisch präsentieren konnte, war die neugegründete DDR. Nach dem Willen der SED-Führung sollte 1950 in Leipzig, analog zu den Goethe-Feiern 1949, der alleinige Anspruch der DDR auf das deutsche Kulturerbe demonstriert werden. Zugleich ging es darum, eine Plattform zu schaffen für die Selbstdarstellung der DDR in der internationalen Öffentlichkeit. Daß die SED etwa erwogen hätte, nun eigene staatliche Veranstaltungen *neben* das Bachfest der NBG zu setzen, lag außerhalb ihrer staatsmonopolistischen Vorstellungswelt. Das Bachfest mußte also der NBG entzogen werden, ungeachtet der Zusicherung, daß sie es als Gegenleistung für den Beitritt zum Kulturbund allein ausrichten dürfe.[16] Das Fest mutierte zur »Deutschen Bach-Feier« und die vom Vorstand der Gesellschaft in Eisenach vorgesehenen Festtage zur »Bach-Ehrung der deutschen Jugend« (analog zur »Goethe-Ehrung der deutschen Jugend« in Weimar ein Jahr zuvor).

Am 31. Oktober 1949 teilte der Musikreferent im sächsischen Volksbildungsministerium, Otto Goldhammer, während einer Besprechung mit dem Leipziger Oberbürgermeister Max Opitz mit, daß ein Plan, im Jahr 1950 ein großes Bachfest zu veranstalten, bereits vor einem Jahr der Stadt Leipzig angetragen worden wäre, daß die Vorbereitungen jedoch durch den lange Zeit ungeklärten Status der Neuen Bachgesellschaft behindert worden seien. Die durch Amtsbeschluß aufgelöste Gesellschaft hätte erst vermittels »juristischer Kunstgriffe«, durch Eingliederung in den Kulturbund, ihre legale Existenz wiedererlangt.[17] Dem sächsischen Volksbildungsminister, Helmut Holtzhauer, ging allerdings selbst das noch zu weit. In einem Schreiben an Karl Kneschke meldete er mit Hinweis auf die neuerliche »Restauration einer Reihe von aufgelösten Vereinen unter

---

[15] BA Berlin, DR-1/66.
[16] Siehe Dokument 7.
[17] Rudolf Hartig, *Protokoll über die Besprechung am 31. 10. 1949, 17,30 Uhr, in der Wohnung des Herrn Oberbürgermeister wegen der Durchführung des Bachfestes im Jahre 1950*, SHSA, MfV, 2597.

dem Deckmantel des Kulturbundes« Bedenken gegen eine Zulassung der Gesellschaft an.[18] Unzufrieden war er auch mit dem ihm vom Leipziger Kulturamt
zugegangenen vorläufigen Programm des Bachfestes;[19] dieses nämlich würde einen zu starken »kirchlichen Einschlag« enthalten.[20]

Bemerkenswert an diesem frühen Programmentwurf (von Anfang Juli 1949)
ist, daß er bereits einen Hinweis auf die Bildung eines »Deutschen Bach-
Ausschusses 1950« enthält, daß also von Anfang an vorgesehen war, der Neuen
Bachgesellschaft nicht die alleinige Initiative für das Bachfest zu überlassen. Daß
die Idee der Bildung eines solchen Ausschusses nicht in Leipzig entstanden war,
geht aus einem Beschluß des Sekretariats des ZK der SED vom 5. Dezember
1949 hervor, in dem es hieß:

> »Vom Kulturbund zur demokratischen Erneuerung Deutschlands und von
> unserer Abteilung [»Kultur und Erziehung« des ZK] wird die Bildung eines
> Bach-Ausschusses vorgeschlagen, der die Aufgabe hat, anläßlich des 200. To-
> destages von Joh. Sebastian Bach am 27. 7. 1950 in Leipzig ein Bach-Jahr
> durchzuführen und seine ideologische und musikalische Durchführung zu
> leiten.«[21]

Über die Zusammensetzung dieses Bach-Ausschusses beriet Ende Oktober
1949 ein formal vom Kulturbund zusammengerufenes Gremium, dem fast nur
linientreue SED-Mitglieder angehörten, darunter Ernst Hermann Meyer,
Nathan Notowicz, Karl Laux, Stefan Heymann (Leiter der Kulturabteilung des
ZK) und der Bundessekretär des Kulturbundes, Klaus Gysi. Dieses Gremium,
das sich selbst »Arbeitsausschuß« nannte, legte die Mitglieder des zu bildenden
Bach-Ausschusses fest. Freilich hatten das DDR-Volksbildungsministerium und
die Kaderabteilung des ZK der SED vorab entsprechende »Vorschläge« gemacht und sich dabei ganz an dem kommunistischen »Volksausschuß«-Modell
der Vorkriegszeit orientiert. Das Volksausschuß-Modell gehörte schon in den
dreißiger Jahren zur bevorzugten kommunistischen Taktik bei der Eroberung
der Macht. Nach außen hatten anerkannte »bürgerliche« Persönlichkeiten für die
demokratische Legitimierung zu sorgen, während im Hintergrund kommunistische Funktionäre die Fäden zogen. In den ersten Wochen nach der Beendigung
des Zweiten Weltkrieges hatte sich die »Gruppe Ulbricht« bei der Errichtung
provisorischer deutscher Bezirksverwaltungen in Berlin dieses Modells bedient.

---

[18] Brief vom 23. 8. 1949, SHSA, MfV, 2596.

[19] *Plan des Bachjahres 1950 (Zum 200. Todestag Bachs)* (unterzeichnet vom Leiter des Kulturamts der
Stadt Leipzig, Rudolf Hartig), SHSA, MfV, 296.

[20] Helmut Holtzhauer, Brief an R. Hartig vom 9. 7. 1949, SHSA, MfV, 2596.

[21] *Protokoll Nr. 70 der Sitzung des Sekretariats [des ZK der SED] am 5. Dezember 1949*, Anlage Nr. 5,
SAPMO, DY 30/J IV 2/3/070, Bl. 20.

»Es muß demokratisch aussehen, aber wir müssen alles in der Hand haben«, lautete Ulbrichts Direktive.[22]

Um dem Bach-Ausschuß einen gesamtdeutschen Anstrich zu geben, nahm man auch einige prominente Westdeutsche hinzu; den aktiven Kern bildeten jedoch Mitglieder und Funktionäre der SED. Daß man den Widerstand der NBG ausschalten wollte, war offenbar nur einer der Gründe, warum man deren Stellvertretenden Vorsitzenden, Thomaskantor Günther Ramin, zum Präsidenten des Ausschusses machte; Ramin hatte für die Akzeptanz des Bach-Ausschusses insbesondere in Westdeutschland zu sorgen. Andererseits hoffte man, daß er sich durch solch eine Ehrung zu Kompromissen bereit finden würde, wie aus folgendem Satz des Protokolls der »Arbeitsausschuß«-Sitzung hervorgeht:

»Auf eine Erkundigung von seiten Herrn *Gysis*, wie die Möglichkeiten wären, zu garantieren, daß dieses Bach-Fest so wirke, wie man es wünsche, wenn Prof. Ramin an der Spitze stünde, ergibt sich eine kleine Debatte, in deren Verlauf u. a. Herr *Heymann* betont, daß es sehr schwer sei, mit ihm zu arbeiten; es sei indessen zu erwägen, ob er durch eine solche Ehrung nicht eher bereit sein würde, mitzuarbeiten.«[23]

Noch vor der Gründung des Bach-Ausschusses organisierte Ernst Hermann Meyer Anfang November 1949 in Kleinmachnow bei Berlin eine dreitägige Klausursitzung im Kreis von ausgewählten SED-Mitgliedern. Wie Meyer bekanntgab, sei dies eine Idee des SED-Funktionärs Anton Ackermann gewesen, der auch vorgeschlagen hätte, daß diesem »Ausschuß zur Beurteilung der Person Johann Sebastian Bachs« der Wirtschaftshistoriker Jürgen Kuczynski angehören sollte.[24] Ob Kuczynski allerdings tatsächlich beteiligt war, bleibt unklar, da in einer anderen Quelle[25] sein Name fehlt und statt dessen Harry Goldschmidt[26] als

---

[22] Zitiert nach W. Leonhard, *Die Revolution entläßt ihre Kinder*, S. 440.

[23] *Protokoll der Sitzung des Arbeitsausschusses für die Feier des 200. Todestages von Joh. Seb. Bach im Jahre 1950*, Abschrift, SAPMO, DY 27/1567.

[24] Ebd.

[25] Paul Wandel, Brief an Walter Ulbricht, Abschrift, SAPMO, DY 30/J IV 2/3/070, Bl. 23 f.

[26] Harry Goldschmidt (1910–1986), Studium in Basel (u. a. Musikwissenschaft bei Karl Nef und Jacques Handschin) und Berlin sowie bei Hermann Scherchen in Königsberg, anschließend Musikkritiker bei schweizerischen Zeitungen, 1939–1945 Schweizer Armee, 1944 Mitglied der Partei der Arbeit der Schweiz, 1949–1950 Leiter der HA Musik des Berliner Rundfunks, 1950–1955 Professor für Musikgeschichte an der Deutschen Hochschule für Musik in Ost-Berlin, 1955–1956 Lehrtätigkeit in China, anschließend freischaffend, 1961–1965 Leiter des Zentralinstituts für Musikforschung beim VDK, danach ständiger freier Mitarbeiter der Akademie der Wissenschaften in Ost-Berlin; Forschungen vor allem zu Beethoven und Schubert; in den sechziger Jahren Abkehr vom orthodoxen Kommunismus, beriet 1968–1977 Rudolf Bahro beim Schreiben des regimekritischen Buchs *Die Alternative* und brachte das fertige Manuskript unkontrolliert in den Westen (vgl. Bahros *Nachwort 1989/90* zu der 1990 in Köln sowie in Ost-Berlin erschienenen Ausgabe, S. 546).

Teilnehmer vermerkt ist. Die weiteren Teilnehmer der Sitzung waren, laut übereinstimmender Angaben beider Quellen, Ernst Hermann Meyer, Nathan Notowicz, Georg Knepler und Karl Laux.

Als Ergebnis dieser Veranstaltung entstand ein Grundsatzpapier, das dem Bach-Ausschuß die ideologische Richtung bei der Vorbereitung des Bachfestes hinsichtlich eines marxistischen Bachbildes vorgeben sollte. Der entscheidende Satz lautete:

> »Der Ausschuß bekämpft aufs schärfste die in den kapitalistischen Ländern vorherrschenden Auffassungen von Sebastian Bach, die entweder rein formalistisch sind und in diesem Meister selbst einen abstrakten Formalisten erblicken, oder ausschließlich weltflüchtige religiöse Ziele verfolgen.«[27]

Weiter hieß es, Bach sei »kein reiner Kirchenmusiker« gewesen, hätte das Thomaskantorat »nicht aus religiösem Bedürfnis« übernommen und zahllose geistliche Werke »einfach von Amts wegen« geschrieben. (Ähnliche Thesen verkündete später auch der SED-Parteivorstand in einer am 17. März 1950 veröffentlichten »Stellungnahme zum Bachjahr« mit dem Titel *Nationales Bekenntnis zu Bach*.)[28]

Die personelle Zusammensetzung des Bach-Ausschusses wurde am 5. Dezember 1949 vom Sekretariat des ZK der SED abgesegnet.[29] Wenige Tage später erklärte der DDR-Ministerrat das Jahr 1950 offiziell zum Bach-Gedenkjahr.

Im Februar 1950 wurden die Vorbereitungsarbeiten des Ausschusses empfindlich gestört, weil sich einer seiner beiden Sekretäre, der Leipziger Kulturbund-Funktionär Eberhard Gelbe-Haussen[30], nach West-Berlin abgesetzt hatte. Sofort danach nutzte dieser seine intime Kenntnis der Situation in der DDR, um die westdeutsche Presse über alles zu informieren, was sich bei der Vorbereitung des Bachfestes hinter den Kulissen ereignet hatte. Seine Flucht muß die SED-Funktionäre um so mehr getroffen haben, als es sich bei ihm sogar um ein Mitglied ihrer Partei gehandelt hatte. Ein Bericht des erwähnten Musikreferenten Goldhammer an den SED-Landesvorstand Sachsen verdeutlicht, was die DDR nun zu befürchten hatte:

---

[27] *Johann Sebastian Bach*, Abschrift, SLB, Mscr. Dresd. x 38, 2.

[28] *ND*, Jg. 5, Nr. 45 vom 17. 3. 1950, S. 3; auch in: *Dokumente der Sozialistischen Einheitspartei Deutschlands. Beschlüsse und Erklärungen des Parteivorstandes, des Zentralsekretariats und des Politischen Büros*, Bd. II, Berlin 1950, S. 435–438.

[29] *Protokoll Nr. 70 der Sitzung des Sekretariats am 5. Dezember 1949*, SAPMO, DY 30/J IV 2/3/53, Bl. 4.

[30] Eberhard Gelbe-Haussen, geb. 1921, Jurastudium in Leipzig, seit 1950 Redakteur beim Süddeutschen Rundfunk Stuttgart, 1961–1975 ARD-Korrespondent in Genf, seit 1985 Senior Information Officer bei den Vereinten Nationen, seit 1980 freier Journalist, 1980–1984 Theologiestudium für Laien in Zürich.

»Gelbe-Haussen war als Kreissekretär des Kulturbundes bei allen Sitzungen des zentralen Bach-Ausschusses in Berlin zugegen, in denen besprochen und festgelegt wurde, in welcher Weise mit Professor Ramin verhandelt werden soll. Es mußte vermieden werden, daß Ramin seine eigenen Pläne durchsetzt, wo es galt, die Interessen der Deutschen Demokratischen Republik zu wahren.«[31]

Am 19. März 1950 druckte eine West-Berliner Tageszeitung Gelbe-Haussens erste Enthüllungen ab (unter dem Titel *Herein mit J. S. Bach in die »Nationale Front« – Parteipolitische Ausnutzung eines großen Deutschen – Theater vor den Westleuten*).[32] Das SED-Zentralorgan »Neues Deutschland« reagierte darauf mit einem Artikel am 12. April 1950.[33] Kurz zuvor war von der westdeutschen Presse ein weiterer schwerer Fall von »Republikflucht« publik gemacht worden: Gelegentlich einer Konzertreise hatten sich die Mitglieder eines Dresdner Frauenchores geschlossen in den Westen abgesetzt.[34] Der Autor des »ND«-Artikels konstruierte nun zwischen beiden Ereignissen einen Zusammenhang: Gelbe-Haussen sei »wohlversehen mit Bestechungsgeldern und auf Befehl des amerikanischen Spionagedienstes« mit dem Auftrag geflüchtet, »in ähnlicher Weise wie beim Mozart-Chor« auch den Thomanerchor nach Westdeutschland zu entführen. Gänzlich unbegründet waren derlei Befürchtungen übrigens nicht. Im Sommer 1947 hatte es gegenüber dem Thomanerchor tatsächlich einen Abwerbeversuch gegeben. Wie später Charlotte Ramin, die Witwe des Thomaskantors, berichtete, wurde Ramin auf seiner ersten Konzertreise in die westlichen Besatzungszonen von dem Plan überrascht, daß man einen Teil des Chores, besonders die älteren Jungen, dort behalten wollte, um so in Lübeck um diesen Kern einen neuen Thomanerchor heranwachsen zu lassen. Nur dem energischen Eingreifen Ramins sei es zu verdanken gewesen, daß die schon vorbereitete Presseerklärung im letzten Augenblick verhindert werden konnte und daß der Chor geschlossen wieder nach Leipzig zurückkehrte.[35]

Da für die Monate Mai und Juni 1950 eine erneute Tournee der Thomaner vorgesehen war, traf Goldhammer Vorkehrungen für den Fall, daß das Bachfest ohne den Chor stattfinden müßte. Er verabredete mit dem Dresdner Kreuzkantor, daß dessen Chor, um notfalls einspringen zu können, das gesamte Bachfest-Repertoire der Thomaner einstudierte. In ähnlicher Weise bereitete er sich

---

[31] Brief vom 23. 3. 1950, SHSA, MfV, 2596.

[32] Dokument 7.

[33] Dokument 8.

[34] Am ausführlichsten berichtete darüber die Zeitung *Der Tag*, Berlin [West], 3. Jg., Nr. 80 vom 4. 4. 1950, S. 1: *Mozart-Chor flieht aus Dresden. Dirigent Schück mit Chormitgliedern in Berlin – Abschluß fünfjährigen Kampfes.*

[35] C. Ramin, *Günther Ramin. Ein Lebensbericht*, S. 125.

auf einen möglichen Ausfall von Ramin als Dirigenten vor und führte entsprechende Verhandlungen mit dem Leipziger Gewandhauskapellmeister Franz Konwitschny, wobei er – nach eigener Aussage – stets konspirativ zu Werke ging:

> »Alle Verhandlungen wurden so geleitet, als ob es sich um einen eventuellen Einsatz des Kreuzchores in Berlin und im Land Sachsen handelte; denn es mußte vermieden werden, daß durch Gespräche die eigentliche Absicht zu erkennen war.«[36]

Dem Anspruch der DDR auf das Monopol ihrer Bach-Feier in ganz Deutschland – und damit ihrem Anspruch auf alleinigen Besitz des Bachschen Erbes – lief zuwider, daß damals Bach-Ehrungen auch von westdeutscher Seite vorgesehen waren. Obendrein etwa zeitgleich mit den Veranstaltungen in Leipzig war zunächst ein Bachfest in Göttingen geplant. Obwohl die Entscheidung dafür bereits vor der für Leipzig gefallen war, beharrte die DDR darauf, *das* deutsche Bachfest schlechthin auszurichten. Nachdem es ihr (genauer gesagt: dem Bach-Ausschuß) nicht gelungen war, die Göttinger Feiern zu verhindern, warf der Generalintendant des DDR-Rundfunks, Hans Mahle, in einem am 26. Februar 1950 ausgestrahlten *Kommentar zum Sonntag* den Göttinger Veranstaltern Spaltungsabsichten vor. In dem zentralen Leipziger Bachfest sah er »ein wirksames Mittel im Kampf um die Wiederherstellung der Einheit Deutschlands gegen die Westdeutschland und Westeuropa überschwemmende Welle des amerikanischen Imperialismus«, woran auch »das von westdeutschen Spaltungspolitikern in Göttingen in Szene gesetzte separate Bachfest« nichts ändern könne.[37] Christhard Mahrenholz, der damals als Vorsitzender der Neuen Bachgesellschaft dem Kuratorium zur Vorbereitung des Göttinger Bachfestes angehörte, fühlte sich durch diesen Kommentar derartig unter Druck gesetzt, daß er seinen Rücktritt als NBG-Vorsitzender in Erwägung zog.[38]

Eine ähnliche Absicht verfolgte die DDR hinsichtlich des in Lüneburg von der Gesellschaft für Musikforschung vorgesehenen Kongresses. Doch auch hier war es ihr nicht gelungen, die westdeutsche Seite zum Verzicht zugunsten von Leipzig zu bewegen. Lediglich vermochte der Bach-Ausschuß mit Präsident Friedrich Blume einen Kompromiß auszuhandeln, demzufolge die Gesellschaft zuerst einen »Allgemeinen musikwissenschaftlichen Kongreß« in Lüneburg veranstalten und dann zusätzlich als Veranstalter des in Leipzig anberaumten Kon-

---

[36] Goldhammer an Schlieps (SED-Landesvorstand Sachsen), a. a. O. (Fußnote 31).
[37] So von C. Mahrenholz in einem Brief an G. Ramin aus dem Gedächtnis zitiert (Abschrift, SAPMO, DY 27/1568).
[38] Ebd.

gresses in Erscheinung treten sollte. Daß die SED-Mitglieder keineswegs die Absicht hatten, nun etwa der Gesellschaft für Musikforschung die alleinige Regie bei der Vorbereitung zu überlassen, geht aus dem Protokoll einer »Sitzung der Genossen, die im Bach-Ausschuß tätig sind, am 4. März 1950« hervor. Blume müsse sich den seitens der DDR vorgegebenen Bedingungen für die Einladung der Teilnehmer beugen, hieß es darin; andernfalls werde die Tagung eben ohne die Gesellschaft stattfinden.[39]

Die NBG in den fünfziger Jahren

In der Nachfolge des Bachfestes wurden zwei wichtige Projekte angeschoben: die Neue Bach-Ausgabe und die Gründung zweier Forschungsstätten: des Bach-Archivs Leipzig und des Johann-Sebastian-Bach-Instituts in Göttingen. Für die Herausgabe der Gesamtausgabe mußte, um juristischen Querelen im geteilten Deutschland zu entgehen, in der DDR eigens ein neuer Verlag als Partner des Bärenreiter-Verlages gegründet werden, der Deutsche Verlag für Musik in Leipzig.[40] Daß solche Querelen auch in der NBG eine Rolle spielten, zeigte sich bereits im Jahr 1951, als die Gesellschaft sich entschloß, die seit ihrer Gründung bestehende Bindung an den Verlag Breitkopf & Härtel zu lösen, nachdem dieser seinen Hauptsitz von Leipzig nach Wiesbaden verlegt hatte. Daraufhin gab es Auseinandersetzungen zwischen dem Vorstand und dem Geschäftsführer des Verlages (und früherem NBG-Vorstandsmitglied), Hellmuth von Hase.[41]

Die Zusammenarbeit von Ost und West in der Neuen Bachgesellschaft funktionierte in den folgenden Jahren so lange einigermaßen gut, wie die DDR ihr Anerkennungsbemühen durch die Existenz gesamtdeutscher Gesellschaften nicht gefährdet sah. Bereits in der zweiten Hälfte der fünfziger Jahre verstärkte die DDR jedoch, zunächst mit dem allgemeinen Ziel, sich größere Einflußmöglichkeiten in der Gesellschaft zu sichern, ihre Aktivitäten. Im Frühjahr 1957 erwog der Hauptabteilungsleiter Musik im Ministerium für Kultur, Hans-Georg Uszkoreit, »ob durch einen nachdrücklichen Einfluß auf die Geschäftsstelle in Leipzig nicht zu erreichen wäre, daß der Vorsitz der Gesellschaft in die Hand einer geeigneten Persönlichkeit aus der Deutschen Demokratischen Republik zu bringen wäre«.[42] Ein halbes Jahr später wiederholte Uszkoreit diese Forderung noch nachdrücklicher:

---

[39] SAPMO, DY 27/1567.
[40] Mitteilung von Frieder Zschoch.
[41] C. Mahrenholz, *Rundschreiben Nr. 5* an Vorstand, Verwaltungsrat und Beirat der NBG vom 4. 6. 1952, SAPMO, DY 27/1571.
[42] H.-G. Uszkoreit, *Betr.: Aufstellung über gesamtdeutsche Gesellschaften – mündl. Unterredung am 9. 4. 57* (Brief an J. R. Becher vom 9. 5. 1957), BA Berlin, DR-1/66.

»Es kommt darauf an, in kürzester Zeit unseren Einfluß auf die Neue Bach-Gesellschaft zu verstärken und eine Persönlichkeit an die Spitze der Gesellschaft zu stellen, die Bürger der DDR ist.

Wir müssen damit rechnen, daß diese Auseinandersetzungen sehr kompliziert werden und daß sie uns möglicherweise zu einer völligen Umbildung der Bach-Gesellschaft zwingen können. Wenn die maßgeblichen Kirchenkreise in Westdeutschland sich vor die Frage gestellt sehen werden, die staatliche Oberhoheit über diese Gesellschaft anzuerkennen, kann es unter Umständen zu einer westdeutschen Spaltergründung kommen mit dem Ziel, die theologisch und konfessionell gebundenen Mitglieder aus der DDR für eine Mitgliedschaft in der westdeutschen Gesellschaft zu werben.«[43]

Doch trotz aller Absichtserklärungen gab es keine Versuche, Mahrenholz zu stürzen. Eine neue Situation trat erst mit dem Bau der Berliner Mauer ein.

Der Spaltungsversuch nach dem Bau der Berliner Mauer

Die Versuchung für die DDR, ihre Abgrenzungsbestrebungen noch rücksichtsloser durchzusetzen, war nun größer denn je. Sogleich nach dem 13. August 1961 wurde im Partei- und Staatsapparat eine Konzeption darüber erarbeitet, wie mit den bisher bestehenden gesamtdeutschen Gesellschaften umzugehen sei. »Es wird vorgeschlagen, an Stelle der gesamtdeutschen Gesellschaften entweder eigene DDR-Gesellschaften oder Arbeitskreise zu gründen«, hieß es darin, und weiter: »Die DDR Gesellschaften arbeiten nach einer neuen, unserer Situation und unseren Aufgaben entsprechenden Konzeption«.[44] Anstelle der gesamtdeutschen NBG sollte eine eigene DDR-Bachgesellschaft mit Sitz in Leipzig unter Vorsitz des Thomaskantors gebildet werden.[45] Die endgültige Regelung dieses Problems sollte einem Beschluß der SED-Führung vorbehalten sein. Das Staatssekretariat für das Hoch- und Fachschulwesen arbeitete dazu eine entsprechende Vorlage aus.

Um Einzelheiten zu klären, fand am 25. Oktober 1961 im Ministerium für Kultur eine Beratung über Veränderungen am Status gesamtdeutscher musikalischer Gesellschaften statt. Bezüglich der Spaltung der Neuen Bachgesellschaft war an folgendes Vorgehen gedacht:

[43] H.-G. Uszkoreit, *Aufgabenstellung der »Neuen Bach-Gesellschaft«* (in: Dokument 12).
[44] [Aktennotiz] *Betr.: Maßnahmen auf dem Gebiet der gesamtdeutschen Kulturarbeit*, SAPMO, DY 30/IV 2/9.06/24, Bl. 381.
[45] Ebd., Bl. 382.

»Es erscheint notwendig, die zur Zeit bestehende Neue Bach-Gesellschaft, Sitz Leipzig, aufzulösen und danach eine Bach-Gesellschaft der DDR zu gründen, ebenfalls mit dem Sitz in Leipzig mit dem Thomaskantor Prof. Mauersberger als Vorsitzenden.

Es soll wie folgt vorgegangen werden:

a) Grundsätzliche Aussprache mit Prof. Mauersberger und Prof. Neumann, Bach-Archiv Leipzig, und Prof. Notowicz bei dem Stellvertreter des Ministers, Prof. Dr. Pischner. In dieser Aussprache muß Einigung erzielt werden vor allem mit Prof. Mauersberger und mit Prof. Neumann.

b) Es muß eine Konzeption für ein Statut dieser neuen DDR Bach-Gesellschaft erarbeitet und einige juristische Fragen, die mit den Eigentumsverhältnissen des Bach-Hauses in Eisenach und der Bachzeitschrift zusammenhängen, geklärt werden.

c) Die westdeutschen Mitglieder des Vorstandes der Neuen Bach-Gesellschaft sollen nach Leipzig zu einer Vorstandssitzung eingeladen werden, auf der die Veränderung begründet werden soll. Sollten die westdeutschen Vorstandsmitglieder der bisherigen Neuen Bach-Gesellschaft es ablehnen nach Leipzig zu kommen, wird ihnen unser Entschluß schriftlich mitgeteilt.

d) Aufklärung der Mitglieder der bisherigen Neuen Bach-Gesellschaft in der DDR über die Veränderungen. Es erscheint zweckmäßig, in Zukunft nur Mitglieder in der Bachgesellschaft der DDR zu haben, die aktiv in der Bach-Pflege tätig sind.

e) Auf der neuen Grundlage mit einer klaren kulturpolitischen Konzeption sollen die Vorbereitungen für das Bachfest 1962 in Leipzig getroffen werden.«[46]

Der Leiter der Kulturabteilung des ZK, Siegfried Wagner[47], wandte sich an seinen Amtskollegen von der Abteilung Wissenschaften, Hannes Hörnig:

»Das Ziel sollte unseres Erachtens sein, daß die westdeutschen Vertreter entweder die Führung der DDR in der Bachgesellschaft einräumen oder [daß] keine offizielle Vertretung Westdeutschlands am Bach-Fest in Leipzig teilnimmt. In beiden Fällen würde der Weg frei für die Umgestaltung der jetzt bestehenden Neuen Bachgesellschaft, Sitz Leipzig, die gesamtdeutschen Cha-

---

[46] Dokument 20.
[47] Siegfried Wagner, geb. 1925, der die Kulturabteilung von 1957 bis 1966 leitete, wird von zahlreichen Zeitgenossen als Scharfmacher der SED-Kulturpolitik eingeschätzt, so z. B. von den Schriftstellern Heiner Müller (in: ders., *Krieg ohne Schlacht*, S. 171) und Ulrich Plenzdorf (in: T. Grimm, *Was von den Träumen blieb*, S. 123).

rakter hat, in ein Zentrum der Bachpflege in der Deutschen Demokratischen Republik.«[48]

An das Kulturministerium richtete Wagner die Aufforderung, eine Konzeption für das bevorstehende Leipziger Bachfest auszuarbeiten, die das Ziel enthalten sollte, die Lage in der NBG zu »klären« und die Gesellschaft in ein »eigenes Zentrum der Bachpflege« zu verwandeln.[49]

Daß diese Intervention der Kulturabteilung des ZK überhaupt notwendig wurde, erklärt sich aus der Verzögerung, die die Fertigstellung der Beschluß-vorlage des Staatssekretariats für das Hoch- und Fachschulwesen für die Partei-führung über die Liquidierung gesamtdeutscher und die Bildung »eigener« DDR-Gesellschaften erfahren hatte. Der Sekretariatsbeschluß der SED über die Auflösung gesamtdeutscher Gesellschaften in der DDR wurde letztlich erst 1967 gefaßt. Lediglich kam am 18. April 1962 ein Sekretariatsbeschluß über die »Entsendung von Wissenschaftlern der Deutschen Demokratischen Republik zu Tagungen und Kongressen in nichtsozialistische Länder und nach Westdeutsch-land« zustande.[50] Damit wurde für die in der DDR lebenden Mitglieder der Neuen Bachgesellschaft die Möglichkeit, an Bachfesten im Westen teilzu-nehmen, auf ein Minimum reduziert. Bis zum Fall der Mauer haben immer nur wenige Mitglieder, meist nur die Angehörigen der Leitungsgremien, Genehmi-gungen für Westreisen erhalten. Gleichwohl bestand bei vielen »einfachen« Mit-gliedern unterhalb des Rentenalters die Illusion, die Mitgliedschaft ließe sich vielleicht dazu nutzen, das Ausreiseverbot zu umgehen.[51]

An den Verhandlungen nach dem Bau der Mauer über die Zukunft der musi-kalischen Gesellschaften war maßgeblich der Generalsekretär des VDK, Nathan Notowicz, beteiligt. Er wandte sich schon bald mit persönlichen Vorschlägen di-rekt an den damaligen Minister für Kultur, Hans Bentzien. Die Zukunft der NBG betreffend, schlug er zwei Varianten vor: entweder die Sicherung des Übergewichts für die DDR im Vorstand (durch Ersetzung von Mahrenholz durch Thomaskantor Mauersberger als Vorsitzenden und Zuwahl eines Mitglie-des aus der DDR) oder die Gründung einer separaten DDR-Bachgesellschaft.[52]

Mit Billigung des stellvertretenden Kulturministers Hans Pischner begann Notowicz, der zu dieser Zeit als Nachfolger Kneschkes dem Verwaltungsrat der NBG angehörte, bald darauf mit Mahrenholz Verhandlungen über entsprechen-de Satzungsänderungen zu führen. Mahrenholz erklärte sich mit einer Satzungs-

---

[48] SED-Hausmitteilung vom 19. 2. 1962 (Dokument 26).
[49] Siegfried Wagner, Brief an H. Pischner vom 19. 2. 1962, SAPMO, DY 30/IV 2/9.06/296, Bl. 13.
[50] Dokument 30.
[51] Davon zeugen zahlreiche Bittbriefe an Pischner.
[52] Dokument 19.

änderung sofort einverstanden, zumal es auch darum ging, endlich die der alten
Satzung aus dem Jahr 1935[53] anhaftenden Merkmale des nationalsozialistischen
»Führerprinzips« zu beseitigen. Notowicz' Verhandlungsführung muß insgesamt
konzilianter gewesen sein, als es nach seinen Vorschlägen an den Kulturminister
zu befürchten war. Weder bestand er auf einem Wechsel des Vorsitzenden, noch
drohte er offenbar mit der Gründung einer DDR-Bachgesellschaft. Er überließ
sogar die Erarbeitung der neuen Satzung seinem Verhandlungspartner. In diesem Satzungsentwurf stellte Mahrenholz die kollektive Leitung der NBG wieder
her, indem er die »Oberaufsicht über die gesamte Tätigkeit der Gesellschaft«,
welche 1935 vom Direktorium auf den Vorsitzenden übergegangen war, dem
Vorstand übertrug. Letzterer wurde von drei auf vier Personen vergrößert, womit die Möglichkeit einer paritätischen Ost-West-Besetzung geschaffen wurde.
Die vereinbarte Gleichberechtigung beider Vorsitzenden fand ihren Nieder-
schlag in der Formulierung, daß nun beide »Vorstand im Sinne des § 26 BGB«
seien. Gestärkt wurde die Rolle des Beirats, der jetzt Direktorium genannt wurde. Neu aufgenommen wurde ein Paragraph, der es der Gesellschaft ermöglichen sollte, bei Bedarf Ländersektionen zu bilden.[54]
    Mahrenholz' Kompromißbereitschaft hat dazu geführt, daß die Neue Bach-
gesellschaft damals als gesamtdeutsche Institution erhalten geblieben ist. Dazu
kam seine überaus geschickte Verhandlungsführung. So überraschte er Notowicz mit dem Angebot, letzterem das Amt des Stellvertretenden Vorsitzenden
übertragen zu wollen. Indem er selbst den Satzungsentwurf ausarbeitete, behielt
er die Initiative, die er dazu nutzte, die satzungsmäßige Einheit der Gesellschaft
nicht anzutasten. So fehlten in seinem Entwurf jegliche Hinweise auf die Teilung Deutschlands und daraus etwa zu resultierende Konsequenzen.
    Mit der neuen Satzung war der Neuen Bachgesellschaft in puncto Inter-
ventionen der DDR erst einmal eine mehrjährige Atempause vergönnt. Es wäre
allerdings illusionär gewesen, hätte man damals geglaubt, mit dem Ergebnis sei
die DDR nun ein für alle Mal zufriedengestellt. Es war vielmehr nur eine Frage
der Zeit, wann sie damit beginnen würde, noch weitergehende Forderungen anzumelden.

Konsolidierung nach 1962

So bedeutete die erwähnte Atempause auch nicht, daß die DDR etwa vorerst auf
staatliche Einmischung gänzlich verzichtet hätte. Sie nutzte vielmehr ihre stär-

---

[53] *BJ* 32 (1935), S. 129–131.
[54] [C. Mahrenholz], *Vorschlag für Änderungen an der Satzung der Neuen Bachgesellschaft*, Abschrift, SAPMO,
    DY 30/IV 2/9.06/296, Bl. 21–24.

kere Position, um sich beispielsweise in die Personalpolitik einzumischen, wie
aus einem vertraulichen Brief des Leiters der Abteilung Musik im Kulturministerium, Werner Rackwitz, an Nathan Notowicz vom 19. Juni 1964 hervorgeht:

> »Eine Rückfrage beim Leiter der Abteilung Kultur in Potsdam ergab, daß aus
> politischen Erwägungen abgeraten wird, Frau Stolte für das Direktorium vor-
> zuschlagen. Ihr Auftreten und ihr Verhältnis zu unserem Staat wäre[n] – so-
> weit bekannt – sehr wesentlich von der Einstellung ihres Vaters geprägt, der
> als Superintendent in Potsdam auf dem äußersten rechten Flügel der Kirche
> stünde und nachweislich zu den reaktionärsten Kräften der Kirche zählen
> würde.[55]
> Ich würde aus diesem Grunde auch von diesem Vorschlag absehen und dafür
> Hans-Joachim *Rotzsch* aus Leipzig vorschlagen, der ebenfalls als Oratorien-
> sänger und Bach-Interpret ausgezeichnete künstlerische Leistungen auf-
> weisen kann.«[56]

Am 28. März 1966 machte Gerhard Brattke, Sektorenleiter im Kulturministerium, dem Leipziger Stadtrat Rudolf Gehrke »Vorschläge« für das bevorstehende Bachfest, das zugleich als »Internationales Bachfest der Stadt Leipzig«
geplant war. Ein »Gespräch«, an dem etwa 50 bis 60 Personen teilnehmen sollten, »vor allem Vertreter kirchlicher Kreise«, und das »im wesentlichen von der
CDU geführt« werden sollte, war ebenso gewünscht wie ein »Solidaritätskonzert
für Vietnam« und eine »Ausstellung von Bildern und Dokumenten […], die die
Kulturpolitik unserer Partei in ihrer Kontinuität während der vergangenen 20
Jahre veranschaulicht«. Schließlich sollte sogar die Mitgliederversammlung der
Bachgesellschaft politisiert werden: Sie müsse man dazu nutzen, um über die
»Solidarität mit Vietnam« zu sprechen.[57]
    Mit der Gründung eines »Johann-Sebastian-Bach-Komitees der Deutschen
Demokratischen Republik« als ständige Einrichtung ergriff die DDR kurz vor

---

[55] Konrad Stolte, geb. 1903, ab 1945 Superintendent des Kirchenkreises Potsdam I und Pfarrer an
    der dortigen Friedenskirche, Leitender Pfarrer der Frauenhilfe der EKD für den Bereich der öst-
    lichen Gliedkirchen (Angaben nach: G. Besier/S. Wolf, *»Pfarrer, Christen und Katholiken«*, S. 948). In
    einem Bericht der Verwaltung Brandenburg des MfS an die Zentrale des Ministeriums in Berlin
    vom 13. 10. 1950 über »die neuesten Ereignisse im Sachgebiet Kirchen und negative Äußerungen
    der Pfarrer im Hinblick auf die Wahlen« hieß es, Superintendent Stolte habe die Unterzeichnung
    einer Zustimmungserklärung zu den ersten Einheitslisten-Wahlen am 15. 10. 1950 mit dem Hin-
    weis verweigert, »daß diese Handlung sich nicht mit der kirchlichen Würde vereinbaren läßt« (ebd.,
    S. 135 bzw. S. 137).
[56] SAAdK, VKM, 1097. Die Bemühungen von Rackwitz blieben im übrigen ohne Erfolg: Ohne daß
    die Sängerin Adele Stolte von den gegen sie gerichteten Absichten etwas erfuhr (persönliche Mit-
    teilung), wurde sie damals ins Direktorium der NBG gewählt. Im Jahr 1966 erhielt sie sogar den
    »Kunstpreis der DDR«.
[57] SAPMO, DY 30/IV A 2/9.06/56.

dem »Internationalen Bachfest« die Initiative, um die Bachpflege immer weiter der NBG zu entziehen und zu einer staatlichen Angelegenheit zu machen. Jedoch hielt sich die Aktivität des Komitees bis zum Ende der DDR sehr in Grenzen. Überflüssig zu erwähnen, daß bei seiner Zusammensetzung wieder auf das bewährte Volksausschuß-Modell zurückgegriffen wurde: Als Präsident fungierte das Mitglied der Ost-CDU Thomaskantor Erhard Mauersberger, während als Vizepräsidenten zwei zuverlässige SED-Mitglieder eingesetzt wurden: der berüchtigte Rektor der Leipziger Musikhochschule Rudolf Fischer[58] und der Leipziger Stadtrat Rudolf Gehrke.[59]

»Internationalisierung« nach 1967

Der Beschluß des Sekretariats des ZK der SED vom 17. April 1967 über das Verbot der Tätigkeit gesamtdeutscher Gesellschaften in der DDR bedeutete auch für die Neue Bachgesellschaft den Beginn einer neuen Etappe ihrer Existenz. Da die Gesellschaft ihren Sitz in der DDR hatte, blieb sie zwar von einer Auflösung verschont, hatte sich jedoch (ungeachtet ihrer seit Anbeginn internationalen Mitgliedschaft) im Sinne einer sogenannten »internationalen Gesellschaft« umzubilden. Gemeint war, die Mitglieder ihrer nationalen Zugehörigkeit gemäß in Ländersektionen unterzubringen und dadurch vor allem die Mitglieder der beiden deutschen Staaten organisatorisch voneinander zu trennen. Wenn es schon die DDR bisher nicht vermocht hatte, *außen* ihre Auffassung von der deutschen Zweistaatlichkeit durchzusetzen, wollte sie dies wenigstens im Innern erreichen, überall dort, wo sie selbst eingreifen konnte.

Auch darüber hinaus glaubten einzelne SED-Mitglieder, politische Grundsätze ihres Staates innerhalb der Neuen Bachgesellschaft zur Geltung bringen zu müssen. So wurde es der Gesellschaft jahrzehntelang verboten, bei Bachfesten in der DDR die traditionellen Festgottesdienste in den Programmheften anzukündigen – offiziell begründet mit dem Grundsatz der Trennung von Staat und Kirche.[60] Daß es sich bei der NBG um gar keine staatliche Institution gehandelt hatte, war den Verantwortlichen offenbar nicht in den Sinn gekommen.

---

[58] Fischer hat sich in der DDR vor allem durch seine rigide Amtsführung als langjähriger Rektor der Leipziger Musikhochschule einen Namen gemacht. So sorgte er im Jahr 1963 dafür, daß der hochbegabte Pianist Manfred Reinelt (1932–1964) seine Anstellung an der Hochschule verlor. Reinelt hat sich von diesem Schock nie wieder erholt und ein Jahr später seinem Leben ein Ende gesetzt (vgl. E. Klemm, *Gedenkblatt für Manfred Reinelt*).

[59] *Bachkomitee der DDR berufen*, in: *ND*, 21. Jg., Nr. 106 vom 18. 4. 1966, S. 3.

[60] Mit dieser Argumentation (Trennung Staat – Kirche) hat beispielsweise Felix' Mitarbeiter Armin Schneiderheinze das Verbot gegenüber einer westdeutschen Besucherin des Schweriner Bachfestes 1977 zu rechtfertigen versucht (in einen im Auftrag von Felix geschriebenen Brief an Gisela de Pagter vom 27. 12. 1977, SAAdK, HPA, 1365).

Anfang 1968 bereitete Nathan Notowicz durch Gespräche mit Mahrenholz den Boden vor, auf dem die »Internationalisierung« gedeihen sollte. Schon beim kommenden Bachfest in Dresden sollten dafür die Weichen gestellt werden. Gemeinsam mit dem Kulturministeriums-Mitarbeiter Gerhard Brattke erarbeitete er, noch kurz vor seinem plötzlichen Tod im April 1968, eine Konzeption für das Bachfest aus: Da der Status einer gesamtdeutschen Gesellschaft nicht mehr der »politischen Realität« entsprechen würde, müsse die Neue Bachgesellschaft »den Status einer in der DDR ansässigen, internationalen Gesellschaft mit verschiedenen Ländersektionen« erhalten. Dazu sollten ausländische Mitglieder, insbesondere aus den sozialistischen Ländern, in die Leitungsgremien aufgenommen und Ländersektionen, vor allem in Westdeutschland und West-Berlin, gebildet werden. Entsprechende Satzungsänderungen sollten, nach Vorbesprechungen mit Mahrenholz, schon auf der Dresdner Mitgliederversammlung durchgesetzt werden.[61]

Als erstes Ergebnis der Verhandlungen setzte Mahrenholz auf die Tagesordnung der nächsten Direktoriumssitzung einen Antrag auf Namensänderung der Gesellschaft. Der Bezeichnung »Neue Bachgesellschaft« sollte der Zusatz »Internationale Vereinigung der Bachfreunde« folgen.[62] Am 10. Mai 1969 beschloß dann das Direktorium, die nächsten beiden Mitgliederversammlungen für die Abstimmung über eine Satzungsänderung zu benutzen: Der 1962 eingefügte Paragraph über Sektionen sollte neu gefaßt und die Namensbezeichnung der NBG sollte durch den Zusatz »ist eine internationale Vereinigung und hat ihren Sitz in Leipzig (DDR)« ergänzt werden.[63] Mit einer Stimmenthaltung bestätigte das Direktorium außerdem einen Entwurf von »Richtlinien für die Organisation und Tätigkeit von Sektionen«.[64]

Auf der Mitgliederversammlung 1969 in Heidelberg stand das Direktorium offenbar unter einen starken Rechtfertigungsdruck und versuchte, laut Protokoll, die Bedenken der Mitglieder bezüglich der Sektionenbildung zu zerstreuen:

> »Es wurde in der Verhandlung mehrfach betont, daß die Zustimmung von der festen Zusage des Vorsitzenden abhängig sei, daß die Sektionen nicht der Spaltung der NBG Vorschub leisten, sondern der engeren Zusammenarbeit

---

[61] [Gerhard Brattke/N. Notowicz], *Konzeption zum 43. Johann-Sebastian-Bach-Fest vom 6. bis 8. Dezember 1968 in Dresden*, SAAdK, HPA, 1355.

[62] C. Mahrenholz, Rundschreiben an die Mitglieder des Direktoriums der NBG vom 1. 8. 1968, SAAdK, HPA, 1356.

[63] C. Mahrenholz/Charlotte Henneberg, *Auszüge einer Niederschrift über die Sitzung des Direktoriums der Neuen Bachgesellschaft am 10. Mai 1969 in Berlin, Hotel Berolina*, SAAdK, HPA, 1355; auch in: SAAdK, HPA, 1356.

[64] C. Mahrenholz/C. Henneberg, *Beschlüsse des Direktoriums der NBG über die Änderung der Satzung (10. Mai 1969)*, SAAdK, HPA, 1356.

und der Festigung der Gemeinschaft unter den Mitgliedern der NBG dienen sollen. Der Vorsitzende bestätigt, daß dieses Ziel den Intentionen des Direktoriums bei dessen einstimmiger Beschlußfassung entspricht.«[65]

Die Satzungsänderung wurde schließlich – mit nur einer Gegenstimme – angenommen.[66] Ein Jahr später billigten auch die zur Versammlung in der DDR anwesenden Mitglieder die Änderungen.[67] In der zuvor stattgefundenen Direktoriumssitzung wurde beschlossen, die Bezeichnung »Deutsches Bachfest« abzuändern in »Bachfest der NBG«. (Die Satzung hatte allerdings die alte Bezeichnung ohnehin nie gekannt.)

In der Folgezeit bemühte sich Hans Pischner, der nach Notowicz' Tod neuer Stellvertretender Vorsitzender geworden war, um die Gründung von Sektionen in verschiedenen sozialistischen Ländern. Freilich blieben seine diesbezüglichen Versuche – er schrieb die Kulturminister mehrerer Länder an – meist erfolglos. So kam etwa eine ungarische Sektion nicht zustande, weil das dortige Kulturministerium der Meinung war, daß in Ungarn Gesellschaften vom Charakter der NBG »keine Tradition« hätten.[68]

Mit der Ausrichtung ihres »II. Internationalen Bachfestes« in Leipzig 1970 signalisierte die DDR einmal mehr, daß sie die Bach-Pflege im eigenen Land nicht als Angelegenheit selbständiger Interessengruppen, sondern als staatliche Angelegenheit begriff. Um den Einfluß der Bachgesellschaft zu neutralisieren, stellte man die Internationalen Bachfeste – analog der Vorgehensweise in den Jahren 1950 und 1966 – den NBG-Bachfesten nicht gegenüber, sondern sorgte dafür, daß sie zugleich im Namen der Gesellschaft ausgerichtet wurden, ungeachtet der Tatsache, daß die Initiative ausschließlich in den Händen des Staates, genauer gesagt in den Händen seines eigens für diesen Zweck gebildeten »Johann-Sebastian-Bach-Komitees« lag. Am Rande sei erwähnt, daß beim letzten Bachfest vor der »Wende«, im September 1989 in Leipzig, staatlicherseits zugegeben wurde, daß bei der Gründung des Bach-Komitees die Überlegung eine Rolle gespielt hatte, diese Institution im Fall der Spaltung der NBG als Grundstock einer zu gründenden separaten DDR-Bachgesellschaft zu verwenden.[69]

Nicht ohne Grund sah der Staat die Aufgabe des Bach-Komitees unter anderem auch in der Koordinierung der Arbeit mit der Neuen Bachgesellschaft.

---

[65] C. Mahrenholz/E. Cunow, *Niederschrift über die Mitgliederversammlung beim 44. Deutschen Bachfest in Heidelberg am 27. Juni 1969, morgens 9 Uhr*, SAAdK, HPA, 1356.

[66] Ebd.

[67] C. Mahrenholz/C. Henneberg, *Niederschrift über die Mitgliederversammlung der Neuen Bachgesellschaft e. V. beim 45. Bachfest am 19. September 1970 im Brühl-Zentrum zu Leipzig*, SAAdK, HPA, 1356.

[68] H. Pischner, *[Aktennotiz.] Betreff: Bildung einer Sektion Ungarn der Neuen Bachgesellschaft*, SAAdK, HPA, 1360.

[69] Mitteilung von Hans-Joachim Schulze.

Bezeichnend dafür ist die Begründung, mit welcher der Minister für Kultur, Klaus Gysi, Pischner im Juni 1970 zum dritten Vizepräsidenten des Komitees berief:

»Um das Wirken der Neuen Bach-Gesellschaft in der Deutschen Demokratischen Republik enger mit der Tätigkeit des Bach-Komitees, dem die Bachpflege und -forschung unserer Republik repräsentierenden und koordinierenden Gremium, zu verbinden, berufe ich Sie in Ihrer Eigenschaft als Stellvertretender Vorsitzender der Neuen Bach-Gesellschaft zum Vizepräsidenten des Bach-Komitees.«[70]

Daß die DDR tatsächlich großen Wert darauf legte, ihre »Internationalen Bachfeste« zusammen mit Bachfesten der NBG zu veranstalten, zeigte sich bei der Vorbereitung des für 1975 vorgesehenen »III. Internationalen Bachfestes«: Als Mahrenholz von diesen Plänen Kenntnis bekam, mahnte er an, daß in jenem Jahr eigentlich ein Bachfest im Westen fällig gewesen sei. Sein Kompromißvorschlag, 1975 *zwei* Bachfeste zu veranstalten, wurde von Pischner abgelehnt.[71]

Einigermaßen praktische Bedeutung erlangte das Komitee erst seit 1972 mit der Errichtung seines Sekretariats unter Leitung von Werner Felix[72]. Damit wurde eine ständige Koordinierungsstelle geschaffen zur Lenkung aller Aktivitäten der Bach-Pflege in der DDR einschließlich der Tätigkeit der Neuen Bachgesellschaft. Es stellt durchaus keine Übertreibung dar, wenn man feststellt, daß die Neue Bachgesellschaft von den politisch Verantwortlichen in der DDR (Kulturministerium, Abteilung Kultur des ZK) fortan als eine Art nachgeordnete Einrichtung des Bach-Komitees angesehen wurde. Der erste Ansprechpartner der Gesellschaft für die DDR-Behörden war nun nicht etwa Pischner (als Stellvertretender Vorsitzender beziehungsweise später als Vorsitzender), sondern Werner Felix als Wissenschaftlicher Sekretär des Bach-Komitees (beziehungsweise ab 1979 als Generaldirektor der »Nationalen Forschungs- und Gedenkstätten Johann Sebastian Bach der DDR«). Über Felix wurde auch ein Großteil des die Gesellschaft betreffenden behördlichen Schriftverkehrs abgewickelt. Hier zeigt sich auch, daß Felix es war, der seit den siebziger Jahren in der Neuen Bachgesellschaft etwa die gleiche Rolle zu spielen begann, wie sie einst in der Gesellschaft für Musikforschung Karl Laux gespielt hatte, das heißt, er war nicht etwa nur willfähriger Vollstrecker der von ›oben‹ getroffenen Anweisungen,

---

[70] Klaus Gysi, Brief an H. Pischner, Juni 1970, SAAdK, HPA, 1359.
[71] H. Pischner, *Niederschrift über eine Besprechung zwischen dem Vorsitzenden der NBG, Professor Mahrenholz, und dem stellvertretenden Vorsitzenden der NBG, Professor Dr. Pischner, am 16. 11. 1972 im Verwaltungsgebäude der Staatsoper Berlin*, SAAdK, HPA, 1356.
[72] Zur Biographie von Werner Felix siehe S. 32, Fußnote 38.

sondern bemühte sich überdies in vorauseilendem Gehorsam und aus eigenem Antrieb darum, das politische Kräfteverhältnis in der NBG zugunsten der DDR zu verschieben. Das wird deutlich nicht zuletzt in der von Felix selbst geschriebenen »Konzeption für die Tätigkeit des Sekretariates des Bach-Komitees der DDR«. Beispielsweise heißt es darin bezüglich der in der Bachgesellschaft durchzusetzenden Ziele:

»Der Wissenschaftliche Sekretär arbeitet eng mit dem Bach-Archiv der Stadt Leipzig zusammen, dessen Leitung er übernehmen soll, sobald dies erforderlich ist. [...] Er sorgt für eine sinnvolle, unseren kulturpolitischen Zielen entsprechende Zusammenarbeit mit der Neuen Bach-Gesellschaft, insbesondere durch Entwicklung der Sektionstätigkeit in der NBG.«[73]

Felix setzte sich zum Ziel, im Jahr 1972 »in Abstimmung mit dem Ministerium für Kultur« Sektionsgründungen in der UdSSR, der ČSSR, in Polen, Ungarn und Finnland »anzubahnen«.[74] Derartige Initiativen aus vorauseilendem Gehorsam gab es noch mehrere. So glaubte Felix, unmittelbar nachdem er in den Vorstand gewählt worden war, sozusagen als ›erste Amtshandlung‹ einen Vorstoß in Sachen Bach-Jahrbuch riskieren zu können, den Mahrenholz, der damals gerade noch Vorsitzender war, dann abblocken mußte: Am 29. Januar 1975 forderte er Mahrenholz auf, das eben fertiggestellte Bach-Jahrbuch 1975 nicht zum Druck freizugeben, da es nur *einen* Beitrag eines DDR-Autors (Hans-Joachim Schulze) gegenüber *sechs* Beiträgen westlicher Autoren enthalte. Er schlug deshalb vor, den Band noch mit einigen Artikeln von DDR-Autoren auszustatten und dann ein Jahr später als Doppelband erscheinen zu lassen.[75] Nachdem Mahrenholz sich daraufhin von dem neuen Redakteur Christoph Wolff und dessen Vorgänger Alfred Dürr über die Modalitäten informieren ließ, antwortete er ziemlich energisch, daß er im Verhalten der Redaktion nichts Unkorrektes habe entdecken können und daß der Band daher wie geplant erscheinen solle. Denn für das Bach-Jahrbuch habe es nie ein Ost-West-Proporz-Prinzip gegeben; die Auswahl der Beiträge sei stets nur nach wissenschaftlichen Gesichtspunkten getroffen worden, und überhaupt hätten im konkreten Fall gar keine weiteren Texte von DDR-Autoren vorgelegen, die man hätte noch aufnehmen können.[76]

Die beschlossene Bildung von Ländersektionen konnte, was die Bildung der westdeutschen Sektion betraf, noch eine Weile verzögert werden. Insbesondere

---

[73] W. Felix, *Betr.: Konzeption für die Tätigkeit des Sekretariates des Bach-Komitees der DDR*, Abschrift, SAAdK, HPA, 1359.
[74] Ebd.
[75] W. Felix, Brief an C. Mahrenholz vom 29. 1. 1975, SAAdK, HPA, 1368.
[76] C. Mahrenholz, Briefe vom 6., 14. und 22. 2. 1975, SAAdK, HPA, 1368.

Friedrich Heim (Hannover) machte in diesem Punkt seinen Einfluß als Vorstandsmitglied geltend. Das geht aus einer späteren Äußerung von Mahrenholz hervor:

»Herr Amtsgerichtspräsident Prof. Heim [...] war ein entschiedener Gegner der Bildung einer westdeutschen Sektion, die ich persönlich als Parallele zu der Sektion DDR jedoch für zweckmäßig hielt.«[77]

Werner Felix vermerkte dazu 1975,

»daß Prof. Dr. Mahrenholz in den vergangenen Jahren einem gewissen Druck von rechts orientierten Kreisen der NBG ausgesetzt war, die wiederholt die Bildung der Sektion BRD zu verhindern suchten und die besonders auch die Verstärkung der Position der DDR sowie die Ausweitung ihrer Internationalität zu vereiteln trachteten. Es scheint, daß der verstorbene Gerichtspräsident Heim in Hannover sowie Herr Dr. Dürr in Göttingen hierbei eine besondere Rolle gespielt haben«.[78]

Bis 1972 dauerte es, daß der Vorstand sich geeinigt hatte, die ersten Sektionen zu bilden, nämlich neben den beiden deutschen die amerikanische Sektion und die Sektion Slowakei.[79] Die immer wieder hinausgezögerte Gründung der westdeutschen Sektion konnte Mahrenholz erst im Oktober 1973 bekanntgeben. Zuvor unterbreitete er den Mitgliedern von Vorstand und Verwaltungsrat einen »Entwurf für einen Beschluß der NBG über die Gestaltung ihrer Tätigkeit«[80], womit er das Prinzip der Parität (das jetzt im Interesse des Westens lag) und Garantien vor der Gefahr einer weiteren »Internationalisierung« festschreiben wollte. Daß dies höchst notwendige Schutzvorkehrungen waren, wird verständlich, wenn man zur Kenntnis nimmt, was zur gleichen Zeit hinter den Kulissen in der DDR mit der NBG beabsichtigt war. Am 24. Oktober 1972 teilte Felix Pischner seine Vorstellungen über die weitere Tätigkeit der NBG mit. Danach sollte es künftig »niemandem mehr gestattet« sein,

»in der Gesellschaft eine Politik zu treiben, die darauf hinausläuft, gewissen Vorherrschaftstendenzen der BRD-Kreise Vorschub zu leisten, alte ›gesamt-

---

[77] C. Mahrenholz, Brief an W. Felix vom 2. 1. 1979, SAAdK, HPA, 1368.

[78] W. Felix, *Betr.: Niederschrift zur Vorstandsberatung der NBG in Hannover* [am 14. 3. 1975], SAAdK, HPA, 1357. Von den beiden genannten Personen hatte sich in Wirklichkeit nur Friedrich Heim der Sektionsgründung widersetzt (Mitteilung von Alfred Dürr).

[79] C. Mahrenholz, *Niederschrift über die gemeinsame Sitzung des Vorstandes und des Verwaltungsrates der Neuen Bachgesellschaft am 17. Sept. 1971 in der Geschäftsstelle der NBG zu Hannover*, SAAdK, HPA, 1356.

[80] Anlage zum Rundbrief vom 9. 4. 1973, SAAdK, HPA, 1356.

deutsche‹ Tendenzen aufzuwärmen oder der Frage der einheitlichen Kultur-
nation Spielraum zu geben«.[81]

Am 3. Februar 1973 berieten drei Vertreter des Kulturministeriums mit Pischner
und Felix, wie der zukünftige Status der Gesellschaft auszusehen habe. Tags zuvor machte sich einer von ihnen, Gerhard Brattke, für das Gespräch eine kleine
Konzeption – offenbar unter Verwendung der Felixschen Vorstellungen. Danach sollte »eine ›gesamtdeutsche‹ oder ›innerdeutsche‹ Betätigung« nicht mehr
zugelassen werden; statt der deutsch-deutschen Parität sollte es nur noch »die
Tätigkeit von Ländersektionen und die Leipziger Gesamtleitung« geben, statt
wandernder Bachfeste nur noch »Bachfeste der Ländersektionen und zentrale
Bachfeste« (die prinzipiell in Leipzig und zwar möglichst alle vier Jahre stattfinden sollten). Statt der bisherigen Zählung der Bachfeste sollte es separate
Zählungen der Ländersektionen und eine neu beginnende Zählung der zentralen
Bachfeste ab 1975 geben. Mitgliederversammlungen sollten zwar weiterhin jährlich, jedoch nur noch in Leipzig stattfinden, und es sollten ausländische Mitglieder in Vorstand, Verwaltungsrat und Direktorium aufgenommen werden.[82] Genauso sahen dies auch die beiden Vertreter der NBG, Pischner und Felix, wie
aus dem (von letzterem geschriebenen) Protokoll der Beratung hervorgeht:

»1. Im Jahre 1974 beabsichtigt Professor Dr. Mahrenholz aus Altersgründen
    von der Funktion des Vorsitzenden der NBG zurückzutreten. Sein Nach-
    folger wird Prof. Dr. Pischner. Der Leiter der Hauptgeschäftsstelle in
    Leipzig, Prof. Dr. Felix, wird geschäftsführendes Vorstandsmitglied, d. h.,
    daß bei ihm die Fäden der praktischen Arbeit der Gesellschaft zusammen-
    laufen müssen.
2. Das in der Gesellschaft in den zurückliegenden 25 Jahren praktizierte
   Prinzip der Parität zwischen DDR und BRD, das nicht verbindlich schriftlich fixiert ist, muß durch das Prinzip der Internationalisierung abgelöst
   werden. Es wird verwirklicht durch die Bildung und Tätigkeit der gleichberechtigten Ländersektionen und durch die zentrale, durch die Hauptgeschäftsstelle in Leipzig zu steuernde Gesamtleitung. Leipzig ist und bleibt
   Sitz der NBG. Demzufolge können die Beziehungen zwischen DDR und
   BRD innerhalb der NBG in Zukunft nur Beziehungen zwischen Ländersektionen sein bzw. Beziehungen zwischen der Hauptgeschäftsstelle und
   der Sektion BRD.

---

[81] W. Felix, *Betr.: Zur weiteren Tätigkeit der Neuen Bachgesellschaft als Internationale Vereinigung*, SAAdK,
HPA, 1356.
[82] G. Brattke, *Fragen zur weiteren Arbeit der »Neuen Bachgesellschaft e. V., Internationale Vereinigung, Sitz
Leipzig« (NBG)*, SAAdK, HPA, 1356.

3. Die bisherige Praxis der Bachfeste, die abwechselnd in den beiden deutschen Staaten stattfanden, bedarf der Veränderung. [...] Die Gesellschaft soll sich in Zukunft zu folgender Regelung entschließen:

a) Bachfeste, die von den Sektionen in eigener Verantwortung, jedoch nach Absprache mit dem Vorstand, durchgeführt werden.

b) Gezählte Bachfeste der NBG in Leipzig, die im Abstand von 4 Jahren durchzuführen wären und die mit den Internationalen Bachfesten in Leipzig, deren Veranstalter das Bach-Komitee der DDR ist, koordiniert werden. [...]

4. Die Internationalisierung der Gesellschaft macht eine Neuregelung für die Durchführung der Mitgliederversammlungen erforderlich. Mitgliederversammlungen können in Zukunft nicht mehr abwechselnd in der DDR und der BRD stattfinden. [...] Gleichfalls müßte in Zukunft gewährleistet werden, daß die Beteiligung an Mitgliederversammlungen nicht dem Zufall überlassen bleibt, sondern daß die Entsendung von Delegationen aller Sektionen zur Mitgliederversammlung gewährleistet wird. Auf diese Weise werden die Mitgliederversammlungen zu wirklichen Arbeitssitzungen. Es wird zweckmäßig sein, folgende Praxis einzuführen:

a) Es werden Mitgliederversammlungen der Sektionen durchgeführt, in deren Mittelpunkt die Tätigkeit der Sektionen steht. Die Mitgliederversammlungen finden jährlich statt.

b) Im Abstand von 4 Jahren findet in Leipzig die Generalversammlung statt. An ihr nehmen die in der vorangegangenen Mitgliederversammlung der Ländersektionen gewählten Delegierten teil. In der Generalversammlung erfolgt die Wahl bzw. die Bestätigung der Mitglieder der leitenden Gremien der Gesellschaft. In ihr berichten die Sektionen über ihre Tätigkeit und werden die Aufgaben der kommenden Jahre beraten. Der Vorstand gibt seinen Rechenschaftsbericht vor der Generalversammlung. Die Generalversammlung findet anläßlich gezählter Bachfeste der NBG in Leipzig statt.«[83]

Das 51. Bachfest 1976 in West-Berlin

Die Bildung der westdeutschen Sektion, der »Sektion Bundesrepublik Deutschland/Berlin-West«, wie sie sich nennen mußte, war allerdings im Prinzip nur eine Formalität. Anders als in der DDR, wo von 1972 an Mitgliederversammlungen und von 1979 an »Bach-Tage« als Sektionsveranstaltungen stattfanden – immer

---

[83] Dokument 75.

in den Jahren, in denen das Bachfest im Westen war –, entwickelte die nur auf dem Papier existierende bundesdeutsche Sektion keinerlei eigene Aktivitäten – mit einer unfreiwilligen Ausnahme: dem 51. Bachfest 1976 in West-Berlin. Um den Schwierigkeiten, die es während der Vorbereitung mit der DDR gab, zu entgehen, waren Vorstand und Verwaltungsrat übereingekommen, das Bachfest offiziell nicht von der Gesamt-Gesellschaft, sondern von der »Sektion Bundesrepublik Deutschland/Berlin-West« ausrichten zu lassen.[84] Daß der Plan eines Bachfestes im Westteil Berlins von der Gesellschaft überhaupt in Erwägung gezogen werden konnte, hängt mit dem Abschluß des Grundlagenvertrages zwischen beiden deutschen Staaten im Dezember 1972 zusammen; jedenfalls begründete damit Mahrenholz seinen Optimismus, daß ein solches Vorhaben nun möglich sein müßte.[85] Auf welches politische Glatteis sich die Gesellschaft dennoch damit begeben sollte, wird deutlich, wenn man einen Blick auf den von Werner Felix frühzeitig für das Bachfest erarbeiteten Forderungskatalog wirft:

> »Grundlage dafür sind die geltenden Vertragswerke über und mit Westberlin, die Anerkennung der politischen Realitäten, der Ausschluß jedweder staatlichen oder politischen Beteiligung der Bonner Bundesregierung. Einziger staatlicher bzw. kommunaler Partner für das Westberliner Bachfest kann nur der Senat von Westberlin sein.
>
> Verhandlungen über eine DDR-Beteiligung am Westberliner Bachfest sind auf der offiziellen staatlichen Verhandlungsebene zu führen und haben die weitere positive Entwicklung der staatlichen Beziehungen im Sinne des Berliner Abkommens der vier Großmächte sowie der Vereinbarungen zwischen der Regierung der DDR und dem Senat von Westberlin zur Voraussetzung.«[86]

Auf der Mitgliederversammlung ließen sich die Vorstandsmitglieder aus der DDR mit fadenscheinigen Begründungen entschuldigen[87] – wohl um zu demonstrieren, daß das Bachfest auch wirklich eine reine Sektionsangelegenheit gewesen sei. Die politische Brisanz des Bachfestes ließ übrigens auch die Stasi aufhorchen. Deren Hauptabteilung XX legte mit zwei Artikeln aus West-Berliner Tageszeitungen eine Akte an, die aber dann nicht weitergeführt wurde.[88]

---

[84] H. Pischner, *Niederschrift über die Sitzung von Vorstand und Verwaltungsrat in der Deutschen Staatsoper Berlin am 6. 12. 1975*, SAAdK, HPA, 1357.

[85] H. Pischner, *Niederschrift über eine Besprechung zwischen dem Vorsitzenden der NBG, Professor Mahrenholz, und dem stellvertretenden Vorsitzenden der NBG, Professor Dr. Pischner, am 16. 11. 1972 im Verwaltungsgebäude der Staatsoper Berlin*, SAAdK, HPA, 1356.

[86] W. Felix, *Betr.: Information über die Reise nach Hannover*, SAAdK, HPA, 1356.

[87] Rosemarie Trautmann, *Protokoll der Mitgliederversammlung der Neuen Bachgesellschaft am 28. August 1976 um 12.00 Uhr im Hotel Kempinski Berlin anläßlich des 51. Bach-Festes der Neuen Bachgesellschaft, veranstaltet von der Sektion Bundesrepublik Deutschland*, SAAdK, HPA, 1357.

[88] BStU, ZA, MfS HA XX ZMA 347.

Die NBG in den achtziger Jahren

Sieht man von der DDR einmal ab, hat es nur in den USA je eine wirkliche aktive Sektionstätigkeit gegeben, trotz intensiver Bemühungen der Vorstandsmitglieder – auch der westdeutschen: Beispielsweise hat Helmuth Rilling nach seiner Wahl in den Vorstand wiederholt vorgeschlagen, die Aktivitäten der NBG auch auf die UdSSR und Osteuropa auszudehnen.

So kam eine Sektion Holland nie richtig zustande; ebenso gab es bald Desinteresse in Frankreich, Österreich, Japan und Argentinien. Die Sektion ČSSR wurde nach jahrelangem Hin und Her erst Ende der 80er Jahre gegründet (in Form einer korporativen Mitgliedschaft der Prager »Gesellschaft für alte Musik«). Nachdem auch noch die ausländischen Bachfeste 1987 (in Prag) und 1988 (in Straßburg) mit unerwarteten Schwierigkeiten verbunden waren und man zuvor zwei Anläufe benötigt hatte, um zu einem Bachfest in Bratislava zu kommen, war es noch vor der »Wende« beschlossene Sache, daß die Internationalisierung nicht mehr forciert werden würde. Die diesbezüglichen Worte Pischners auf der letzten Veranstaltung der Sektion DDR im Oktober 1988 klingen schon sehr nach Rückzug:

> »Die NBG ist die einzige Gesellschaft, die die schwierige Zeit überlebt hat. Strasbourg war ein schwieriges Unternehmen. Wir werden uns konzentrieren auf die beiden [deutschen] Staaten und hoffen, daß wir damit auf einem guten Wege sind. Wir sind keine staatliche Einrichtung und haben insofern eine gewisse Selbständigkeit und planen die Bachfeste im Direktorium.«[89]

Die größten Schwierigkeiten hatte die Ausrichtung des Bachfestes 1987 in Prag bereitet. Wegen des parallel stattfindenden Musikfestivals »Prager Frühling« standen den etwa 300 Interessenten aus der DDR nur einige wenige Hotelunterkünfte zur Verfügung. Keine Probleme gab es hingegen bei der Unterbringung der devisenzahlenden Westdeutschen. Pischner schrieb daraufhin an Kurt Hager und an die Leiterin der Kulturabteilung des ZK, Ursula Ragwitz:

> »Wenn DDR Mitglieder nicht zum Bachfest nach Prag reisen können, kann aber darf es doch wohl nicht passieren, daß es zu einem Bachfest der BRD in Prag kommt.«[90]

---

[89] W. Felix, *Protokoll der Mitgliederversammlung* [der Sektion DDR] *der Neuen Bachgesellschaft am 2. 10. 1988 um 9.00 Uhr im Haus der DSF in Magdeburg*, SAAdK, HPA, 1357.
[90] H. Pischner, Brief an Ursula Ragwitz vom 14. 1. 1987, SAAdK, HPA, 1365.

Doch auch der SED-Apparat war mit diesem Problem überfordert. Und dem Vorstand blieb es letztlich nicht erspart, die Enttäuschung der Mitglieder aus der DDR zur Kenntnis zu nehmen. Die Mitglieder unterhalb des Rentenalters waren verständlicherweise besonders enttäuscht, konnten sie doch schon nicht zu den westdeutschen Bachfesten fahren und mußten sich mit den heimischen Ersatzveranstaltungen – als solche wurden die »Bachtage der Sektion DDR« empfunden – begnügen.

Nach der politischen Wende in der DDR beschloß der Vorstand, auf der nächsten Direktoriumssitzung die Vertrauensfrage zu stellen. Diese Sitzung fand am 9. und 10. April 1990 in Leipzig statt. Unmittelbar zuvor hatte Hans Pischner seinen Rücktritt vom Amt des Vorsitzenden erklärt. Nachdem die Direktoriumsmitglieder Werner Felix mehrheitlich das Mißtrauen ausgesprochen hatten, erklärte auch dieser seinen Rücktritt. Anschließend wurden Helmuth Rilling (Stuttgart) zum neuen Vorsitzenden, Martin Petzoldt (Leipzig) zu seinem Stellvertreter und Michael Rosenthal (Leipzig) zum Geschäftsführenden Vorstandsmitglied gewählt. Die beiden anderen Vorstandsmitglieder, Diethard Hellmann (München) und Zuzana Růžičková (Prag), wurden bestätigt.[91]

---

[91] Zu den Ereignissen auf der Direktoriumssitzung: *Bericht von der Mitgliederversammlung in München am 18. 11. 1990*, in: NBG-Mitteilungsblatt Nr. 27 (Dezember 1990), S. 1–5.

Die Gesellschaft für Musikforschung

Von der Gründung der GfM 1946 bis 1955

Die Gesellschaft für Musikforschung wurde am 1. November 1946 in Kiel gegründet – auf Initiative von Friedrich Blume, der ihr auch bis 1962 als Präsident vorstand. Sie verstand sich als Nachfolgeorganisation der nach 1933 aufgelösten »Deutschen Gesellschaft für Musikwissenschaft«, welche aus der 1917 gegründeten »Deutschen Musik-Gesellschaft« hervorgegangen war.[1] Die konstituierende Versammlung fand am 11. April 1947 in Göttingen statt. Für den Sitz der Geschäftsstelle sowie für die verlegerische Betreuung der seit 1948 erscheinenden Zeitschrift *Die Musikforschung* stellte ihr Karl Vötterle seinen Bärenreiter-Verlag in Kassel zur Verfügung.

Von Anfang an war die Gesellschaft gesamtdeutsch orientiert und stand auch ausländischen Interessenten offen.[2] Bis 1968 kam der Vizepräsident aus den Reihen der ostdeutschen Mitglieder. Von 1947 bis 1959 übte dieses Amt Walther Vetter aus, der nach dem Krieg Ordinarius am Musikhistorischen Seminar der Berliner Universität geworden war.

Die Errichtung der Zweiggeschäftsstelle in Leipzig

Zum ersten Mal massiv mischten sich die Partei- und Staatsorgane in Vorbereitung der Jahrestagung 1955 in Leipzig in die Belange der Gesellschaft für Musikforschung ein. Anlaß war die Errichtung einer Zweiggeschäftsstelle für die auf DDR-Gebiet lebenden Mitglieder. In den Jahren zuvor war den Ostdeutschen aufgrund der Währungsspaltung keine vollgültige Mitgliedschaft möglich. Nachdem 1949 das auf eine Privatperson laufende Sonderkonto beschlagnahmt worden war, bestand in der DDR lediglich die Möglichkeit, die Zeitschrift der Gesellschaft per Post zu beziehen. Wer davon Gebrauch machte und es der Geschäftsstelle mitteilte, wurde stillschweigend als Mitglied betrachtet. Der Vorstand, unterstützt von Karl Vötterle, konnte schließlich 1954 erreichen, daß die DDR-Behörden die Errichtung der Zweiggeschäftsstelle im Leipziger Deut-

---

[1] Zur Vorgeschichte der GfM vgl. H. Albrecht, *Die deutsche Musikforschung im Wiederaufbau*, S. 86; zur Gründung der GfM vgl. K. Gudewill, *Zwanzig Jahre Gesellschaft für Musikforschung*.
[2] F. Blume, *Zum Geleit*, S. 2.

schen Verlag für Musik genehmigten. Gleichzeitig wurde auch für die Mitglieder der nach dem Krieg von Karl Vötterle wiederbelebten Neuen Schütz-Gesellschaft eine solche Institution errichtet. Für beide Gesellschaften organisierte nun der Verlagsmitarbeiter Frieder Zschoch[3] die Zahlung der Beiträge und den Weiterversand der Publikationen an die Mitglieder in der DDR.[4] Aus Sicht der DDR-Behörden bedeutete die Errichtung der Zweiggeschäftsstelle einerseits eine Art Lizensierung für die Tätigkeit der GfM in der DDR überhaupt, andererseits eine zusätzliche Möglichkeit zur Einflußnahme. Die Selbstverständlichkeit, mit der von dieser Möglichkeit in den folgenden Jahren Gebrauch gemacht und dabei die Integrität der Gesellschaft als juristische Person vollends mißachtet wurde, läßt sich wohl nur verstehen, wenn man von der Vorstellung eines totalitären Eigentümerbewußtseins der SED-Funktionäre ausgeht, welche schlechterdings *alles*, was sie an sozialen Beziehungen auf dem Boden ihres Staates vorfanden, für sich reklamierten.

Von Anfang an war seitens der DDR vorgesehen, daß es zur Bildung zweier selbständiger Sektionen in der Gesellschaft kommen müsse. So geht es aus einer Vorlage für das Kollegium des Staatssekretariats für Hochschulwesen über die Jahrestagung 1955 in Leipzig hervor:

»Zur weiteren erfolgreichen Arbeit der Gesellschaft für Musikforschung muß erreicht werden, daß die Gesellschaft in ihrer Organisationsform der Souveränität der DDR Rechnung trägt. Augenblicklich besteht die Geschäftsstelle in Leipzig als eine Zweiggeschäftsstelle der in Kiel beheimateten Leitung der Gesellschaft. Wir müssen anstreben, daß während der Versammlung in der Diskussion mit den maßgeblichen Persönlichkeiten Übereinkunft erzielt wird über die Einrichtung einer eigenen selbständigen Geschäftsstelle in Leipzig und über die Benennung eines eigenen Vorstandes, damit die Gesellschaft als eine gesamtdeutsche Organisation mit zwei selbständigen Sektionen den aus der Genfer Konferenz resultierenden Ergebnissen Rechnung trägt, oder daß in den jetzigen Vorstand, der aus drei westdeutschen und einem Vertreter der DDR gebildet wird, noch Vertreter der DDR gewählt werden, daß in Zukunft eine paritätische Zusammenarbeit möglich ist.«[5]

---

[3] Frieder Zschoch, geb. 1932, 1950–1954 Studium der Musikwissenschaft und Germanistik in Leipzig, anschließend bis 1991 Lektor im Deutschen Verlag für Musik Leipzig, seitdem bei Bärenreiter.
[4] [F. Blume], *Bekanntmachung des Präsidenten*, in: *Mf* 8 (1955), H. 3, S. 383 f.
[5] Dokument 10.

Die gescheiterte Jahrestagung 1957 in Berlin

Einem Vorschlag Walther Vetters entsprechend, beschloß 1956 die Mitgliederversammlung in Hamburg, die Jahrestagung 1957 in beiden Teilen Berlins stattfinden zu lassen. Als Ort der Mitgliederversammlung war die im Westteil der
Stadt gelegene Freie Universität vorgesehen – auf Wunsch des dortigen Ordinarius für Musikwissenschaft, Adam Adrio. Die Behörden der DDR erblickten
darin jedoch eine Brüskierung »ihrer« Ost-Berliner Humboldt-Universität, von
der sich die FU 1948 demonstrativ abgespalten hatte. Sie konnten den parteilosen Vizepräsidenten dafür gewinnen, Druck auf Adrio auszuüben, daß dieser
anstelle der tabuisierten »Spalteruniversität« einen »neutraleren« Ort in West-
Berlin vorschlagen möge. Als Vetter allerdings damit keinen Erfolg hatte, vermochte sich die Leitung des Staatssekretariats für Hochschulwesen – trotz einer
entsprechenden Bitte ihres Fachreferenten[6] – nicht zur Genehmigung der Tagung in Berlin entschließen. In dieser Situation fuhr am 23. Mai 1957 Ernst
Hermann Meyer zu Blume nach Kiel und machte, wie schon zuvor Adrio, den
Vorschlag, die Tagung in eine andere Stadt zu verlegen. Wider besseres Wissen
beteuerte er, »daß die von Herrn Vetter vorgebrachten Bedenken nicht auf behördlichen Anweisungen beruhen«.[7] Die Mitgliederversammlung fand schließlich in Kiel statt, wo unter anderem ein schriftlicher Antrag Vetters aus dem
Vorjahr zur Diskussion stand, den Vorstand um ein Mitglied aus der DDR auf
fünf Personen zu erweitern. Die Abstimmung darüber mußte allerdings auf die
nächste Mitgliederversammlung, 1958 in Köln, verschoben werden, weil ein
Antrag auf Satzungsänderung vorher hätte auf die Tagesordnung gesetzt werden müssen. Darüber hinaus fiel dem Hallenser Ordinarius Walther Siegmund-
Schultze die Aufgabe zu, sich für eine stärkere Berücksichtigung von DDR-
Mitgliedern in den Kommissionen (den Facharbeitsgruppen der Gesellschaft)
einzusetzen. Der Antrag des Komponisten Siegfried Köhler auf Gründung einer Kommission Neue Musik wurde ebenso abgelehnt wie der Antrag des Hän-
del-Forschers Max Schneider, den nächsten Kongreß 1959 in Halle im Anschluß
an die Händel-Festspiele stattfinden zu lassen.

Nach so vielen Mißerfolgen gab es in der DDR Überlegungen, sich von der
Gesellschaft zu trennen. Im April 1958 sprachen Vertreter des Staatssekretariats
für Hochschulwesen und des Ministeriums für Kultur mit Meyer und Notowicz
über die Bedingungen einer DDR-Beteiligung an gesamtdeutschen Gesellschaften, speziell der GfM. Grundlage war Vetters Wunsch, aus gesundheitlichen
Gründen und aus Enttäuschung über seine Wirkungslosigkeit im Vorstand vom

---

[6] K. Niemann, Brief an Staatssekretär Wilhelm Girnus über Hauptabteilungsleiter Franz Dahlem
vom 6. 3. 1957, BA Berlin, DR-3/1743.
[7] F. Blume, *Niederschrift über die Vorgänge betr. Jahresversammlung 1957 in Berlin*, Archiv der GfM.

Amt des Vizepräsidenten zurückzutreten.[8] Meyer und Niemann sprachen sich dafür aus, diesen Umstand für die Gründung einer eigenen DDR-Gesellschaft zu nutzen, was hingegen Notowicz wegen der Existenz des VDK (dem er vorstand) nicht als notwendig befand. Statt übereilt auszutreten, meinte er, sollte zunächst versucht werden, Forderungen an den Vorstand zu stellen.[9] In einem Thesenpapier erklärte Niemann es für erforderlich, »in der DDR eine Vereinigung zu schaffen, die die Ergebnisse der fortschrittlichen bürgerlichen Musikwissenschaft auswertet und auf der Grundlage des dialektischen und historischen Materialismus eine sozialistische Musikwissenschaft begründet«.[10]

In einer weiteren Beratung, einen Monat später, einigte man sich mit Rücksicht auf den anwesenden Walther Vetter darauf, zuerst die zweite Variante zu probieren, was hieß, ein Forderungsprogramm auszuarbeiten, dies auf einer Sitzung des erweiterten Beirats für Musikwissenschaft beim Staatssekretariat zu diskutieren und dann dem Apparat des ZK der SED zur Entscheidung vorzulegen. Die erste Variante wurde jedoch insgeheim vom Staatssekretariat nicht aufgegeben: In der erweiterten Beiratssitzung solle versucht werden – so Konrad Niemann im Protokoll –, »durch die Genossen die weitergehende Forderung einer eigenen Gesellschaft durchzusetzen«, wobei noch geklärt werden müsse, wie diese Gesellschaft in den Komponistenverband integriert werden könne: als relativ selbständige Vereinigung – wie vom Staatssekretariat vorgeschlagen – oder in Form einer Kommission des Verbandes.[11]

Das ausgearbeitete Forderungsprogramm (für die von Notowicz und Vetter favorisierte Variante, in der GfM zu verbleiben, wenn der Vorstand die Bedingungen der DDR-Seite akzeptiert) sah im wesentlichen folgende Ziele vor: Prinzip der Einstimmigkeit in Vorstand und Mitgliederversammlung, paritätische Vertretung in allen Gremien der Gesellschaft (Vorstand, Beirat und Kommissionen) und Vertretung der DDR-Mitglieder durch einen in der DDR wohnenden Präsidenten oder Vizepräsidenten, dem auch die Leipziger Geschäftsstelle direkt untersteht.[12]

Notowicz und Vetter konnten sich offensichtlich durchsetzen, denn als im März 1959 letzterer seinen Entschluß mitteilte, sich im Herbst desselben Jahres auf der Mitgliederversammlung in Nürnberg nicht wiederwählen zu lassen,[13] kam es daraufhin nicht zur Neugründung einer DDR-Gesellschaft, sondern

---

[8] Dokument 14.

[9] K. Niemann, *Aktennotiz. Aussprache über unsere Mitarbeit in der Gesellschaft für Musikforschung am 9. April 1958* (Dokument 13).

[10] Dokument 14.

[11] K. Niemann, *Aktennotiz über eine Unterredung bei Gen. Prof. Dr. Bönninger mit den Professoren Dr. E. H. Meyer und Dr. Walther Vetter am 5. Mai 1958*, BA Berlin, DR-3/1743.

[12] Dokument 15.

[13] Brief an E. H. Meyer vom 22. 3. 1959, SAAdK, EHMA, 828.

wurde ein Nachfolger für das Amt des Vizepräsidenten nominiert, und zwar auf Vorschlag Ernst Hermann Meyers der Rektor der Dresdner Musikhochschule Karl Laux, den später die Mitgliederversammlung auch wählte. In Vorbereitung der Jahrestagung beschloß man in Staatssekretariat und Kulturministerium ferner, den Antrag auf Vorstandserweiterung nicht noch einmal zur Abstimmung zu bringen. Statt dessen sollte diesmal eine verstärkte Mitgliedschaft von DDR-Vertretern in den Kommissionen der Gesellschaft erreicht und von Laux für die Ausrichtung der nächsten Jahrestagung und des nächsten Kongresses in der DDR geworben werden.[14]

Der Konflikt um die Beethoven-Handschriften

1960 entstand eine neue Situation infolge des erst jetzt offiziell bekannt gewordenen Diebstahls wertvoller Autographe, insbesondere Beethovenscher Konversationshefte, durch den einstigen Direktor der Musikabteilung der Deutschen Staatsbibliothek (damals »Öffentliche Wissenschaftliche Bibliothek«) in Ost-Berlin, Joachim Krüger-Riebow, im Jahr 1951 und der Weigerung des Direktors des Beethoven-Archivs in Bonn, Joseph Schmidt-Görg, die bei ihm verwahrten Dokumente der Bibliothek zurückzugeben.

In der DDR wurde nun beschlossen, diesen Umstand propagandistisch auszunutzen und sich dabei auch der Unterstützung durch die Gesellschaft für Musikforschung zu bedienen. Am 25. Mai 1960 fand im Musikwissenschaftlichen Institut der Berliner Humboldt-Universität eigens eine »Arbeitstagung« über »reaktionäre Tendenzen in der westdeutschen Musikwissenschaft« statt, auf der Georg Knepler das gleichnamige Hauptreferat hielt und darin die Rückführung der Dokumente verlangte. Nachdem das Referat veröffentlicht war,[15] wurde es auf der Jahrestagung im September 1960 in Fulda[16] diskutiert, wo namentlich Vötterle versprach, sich für die Rückführung einzusetzen.[17] Im Oktober 1960 schickte der Direktor der Musikabteilung der Deutschen Staatsbibliothek, Karl-Heinz Köhler, ein Memorandum an Friedrich Blume, worin er forderte, daß sich die Gesellschaft vom Verhalten Schmidt-Görgs distanzieren und ihr Präsident

---

[14] Winfried Höntsch, *Aktennotiz. Betr.: Jahrestagung der Gesellschaft für Musikforschung in Nürnberg*, BA Berlin, DR-1/66.

[15] G. Knepler, *Reaktionäre Tendenzen in der westdeutschen Musikwissenschaft*.

[16] An der Fuldaer Jahrestagung konnten 62 ostdeutsche GfM-Mitglieder teilnehmen – sehr zum Verdruß von Georg Knepler, der sich hinterher in einem Bericht darüber beschwerte, daß diese Mitglieder keine »Konzeption« erhalten hätten. Unter diesen Umständen sei »die Teilnahme so vieler Mitglieder aus der DDR« »um so weniger berechtigt« gewesen (Brief an H. Pischner, H.-G. Uszkoreit, K. Niemann und K. Laux vom 22. 9. 1960, SLB, Mscr. Dresd. x 16, 97).

[17] K. Laux, Brief an H.-G. Uszkoreit und K. Niemann mit Durchschlag an G. Knepler vom 15. 9. 1960, BA Berlin, DR-3/1743.

sich um die Rückführung der Dokumente kümmern müsse.[18] Blume verlangte daraufhin auch sofort von Schmidt-Görg eine Stellungnahme, die dieser aber verweigerte.[19] Im Dezember 1960 schlossen sich die Beiräte für Musikwissenschaft und Musikerziehung beim Staatssekretariat für das Hoch- und Fachschulwesen Köhlers Forderung in einem an Blume adressierten Offenen Brief an.[20] Zusätzlich verlangte am 3. März 1961 Ernst Hermann Meyer im Auftrag des Beirats für Musikwissenschaft ultimativ, daß die Dokumente bis zum 1. Mai 1961 zurückgekehrt sein müßten. Blume nahm dieses Ultimatum zwar nicht an,[21] kümmerte sich aber dennoch weiter um den Fall – mit Erfolg: Nach Einschaltung der westdeutschen Bundesministerien des Innern und für gesamtdeutsche Fragen sowie der West-Berliner Akademie der Künste gelangte das Material am 14. Mai 1961 wieder nach Ost-Berlin zurück.[22] Die anschließende Jahresversammlung in Dresden, auf der ursprünglich seitens der DDR eine Auseinandersetzung über die Affaire vorgesehen war[23] – Walter Wiora hatte gar »eine Art von ›Schauprozeß‹« erwartet[24] –, ging so ohne größere Probleme vonstatten. Zuvor mußten allerdings auf westdeutscher Seite noch einige Bedenken gegen die Rückgabe ausgeräumt werden. In mehreren Besprechungen hatten insbesondere Blume und Vötterle die Vertreter der genannten Ministerien überzeugen können, juristische Erwägungen beiseite zu lassen – es gab Überlegungen, die Handschriften der Stiftung Preußischer Kulturbesitz zu überlassen[25] – und im Interesse der gesamtdeutschen Musikwissenschaft auf Eigentumsansprüche zu verzichten.

Die beabsichtigte Gründung einer separaten Gesellschaft in der DDR

Noch im selben Jahr ergab sich für die DDR erneut die Gelegenheit, das Festhalten der Gesellschaft am gesamtdeutschen Postulat propagandistisch auszunutzen: Im September 1961 fand in New York ein Kongreß der IGMW statt, an dem auch mehrere DDR-Wissenschaftler teilnehmen wollten. Die amerikanischen Behörden verweigerten jedoch allen SED-Mitgliedern unter ihnen die

---

[18] Vgl. K.-H. Köhler, *Variationen über einen Diebstahl.*

[19] K. Laux, *Bericht über die Aussprache Blume/Laux in Schlüchtern am 26. 10. 1960*, BA Berlin, DR-3/1743.

[20] K.-H. Köhler, *Für Recht und Wissenschaftliche Moral.*

[21] F. Blume, *Brief an E. H. Meyer mit Durchschlag an K. Laux vom 9. 3. 1961*, SLB, Mscr. Dresd x 40, 45.

[22] Nach einer Mitteilung in: *MuG* 11 (1961), H. 8, S. 471.

[23] Siehe Dokument 16.

[24] *Protokoll. Vertraulich!! Besprechung über gesamtdeutsche Fragen im Bereich der Musikwissenschaft in Kassel, Turmzimmer des Bärenreiter-Verlages, 10. März 1961, 9.10–11.35 Uhr*, Archiv der GfM, Kassel.

[25] Siehe Dokument 17.

Einreisepapiere. Sofort forderte Karl Laux im Namen der DDR-Mitglieder der Gesellschaft für Musikforschung Friedrich Blume zum Protest gegen die amerikanische »Diskriminierung« auf.[26] Zwecks Koordinierung des weiteren Vorgehens bildete der Beirat für Musikwissenschaft beim Staatssekretariat für das Hoch- und Fachschulwesen eine unter Laux' Leitung stehende Kommission.[27]

Auf seiner Sitzung am 9. November 1961 in Kassel lehnte der Vorstand Laux' Antrag, gegen die Einreisesperre zu protestieren, mit dem Hinweis ab, daß die Angelegenheit allein Sache der amerikanischen Regierung sei.[28] Am 1. Dezember 1961 wurde auf einer gemeinsamen Sitzung der Wissenschaftlichen Beiräte für Musikwissenschaft und Musikerziehung über einen möglichen kollektiven Austritt aus der Gesellschaft für Musikforschung diskutiert.[29] Einzig Hellmuth Christian Wolff und Rudolf Eller wandten sich gegen diese Absicht; Besseler und Vetter fehlten.[30] Die Beiräte beschlossen, in dieser Angelegenheit die schon existierende Kommission, neben Laux bestehend aus Notowicz, Siegmund-Schultze, Goldschmidt, Wolff und Eller, zu aktivieren.[31] Auf einer Sitzung dieser Kommission am 19. Dezember 1961 in Leipzig schlug Laux seinen Rücktritt als Vizepräsident und die Gründung einer eigenen Gesellschaft für Musikforschung in der DDR vor. Er wurde dabei von einigen Teilnehmern unterstützt; einzig Wolff reagierte wieder strikt ablehnend. Eller war nicht erschienen, dafür aber Zschoch, der die Spaltung der GfM zu verzögern suchte, indem er auf die einjährige Kündigungsfrist des Vertrages über die Zweiggeschäftsstelle hinwies. Eine Entscheidung kam auf dieser Sitzung noch nicht zustande, jedoch wurden Laux' Vorschläge als Empfehlung an den Gesamt-Beirat weitergeleitet.[32]

Noch vor dem Jahresende 1961 stimmten die Vertreter des Staatssekretariats und des Kulturministeriums, Konrad Niemann und Hans-Georg Uszkoreit, mit Laux das weitere Vorgehen ab. Offenbar schätzten sie nach der Leipziger Sitzung die Möglichkeit, im Rahmen der bestehenden Kommission zu den gewünschten Ergebnissen zu kommen, als gering ein, denn sie schlossen kurzerhand die Widerständler Wolff und Eller aus: Eine kleine, nur aus Laux, Notowicz und Siegmund-Schultze bestehende »Kommission« sollte nunmehr die

---

[26] Brief vom 6. 9. 1961 (SLB, Mscr. Dresd. x 2, 276).

[27] Ebd.; siehe auch Dokument 24.

[28] Walter Gerstenberg, *Protokoll der Vorstandssitzung der Gesellschaft für Musikforschung am 9. November 1961 in Kassel, Bärenreiter-Verlag*, Archiv der GfM.

[29] Johannes Fischer, *Protokoll der gemeinsamen Sitzung der Beiräte Musikwissenschaft und Musikerziehung im Institut für Musikwissenschaft der Humboldt-Universität zu Berlin am 1. Dezember 1961*, SLB, Mscr. Dresd. x 40, 63.

[30] Siehe auch Dokument 24.

[31] Ebd.

[32] Charlotte Merbitz/K. Laux, *Protokoll der Kommissionssitzung des Wissenschaftlichen Beirates am 19. Dezember 1961 in Leipzig*, SLB, Mscr. Dresd. x 40, 66.

Austrittserklärung und die Begründung der Neugründung formulieren.[33] Frieder Zschoch wurde von Laux aufgefordert, nach dem Muster des Statuts der »Deutschen Historiker-Gesellschaft« – einer 1958 auf Betreiben der Abteilung Wissenschaften des ZK gegründeten linientreuen DDR-Gegenvereinigung zum gesamtdeutschen »Verband der Historiker Deutschlands« – ein Statut der neuen Gesellschaft auszuarbeiten.[34] In einer Sitzung der SED-Parteigruppe des Wissenschaftlichen Beirats – also wiederum unter Ausschluß der Parteilosen – sollte »vorberaten« werden, was dann der Gesamt-Beirat zu beschließen hätte: 1. Rücktritt von Laux, 2. Austritt der DDR-Mitglieder, 3. Bildung einer GfM der DDR unter dem Dach des VDK, 4. Vorschläge für den Vorstand der neuen Gesellschaft. Die Neugründung selbst sollte schließlich nach der erwarteten Zustimmung des Beirats auf einer letzten Sitzung der ostdeutschen GfM-Mitglieder vollzogen werden.[35]

Weil aber nur Siegmund-Schultze (und nicht auch Notowicz) auf Laux' Bitte, in der kleinen Kommission mitzuarbeiten, antwortete,[36] verzögerten sich die Vorarbeiten. Ende Februar 1962 kamen Niemann und Uszkoreit noch einmal zusammen (diesmal mit Meyer) und erneuerten den Auftrag an Laux, Notowicz und Siegmund-Schultze zur Ausarbeitung der Materialien, damit der weitere Ablauf wie vorgesehen weitergehen könne. Uszkoreit schlug als Termin für den nächsten Schritt (Sitzung des Parteiaktivs) die Zeit vom 12. bis 17. März 1962 vor.[37]

Da Laux davon ausging, daß die Existenz der GfM in der DDR demnächst beendet sein würde, wies er die Zweiggeschäftsstelle an, die dort eintreffenden Materialien (Einladungen für Kongreß und Mitgliederversammlung 1962 in Kassel) nicht mehr an die Mitglieder in der DDR weiterzuleiten.[38] Daraufhin schrieb ihm am 3. März 1962 Präsident Blume einen Beschwerdebrief und teilte den Beschluß des Vorstandes mit, wegen dieses Vertragsbruches die im voraus ausgesprochenen Einladungen an einige prominente DDR-Mitglieder zu Referaten und Vorsitzen in Kassel zurückzuziehen.[39]

Für Laux war dies ein willkommener Anlaß, seine ohnehin geplante Rücktrittserklärung zu rechtfertigen. Bevor er sie am 30. März 1962 an Blume abschickte, konnte er sie nun noch mit einem aktuellen Vorwand ausstatten. Seinerseits behauptete er, daß der Nichtweiterversand von Zeitschrift und Kon-

---

[33] K. Laux, Brief an N. Notowicz und Walther Siegmund-Schultze vom 16. 1. 1962 (Dokument 25).

[34] K. Laux, Brief an F. Zschoch vom 16. 1. 1962, SLB, Mscr. Dresd. x 8, 675, Dokument 25.

[35] Dokument 25.

[36] K. Laux, Brief an K. Niemann mit Durchschlag an H.-G. Uszkoreit vom 6. 3. 1962, SLB, Mscr. Dresd. x 6, 484.

[37] K. Niemann, Brief an K. Laux vom 28. 2. 1962, SLB, Mscr. Dresd. x 18, 393.

[38] K. Laux, Brief an K. Niemann vom 6. 3. 1962, a. a. O.

[39] Dokument 27.

greßunterlagen den westdeutschen Vorstandsmitgliedern als »Vorwand« bei der Ausladung der prominenten DDR-Mitglieder gedient habe.[40] Von den betroffenen Mitgliedern in der DDR schien übrigens Ernst Hermann Meyer diese Notlüge sogar geglaubt zu haben, wie Hellmuth Christian Wolff damals in einem Brief an Blume zu berichten wußte.[41]

Im Westen dagegen gab es Probleme mit der korrekten Einschätzung der irrationalen kommunistischen Mentalität. So wurde etwa die (für kommunistische Funktionäre typische) quasi schizophrene Doppelköpfigkeit von Karl Laux nicht bemerkt. Die westdeutschen Vorstandsmitglieder konnten sich das Verhalten des Jugendfreundes[42] von Blume nur damit erklären, daß er unter permanentem Druck der DDR-Behörden stehen müsse. Sie glaubten beispielsweise, er sei 1962 zum Rücktritt als Vizepräsident *gezwungen* worden.[43] Tatsächlich war es aber eher umgekehrt: Wiederholt beklagte sich Laux bei den staatlichen Dienststellen über deren mangelnde Aktivitäten; gerade von ihm ging die Initiative für ein stärkeres Engagement des SED-Staates in der Gesellschaft für Musikforschung aus. Bemerkenswert ist in diesem Zusammenhang, daß Blume auch nach seinen schlechten Erfahrungen an seiner Freundschaft zu Laux festhielt. Am 3. März 1962 schickte er ihm neben dem oben genannten offiziellen noch einen versöhnlichen privaten Brief – damit »unsere guten Beziehungen keine ›Kratzer‹ erleiden«.[44]

Laux hatte kaum seinen Rücktrittsbrief abgeschickt, als er sich auch schon an die Erarbeitung eines Statuts für die neue Gesellschaft machte; Zschoch hatte sich dafür nicht hergegeben.[45] Die Aufgaben der Gesellschaft sollten darin bestehen, »den dialektischen und historischen Materialismus auf allen Gebieten der Musikwissenschaft anzuwenden und zu verbreiten, den wissenschaftlichen Meinungsstreit zu entfalten und die sozialistische Erziehung und Bewußtseinsbildung zu fördern«. Weiter hieß es im Statut-Entwurf:

»Ein Mitglied, das gegen die Ziele der Gesellschaft verstößt oder auf andere Art ihr Ansehen oder ihre Interessen schädigt, kann vom Präsidium aus-

---

[40] Dokument 28.

[41] Brief vom 24. 7. 1962 mit Durchschlag an R. Eller, Privatarchiv R. Eller.

[42] Die lebenslange Freundschaft zwischen Laux und Blume hatte 1918 in einem englischen Kriegsgefangenenlager begonnen (K. Laux, *Nachklang*, S. 73).

[43] Noch Ende 1968, nach dem Verbot der GfM in der DDR, hat der damalige Präsident Martin Ruhnke angenommen, daß Laux zum Rücktritt gezwungen worden wäre (Brief vom 27. 11. 1968 an das Bundesministerium für gesamtdeutsche Fragen, Privatarchiv M. Ruhnke). Im Jahr 1993 resümierte er: »Karl Laux hat uns immer im Glauben gelassen, daß sein Ziel allein die weitere Zusammenarbeit sei und daß die gelegentlichen Probleme nur auf die allmächtige Staatsgewalt zurückgingen.« (M. Ruhnke, *Die Ereignisse der 1960er Jahre aus westlicher Sicht*, S. 16).

[44] SLB, Mscr. Dresd. x 10, 95.

[45] Mitteilung von F. Zschoch.

geschlossen werden. Gegen den Beschluß kann beim Staatssekretariat für Hoch- und Fachschulwesen Einspruch erhoben werden.«[46]

Während dessen beeilte sich Niemann, von seinen Vorgesetzten im Staatssekretariat »grünes Licht« für die beabsichtigte Verfahrensweise zu bekommen. In einem Brief an Abteilungsleiter Hubert Helbing vom 27. März 1962 präzisierte er die Termine: Am 5. April sollten nun die Unterlagen zur Neugründung vorliegen und sollte die Rücktrittserklärung abgesandt werden. Die Gründungsversammlung der neuen Gesellschaft war auf den 12. Mai festgesetzt worden.[47]

Am 10. Mai 1962 reagierte Blume in einem Antwortbrief im Namen des Vorstandes auf Laux' Rücktrittserklärung und wies alle Anschuldigungen als ungerechtfertigt zurück. Er ließ außerdem durchblicken, daß er über die wahren Umstände des Rücktritts unterrichtet worden war:

»Der Schritt vom 3. März war uns keineswegs ein ›Vorwand‹, sondern hat uns Kummer genug bereitet. Ich verzichte darauf, Ihnen die billige ›Retourkutsche‹ anzubieten, mein Brief vom 3. März sei für Sie nur der ›Vorwand‹ für Ihren offenbar seit langem geplanten Rücktritt gewesen.«[48]

In weiteren Briefen bat Blume Meyer darum, in der Angelegenheit zu vermitteln, und Zschoch, die vertraglichen Verpflichtungen zu erfüllen.[49]

Der Mitarbeiter in der Kulturabteilung des ZK der SED Peter Czerny, den Notowicz mit Abschriften der Blumeschen Briefe auf dem laufenden hielt, faßte die Mahnung des Präsidenten an Zschoch zur Einhaltung des Vertrages über die Zweiggeschäftsstelle als Einmischung eines Westdeutschen in innere Angelegenheiten der DDR auf. Auf dem Briefbogen notierte er die Bemerkung:

»Welche Antwort hat Zschoch auf diesen unverschämten Brief gegeben? Blume denkt wohl, er macht die Politik mit unseren Mitgliedern der Gesellschaft.«[50]

Außer Blume bemühte sich auf privater Basis Karl Vötterle darum, Laux zur Rücknahme seines Entschlusses zu bewegen. Zwecks Klärung der Angelegenheit bot er ihm ein persönliches Gespräch während des bevorstehenden Bachfestes in Leipzig an. Wie zuvor schon Blume versicherte auch Vötterle, daß die

---

[46] Dokument 29.
[47] SAPMO, DY 30/IV 2/9.04/261, Bl. 213.
[48] Dokument 32.
[49] Dokumente 31 und 33.
[50] SAPMO, DY 30/IV 2/9.06/296, Bl. 36.

Rücknahme der Einladungen an prominente ostdeutsche Kollegen kein Vorwand gewesen sei.[51]

Indessen zog sich die bürokratische Prozedur im Staatssekretariat für das Hoch- und Fachschulwesen zur Absegnung der vorgesehenen Veränderungen länger als erwartet hin. (Notowicz sah sich deshalb später sogar veranlaßt, an den zuständigen ZK-Sekretär, Kurt Hager, eine entsprechende Beschwerde zu richten.)[52] Erst am 14. Mai 1962 bestätigte Staatssekretär Wilhelm Girnus die in seiner Behörde entstandene Vorlage zur Gründung der »Deutschen Gesellschaft für Musikforschung«[53] und ließ sie zur Beschlußfassung an das Sekretariat des ZK weiterreichen. Sie sah vor, daß die Mitglieder der Beiräte für Musikwissenschaft und Musikerziehung bis zum 1. Juni 1962 eine Erklärung zu veröffentlichen hätten, um den Austritt aller DDR-Wissenschaftler aus der GfM und die Gründung einer eigenen Gesellschaft mitzuteilen. Das Gründungskomitee sollte aus Mitgliedern der Beiräte bestehen, als Präsident der neuen Gesellschaft war Karl Laux vorgesehen.[54]

Anfang Juni verlangte Konrad Niemann von Frieder Zschoch, es dem Vizepräsidenten gleichzutun und als Geschäftsführer zurückzutreten.[55] Mit Hinweis auf seine vertraglichen Verpflichtungen konnte Zschoch diese Forderung zurückweisen.[56]

Durch den Erfolg, der sich zur selben Zeit bei den Verhandlungen zwischen Notowicz und Mahrenholz über die Zukunft der Neuen Bachgesellschaft abzeichnete, vergrößerten sich plötzlich auch die Chancen für einen Erhalt der Einheit der Gesellschaft für Musikforschung. Halb ungewollt hat Nathan Notowicz zu dieser Entwicklung beigetragen. Zwar schlug auch er die Trennung »von der westdeutschen Gesellschaft« vor,[57] wies aber immer wieder darauf hin, daß eine eigene Gesellschaft angesichts der Existenz des Komponistenverbandes überflüssig sei. Die anderen beteiligten Wissenschaftler und Funktionäre strebten indes eine selbständige DDR-Vertretung an, von der sie sich nicht zuletzt eine bessere internationale Anerkennung erhofften.

Außerdem befürchtete Notowicz den Verlust von Möglichkeiten der Einflußnahme auf westdeutsche Musikwissenschaftler im Rahme der Gesellschaft. In einer umfangreichen Stellungnahme für die Kulturabteilung des ZK gab er damals zu bedenken:

---

[51] Brief vom 14. 5. 1962 (Dokument 34).
[52] Brief vom 13. 6. 1962, SAAdK, VKM, 271.
[53] *Beschluß-Protokoll der 13./62 Dienstbesprechung beim Staatssekretär am 14. 5. 1962*, BA Berlin, DR-3/187.
[54] Dokument 35.
[55] Mitteilung von F. Zschoch; siehe auch Dokument 36.
[56] Siehe Dokument 36.
[57] N. Notowicz, Brief an S. Wagner vom 2. 7. 1962 (Dokument 37).

»Ob und wann wir eine eigene Gesellschaft für Musikforschung gründen, hängt meiner Meinung nach von der Beantwortung folgender Frage ab: Sollen wir sie auch dann gründen, wenn die reale Möglichkeit besteht, daß Blume und seine Anhänger zurückgedrängt werden und wir zu einer Zusammenarbeit auf paritätischer Basis (nach innen und außen) kommen? Dagegen sprechen allgemeine politische Erwägungen im Kampfe gegen die Adenauer-Linie. Dafür spricht die Überlegung, daß wir das Übergewicht in dieser Gesellschaft in absehbarer Zeit nicht bekommen können, daß wir selbst bei Parität die ›gesamtdeutsche‹ Illusion gewisser Kollegen fördern und ständig Schwierigkeiten haben, wenn sie zu Zusammenkünften der Gesellschaft nach Westdeutschland fahren wollen. Was unsere Wissenschaft heute in erster Linie braucht, ist eine entschiedene Orientierung auf unsere Aufgaben.«[58]

Die Initiative zur (vorübergehenden) »Rettung« der Gesellschaft als gesamtdeutscher Organisation ging von Karl Vötterle aus. Auf dem Bachfest der NBG Ende Juni 1962 sprach er Notowicz an, ob sich denn eine Lösung der Probleme nach dem Vorbild der Bach-Gesellschaft nicht auch für die Gesellschaft für Musikforschung finden ließe. Er wies darauf hin, daß sich Blume auf der bevorstehenden Mitgliederversammlung nicht wiederwählen lassen wolle, und schlug Verhandlungen zur Änderung der Struktur der Gesellschaft, nötigenfalls über dessen Kopf hinweg oder später mit dem neuen Präsidenten, vor. Darauf ging Notowicz ein und ersuchte seinerseits die Abteilung Kultur des ZK, das Ergebnis der Verhandlungen abzuwarten und vorerst keine eigene Vereinigung zu gründen. Statt dessen sollte der Druck auf den Vorstand verstärkt werden: erstens vermittels Antwort auf Blumes letzten offiziellen Brief in Form einer (bereits entworfenen) öffentlichen Erklärung im Namen der Beiräte für Musikwissenschaft und Musikerziehung, zweitens vermittels des (ebenfalls bereits in die Wege geleiteten) Boykotts des bevorstehenden Kasseler Kongresses durch alle angemeldeten Teilnehmer aus den sozialistischen Ländern.[59]

Die Fertigstellung der maßgeblich von Karl Laux geschaffenen Beirats-Erklärung zog sich in die Länge. Ein früher Entwurf hatte noch die Ankündigung der Gründung einer separaten DDR-Gesellschaft enthalten, in den späteren Entwürfen und in der Endfassung begnügte man sich indes mit diversen Vorwürfen an die westdeutsche Seite, welche zum Teil identisch mit denen in Laux' Rücktrittsbrief waren.[60] Zwar hatte Notowicz eine seinerseits noch einmal überarbeitete Fassung bereits am 24. Mai 1962 dem Staatssekretariat zukommen las-

---

[58] Ebd.
[59] Ebd.
[60] SAAdK, VKM, 512.

sen,[61] zur Publikation gelangte die »Erklärung« jedoch erst am 2. September 1962 (in der Wochenzeitung »Sonntag«, anschließend auch in der Zeitschrift des VDK, »Musik und Gesellschaft«)[62]. Mitte Juli, als die meisten Beiratsmitglieder bereits in vorauseilendem Gehorsam ihre Unterschriften geleistet hatten, redigierte Georg Knepler noch einmal den Text und berücksichtigte dabei sowohl Einwände des Mitarbeiters der ZK-Abteilung Wissenschaften Manfred Börner als auch Wünsche von Vetter und Besseler nach einer stellenweise versöhnlicheren Formulierung, bevor er ihn an Börner und an das Staatssekretariat für das Hoch- und Fachschulwesen absandte.[63] Im Gegensatz zu den anderen Unterzeichnern waren Hellmuth Christian Wolff und Rudolf Eller erst bereit gewesen zu unterschreiben, als Ernst Hermann Meyer ihnen gedroht hatte, im Weigerungsfall die Gesellschaft zu spalten.[64]

Der Vorstand reagierte auf die Publikation versöhnlich: Er druckte die Erklärung, zusammen mit einer Stellungnahme, in der Zeitschrift »Die Musikforschung« ab und ließ einen Sonderdruck davon Ende September 1962 allen Mitgliedern zukommen.[65] Während des Kongresses in Kassel wählte die Mitgliederversammlung Karl Gustav Fellerer[66] zum neuen Präsidenten und – da Laux zurückgetreten war – auch einen neuen Vizepräsidenten: Walter Wiora. Auf diplomatischem Weg hatte die DDR tatsächlich durchsetzen können, daß alle vorgesehenen Teilnehmer aus den Ostblock-Ländern dem Kongreß fernblieben.[67]

Die kurze Tauwetterperiode 1963

Fellerer bemühte sich nach seiner Wahl sogleich um Entspannung: In einem Brief bat er Ernst Hermann Meyer um Rat, wie man die mißliche Lage verbessern könne.[68] Meyer reagierte außerordentlich freundlich und schlug ein gemeinsames Treffen in Ost-Berlin vor.[69] Er griff damit ein Vorhaben von

---

[61] Ebd.; darüber berichtete N. Notowicz auch in einem Brief an K. Laux vom 4. 6. 1962 (SLB, Mscr. Dresd. x 18, 430).

[62] *Diskriminierung abgewiesen.*

[63] Brief an Manfred Börner vom 19. 7. 1962, SAPMO, DY 30/IV 2/9.04/261, Bl. 229.

[64] Darüber ausführlich R. Eller, *Die Spaltung der Gesellschaft für Musikforschung 1961 bis 1968*, S. 51.

[65] Dokument 39; die Stellungnahme hatte F. Blume verfaßt (so Blume in einem Brief an K. Laux vom 19. 10. 1962, SLB, Mscr. Dresd. x 10, 103).

[66] Karl Gustav Fellerer (1902–1984), Studium (Komposition und Musikwissenschaft) in Regensburg, München und Berlin; 1932 Professor, zunächst an der Universität Freiburg (Schweiz), dann von 1939–1970 an der Universität Köln, dort auch Rektor von 1967–1968; zahlreiche Publikationen vor allem zur katholischen Kirchenmusik.

[67] Vgl. *Bericht über den Internationalen Musikwissenschaftlichen Kongreß Kassel 1962.*

[68] Brief vom 13. 10. 1962, SAAdK, EHMA, Ordner 21.

[69] Brief vom 24. 10. 1962, SAAdK, EHMA, Ordner 21.

Notowicz und Vötterle auf, das zuvor wegen Terminschwierigkeiten in der Urlaubszeit gescheitert war. Nun aber kam ein Treffen zustande, und zwar Anfang Januar 1963, allerdings nicht in Berlin, sondern in Hannover. Teilnehmer waren Fellerer, Baum[70], Meyer, Notowicz und Vetter. Man einigte sich, daß die GfM eine einheitliche gesamtdeutsche Organisation bleiben solle, daß an der Satzung aber einige Änderungen vorgenommen werden müßten: Durch die Erweiterung des Vorstandes um zwei Mitglieder (darunter einen zweiten Vizepräsidenten) und die Zulassung von »Sektionen« und »Fachgruppen« sollte den ostdeutschen Mitgliedern die Möglichkeit eingeräumt werden, sich weitgehend autonom, als »Sektion DDR« mit eigenem Vizepräsidenten und eigenen Fachgruppen, zu organisieren. Die DDR-Seite wünschte zudem einen Schutz vor Majorisierung ihrer Vertreter in den gemeinsamen Leitungsgremien und den Austritt der Gesellschaft aus dem (West-)Deutschen Musikrat.[71]

In einem weiteren derartigen Treffen, im März 1963 in Eisenach, gelang es der westdeutschen Seite, den ostdeutschen Kollegen das Modell zweier Sektionen wieder auszureden. Auch in der Frage des westdeutschen Musikrats zeigten sich Meyer, Notowicz und Vetter kompromißbereit.[72] Das Ergebnis der Verhandlungen wurde in einem »Vertraulichen Aktenvermerk« fixiert und der nächsten Mitgliederversammlung, im Oktober 1963 in Tübingen, zur Annahme empfohlen. Dort sollten die Satzungsänderungen ratifiziert und die beiden für Mitglieder aus der DDR reservierten Vorstandssitze besetzt werden. Außerdem vereinbarte man, in Form eines kurzen Kommuniqués die Lösung des Konflikts bekanntzugeben.[73] Bevor dieses Kommuniqué in der Zeitschrift *Die Musikforschung* erschien, hatte der Vorstand am 29. Juni 1963 noch zwei Korrekturen am Wortlaut vorgenommen, die gegenüber der ostdeutschen Seite als »stilistische Änderungen« verharmlost werden sollten.[74] In der neuen Fassung kam die Bezeichnung »DDR« nicht mehr vor, vor allem aber wurde der Passus von den »berechtigten Interessen beider Seiten« geändert, der nun lautete: »mit Rücksicht auf Lage wie Interessen beider Seiten«.[75]

Vor der Mitgliederversammlung traf sich in Ost-Berlin das SED-Parteiaktiv des Wissenschaftlichen Beirats für Musikwissenschaft und legte fest, daß Laux für die Funktion des zweiten Vizepräsidenten und Meyer für die des Beisitzers

---

[70] Richard Baum, geb. 1902, nach seiner Promotion 1926 langjähriger Lektor bzw. Cheflektor im Bärenreiter-Verlag; war Schatzmeister der GfM seit deren Gründung.

[71] Siehe Dokumente 40 und 41

[72] Siehe Dokument 44.

[73] Siehe Dokument 42.

[74] *Protokoll der Vorstandssitzung der Gesellschaft für Musikforschung am 29. Juni 1963 in Frankfurt a. M., Hotel Baseler Hof*, Archiv der GfM.

[75] *Mf* 16 (1963), H. 2, S. 208; zur Änderung des Wortlauts vgl. auch: M. Ruhnke, *Die Ereignisse der 1960er Jahre aus westlicher Sicht*, S. 14.

im Vorstand nominiert werden sollten. Außerdem wurden die Vorsitzenden der in der DDR zu bildenden Fachgruppen und 14 Mitglieder als Angehörige der »Tübingen-Delegation« benannt.[76] Um den Forderungen der DDR »durch das Auftreten unserer Wissenschaftler den notwendigen Nachdruck zu verleihen«, hatte Hans-Dieter Grampp, Niemanns Nachfolger im Staatssekretariat für das Hoch- und Fachschulwesen, in der obligatorischen Beschlußvorlage für das Sekretariat des ZK der SED vorgeschlagen, »eine nicht nur politisch und wissenschaftlich, sondern auch zahlenmäßig starke Delegation nach Tübingen zu entsenden«.[77] In einer Stellungnahme zu diesem Vorschlag empfahl später die Abteilung Wissenschaften des ZK der SED, einige Personen – darunter Wolff und Eller – von der Teilnehmerliste zu streichen, da über den »Erfolg unseres Auftretens« keineswegs allein die »zahlenmäßige Stärke der Delegation« entscheide.[78] Letztendlich haben dann nur acht Mitglieder Reisegenehmigungen erhalten.[79]

Über ihre Absicht, erneut Laux als Vizepräsidenten zu nominieren, hatten die DDR-Vertreter die westdeutsche Seite schon in Hannover informiert. Fellerers und Baums Reaktion darauf bewies einmal mehr, wie arglos Laux im Westen eingeschätzt wurde:

»Als Vizepräsidenten wurde von der DDR Professor *Laux* vorgeschlagen. Man war sehr gespannt, ob wir das für möglich halten. Unser sofortiges Einverständnis zu Laux war offenbar unerwartet.«[80]

Um den Schein zu wahren, ließen die SED-Aktivisten ihre beiden Wunschkandidaten auch noch von einer eigens dafür zusammengerufenen Versammlung der in der DDR wohnenden GfM-Mitglieder »wählen«.[81] Ungeachtet ihrer Zugeständnisse bei den Eisenacher Verhandlungen hielten sie intern am Modell einer »Sektion DDR« fest, für die offenbar mit Konrad Niemann sogar schon ein »Sekretär« gefunden worden war.[82]

In Tübingen nun mußten sie sich damit abfinden, daß noch weitere als die von ihnen gewünschten Kandidaten für die Ämter des zweiten Vizepräsidenten und des Beisitzers vorgeschlagen wurden. Im Ergebnis wurde dann zwar Laux,

---

[76] K. Niemann, *Beschlußprotokoll der Beratung des Beiratsparteiaktivs vom 9. 9. 63*, SLB, Mscr. Dresd. x 40, 83.

[77] Dokument 45.

[78] Ebd.

[79] M. Ruhnke, *Die Ereignisse der 1960er Jahre aus westlicher Sicht*, S. 14.

[80] Dokument 41.

[81] *Bericht über die Versammlung der Mitglieder der Gesellschaft für Musikforschung in der DDR am 21. 9. 1963 in Berlin*, SLB, Mscr. Dresd. x 40, 86.

[82] Dokument 45.

nicht aber Meyer gewählt. Statt seiner erhielt der abwesende Hellmuth Christian Wolff die meisten Stimmen. Hintergrund war eine demonstrative Solidarisierung mit einem in der DDR benachteiligten Kollegen, den überdies die Abteilung Wissenschaften des ZK der SED noch in letzter Minute von der Reiseliste des Staatssekretariats hatte streichen lassen. Die SED-Mitglieder werteten den Wahlausgang als politische Provokation. Speziell Laux äußerte später seinen Unmut, statt wie erwartet mit Meyer, nun mit Wolff zusammenarbeiten zu müssen.[83]

Die Jahrestagung 1965 in Coburg

Auf dem Treffen in Hannover war vereinbart worden, die Jahrestagung 1964 und den nächsten Kongreß in der DDR abzuhalten. Die Tagung in Halle verlief im wesentlichen reibungslos, von einigen kontroversen Diskussionen zwischen ost- und westdeutschen Teilnehmern abgesehen.[84] Für gute Stimmung dürften nicht zuletzt die zahlreichen Buchgeschenke gesorgt haben, welche westdeutsche Teilnehmer ihren Ost-Kollegen überreichen konnten – wobei natürlich verschwiegen werden mußte, daß es sich um eine Spende des Deutschen Musikrates handelte.[85] Die im darauffolgenden Jahr in Coburg stattfindende Tagung aber geriet wieder zum Politikum. Schon nach der Tübinger Schlappe für die SED hatte Georg Knepler angeregt, künftig die westdeutschen Mitglieder von der Wahl der beiden ostdeutschen Vorstandsmitglieder auszuschließen. Statt dessen solle der Mitgliederversammlung einzig das Ergebnis der vorher in der DDR wieder separat durchzuführenden Wahl zur Kenntnis gegeben werden.[86] Genau nach diesem Muster verfuhr nun in einer Konzeption der Fachreferent im Staatssekretariat für das Hoch- und Fachschulwesen:

>»Es gilt zunächst, die von der DDR-Sektion erstmalig in einem selbständigen Wahlvorgang gewählten DDR-Vertreter für den Vorstand ohne nochmalige Wahl oder Bestätigung durch die westdeutsche Sektion durchzusetzen und eine Veränderung der Statuten der GfM vorzubereiten.«[87]

---

[83] K. Laux, Brief an N. Notowicz u. a. vom 16. 10. 1963, SAAdK, VKM, 271.

[84] [K. Laux], *Jahrestagung 1964 der Gesellschaft für Musikforschung*, SLB, Mscr. Dresd. x 40, 113; R. Kluge, *Jahrestagung der Gesellschaft für Musikforschung (in Halle, 23.–25. Oktober 1964).*

[85] Richard Baum, *Vertrauliche Mitteilung! An die Teilnehmer der Jahrestagung 1964 der Gesellschaft für Musikforschung in Halle*, Archiv der GfM; darüber auch E. Wenzke, *Verhältnis GfM – DDR*, Archiv der GfM.

[86] Dokument 46.

[87] H.-D. Grampp, *Betr. Jahreshauptversammlung der Gesellschaft für Musikforschung in Coburg vom 21. bis 24. Oktober 1965 und Kongreß der Gesellschaft für Musikforschung in Weimar vom 19. bis 21. September 1966*, SLB, Mscr. Dresd. x 40, 136.

Als Laux diese Verfahrensweise am 2. März 1965 vom Vorstand billigen lassen wollte, stieß er auf Widerstand. Fellerer erklärte sich lediglich bereit, während der Wahlhandlung eine Zustimmungserklärung des Vorstandes zum Ergebnis der DDR-Wahl zu verlesen; eine pauschale Anerkennung dieses Wahlergebnisses als verbindlich lehnte er mit Hinweis auf die Satzung ab. Und auch Wolff hatte den Mut, seinem Vizepräsidenten zu widersprechen, worüber sich letzterer in einem Bericht beklagte.[88] So ging man ohne Einigung auseinander und verschob die weiteren Verhandlungen auf eine außerordentliche Vorstandssitzung, die Laux in Dresden abzuhalten wünschte.

Einige Wochen später – vermutlich am 21. Mai 1965, gelegentlich der konstituierenden Sitzung des DDR-internen Vorbereitungskomitees für den Kongreß 1966 – einigten sich die SED-Mitglieder auf die beiden Kandidaten für den Vorstand und beauftragten den Sekretär des Komitees, Reiner Kluge, mit der Niederschrift der bei der Wahl anzuwendenden Taktik.[89] Über die Satzungswidrigkeit ihres Ansinnens waren sie sich dabei durchaus im klaren.[90] Das Ziel bestand in dreierlei: Zunächst ging es darum, das »Enfant terrible« Hellmuth Christian Wolff abzuwählen. Zweitens sollte die staatliche Souveränität demonstriert werden – stellvertretend durch die »Souveränität« der de jure gar nicht existierenden »DDR-Sektion«. Und letztlich wollte man vollendete Tatsachen für eine angestrebte Satzungsänderung schaffen, mit der nun endlich das Modell zweier Sektionen mit eigenen Vorständen und Mitgliederversammlungen juristisch verbindlich fixiert werden sollte. Um ihr Vorhaben nicht zu gefährden, waren die SED-Aktivisten sogar bereit, als Nachfolger Wolffs einen im Westen anerkannten »bürgerlichen« Wissenschaftler vorzuschlagen: Rudolf Eller. Mehr als darum, bestimmte Wunschkandidaten durchzubringen, ging es ihnen offensichtlich um die bedingungslose Akzeptanz ihrer (wie auch immer ausfallenden) Entscheidungen im Westen. Eller wollte sich allerdings für die Kandidatur nur zur Verfügung stellen, wenn Wolff einverstanden sei und außerdem sich kein anderer Kandidat finde.[91] So willigte er erst ein, als ihm Ernst Hermann Meyer versichert hatte, daß die Zustimmung Wolffs, den man auch in späterer Zeit wieder kandidieren lassen wolle, noch völlig geklärt werde.[92] Unmittelbar vor der

---

[88] K. Laux, *Bericht über die Vorstandssitzung der Gesellschaft für Musikforschung in Kassel am 2. März 1965*, BA Berlin, DR-3/2152/1.

[89] Darüber informiert ein undatiertes handschriftliches Sitzungsprotokoll von H.-D. Grampp (BA Berlin, DR-3/2152/1). Für den 21. 5. 1965 hatte die Leiterin des Sektors Philologie/Kunst des SHF, Gudrun Freitag, das Kongreßkomitee zu seiner konstituierenden Sitzung ins Staatssekretariat eingeladen. Dabei sollte auch über die Vorbereitung der Coburger Jahrestagung verhandelt werden (Einladung an N. Notowicz, SAAdK, VKM, 271).

[90] Vgl. Dokument 50.

[91] R. Eller, Brief an E. H. Meyer mit Durchschlägen an G. Knepler und K. Laux vom 3. 7. 1965, SAAdK, EHMA, Mappe 18.

[92] R. Eller, Brief an H. C. Wolff vom 7. 7. 1965, Privatarchiv R. Eller.

separaten Wahlveranstaltung am 5. Juli 1965 in Leipzig wurde dann Wolff von Georg Knepler aufgesucht und im Auftrag von Meyer ultimativ zum Rücktritt aufgefordert. Er berichtete hinterher, es sei ihm gleichsam »die Pistole auf die Brust gesetzt« und in seinem Weigerungsfall »mit der Spaltung der Gesellschaft gedroht« worden.[93]

Auftragsgemäß konnten nun in Leipzig Laux und Eller gewählt werden[94] – und konnte Grampp dem Abteilungsleiter für »Hoch- und Fachschulbeziehungen« im SHF, Hubert Helbing, verkünden: »Die Ablösung des Prof. Wolff ist durchgesetzt«[95]. Am 3. August 1965 ging die von Grampp für das Sekretariat des ZK der SED ausgearbeitete Vorlage zunächst zur Bestätigung in die Dienstbesprechung beim Staatssekretär für das Hoch- und Fachschulwesen.[96] Da jedoch für die dort geforderte Umarbeitung anschließend die Zeit zu knapp wurde, mußte die Tagung schließlich ohne den Segen der SED-Führung stattfinden.[97]

Vor der Mitgliederversammlung mußte nun noch die bisher ausgebliebene Zustimmung des Vorstandes für die angekündigte Verfahrensweise bei den Wahlen eingeholt werden. Laux drängte deshalb weiter auf eine außerplanmäßige Vorstandssitzung, von der er Wolff und Eller ausschließen wollte:

»An dieser Vorstandssitzung kann selbstverständlich, nachdem hier die Wahl bereits vollzogen ist, nur ich teilnehmen, da Kollege Wolff ausgeschieden ist, Koll. Eller aber noch nicht von der Gesamt-Mitgliederversammlung bestätigt ist.«[98]

Darauf ließen sich die westdeutschen Vorstandsmitglieder nicht ein. Statt dessen teilte Fellerer, nachdem er das Protokoll der Leipziger Wahlveranstaltung erhalten hatte, Laux mit, daß er der Mitgliederversammlung das Votum der DDR-Mitglieder lediglich empfehlen werde. Im Staatssekretariat, dem Laux den Brief des Präsidenten zur Kenntnis brachte, reagierte daraufhin Grampp umgehend:

---

[93] Brief an R. Eller vom 8. 7. 1965, Privatarchiv R. Eller. Wolff informierte auch Präsident Fellerer über den Vorfall (Brief vom 5. 7. 1965).

[94] W. Siegmund-Schultze, F. Zschoch und Konrad Sasse, *Protokoll über die Wahl des Vizepräsidenten und eines Beisitzers für den Vorstand der Gesellschaft für Musikforschung in der Mitgliederversammlung der Sektion DDR am 5. 7. 1965 in Leipzig*, SLB, Mscr. Dresd. x 40, 130; K. Laux, *Neues von der GfMf*.

[95] Mitteilung vom 6. 7. 1965, BA Berlin, DR-3/2152/1.

[96] *Protokoll über die Festlegungen des Staatssekretärs in der 29./65 Dienstbesprechung am 3. 8. 1965*, BA Berlin, DR-3/206.

[97] Diese Mitteilung des Mitarbeiters der Abteilung Wissenschaften des ZK, Werner Martin, notierte Grampp am 7. 9. 1965 in einer *Aktennotiz. Betr.: Delegation der DDR-Sektion der Gesellschaft für Musikforschung zur Jahresversammlung der GfM in Coburg vom 21.–24. Oktober 1965*, (BA Berlin, DR-3/2152/1).

[98] K. Laux, Brief an den Vorstand der GfM vom 10. 7. 1965, zitiert nach: M. Ruhnke, *GfM, Geschichte* (unveröff. Ms.), Privatarchiv M. Ruhnke.

»Ich halte es für unbedingt notwendig, daß sich Gen. Prof. Laux nochmals in einem persönlichen Gespräch mit dem Präsidenten darum bemüht, daß Prof. Fellerer das Wahlergebnis nicht nur empfiehlt, sondern als endgültig bekannt gibt.«[99]

Dieses Gespräch fand auch tatsächlich statt, und zwar am 28. September 1965 in Köln. Aber auch jetzt ließ sich Fellerer nicht dazu überreden, dem geplanten Satzungsbruch zuzustimmen. Laux empfahl daher dem Staatssekretariat in einer »ganz persönlichen Stellungnahme«, die Beziehungen zur Gesellschaft für Musikforschung entweder abzubrechen (»Wir brauchten dann nicht nach Coburg zu fahren und unnötig Geld auszugeben.«) oder es in Coburg »auf eine Auseinandersetzung ankommen« zu lassen.[100] – Man entschied sich für den letzteren Vorschlag.

Drei Tage vor der Mitgliederversammlung tagte in Coburg noch einmal der alte Vorstand. Um die gesamtdeutsche Weiterexistenz der Gesellschaft nicht zu gefährden, überlegte man erneut, wie sich die von Laux vorgebrachte Forderung nach Respektierung der separaten DDR-Wahl mit der Satzung in Einklang bringen ließe. Zwar zweifelte niemand daran, daß Laux und Eller die Mehrheit auch bei einer freien Abstimmung bekommen würden, zumal Fellerer versprach, entsprechende »Mundpropaganda« betreiben zu lassen; allein es ging ums Prinzip. Friedrich Blume – als Ehrenpräsident hinzugezogen – vermochte die kritische Situation zu retten, indem er den Vorschlag machte, den Mitgliedern das Leipziger Votum »en bloc und per Akklamation« zur Abstimmung vorzulegen. Wenn allerdings auch nur eine einzige Gegenstimme sich erhebe, müsse anschließend frei gewählt werden. Dieser Kompromißvorschlag wurde von beiden Seiten akzeptiert.[101]

Auf der Mitgliederversammlung machte dann tatsächlich eine einzige Gegenstimme die anschließende freie Wahl notwendig. Wie es nicht anders erwartet worden war, wurden dabei Laux und Eller bestätigt. Die aus der DDR angereisten Mitglieder beteiligten sich weisungsgemäß nur an der Wahl des Präsidenten – Fellerer wurde wiedergewählt –, nicht aber an der der anderen Vorstandsmitglieder, da dies allein Sache der jeweiligen Sektionsangehörigen sei und die DDR-Sektion ihre Wahl ja schon getroffen habe. Anschließend verlas Laux, getreu der »Konzeption der DDR-Sektion«[102], eine vorbereitete Erklärung. Er erläuterte das Wahlverhalten seiner DDR-Kollegen und kündigte an, daß diese

---

[99] Brief an Kurt Hochhaus (SHF, Abt. Ausland II) vom 6. 9. 1965, BA Berlin, DR-3/2152/1.
[100] Dokument 51.
[101] W. Gerstenberg, *Protokoll der Vorstandssitzung der Gesellschaft für Musikforschung am 21. Oktober 1965 in Coburg, Clubzimmer des Kongreßhauses*, Archiv der GfM.
[102] Dokument 50.

demnächst eine Satzungsänderung beantragen würden. Laux hatte sich auftrags-gemäß für alle nur denkbaren Wahlausgänge präpariert. Wäre – wie zwei Jahre zuvor – der DDR-Vorschlag nicht respektiert worden, hätte er einen anderen Schlußworttext vorgelesen und erklärt, daß die DDR-Mitglieder die Wahl nicht anerkennen würden und daß nun deshalb kein gemeinsamer Vorstand mehr existiere.[103]

Der Kongreß 1966 in Leipzig

Wie schon 1963 beschlossen, sollte der nächste Kongreß 1966 in der DDR statt-finden. Ursprünglich war er für Weimar vorgesehen, wurde aber dann wegen des zu erwartenden Mangels an Hotelplätzen nach Leipzig verlegt. Man hatte die Absicht, dort die angekündigte Satzungsänderung beschließen zu lassen. Noto-wicz bot dafür die Unterstützung des für den VDK tätigen Justitiars, Anselm Glücksmann, an. Auf der Basis eines von Laux angefertigten Entwurfs sollte dieser die gewünschten Änderungen in eine juristisch akzeptable Form bringen. Ziel war es – wie Knepler damals an Glücksmann schrieb –, »die Satzungen so zu ändern, daß zwei selbständige Sektionen der Gesellschaft herauskommen, die einen gemeinsamen Vorstand haben, in dem die Parität der beiden Sektionen gewahrt ist«.[104] Glücksmanns größtes Problem war es, diese Forderung mit dem Vereinsrecht des damals auch noch in der DDR geltenden Bürgerlichen Gesetz-buchs in Einklang zu bringen, wonach der Vorstand eines eingetragenen Vereins grundsätzlich nur von der (gesamten) Mitgliederversammlung gewählt werden darf.[105] Ungeachtet dieser Bedenken fiel sein Entwurf dann aber wie gewünscht aus: Die beiden Sektionen sollten separate Mitgliederversammlungen einberufen können, von denen dann auch die jeweiligen Vorstände gewählt werden. Der von beiden Versammlungen zu wählende Präsident sollte der westdeutschen Sektion angehören, während für die Repräsentanz der DDR-Sektion ein »Ko-Präsident« vorgesehen war.[106] Ähnlich hatte es Hans-Dieter Grampp in der Vorlage des Staatssekretariats für das Sekretariat des ZK der SED formuliert.[107] Auch ansonsten wurde der Leipziger Kongreß in der DDR unter Leitung von Ernst Hermann Meyer mit riesigem politischen Aufwand vorbereitet. Man war bemüht, den Inhalt jedes Referats im Vorfeld kennenzulernen und jede Wort-

---

[103] Laux schrieb fünf verschiedene Erklärungen: für alle Möglichkeiten des Wahlausgangs (SLB, Mscr. Dresd. x 40, 129).
[104] Brief vom 15. 2. 1966, SAAdK, VKM, 140.
[105] Anselm Glücksmann, Brief an N. Notowicz vom 17. 5. 1966, SAAdK, VKM, 140.
[106] A. Glücksmann, *Vorschläge zur Änderung der Satzung der Gesellschaft für Musikforschung e. V.*, SAAdK, VKM, 140.
[107] Dokument 52.

meldung festzulegen. Darüber hinaus organisierte man die »Betreuung« westdeutscher Studenten während ihres Aufenthalts in Leipzig. Der Umfang der Beschlußvorlage für die SED-Führung war diesmal um ein vielfaches größer als bisher üblich. Georg Knepler fertigte dem SHF eine Einschätzung der politischen Situation unter den westdeutschen GfM-Mitgliedern an.[108] Dies alles reichte aber dem Stellvertreter des Staatssekretärs für das Hoch- und Fachschulwesen, Gregor Schirmer, noch immer nicht aus, und er forderte Ende April 1966 von Ernst Hermann Meyer, ihm einen »detaillierten Bericht« über den Stand der Vorbereitung und über den »Maßnahmeplan zur politisch-ideologischen Sicherung des Kongresses« samt einer »Einschätzung der Kräfte innerhalb der DDR-Sektion der Gesellschaft für Musikforschung und aller für Leipzig vorgesehenen DDR-Kongreßbeiträge« vorzulegen.[109] Dieser Bitte kam Meyer umgehend nach. Darüber hinaus widmete auch er sich dem Versuch einer Einschätzung der westdeutschen GfM-Mitglieder:

> »Insgesamt ließen sich die Mitglieder der GfM der BRD unterteilen in
> 1) liberale Bürger, die nicht besonders politisch interessiert sind und denen auch nicht an einer besonderen Diskriminierung der DDR gelegen ist; diese, die ohne Frage die große Mehrheit der Mitglieder ausmachen, sind unbedingt für Zusammenarbeit mit ihren DDR-Kollegen.
> 2) Streng kirchlich gebundene Kollegen [...].
> 3) Ausgesprochene Scharfmacher, ohne Frage im Einvernehmen mit den entsprechenden Ministerien handelnd;[110] unter ihnen befinden sich ehemalige Republikflüchtige sowie auch der von uns legal weggegangene Prof. Dr. Eggebrecht, Freiburg, der im vorvergangenen Jahre in Halle sich eines unsachlichen, bösartigen Ausfalls gegen die Wissenschaft in unserer Republik schuldig gemacht hat.[111]

---

[108] G. Knepler, Brief an Gudrun Freitag (Leiterin der Abt. Philologie/Kunst des SHF) vom 18. 2. 1966, BA Berlin, DR-3/2152/1.

[109] Brief vom 28. 4. 1966, BA Berlin, DR-3/2152/1.

[110] In seiner grenzenlosen Parteitreue hat Meyer stets allen – sogar den unglaublichsten – Erfindungen der SED-Propaganda blind vertraut. So verwundert es nicht, wenn er sich auch die in SED-Kreisen verbreitete Vorstellung zu eigen machte, hinter den Handlungen einzelner Personen oder Institutionen im Westen ebensolche Mechanismen zu vermuten, wie sie in der DDR selbstverständlich waren: staatliche Lenkung und generalstabsmäßige Organisation. Offenbar diente diese Projektion auch der Rechtfertigung des eigenen Handelns, da man sich so einreden konnte, im Prinzip nichts anderes als den »Klassenfeind« zu machen.

[111] Hans Heinrich Eggebrecht, geb. 1919, war von 1949 bis 1951 Assistent Walther Vetters am Musikhistorischen Seminar der Ost-Berliner Humboldt-Universität. Von E. H. Meyer an einer weiteren wissenschaftlichen Laufbahn in der DDR gehindert, ging er anschließend nach Freiburg, um sich 1954 bei Wilibald Gurlitt – einem entfernten Verwandten, wie sich 1949 herausgestellt hatte – zu habilitieren. 1964 wandte er sich in Halle gegen die von Meyer offerierten unrealistischen Pläne der weiteren musikwissenschaftlichen Arbeit in der DDR (R. Eller, *Zum Thema*, S. 8).

4) Eine Reihe von z. T. sehr jungen Kollegen sowie Studenten, offensichtlich besonders auf avantgardistische Experimente eingestellt, die sicher bereit wären, an dialogischen Provokationen (provokatorische Diskussionsbeiträge u. a.) teilzunehmen, wenn sich die Gelegenheit ergibt. [...].

5) Eine Reihe von älteren, z. T. sehr einflußreichen Kollegen, die aufgrund von langjährigen, persönlichen Bindungen und Verbindungen mit Kollegen in der DDR sich allen Provokationen und Stänkereien westlicher Kollegen bestimmt aktiv widersetzen würden.

6) Kollegen und Studenten, die aus den verschiedensten Gründen in Opposition gegen die westdeutsche Leitung der GfM, in manchen Fällen sogar gegen den Staat eingestellt sind und aus diesem Grund bereit sind, unseren Argumenten zuzuhören, unseren Staat und unsere Errungenschaften objektiv kennen zu lernen.«[112]

Weil Glücksmanns Entwurf einer Satzungsänderung erst später als erwartet vorlag, gelangte er in Leipzig nicht zur Abstimmung. Statt dessen wurde zur Frage der Satzungsänderung eine Besprechung im Kreis des um einige Personen erweiterten Vorstandes einberufen. Die Teilnehmer beauftragten eine kleine Kommission (bestehend aus Notowicz, Wiora und Vötterle) mit der Erarbeitung von Entwürfen einer neuen Satzung (sowie einer Geschäftsordnung des Vorstandes) bis zum Frühjahr 1967.[113] Die Westvertreter mußten sich davon überzeugen lassen, daß sie ihre Zustimmung zur Bildung einer DDR-Sektion nicht länger verweigern konnten, wenn überhaupt noch eine weitere Zusammenarbeit in einer gemeinsamen Gesellschaft möglich sein sollte.[114] Ein Treffen der gebildeten Kommission, der »Drei Weisen«, wie Fellerer sie nannte, ist allerdings mangels Initiative seitens der DDR nie zustande gekommen. Lediglich am Rande des IGMW-Kongresses 1967 in Ljubljana haben Fellerer und Notowicz noch einmal über die Problematik gesprochen.[115] Noch im Oktober 1967 schien auf westlicher Seite mit einem Treffen gerechnet worden zu sein, da zu dieser Zeit Karl Vötterle dem Vorstand empfahl, sich beim Bundesministerium für gesamtdeutsche Fragen »präzis zu erkundigen, ob es dort erwünscht oder unerwünscht sei, den Begriff ›DDR‹ in die Satzung aufzunehmen«.[116]

---

[112] E. H. Meyer, Anlage 2 eines Briefs an Gregor Schirmer vom 16. 5. 1966, BA Berlin, DR-3/2152/1.

[113] E. Wenzke, *Protokoll einer Besprechung über Satzungsfragen in Leipzig am 19. September 1966, Hotel Deutschland*, Archiv der GfM.

[114] Zu den Ereignissen auf der Sitzung: M. Ruhnke, *Die Ereignisse der 1960er Jahre aus westlicher Sicht*, S. 15 f.

[115] K. G. Fellerer, Brief an K. Laux vom 5. 10. 1968, SLB, Mscr. Dresd. x 12, 60.

[116] *Ergänzung zum Protokoll der Vorstandssitzung der Gesellschaft für Musikforschung am 12. Oktober 1967 in Kassel, Lehrerzimmer der Freien Waldorfschule. Nur für Vorstandsmitglieder West*, Archiv der GfM.

Das Ende der GfM in der DDR

Obwohl der Leipziger Kongreß DDR-intern als großer politischer Erfolg gewertet wurde,[117] breitete sich bei den Behörden immer mehr Desinteresse an einem weiteren Engagement in der Gesellschaft für Musikforschung aus. Zur nächsten Vorstandssitzung ließ das Staatssekretariat nur noch Laux nach Kassel fahren, danach genehmigte es überhaupt keine Westreisen mehr. Die Hoffnung, daß sich durch die Mitarbeit in der Gesellschaft ein lohnender politischer Gewinn erzielen ließe, hatte sich trotz langjähriger aufwendiger Investition nicht erfüllt. Wozu also sollten noch länger Devisen in ein Unternehmen gesteckt werden, das selbst der Vizepräsident für aussichtslos hielt: Laux am 3. Februar 1967 an das Staatssekretariat für das Hoch- und Fachschulwesen:

»Ich bin der festen Überzeugung, daß wir die Kollegen aus der Bundesrepublik nicht dazu bringen können, irgendwelche Stellung gegen ihre Regierung zu beziehen, sei es in einer öffentlichen Erklärung oder auch nur in ihrer privaten Sphäre. [...] Das weitere Bestehen der GfMf in der bisherigen Form wird also keineswegs dazu führen, daß die Zusammenarbeit auf der Grundlage der Gleichberechtigung der beiden deutschen Staaten herbeigeführt wird. Angesichts der immer mehr in Erscheinung tretenden Politik des Revanchismus, auch und besonders in der Regierung Kiesinger-Strauß[118], kann nach meiner Meinung die bisherige Form nicht aufrecht erhalten werden, vielmehr müssen wir dazu übergehen, uns zu trennen und in der DDR eine eigene musikwissenschaftliche Vereinigung – in welcher Form dies geschieht, müßte noch beraten werden – zu gründen.«[119]

Der Beschluß des Sekretariats des ZK der SED vom 5. April 1967 besiegelte endgültig das Schicksal der Gesellschaft für Musikforschung. Denn bis Ende 1968 sollte das ganze Problem der gesamtdeutschen Gesellschaften erledigt, sollten alle in der DDR wohnenden Mitglieder ausgeschlossen, Geschäftsstellen aufgelöst und Konten eingezogen sein.[120]

Bereits im März 1967 hatte Laux auf einer Vorstandssitzung bekanntgegeben, daß zur nächsten Mitgliederversammlung mit keiner DDR-Beteiligung zu rechnen sei; dazu hätte man sich wegen »Devisenschwierigkeiten« in einer

---

[117] [E. H. Meyer], *Kurzer Bericht über den Kongreß der Ges. f. Musikforschung Leipzig, 19.–24. Sept. 1966*, BA Berlin, DR-3/2152/1.
[118] SED-Propagandabezeichnung für die Regierung der Großen Koalition (1. 12. 1966–1969).
[119] Dokument 53.
[120] Dokument 54.

Sitzung im Staatssekretariat für das Hoch- und Fachschulwesen entschlossen.[121] Zuvor hatte er beim Staatssekretariat angefragt, mit welchem Argument er gegenüber seinen westdeutschen Vorstandskollegen diese Nichtbeteiligung begründen solle.[122] Die betreffende Mitgliederversammlung, die wegen des zeitgleichen Kongresses der IGMW ohne Beiprogramm stattfand, war vom Vorstand eigens zeitlich und örtlich verlegt worden, um den in der DDR lebenden Mitgliedern die Teilnahme zu ermöglichen.[123]

Anfang Mai des folgenden Jahres teilte Laux den westdeutschen Vorstandsmitgliedern mit, daß auch »hinsichtlich der Jahresversammlung in Mainz eine negative Entscheidung gefällt wurde«: »Die Sektion DDR wird nicht an der Mitgliederversammlung teilnehmen«.[124] Vorausgegangen war seine Anfrage beim Ministerium für Hoch- und Fachschulwesen (dem vormaligen Staatssekretariat), wie man es denn mit der 1968er Tagung halten solle.[125] Dort war man sich unschlüssig, sagte erst ab, dann zu, schließlich wieder ab.

Die Entscheidung über die Weiterexistenz der Gesellschaft für Musikforschung in der DDR sollte eine Besprechung am 29. Juli 1968 bringen (Teilnehmer: Meyer, Niemann, Siegmund-Schultze, Knepler, Laux, Grampp, Brockhaus, Eller und Zschoch).[126] Einleitend stellte Konrad Niemann drei Alternativen für die künftige Organisation der ostdeutschen Musikwissenschaft zur Diskussion: 1. eigene Gesellschaft, 2. Festigung der »Sektion DDR«, 3. Austritt und Übergang in den VDK. Obwohl sich Rudolf Eller und Georg Knepler für den Fortbestand der »Sektion DDR« ausgesprochen hatten, stellte abschließend Heinz Alfred Brockhaus (Meyers Nachfolger auf dem Lehrstuhl der Berliner Humboldt-Universität) »Einmütigkeit« in der Absicht fest, aus der Gesellschaft für Musikforschung auszutreten. Laux wurde mit der Erarbeitung einer entsprechenden Erklärung beauftragt, die einer »gemeinsamen Tagung der DDR-

---

[121] E. Wenzke/M. Ruhnke, *Protokoll der Vorstandssitzung der Gesellschaft für Musikforschung am 14./15. März 1967 in Kassel (Restaurant Henkel und Bärenreiter-Verlag)*, Archiv der GfM.

[122] Brief vom 1. 3. 1967, SLB, Mscr. Dresd. x 2, 185.

[123] Die Mitgliederversammlung sollte ursprünglich unmittelbar vor dem IGMW-Kongreß in München stattfinden, um den Mitgliedern die sofortige Weiterreise nach Ljubljana zu ermöglichen, wurde dann aber auf die Zeit nach dem Kongreß nach Kassel verlegt, da es den DDR-Teilnehmern nicht gestattet worden wäre, von der Bundesrepublik über Österreich nach Jugoslawien auszureisen.

[124] Brief an R. Baum vom 4. 5. 1968, SLB, Mscr. Dresd. x 2, 115.

[125] Brief vom 17. 3. 1968, SLB, Mscr. Dresd. x 2, 189.

[126] Die Darstellung der Ereignisse während der Sitzungen am 29. 7. und 3. 9. 1968 folgt persönlichen Aufzeichnungen von M. Ruhnke (*Bericht Laux/Siegmund-Schultze*, Privatarchiv M. Ruhnke) sowie einem Brief Ruhnkes an den Vorstand (West) der GfM vom 9. 9. 1968 (Dokument 62); Ruhnke hatte nach den Sitzungen »eine Reihe von Gesprächen mit nichtprominenten DDR-Mitgliedern der GfM, die sämtlichst die Entwicklung zutiefst bedauerten« (Dokument 62). Vgl. auch ders., *Die Ereignisse der 1960er Jahre aus westlicher Sicht*, S. 16 f., und R. Eller, *Die Spaltung der Gesellschaft für Musikforschung 1961 bis 1968*, S. 52–54.

Sektion der Gesellschaft für Musikforschung und der Kommission Musikwissenschaft des Verbandes Deutscher Komponisten und Musikwissenschaftler« zur Abstimmung vorgelegt werden sollte.

Diese Veranstaltung, die am 3. September 1968 im Musikwissenschaftlichen Institut der Berliner Humboldt-Universität stattfand, diente dann nur noch einem formalen Zweck. Am Vormittag hatten sich – wie üblich – die SED-Mitglieder zusammengefunden, um den Ablauf der Sitzung zu proben, der anschließend auch genau nach Plan erfolgte: Nach einem Referat von Heinz Alfred Brockhaus[127] meldeten sich eine Reihe linientreuer SED-Mitglieder zu Wort, um nachdrücklich den Austritt aus der Gesellschaft zu fordern, so Walther Siegmund-Schultze und Siegfried Köhler. Der Ost-Berliner Professor für Musikpädagogik Werner Busch[128] erklärte gar, es sei ein »Ding der Unmöglichkeit, daß unsere Kinder nach Methoden erzogen werden die sich die Westdeutschen ausgedacht haben«.[129] Einstimmig erklärten sodann die 62 Anwesenden, die (nicht existierende) Sektion DDR »aufzulösen« und sich künftig gemeinsam im Komponistenverband organisieren zu wollen. Karl Laux war in seinem ursprünglichen Entwurf der Austrittserklärung noch vom Modell eines »Verbandes der Musikwissenschaftler« als einem von vier zu gründenden Einzelverbänden unter dem Dach einer aus dem VDK hervorzugehenden »Deutschen Musikgesellschaft« ausgegangen,[130] konnte sich damit aber nicht durchsetzen. Insbesondere hatte Walther Siegmund-Schultze diesen Entwurf kritisiert: Es sei darin nicht genügend zum Ausdruck gekommen, »daß wir uns doch von der Gesellschaft für Musikforschung trennen müssen«; außerdem sei die Umstrukturierung des VDK noch nicht im Zentralvorstand und vorher im ZK der SED beraten worden.[131] Die schließlich von der Versammlung gebilligte und Ende September 1968 dem Vorstand sowie den DDR-Mitgliedern zugestellte *Erklärung*[132] hatte Heinz Alfred Brockhaus geschrieben[133] – in seiner Eigenschaft als Leiter der Kommission Musikwissenschaft des Komponistenverbandes. Bemerkenswert an diesem Text war nicht zuletzt die für das Funktionärsdenken in der DDR typische Projektion der eigenen Verhältnisse und des eigenen Verhaltens auf den Westen. Was in der DDR immerzu praktiziert wurde, die staatliche Vereinnahmung des gesellschaftlichen Lebens, einschließlich der Wissenschaft und der

---

[127] H. A. Brockhaus, *Musikwissenschaft als Leitungswissenschaft*.

[128] Die fachliche Inkompetenz von Werner Busch, dessen Karriere ausschließlich durch Parteitreue zustande kam, hatte mehrfach zu Auseinandersetzungen am Institut für Musikerziehung bzw. Institut für Musikwissenschaft der Humboldt-Universität geführt.

[129] Zitiert nach Aufzeichnungen von M. Ruhnke (Privatarchiv M. Ruhnke).

[130] K. Laux, *Erklärung*, SLB, Mscr. Dresd. x 40, 189.

[131] Brief an K. Laux vom 15. 8. 1968, SLB, Mscr. Dresd. x 21, 51.

[132] *MuG* 18 (1968), H. 11, S. 750 f.; auch in: *Mf* 21 (1968), H. 4, S. 537 f.

[133] Mitteilung von Heinz Alfred Brockhaus.

wissenschaftlichen Vereinigungen, wurde nicht nur geleugnet, sondern gerade
der westlichen Seite unterstellt:

»Im Gegensatz zur humanistischen Grundaufgabe unserer sozialistischen
Kultur werden durch die herrschenden Kreise der staatsmonopolistischen
Gesellschaft in Westdeutschland Kunst und Kunstwissenschaften zur Ma-
nipulierung der Menschen mißbraucht. In diesem Sinne beeinflußt die
Bonner Regierung in zunehmendem Maße die Tätigkeit von wissenschaftlichen Gesellschaften. Sie hat sie ihrer Politik im allgemeinen und dem Alleinvertretungsanspruch im besonderen unterworfen und eine den Realitäten
entsprechende Zusammenarbeit zwischen Wissenschaftlern beider deutscher
Staaten verhindert. Das hat sich auch auf die Zusammenarbeit innerhalb der
Gesellschaft für Musikforschung ausgewirkt. Im Grunde genommen war sie
immer eine von Westdeutschland aus geleitete Gesellschaft, die speziell Aufgaben der westdeutschen Musikforschung wahrnahm. Alle unsere Versuche,
zu einer echten konföderativen Arbeit zu gelangen, mußten daher scheitern.«

Des weiteren begründete Brockhaus die Entscheidung mit der Notwendigkeit,
»das einheitliche System der Leitung und Organisation der Musikwissenschaft«
in der DDR zu schaffen. Er griff damit eine in der Wissenschaftspolitik der
späten Ulbricht-Zeit beliebte Forderung auf, in deren Folge auf musikwissen-
schaftlichem Gebiet in der DDR bereits zahlreiche »Perspektivpläne« für die
künftige Forschung und Lehre des Faches entstanden waren.[134]

Zufällig hielt sich am 3. September 1968 Martin Ruhnke, der damals als Präsident der GfM amtierte – Fellerer hatte dieses Amt zu jener Zeit wegen seiner
Wahl zum Rektor der Kölner Universität ruhen lassen –, in Ost-Berlin auf und
hatte tags zuvor von der Sitzung und dem bereits feststehenden Ergebnis erfahren. Zum Entsetzen der Veranstalter erschien er dann unmittelbar vor Beginn am Versammlungsort mit der Bitte um Teilnahme. Nach Rücksprache mit
Brockhaus wurde ihm von Laux »dringend nahegelegt«, nicht an der Versammlung teilzunehmen. – Seinen Teilnahmewunsch hat Laux später gegenüber
Zschoch als »Unverschämtheit« bezeichnet. So konnte sich Ruhnke nur hinterher über den Verlauf der Sitzung informieren lassen.

Juristisch gesehen ging der Austrittsbeschluß ins Leere, denn er konnte nur
eine ›Mitgliedschaft‹ betreffen, welche es ausschließlich in den Köpfen der SED-

---

[134] Nachdem bereits im Jahr 1960 ein solcher »Perspektivplan« entstanden war, arbeitete 1963 im
Auftrag des SHF eine Gruppe von Musikwissenschaftlern und Funktionären unter Leitung von
W. Siegmund-Schultze erneut einen derartigen Plan aus. Kurz darauf stellte das Musikwissenschaftliche Institut der Berliner Humboldt-Universität einen »Entwurf« mit dem Titel *Perspektiven
der Musikwissenschaft in der DDR bis zum Jahre 2000* zur Diskussion.

Funktionäre gegeben hatte: die der DDR. Es war deshalb folgerichtig, wenn der Vorstand in einem Offenen Brief an alle in der DDR lebenden Mitglieder darauf hinwies, daß Austritte laut Satzung nur im Fall von individuellen Kündigungen rechtskräftig sind, und wer dies nicht tue, weiterhin als Mitglied gelte.[135] Auf der Mitgliederversammlung in Mainz wurde außerdem beschlossen, alle bisher Ostdeutschen vorbehaltenen Posten in Vorstand und Beirat nicht zu besetzen.[136] Daß die daraufhin in der DDR erwogene Absicht, die Mitglieder zu individuellen Austritten zu nötigen,[137] nicht realisiert wurde, ist wohl dadurch zu erklären, daß die ostdeutschen GfM-Mitglieder (wie überhaupt die ostdeutschen Angehörigen internationaler Organisationen) von der SED gar nicht als souveräne Mitglieder, sondern als Vertreter einer fiktiven DDR-Mitgliedschaft betrachtet und behandelt wurden. Eine Forderung nach individuellen Austritten hätte den Mitgliedern nachträglich jene Souveränität verliehen, die ihnen in der DDR nie zugebilligt wurde. Ohne Folgen blieb auch der Vorschlag von Konrad Niemann, Druck auf den neugewählten Präsidenten, Martin Ruhnke, zur Abschaffung des Status der ruhenden Mitgliedschaften auszuüben.[138]

In der Zeit nach dem Ausschluß haben zahlreiche Ost-Mitglieder dem Vorstand oder einzelnen westdeutschen Kollegen gegenüber ihr Bedauern über die Entwicklung zum Ausdruck gebracht und versichert, daß sie sich weiterhin als Mitglieder der Gesellschaft fühlten, wie Ruhnke Ende November 1968 dem Bonner Ministerium für gesamtdeutsche Fragen mitteilte.[139] Die Lieferung der Zeitschrift *Die Musikforschung* konnte noch bis 1990 an einige in der DDR lebende Mitglieder fortgesetzt werden, wofür Gelder des Bundesministeriums für innerdeutsche Beziehungen in Anspruch genommen wurden.[140] Nach der Wiedervereinigung Deutschlands erinnerte der Vorstand die einstigen DDR-Mitglieder an seine Mitteilung von 1968 und bot ihnen an, die aktive Mitgliedschaft durch entsprechende Erklärung wieder aufzunehmen.[141] Auf den Mitgliederversammlungen 1993 in Freiburg und 1994 in Leipzig wurden Frieder Zschoch und Rudolf Eller zu Ehrenmitgliedern der Gesellschaft für Musikforschung gewählt.

Nach der Auflösung des Komponistenverbandes (der nach der »Wende« wieder seinen alten Namen »Verband Deutscher Komponisten und Musikwissen-

---

[135] Brief vom 6. 10. 1968, in: *Mf* 21 (1968), H. 4, S. 538 f.

[136] Mitteilung in: *Mf* 21 (1968), H. 4, S. 536.

[137] Davon erzählte Laux im November 1968 während eines Besuchs bei F. Blume (F. Blume, Brief an M. Ruhnke vom 25. 11. 1968, Privatarchiv M. Ruhnke).

[138] K. Niemann, Brief an Kurt Hochhaus, K. Laux, P. Czerny, E. H. Meyer, H. A. Brockhaus und W. Rackwitz vom 8. 11. 1968, SAAdK, EHMA, 774.

[139] Brief vom 27. 11. 1968, Privatarchiv M. Ruhnke.

[140] Mitteilung von Barbara Schumann (Geschäftsstelle der GfM, Kassel).

[141] *An die Mitglieder der Gesellschaft für Musikforschung in der ehemaligen DDR. An alle Musikwissenschaftler in den neuen Bundesländern*, in: *Mf* 43 (1990), H. 4, S. 405.

schaftler« angenommen hatte) gründeten ostdeutsche Musikwissenschaftler am 19. April 1990 in Ost-Berlin eine »Gesellschaft für Musikwissenschaft e. V.«.[142] Mit Eberhardt Klemm wurde ein in der DDR aus politischen Gründen benachteiligter Fachvertreter[143] zum Präsidenten gewählt. Nach Klemms Tod 1991 übernahm Klaus Mehner die Präsidentschaft. Von Anfang an als vorübergehende Einrichtung konzipiert, wollte diese Gesellschaft keine Gegengründung zur GfM sein, sondern den ostdeutschen Musikwissenschaftlern während der Zeit des deutschen Einigungsprozesses ein zusätzliches Forum schaffen, um »die zu erwartenden schwierigen Probleme des Faches in den neuen Bundesländern mit lösen zu helfen«.[144] Nach der Ausrichtung zweier Jahrestagungen (1990 in Rostock und 1991 in Berlin) löste sich die Gesellschaft im März 1993 mit der Empfehlung an ihre Mitglieder zur »bewußten Mitwirkung in der Gesellschaft für Musikforschung« wieder auf.[145]

---

[142] *Gesellschaft für Musikwissenschaft gegründet*, in: BzMw 32 (1990), H. 3, S. 180.

[143] Vgl. meine Darstellung *Die Kampagne gegen Eberhardt Klemm und das Institut für Musikwissenschaft der Universität Leipzig in den 60er Jahren.* Eine ergänzende Publikation über die jahrzehntelange intensive »operative Bearbeitung« Klemms durch den Staatssicherheitsdienst der DDR befindet sich in Vorbereitung.

[144] *Mitteilung der Gesellschaft für Musikwissenschaft*, in: BzMw 34 (1992), S. 128.

[145] Ebd.

Die Internationale Gesellschaft für Musikwissenschaft

Gründung und Aufbau der IGMW

Die Internationale Gesellschaft für Musikwissenschaft (IGMW), englisch International Musicological Society (IMS), französisch Société Internationale de Musicologie (SIM), wurde am 30. September 1927 in Basel gegründet. Der Wunsch von Musikwissenschaftlern verschiedener Länder nach einem Forum für die internationale Zusammenarbeit war in den zwanziger Jahren erneut aufgekommen, nachdem die »Internationale Musikgesellschaft« ihre Tätigkeit zu Beginn des Ersten Weltkrieges eingestellt hatte. Auf dem mit der Beethoven-Zentenarfeier 1927 in Wien verbundenen Kongreß stieß ein entsprechender Antrag von Henry Prunières (Paris) auf Zustimmung.[1] Es wurde ein provisorisches Komitee unter Leitung von Guido Adler gebildet, das für Ende 1927 nach Basel zur Gründungsversammlung einlud. Auf dieser Versammlung, die am 30. September 1927 stattfand, wurden die zuvor erarbeiteten Statuten bestätigt und ein Direktorium gewählt. Zum ersten Präsidenten wurde der Gregorianik-Experte Peter Wagner aus dem schweizerischen Freiburg, zum Ehrenpräsidenten Guido Adler und zum Ehrenmitglied Henry Prunières gewählt.[2]

Der prinzipielle Aufbau der Gesellschaft, wie er durch die ersten Statuten festgelegt wurde, blieb auch in den folgenden Jahrzehnten im wesentlichen erhalten. Im Gegensatz zu manchen anderen internationalen Organisationen setzt sich die noch heute in ihrem Gründungsort Basel ansässige Gesellschaft nicht aus nationalen Verbänden zusammen, sondern aus Einzelmitgliedern, die auch juristische Personen sein können. Das wichtigste Leitungsgremium ist das Direktorium, nach den ersten Statuten bestehend aus 9 bis 15 Mitgliedern; später, mit wachsender Größe der Gesellschaft, wurde diese Zahl etwas erhöht. Aus seiner Mitte wählt das Direktorium für die Erledigung der laufenden Geschäfte ein »Bureau«, dem der Präsident, die beiden Vizepräsidenten, der Generalsekretär und der Schatzmeister angehören. Bei der Zusammensetzung des Direktoriums war man von Anfang an auf nationalen Proporz bedacht. Hieß es dazu

---

[1] *Schlußsitzung des Musikhistorischen Kongresses am 31. März 1927 im Kleinen Festsaale der Universität*, in: *Beethoven-Zentenarfeier Wien*, S. 392 f.
[2] Die Ausführungen über die Gründung der IGMW stützen sich auf: *Die Gründung der Internationalen Gesellschaft für Musikwissenschaft*.

noch in den ersten Statuten, daß Deutschland, Frankreich, England und Italien »auf alle Fälle im Direktorium vertreten« sein müßten,[3] ging man später zu einem gerechteren Quotenschlüssel über und machte die Vertretung von der Zahl der in den jeweiligen Ländern ansässigen Mitglieder abhängig. So billigten beispielsweise die 1964 beschlossenen Statuten Ländern mit mindestens 20 eingeschriebenen Mitgliedern das Anrecht auf einen Direktoriumssitz zu (bei Maßgabe des Wohnsitzes und nicht der Nationalität). Für Länder mit mindestens 50 Mitgliedern erhöhte sich die Zahl der Sitze auf zwei. Um auch kleineren Nationen sowie dem Generalsekretär und den ehemaligen Präsidenten eine Vertretung zu ermöglichen, wurden darüber hinaus einige Sitze unabhängig von diesem Quotenschlüssel vergeben.[4]

Im Oktober 1928 begann die IGMW mit der Herausgabe eines zweisprachigen Bulletins (deutscher Titel: *Mitteilungen der Internationalen Gesellschaft für Musikwissenschaft*), das schon bald den Charakter einer internationalen musikwissenschaftlichen Fachzeitschrift annahm und seit 1931 unter dem Namen »Acta Musicologica« erscheint. Vor 1945 veranstaltete die Gesellschaft drei Kongresse, den ersten 1930 in Lüttich. Der erste Kongreß nach Kriegsende fand 1949 am Gründungsort Basel statt, es folgten Utrecht (1952), Oxford (1955), Köln (1958), New York (1961) und Salzburg (1964). Von 1967 an (Ljubljana) fanden die Kongresse und Generalversammlungen im fünfjährigen Turnus statt (1972 Kopenhagen, 1977 Berkeley, 1982 Straßburg, 1987 Bologna, 1992 Madrid, 1997 London).

Beginn des Engagements der DDR

In den fünfziger und frühen sechziger Jahren gehörten der Gesellschaft auch einige in der DDR wohnende Personen an, deren Zahl damals nie höher als neun war (1959 Heinrich Besseler, Rudolf Eller, Johannes Krey, Dieter Lehmann, Werner Neumann, Walther Siegmund-Schultze, Erich Stockmann, Walther Vetter und Hellmuth Christian Wolff).[5] Wegen der Nichtanerkennung ihres Staates wurden sie bei Direktoriumswahlen der gesamtdeutschen Mitgliedschaft zugerechnet. Aber auch im Fall der Anerkennung der DDR hätten sie nach dem in jener Zeit geltenden Quotenschlüssel (20 Mitglieder pro Land für einen Sitz) kein Anrecht darauf gehabt, im Direktorium vertreten zu sein. Es gab für sie lediglich die Möglichkeit, über die gesamtdeutsche oder über die zusätzlich vom Direktorium zusammengestellte Liste gewählt zu werden. In beiden Fällen wa-

---

[3] Ebd.
[4] IGMW, *Statuten*, Ausgabe 1965, S. 4.
[5] Angaben nach R. Eller, *Zum Thema*, S. 11.

ren sie aber auf das Entgegenkommen Dritter angewiesen. Hinzu kam, daß die westdeutschen Mitglieder aufgrund ihrer großen Zahl auch ohne die in der DDR wohnenden Mitglieder in der Lage gewesen wären, den deutschen Anspruch auf zwei Sitze – das war zugleich das von den Statuten vorgesehene Maximum – aufrecht zu erhalten.

Folgerichtig mußte es der DDR darum gehen, eine Anrechnung als unabhängiges Land (und damit indirekt ihre völkerrechtliche Anerkennung) in der IGMW durchzusetzen. Im Vergleich zu ihrem Engagement in anderen Gesellschaften, namentlich der Gesellschaft für Musikforschung, fällt jedoch auf, daß sie dieses Ziel erst relativ spät, seit 1963/64, in Angriff nahm. In der Zeit davor beschränkte sie sich darauf, die üblichen »Delegationen« für die Teilnahme an Kongressen (1958 in Köln und 1961 in New York) zusammenzustellen. In der Zeit vor dem Kölner Kongreß schien von den SED- und Staatsfunktionären so recht kaum jemand die IGMW als Betätigungsfeld zu erkennen; jedenfalls befinden sich in den einschlägigen ostdeutschen Archiven keinerlei Unterlagen, die einen anderen Schluß zulassen. Einzig in dem (im Zusammenhang mit der GfM bereits erwähnten) Brief Uszkoreits an Notowicz vom 8. November 1956 taucht vor 1958 der Name der Gesellschaft auf.[6] So darf vermutet werden, daß für die DDR ein Engagement in der IGMW erst dann an Attraktivität gewann, als sich die Erfolglosigkeit ihrer ähnlich gearteten Anstrengungen im Rahmen der Gesellschaft für Musikforschung abzeichnete. Gänzlich zum Wechsel des Objekts ihrer Anerkennungsbemühungen entschloß sie sich nach dem Beschluß des Sekretariats des ZK der SED von 1967, der ihrem Engagement in der GfM auch formal ein Ende setzte. Die GfM wurde nun als »westdeutsche Gesellschaft« fallengelassen, und man konzentrierte alle Investitionen auf die IGMW, in der Hoffnung, hier langfristig bessere Erfolgsaussichten zu haben. Rückblickend bestätigte dies 1972 – nachdem sich der Gewinn schließlich eingestellt hatte – Heinz Alfred Brockhaus:

»Es ergibt sich somit auch für den Bereich der IGMW die Schlußfolgerung, daß unsere Entscheidung von 1968, die ›gesamtdeutsche‹ Gesellschaft für Musikforschung in der DDR aufzulösen und statt dessen weitgehend und mit großen Energien in der IGMW mitzuarbeiten, richtig war und ihre ersten Erfolge bereits zeigt.«[7]

Bessere Erfolgsaussichten konnte man sich in der IGMW zumal deshalb ausrechnen, weil Aufbau und Wahlmodus dieser Gesellschaft den Zielen der DDR

---

[6] BA Berlin, DR-1/66.
[7] H. A. Brockhaus, *Bericht über den musikwissenschaftlichen Kongreß Kopenhagen 1972*, SAAdK, EHMA, 827.

entgegenkam. Mußte es die DDR in der Gesellschaft für Musikforschung mühsam und unter Bruch der Satzung erzwingen, daß ihre Kandidaten separat gewählt wurden, so konnte sie in der IGMW von vornherein darauf aufbauen, daß der entscheidende erste Wahlgang im nationalen Rahmen stattfand. Bei der abschließenden Wahl konnte die Gesamtheit der Mitglieder dann nur noch entscheiden, welchem der von den Ländern vorgeschlagenen Kandidaten sie den Vorzug geben wollte, wobei die Zahl der Kandidaten lediglich doppelt so hoch war wie die Zahl der dem jeweiligen Land zustehenden Direktoriumssitze. Gelang es also der DDR, das Anrecht auf einen Direktoriumssitz durchzusetzen, war es ihr ein leichtes, den Ausgang der Wahl im eigenen Land in ihrem Sinne zu beeinflussen, das heißt durch interne Absprachen dafür zu sorgen, daß zwei linientreue Genossen die meisten Stimmen erhielten. Durch gezielte Eintritte von SED-Mitgliedern in die Gesellschaft ließ sich problemlos erreichen, daß die nötige Mehrheit gesichert war. Denn die SED-Mitglieder waren in ihren Entscheidungen der Parteidisziplin unterworfen; daß sie sich an Vorabsprachen nicht hielten, war kaum zu befürchten.[8]

Der Kongreß 1958 in Köln

Das Engagement der DDR-Behörden in der IGMW begann, soweit es aktenkundig geworden ist, mit einer »Besprechung im Ministerium für Kultur am 3. Januar 1958 über die Durchführung wissenschaftlicher und künstlerischer Kongresse im Jahre 1958/59«. Teilnehmer der Sitzung waren die Mitarbeiter des Ministeriums Hans Pischner, Hans-Georg Uszkoreit, Peter Rudolph und Winfried Höntsch, ferner Ernst Hermann Meyer, Walther Siegmund-Schultze und der Hauptreferent im Staatssekretariat für das Hoch- und Fachschulwesen Konrad Niemann. Es wurde beschlossen, am bevorstehenden Kölner Kongreß »als eigene Delegation der DDR« aufzutreten.[9] Wie aus dem von Niemann verfaßten Protokoll weiter hervorgeht, sollte »bei der Zusammensetzung der Delegation« darauf geachtet werden, »bei Provokationen gesichert zu haben, daß unsere Vertretung den Kongreß verläßt« – eine Forderung, die künftig in allen Direktiven für Teilnehmer auswärtiger wissenschaftlicher Veranstaltungen in ähnlicher Formulierung erhoben wurde. Zum Standard gehörte inzwischen auch, daß festgelegt wurde, die SED-Mitglieder unter den Kongreßteilnehmern in einer Parteigruppe zusammenzufassen und die »Delegierten« vor der Reise über ihr Verhalten auf dem Kongreß zu instruieren.

---

[8] Vgl. R. Eller, *Zum Thema*, S. 11 f.
[9] K. Niemann, *Aktennotiz über eine Besprechung im Ministerium für Kultur am 3. Januar 1958 über die Durchführung wissenschaftlicher und künstlerischer Kongresse im Jahre 1958/59*, BA Berlin, DR-3/2602.

Die nötigen Vorbereitungen dazu wurden Konrad Niemann übertragen. Immerhin war vorgesehen, daß insgesamt 26 Personen am Kongreß teilnehmen sollten, je etwa zur Hälfte bezahlt vom SfH und vom MfK. Auch auf die Möglichkeit, einen Direktoriumssitz zu erhalten, wies Niemann in seiner Aktennotiz bereits hin. Um die dafür notwendige Mitgliederzahl zu erreichen, müsse die Leitung des Staatssekretariats prüfen, »ob nicht alle Genossen zur Mitgliedschaft [...] aufgefordert werden sollten«.[10] So recht ernst schien diese Anregung aber damals keiner der Anwesenden genommen zu haben; Jahre später, Ende 1963, mußte Niemann feststellen, daß noch immer »nicht geklärt ist, wer aus der DDR Mitglied in der Gesellschaft sein wird«.[11]

Die IGMW stimmte sich in ihren Kongreßvorbereitungen mit der Gesellschaft für Musikforschung ab. Letztere verzichtete auf das traditionelle wissenschaftliche Beiprogramm ihrer Jahrestagung und stellte außerdem ihre Vertriebsmöglichkeiten der Schwestergesellschaft zur Verfügung. (Eine enge Verbindung beider Gesellschaften war nicht nur durch zahlreiche Doppelmitgliedschaften hergestellt, sondern auch durch den Umstand, daß damals Friedrich Blume in Personalunion Präsident beider Gesellschaften war.) So wurden Einladungen an alle Mitglieder der Gesellschaft für Musikforschung versandt. Dabei sollten die in der DDR lebenden Mitglieder, wie üblich, über die Leipziger Zweiggeschäftsstelle erreicht werden. Als die Einladungen in Leipzig eingetroffen waren, wurde jedoch der Geschäftsstelle der Weiterversand nur an ausgewählte Mitglieder gestattet, an diejenigen, die von der DDR Reisegenehmigungen erhalten hatten. Die anderen Mitglieder erhielten anstelle der Einladung lediglich die Mitteilung, daß nur eine Delegation von 26 Mitgliedern am Kölner Kongreß teilnehmen könne.[12] Wie anschließend Friedrich Blume ermittelte, soll die Anweisung für dieses Verfahren von dem in der DDR lebenden GfM-Vizepräsidenten Walther Vetter ausgegangen sein.[13] Auch wenn es eher unwahrscheinlich ist, daß Vetter eine solche Entscheidung aus eigenem Antrieb, also in vorauseilendem Gehorsam, getroffen hat, war er offenbar zumindest opportunistisch genug, die eigentlichen Urheber zu decken. Von Blume wegen seines Verhaltens zur Rechenschaft gezogen, bemühte er die in der DDR stets für solche Fälle vorgesehene offizielle Begründung, daß es »an Devisenfragen« läge, weshalb nicht jedes Mitglied aus der DDR teilnehmen könne[14] – eine Argumentation, die Blume als Entschuldigung nicht gelten ließ[15]. Einige Wissenschaftler, die keine Einladung erhalten hatten, ließen sich freilich vom fehlenden offiziellen Segen nicht ab-

---

[10] Ebd.

[11] K. Niemann, Brief an Hubert Helbing vom 13. 8. 1963, BA Berlin, DR-3/2152/3.

[12] F. Blume, Brief an W. Vetter vom 12. 1. 1958, Abschrift, BA Berlin, DR-3/1743.

[13] Ebd.

[14] W. Vetter, Brief an F. Blume vom 21. 1. 1958, Abschrift, BA Berlin, DR-3/1743.

[15] F. Blume, Brief an W. Vetter vom 27. 1. 1958, Abschrift, BA Berlin, DR-3/1743.

schrecken und reisten privat nach Köln. Insgesamt haben 30 Personen aus der DDR am Kongreß teilgenommen.[16]

Der Kongreß 1961 in New York

Beim nächsten Kongreß, 1961 in New York, sollte von vornherein vermieden werden, daß Wissenschaftler aus der DDR, die nicht zur vorher festgelegten »Delegation« gehören, in den Besitz von Einladungen gelangen könnten, zumal auch angesichts der besonderen Attraktivität des Kongreßortes mit einem größeren Interessentenkreis zu rechnen war.

Im Staatssekretariat für das Hoch- und Fachschulwesen hatte deshalb der zuständige Fachreferent Konrad Niemann sich schon frühzeitig mit der Zusammenstellung einer Reisegruppe beschäftigt und dem Ministerium für Kultur entsprechende Vorschläge unterbreitet, wonach auf jeden Fall Ernst Hermann Meyer, Georg Knepler, Walther Siegmund-Schultze und Heinrich Besseler delegiert werden sollten, während über die Teilnahme von Walther Vetter, Rudolf Eller und Werner Neumann noch entschieden werden müßte.[17]

Das Kulturministerium machte daraufhin seinerseits Vorschläge, die (so teilte der dortige Abteilungsleiter für Musik, Hans-Georg Uszkoreit, mit) von »verantwortlichen Mitarbeitern« des Ministeriums in Übereinstimmung mit Karl Laux und »einigen anderen verantwortlichen Fachkollegen« ausgearbeitet wurden.[18] Auf dieser Liste standen neben den Namen von prominenten Musikwissenschaftlern (Ernst Hermann Meyer, Georg Knepler, Heinrich Besseler und Walther Vetter) auch die Namen von Karl Laux, Hans Pischner (damals Stellvertreter des Ministers für Kultur) – sowie Uszkoreits eigener Name. Diejenigen Personen, welche sich legitimiert fühlten, über die Teilnahme zu befinden, hatten sich also selbst auf die Kandidatenliste gesetzt.

In demselben Brief berichtete Uszkoreit auch über den neuesten Stand der in seinem Ministerium laufenden Kongreßvorbereitungen:

»Um der Einladung Dr. Blumes an andere Musikwissenschaftler der DDR zuvorzukommen, erhielt Prof. Dr. Laux von uns die Empfehlung, die o. g. 6 Vorschläge Dr. Blume mitzuteilen und Einladungen zu erbitten. Wahrscheinlich haben wir damit vermieden, daß Dr. [Rudolf] Eller, Dr. [Dieter] Lehmann, Prof. Dr. [Werner] Neumann, Dr. [Erich] Stockmann und Prof. Dr. [Hellmuth Christian] Wolff eingeladen wurden und wir mit ihnen im Falle ei-

[16] M. Ruhnke, GfM, Geschichte (Ms.), Privatarchiv M. Ruhnke.
[17] K. Niemann, Brief an H.-G. Uszkoreit vom 15. 6. 1960, BA Berlin, DR-1/40.
[18] H.-G. Uszkoreit, Brief an K. Niemann vom 9. 8. 1960, BA Berlin, DR-1/40.

ner Nichtentsendung unangenehme Auseinandersetzungen hätten führen müssen. [...]
Vorerst haben wir gemeinsam mit unserer Abt. Kulturelle Beziehungen mit dem Ausland die ersten Vorbereitungen in die Hand genommen, um Zeitverluste zu vermeiden.«

Wie nicht anders zu erwarten, hielt Laux sich an die »Empfehlung« des Kulturministeriums und bat also Blume um die erforderlichen Einladungen.[19] Dieser jedoch erklärte sich für unzuständig und verwies Laux an den Chairman des Programmkomitees, Donald J. Grout.[20]

Grout wiederum zeigte sich in seinem Antwortschreiben erstaunlich informiert. Er wußte bereits, daß in der DDR weit mehr als die ihm von Laux genannten Personen auf eine Einladung warteten. Auch ließ er sich durch die Argumentation, nur diejenigen Personen könnten eingeladen werden, die die DDR mit Devisen auszustatten gedachte,[21] nicht beeindrucken. Überdies lehnte er es ab, unter den ihm genannten Personen die beiden Mitarbeiter des Kulturministeriums einzuladen:

»The committee has consistently followed a policy of inviting from every country only those colleagues who are members of the International Musicological Society, together with a few others whose presence was deemed especial importance in connection with one or another of the topics for discussion which stand on the program of the 1961 Congress. In no instance have we invited representatives of a ministry or other governmental agency, but only musicological scholars as such.«[22]

So ließ Grout »in accordance with this policy« Einladungen an alle Personen verschicken, von denen er wußte, daß sie Interesse an einer Teilnahme am Kongreß hatten: Heinrich Besseler, Siegfried Bimberg, Rudolf Eller, Georg Knepler, Karl Laux, Ernst Hermann Meyer, Erich Stockmann, Walther Vetter und Hellmuth Christian Wolff.[23] Was seitens der DDR unbedingt hatte vermieden werden sollen, war also nun eingetreten, daß nämlich »Einladungen an eine große Anzahl von Kollegen gegangen sind, die nun wahrscheinlich darauf brennen, nach New York fahren zu können«, wie Karl Laux dem Ministerium deprimiert mitteilen mußte. Weiter schrieb Laux:

---

[19] Von einem entsprechenden Brief berichtete K. Laux in einem Brief an H.-G. Uszkoreit vom 27. 7. 1960, BA Berlin, DR-1/40.
[20] Dies erwähnte K. Laux in dem angegebenen Brief an Uszkoreit vom 27. 7. 1960.
[21] K. Laux, Brief an Donald J. Grout vom 16. 6. 1960, Abschrift, BA Berlin, DR-1/40.
[22] D. J. Grout, Brief an K. Laux vom 26. 6. 1960, Abschrift, BA Berlin, DR-1/40.
[23] Ebd.

»Nun ist die große Frage die, wie soll die Auswahl getroffen werden. Wie mir Zschoch mitteilt, ist Gen. Bimberg schon ganz wild darauf und hat wohl auch schon – ich glaube beim ZK – einen Vorstoß gemacht, daß er unbedingt fahren wolle. Andererseits hat Siegmund-Schultze, der Mitglied der ›Internationalen Gesellschaft für Musikwissenschaft‹ ist, *keine* Einladung bekommen. Ebenso rechnet, wie mir Zschoch mitteilt, Koll. Schneider damit, nach New York zu fahren. Wir müßten also auch für die Angelegenheit New York unbedingt Ende August die Besprechung, um die ich schon am 10. Juni gebeten habe,[24] durchführen.«[25]

Die Teilnehmerliste wurde nun noch mehrfach umgestellt. Zwischenzeitlich war gar von neun Personen die Rede, welche Devisen erhalten sollten,[26] dann wurde wieder so stark reduziert, daß Uszkoreit schon erwogen hatte, überhaupt keinen DDR-Bürger nach New York zu schicken, da sich nach seiner Meinung mit drei bis fünf Teilnehmern kaum eine »wissenschaftlich und politisch richtig zusammengestellte Delegation« zustande bringen ließe, zumal wenn mit mindestens dreißig westdeutschen Teilnehmern gerechnet werden müsse.[27]

Doch letzten Endes sollte sich die ganze Kungelei hinter den Kulissen als unnötig erwiesen haben, denn kurz vor dem Beginn des Kongresses lehnten die amerikanischen Behörden die Visa-Anträge fast aller von der DDR so sorgsam ausgewählten »Delegierten« ab. Der einzige genehmigte Antrag dürfte vermutlich von von einem der SED nicht angehörenden Wissenschaftler gestellt worden sein.[28] Grout ließ sich über den Grund der Ablehnung unterrichten und teilte dann Laux das Ergebnis mit:

»The reply was that it was not on any ground of individual unacceptability, but in consequence of a recent *general* policy directive of the State Department. About this we had not been informed, and against it we should have been powerless in any case.«[29]

---

[24] Am 10. 6. 1960 bat Laux in einem Brief (BA Berlin, DR-1/40) Uszkoreit um eine Besprechung mit ihm und Zschoch über die nächsten Vorhaben in der GfM und über den New Yorker Kongreß.

[25] Brief an H.-G. Uszkoreit vom 27. 7. 1960, a. a. O.

[26] K. Niemann, Brief an K. Laux vom 6. 4. 1961, SLB, Mscr. Dresd. x 18, 391; ferner Irene Gysi (Leiterin des Sektors III der MfK-Abteilung Kulturelle Beziehungen), Hausmitteilung an Hans Pischner mit Durchschlägen an H.-G. Uszkoreit und K.-H. Köhler vom 20. 2. 1961, BA Berlin, DR-1/40.

[27] H.-G. Uszkoreit, Brief an I. Gysi vom 1. 3. 1961, BA Berlin, DR-1/40.

[28] Diese Vermutung bestätigte K. Niemann (mündliche Mitteilung).

[29] D. J. Grout, Brief an K. Laux vom 21. 9. 1961, SAAdK, VKM, 271. Diesen Brief sandte Laux am 10. 10. 1961 an N. Notowicz – als »Grundlage für unsere demnächst stattfindende Besprechung«.

Später gab Grout bekannt, daß die Einreisesperre mit dem Bau der Berliner Mauer am 13. August 1961 im Zusammenhang stand.[30] Es ist durchaus anzunehmen, daß die DDR durch die amerikanische Entscheidung vor der Peinlichkeit bewahrt wurde, die Reise ihrerseits abzulehnen. Denn in der ersten Zeit nach dem Mauerbau genehmigten die DDR-Behörden, von wenigen Ausnahmen abgesehen, generell keinerlei Westreisen mehr. So aber konnte die Sache nun gehörig ausgenutzt werden: Am 9. November 1961 sah sich der Vorstand der Gesellschaft für Musikforschung gezwungen, sich mit einem von Vizepräsident Laux eingebrachten Antrag auseinanderzusetzen, gegen die Einreisesperre zu protestieren. In Abwesenheit von Laux und unter Hinzuziehung von Karl Vötterle beschloß der Vorstand, zwar zu der Angelegenheit Stellung zu nehmen, sich ansonsten aber aus allem herauszuhalten.[31] In einem als »streng vertraulich« deklarierten Zusatzprotokoll hielt er fest, daß er in seiner Antwort auf die Schuldlosigkeit des amerikanischen Gastgebers, der American Musicological Society, hinweisen werde,[32] was dann Präsident Blume auch tat – und zwar in einem Antwortbrief an Laux.[33] Die DDR hatte indes gehofft, daß sich der Vorstand zu einer *öffentlichen* Stellungnahme bereit finden würde. Die Verweigerung einer solchen Protesterklärung gehörte Monate später zu den Punkten, die Laux als Gründe für seinen Rücktritt als Vizepräsident der GfM anführte.[34] Auch in der Erklärung des Wissenschaftlichen Beirats beim Staatssekretariat für das Hoch- und Fachschulwesen wurde darauf noch einmal verwiesen.[35]

Der Kongreß 1964 in Salzburg

Über die bislang geübte Praxis der Delegationsbildung hinaus begann sich die DDR Ende 1963, in Vorbereitung des Kongresses, der im Jahr darauf in Salzburg stattfand, in der IGMW zu engagieren. Insbesondere ging es darum, bei den Direktoriumswahlen mit einer eigenen DDR-Liste antreten zu können. Offenbar rechnete man in der DDR damit, daß dem die westdeutsche Seite sich nicht widersetzen würde, wie aus einer Notiz von Georg Knepler ersichtlich ist:

---

[30] Huguette Zimmermann, *Protokoll der Generalversammlung der Internationalen Gesellschaft für Musikwissenschaft in Kopenhagen, 25. August 1972*, in: IGMW, *Communiqué No. 33*, Januar 1973).

[31] W. Gerstenberg, *Protokoll der Vorstandssitzung der Gesellschaft für Musikforschung am 9. November 1961 in Kassel*, Bärenreiter-Verlag, Archiv der GfM.

[32] W. Gerstenberg, *Achtung! Streng vertraulich! Nicht an Ost-Mitglieder weitergeben! Protokoll der Vorstandssitzung der Gesellschaft für Musikforschung am 9. November 1961 in Kassel*, Bärenreiter-Verlag, Archiv der GfM.

[33] Brief vom 11. 11. 1961, SLB, Mscr. Dresd. x 10, 84.

[34] Dokument 32.

[35] *Mf* 15 (1962), H. 4, S. 413.

»Die selbständige Vertretung der DDR in der Internationalen Gesellschaft bei – zumindest – wohlwollender Neutralität der westdeutschen Gruppe muß und kann erreicht werden. Es wurde dem Gen. Laux zugesagt, daß man sich so verhalten werde.«[36]

Dazu war es notwendig, die Zahl der Mitglieder auf mindestens 20 zu erhöhen, denn von dieser Zahl an sahen die damals geltenden Statuten das Anrecht der Mitglieder eines Landes auf einen Sitz im Direktorium vor. Bislang hatten sich die DDR-Behörden um die Mitgliedschaften ihrer Bürger in der IGMW kaum gekümmert. Ähnlich wie in westlichen Ländern war es jedermann selbst anheimgestellt, in die Gesellschaft einzutreten. Die einzige Schwierigkeit lag darin, daß die Mitgliedsbeiträge in Schweizer Franken zu entrichten waren, was den Kreis der Mitglieder auf Devisenbesitzer einschränkte. Für ihren Plan, die Mitgliederzahl zu erhöhen, mußte sich die DDR folglich eine Regelung bezüglich der Beitragszahlung einfallen lassen, schließlich hatten nicht die Mitglieder, sondern hatte *sie* das größte Interesse an einer Vertretung im Direktorium. Man einigte sich auf folgende Regelung: Die für die Mitgliedsbeiträge notwendigen Devisen wurden fortan von den beiden verantwortlichen Staatsorganen (Staatssekretariat für das Hoch- und Fachschulwesen und Ministerium für Kultur) zur Verfügung gestellt und von dort aus der Basler Geschäftsstelle überwiesen. Im Gegenzug hatten die Mitglieder diesen Institutionen das Äquivalent ihrer Beiträge in Mark der DDR zu zahlen. Daß man dabei den schon früher eingetretenen Mitgliedern den gleichen Service anbieten mußte, wird als so schmerzlich nicht empfunden worden sein, erreichte man doch so deren staatliche Abhängigkeit gleichfalls. Und ohnehin fühlte sich, wie unten noch näher erläutert wird, *der Staat* als das eigentliche Mitglied – der sich folgerichtig nun auch verpflichtet fühlen mußte, für ›seinen‹ Mitgliedsbeitrag aufzukommen.

Nachdem die beiden Staatsorgane sich geeinigt hatten, für welche Personen sie künftig die Beitragszahlung übernehmen wollten, konnte mit der Aufnahmeaktion begonnen werden. Am 13. Dezember 1963 teilte Konrad Niemann Harry Goldschmidt die Namen der vom SHF zu betreuenden Mitglieder mit: Hella Brock, Heinz Alfred Brockhaus, Georg Knepler, Karl-Heinz Köhler, Ernst Hermann Meyer und Max Schneider. Zugleich bat er Goldschmidt darum, diese Personen zum Eintritt in die Gesellschaft aufzufordern. Seitens des Kulturministeriums, so fügte er hinzu, sei eine solche Aufforderung für »die aus seinem Bereich vorgesehenen Kollegen« bereits ergangen.[37] Daß gerade Goldschmidt mit einer solchen Aufgabe betraut wurde, hing mit dessen Funktion als Leiter des 1961 eigens für ihn ins Leben gerufenen »Zentralinstituts für Musikforschung

---

[36] Dokument 46.
[37] K. Niemann, Brief an Harry Goldschmidt, SAAdK, VKM, 505.

im VDK« zusammen. Diesem Institut war nun die Rolle zugedacht worden, künftig als eine Art Geschäftsstelle der in der DDR lebenden IGMW-Mitglieder zu fungieren. Allerdings ließ Goldschmidt sich mit der Erledigung der ihm übertragenen Aufgabe Zeit, so daß er sich am 8. Januar 1964 von Georg Knepler ermahnen lassen mußte,»die genannten Personen [...] schriftl. auf[zu]fordern, der Intern. Ges. beizutreten«.[38]

Nachdem die erforderliche Mitgliederzahl erreicht war – mit 22 hatte man sogar durch ein Surplus von zwei Mitgliedern für eventuelle Todesfälle vorgesorgt; und selbstverständlich hatte man darauf geachtet, daß es sich bei den Neuzugängen fast ausnahmslos um SED-Mitglieder handelte –, stellte Walther Siegmund-Schultze – unter den bisherigen Mitgliedern der einzige SED-Genosse – am 28. Februar 1964 beim Generalsekretär Ernst W. Mohr den Antrag, künftig die ostdeutschen Mitglieder als eigene nationale Gruppe zu behandeln. Auf dem Salzburger Kongreß bedauerten dann Mohr und Präsident Grout, daß wegen der schweizerischen Nichtanerkennung der DDR diesem Antrag nicht stattgegeben werden könne.[39] Zuvor hatte das Bureau ein Gutachten eines Schweizer Juristen eingeholt, das in diesem Sinne ausgefallen war. Um Siegmund-Schultzes Forderung aber dennoch entgegenzukommen, hatte das Bureau das Direktorium gebeten, einem der ostdeutschen Mitglieder, nämlich Hellmuth Christian Wolff, eine Kandidatur nach Artikel V 2b der Statuten zu ermöglichen.[40] Dieser Artikel berechtigte das Direktorium, eigene Kandidaten für fünf zusätzliche, nicht dem Länderproporz unterliegende Sitze aufzustellen. Daß das Direktorium dieser Bitte gefolgt ist und daß Wolff letztlich auch gewählt wurde, mochte die DDR allerdings bestenfalls als Teilerfolg verbuchen. Denn es ging ihr ja gerade darum, als eigenes Land, als völkerrechtlich selbständiger Staat anerkannt zu werden. Außerdem gehörte der Regimegegner Wolff, der gerade ein Jahr vorher gegen ihren Willen in den Vorstand der Gesellschaft für Musikforschung gewählt worden war, nun wahrlich nicht zu ihren Wunschkandidaten. Angesichts dieses Mißerfolgs sah Siegmund-Schultze auf der Generalversammlung davon ab, seinen Antrag erneut vorzubringen.[41]

Zur bürokratischen Vorbereitungsprozedur gehörte beim Salzburger Kongreß erstmals auch die Bestätigung der DDR-Teilnahme durch das Sekretariat des Zentralkomitees der SED. Das Staatssekretariat für das Hoch- und Fachschulwesen hatte dazu eine entsprechende Beschlußvorlage angefertigt, die vor der Sekretariatssitzung von der Abteilung Wissenschaften des ZK begutachtet

---

[38] G. Knepler, Brief an H. Goldschmidt, SAAdK, VKM, 505.
[39] W. Siegmund-Schultze, *Meine Teilnahme am 9. Kongreß der Internationalen Gesellschaft für Musikwissenschaft vom 29. 8.–5. 9. 1964 in Salzburg*, BA Berlin, DR-3/2152/3.
[40] Ernst W. Mohr, Brief an W. Siegmund-Schultze vom 21. 4. 1964, Abschrift, SAAdK, VKM, 508.
[41] W. Siegmund-Schultze, *Meine Teilnahme* ..., a. a. O.

wurde. Immerhin durften am Kongreß acht IGMW-Mitglieder aus der DDR teilnehmen, darunter sogar Rudolf Eller und Hellmuth Christian Wolff. Drei weitere in der Vorlage des Staatssekretariats vorgesehene Teilnehmer wurden auf Vorschlag der Abteilung Wissenschaften des ZK von der Liste gestrichen, nachdem das Ministerium für Finanzen Einspruch wegen des allzu »beträchtlichen Valutaaufwands« erhoben hatte. Das Sekretariat akzeptierte diesen Vorschlag, obwohl mindestens einem der ZK-Sekretäre bei der Durchsicht der Materialien – speziell beim Lesen der von den betrieblichen »Kaderabteilungen« für jeden vorgesehenen Teilnehmer angefertigten Kurzbiographien – aufgefallen war, daß die Ablehnungen ausgerechnet drei linientreue SED-Mitglieder treffen sollten: Karl Laux, Horst Seeger und Heinz Alfred Brockhaus. Auf einem Exemplar der Stellungnahme der Abteilung Wissenschaften steht die Randbemerkung:

»Warum soll z. B. *Dr. Seeger* (›er gehört zu den begabten jüngeren Musikwissenschaftlern‹) gestrichen werden, aber *Gen. Goldschmidt* fahren (›bei ihm wurden revisionistische Ansichten deutlich, die noch nicht überwunden sind‹)«.[42]

Die »Delegierten« leisteten sich übrigens die Freiheit, individuell und ohne die Gegenwart des obligatorischen »Delegationsleiters« – in diesem Fall Ernst Hermann Meyer – an- und abzureisen. Auch Meyers Stellvertreter, Walther Siegmund-Schultze, kam nicht so recht dazu, seine Funktion auszuüben. In einem Reisebericht beklagte er sich hinterher darüber, daß er »als amtierender Delegationsleiter« habe »ohne Delegation« zum Kongreß und auch »vollkommen einsam« wieder nach Hause fahren müssen.[43]

Der Kongreß 1967 in Ljubljana

Den nächsten Anlauf, bei Direktoriumswahlen mit einer eigenen Länderliste antreten zu können, machte die DDR, respektive Walther Siegmund-Schultze, in Vorbereitung der Generalversammlung und des Kongresses 1967 in Ljubljana. Als sich das Bureau im Frühjahr 1967 mit Siegmund-Schultzes neuerlichem Antrag beschäftigte und anschließend jedes einzelne Direktoriumsmitglied zur schriftlichen Stellungnahme aufforderte, war allerdings die Vorwahl, welche statutengemäß fünf Monate vor der Generalversammlung beginnen mußte, schon im Gange – wie seither mit einer einheitlichen deutschen Liste. Am 3. Mai 1967 teilte IGMW-Präsident Vladimir Fédorov (Paris) Siegmund-Schultze mit, daß

---

[42] Dokument 47.
[43] Ebd.

sich sieben Direktoriumsmitglieder für und ebenso viele gegen den Antrag aus-gesprochen hätten; sechs hätten sich an der Abstimmung nicht beteiligt. Bei ei-nem Unentschieden zähle die Stimme des Präsidenten doppelt, und weil dieser mit Ja gestimmt hätte, sei der Antrag angenommen. Wegen des knappen Aus-gangs glaubte Fédorov jedoch, das Ergebnis zunächst von der Generalversamm-lung in Ljubljana bestätigen lassen zu müssen.[44] Zwei später noch eintreffende Ja-Stimmen waren vermutlich der Grund dafür, daß er dieses Vorhaben dann aber aufgab und – obwohl die entsprechende Frist gemäß dem »Zusatz-Re-glement« (»Règlement intérieur«) der Statuten bereits verstrichen war – den Ge-neralsekretär Ernst W. Mohr ermächtigte, »der ostdeutschen Gruppe eine er-neute Abstimmung und damit die Designation ihrer eigenen Kandidaten zu er-möglichen«.[45] Dieses Verfahren führte zu Protesten zahlreicher Mitglieder der Gesellschaft, wozu Wolfgang Osthoff (damals München, später Würzburg) die Initiative ergriffen hatte. Nachdem er einen Basler Rechtsanwalt, der ihm vom westdeutschen Auswärtigen Amt vermittelt worden war, konsultiert hatte, wandte er sich mit einem auch von Heinz Becker, Hans Heinrich Eggebrecht und Helmut Hucke unterzeichneten Brief an den IGMW-Generalsekretär und drohte mit juristischen Konsequenzen, falls die Wahl nach dem statutenwidrigen Modus erfolgen würde.[46] Kopien des Briefes erhielten alle westdeutschen und eine Reihe nichtdeutscher Mitglieder. Anschließend verstärkte Osthoffs Basler Anwalt den Druck auf das Direktorium mit einem ähnlichen, diesmal an den Präsidenten gerichteten Schreiben.[47] Zusätzliche Motivation hatte die Aktion durch den Umstand erhalten, daß wenige Monate zuvor Hellmuth Christian Wolff wegen des Versuchs, einen regimekritischen Text in der DDR zu ver-öffentlichen, als Professor in Leipzig entlassen wurde, und daß nun zu befürch-ten war, daß Wolff auch im Direktorium »durch einen Parteibonzen« ersetzt werden sollte.[48] Osthoffs Initiative hatte – zumindest teilweise und kurzfristig – Erfolg: Auf der Generalversammlung in Ljubljana blieb Fédorov nichts weiter übrig, als sich bei den protestierenden Mitgliedern zu entschuldigen (»Der Fehler ist von mir begangen worden und ist leider eine Tatsache.«).[49] Mit großer Mehr-heit (134 gegen 17 Stimmen bei 8 Enthaltungen) stimmte die Versammlung sei-nem Vorschlag zu, die deutschen Wahlen für ungültig zu erklären und interimis-tisch von beiden deutschen Listen den jeweils meistbestimmten Kandidaten ins Direktorium aufzunehmen. Für die DDR kam so Ernst Hermann Meyer an-stelle von Hellmuth Christian Wolff ins Direktorium, während auf westdeut-

---

[44] V. Fédorov, Brief an W. Siegmund-Schultze vom 3. 5. 1967, Abschrift, SAAdK, EHMA, 827.

[45] Dokument 58.

[46] Brief vom 31. 7. 1967, Privatarchiv W. Osthoff.

[47] Brief vom 23. 8. 1967, Privatarchiv W. Osthoff.

[48] W. Osthoff, Brief an Kurt von Fischer vom 31. 7. 1967, Privatarchiv W. Osthoff.

[49] Ebd.

scher Seite der höchstplazierte Kandidat, Karl Gustav Fellerer, auf seinen Sitz zugunsten des nächstplazierten, Friedrich Blume, verzichtete.[50]

Auf der ersten Sitzung des neugewählten Direktoriums, wo sich Ernst Hermann Meyer von Walther Siegmund-Schultze vertreten ließ, machte der neue Präsident, Kurt von Fischer (Zürich), den Vorschlag, die DDR-Forderung, die praktisch auf eine Anerkennung der DDR in der IGMW hinauslief, erneut von einem Schweizer Juristen begutachten zu lassen – was vom Direktorium akzeptiert wurde.[51] Aber selbst wenn das Gutachten zuungunsten der DDR ausfiele, so versuchte er Siegmund-Schultze zu beruhigen, sei die Forderung der DDR-Mitglieder nicht aussichtslos.[52]

Ernst Hermann Meyer versuchte hinterher, Generalsekretär Mohr die Idee eines erneuten Gutachtens auszureden.[53] Zugleich bemühte er sich in Absprache mit Georg Knepler, Nathan Notowicz und Konrad Niemann (inzwischen Goldschmidts Nachfolger im Zentralinstitut für Musikforschung) um ein von der DDR-Seite kommendes Gegengutachten – allerdings ohne Erfolg. Wie Georg Knepler zu berichten wußte, wurde der zunächst »von den Genossen des Komponistenverbandes« erwogene Plan, dafür einen Schweizer Juristen zu gewinnen, bald fallengelassen.[54] Und der statt dessen von Knepler mit der Anfertigung eines Gutachtens beauftragte Ost-Berliner Völkerrechtler Peter Alfons Steiniger[55] vermochte sich mit dieser Idee nicht anzufreunden. Ein Gutachten von einem DDR-Juristen vertrüge sich »schlecht mit unserer eigenen Würde«, denn »wozu sollen wir unseren Existenzbeweis juristisch antreten, wo wir doch real da sind«, so faßte nach einem Gespräch mit Steiniger Konrad Niemann dessen ablehnende Argumentation in einem Brief an Meyer zusammen.[56]

Das Ministerium für Hoch- und Fachschulwesen hatte vor dem Kongreß damit gerechnet, daß dem DDR-Antrag auf Vertretung im Direktorium diesmal stattgegeben werden würde, und es wollte dem durch eine überdurchschnittlich hohe Präsenz von Wissenschaftlern aus der DDR Nachdruck verleihen. In seiner für das Sekretariat des ZK geschriebenen Vorlage stimmte es der Teilnahme von 18 Personen zu.[57] Auch der Abteilung Wissenschaften und sogar dem Finanzministerium war der erwartete Erfolg diesen hohen Einsatz wert. »Unsere Delegation hat die Pflicht, alles zu versuchen, daß einer der von uns vorgeschla-

---

[50] Ebd.
[51] IGMW, *Erste Sitzung des neuen Direktoriums vom 8. September 1967 in Ljubljana, im Kleinen Saal der Slowenischen Philharmonie, 16.30 Uhr,* in: SAAdK, EHMA, 827.
[52] Siehe Dokument 60.
[53] Brief an E. W. Mohr vom 25. 2. 1968, SAAdK, EHMA, 827.
[54] Brief an P. A. Steiniger vom 5. 1. 1968, SAAdK, VKM, 508.
[55] Ebd.
[56] Brief vom 23. 2. 1968, SAAdK, VKM, 508.
[57] Dokument 56.

genen Kandidaten in das Direktorium der Internationalen Gesellschaft für Musikwissenschaft aufgenommen wird, damit die DDR-Musikwissenschaft selbständig vertreten ist«, lautete die Begründung der zuständigen ZK-Abteilung.[58] Es sah damit fast schon so aus, als würde die Vorlage beim Sekretariat des ZK unverändert durchkommen. Doch einigen ZK-Sekretären erschien der große Materialeinsatz nicht gerechtfertigt: »Warum so viele?«, fragte Erich Honecker an, und Albert Norden, ZK-Sekretär für Agitation und Propaganda, präzisierte: »Ich halte die Zahl von 18 Delegierten für entschieden zu hoch!«[59] Das Ergebnis dieser Einsprüche ist im Protokoll nachzulesen (als Anweisung an den Leiter der Abteilung Wissenschaften): »Genosse Hörnig wird beauftragt, die Delegation auf 10–12 Teilnehmer zu kürzen.«

Es lohnt sich, einen Blick auf den Text der Vorlage des Ministeriums für Hoch- und Fachschulwesen zu werfen, denn daraus wird deutlich, wie detailliert das Auftreten der DDR-Teilnehmer geplant wurde, welche (großenteils illusionären) Erwartungen der Staat sich von ihren Möglichkeiten, auf dem Kongreß politisch tätig zu werden, gemacht hatte.

Zunächst war von den »Delegierten« erwartet worden, daß sie nicht als Privatpersonen, sondern als »offizielle Vertreter der DDR-Musikwissenschaft« teilzunehmen hätten. Sie sollten nicht nur hohe wissenschaftliche Leistungen zur Schau tragen, sondern »jede Gelegenheit« nutzen, um »die dem Frieden und dem gesellschaftlichen Fortschritt dienende Politik der DDR darzulegen« und »zur Stärkung der internationalen Autorität unseres souveränen sozialistischen Staates« beizutragen«. Sie sollten Stellung nehmen »gegen die verbrecherische imperialistische Aggression in Vietnam und gegen die Unterstützung des israelischen Überfalls auf die arabischen Staaten insbesondere durch die USA, Großbritannien und die westdeutsche Bundesrepublik«. Daß die Abgrenzungspolitik der DDR in eine neue Phase einzutreten begann, wird erkennbar, betrachtet man die Richtlinien für den Umgang mit westdeutschen Kongreßteilnehmern. Dabei fällt außerdem auf, daß die Autoren der Vorlage diesen Teilnehmern in SED-typischer Projektion dasselbe funktionelle Rollenspiel unterstellten, wie sie es von den ostdeutschen Teilnehmern forderten, nämlich in der Rolle staatlicher Repräsentanten aufzutreten:

»Zu der anwesenden westdeutschen Vertretung wird die Delegation der DDR keinerlei Kontakte auf Delegationsebene herstellen. Jeder Anschein einer gesamtdeutschen Vertretung insbesondere unter Ausnutzung der Mitgliedschaft von DDR-Bürgern in der GfM ist konsequent zu verhindern. Die Delegier-

---

[58] Ebd.
[59] Ebd. (handschriftliche Vermerke auf Exemplaren der Stellungnahme der ZK-Abteilung Wissenschaften).

ten der DDR gehen davon aus, daß ihre Zugehörigkeit zur GfM ebensowenig wie die Mitgliedschaft von Wissenschaftlern anderer deutschsprachiger Länder (Österreich, Schweiz) auf die selbständige internationale Vertretung ihres Staates Einfluß besitzt. Etwaige Versuche westdeutscher Vertreter, Absprachen oder Vereinbarungen in mündlicher oder schriftlicher Form über die Fortführung der DDR-Mitgliedschaften oder über sonstige Fragen der Zusammenarbeit in der GfM herbeizuführen, sind kompromißlos zurückzuweisen.«

Vor Reisebeginn sollten im Ministerium für Hoch- und Fachschulwesen – dem früheren Staatssekretariat – die weiteren Details festgelegt werden. Die Vorlage erwähnt in diesem Zusammenhang die »Abstimmung der Diskussionsbeiträge und der Anfragen für die Round Tables« sowie die »Verteilung der Delegationsteilnehmer auf die parallel stattfindenden Symposia und Round Tables«. Und schließlich wurde auch einiges über die genauen Pläne der DDR für die Direktoriumswahlen bekanntgegeben:

»Es ist unbedingt zu sichern, daß einer der benannten Kandidaten, Prof. Ernst Hermann Meyer oder Prof. Siegmund-Schultze, als offizieller DDR-Vertreter im Direktorium der IGMW fungiert. Der Anspruch auf Vertretung der DDR im Direktorium ist im Statut begründet. Falls diesem Recht nicht entsprochen werden sollte, protestiert der Delegationsleiter namens der DDR-Mitglieder und kündigt an, daß unter diesen Umständen ihr weiterer Verbleib in der IGMW überprüft werden wird.«[60]

Der Weg zur Anerkennung der DDR in der IGMW (1968–1969)

Nach dem auf der Generalversammlung erzielten Kompromiß in Sachen Anerkennung der DDR beriet im Mai 1968 das Bureau über diese Angelegenheit und forderte im Ergebnis erneut die Direktoriumsmitglieder zur Stellungnahme auf, wovon jedoch keines von ihnen Gebrauch machte.[61] Für die folgende Direktoriumssitzung am 21. und 22. September 1968 in Utrecht erhielt Ernst Hermann Meyer von den niederländischen Behörden kein Visum. Er rief deshalb vorab, am 17. September 1968, Präsident von Fischer an und schlug vor, den die selbständige DDR-Vertretung im Direktorium betreffenden Punkt von der Tagesordnung abzusetzen und die in Ljubljana vereinbarte Regelung bis zur

---

[60] Ebd. (alle Zitate).
[61] IGMW, *Protokoll der Direktoriumssitzung vom 21./22. September 1968 am Musikwissenschaftlichen Institut der Rijksuniversität, Utrecht*, SAAdK, EHMA, 827.

nächsten Direktoriumssitzung im Herbst 1971 beizubehalten. Fischer unterstützte diesen Vorschlag und teilte vertraulich mit, daß er »eine Reihe von Schreiben westdeutscher Mitglieder« erhalten hätte »mit der Forderung, eine DDR-Vertretung im Direktorium nicht zuzulassen«.[62]

In dem inzwischen fertiggestellten Gutachten hatte Dietrich Schindler, Professor für Staats- und Völkerrecht an der Universität Zürich, das DDR-Problem auf die Ebene des Internationalen Privatrechts beziehungsweise des autonomen Rechts privater internationaler Vereinigungen verwiesen und der Gesellschaft anheimgestellt, eine Regelung nach eigenem Ermessen zu finden.[63] Dadurch wurde einerseits der Weg frei, die DDR im Rahmen der Gesellschaft als »Land« im Sinne der Statuten anzuerkennen, zugleich aber wurde der DDR bescheinigt, daß sie aus einer solchen Anerkennung keinerlei Ansprüche auf völkerrechtliche Konsequenzen würde geltend machen können. Gerade um letztere aber war es ihr bei ihren Bemühungen gegangen. Und es dürfte wohl nur durch das in SED-Kreisen obwaltende staatszentrierte Denken erklärbar sein, daß den Funktionären der privatrechtliche Charakter der IGMW nicht aufgefallen war. Mit ausdrücklicher Billigung von Blume beschloß das Direktorium, die endgültige Entscheidung aufzuschieben und Meyer darüber zu informieren, daß es damit dessen Empfehlung, den Interimszustand zu verlängern, gefolgt sei.[64]

Auf der nächsten Direktoriumssitzung, am 27. und 28. September 1969 in Basel, fiel dann in geheimer Abstimmung die Entscheidung, daß – vorbehaltlich der Bestätigung auf der folgenden Direktoriumssitzung – die ostdeutschen Mitglieder bei den nächsten Wahlen (1972) als eigene Gruppe behandelt werden würden.

Aufnahme neuer Mitglieder (1970)

In einem Reisebericht über die Basler Sitzung hatte Ernst Hermann Meyer darauf aufmerksam gemacht, daß bereits auf der Generalversammlung in Ljubljana beschlossen worden war, die geforderte Mitgliederzahl für das Anrecht eines Landes auf einen Sitz im Direktorium von 20 auf 30 zu erhöhen. Deshalb müsse dringend »unsere Mitgliedschaft auf ca. 32 Personen erweitert werden«. Die zuständigen Stellen müßten schnellstens zusammentreten, »um die Bezahlung der Beiträge für 1969 und auch die Frage der neuen Mitgliedschaften zu regeln«.[65] Und so geschah es. Wieder wurde hinter den Kulissen verhandelt und

[62] E. H. Meyer, *Aktennotiz*, SAAdK, EHMA, 827.
[63] Dietrich Schindler, Brief (mit Gutachten) an K. v. Fischer vom 3. 4. 1968, SAAdK, EHMA, 828.
[64] IGMW, *Communiqué Nr. 27*, 1. 7. 1969.
[65] E. H. Meyer, *Bericht* (Dokument 64).

entschieden, welche Personen der IGMW beizutreten hätten. Waren bei der ersten Aufnahmeaktion immerhin noch einige Nicht-Genossen berücksichtigt worden, hatte man sich diesmal entschlossen, bei den Neuzugängen ausnahmslos auf SED-Mitglieder zurückzugreifen. So konnte auch die schriftliche Aufforderung zur Mitgliedschaft, die Konrad Niemann am 24. Juli 1970 an acht Personen versandte, einheitlich mit der unter SED-Genossen üblichen Anrede »Du« versehen werden:

> »Nach Rücksprache mit den zuständigen Stellen soll unsere Vertretung in der Internationalen Gesellschaft für Musikwissenschaft erweitert werden und es wurde vorgeschlagen, daß Du für Dich die Mitgliedschaft beantragst. Ich nehme an, Du bist damit einverstanden und bitte Dich mir umgehend das Formular zurückzusenden.«[66]

Daß einer der Angeschriebenen die Offerte ablehnen würde, wurde erst gar nicht in Erwägung gezogen. Ohne auf Antwort zu warten, teilte Meyer deren Namen gleich am folgenden Tag der Basler Geschäftsstelle als »Neuanmeldungen« mit.[67] Zuvor hatte er in einem Brief an Generalsekretär Mohr versucht, die Aufnahmeprozedur als harmlose Werbeaktion zu tarnen: »Wir sind bei der Mitgliederwerbung für die IGMW, mit gutem Erfolg.«[68]

Als nächstes stellte Niemann für sich selbst einen Antrag auf Mitgliedschaft, glaubte aber, dafür zunächst eine DDR-Institution – so unzuständig diese auch immer sein mochte – um Erlaubnis bitten zu müssen. An die Adresse der Ost-Berliner Humboldt-Universität, einer Institution, der er damals noch nicht einmal selbst angehörte, schrieb er:

> »Ich wurde aufgefordert der IGMW beizutreten und stelle hiermit den Antrag, die Mitgliedschaft in dieser Gesellschaft zu genehmigen.«[69]

Beigefügt waren – in schönster DDR-Manier – eine »Stellungnahme des Betriebes« (in diesem Fall des Komponistenverbandes) und eine »Stellungnahme des Parteisekretärs«. Pikanterweise übte Niemann damals gerade selbst diese Funktion aus, so daß an seiner Stelle die Unterschrift des Stellvertreters herhalten mußte.

---

[66] Briefe an Anneliese Schneider, Eberhard Lippold, Jürgen Elsner, Reiner Kluge, Veit Ernst, Werner Felix, H.-G. Uszkoreit und Axel Hesse, SAAdK, VKM, 508.

[67] E. H. Meyer, Brief an H. Zimmermann vom 27. 7. 1970, SAAdK, EHMA, 827.

[68] Brief vom 15. 11. 1969, SAAdK, EHMA, 828.

[69] Dokument 65.

Die Sitzung des Direktoriums 1971 in Kopenhagen

Nachdem die zusätzlichen Mitglieder gewonnen waren, konnte die Vorbereitung der nächsten Direktoriumssitzung am 3. und 4. April 1971 in Kopenhagen in Angriff genommen werden. Um die Einzelheiten zu besprechen, lud Niemann für Ende März 1971 Vertreter aller für zuständig erachteten Institutionen und Personen zu einer Besprechung in den DDR-Komponistenverband ein. Neben Ernst Hermann Meyer und Heinz Alfred Brockhaus (den beiden Kandidaten für das Direktorium) erhielten auch Vertreter der beiden ZK-Abteilungen (Wissenschaften und Kultur), Wolfgang Lesser als Erster Sekretär des Komponistenverbandes sowie Vertreter des Hoch- und Fachschul-, des Kultur- und des Außenministeriums Einladungen. Niemann selbst bereitete für die Sitzung eine Konzeption vor, worin es hieß:

> »Der wichtigste Tagesordnungspunkt auf der Direktoriumstagung ist für uns die Bestätigung als selbständige Vertretung. Das bedeutet, daß die IGMW die beiden deutschen Staaten anerkennt und bedeutet für uns, wenn wir die laut Statut erforderliche Mitgliederzahl von 30 haben, einen Sitz im Direktorium. Bislang haben wir 24 Mitglieder. Im Februar erfolgten für 10 Kollegen Neuanmeldungen, so daß wir jetzt 34 Mitglieder haben und nach tel. Auskunft vom 11. 3. (Genossin Ulinski[70]) werden im Monat März für alle Mitglieder die Beiträge bezahlt, so daß alle Voraussetzungen gegeben sind, die Frage unserer Vertretung im Direktorium auf der Aprilsitzung abzuschließen.«[71]

Weiter schlug Niemann in seiner Konzeption vor zu überprüfen, »ob aus den DDR-Mitgliedern der IGMW ein Nationalkomitee mit einer Leitungsgruppe (Vorsitz, Vertreter, Sekretär) gebildet werden sollte«. Die Vermutung, daß damit geplant war, daß die Mitglieder ihre Rechte gleichsam an das SED-Regime abtreten sollten, ergibt sich eigentlich von selbst. Aber Niemann formulierte es auch ganz ausdrücklich. Für die Bildung eines solchen »Nationalkomitees« spreche nämlich, »daß unsere internationalen Aktivitäten im Hinblick auf die IGMW bei uns im Land besser organisiert werden können« und »daß wir erreichen werden, daß alle individuellen Beziehungen zu den Kollegen der IGMW nur in Koordination« ... Der an dieser Stelle unvermittelt abbrechende Text dürfte sich wohl etwa folgendermaßen ergänzen lassen: »[...] daß wir erreichen werden, daß alle individuellen Beziehungen zu den Kollegen der IGMW nur in Koordination mit uns, unter Kontrolle der Partei, praktiziert werden können«. Gemäß der

---

[70] Lucie Ulinski – Mitarbeiterin im MHF, Abt. Internationale Verbindungen.
[71] Dokument 67.

SED-eigenen Kaderpolitik, die, wie der Historiker Hermann Weber es ausdrückte, »dem Apparat alle Macht gibt und die Mitgliedschaft zur Komparserie
degradiert«,[72] galt es also, einen »staatsfreien Raum« dem SED-Partei- und
Staatsapparat zugänglich zu machen, galt es, gewissermaßen das Hausrecht
durchzusetzen, das dieser Apparat für alles, was sich innerhalb der Grenzen der
DDR abspielte, für sich beanspruchte.

Überflüssig zu erwähnen, daß es für solch eine Konstruktion keine statuten-
mäßige Grundlage gab. Denn die IGMW hat stets am Prinzip der Einzelmitgliedschaften festgehalten. Zwar wurde – etwa zur selben Zeit – im Direktorium eine Diskussion über die Änderung des Aufbaus der Gesellschaft im
Sinne einer föderativen Struktur geführt – insbesondere der frühere Präsident
Fédorov gab dabei »Delegationen der nationalen Gesellschaften« den Vorzug
gegenüber den individuellen Einzelmitgliedschaften –, ein diesbezüglicher Antrag fand jedoch keine Mehrheit.[73] Und merkwürdigerweise hat auch Ernst
Hermann Meyer nicht die Gelegenheit genutzt, dieses eigentlich genau den
DDR-Vorstellungen entsprechende Modell zu unterstützen.

Bevor sich bald nach der Besprechung Ernst Hermann Meyer nach Kopenhagen begab, erhielt er für seinen dortigen Auftritt noch eine detailliert ausgearbeitete »Direktive«, in der es unter anderem hieß:

> »Er [Meyer] weist das Recht der DDR auf eine eigene völlig selbständige und
> gleichberechtigte Ländervertretung der DDR an Hand des Statuts nach, ver-
> weist auf die Unrechtmäßigkeit der Machenschaften (Schweizer-Gutachten)
> 1967 in Ljubljana und in Utrecht im Sinne westdeutscher Alleinvertretungs-
> anmaßung hin und verlangt mit Bezug auf die Festlegungen 1969 in Basel,
> die endliche Beseitigung des Interimszustandes und offizielle Anerkennung
> der DDR-Ländergruppe und ihrer Repräsentanz im Präsidium.
> Sollte dieser Standpunkt wider Erwarten nicht durchzusetzen sein, erklärt
> Prof. Meyer sich gezwungen, mit den Mitgliedern der IGMW in der DDR
> über den weiteren Verbleib in der Organisation sowie die Teilnahme am
> Kongreß 1972 beraten zu müssen und erklärt sich außerstande unter diesen
> Bedingungen im Präsidium weiterhin mitzuarbeiten.«[74]

Einmal mehr wird durch den letzteren Passus deutlich, daß die Mitgliedschaften
von DDR-Bürgern nur als Mittel zum Zweck der Anerkennung der DDR betrachtet wurden. Ließ sich dieses Ziel nicht erreichen, galten sie als überflüssig.

---

[72] H. Weber, *Geschichte der DDR*, München 1985, S. 391.
[73] H. Zimmermann, *Kurzes Protokoll über die Sitzungen des Bureaus der Internationalen Gesellschaft für Musikwissenschaft vom 21. und 22. November 1970 in Basel*, SAAdK, EHMA, 827.
[74] Dokument 66.

Keinen Erfolg hatte in Kopenhagen ein erneut von Wolfgang Osthoff initiierter Versuch mehrerer westdeutscher Mitglieder, die Anerkennung der DDR in letzter Minute zu verhindern. Am 30. Oktober 1970 war ein von zwölf Personen gezeichneter Antrag an den Präsidenten gegangen, worin gefordert wurde, die Legalisierung des 1969 in Basel gefaßten Beschlusses zurückzustellen, bis

»1) für die Mitglieder der I.G.Mw. in der DDR ein freier wissenschaftlicher Verkehr mit den Kollegen und musikwissenschaftlichen Institutionen aller übrigen Länder (Teilnahme an Kongressen und sonstigen Veranstaltungen) und 2) für alle Mitglieder der I.G.Mw. die Einreise nach Ost-Berlin und die DDR gewährleistet ist«.[75]

Nach kurzer Diskussion wurde dieser Antrag vom Direktorium abgelehnt, hingegen wurde einstimmig beschlossen, die Mitglieder in der DDR als selbständige Gruppe anzuerkennen.[76]

Die Bildung einer »IGMW-Ländergruppe DDR« (1971/1972)

Im November 1971 legten Meyer und Niemann in Beratungen mit Vertretern der Ministerien, der Abteilung Kultur des ZK und des Komponistenverbandes das weitere Vorgehen fest.[77] Zunächst ging es um die Zusammenstellung einer »Delegation« für den bevorstehenden IGMW-Kongreß in Kopenhagen. Darüber hinaus wurde die Bildung einer »Ländergruppe DDR« geplant, also damit begonnen, die von Niemann skizzierte Konzeption umzusetzen.

Der nächste Schritt der Zentralisierung betraf die Lieferung der Zeitschrift »Acta Musicologica«. Da es des öfteren Beschlagnahmungen im Postverkehr zwischen den DDR-Mitgliedern und der Geschäftsstelle in Basel gegeben hatte, bot sich eine günstige Gelegenheit, auch diesen Rest von Autonomie der Mitglieder zu beseitigen. Im Herbst 1971 hatte Ernst Hermann Meyer der Zollverwaltung der DDR einen Beschwerdebrief geschrieben und darin angekündigt, daß die Lieferung der Zeitschrift künftig über eine zentrale Adresse ab-

---

[75] Privatarchiv W. Osthoff. Der Brief wurde unterzeichnet von Anna Amalie Abert, Herbert Drux, Karl Gustav Fellerer, Ludwig Finscher, Jobst Fricke, Helmut Hucke, Heinrich Hüschen, Martin Just, Dietrich Kämper, Josef Kuckertz, Klaus Wolfgang Niemöller und Wolfgang Osthoff.

[76] E. H. Meyer, *Bericht*, SAAdK, EHMA, 828.

[77] Darüber geben Aufzeichnungen von E. H. Meyer und K. Niemann Auskunft. Von Niemann ist ein Protokoll über eine »Aussprache bei Rackwitz« am 4. 11. 1971 erhalten (SAAdK, VKM, 508 und SAAdK, EHMA, 827). Undatierte Mitschriften von Meyer (SAAdK, EHMA, 827) betreffen vermutlich die gleiche Sitzung. Eine weitere Zusammenkunft fand am 16. 11. 1971 im Ministerium für Hoch- und Fachschulwesen statt, wie Aufzeichnungen von K. Niemann (Dokument 68) belegen.

gewickelt werden würde, womit erneute Beschlagnahmungen vermieden werden sollten. Die Einziehung war vom Zoll mit einer gesetzlichen Regelung begründet worden, wonach nur solche Zeitschriften in die DDR eingeführt werden durften, welche auf der sogenannten Postzeitungsliste standen.[78] Statt nun sich darum zu bemühen, daß diese Liste um die »Acta Musicologica« erweitert würde, bot man den Mitgliedern an, die Zeitschrift künftig an die Adresse des von Konrad Niemann geleiteten »Zentralinstituts für Musikforschung beim VDK« senden zu lassen. Einige Mitglieder machten allerdings von dieser Möglichkeit trotz des Konfiskationsrisikos keinen Gebrauch.[79]

Bemerkenswert ist die Begründung, mit der Meyer den Zoll zur Aufhebung des Einfuhrverbotes veranlassen wollte. In keinem anderen Dokument wird so deutlich beim Namen genannt, was das Selbstverständnis des Engagements der DDR in der IGMW ausmachte: daß es sich in den Köpfen der SED-Funktionäre eben um eine Organisation handelte, deren Mitgliedschaft nicht aus Privatpersonen, sondern – analog etwa zur UNO – aus Staaten besteht, nur daß diese Staaten durch Einzelmitglieder vertreten werden. Von einer bestimmten Anzahl von Mitgliedern würde in der IGMW – so Meyer wörtlich – die »Mitgliedschaft eines Staates« abhängen. (Gemeint war der Anspruch auf Präsenz im Direktorium, die für Meyer einer staatlichen Mitgliedschaft gleichkam.) Um diese Mitgliedschaft für die DDR zu ermöglichen, zahlten die zuständigen Ministerien Devisen, denn »die Vertretung der DDR als Sektion [!] in der Internationalen Gesellschaft für Musikwissenschaft« sei »eine Hilfe in unserer Politik, die diplomatische Anerkennung unserer Republik durchzusetzen«. Der Verlust des Direktoriumssitzes würde »eine Schädigung des politischen Prestiges der DDR zugunsten Westdeutschlands« bedeuten.[80]

Zur Gründung der selbsternannten »Ländergruppe« kam es auf einer DDR-internen Mitgliederversammlung am 24. Februar 1972 in Berlin, nachdem am selben Tag ein vorbereitendes Treffen aller SED-Genossen unter den Mitgliedern stattgefunden hatte. Zu den Eingeladenen gehörten – wie fortan immer

---

[78] Mit der »Fünften Durchführungsbestimmung zur Verordnung über den Geschenkpaket- und -päckchenverkehr auf dem Postwege mit Westdeutschland, Westberlin und dem Ausland« vom 30. November 1961 (GBl, Teil II, Nr. 80, S. 515) wurden nach dem Bau der Mauer die für westliche Literatur geltenden restriktiven Einfuhrbestimmungen weiter verschärft und der staatlichen Willkür unterworfen: »Die Einfuhr von Literatur und sonstigen Druckerzeugnissen, soweit diese nicht bereits auf Grund anderer gesetzlicher Bestimmungen als Hetz-, Schund- und Schmutzliteratur, Literatur antidemokratischen Charakters oder gegen die Erhaltung des Friedens gerichtete Literatur einfuhrverboten sind oder als nicht in der Postzeitungsliste enthaltene Presseerzeugnisse von der Beförderung und vom Vertrieb durch die Deutsche Post ausgeschlossen sind, ist nur zugelassen, wenn ihr Inhalt nicht im Gegensatz zu den Interessen unseres sozialistischen Staates und seiner Bürger steht.« (§ 1, Abs. 1).

[79] Mitteilung von Erich Stockmann.

[80] Dokument 69.

bei den »Mitgliederversammlungen« der Gruppe – auch Vertreter von Partei und Staat. Was sich konkret bei dem Treffen abgespielt hatte, läßt sich anhand von Aufzeichnungen Ernst Hermann Meyers rekonstruieren.[81] Demnach stand die Bildung der Gruppe und eines zugehörigen Leitungsgremiums als erster Punkt auf der Tagesordnung. Es sei noch einmal betont, daß weder das eine noch das andere durch die Statuten legitimiert war und daß natürlich auch seitens der Gesellschaft niemand von den in der DDR lebenden Mitgliedern für solch einen Schritt autorisiert worden war. Juristisch gesehen war die Ländergruppe also illegal, und daß man glaubte, sich hier über geltendes Recht hinwegsetzen zu können, ist nur durch das totalitäre kommunistische Selbstverständnis zu erklären, wonach dem Partei- und Staatsapparat wie selbstverständlich die Verfügungsgewalt über alle gesellschaftlichen Angelegenheiten zustand, einerlei, wie die tatsächlichen Zuständigkeiten und Besitzverhältnisse auch geregelt sein mochten. Dem Leitungsgremium der Ländergruppe sollten angehören: Ernst Hermann Meyer – offenbar war ihm als Direktoriumsmitglied eine Art Vorsitzfunktion zugedacht –, die beiden während der Sitzung als künftige Kandidaten für die DDR-Vertretung im Direktorium benannten Personen, nämlich Heinz Alfred Brockhaus und Walther Siegmund-Schultze, sowie – als eine Art Sekretär der Gruppe – Konrad Niemann und – gewissermaßen als Vertreter der Parteilosen – Rudolf Eller.

Der Kongreß 1972 in Kopenhagen

Das Legitimierungsbedürfnis gegenüber parteilosen Mitgliedern fand schnell seine Grenzen, als es um die Frage der Teilnahme Ellers am Kopenhagener Kongreß 1972 ging. Meyer machte im persönlichen Gespräch politische Gründe für die Ablehnung geltend: Eller, der längst als Teilnehmer an einem Symposium angemeldet war, hätte sich – ebenso wie Hellmuth Christian Wolff – die Abgrenzungspolitik der DDR gegenüber Westdeutschland nicht zu eigen gemacht.[82] Man wird annehmen dürfen, daß Meyer diese Entscheidung allein getroffen hat, wie überhaupt zu vermuten ist, daß er weitgehend allein hat bestimmen können, wer der sogenannten Delegation angehören durfte, ungeachtet des Umstandes, daß der Partei- und Staatsapparat sich nach wie vor das Recht vorbehielt, bei allem das letzte Wort zu sprechen. Denn Meyer, seit 1968 Präsident des Komponistenverbandes, war zweifellos damals der mächtigste Mann in der musikwissenschaftlichen Szenerie und überhaupt im Musikleben der DDR. Eben erst, 1971, war er zum Vollmitglied des Zentralkomitees der SED auf-

---

[81] SAAdK, EHMA, 828.
[82] Schriftliche Mitteilung Rudolf Ellers vom 8. 5. 1992.

gestiegen, seit 1963 bereits hatte er dem ZK als Kandidat angehört. Im Vergleich mit dem Politbüro und dem Sekretariat des ZK, den beiden wichtigsten Machtzentralen der SED, hatte zwar das eigentliche Zentralkomitee selbst nur geringe Entscheidungsbefugnisse,[83] einen Autoritätsbeweis bedeutete die Zugehörigkeit zu diesem Gremium aber allemal. Kaum vorstellbar, daß etwa ein gewöhnlicher Mitarbeiter eines Ministeriums es gewagt hätte, sich über das Urteil eines ZK-Mitglieds hinwegzusetzen. Meyers gewachsene Autorität wird auch dadurch deutlich, daß man 1972 auf seine Unterschrift unter die Sekretariatsvorlage über die Teilnahme einer »DDR-Delegation« am Kopenhagener Kongreß Wert gelegt hatte.[84] (Normalerweise wurden solche Vorlagen nur von Spitzenfunktionären des Partei- und Staatsapparats unterzeichnet.)

Daß das Ministerium für Hoch- und Fachschulwesen Meyers Vorschläge auf einer »Zusammenkunft« am 6. April 1972 akzeptierte, war daher nicht verwunderlich. Ohnehin waren diese Vorschläge sehr bescheiden ausgefallen. Angesichts der Tatsache, daß das wichtigste Ziel inzwischen erreicht war, sollten nur sieben Teilnehmer, davon sechs SED-Mitglieder, die Gelegenheit erhalten, die DDR auf dem Kongreß zu vertreten. Akzeptiert wurden erwartungsgemäß auch die vorgesehenen Ablehnungen:

»Nicht reisen werden Prof. Eller, der als Panelist im round table über ›Neue Methoden und Stilanalyse‹ vorgesehen war und Dr. Hesse, von dem ein Referat angenommen war ›Zur Theorie der musikalischen Transkulturation‹.«[85]

In einem Brief an den Chairman des Kopenhagener Programmkomitees, Søren Sørensen, schob Meyer allerdings anschließend persönliche Gründe der beiden Abgelehnten für deren Nichtteilnahme vor:

»Von Kollegen Dr. Axel Hesse weiß ich positiv, daß er um die Zeit des Kongresses in Budapest sein muß; er hat Ihnen sicher schon abgesagt. Von Koll. Prof. Dr. Eller hörte ich, daß er aus anderen Gründen nicht kann und absagen mußte. Auch von ihm haben Sie zweifellos inzwischen eine Mitteilung erhalten.«[86]

Überhaupt hat Meyer die Frage der DDR-Reisepraxis so dargestellt, als wäre die Entscheidung über die Teilnahme nicht etwa vom Partei- und Staatsapparat –

---

[83] Darauf wurde in Abhandlungen über die DDR-Geschichte immer wieder übereinstimmend hingewiesen, beispielsweise von D. Hoffmann/K.-H. Schmidt/P. Skyba in: *Die DDR vor dem Mauerbau*, S. 27.

[84] Dokument 74.

[85] Dokument 72.

[86] Dokument 73.

und nicht zuletzt von ihm selbst – getroffen worden, sondern als sei es – wie in jedem normalen Land – allein Sache der betreffenden Personen gewesen, über ihre Teilnahme zu befinden. Als hätte er mit der ganzen Angelegenheit gar nichts zu tun gehabt, schrieb er:»Mir ist bekannt, daß folgende Kollegen aus der DDR nach Kopenhagen kommen möchten: [...]«[87]

Auf Bitte Meyers hatte sich Sørensen frühzeitig darum bemüht, den DDR-Teilnehmern die Einreise nach Dänemark zu erleichtern. Bis zur internationalen Anerkennung der DDR war es den Ostdeutschen nämlich normalerweise nur unter Zuhilfenahme des in West-Berlin ansässigen »Allied Travel Office« möglich gewesen, in Länder einzureisen, welche die DDR – und damit auch deren Reisepässe – nicht anerkannten. Doch diese Form des Reisens wurde von der DDR immer nur widerwillig akzeptiert – als kleineres Übel zur für sie gänzlich unannehmbaren Alternative, die in der Benutzung westdeutscher Dokumente bestanden hätte. Es ging ihr daher in jenen Jahren darum, immer öfter zu erreichen, daß sich westliche Behörden zu Ausnahmeregelungen bereit fanden und stillschweigend auch DDR-Pässe als Reisedokumente akzeptierten. Die zur Delegierung von Personen ins Ausland berechtigten Staatsorgane waren angewiesen, Genehmigungen für Reisen mit »Temporary Travel Documents« auf ein Mindestmaß zu beschränken. Nicht selten diente damals die mit der Inanspruchnahme der westlichen Alliierten angeblich verbundene Diskriminierung den Behörden als Vorwand, um die Ablehnung von Reiseanträgen zu begründen.[88] In der am 22. April 1965 vom Sekretariat des ZK der SED beschlossenen »Ordnung über die Verantwortung der staatlichen Organe bei der Beschickung von Tagungen und Kongressen in den nichtsozialistischen Staaten« wurde das Ministerium für Auswärtige Angelegenheiten für »eine einheitliche und zielstrebige Leitung des Kampfes gegen das ›Alliierte Reiseamt‹« verantwortlich gemacht.[89] Im Protokoll einer Besprechung am 25. August 1965 der »Kommission für gesellschaftswissenschaftliche Veranstaltungen im Ausland« – eines aus Vertretern verschiedener staatlicher Dienststellen zusammengesetzten Gremiums – hieß es, das Außenministerium müsse »durch operative Anleitung die Durchführung einer einheitlichen Linie im Kampf um das ATO [Allied Travel Office] sichern«.[90] Am 11. Mai 1966 widmete sich das Sekretariat des ZK der SED – wie zuvor schon das Politbüro – dem verstärkten »Kampf gegen das Travel-

---

[87] Ebd.

[88] So geht es aus einer im Februar 1965 entstandenen Übersicht des Stellvertretenden Abteilungsleiters der Auslandsabteilung des SHF, Käbel, hervor: *Betr.: Abgelehnte Reiseanträge ins kapitalistische Ausland im Jahre 1964*, SAPMO, DY 30/IV A 2/9.04/448.

[89] Dokument 48.

[90] Frohß (Sektor Ausland II des SHF), *Protokoll über die Besprechung der Kommission für gesellschaftswissenschaftliche Veranstaltungen im Ausland am Mittwoch, dem 25. 8. 1965 im Hause des Staatssekretariats für das Hoch- und Fachschulwesen*, SAPMO, DY 30/IV A 2/9.04/129.

board-System«.[91] Mit seiner bereits 1969 geäußerten Bitte, Sørensen möge sich dafür einsetzen, daß die Kongreßteilnehmer aus der DDR nach Kopenhagen reisen dürften, ohne dazu das Allied Travel Office bemühen zu müssen, entsprach Ernst Hermann Meyer also gänzlich der damaligen Parteilinie – und weniger dem Wunsch der Teilnehmer, denen er angeblich ein »sehr peinliches« Procedere ersparen wollte.[92]

Sehr peinlich war indessen etwas ganz anderes. Als im Frühjahr 1972 die Wahl des neuen Direktoriums begann, hatten mehrere Mitglieder in der DDR die Unterlagen für den ersten Wahlgang nicht erhalten. (1961 war auf der Generalversammlung in New York beschlossen worden, das Direktorium auf schriftlichem Weg zu wählen.) Zwar gab es infolge der Intervention Ernst Hermann Meyers inzwischen keine Probleme mehr bei der Einfuhr der Zeitschrift – zumindest für einige Zeit.[93] Die DDR-Zollverwaltung war aber offenbar noch immer nicht richtig über die (einer Art Lizensierung gleichkommende) ministerielle Absegnung der DDR-Präsenz in der IGMW aufgeklärt und hatte die anderen aus Basel kommenden Sendungen eingezogen. Nachdem auch ein zweiter Versuch gescheitert war und nunmehr die Gefahr bestand, daß die Wahlunterlagen nicht mehr rechtzeitig in die Hände der Mitglieder gelangen könnten, mußte Konrad Niemann sich von der Basler Geschäftsstelle eine unangenehme Frage gefallen lassen:

»Gibt es eine Möglichkeit, Ihre Poststellen dahin zu beeinflussen, dass sie es unterlassen, wissenschaftsinterne Kommunikation zu stören? Da wir hier keine Erfahrung mit solchen Erscheinungen haben, wären wir für baldigen Bericht dankbar.«[94]

Auf Vorschlag Niemanns[95] erreichten die Unterlagen ihre Empfänger schließlich über einen Umweg, nämlich über die Adresse der Kommission Musikwissenschaft des Komponistenverbandes.[96]

Angesichts der komfortablen SED-Mehrheit unter den IGMW-Mitgliedern in der DDR kamen die beiden von Ernst Hermann Meyer vorgeschlagenen Kandidaten, Heinz Alfred Brockhaus und Walther Siegmund-Schultze, als Sieger des

---

[91] *Protokoll Nr. 41/66 der Sitzung des Sekretariats vom 11. Mai 1966*, SAPMO, DY 30/J IV 2/3–1178.

[92] H. Zimmermann, *Protokoll der Sitzung des Direktoriums der Internationalen Gesellschaft für Musikwissenschaft vom 27. und 28. September 1969 in Basel*, SAAdK, EHMA, 828.

[93] Jahre später, 1976, mußten einige Mitglieder erneut feststellen, daß sie die Zeitschrift – und auch andere aus Basel kommende Materialien – nicht erhielten. H. A. Brockhaus (Meyers Nachfolger im Direktorium) berichtete dies in einem Rundschreiben vom 22. 1. 1977 (SAAdK, VKM, 508).

[94] H. Zimmermann, Brief an den VDK, Kommission Musikwissenschaft, vom 30. 5. 1972, SAAdK, VKM, 508.

[95] Brief an H. Zimmermann vom 9. 6. 1972, SAAdK, VKM, 508.

[96] Niemann bestätigte am 30. 6. 1972 den Eingang (Brief an H. Zimmermann, SAAdK, VKM, 508).

ersten Wahlgangs in die Endrunde. Meyer selbst hatte erklärt, nicht mehr für dieses Amt kandidieren zu wollen.[97] Bemerkenswert ist, daß er den Vorschlag, Georg Knepler zu seinem Nachfolger wählen zu lassen, mit dem Hinweis auf dessen österreichische Staatsbürgerschaft abgelehnt hatte.[98] Daß ihm wirklich entgangen sein sollte, daß die Statuten die Zugehörigkeit zu einem Land eben nicht nach dem Nationalitäts-, sondern nach dem Wohnortprinzip regelten, erscheint wenig wahrscheinlich. Zutreffender dürfte sein, daß hier die sich nach den Ereignissen in der ČSSR 1968 zu offener Gegnerschaft steigernde Rivalität Meyers gegenüber Knepler zum Ausdruck kam. In der Folgezeit hat Meyer, der bis zuletzt der Partei zutiefst ergeben war, Knepler wegen dessen zunehmender Distanz zur offiziellen Parteilinie als »Renegat« verstoßen und jeglichen Kontakt zu ihm abgebrochen. Erst kurz vor seinem Tod im Jahr 1988 kam es, begünstigt durch den Moskauer Reformprozeß, wieder zu einer kurzen versöhnlichen Begegnung.[99]

Unterdessen war im Ministerium für Hoch- und Fachschulwesen die Vorlage für das Sekretariat des ZK der SED über die »Teilnahme einer Delegation von DDR-Wissenschaftlern« am Kongreß fertiggestellt worden. Darin spiegelten sich die neuesten Kursänderungen der Deutschlandpolitik der SED wider. Im Text der Vorlage war folgerichtig nicht nur die gewohnte Formel wiederholt worden, wonach »die Delegationsmitglieder« als »Repräsentanten unseres sozialistischen Friedensstaates« aufzutreten hätten; es sollte offenbar den ZK-Sekretären nun besonders schmeicheln, wenn ihnen in Aussicht gestellt wurde, daß die »Teilnahme einer DDR-Delegation am XI. IGMW-Kongreß in Kopenhagen« dazu beitrage, »die Gemeinsamkeit ideologischer Grundpositionen der Länder der sozialistischen Staatengemeinschaft zu festigen und den Aktivitäten des Gegners offensiv entgegenzutreten«. An die Adresse der Teilnehmer gerichtet, hieß es etwas präziser:

»Aufgabe der DDR-Delegation ist es, in enger Zusammenarbeit mit anwesenden Vertretern aus der Sowjetunion und anderen sozialistischen Bruderländern den internationalen Einfluß der marxistisch-leninistischen Musikwissenschaft auszubauen.«[100]

Ob diese Rechnung letztlich aufging, mag dahingestellt bleiben, jedenfalls wurde die Vorlage ohne Einschränkung zum Beschluß erhoben, und die sieben vor-

---

[97] K. Niemann, Mitschrift einer Sitzung von in der DDR lebenden IGMW-Mitgliedern im Frühjahr 1972 (Dokument 71).
[98] Ebd.
[99] Mitteilung von Georg Knepler.
[100] Dokument 74.

geschlagenen Wissenschaftler durften unter Aufsicht von »Delegationsleiter«
Ernst Hermann Meyer und »Parteigruppenorganisator« Heinz Alfred Brockhaus
nach Kopenhagen fahren. In der Generalversammlung am 25. August 1972
wurden die Ergebnisse der Direktoriumswahl bekanntgegeben. Von den beiden
DDR-Kandidaten – Heinz Alfred Brockhaus und Walther Siegmund-Schultze –
hatte Brockhaus die meisten Stimmen erhalten. Dieses Ergebnis dürfte als Miß-
trauenserklärung der Mitglieder gegenüber Siegmund-Schultze zu werten sein,
nicht aber als Wertschätzung gegenüber Brockhaus. Statt eine Person zu wählen,
die sich in der IGMW schon hinreichend als Interessenvertreter des SED-
Regimes ausgewiesen hatte, waren die Mitglieder offenbar eher bereit, das mit
der Wahl eines noch weitgehend unbekannten Kandidaten verbundene Risiko
einzugehen.

Über die weiteren Wahlergebnisse äußerte sich Brockhaus in einem für die
einschlägigen Dienststellen geschriebenen Bericht folgendermaßen:

»Im übrigen können die Ergebnisse der internationalen Wahl kaum als sehr
positiv eingeschätzt werden. So ist z. B. charakteristisch, daß von den vier
westdeutschen Kandidaten nicht der Präsident der Gesellschaft für Musikforschung, Prof. Ruhnke, Erlangen, und auch nicht Prof. Becker, Hamburg,
gewählt wurden, sondern Prof. Dahlhaus, West-Berlin und Prof. Finscher,
Frankfurt/Main, die nach meiner persönlichen Überzeugung zum rechten
Flügel der Musikwissenschaft in der BRD gehören und mehr als einmal mit
sehr gehässigen Attacken gegen die DDR und gegen den Marxismus auf-
getreten sind. [...]
Zunächst wurde der neue Präsident der IGMW gewählt, es ist Prof. Dr. Eduard Reeser, Bilthoven, Niederlande. Als Vizepräsidenten wurden gewählt:
Prof. Dr. Henrik Glahn, Kopenhagen, und Prof. Dr. Ludwig Finscher, Frank-
furt/Main. (Es war nicht möglich, die Wahl des letzteren als Vizepräsident zu
verhindern).«[101]

Im weiteren Verlauf seines Berichts brachte Brockhaus seine Vorstellungen über
das weitere Vorgehen der DDR in der IGMW zum Ausdruck. So schlug er vor,
»schnellstens eine Beratung durchzuführen zwischen Vertretern des MHF, des
Min. f. Kultur, Vertretern des ZK und als Vertreter der IGMW Prof. Meyer,
Prof. Siegmund-Schultze und mir«. Denn es müsse zum Beispiel die Zusammen-
setzung der Mitgliedschaft überprüft werden, »da der Gesellschaft zur Zeit zum
Teil völlig passive Mitglieder angehören, die in der kulturpolitischen Arbeit der
DDR nicht hervortreten«. Auch müsse in einer solchen Beratung festgelegt

---

[101] H. A. Brockhaus, *Bericht über den musikwissenschaftlichen Kongreß Kopenhagen 1972*, SAAdK, EHMA,
827.

werden, »wie ich als Vertreter der DDR im Direktorium künftig auftrete«. Darüber hinaus müsse für Ende Oktober oder Anfang November 1972 eine »Vollversammlung der DDR-Mitglieder der Gesellschaft« einberufen werden.[102] Brockhaus hatte also die Vorstellung der Funktionäre von einer DDR-Mitgliedschaft bereits tief verinnerlicht: Wenn das eigentliche Mitglied die DDR ist, so hat diese auch das selbstverständliche Recht, sich ihre Vertreterpersonen nach eigenem Gutdünken auszusuchen und zu instruieren.

Gegen den anfänglichen Widerstand von Ernst Hermann Meyer entschied sich die Generalversammlung für die kalifornische Stadt Berkeley als Ort des nächsten Kongresses im Jahr 1977. Nachdem Donald J. Grout versichert hatte, daß eine Wiederholung des Vorfalls von 1961, als die Teilnahme von DDR-Bürgern am Kongreß in New York am amerikanischen Veto gescheitert war, unwahrscheinlich sei, gab Meyer schließlich nach und zeigte sich sogar zu einer demonstrativen Versöhnungsgeste bereit. Im Protokoll heißt es an dieser Stelle: »Meyer und Grout schütteln sich unter Applaus die Hände.«[103]

Rückgang der Aktivität der DDR nach 1972

Für die Aufarbeitung der Zeit zwischen dem Kopenhagener Kongreß und dem Ende der DDR stehen kaum noch Archivdokumente zur Verfügung. Lediglich der Bestand des DDR-Komponistenverbandes – des »Verbandes der Komponisten und Musikwissenschaftler der DDR«, wie er seit November 1972 hieß – läßt einige Eckdaten der weiteren Entwicklung erkennen. Diese wenigen Dokumente – und überhaupt die Tatsache, daß bei den Entscheidungsträgern das Bedürfnis nach Dokumentation ihrer Aktivitäten rückläufig war – lassen den Schluß zu, daß nach der internationalen Anerkennung des zweiten deutschen Staates die Motivation zu einem weiterem Engagement in der IGMW stark geschwunden war.[104] Nach der Aufnahme der DDR in die UNO hatten internationale Organisationen ihre außenpolitische Stellvertreterfunktion offensichtlich weitgehend verloren. 1975 mußte Konrad Niemann in einem Informationsbericht der DDR-Ländergruppe an den Musikrat der DDR zugestehen: »Wir sind sonst wenig aktiv bei Kongressen oder mit Artikeln für Acta.«[105] Gerade im Rahmen der Zeitschrift der Gesellschaft hatte man aber einstmals vorgehabt, sich stärker zu betätigen. Schon im Frühjahr 1968 hatte Walther Siegmund-

---

[102] Ebd. Die von Brockhaus vorgeschlagene Versammlung fand am 25. 11. 1972 statt.

[103] [H. Zimmermann], *Protokoll der Generalversammlung der Internationalen Gesellschaft für Musikwissenschaft in Kopenhagen, 25. August 1972*, in: IGMW, *Communiqué No. 33*, Januar 1973.

[104] Diese Vermutung bestätigte H. A. Brockhaus (schriftliche Mitteilung).

[105] Information an Vera Reiner (Musikrat der DDR) vom 9. 6. 1975, SAAdK, VKM, 508.

Schultze vorgeschlagen, DDR-Vertreter in die RISM- und die Acta-Musicologica-Kommission zu entsenden. »Es müßte erreicht werden«, meinte er, »die weitgehend historisierende und positivistische Haltung in der Redaktion der Zeitschrift Acta Musicologica durch unsere Beiträge überwinden zu helfen«.[106] Ernst Hermann Meyer, auf dessen Empfehlung 1971 Heinz Alfred Brockhaus in das Redaktionsgremium der Zeitschrift gewählt worden war,[107] hatte sogar angeregt, der Gesellschaft für ihre Zeitschrift einen DDR-Verlag anzubieten: den Leipziger Deutschen Verlag für Musik anstelle des Bärenreiter-Verlages.[108]

Als symptomatisch für das nachlassende staatliche Interesse an der IGMW darf ferner gelten, daß das Ministerium für Hoch- und Fachschulwesen es bei der Vorbereitung der folgenden Kongresse (1977 in Berkeley, 1982 in Straßburg und 1987 in Bologna) nicht mehr für erforderlich hielt, seine Konzeptionen vom Sekretariat des ZK der SED bestätigen zu lassen. Die jährlich abgehaltenen Versammlungen der Ländergruppe nahmen immer mehr den Charakter von Routine-Veranstaltungen an, auf denen die Teilnehmer von Direktoriumssitzungen beziehungsweise Kongressen über ihre Erlebnisse berichteten und auf denen die bevorstehenden Ereignisse der Gesellschaft besprochen wurden. Die wichtigen Entscheidungen waren ohnehin immer schon vorab gefallen, denn jeder »Mitgliederversammlung« ging eine Zusammenkunft der SED-Mitglieder voraus.

Besonders deutlich läßt sich diese Verfahrensweise anhand der Einladungen zur 1976 durchgeführten Versammlung rekonstruieren. Konrad Niemann, der nach wie vor als eine Art Sekretär der Ländergruppe (und den SED-Mitgliedern gegenüber als eine Art Parteisekretär) fungierte, hatte drei verschiedene Varianten der Einladungen verschickt.[109] Die für SED-Mitglieder bestimmten Exemplare enthielten über die allen Mitgliedern zugegangenen Angaben (Termin, Ort und Tagesordnung der Versammlung) hinaus die Aufforderung, an einer 45 Minuten früher beginnenden »kurzen Vorbesprechung« teilzunehmen. Noch eine Viertelstunde früher hatten sich die »Genossen der Leitung der Ländergruppe DDR in der IGMW« einzufinden – zu einer »sehr kurzen Vorbesprechung« (Teilnahme »dringend erforderlich«). Grund für so viel Aufwand dürfte der 1977 bevorstehende Kongreß in Berkeley, samt Neuwahlen des Direktoriums, gewesen sein. Außerdem waren wieder einmal neue Mitglieder aufzunehmen.

---

[106] Dokument 60.

[107] E. H. Meyer, *Bericht*, SAAdK, VKM, 508.

[108] Ebd.

[109] Alle drei Einladungen in: SAAdK, VKM, 508. Die Einladung zur »offiziellen« Mitgliederversammlung, die nur an die parteilosen Mitglieder ging, stellte Niemann im Namen von H. A. Brockhaus aus. Der in der DDR und überhaupt im sowjetischen Herrschaftsbereich typische Dualismus zwischen Partei- und »staatlicher« Leitung existierte also auch in der IGMW-Ländergruppe.

Bei den Wahlen konnte 1977 Heinz Alfred Brockhaus seinen Sitz im Direktorium behaupten. Zweitplazierter auf der DDR-Liste war diesmal der Berliner Musikethnologe Jürgen Elsner, der deshalb auch – neben Meyer, Niemann, Brockhaus sowie fünf Funktionären des ZK und der beiden zuständigen Ministerien – zu der erwähnten Parteiversammlung der Ländergruppenleitung eingeladen worden war. Gemeinsam mit Brockhaus hatte er auch am Kongreß in Berkeley teilnehmen dürfen. Hinterher interessierte sich die für Spionageabwehr zuständige Abteilung II der Stasi-Bezirksverwaltung Frankfurt (Oder) für seine Berichte, insbesondere war sie an seinem engen Kontakt zu dem Chairman des Kongresses, Harold S. Powers, interessiert. Bereits während der Vorbereitung der Reise nach Berkeley waren ihr Elsners Briefkontakte zu amerikanischen Kollegen aufgefallen, so daß sie ihn für geeignet hielt, eine »Verbindung zur USA-Botschaft in Berlin« zu schaffen.[110] Allerdings bekam in der Folgezeit die Stasi arge Sorgen mit ihrem Inoffiziellen Mitarbeiter, der sich zunächst so bereitwillig als IMS »Bernd Wolfram« hatte anwerben lassen.[111] Zwar berichtete er über einige ausländische Musikwissenschaftler – über DDR-Kollegen zu berichten, lehnte er ausdrücklich ab –, in der Hauptsache aber, der Kontaktaufnahme zum »Objekt 501«, wie die MfS-interne Tarnbezeichnung lautete, wollte die Zusammenarbeit nicht vorankommen. Und schließlich erklärte Elsner im April 1979 sogar kategorisch, die Zusammenarbeit überhaupt abbrechen zu wollen, da er sich »durch das MfS getäuscht und kontrolliert/überprüft« fühle und dadurch »das Vertrauen zu uns verloren« hätte, wie sein Führungsoffizier notieren mußte.[112] Der IM-Vorgang wurde daraufhin sofort beendet, und die Akte gelangte zur Ablage ins Archiv.

Nachfolger von Brockhaus als DDR-Vertreter im Direktorium wurde 1982 Walther Siegmund-Schultze. Auch ihm sollte es vergönnt gewesen sein, die maximal zulässige Zeit von zwei Wahlperioden dem Direktorium anzugehören. Im Jahr 1992 ging dann mit der zweiten von ihm absolvierten Wahlperiode zugleich auch die Ära der DDR-Präsenz in der IGMW zu Ende.

---

[110] BStU, ASt. Frankfurt/Oder, AIM 399/79, Teil I, Bl. 161 (*Vorschlag zur Verpflichtung*, 5. 8. 1977).

[111] Ebd., Bl. 171 (*Werbungsbericht*, 11. 8. 1977).

[112] Ebd., Bl. 232 (*Treffbericht*, 10. 4. 1979). Tatsächlich hat die Stasi auch noch nach der Anwerbung Elsners Briefe kontrolliert.

Die Internationale Heinrich Schütz-Gesellschaft

Auf dem Heinrich Schütz-Fest der 1922 gegründeten und in den dreißiger Jahren wieder eingegangenen »Schütz-Gesellschaft« 1929 in Celle hatten Christhard Mahrenholz, Friedrich Ludwig, Hans Joachim Moser und Karl Vötterle die Initiative zur Gründung einer »Neuen Schütz-Gesellschaft« ergriffen. Ein Jahr später wurde die Gründung formell vollzogen, erster Präsident wurde der Schütz-Biograph Hans Joachim Moser.[1] Die alte Schütz-Gesellschaft existierte noch bis 1935.[2]

Vor 1945 wohnte mehr als die Hälfte der Mitglieder der NSG auf dem Gebiet der späteren DDR. Der Sitz der Gesellschaft blieb auch nach dem Krieg zunächst in Dresden, der Hauptwirkungsstätte von Heinrich Schütz, obwohl sich insbesondere durch Karl Vötterles Initiative der Schwerpunkt immer mehr nach Kassel verlagerte. Andererseits war gerade Vötterle um eine Weiterführung der gesamtdeutschen Arbeit sehr bemüht gewesen. So ermöglichte er ostdeutschen Mitgliedern die Beitragszahlung in ihrer Währung, zunächst durch die Einrichtung eines Sonderkontos – der Bärenreiter-Verlag ließ von diesem Geld in Leipzig Stichaufträge durchführen –, von 1955 an wie in der Gesellschaft für Musikforschung durch eine von Frieder Zschoch betreute Zweiggeschäftsstelle in Leipzig. Vötterle, der der Gesellschaft nach dem Krieg zunächst als Vizepräsident, seit 1956 als Präsident vorstand, hatte stets weniger Berührungsängste im Umgang mit der DDR-Kulturbürokratie als sie in der Bundesrepublik damals verbreitet waren. Schon vor der Errichtung der Leipziger Zweiggeschäftsstelle erklärte er sich beispielsweise bereit, die ostdeutschen Mitglieder »für die Dauer der Zweiteilung Deutschlands« gesondert in einer »Sektion D.D.R.« unterzubringen.[3] Obwohl er dieses Angebot auch später nicht widerrief, zeigten sich die DDR-Behörden – die NSG fiel in die Zuständigkeit des Kulturministeriums – nie sonderlich an einem Engagement in der Schütz-Gesellschaft interessiert, auch dann nicht, als die 1956 in der Satzung verankerte neue Gliederung der Gesellschaft in Ländersektionen genau dem Modell entsprach, das die DDR mindestens bis 1961 beim Umbau musikalischer und musikwissenschaftlicher

---

[1] Ein kurzer Überblick über die Geschichte der Gesellschaft ist enthalten in *Acta Sagittariana* 1963, Nr. 1, Beilage zu: *Musik und Kirche* 33 (1963), H. 5, S. 243; ausführlich: K. Vötterle, *Haus unterm Stern*, S. 252 f.; vgl. auch W. Steude, *Die Heinrich-Schütz-Gesellschaft.*

[2] W. Steude, *Die Heinrich-Schütz-Gesellschaft*, S. 257.

[3] K. Vötterle, Brief an Günther Kraft, Richard Petzoldt, K. Laux, A. Münster und Martin Flämig vom 1. 11. 1954, SLB, Mscr. Dresd. x 43, 1.

Gesellschaften anstrebte. Es dürfte die über die Schütz-Pflege hinaus gehende Zielstellung der Gesellschaft gewesen sein – man sah sich in Kassel schon in den fünfziger Jahren als eine »unter dem Patronat von Heinrich Schütz« wirkende »Gesellschaft für die Pflege der Kirchenmusik«[4] –, die das Interesse der Behörden in Grenzen hielt.

Lediglich ein einziges der alljährlich an wechselnden Orten veranstalteten Heinrich Schütz-Feste fand in der DDR statt: 1956 in Dresden. Obwohl diese Veranstaltung ein großer Erfolg gewesen war – besonderen Eindruck hatte eine Gedenkveranstaltung an der Ruine der Frauenkirche hinterlassen, wo nach einer Rede Karl Vötterles der Dresdner Kreuzchor *Verleih uns Frieden gnädiglich* sang –,[5] kam ein 1958 in Leipzig vorgesehenes Heinrich Schütz-Fest nicht mehr zustande. Daß sich auch die Verlegung des Festes nach Dresden nicht mehr realisieren ließ, bestärkt die Vermutung, daß der Absage des Leipziger Oberbürgermeisters eine Entscheidung in Ost-Berlin vorausgegangen war. Wie aus einer Notiz Uszkoreits hervorgeht, wollte das Kulturministerium »Anzeichen« für die Absicht ausgemacht haben, »dieses Musikfest für eine Veranstaltung mit Kirchentag-Charakter zu mißbrauchen«.[6]

Als nach dem Bau der Berliner Mauer die Hoffnungen auf eine baldige deutsche Wiedervereinigung endgültig geschwunden und auch innerdeutsche Begegnungen erschwert waren, Mitgliedsgaben die etwa dreihundert ostdeutschen Mitglieder nicht mehr erreichten, sah sich die Schütz-Gesellschaft gezwungen, ihre gesamtdeutsche Tätigkeit einzustellen.[7] 1964, ein Jahr nach der Umbenennung in »Internationale Heinrich Schütz-Gesellschaft«, folgte die Mitgliederversammlung im westfälischen Lemgo der Empfehlung des Vorstandes, künftig keine ostdeutschen Mitglieder mehr in Vorstand und Beirat aufzunehmen.[8] In der nach dem Mauerbau gebildeten Konzeption zur Umwandlung gesamtdeutscher Gesellschaften wurde seitens der DDR-Behörden der Schütz-Gesellschaft keinerlei Perspektive in der DDR mehr gegeben.[9] Selbst von einer Gründung einer ostdeutschen Separat-Gesellschaft hatte Nathan Notowicz, der einflußreiche Erste Sekretär des Komponistenverbandes, abgeraten.[10] Lediglich ein »Arbeitskreis der Schütz-Freunde« war damals als Ersatz der Gesellschaft erwogen worden. Ein solcher Arbeitskreis wurde auch gegründet – allerdings erst

[4] *Acta Sagittariana* 1963, Nr. 1, a. a. O., S. 244.
[5] K. Bernhard, *IX. Heinrich-Schütz-Fest in Dresden*, S. 129; siehe auch K. Vötterle, *Haus unterm Stern*, S. 254 f.
[6] H.-G. Uszkoreit, *Aufgabenstellung der »Neuen Schütz-Gesellschaft«* (enthalten in Dokument 12).
[7] K. Vötterle, *An unsere Mitglieder*, in: *Acta Sagittariana*, 1966/Nr. 1, Beilage zu: *Musik und Kirche* 36 (1966), H. 1, S. 49–56.
[8] K. Laux, Brief an K. Vötterle vom 18. 6. 1964, SLB, Mscr. Dresd. x 8, 379.
[9] Dokument 20.
[10] Dokument 19.

1972, anläßlich der »Heinrich-Schütz-Festtage der DDR«.[11] Zu wirklich aktiver Arbeit ist diese unter Vorsitz des Dresdner Komponisten und späteren Schütz-Biographen Siegfried Köhler stehende Kulturbund-Organisation freilich nie gekommen.

In der zweiten Hälfte der sechziger Jahre bemühte sich Karl Vötterle immer wieder in Verhandlungen mit dem Ministerium für Kultur um die Gründung einer DDR-Sektion der ISG. Angesichts der zunehmenden internationalen Ausdehnung der Gesellschaft »wäre die DDR, das Land, in dem Schütz den Hauptteil seines Lebens verbrachte, bald das einzige europäische Land, in dem es keine Sektion gibt«, schrieb er am 19. Dezember 1968 an Karl Laux.[12] Aber auch Vötterles Bereitschaft, innerhalb der Gesellschaft die DDR anzuerkennen,[13] vermochte das Interesse des Ministeriums nicht zu wecken.

In den achtziger Jahren hat der Dresdner Schütz-Forscher Wolfram Steude einen neuerlichen Versuch unternommen, eine Sektionsgründung in der DDR zu ermöglichen. Sein diesbezügliches Ersuchen bei der Leiterin der Kulturabteilung des ZK, Ursula Ragwitz, blieb jedoch unbeantwortet.[14]

---

[11] I. Allihn, *Bericht: Schütz-Konferenz.*
[12] Dokument 63.
[13] K. Vötterle, Brief an K. Laux vom 1. 8. 1969, SLB, Mscr Dresd x 22, 67.
[14] Mitteilung von Wolfram Steude.

Die Georg-Friedrich-Händel-Gesellschaft

Die Entstehung der in Halle ansässigen Georg-Friedrich-Händel-Gesellschaft hing zusammen mit der deutschen »Händel-Renaissance«, der Wiederbelebung insbesondere des Händelschen Opernschaffens seit Anfang der zwanziger Jahre. Ihren Anstoß hatte diese Bewegung 1920 in Göttingen durch den damals jungen Kunsthistoriker Oskar Hagen erhalten. Die Göttinger Inszenierungen wurden bald von zahlreichen deutschen Opernbühnen übernommen.[1] Im Jahr 1931 wurde die Göttinger Händel-Gesellschaft gegründet. Dem Göttinger Beispiel folgend, begann 1922 am Stadttheater in Händels Geburtsstadt Halle mit der von Hans-Joachim Moser eingerichteten und inszenierten Aufführung der Oper *Orlando furioso* eine eigenständige Händelopernpflege. Wissenschaftliche Unterstützung kam anfangs von Hermann Abert und Arnold Schering.[2]

Nach dem Zweiten Weltkrieg wurde sowohl in Göttingen als auch in Halle die Tradition regelmäßig veranstalteter Händelfestspiele wieder aufgenommen. Für Halle hatte dies der dortige Generalmusikdirektor Horst-Tanu Margraf am 10. Juli 1951 in einem Brief an leitende Mitarbeiter des Kulturministeriums angeregt.[3] (Jahre später übrigens fühlte sich Margraf in der DDR als Initiator der Festspiele nicht genügend anerkannt und legte deshalb sein Kapellmeisteramt nieder.)[4] Dem Vorhaben schlossen sich der Regisseur Heinz Rückert, der Bühnenbildner Rudolf Heinrich und der Musikwissenschaftler Walther Siegmund-Schultze an, und bereits im Jahr 1952 konnten in Halle die ersten Händelfestspiele stattfinden. Parallel dazu kam der Plan auf, im Zusammenhang mit der Herausgabe einer neuen Händel-Gesamtausgabe eine Händel-Gesellschaft in Halle zu gründen. Vor dem Krieg hatte in Deutschland außer in Göttingen nur in Leipzig von 1925 bis 1935 eine Händel-Gesellschaft existiert. Die 1856 von Georg Gottfried Gervinus und Friedrich Chrysander gegründete »Deutsche Händelgesellschaft« hatte zur Jahrhundertwende – nach der Fertigstellung der alten Händel-Gesamtausgabe – ihre Tätigkeit eingestellt.[5] Seitens der Stadt Halle hatte es Ende der dreißiger Jahre Pläne für die Neugründung einer »Deutschen

---

[1] Vgl. u. a. R. Steglich, *Die Göttinger Händelopern-Renaissance. I*, S. 585.

[2] Vgl. u. a. H.-T. Margraf, *Die Händel-Feste in Halle. II*, S. 594.

[3] BA Berlin, DR-1/1004/28.

[4] H.-T. Margraf, *Anlage zur Vertragskündigung*, 20. 9. 1960, Abschrift, SAPMO, DY 30/IV 2/9.06/294, Bl. 171–176.

[5] Vgl. W. Siegmund-Schultze, *Die Georg-Friedrich-Händel-Gesellschaft*; vgl. auch G. Feder, *Händelgesellschaften*.

Händel-Gesellschaft« gegeben, die aber während des Zweiten Weltkrieges nicht verwirklicht werden konnte. Einzig war noch vor Kriegsende durch Initiative des Verlegers Karl Vötterle (der sich auch um die Gründung der Gesellschaft bemüht hatte) ein Vertrag zwischen der Geburtsstadt des Komponisten und dem Bärenreiter-Verlag über eine »Hallische Händel-Ausgabe« zustande gekommen. Die 1945 steckengebliebene Editionstätigkeit konnte erst zehn Jahre später im Rahmen der gleichnamigen Händel-Gesamtausgabe fortgeführt werden.[6]

Anläßlich der ersten Händelfestspiele in Halle wurde 1952 im kleinen Kreis von Händel-Forschern und -Interpreten über die Gründung einer gesamtdeutschen Händel-Gesellschaft beraten.[7] Inzwischen hatten sich allerdings die politischen Verhältnisse im östlichen Teil Deutschlands schon so weit verändert, daß es für die Verwirklichung eines solchen Vorhabens des Segens der DDR-Behörden bedurfte. Diese wiederum waren von Anfang an darauf bedacht, sich ihren Einfluß in der Gesellschaft zu sichern. In einer Kollegiumssitzung des Ministeriums für Kultur wurde am 4. Oktober 1954 endgültig positiv zur Gründung der Vereinigung Stellung genommen. Nach den Vorstellungen des Ministeriums sollte sie einen gesamtdeutschen Vorstand haben, zugleich aber sollte gewährleistet werden, daß »die Initiative bei uns in der DDR liegt«.[8] Als Präsident war Max Schneider (Halle), als Vizepräsident Rudolf Steglich (Erlangen) vorgesehen. Daß bei der Zusammensetzung des Vorstandes das probate »Volksfront«-Modell Pate gestanden hatte, geht besonders eindrucksvoll aus einer Mitteilung Hans Pischners, des damaligen Leiters der Hauptabteilung Musik im Kulturministerium, an die Kulturabteilung des ZK der SED hervor:

»Der für uns eigentliche Verantwortliche wäre in Halle der Genosse Prof. Dr. Siegmund-Schultze. Die stellenplanmäßigen Voraussetzungen für ein ständiges Sekretariat in Halle sind geschaffen.«[9]

Nach diesen Vorgaben wurde die Georg-Friedrich-Händel-Gesellschaft am 23. April 1955 in Halle gegründet. In den Vorstand wurden auch drei ausländische Händelforscher sowie als ständige Vorstandsmitglieder die Verleger der Hallischen Händel-Ausgabe (Bärenreiter und Deutscher Verlag für Musik) gewählt. Den Posten des »Wissenschaftlichen Sekretärs« (zugleich Schriftleiter des wiederbelebten Händel-Jahrbuchs) erhielt wie geplant Walther Siegmund-Schultze.[10]

---

[6] Vgl. A. Landgraf, *Halle und die Hallische Händel-Ausgabe*, S. 315–342.
[7] Vgl. W. Siegmund-Schultze, *Aufgaben und Ziele der Georg-Friedrich-Händel-Gesellschaft*, S. 7.
[8] H. Pischner, Brief an Joachim Mückenberger vom 8. 10. 1954, SAPMO, DY 30/IV 2/9.06/294, Bl. 3 f.
[9] Ebd.
[10] Vgl. *Protokoll der konstituierenden Sitzung der Georg-Friedrich-Händel-Gesellschaft am 23. April 1955*, in: *Händel-Jahrbuch*, Leipzig, 2. Jg. (1956), S. 171–173.

Später, im Jahr 1957, konnte der Mitarbeiter des Kulturministeriums Hans-Georg Uszkoreit in einem Bericht an seinen Dienstherrn befriedigt feststellen:

»Die Gründung der Händel-Gesellschaft erfolgte vor 2 Jahren in einer Zeit, als wir diese Angelegenheit gut übersehen konnten und auch den maßgeblichen Einfluß ausüben konnten. Der Sitz der Gesellschaft ist eindeutig in Halle. Die Führung liegt trotz westdeutscher und ausländischer Mitglieder in unseren Händen, und es geschieht praktisch in dieser Gesellschaft nichts, was wir unsererseits nicht unmittelbar oder mittelbar beeinflussen könnten. Diese Gesellschaft gibt uns vor allen Dingen eine organisatorische Grundlage für die bei uns [und] in England kulturell bedeutsame Händel-Pflege und Händel-Forschung und für eine diesbezügliche deutsch-englische Zusammenarbeit unter unserem Einfluß.«[11]

Die politische Aktivität des Kulturministeriums – und damit indirekt auch der ZK-Abteilung Kultur – erreichte ihren Höhepunkt bei der »Händel-Ehrung der DDR« im April 1959. Ähnlich wie im Bach-Jahr 1950 der Neuen Bachgesellschaft fiel allerdings der Georg-Friedrich-Gesellschaft dabei nur eine Statistenrolle zu. Im Mai 1958 hatte die Leitung des Ministeriums beschlossen, mit der Vorbereitung der Festwoche ein »Georg-Friedrich-Händel-Komitee der DDR« zu betrauen. Präsident dieses Komitees sollte Max Schneider, Ehrenpräsident der DDR-Ministerpräsident Otto Grotewohl werden.[12] Letztlich übernahm aber Ernst Hermann Meyer die Präsidentschaft. Von einem vorbereitenden SED-Parteiaktiv wurden für die Dauer der Festwoche ein »Parteizentrum« und für die Wissenschaftliche Konferenz (deren Vorbereitung wesentlich in den Händen von Walther Siegmund-Schultze lag) darüber hinaus noch eine besondere Parteigruppe gebildet. In der umfangreichen Konzeption des Parteiaktivs blieb auch die Mitgliederversammlung der Händel-Gesellschaft nicht unberücksichtigt:

»Alle Genossen, die Mitglieder der Händelgesellschaft sind, müssen unbedingt an dieser Mitgliederversammlung teilnehmen. Darüber hinaus ist festzustellen, welche Genossen, die an der wissenschaftlichen Konferenz teilnehmen, nicht Mitglieder der Händelgesellschaft sind. Diesen Genossen ist der Eintritt in die Gesellschaft *vor* der Mitgliederversammlung nahezulegen.«[13]

---

[11] H.-G. Uszkoreit, *Betr.: Aufstellung über gesamtdeutsche Gesellschaften – mündl. Unterredung am 9. 4. 57* (Brief an Johannes R. Becher vom 9. 5. 1957), BA Berlin, DR-1/66.

[12] *Beschluß der Leitung des Ministeriums für Kultur zur Händel-Ehrung der Deutschen Demokratischen Republik anläßlich des 200. Todestages am 14. April 1959*, SAPMO, DY 30/IV 2/9.06/294, Bl. 14–23.

[13] Winfried Höntsch (Sekretär des Parteiaktivs zur Vorbereitung der Händelfestspiele), *Maßnahmeplan zur weiteren Vorbereitung und Durchführung der Händelfestspiele in Halle*, BA Berlin, DR-3/1743.

Trotz aller Gleichschaltungsbemühungen kam es zur damaligen Zeit in Mitgliederversammlungen noch zu offenen Auseinandersetzungen, bisweilen sogar zum Widerstand gegen die politische Indienstnahme der Gesellschaft. So verhinderten auf der Versammlung im Jahr 1960 mehrere Mitglieder die vorgesehene Verabschiedung einer Resolution, mit der die Gesellschaft gegen »Verfälschungen des Werkes Georg Friedrich Händels«, die »zur Zeit der Herrschaft des Faschismus in Deutschland« und »in jüngster Vergangenheit in Ausgaben und Aufführungen in der Deutschen Bundesrepublik« erfolgt seien, protestieren sollte.[14] Der Absicht, mit dieser Resolution die westdeutsche Händelpflege in die Nähe der nationalsozialistischen »Arisierungen« zu rücken und die Mitglieder auf die kulturpolitische Linie der SED einzuschwören, war am entschiedensten das dänische Vorstandsmitglied Jens Peter Larsen entgegengetreten:

> »Ich finde diese Vermischung von Kulturarbeit und von politischer Stellungnahme durchaus verwerflich, und ich meinerseits würde nicht fortwährend Mitglied des Vorstandes bleiben, wenn eine Erklärung dieser Art von der Gesellschaft abgegeben wird.«[15]

Nach dem Tod Max Schneiders wurde 1967 Ernst Hermann Meyer Präsident der Georg-Friedrich-Händel-Gesellschaft. Im selben Jahr wurde auch die Satzung neu gefaßt, welche jetzt in Anpassung an die DDR-Sprachregelung *Statut* genannt wurde. Erklärtes Ziel der Vereinigung war nun nicht mehr die bloße »Verbreitung« von Händels Werk, sondern eine Verbreitung des Werkes »im Geist des Humanismus«. Das Leben und Schaffen des Komponisten sei nicht mehr nur »zu erforschen«, nun sei es »auf der Grundlage fortgeschrittenster wissenschaftlicher Erkenntnisse allseitig zu erforschen«. Die Verleger der Gesamtausgabe sollten keine ständigen Vorstandsmitglieder mehr sein, sondern nur noch »nach Bedarf« vom Vorstand hinzugezogen werden. Außerdem wurde das Verhältnis der Gesellschaft zu den Händelfestspielen der Stadt Halle als ein lediglich unterstützendes klargestellt. Hatte der Vorstand schon in der ersten Satzung das Recht zugebilligt bekommen, über Aufnahmeanträge von Mitgliedern entscheiden zu dürfen, war es ihm nun sogar ermöglicht worden, Mitglieder, die »gegen die Ziele der Gesellschaft verstoßen«, auszuschließen.[16]

Die Georg-Friedrich Händel-Gesellschaft konnte auch in den folgenden Jahren nie die Bedeutung etwa der Neuen Bachgesellschaft erreichen. Die Präsenz

---

[14] Protokoll der Mitgliederversammlung vom 25. 4. 1960, zitiert in: G. Richter, *Annotationen zur Händelpflege im politischen System der DDR*, S. 349.

[15] Ebd.

[16] Vgl. die *Satzung der Georg-Friedrich-Händel-Gesellschaft* von 1955 (in: *Händel-Jahrbuch* 2, 1956, S. 173–175) mit dem *Statut* von 1967 (in: *Händel-Jahrbuch* 13/14, 1967/68, S. 215–219).

einer Anzahl westdeutscher und ausländischer Händelforscher im Vorstand
täuschte eine Internationalität vor, die die Gesellschaft während der SED-Herrschaft tatsächlich nie hatte. Bestenfalls kann gesagt werden, daß die westdeutschen und ausländischen Mitglieder sowie die internationalen Editoren der
Hallischen Händel-Ausgabe dazu beitrugen, daß die Gesellschaft in der abge-
schotteten DDR nicht völlig in der Bedeutungslosigkeit verschwand (wie etwa in
Zwickau die Robert-Schumann-Gesellschaft). Im übrigen dürften viele westliche
(und sicher auch östliche) Interessenten aus politischen Gründen auf eine Mitgliedschaft verzichtet haben, wie sich aus der Begründung für den Austritt eines
westdeutschen Mitglieds ableiten läßt, welches dem Vorstand 1985 vorwarf, »das
Werk Händels für die Ziele der SED einzuspannen« und »jegliches christliches
Ziel Händels wegzudiskutieren«[17]. Daß die Gesellschaft durch ihren internationalen Status davor bewahrt worden wäre, »bis ins Letzte gleichgeschaltet zu
werden«, wie Bernd Baselt 1991 vermutete,[18] ist eine Legende. In Wahrheit handelte es sich bei ihr von Gründung an um eine vollständig in das politische System eingepaßte Organisation. Nach bewährtem Muster wurden alle Vorstandssitzungen in einer Parteigruppe vorbereitet und mit der SED-Bezirkleitung
Halle koordiniert. Sogar die Wahl des Präsidenten glaubte man vom ZK der
Staatspartei bestätigen lassen zu müssen – und man schreckte auch vor der un-
seligen DDR-Gepflogenheit nicht zurück, »republikflüchtige« Mitglieder auszuschließen.[19] Als im Oktober 1980 die musikliebende Ehefrau des damaligen
Bundespräsidenten Karl Carstens ihre Mitgliedschaft in der Gesellschaft erklärte, hatte der Wissenschaftliche Sekretär nichts eiligeres zu tun, als die Erste Sekretärin der SED-Bezirkleitung Halle, Edith Brandt, über dieses Politikum zu
unterrichten. Daß weder Walther Siegmund-Schultze noch die von ihm um Rat
gefragte Parteifunktionärin die Identität der »BRD-Ärztin« Veronica Carstens als
»Ehefrau des Bundespräsidenten der BRD« zu klären vermochte, wie ein Stasi-
Bericht kritisch feststellte,[20] sei nur am Rande vermerkt. Es versteht sich fast
von selbst, daß auch ansonsten die Staatssicherheit – jedenfalls in den achtziger
Jahren – über alle Aktivitäten der Händel-Gesellschaft und auch der Hallischen
Händelfestspiele informiert war (siehe oben).

Letzter Präsident zu DDR-Zeiten wurde 1989, nach Ernst Hermann Meyers
Tod, Walther Siegmund-Schultze, der 1991 nicht wieder für dieses Amt kandi-
dierte. Sein Nachfolger Bernd Baselt versuchte die Verstrickung der Gesellschaft
mit dem SED-Regime herunterzuspielen:

---

[17] Dokument 79.
[18] B. Baselt, *Rechenschaftsbericht über die Tätigkeit der Georg-Friedrich-Händel-Gesellschaft 1989/1990*, S. 170.
[19] Vgl. G. Richter, *Annotationen ...*, S. 355. Richter fand dafür Belege im Landesarchiv Merseburg (vor
    allem in Unterlagen der Abteilung Kultur der SED-Bezirksleitung Halle).
[20] Dokument 78.

»Wie viele Institutionen hierzulande muß sich die Georg-Friedrich-Händel-Gesellschaft natürlich auch die Frage gefallen lassen, ob sie nicht auch in der Vergangenheit vom allmächtigen Parteiapparat des alten Regimes gesteuert und in ihrem Wirken eingeengt war. [...] Aus meinen Erfahrungen der Mitarbeit im Vorstand und neuerdings in der Funktion des wissenschaftlichen Sekretärs der Gesellschaft kann ich jedoch reinen Herzens erklären, daß die Geschicke unserer Gesellschaft auch im Detail nicht von der SED gesteuert wurden.«[21]

Baselt lehnte einen Rücktritt des Vorstandes ab, er konnte sich lediglich zu einem Appell zum freiwilligen Rücktritt von Vorstandsmitgliedern durchringen, die »meinten«, sie hätten sich »politisch schuldig gemacht«.[22] Ihm schwebte sogar die Ehrenmitgliedschaft für Walther Siegmund-Schultze vor, was aber durch Proteste verhindert werden konnte.[23]

---

[21] B. Baselt, *Rechenschaftsbericht über die Tätigkeit der Georg-Friedrich-Händel-Gesellschaft 1989/1990*, S. 170.

[22] Ebd., S. 171.

[23] Gegen die Absicht, Siegmund-Schultze zum Ehrenmitglied wählen zu lassen, protestierten Rudolf Eller (Brief an B. Baselt vom 15. 4. 1992, Privatarchiv R. Eller) und Hans Joachim Marx.

Die Robert-Schumann-Gesellschaft (Sitz Zwickau)

In Zwickau, der Geburtsstadt Robert Schumanns, hatte sich bereits im Jahr 1920 eine Robert-Schumann-Gesellschaft gegründet, die vor dem Zweiten Weltkrieg annähernd 700 Mitglieder, meist aus Zwickau und Umgebung, hatte. Ähnlich der Neuen Bachgesellschaft widmete sie sich hauptsächlich der praktischen Musikpflege, indem sie in Zwickau Schumann gewidmete Musikfeste veranstaltete. Nach 1933 geriet sie zunehmend ins Fahrwasser der NS-Ideologie; definitiv gleichgeschaltet und umbenannt in »Deutsche Robert-Schumann-Gesellschaft« wurde sie im Jahr 1943.

Nach dem Zweiten Weltkrieg bildete sich 1949 unter dem Namen »Robert-Schumann-Gesellschaft« eine Sektion in der Zwickauer Ortsgruppe des Kulturbundes zur demokratischen Erneuerung Deutschlands.[1] Ein Jahr später rief die Gesellschaft alle früheren Mitglieder zum Wiedereintritt auf.[2] Schon im Jahr 1951 stellte sie indes ihre Arbeit wieder ein.[3]

Zur eigentlichen Neugründung kam es erst im Jahr 1957. Ein Jahr zuvor hatte die Frankfurter Museums-Gesellschaft ihre Absicht kundgetan, in Frankfurt am Main, wo schon vor dem Krieg eine starke Ortsgruppe der Gesellschaft bestand, selbst eine Robert-Schumann-Gesellschaft zu gründen, deren Sitz »zu gegebener Zeit« wieder in der Stadt Zwickau sein sollte.[4] Das DDR-Kulturministerium betrachtete dies als Herausforderung, »sofort zu handeln«.[5] Während des Zwickauer Robert-Schumann-Festes im Sommer 1956 wurde ein vorbereitendes Komitee unter Leitung von Karl Laux gegründet, das am 14. März 1957 in Zwickau die Gründungsveranstaltung ausrichtete.[6] Laux wurde zum Präsidenten, der Volkskammerpräsident Johannes Dieckmann zum Ehrenpräsidenten der Gesellschaft gewählt. Laux hatte dafür gesorgt, daß der Komponist Joseph Haas – sein in München lebender Freund – den Posten eines der beiden Vizepräsidenten erhielt.

---

[1] Am 11. 9. 1949 fand in Zwickau eine Eröffnungsfeier statt (Plakat im Archiv der Robert-Schumann-Gesellschaft, Zwickau).

[2] *Wiedereröffnung der Robert-Schumann-Gesellschaft*, in: Mf 3 (1950), H. 1, S. 95.

[3] H.-G. Uszkoreit, *Aktennotiz. Betr.: Robert-Schumann-Gesellschaft*, BA Berlin, DR-1/5116.

[4] Frankfurter Museums-Gesellschaft e. V., Brief an Georg Eismann (Direktor des Robert-Schumann-Museums Zwickau) vom 20. 4. 1956, Abschrift, BA Berlin, DR-1/5116.

[5] H.-G. Uszkoreit, *Betr.: Aufstellung über gesamtdeutsche Gesellschaften – mündl. Unterredung am 9. 4. 57* (Brief an J. R. Becher vom 9. 5. 1957), BA Berlin, DR-1/66.

[6] Fritzsche/Eismann, *Niederschrift über die Gründungsversammlung der Robert-Schumann-Gesellschaft Zwickau am 14. März 1957 im Robert-Schumann-Haus Zwickau*, SLB, Mscr. Dresd. x 44, 9.

Das Kulturministerium, das an der Gründungsvorbereitung mitgewirkt hatte, konnte davon ausgehen, daß von Anfang an die Weichen so gestellt waren, daß Führungsstreitigkeiten zwischen Ost und West in der Robert-Schumann-Gesellschaft nicht befürchtet werden mußten. Dies wurde wenige Wochen nach der Gründung in einer Hausmitteilung auch ausdrücklich betont:

»Soweit die Entwicklung bis jetzt zu überblicken ist, wird es auch in dieser Gesellschaft relativ einfach sein, die eindeutige Führung in der Hand zu behalten und mit Hilfe dieser Gesellschaft einen bedeutsamen kulturpolitischen Einfluß auszuüben.

Bei dieser Gesellschaft ist es wichtig, daß wir erstmalig festgelegt haben, nur solche Persönlichkeiten des kulturellen Lebens für die Mitgliedschaft aufzufordern und als Mitglieder aufzunehmen, die für die Verbreitung des Werkes von Robert Schumann ›ein tätiges Interesse‹ bekunden. Damit wird verhindert, daß die Mitgliederzahl ins Unermeßliche anwächst und es wird erreicht, daß aus der Arbeit der Gesellschaft wirklich etwas herausspringt.«[7]

Schon bald mußte allerdings der die Mitgliedschaft einschränkende Passus aus der Satzung gestrichen werden, weil sich die Mitgliederzahl nicht wie erwartet erhöhte. Im Juni 1958 gehörten der Gesellschaft erst 35 Personen und 9 Körperschaften an.[8]

Im Sommer 1957 wurde während eines Besuchs der Frankfurter Vorstandsmitglieder in Zwickau zwischen beiden Gesellschaften eine Zusammenarbeit unter Wahrung »völliger Selbständigkeit der Organisationen« vereinbart. Der Frankfurter Präsident sollte automatisch dem Vorstand der Zwickauer Gesellschaft angehören. Im Gegenzug war vorgesehen, ein Vorstandsmitglied aus Zwickau in den Frankfurter Vorstand zu entsenden.[9] Bei einem Gegenbesuch des Zwickauer Vorstandes, ein Jahr später, wurde noch einmal bekräftigt, daß man sich in Frankfurt nicht als eine konkurrierende Vereinigung, sondern lediglich als eine Art Tochtergesellschaft der Zwickauer Gesellschaft betrachten wollte.[10]

Am 8. Juni 1961 fand die Regelung über die Präsenz des Frankfurter Präsidenten im Vorstand Eingang in die Satzung der Gesellschaft. Wenige Monate später erhielt Präsident Laux vom Leiter der Abteilung Musik im Ministerium für Kultur, Hans-Georg Uszkoreit, die folgende Mitteilung:

---

[7] H.-G. Uszkoreit, Betr.: *Aufstellung über gesamtdeutsche Gesellschaften ...*, a. a. O.

[8] Miersch, *Protokoll über die Mitgliederversammlung der Robert-Schumann-Gesellschaft – Sitz Zwickau – am Sonnabend, 7. 6. 58, 9.30 Uhr, im Robert-Schumann-Haus Zwickau*, SLB, Mscr. Dresd. x 44, 17.

[9] Vereinbarung vom 6. 7. 1957, BA Berlin, DR-1/5116.

[10] K. Laux, Brief an H.-G. Uszkoreit vom 30. 9. 1958, BA Berlin, DR-1/5116.

»Nach den Maßnahmen unserer Regierung am 13. August 1961 ist es unseres Erachtens erforderlich, noch eindeutiger als bisher die volle Souveränität der DDR hinsichtlich musikalischer Vereinigungen, Gesellschaften usw. zu bekräftigen. Glücklicherweise haben wir die Robert-Schumann-Gesellschaft seit ihrer Gründung in dieser Richtung konzipiert. Nun entnehmen wir jedoch der Satzung der Robert-Schumann-Gesellschaft (nach Vorschlag der Gründungsversammlung am 14. 3. 1957 und gemäß Mitgliederversammlung am 8. 6. 1961), 1. Absatz des § 9, daß der Vorsitzende der Robert-Schumann-Gesellschaft in Frankfurt/Main obligatorisch und automatisch zum Vorstand der Robert-Schumann-Gesellschaft gehören soll. Wir meinen, daß dieser Passus im Hinblick auf die gegenwärtige politische Situation in Deutschland einer Korrektur bedarf.«[11]

In einem prompten Antwortschreiben versprach Laux, diese »Anregung« »gern« aufzunehmen.[12] Und so geschah es. Bereits am 3. Juli 1962 konnte er Uszkoreit Vollzug melden.[13]

Nach dem Bau der Berliner Mauer war kein einziger Westdeutscher mehr Mitglied in der Zwickauer Robert-Schumann-Gesellschaft. Das Ministerium für Kultur verweigerte der Gesellschaft nun sogar die Einladung des Präsidenten der Frankfurter Gesellschaft zu den Mitgliederversammlungen. Noch im Jahr 1978 vertrat der damalige Leiter der Abteilung Musik des Kulturministeriums die Auffassung, »daß eine unmittelbare Mitgliedschaft nur für DDR-Bürger möglich sein sollte«.[14] Anlaß war der Wunsch eines Mitgliedes der Frankfurter Gesellschaft, in Zwickau Aufnahme zu finden.[15] Zwar äußerte zwei Jahre später der Stellvertretende Kulturminister Werner Rackwitz gegenüber einem Stasi-Mitarbeiter, es sei »zukünftig denkbar, diese DDR-Gesellschaft zu internationalisieren«,[16] Veränderungen in dieser Richtung gab es indes auch in Zukunft nicht.

Entsprechend provinziell sahen dann bis zuletzt die Aktivitäten der hauptsächlich vom Ministerium für Kultur finanzierten Gesellschaft aus. Daran konnte auch der seit 1963 von der Gesellschaft alle vier Jahre veranstaltete »Internationale Robert-Schumann-Wettbewerb« nichts ändern. Langjähriger Präsident vor der »Wende« war der Pianist Dieter Zechlin, langjähriger Vizepräsident

---

[11] Brief vom 13. 11. 1961 (Dokument 21).
[12] Brief an H.-G. Uszkoreit vom 16. 11. 1961 (Dokument 22).
[13] Dokument 23.
[14] Martin Meyer, Brief an Martin Schoppe (Sekretär der Robert-Schumann-Gesellschaft, Zwickau) vom 13. 2. 1978, Archiv der Robert-Schumann-Gesellschaft, Zwickau.
[15] Friedrich Minssen (Frankfurt a. M.), Brief an das MfK, Abt. Museumswesen, vom 19. 12. 1977, Archiv der Robert-Schumann-Gesellschaft, Zwickau.
[16] HA XX/7, *Vermerk*, 7. 1. 1980, BStU, ZA, HA XX ZMA 1636.

der Musikwissenschaftler Günther Müller. Letzterer leitete an der Zwickauer Pädagogischen Hochschule eine Schumann-Forschungsgruppe, die von 1976 an zusammen mit der Schumann-Gesellschaft »Wissenschaftliche Arbeitstagungen zu Fragen der Schumann-Forschung« veranstaltete – im Rahmen der vom »Rat des Bezirkes Karl-Marx-Stadt« jährlich ausgerichteten »Schumann-Tage«. Auf diesen »Arbeitstagungen«, herrschte, wie so mancher Teilnehmer sich erinnern kann, die gleiche kleingeistig-provinzielle Atmosphäre, wie sie in gleichgeschalteten Gremien in der DDR massenhaft zu finden war, was nicht heißt, daß alle der damals dort publizierten Beiträge gleichermaßen bedeutungslos gewesen sind.[17]

---

[17] Diese Atmosphäre wurde entscheidend von Müller persönlich geprägt, der seine Karriere vor allem seiner Parteitreue verdankt. Überdies arbeitete er, beginnend 1970, als GMS »Müller« bzw. GMS »Günther« mit der Stasi-Kreisdienststelle Zwickau zusammen und denunzierte einige seiner Institutskollegen. Im September 1973 wurde seine Akte archiviert. Begründung: »Der GMS ist gewähltes Mitglied der SED-Bezirksleitung. Eine inoffizielle Zusammenarbeit ist deshalb mit ihm nicht mehr möglich. Es kann nur noch offiziell mit ihm Kontakt gehalten werden« (Notiz von Oberfeldwebel J. Hornbeck, Kreisdienststelle Zwickau, vom 24. 9. 1973, BStU, ASt Chemnitz, AGMS 2365/73, Bl. 45).

Weitere Gesellschaften

Im Zuge ihrer Bemühungen, über die Mitgliedschaft in nichtstaatlichen internationalen Organisationen die Chancen für die diplomatische Anerkennung zu erhöhen, interessierte sich die DDR seit Beginn der sechziger Jahre auch für die Mitgliedschaft ihres 1962 eigens für diesen Zweck gebildeten Musikrates im International Music Council (IMC), einer 1949 in Paris gegründeten UNESCO-Organisation. Wie in zahlreichen ähnlich gelagerten Fällen stand diesem Begehren vor allem der westdeutsche Anspruch auf Alleinvertretung entgegen. Dennoch gelang es der DDR – dank »sehr sorgfältig und hartnäckig« geführter Vorarbeit und mit Unterstützung der sozialistischen Länder – bereits relativ früh, im Juni 1966, ihr Ziel zu erreichen.[1] Vorausgegangen waren zahlreiche Versuche, Mitglieder des westdeutschen Musikrates zum Stillhalten zu bewegen, wofür besonders die kollegialen Kontakte während der Jahrestagungen der Gesellschaft für Musikforschung genutzt wurden. Die Tätigkeit des DDR-Musikrates richtete sich vor allem nach außen, während die nach innen gerichteten Aufgaben der Koordinierung des Musiklebens in der DDR in erster Linie vom Komponistenverband wahrgenommen wurden.[2]

Verstärktes Interesse zeigte die DDR auch an der Mitgliedschaft in einer weiteren mit der UNESCO assoziierten Musikorganisation, dem 1947 in London gegründeten International Folk Music Council (IFMC) – seit 1981 International Council for Traditional Music (ICTM). Auch hier kam ihrem Anliegen die organisatorische Gliederung der Vereinigung in »national committees« entgegen, während die vom IFMC akzeptierte Alleinvertretung des westdeutschen Nationalkomitees lange Zeit alle Bemühungen der DDR um separate Mitgliedschaft als aussichtslos erscheinen ließ. So wurde der im Juli 1960 auf dem IFMC-Kongreß in Wien erstmals gestellte Aufnahmeantrag der DDR mit der Begründung abgelehnt, daß Deutschland bereits im Volksmusikrat vertreten sei.[3] Nachdem das Ministerium für Kultur 1962 ein eigenes »Nationales Zen-

---

[1] *Bericht über die Aufnahme des Musikrates der DDR in den Internationalen Musikrat (IMC) und die Teilnahme an der 11. Generalversammlung des IMC am 18./19. Juni 1966 in Rotterdam*, SAPMO, DY 30/IV A 2/ 9.06/56.

[2] Vgl. H. Sass/H. Thiemer, *Beziehungen des Deutschen Musikrates zum Musikleben in der ehemaligen DDR*, S. 86.

[3] MfK, Sektor Volkskunst, *Maßnahmeplan für die Gründung eines Nationalen Zentrums des Internationalen Volksmusikrates*, 2. 3. 1962, BA Berlin, DR-1/62.

trum« des IFMC hatte gründen lassen,[4] verstärkten sich die Bemühungen der DDR um die Mitgliedschaft, doch erst im Jahr 1969 wurde das DDR-National-komitee auf der IFMC-Konferenz im schottischen Edinburgh als Mitglied auf-genommen.[5] Die in den siebziger Jahren erfolgte Nomination eines DDR-Bürgers für das Amt des Vizepräsidenten hätte wohl, wenn sie nicht die falsche Person getroffen hätte, Partei und Staat vollends zufriedengestellt. So aber ver-suchten die DDR-Behörden, die Wahl durch eine sofort eingeleitete Reisesperre gegen den parteilosen Kandidaten, den an der Akademie der Wissenschaften in Ost-Berlin tätigen Musikethnologen Erich Stockmann[6], zu verhindern. Ohne Erfolg: In Abwesenheit wurde Stockmann auf der IFMC-Konferenz 1975 in Regensburg zum Vizepräsidenten gewählt; 1982 erfolgte gar seine Wahl zum Präsidenten des ICTM.[7] Im Jahr 1987 konnte die DDR einen außenpolitischen Erfolg verbuchen, als ein mit großem protokollarischen Aufwand verbundener Kongreß des ICTM in Ost-Berlin stattfand.

Bereits im Jahr 1959 bildete sich, nachdem Bemühungen um gesamtdeutsche Repräsentanz gescheitert waren, eine DDR-Ländergruppe in der Internationalen Vereinigung der Musikbibliotheken (Association Internationale des Bibliothè-ques, Archives et Centres de Documentation Musicaux – AIBM), bis 1963 ge-leitet von Siegfried Köhler. Die finanziell vom Musikrat der DDR unterstützte Gruppe konnte in der Regel ein bis zwei Vertreter zu Jahrestagungen und Kon-gressen in westliche Länder entsenden. 1970 fand eine Jahrestagung der Vereini-gung in Leipzig statt.[8]

Nicht zuletzt auf außenpolitische Wirkung abgestellt waren auch die Grün-dungen zweier nur im nationalen Rahmen tätigen Organisationen, nämlich des 1959 als Pendant zum Pariser »Beethoven Cercle« gebildeten »Debussy-Kreises« – er sollte der DDR den musikalischen Kulturaustausch mit Frankreich er-leichtern[9] – und der vom Ministerium für Kultur auf polnischen Wunsch 1962 in Leipzig gegründeten »Chopin-Gesellschaft der Deutschen Demokratischen Republik«[10]. Letztere Vereinigung organisierte Konzerte mit Werken Chopins, vor allem die »Chopin-Tage« – eine jährlich in Leipzig veranstaltete Konzert-reihe. Von 1964 bis 1986 war Werner Felix Präsident der Chopin-Gesellschaft der DDR, danach der Leipziger Komponist Karl-Heinz Pick, welcher im Jahr

---

[4] Ebd.

[5] Mitteilung in: *MuG* 20 (1970), H. 1, S. 71.

[6] Erich Stockmann, geb. 1926, studierte von 1946–1952 in Greifswald und Ost-Berlin Musikwissen-schaft und Germanistik, anschließend wissenschaftlicher Mitarbeiter an der Deutschen Akademie der Wissenschaften in Ost-Berlin.

[7] Mitteilung von E. Stockmann.

[8] H.-M. Pleßke, *Zur Geschichte der AIBM-Ländergruppe DDR (1959–1990).*

[9] N. Notowicz, Brief an Ottmar Gerster vom 15. 7. 1959, SAAdK, OGA, 554; vgl. auch I. Wall La-de, *Aus der Arbeit des Debussy-Kreises in der DDR.*

[10] Unterlagen über die Gründung der Gesellschaft befinden sich im BA Berlin, DR-1/5116.

1990 auch den Vorsitz des neugegründeten »Rates Deutscher Chopin-Gesellschaften« übernahm.[11]

Nachdem eine Initiative zur Gründung einer Georg-Friedrich-Telemann-Gesellschaft auf gesamtdeutscher Basis im Jahr 1958 aus politischen Gründen gescheitert war,[12] konnte in Magdeburg, der Geburtsstadt Telemanns, am 25. Mai 1961 nur ein dem Kulturbund angegliederter »Arbeitskreis Georg Philipp Telemann« gegründet werden, der in den folgenden Jahren in Zusammenarbeit mit dem später gebildeten »Magdeburger Telemann-Zentrum« und anderen Institutionen zahlreiche Aktivitäten entfaltete, wozu vor allem die seit 1962 stattfindenden »Magdeburger Telemann-Festtage« mit Konzerten und wissenschaftlichen Konferenzen zählen.[13] Der Plan zur Gründung einer internationalen Vereinigung konnte erst nach der deutschen Wiedervereinigung verwirklicht werden. Die Gründungsversammlung dieser »Telemann-Gesellschaft« fand am 4. Mai 1991 in Magdeburg statt. Martin Ruhnke wurde zu ihrem ersten Präsidenten gewählt.

Die Telemann-Gesellschaft stellt nicht die einzige Neugründung musikalischer Vereinigungen in den neuen Bundesländern dar. Ebenfalls aus einem Arbeitskreis des Kulturbundes ging 1990 die »Franz-Liszt-Gesellschaft Weimar« hervor. Im März 1990 wurde in Leipzig der »Verband der Musikpädagogen der DDR« gegründet,[14] während sich zur selben Zeit in beiden Teilen Berlins eine Schostakowitsch-Gesellschaft konstituierte. Erst im April 1991 kam es in Berlin zur Bildung einer deutschen Sektion der »Internationalen Gesellschaft für elektroakustische Musik«. Kurioserweise gab es vor 1989 in dieser Gesellschaft schon eine DDR-Sektion, die ohne westdeutsches Gegenstück geblieben war.[15] Und schließlich konnte 1994 in Berlin nach mehrjähriger Vorbereitungszeit eine »Internationale Hanns Eisler Gesellschaft« gegründet werden.

---

[11] Mitteilung in: *MuG* 40 (1990), H. 8–9, S. 468; A. Herbst/W. Ranke/J. Winkler, *So funktionierte die DDR*, Bd. 1, S. 159 f. Zur Gründung der Gesellschaft: *Chopin-Gesellschaft der DDR.*

[12] I. Allihn, *Zentrum internationaler Forschung.*

[13] W. Hobohm, *20 Jahre Magdeburger Telemann-Pflege.*

[14] Ausführlich über die Gründungsversammlung: J. Hahn, *Neue Ansprüche an Musikunterricht und Lehrerausbildung.*

[15] A. R[uschkowski], *Auftakt für DecimE.*

TEIL III:
DOKUMENTE

Dokument 1

Befehl Nr. 2 des Obersten Chefs der Sowjetischen Militärverwaltung in Deutschland [vom 10. 6. 1945]

[...]

1. Auf dem Territorium der sowjetischen Besatzungszone in Deutschland ist die Bildung und Tätigkeit aller antifaschistischen Parteien zu erlauben, die sich die endgültige Ausrottung der Überreste des Faschismus und die Festigung der Grundlage der Demokratie und der bürgerlichen Freiheiten in Deutschland und die Entwicklung der Initiative und Selbstbetätigung der breiten Massen der Bevölkerung in dieser Richtung zum Ziel setzen.

2. Der werktätigen Bevölkerung der sowjetischen Besatzungszone in Deutschland ist das Recht zur Vereinigung in freien Gewerkschaften und Organisationen zum Zweck der Wahrung der Interessen und Rechte der Werktätigen zu gewähren. Den gewerkschaftlichen Organisationen und Vereinigungen ist das Recht zu gewähren, Kollektivverträge mit den Arbeitgebern zu schließen sowie Sozialversicherungskassen und andere Institutionen für gegenseitige Unterstützung, Kultur-, Bildungs- und andere Aufklärungsanstalten und -organisationen zu bilden.

[...]

Befehle des Obersten Chefs der Sowjetischen Militärverwaltung in Deutschland/Aus dem Stab der Sowjetischen Militärverwaltung in Deutschland, Sammelheft 1 (1945), Berlin 1946, S. 9 f.

Dokument 2

Befehl Nr. 51 des Obersten Chefs der Sowjetischen Militäradministration in Deutschland über die Wiedererrichtung und die Tätigkeit der Kunstinstitutionen (4. 9. 1945)

[...]

3. Alle ehemals auf dem Territorium der Sowjetischen Besatzungszone Deutschlands existierenden künstlerischen Gesellschaften und Vereinigungen sind vom Zeitpunkt der Kapitulation Deutschlands an als aufgelöst zu betrachten.

Weiterhin ist die Bildung neuer Kunstgesellschaften und -vereinigungen in jedem einzelnen Fall nur mit Genehmigung der Abteilung für Volksbildung

der Sowjetischen Militäradministration auf Vorschlag der Deutschen Zentralverwaltung für Volksbildung oder ihrer örtlichen Organe zu gestatten.
[...]

*Um ein antifaschistisch-demokratisches Deutschland. Dokumente aus den Jahren 1945–1949, Berlin [Ost] 1968,
S. 145–148.*

Dokument 3

Verordnung zur Überführung von Volkskunstgruppen und volksbilden-
den Vereinen in die bestehenden demokratischen Massenorganisationen.
Vom 12. Januar 1949

Der Kampf für die Erfüllung des Zweijahresplanes macht die Entfaltung einer
Massenkulturarbeit erforderlich. Wissenschaft, Kunst und Literatur müssen sich
organisch in den Aufbau einer neuen Friedenswirtschaft eingliedern und ihren
Anteil an der Erziehung eines neuen Menschen und einer neuen Einstellung zur
Arbeit leisten.

Dazu ist notwendig, die kulturelle Initiative der Werktätigen, vor allem in den
Betrieben und auf dem Lande, zu wecken und eine breite kulturelle Selbstbetätigung der Arbeiter und Bauern in den mannigfaltigsten Formen zu entfalten. Zur
Förderung der Volks- und Laienkunst in künstlerischen und materiellen Fragen
sollen deshalb die schon bestehenden Gruppen und Vereine in die demokratischen Massenorganisationen eingegliedert und durch sie weiter entwickelt werden.

§ 1

In den Betrieben werden die bestehenden Volkskunst- und volksbildenden
Gruppen aller Art – außer den Jugendgruppen – der Betriebsorganisation des
Freien Deutschen Gewerkschaftsbundes angegliedert. Die betrieblichen Volks-
kunst- und volksbildenden Gruppen, die überwiegend aus Jugendlichen bestehen, werden der Betriebsgruppe der Freien Deutschen Jugend angeschlossen.

§ 2

Die demokratischen Massenorganisationen
    der Freie Deutsche Gewerkschaftsbund,
    die Freie Deutsche Jugend,

der Kulturbund zur demokratischen Erneuerung Deutschlands,
der Bund Deutscher Volksbühnen,
die Gesellschaft zum Studium der Kultur der Sowjetunion,
der Demokratische Frauenbund Deutschlands
haben im Rahmen ihrer Aufgaben das Recht, lokale (örtliche) Volkskunst- und volksbildende Gruppen zu bilden und zu unterhalten.

§ 3

Dem Freien Deutschen Gewerkschaftsbund werden folgende der bereits bestehenden lokalen Vereine angegliedert:
1. Stenografiegruppen und -vereinigungen
2. technische Bastelgruppen, soweit sie nicht der Freien Deutschen Jugend anzugliedern sind.

§ 4

In die Freie Deutsche Jugend werden von den bestehenden örtlichen Vereinen eingegliedert:
1. radiotechnische und maschinentechnische Bastelgruppen,
2. Bastelgruppen volkskünstlerischer Art,
3. Wandergruppen,
4. Jugendschachgruppen,
5. sonstige Gruppen und Vereinigungen volksbildender Art, die überwiegend aus jugendlichen Mitgliedern bestehen.

§ 5

In die Sportgemeinschaften des Deutschen Sportausschusses werden die lokalen Schachgruppen eingegliedert.

§ 6

Dem Kulturbund zur demokratischen Erneuerung Deutschlands werden von den lokalen Gruppen und Vereinen angeschlossen:
1. die Goethe-Gesellschaft und ihre örtlichen Untergruppen,
2. Literatur-, Kunst- und Philosophiegesellschaften,
3. Heimat- und Naturschutzgruppen,
4. Geschichts-, Sprach-, naturwissenschaftliche und geographische Gruppen,
5. Philateliegruppen,
6. Fotografiegruppen,
7. Bastelgruppen volkskünstlerischer Art, soweit sie nicht nach § 3 der Freien Deutschen Jugend anzugliedern sind.

§ 7

Örtliche Volkskunstgruppen, die bisher keiner der im § 2 genannten demokratischen Massenorganisationen angehörten und die in den §§ 3 bis 6 nicht genannt sind, werden dem Bund Deutscher Volksbühnen angegliedert.

§ 8

(1) Beim Bund Deutscher Volksbühnen ist eine Zentralstelle für Volkskunstgruppen zu schaffen, der die künstlerische Anleitung aller Volkskunstgruppen obliegt.

(2) Die Zentralstelle für Volkskunstgruppen wird in allen künstlerischen Fragen durch ein Organ beraten, das sich aus Vertretern aller im § 2 genannten demokratischen Massenorganisationen zusammensetzt.

§ 9

Die Verordnung tritt mit Wirkung vom 1. Januar 1949 in Kraft.

Berlin, den 12. Januar 1949

Dr. Fischer
Präsident der Deutschen Verwaltung des Innern
in der sowjetischen Besatzungszone

Wandel
Präsident der Deutschen Verwaltung für Volksbildung
in der sowjetischen Besatzungszone

ZVOBl., Jg. 1949, Teil I, Nr. 7 (10. 2. 1949), S. 67 f.

Dokument 4

Ausführungsbestimmungen zur Verordnung zur Überführung von
Volkskunstgruppen und volksbildenden Vereinen in die bestehenden
demokratischen Massenorganisationen.
Vom 12. Januar 1949

1. In den Betrieben, in erster Linie in den volkseigenen Fabriken und im Transportwesen, ist die kulturelle Selbstbetätigung der Werktätigen mit allen Mitteln zu fördern und zu entwickeln. Volksbildende und Volkskunstgruppen
oder Zirkel der Belegschaften sind uneingeschränkt zugelassen. Das Schwergewicht der kulturellen Betätigung liegt hier in den Händen des Freien Deutschen Gewerkschaftsbundes. Soweit solche Gruppen und Zirkel nicht der
Freien Deutschen Jugend angehören und von dieser Organisation bereits betreut und geleitet werden, gelten sie als volksbildende und Volkskunstgruppen des Freien Deutschen Gewerkschaftsbundes. Bestehen in einem Betrieb
mehrere Gruppen oder Zirkel, die beiden genannten Organisationen angehören, so ist ihre Tätigkeit durch die Betriebsgewerkschaftsleitung zu koordinieren.
2. Die Leitungen der im § 2 der Verordnung genannten demokratischen Massenorganisationen tragen die Verantwortung für die Tätigkeit der volksbildenden und Volkskunstgruppen, die ihnen eingegliedert werden. Sie haben
diese Gruppen fortlaufend zu kontrollieren und anzuleiten sowie ihnen materielle, organisatorische und sonstige Unterstützung zuteil werden zu lassen.
Die Kontrolle hat sich vor allem darauf zu erstrecken, daß die zumeist in engem lokalen Rahmen gebildeten Vereine und Gruppen nicht zu einem bequemen Unterschlupf für Feinde der neuen demokratischen Ordnung werden.
3. Zu den Volkskunstgruppen, die gemäß § 7 der Verordnung dem Bund Deutscher Volksbühnen einzugliedern sind, gehören vor allem Chöre, Gesangvereine (außer den Kirchenchören), Laienmusikkapellen aller Art, Laienspiel-
und -tanzgruppen.
4. Beim Bund Deutscher Volksbühnen ist eine Zentralstelle für Volkskunstgruppen zu schaffen, der die künstlerische Anleitung aller, auch der betrieblichen Volkskunstgruppen obliegt. Bei der Zentralstelle ist ein beratendes Organ aus Vertretern aller im § 2 der Verordnung genannten Organisationen zu
bilden.

5. Das Verbot der Freikulturverbände (Nacktkultur) wird aufrechterhalten. Die Kontrolle über die Einhaltung des Verbots durch die Polizei muß verstärkt werden.

6. Die Aufgaben der örtlichen Verkehrsvereine sind von Kommunalverwaltungen zu übernehmen und die Vereine aufzulösen.

7. Kunstsprachengruppen sind aufzulösen.

8. Ido- und Esperantosprachecken in den Zeitungen und Zeitschriften sind unverzüglich aufzuheben.

Berlin, den 12. Januar 1949

Dr. Fischer
Präsident der Deutschen Verwaltung des Innern
in der sowjetischen Besatzungszone

Wandel
Präsident der Deutschen Verwaltung für Volksbildung
in der sowjetischen Besatzungszone

ZVOBl., Jg. 1949, Teil I, Nr. 7 (10. 2. 1949), S. 68.

Dokument 5

**Verordnung zur Ergänzung der Verordnung zur Überführung von Volkskunstgruppen und volksbildenden Vereinen in die bestehenden demokratischen Massenorganisationen.
Vom 19. Juli 1949**

Zur Ergänzung der Verordnung zur Überführung von Volkskunstgruppen und volksbildenden Vereinen in die bestehenden demokratischen Massenorganisationen vom 12. Januar 1949 (ZVOBl. S. 67) wird folgendes bestimmt:

§ 1

Im § 2 der obengenannten Verordnung ist
1. hinter den Worten »Die Freie Deutsche Jugend« »und der Verband junger Pioniere« einzusetzen,
2. in neuer Zeile »die Vereinigung der gegenseitigen Bauernhilfe« nachzutragen.

§ 2

Im § 6 ist Ziffer 1 zu ändern in:
»1. die Goethe- und die Bach-Gesellschaft und deren örtliche Untergruppen«,

§ 3

§ 7 der obengenannten Verordnung erhält folgende Fassung:
»Örtliche Volkskunstgruppen, die bisher keiner der im § 2 genannten demokratischen Massenorganisationen angehörten und die in den §§ 3 bis 6 nicht genannt sind, werden in den kreiszugehörigen Gemeinden der Vereinigung der gegenseitigen Bauernhilfe, in den Stadtkreisen und kreiszugehörigen Städten dem Bund Deutscher Volksbühnen eingegliedert.«

§ 4

(1) Alle von den Vereinen abgeschlossenen Verträge sind, soweit nicht arbeitsrechtliche Bindungen vorliegen, mit dem Tage der Überführung aufgehoben.
(2) Die Organisationen können die Verträge erneuern.

§ 5

Die Löschungen der übernommenen Vereine und Gruppen im Vereinsregister haben auf Antrag der übernehmenden Organisationen gebührenfrei zu erfolgen.

Berlin, den 19. Juli 1949

Der Präsident der Deutschen Verwaltung des Innern
Dr. Fischer

Der Präsident der Deutschen Verwaltung für Volksbildung
Wandel

ZVOBl., Jg. 1949, Teil I, Nr. 78 (15. 9. 1949), S. 696.

Dokument 6

**Richtlinien über die Fertigstellung von Vorlagen und wichtigen
Materialien für die Regierung und Regierungsstellen zur Entscheidung
durch die zuständigen Organe des Parteivorstandes sowie über die
Kontrolle der Durchführung dieser Entscheidungen**
[Beschluß des Kleinen Sekretariats des Politbüros vom 17. 10. 1949]

1. Gesetze und Verordnungen von Bedeutung, Materialien sonstiger Art, über
    die Regierungsbeschlüsse herbeigeführt werden sollen, weiterhin Vorschläge
    zum Erlaß von Gesetzen und Verordnungen müssen vor ihrer Verabschie-
    dung durch die Volkskammer oder die Regierung dem Politbüro bzw. Se-
    kretariat des Politbüros zur Beschlußfassung übermittelt werden.
2. Für alle wichtigen Verwaltungsmaßnahmen ist vor ihrer Durchführung die
    Entscheidung der zuständigen Abteilung beim Parteivorstand herbeizufüh-
    ren. Die Abteilungen des Parteivorstandes haben auf die in den Regierungs-
    stellen verantwortlichen Genossen in dem Sinne einzuwirken, daß sie in der
    Durchführung der Aufgaben ihres Geschäftsbereiches Selbstverantwortlich-
    keit zeigen und die Abteilungen des Parteivorstandes nicht mit Bagatell-
    sachen belasten.
3. Die dem Sekretariat zur Beschlußfassung zu übermittelnden Vorlagen nach
    Ziffer 1 dieser Richtlinien sind von der für die Materie zuständigen Abtei-
    lung des Parteivorstandes anzufertigen. Diese Abteilung beim Parteivorstand
    hat erforderlichenfalls andere Abteilungen an der Anfertigung der Vorlage
    zu beteiligen sowie die für diese Frage zuständigen leitenden Genossen im
    Staatsapparat.
4. Die Ausarbeitung des Materials als Entwurf erfolgt grundsätzlich durch die
    dafür zuständige Regierungsstelle. Die Übermittlung des Auftrages vom Par-
    teiapparat erfolgt an den Genossen, der in der entsprechenden Regierungs-
    stelle *die höchste Funktion bekleidet.* Dieser Genosse ist auch verantwortlich für
    die Zuleitung des Materials an den Parteiapparat.
    [...]
10. Beim Schriftverkehr mit der Regierung, der Volks- und Länderkammer, dem
    Präsidenten der Deutschen Demokratischen Republik ist der offizielle Cha-
    rakter zu wahren. Parteischreiben an Genossen im Regierungsapparat usw.
    sind nur im Ausnahmefall zulässig.
    [...]

*Protokoll Nr. 57 der Sitzung des Kleinen Sekretariats am 17. Oktober 1949, Anlage 5, SAPMO, DY 30/J IV
2/3/057, Bl. 26–28.*

Dokument 7

Herein mit J. S. Bach in die »Nationale Front«
Parteipolitische Ausnutzung eines großen Deutschen – Theater vor den Westleuten[1]

»Das Kreissekretariat Leipzig erhält den Auftrag, Herrn Prof. Günther Ramin für die Vorbereitung des Bach-Ausschusses und Bach-Festes eine Sekretärin zur Verfügung zu stellen, die der SED angehört und durch Parteiauftrag verpflichtet wird, alle Unterlagen an die Partei weiterzuleiten.«

Dieser vom Zentralsekretariat der SED ausgegebene Befehl kennzeichnet treffender als alles andere das Gesicht der ostzonalen Bach-Feiern. Die bisherigen Vorbereitungen enthüllten ein neues Stück östlicher Kulturpolitik. Während man sich im Westen noch immer unschlüssig ist, ob man an den Leipziger Bach-Feiern teilnehmen soll, vollzog sich in der Ostzone zwischen der SED mit ihren kulturellen Nebenorganisationen und den letzten Trägern *selbständigen* deutschen kulturellen Wollens ein Kampf um die Bach-Feiern, der mit einem völligen Sieg der SED geendet hat.

Wie geschah das?

Seit mehr als einem Jahr beschäftigen sich die Organisationen der Ostzone mit den Vorbereitungen zum *Bach-Jahr.* Ende März 1949 wurde das von der Neuen Bach-Gesellschaft aufgestellte Programm von der Kulturkommission beim Kreisvorstand der SED Leipzig als »zu kirchlich« befunden. Es wurden also alle Hebel in Bewegung gesetzt, um von der Partei aus Einfluß auf die Programmgestaltung zu gewinnen. Dazu war zunächst der Widerstand der Neuen Bach-Gesellschaft zu überwinden, ohne gleichzeitig die vielen in- und ausländischen Mitglieder dieser seit 50 Jahren für das Erbe Bachs wirkenden Gesellschaft zu verärgern, – ja im Gegenteil: Die Gesellschaft mußte unbedingt bestehen bleiben, um kraft ihrer Autorität die Musiker und Musikwissenschaftler des Westens zur Mitwirkung innerhalb der ostzonalen Kulissen zu gewinnen. Die Lösung

---

[1] Am 24. 3. 1950 schickte der Berliner Sekretär des »Deutschen Bachausschusses 1950«, Karl-Heinz A. Tetzner, eine Abschrift dieses Artikels an den Leiter der Kulturabteilung des ZK, Stefan Heymann, und teilte mit: »Dieser Aufsatz, der ohne Namens- oder Pseudonymangabe veröffentlicht ist, wurde mit größter Sicherheit von Eberhard Gelbe-Haussen, vormals Kreissekretär des Kulturbundes in Leipzig und Leiter des Organisationsbüros des Bach-Ausschusses selbst geschrieben oder aufgrund der von ihm gemachten Angaben, respektive von ihm gestohlenen Unterlagen verfaßt. Beweis hierfür ist die intime Kenntnis der Leipziger Situation, wörtliche Zitate aus den Protokollen der vorangegangenen Absprachen und Abreißen des chronologisch aufgebauten Machwerkes bei den ihm am Fluchttage bekannt gewesenen Beschlüssen« (SAPMO, DY 30/IV 2/9.06/70, Bl. 82).

war einfach aber wirksam: Nach bekanntem Muster wurde die Neue Bach-Gesellschaft aufgefordert, dem ostzonalen Kulturbund beizutreten – ein Ansinnen, das in der Ostzone mit solchem Nachdruck gestellt zu werden pflegt, daß dem Leipziger Vorstand der Gesellschaft nichts weiter übrig blieb, als zuzustimmen. Am 4. 7. 1949 wurde in Berlin die Übernahme in den Kulturbund beschlossen mit der Bedingung, daß die *ideologische* und *organisatorische* Arbeit der Bach-Gesellschaft in Übereinstimmung mit den grundsätzlichen Prinzipien des Kulturbundes erfolgen sollte, das heißt auf deutsch, daß auch die Bach-Gesellschaft auf der Grundlage der SED-Diktatur zu arbeiten habe. Die russische Zentralkommandantur in Leipzig hatte die Zustimmung zu der Übernahme unter der Bedingung erteilt, daß die Bach-Gesellschaft im Rahmen der »Nationalen Front« eingesetzt würde und daß man die früheren westdeutschen Vorstandsmitglieder zur Mitarbeit gewänne.

Bachausschuß unter SED-Kontrolle

Als Gegenleistung versprach man, daß das Deutsche Bach-Fest in Leipzig allein eine Angelegenheit der Neuen Bach-Gesellschaft und nicht politischer Stellen sein solle. Dies Versprechen wurde gebrochen. Denn inzwischen hatte das Zentralsekretariat der SED beschlossen, das Bach-Fest unter der Maske einer gesamtdeutschen Angelegenheit zum *politischen Propagandaakt* zu benutzen. Zu diesem Zwecke berief sie über den Kulturbund eine Fraktionssitzung ein, zu der Vertreter der Kulturabteilung der SED, des Volksbildungsministeriums und der Musikhochschule Leipzig – soweit sie Mitglieder der SED waren – eingeladen wurden. Außerdem wurden herangezogen: Prof. Dr. Ernst Hermann Meyer, Inhaber des Lehrstuhls für Musiksoziologie an der Linden-Universität Berlin, Dr. Laux und Herr Notowicz.

Dieses eindeutig politisch ausgerichtete Gremium bestimmte nun von sich aus die Einsetzung eines »Deutschen Bach-Ausschusses«. Um die Opposition von Prof. Ramin auszuschalten, nominierte man ihn als Vorsitzenden, in der Annahme, daß er sich durch eine solche Ehrung bestimmen ließe, das bisher festgelegte Bach-Programm »im *weltlich-politischen Sinne*« zu revidieren. Als Mitglieder des Ehrenpräsidiums sah man vorläufig vor: Staatspräsident Pieck, Ministerpräsident Grotewohl, Minister Wandel, Prof. Albert Schweitzer, Prof. Gurlitt, Prof. Blume, Prof. Straube, Präsident J. R. Becher, Prof. Mahrenholz, Prof. Haas, Prof. Stroux, Prof. Mersmann und Heinrich Mann.

Die nächste Aufgabe war nun, die Musikwelt Westdeutschlands zu interessieren und westdeutsche Feiern zu hintertreiben, um die Aufmerksamkeit der Welt auf das alleinige Bach-Fest der »Deutschen Demokratischen Republik« zu sammeln. Hier mußten nun die nichtkommunistischen Mitglieder der Bach-Gesell-

schaft und des Kulturbundes zum Vorspann dienen. Prof. Walther *Vetter*, Inhaber des Lehrstuhls für Musikgeschichte an der Berliner Linden-Universität,
wurde mit zwei »Zuverlässigen«, Herrn Notowicz und Herrn Dr. Laux nach
Kiel zu Prof. Blume geschickt, um dort die Verlegung des nach Lüneburg einberufenen Bach-Kongresses der »Gesellschaft für Musikforschung« nach Leipzig zu erwirken. Man kam zu einem Kompromiß: Anschließend an den Lüne-
burger Kongreß lädt die Gesellschaft vom 23. bis 26. 7. 1950 zu einem Internationalen Bach-Kongreß in Leipzig ein. Ähnliches versuchte man bezüglich des
Göttinger Bach-Festes.

    War damit also der Geist der Bach-Gesellschaft und der Gesellschaft für Mu-
sikforschung neutralisiert, so war doch noch eine zweite Gefahr zu beseitigen:
Das Wirken Bachs für die Kirche konnte natürlich nicht in Abrede gestellt werden –
wenn man sich nicht weithin lächerlich machen wollte. Eine Stärkung der Kirche
und noch mehr eine *»religiöse Infizierung der Ostzone«* sollte aber unter allen Umständen vermieden werden. Hatte man der Kirche sowieso schon verübelt, daß
sie mit der Überführung der Gebeine Bachs ohne Wissen der staatlichen Stellen
aus der zerstörten Johanniskirche in die Thomaskirche dem Plan einer »weltlichen« Bach-Gedenkstätte zuvorgekommen war, so rächte man sich jetzt, indem
man der Kirche die Zuschüsse für die Bach-Gruft und Restaurierung der Thomaskirche ablehnte.

»Bach-Schulungsbrief«

Aber die weit wichtigere Frage: Wie konnte man den »Genossen« immun gegen
den »kirchlichen« Bach machen? Professor E. H. Meyer und Herrn Notowicz
fiel die Aufgabe zu, in Zusammenarbeit mit Prof. Kuczynski[2], Herrn Knepler
und Herrn Dr. Laux ein Exposé auszuarbeiten, das *Bach im Sinne der politischen
Auffassung der SED aufzeigen sollte.* Dieser »Schulungsbrief« – in seiner Art ein ein-
zigartiges Dokument marxistischer »Wissenschaft« – ist seither die Grundlage
der Bach-Arbeit der SED und damit aller ihr »angeschlossenen« Organisationen.
    Die wissenschaftliche Methode dieses Exposés wird klar, wenn man den er-
sten Satz liest:
*»Der Ausschuß bekämpft aufs schärfste die in den kapitalistischen Ländern vorherrschenden
Auffassungen von Sebastian Bach, die entweder rein formalistisch sind und in diesem Meister
selbst einen abstrakten Formalisten erblicken oder ausschließlich weltflüchtige religiöse Ziele
verfolgen ...«*
    Diese wissenschaftliche Beweisführung, geschickt abgefaßt und in gefähr-
licher Weise verbogen, um den Nichtfachmann zu überzeugen, ist ein raffinier-

---

[2] Jürgen Kuczynski (1904–1997), damals Professor für Wirtschaftsgeschichte an der Ost-Berliner
   Humboldt-Universität.

tes Stück dialektischer Spitzfindigkeit. Indem man nämlich auch den *kirchlichen* Bach anerkennt, seine pietistische Seite aber – im Gegensatz zu allen wirklich ernsthaften Forschungsergebnissen – gegenüber orthodoxen Zügen aufbläht, den Pietismus aber als die »gesellschaftlich fortschrittliche Idee der damaligen Zeit« bezeichnet, kann man nun auch den kirchlichen Bach als Kämpfer für »den Fortschritt« in Anspruch nehmen. So werden also die Kongreßteilnehmer aus dem Westen reden können was sie wollen: alles was sie sagen, wird letzten Endes irgendwie in dieses genehmigte Bach-Bild hineinpassen, und der Genosse kann ruhig schlafen.

Trotzdem ist den skrupellosen Dialektikern der SED aber das »Kirchliche« an Bach immer noch unsympathisch und man beweist, daß es sich bei ihm weniger um kirchliche, als vielmehr um »ethisch-humanitäre« Religiosität handele. Dazu behauptet man dann einmal, daß er das Kantorat nicht aus religiösem Bedürfnis erwählte. Auf der anderen Seite aber entschuldigt man das Überwiegen seiner kirchlichen über die weltlichen Kompositionen mit einem noch schlagenderen Argument: Bach wäre ja »Angestellter der Kirche« gewesen, und hätte also zahllose Werke einfach von Amts wegen schreiben müssen. Ein paar Seiten später streicht man dann aber wieder das »individuelle Bewußtsein« Bachs gegenüber der Kirche, Hof und Behörden als besonders »fortschrittlichen« Zug heraus.

Aber den Parteidienststellen, besonders dem »Nationalpreisträger« Oelßner, genügt auch das nicht. Die Konzessionen an die Kirche seien noch immer zu groß. Die Feier solle in *»Nationale Bach-Feier«* umbenannt werden und völlig in den Dienst der Kulturpropaganda gestellt werden. Die Eröffnung solle Präsident Pieck selbst vornehmen.

So stehen die Dinge also heute: Die Bach-Feiern sind damit nichts anderes als eine großangelegte kulturpolitische Demonstration für die kommunistische »Nationale Front«. *Hierzu sollen besonders die westdeutschen Gäste die Staffage abgeben.* All dies muß der westdeutsche Besucher wissen, will er nicht eine ähnliche Rolle spielen wie im Goethe-Jahr Thomas Mann in Weimar.

Wir wissen, daß neben diesem Bach-Bild gerade in der Ostzone noch der wirkliche Bach lebendig ist; der Bach, in dessen Kantaten und Passionen die leidende und gepeinigte Menschheit immer wieder Trost und Glauben finden und dessen weltlichen Werken sie sich alle Zeit in wahrer Freude und Freiheit hingeben wird. Aber dieser Bach klingt im Osten nur im Verborgenen und bestimmt nicht auf den offiziellen Bach-Feiern der SED.

Der Tag, Berlin [West], 3. Jg., Nr. 67 vom 19. 3. 1950, S. 4.

Dokument 8

Mozart-Chor – ein Probefall?

Die Ursachen, die zur Entführung des Mozart-Chors, zu diesem verbrecherischen Kindesraub, geführt haben, werden in der Berliner Westpresse verschiedenartig geschildert. Nur *eine* Variante ist noch nicht in die Debatte geworfen worden, obwohl sie nicht nur möglich, sondern auch wahrscheinlich ist. Unzweifelhaft sollte mit diesem, von langer Hand vorbereiteten Verbrechen das Kunstleben in der Deutschen Demokratischen Republik getroffen werden. In ihrem verbrecherischen, ja fast schon irrsinnigen Streben, die Entwicklung in unserer Republik zu schädigen oder zu stören, schrecken die amerikanischen Gangster und ihre deutschen Komplicen vor keinem Verbrechen zurück. Insofern dürfte die Entführung des Mozart-Chors nur als Probefall für eine größere Aktion zu betrachten sein, eine Aktion, die im Zusammenhang mit dem deutschen Bach-Fest in Leipzig steht.

Es ist den größenwahnsinnigen Spaltern Westdeutschlands ein Dorn im Auge, daß mit dem Namen Bach nur Städte, die in der Deutschen Demokratischen Republik liegen, verbunden sind. Sie machen verzweifelte Anstrengungen, um ein paar Orte, an denen sich Bach vorübergehend auf der Wanderschaft aufhielt, zu Bach-Stätten zu erklären und das deutsche Bach-Fest in die Spalterrepublik zu verlegen. Dieses ebenso dumme wie unsinnige Spiel stößt aber auf immer größeren Widerstand in Westdeutschland selbst, so daß z. B. die Zeitung des evangelischen Bischofs Lilje erst vor kurzem schrieb, man solle sich auf ein gesamtdeutsches Bach-Fest in Leipzig einigen, weil Leipzig die einzige, dafür in Betracht kommende Stadt sei.[3]

Das Bestreben der westdeutschen Spalter geht dahin, das nationale Bach-Fest in Leipzig zu sprengen. Bereits vor einiger Zeit wanderte daher der bisherige Sekretär des Leipziger Bach-Ausschusses, *Gelbe-Haussen*, wohlversehen mit Bestechungsgeldern und auf Befehl des amerikanischen Spionagedienstes nach Westdeutschland bzw. Westberlin. Die erste Stinkbombe hat er am 19. März im »Tag« gelegt, wo er eine Art Begründung über sein Verschwinden zu geben versuchte. Was ist aber der wirkliche Auftrag für diesen sauberen Herrn? Er soll – in ähnlicher Weise wie beim Mozart-Chor – auch den Thomaner-Chor nach Westdeutschland entführen! Diese Aktion, die bereits jetzt vorbereitet wird, hat einen doppelten Zweck: einmal das deutsche Bach-Fest in Leipzig zu stören und

---

[3] Gemeint ist die 1948 von dem Hannoverschen Landesbischof Hanns Lilje gegründete Wochenzeitung *Sonntagsblatt*. In dem betreffenden Artikel (gr., *Bach in alles deutschen Landen*) war zwar die Bedeutung des Leipziger Bach-Festes hervorgehoben worden, ohne jedoch die Berechtigung der in Westdeutschland vorgesehenen Bach-Feiern in Frage zu stellen.

der Spalterveranstaltung in Göttingen einen gestohlenen Glanz zu verleihen sowie das Kunstleben in der Deutschen Demokratischen Republik empfindlich zu
schädigen. Die Entführung des Mozart-Chors war eine Probe für das neuerdings geplante Verbrechen. Der Widerhall, den die Kindesentführung im ersten
Fall gefunden hat, dürfte aber wohl die Organisatoren eines neuen Raubes davon überzeugt haben, daß sie mit solchen Aktionen keine Lorbeeren ernten
können. Die Reise des Gelbe-Haussen nach Westberlin war also umsonst, die
Entführung des Mozart-Chores hat sicherlich auch viele Eltern der Thomaner
hellhörig gemacht, so daß eine zweite derartige Aktion noch viel kläglicher verlaufen würde, als es schon mit der ersten der Fall war.

−nn

Neues Deutschland, Berlin [Ost], 5. Jg., Nr. 85 vom 12. 4. 1950, S. 3.

Dokument 9

**Verordnung über die Übertragung der Angelegenheiten der Freiwilligen
Gerichtsbarkeit.
Vom 15. Oktober 1952**

§ 1

Die bisherige Tätigkeit der Gerichte auf dem Gebiete der Freiwilligen Gerichtsbarkeit geht auf die aus dieser Verordnung ersichtlichen Organe der Verwaltung
über, soweit nicht in dieser Verordnung eine abweichende Regelung getroffen
wird.

[…]

Vereinsregister

§ 38

(1) Die Führung des Vereinsregisters erfolgt durch die Volkspolizeikreisämter.
(2) Die nach dem Gesetz bisher dem Amtsgericht übertragenen Geschäfte in
Vereinsangelegenheiten gehen auf die Volkspolizeikreisämter über.

§ 39

(1) Der mit der Führung des Vereinsregisters beauftragte VP-Angestellte nimmt
die bisher dem Richter, Rechtspfleger oder Urkundenbeamten der Geschäftsstelle übertragenen Geschäfte wahr.

(2) Er hat die Eintragung im Vereinsregister mit seiner Unterschrift und Dienstbezeichnung zu versehen.

§ 40

(1) Bei der Anmeldung des Vereins zur Eintragung ist zu überprüfen, ob die von ihm verfolgten Ziele und Zwecke der demokratischen Gesetzlichkeit entsprechen und die formalen Erfordernisse für die Eintragung gegeben sind.

(2) Gegen die Zurückweisung des Eintragungsantrages ist die Beschwerde zulässig.

§ 41

(1) Dem Verein muß die Rechtsfähigkeit durch Verfügung des Leiters des Volkspolizeikreisamtes entzogen werden, wenn die Tätigkeit gegen die demokratische Gesetzlichkeit verstößt oder die Voraussetzungen des § 73 BGB vorliegen.

(2) Gegen die Verfügung, in der die Entziehung der Rechtsfähigkeit ausgesprochen wird, ist die Beschwerde zulässig.

§ 42

Die Beschwerde ist innerhalb einer Frist von vierzehn Tagen nach Zustellung der Verfügung bei dem Volkspolizeikreisamt vorzulegen. Diese entscheidet endgültig.

§ 43

Eintragungen in das Vereinsregister bedürfen keiner Veröffentlichung.

§ 44

Die gesetzlichen Bestimmungen über die Tätigkeit und Registrierung von Vereinen bleiben unberührt, soweit sie nicht im Widerspruch zu den Vorschriften dieser Verordnung stehen.

[...]

Schlußbestimmungen

§ 70

Durchführungsbestimmungen erlassen die für die einzelnen Organe der Verwaltung zuständigen Ministerien, soweit in dieser Verordnung nichts anderes bestimmt ist.

§ 71

Diese Verordnung tritt am 15. Oktober 1952 in Kraft.

Berlin, den 15. Oktober 1952

Regierung der Deutschen Demokratischen Republik
Ministerium der Justiz
Rau   *Fechner*
Stellvertreter des Ministerpräsidenten   Minister

GBl. Nr. 146, S. 1057.

Dokument 10

Kollegiumsvorlage
Betr. Jahresversammlung der Gesellschaft für Musikforschung in Leipzig
vom 29. 9. bis 2. 10. 1955

Die Jahresversammlung ist im Tagungskalender des Staatssekretariats für Hochschulwesen für das Jahr 1955 enthalten und bestätigt. Zur Vorbereitung der Tagung wird folgende Vorlage unterbreitet.

I.

Die Gesellschaft für Musikforschung faßte nach der Zerschlagung des Faschismus 1946 alle deutschen Musikwissenschaftler, Musiklehrer, Kirchenmusiker und praktische Musiker und Freunde der Musikforschung wieder zusammen. Viele Musikwissenschaftler der DDR sind seit 1946 Mitglieder der Gesellschaft, nahmen an den Tagungen der Gesellschaft teil, publizierten in der Schriftenreihe der Gesellschaft und in ihrer Zeitschrift für Musikforschung.

Der Präsident der Gesellschaft ist Prof. Dr. Fr. Blume, Universität Kiel, Vizepräsident der Gesellschaft ist Prof. Dr. W. Vetter, Humboldt-Universität Berlin, Schriftführer Dr. Blankenburg, Schlüchtern in Westfalen [recte: Hessen], Schatzmeister Dr. Baum, Kassel.

Die Professoren Vetter und Schneider (Halle) sind Mitglieder der Schriftleitung der Zeitschrift und Prof. Dr. Besseler Mitglied im Beirat der Gesellschaft. Ferner gehören noch weitere Wissenschaftler aus der DDR einzelnen Kommissionen an.

Nach vorangegangenen Aussprachen im Zentralkomitee, Ministerium für Kultur und im Staatssekretariat für Hochschulwesen erfolgte auf der Jahreshauptversammlung im September 1954 in Köln die Einladung der DDR-Vertreter, die nächste Versammlung in der DDR abzuhalten. Die Mitglieder stimmten dem Vorschlag zu und schlugen Leipzig als Tagungsort vor.

Durch die Genehmigung der Gesellschaft für Musikforschung in der DDR und durch die Einrichtung einer Geschäftsstelle wurde im März der Gesellschaft die Möglichkeit gegeben, auf legalem Wege Mitglieder in der DDR aufzunehmen, bevor im einzelnen geklärt war, in welcher Weise die Arbeit mit der Gesellschaft gestaltet werden muß (vergl. III).

II.

Die Durchführung der Jahresversammlung ist fachlich und politisch ein wichtiges kulturelles Ereignis, das gewährleisten muß, daß die Ziele, die unser Arbeiter- und Bauernstaat der Musikwissenschaft stellt, auch erreicht werden.

1) Es ist das wissenschaftliche Ziel der Jahresversammlung, in Vorträgen, Aufführungen und Besichtigungen Probleme der Instrumentenkunde und Aufführungspraxis zu behandeln. Dazu bietet Leipzig mit den Vorzügen des Musikinstrumentenmuseums die geeignete Ausgangsposition für eine wissenschaftliche Diskussion. Im Gegensatz zur vorjährigen Tagung in Köln, wird auf der Leipziger Tagung nicht elektronische Musik, die vorwiegend dem Formalismus dient, behandelt, sondern es werden Probleme der Musizierpraxis des 16. und 17. Jahrhunderts vorgetragen und diskutiert. Diese Aufgabenstellung kommt der Weiterentwicklung der Musikwissenschaft zugute und dient der wissenschaftlichen Erforschung des kulturellen Erbes.

2) Das kulturpolitische Ziel der Tagung ist, die westdeutschen Gäste mit allen Errungenschaften unserer Republik bekanntzumachen. Sie werden den Wiederaufbau Leipzigs sehen, Kulturhäuser und Musikverlage besichtigen, das Musikinstrumentenmuseum kennenlernen, das eine der größten Sammlungen der Welt repräsentiert, sie werden sich überzeugen können, wie die Wissenschaft und die Musikwissenschaft in unserem Staat gefördert werden. Das schafft eine Atmosphäre des Vertrauens. Die Konzerte (X. Sinfonie von Schostakowitsch und Kompositionen von Gerster und Spies), die Händeloper »Radamisto« werden das hohe Niveau unserer künstlerischen Leistungen zeigen.

3) Das politische und fachliche Ziel dieser Tagung ist, die Musikwissenschaftler aufzurufen, dem Musikleben der Gegenwart und der fortschrittlichen Weiterentwicklung unserer Musikkultur zu dienen, um aus der einseitigen historisierenden Betrachtung herauszukommen.

III.

Zur weiteren erfolgreichen Arbeit der Gesellschaft für Musikforschung muß erreicht werden, daß die Gesellschaft in ihrer Organisationsform der Souveränität der DDR Rechnung trägt. Augenblicklich besteht die Geschäftsstelle in Leipzig als eine Zweiggeschäftsstelle der in Kiel beheimateten Leitung der Gesellschaft. Wir müssen anstreben, daß während der Versammlung in der Diskussion mit den maßgeblichen Persönlichkeiten Übereinkunft erzielt wird über die Einrichtung einer eigenen selbständigen Geschäftsstelle in Leipzig und über die Benennung eines eigenen Vorstandes, damit die Gesellschaft als eine gesamtdeutsche Organisation mit zwei selbständigen Sektionen den aus der Genfer Konferenz resultierenden Ergebnissen Rechnung trägt, oder daß in den jetzigen Vorstand, der aus drei westdeutschen und einem Vertreter der DDR gebildet wird, noch Vertreter der DDR gewählt werden, daß in Zukunft eine paritätische Zusammenarbeit möglich ist.

IV.

Für die Durchführung der Tagung ist der Gesellschaft gegenüber Prof. Dr. [Walter] Serauky, Direktor des Musikwissenschaftlichen Instituts der Karl-Marx-Universität in Leipzig, verantwortlich.

Der Verband Deutscher Komponisten und Musikwissenschaftler finanziert die Tagung und hat die organisatorische Leitung.

Das Tagungsprogramm liegt in der Anlage bei.

Wir bitten um Bestätigung der Vorlage.

BA Berlin, DR-3/1743.

Dokument 11

Zur Neuordnung der Literarischen Gesellschaften in der DDR
[Information des Ministeriums für Kultur an die Abteilung Wissenschaften des
ZK der SED]

Vertraulich!

Juli 1957

I

In der Deutschen Demokratischen Republik bestehen gegenwärtig etwa 7 Literarische Gesellschaften, von denen die meisten keinen genau umrissenen gesetzlichen Status besitzen. Hinzu kommen mehrere literarische Arbeitsgemeinschaften im Rahmen des Kulturbundes.

Das *progressive Element* in den Gesellschaften kommt da, wo vorhanden, *nicht
im entferntesten genügend zur Geltung.* Die leitenden Gremien sind oft überaltert und
ausgesprochen rückwärtsgewandt. Die progressiven Kräfte innerhalb der Gesellschaften sind bisher nicht systematisch zusammengefaßt; es besteht noch
keine Selbstverständigung in prinzipiellen Fragen. Diese Kräfte können daher
noch keine wirklich führende Rolle spielen, obwohl einzelne Beispiele von posi-
tivem Eingreifen vorhanden sind.

In erster Linie ist zu prüfen, *welche Gesellschaften aus kulturpolitischer und wissenschaftlicher Notwendigkeit existenzberechtigt sind,* und welche infolge ihrer halblegalen
Existenz, ihrer Zusammensetzung und ihrer Aufgabenstellung keine Zulassung
und Förderung verdienen.

Bei der Prüfung dieses Fragenkomplexes ist zu beachten, daß im letzten halben Jahr zusehends das Bestreben wächst, neue literarische Gesellschaften in
der DDR zu gründen, seien die Anlässe auch noch so absurd. (Z. B. »Neuberin-Gesellschaft«, »Faust-Gesellschaft«.) Hier ist offensichtlich die Absicht
maßgebend, so viele Bürger der DDR wie möglich – vornehmlich Lehrer
und Studierende – in kleinen Konventikeln zusammenzufassen, die sich mit
allem Möglichen beschäftigen, nur nicht mit den wesentlichen Fragen unserer
Kulturpolitik und Kunst. Gesetzt den Fall, man würde sich in solchen Zusammenkünften wirklich ausschließlich mit der Pflege des literarischen Erbes
befassen, so geschähe das doch in einer nur rückwärtsgewandten Weise.

In nicht wenigen Fällen geht die Initiative zur Neugründung solcher Gesellschaften von westlicher Seite aus, oder man beruft sich, wie bei der

»Neuberin-Gesellschaft« auf die Notwendigkeit gesamtdeutscher Arbeit. Es
. braucht hier nicht erörtert zu werden, daß dies Vorwände sind, gefördert
vom Kaiser-Ministerium[4], wenn dies den Antragstellern vielleicht nicht in jedem Fall bewußt sein mag.

Bei den bestehenden Gesellschaften ist zu entscheiden, ob sie weitergeführt
werden sollen, und *wie sie bejahendenfalls aus dem Fahrwasser der konservativen, ja oft
reaktionären Weltanschauung herausgeschleust werden können.* Bei diesen Überlegungen
handelt es sich vornehmlich um die Goethe-Gesellschaft, die Shakespeare-
Gesellschaft und die Deutsche Schiller-Gesellschaft.

Goethe-Gesellschaft

Die Existenzberechtigung der Goethe-Gesellschaft ist unbestritten. Die Gesellschaft hat kulturpolitische und wissenschaftliche Aufgaben. Sie verfügt über eine
lange Tradition. Ihr Hauptsitz ist Weimar, obwohl sich das bisher immer noch
nicht entsprechend auswirkt. Das hangt mit der Zusammensetzung der Mitgliedschaft zusammen, aber auch mit Fragen des Verhältnisses der Nationalen
Forschungs- und Gedenkstätten zur Goethe-Gesellschaft. (In Weimar gibt es
bisher keine Ortsgruppe der Gesellschaft, so daß von »unten« keine Verbindung
und Einflußnahme besteht.) Weitere Einzelheiten stehen auf Wunsch zur Verfügung.

Deutsche Schiller-Gesellschaft

Hier wird die Sache schon problematischer, weil der Hauptsitz der Gesellschaft
in Marbach liegt. Statutengemäß befaßt sie sich keineswegs nur mit Schiller,
sondern beinahe überwiegend mit dem »Schwäbischen Dichterkreis« älterer und
jüngerer Observanz, wodurch sie sich schon selbst zu einem gewissen Teil [au-
ßerhalb] ihres gesamtdeutschen Charakters begibt.

So lag der Jahreshauptversammlung 1957 in Marbach kein Thema über Schiller zugrunde, sondern die Feier des 80. Geburtstages von Hermann Hesse,
zu welchem Zweck die Teilnehmer von Marbach nach Stuttgart gebracht
wurden, um an der offiziellen von der Bundesregierung protektionierten
Hesse-Feier mit dem Festredner Martin Buber teilzunehmen. Auch die Publikationen der Schiller-Gesellschaft entfernen sich immer mehr von Schiller
und propagieren ausgesprochene Themen des Spätbürgertums.

---

[4] Gemeint ist das Bundesministerium für gesamtdeutsche Fragen, das von 1949 bis 1957 von dem
CDU-Gründer Jakob Kaiser (1888–1961) geleitet wurde.

Ein Hauptgesichtspunkt

Gerade weil *alle* literarischen Gesellschaften in der DDR unter dem Hauptgesichtspunkt zu betrachten sind, *ob sie das eigene Gesicht unseres Staates wissenschaftlich, publizistisch und künstlerisch zeigen können*, muß jede Gesellschaft konkret geprüft und jeder Fall differenziert behandelt werden. Es wird sich dann herausstellen, wie weit generelle Schlußfolgerungen gezogen werden können. Selbstverständlich müssen auch gesetzliche Bestimmungen mit maßgebend sein.

Bei alldem sollte nicht einfach in der Linie des geringsten Widerstandes gearbeitet werden. Sorgfältig zu überlegen ist, ob und in welchen Fällen unsere
Kräfte ausreichen, uns eine Neuordnung der jeweiligen Gesellschaft zu gestatten, oder ob es Kräfteverzettelung wäre, auf die Verjüngung und systematische Zusammenfassung der progressiven Kräfte hinzuarbeiten und diese laufend zu unterstützen. Was heißt in diesem Zusammenhang »progressiv«? Zu der
Fähigkeit, am gegebenen Objekt das Weltbild unserer Tage zu entwickeln, muß
der Wille hinzutreten, die gemeinsamen Anstrengungen in dieser Richtung zu
unterstützen und nicht, diese Anstrengungen aus individualistischen Neigungen
zu torpedieren.

Richten wir unsere Aufmerksamkeit auf den oben genannten Hauptgesichtspunkt, so ergibt sich, *daß man sich mit dem gegenwärtigen Stand bestimmter literarischer
Gesellschaften nicht abzufinden braucht*, daß wir auch hier auf eine gute reale Perspektive hinarbeiten können.

II

Shakespeare-Gesellschaft

Die Frage der Shakespeare-Gesellschaft ist gegenwärtig akut. Wenn wir sie hier
relativ ausführlich behandeln, so nicht, um daraus einen »Modellfall« zu machen,
doch immerhin, um zu sehen, wie weit wir unsere Kräfte erproben können und
müssen.

Meiner Ansicht nach ist auch die Shakespeare-Gesellschaft unter bestimmten
Voraussetzungen bei uns existenzberechtigt. Sie leichthin aufzugeben, hieße sich
eines Wirkungsfeldes entäußern, auf dem wir bei systematischer Arbeit innerhalb der DDR, aber auch international (z. B. in England) erfolgreich auftreten
können. Es gibt auch interessante Bemühungen in der Sowjetunion (Othello-
Film, der im Westen sehr erfolgreich ist) und in einigen Ländern der Volks-
demokratie (z. B. ČSR), die wir unterstützen können.

Mitgliedschaft
Die Shakespeare-Gesellschaft vereinigt – oder soll vereinigen – vor allem Shake-speare-Forscher (Anglisten: Dozenten und Studenten), Übersetzer, Mitarbeiter des Instituts für Theaterwissenschaft, Intendanten und Dramaturgen. Die Zu-sammensetzung dieses Personenkreises weist bereits auf *die »innere« Notwendigkeit der Vereinigung von Wissenschaft und Praxis* hin. Repräsentative Shakespeare-Auf-führungen hat die DDR sehr nötig und muß sie aus eigenen Kräften entwickeln. Unsere Bühnen haben bei weitem noch nicht die Höhe der alten Traditionen er-reicht, was aber im Interesse des internationalen Ansehens unserer Theater un-erläßlich ist. Die Teilnahme an einer richtig geleiteten Shakespeare-Gesellschaft kann der oft noch zersplitterten und zufälligen Aufführungspraxis unserer Büh-nen starken Auftrieb geben.

Leitung
Voraussetzung für die zielgerichtete Arbeit ist eine Umbildung des Vorstandes in Weimar. Stützt man sich nur auf das alte Statut, so ist Weimar in jedem Fall Hauptsitz der gesamten Shakespeare-Gesellschaft. Dennoch wäre es irreal und infolgedessen nicht ratsam, gegenwärtig an Weimar als Hauptsitz für die Gesell-schaft in ganz Deutschland zu denken. Die Bochumer Gründung nach 1945, unter starker Förderung von Saladin Schmitt, ist nicht einfach zu negieren. Es sollte aber darauf gedrungen werden, daß Bochum und Weimar als gleich-berechtigte, gleich stark besetzte Teile des Gesamtvorstands gewertet werden. Dabei kann nicht – wie dies der geschäftsführende Vorstand in Weimar noch wünscht – ausschlaggebend sein, daß sich die Mitgliederzahl Bochum – Weimar wie 4 : 1 verhält, sondern die Tatsache, daß wir gegenwärtig zwei deutsche Staa-ten haben und also eine *Parität* gefunden werden müsse.

Nachdruck kann unserer Forderung dadurch verliehen werden, *daß sich die große Shakespeare-Bibliothek in Weimar befindet*. Geht man so an die Frage heran, kann uns kein Vorwurf der »Spaltung« treffen. Im Gegenteil trifft den Vorstand in Bochum dieser Vorwurf insofern, als er seit neuestem beginnt, in Bochum eine Art Parallel-Bibliothek der Gesellschaft aufzuziehen.

Gesamt-DDR-Repräsentanz – nicht lokaler Charakter
Noch aus einem anderen Grund ist es nicht zweckmäßig, sich ausschließlich auf das alte Statut zu stützen. Darin heißt es nämlich, daß mindestens fünf Vor-standsmitglieder in Weimar ansässig sein müssen. So wie die Dinge gegenwärtig liegen, müßte dieser Vorstand – nicht nur nominell, sondern de facto – bei uns durch Mitglieder verstärkt oder ersetzt werden, die nicht alle in Weimar wohnen.

Prof. Kuckhoff, der in erster Linie hierfür in Frage käme, lebt in Leipzig.[5] Solche positiv arbeitenden Shakespeare-Kenner wie der Übersetzer Rudolf Schaller und Intendant Perten wohnen gleichfalls nicht in Weimar.

Vertreter von Theatern und entsprechenden Instituten aus Berlin und anderen wichtigen Orten der DDR erhöhen jedoch die notwendige DDR-Repräsentation und nehmen der Gesellschaft den gegenwärtig unleugbar vorhandenen nur lokalen Charakter. Die Shakespeare-Gesellschaft ist ja auch trotz mancher Berührungspunkte in ihrem Aufgabengebiet nicht so verschwistert mit den Nationalen Forschungs- und Gedenkstätten, wie das die Goethe-Gesellschaft sein müßte.

Wie kann es zu einer Umbildung des Vorstandes in unserem Sinne kommen?
Die Sache ist dadurch ziemlich erschwert, daß die Mitglieder aus der DDR, die an der Jahreshauptversammlung 1957 in Bochum teilnahmen, den dort vorgeschlagenen Vorstand mitgewählt haben, einschließlich seines Vorsitzenden Rudolf Alexander Schröder. Die von uns gemeinsam mit dem Staatssekretariat für Hochschulwesen nach Bochum entsandte Delegation hatte auf die Vorstandstagung keinen Einfluß; dort hatten sich aber die Vorstandsmitglieder bereits festgelegt. Auf der Mitgliederversammlung einen Skandal zu provozieren, hätte wenig Sinn gehabt, zumal die Bochumer in einer Reihe organisatorischer Fragen scheinbar konziliant auftraten und Schröder sich taktischerweise bewußt zurückhielt.

Jetzt dreht sich alles um die Frage, *ob die Jahreshauptversammlung 1958 in Weimar stattfinden soll.*
Der Vorschlag dazu ist ursprünglich von Weimar ausgegangen – allerdings unter Voraussetzungen, die gegenwärtig nicht mehr zutreffen. Doch auch unter den jetzigen Umständen ist es vielleicht nicht nötig, Weimar als Tagungsort kategorisch abzulehnen. Zwar wäre es durchaus vertretbar, eine Zusage zurückzuziehen, die unter heute nicht mehr zutreffenden Voraussetzungen abgegeben worden ist. (Eine solche Zusage liegt tatsächlich vor. S. Anlage [fehlt – L. K.]). Stellt sich jedoch heraus, daß die Ablehnung nicht unbedingt notwendig ist, so sollte man sie auch nicht aussprechen und die Tagung in Weimar zulassen. Schaffen wir es, *dieser Tagung weitgehend unseren Stempel aufzudrücken,* so würde sich das zweifellos besser auswirken, als wenn wir kategorisch nein sagen.
Voraussetzung wäre die Stärkung und Konzentrierung unserer Kräfte mit folgenden praktischen Maßnahmen:

---

[5] Armin-Gerd Kuckhoff, geb. 1912, Theaterwissenschaftler, damals Professor, später auch Rektor an der Theaterhochschule Leipzig.

1) Die Leitung der Jahreshauptversammlung 1958 müßte in den Händen der Gastgeber, d. h. der DDR liegen und zwar in solchen Händen, die imstande sind, die Tagung richtig und energisch zu leiten.

2) Die Tagesordnung muß mindestens paritätische Referate vorsehen und kann nicht einseitig von Bochum bestimmt werden. Es wären dann bei uns Referate und Diskussionsbeiträge vorzubereiten, die das höhere wissenschaftliche Niveau gegenüber den Referaten in Bochum demonstrieren.

3) Das Shakespeare-Jahrbuch muß in einer paritätisch zusammengesetzten Redaktion mit entsprechenden Beiträgen erscheinen.

4) Es müßte ein Aktiv von Mitgliedern der Gesellschaft bei uns geschaffen werden (verstärkt durch junge, ideologisch klare Kräfte), die *ständig* im Geist der Neuordnung der Gesellschaft arbeiten.

5) Hiervon ausgehend ist die neue Zusammensetzung des Vorstandes zu erreichen.

6) *Größte Aufmerksamkeit ist der Besetzung der gegenwärtig vakanten Stelle des Leiters der Shakespeare-Bibliothek in Weimar zu widmen.* Dies ist eine materielle und ideologische Schlüsselposition ersten Ranges.

7) Eine Reihe Publikationen im »Sonntag« und in anderen Zeitungen und Zeitschriften müßte zielgerichtet erscheinen. Dazu gehört in erster Linie die Widerlegung der falschen Auffassungen der in Weimar ansässigen Vorstandsmitglieder.

Zweckmäßigerweise sollte der erste größere Artikel nicht von jemand Außenstehendem, sondern von einem Beteiligten wie etwa Prof. Kuckhoff sein. (Die Konzeption kann kollektiv mit uns erarbeitet werden). Auf diese Weise wird der Vorwurf entkräftet, man urteile »von außen« über die Gesellschaft. Nicht zweckmäßig ist es auch, wenn eine staatliche Stelle – etwa das Ministerium direkt – mit der Diskussion in der Öffentlichkeit *beginnt.*

Begeben wir uns mit einfacher Ablehnung auf die Linie des geringsten Widerstandes, so machen wir es den Gegnern leicht. Das wäre für einen notwendigen Entschluß zwar nicht ausschlaggebend, da wir unsere Kulturpolitik nicht nach Prestigegesichtspunkten machen. Wichtiger erscheint es, den mit Shakespeare beschäftigten Künstlern, Wissenschaftlern und Studierenden durch die Neuformierung der Gesellschaft *termingebundene Aufgaben* zu stellen, *mit deren Durchführung sie sich weltanschaulich manifestieren müßten.* Indem wir auf diesem Gebiet erhöhte Anstrengungen fordern und unsere Ansprüche erhöhen, können wir kulturpolitisch einen Schritt nach vorn tun. Der Gegenstand Shakespeare ist es wert, da keine Gesellschaftsordnung ohne eine lebhafte Beziehung zu seinem Werk sein kann.

8) Es ist eine – wenn auch nicht umfangreiche – Kommission zu bilden, die in allernächster Zeit zusammentritt. Außer der Vertretung des Ministeriums für

Kultur (Schöne Literatur, Darstellende Kunst und Justitiar Dr. Münzer) sollte ein Vertreter des Staatssekretariats für Hochschulwesen der Kommission angehören, ferner Prof. Kuckhoff, Rudolf Schaller, Anselm Perten und ein Vertreter aus Weimar, sowie Klaus Gysi als Verleger der Shakespeare-Ausgabe.

9) Sollten übergeordnete Gesichtspunkte für die Entscheidung maßgebend sein, so treten die Einzelerwägungen selbstverständlich hinter diesen zurück.

Johanna Rudolph

SAPMO, DY 30/IV 2/9.04/228, Bl. 140–144.

Dokument 12

[Ministerium für Kultur]
Sektor: Kulturelle Massenarbeit

22. 1. 58

Gesamtdeutsche Gesellschaften

1.) Goethe-Gesellschaft

Sitz: Weimar, Geschäftsstelle: Westberlin.
ca. 2.665 Mitglieder, davon ca. 850 aus der DDR.
Präsident: Oberstudiendirektor Dr. Andreas B. Wachsmuth, Bln.-Dahlem
Vizepräsidenten: Prof. Dr. Eduard Spranger, Tübingen
Willy Flach, Weimar – Direktor des Thür. Landeshauptarchivs
Ltr. d. Goethe-Schiller-Archivs Weimar

Vorstand: DDR
Prof. Dr. Eberhard Buchwald, Jena
Prof. Dr. Dr. h. c. Theodor Frings, Leipzig
Prof. Dr. Ernst Grumach, Berlin
Gen. Helmut Holtzhauer, Direktor d. Nat. Forschungs- u. Gedenkstätten Weimar
Dr. Herbert Kunze, Direktor d. Städt. Museen Erfurt
Prof. Dr. Hans Mayer, Leipzig
Prof. Dr. Ludwig Justi (verstorben)

Vorstand: Westdeutschland
Prof. Dr. Erwin Ackerknecht, Ludwigsburg
Prof. Dr. Ernst Beutle, Direktor d. Goethe-Museums Frankfurt/Main
Prof. Dr. Carl [Jacob] Burckhardt, Vinzel/Vaud/Schweiz
Prof. Dr. Walter [D.] Däbritz, Essen
Hofrat Dr. Ludwig Haensel, Wien
Prof. Dr. Werner Heisenberg, Göttingen
Prof. Dr. Wolfgang Schadewaldt, Tübingen
Prof. Dr. Erich Trunz, Münster

Vom 29. Mai bis 1. Juni 1958 in Weimar Jahreshauptversammlung. Als Festredner ist an Gen. [Wolfgang] Langhoff gedacht, als Referent unter anderem an [Hans-Günther] Thalheim. Die Vorbereitung der Jahreshauptversammlung liegt mit in den Händen des Kulturbundes.

2.) Deutsche Shakespeare-Gesellschaft

Sitz: Bochum und Weimar (Lt. Statut Weimar)
Mitglieder: ca. 1.175, davon ca. 240 aus der DDR

Vorstand: DDR
Dr. Fritz Behr, Oberbürgermeister u. Oberregierungsrat a. D. Weimar (zurückgetreten)
Bruno Kaensche, Ministerialdirektor a. D. Weimar
Prof. Dr. Gustav Kirchner, Jena

Geschäftsführender Ausschuß Weimar

Dr. Fritz Behr,	Weimar	
Bruno Kaensche	Weimar	
Dr. [Gustav] Kirchner	Jena	Universitätsprofessor
Dr. Karl Hahle	Weimar	Studienrat a. D.
Dr. Ulrich Sommer	Weimar	Rechtsanwalt und Notar
Gen. Kurt Kampe	Erfurt	Bezirksbibliothekar
Dr. Leiva Petersen	Weimar	Verlagsleiterin d. Böhlau-Verlages, Weimar
Dr. Hans Wiedemann	Weimar	Oberbürgermeister
Dr. Wolfgang Vulpius	Weimar	
Dr. [Gerhard] Pachnicke (Gen.)	Weimar	Direktor d. Thür. Landesbibliothek Weimar u. Direktor d. Landesbibliothek Gotha

Dr. Max Lissner	Weimar	Oberstudienrat i. R.
Wilhelm-Hinrich Holtz	Weimar	Schauspieler

Vorstand: Westdeutschland:

Dr. Dr. Rudolf Alexander Schröder	Bergen/Obb.	
Prof. Dr. Walter F. Schirmer	Bonn	
Dr. Mueller	Wiesbaden	Oberbürgermstr. i. R.
Prof. Dr. Wolfgang Clemen	Endorf/Obb.	
Prof. Dr. Henry Lüdeke	Riehen b. Basel	
Dr. [Adolf] Grimme	Hamburg 13	Kultusminister a. D.
Prof. Dr. Levin L. Schücking	Farchant/Obb.	
Prof. Dr. Hermann Heuer	Freiburg i. Br.	*1. Vizepräsident*
Prof. Dr. Karl Brunner	Innsbruck	
Wilhelm Holenberg	Bochum	Bankdirektor
Hans Schalla	Bochum	Intendant

Geschäftsführender Ausschuß Bochum

Prof. Dr. Hermann Heuer	Freiburg i. Br.	
Prof. Dr. Walter [Franz] Schirmer	Bonn	
Dr. [Gerhard] Petschelt	Bochum	Oberstadtdirektor
Dr. L. Diekamp	Bochum	Rechtsanwalt u. Notar
Dr. Franz Schmidt	Hamburg 13	Erster Direktor d. NWDR
Dr. Dr. Wolfgang Stroedel	Göttingen	
Dr. Karl Brinkmann	Bochum	Studienrat
Dr. Günther Skopnik	Frankfurt/M.	Chefdramaturg städt. Bühnen

3.) Deutsche Schillergesellschaft

Sitz: Marbach
Geschäftsstelle: Weimar (Stier)
Mitglieder: ca. 1.100, davon ca. 240 aus der DDR
Ehrenmitglied: Prof. Dr. Erwin Ackerknecht, Ludwigsburg

Vorstand und Ausschuß 1956–1960
Vorsitzender: Dr. Wilhelm Hoffmann, Stuttgart, Bibliotheksdirektor d. Württ.
    Landesbibliothek, Stuttgart
Stellv. Vorsitzender: Dr. h. c. Josef Eberle, Stuttgart, Herausgeber d. Stuttgarter
    Zeitung

Hermann Zanker, Marbach, Bürgermeister
Schatzmeister: Verleger Ernst Klett, Stuttgart
Geschäftsführer: Dr. Bernhard Zeller, Museumsdirektor d. Schiller-National-
museums Marbach

Vorstand: DDR

Prof. Dr. Willy Flach	Weimar
Prof. Dr. Hans Mayer	Leipzig
Friedrich Stier	Weimar – Ministerialrat a. D.

Vorstand: Westdeutschland

Prof. Dr. Friedrich Beißner	Tübingen	
Prof. Dr. Paul Böckmann	Heidelberg	
Wolf Donndorf	Stuttgart	Kultusministerium Vertreter: Oberregierungs- rat Dr. v. Alberti
Dr. Hermann Ebner	Ludwigsburg	Landrat
Dr. Werner Fleischhauer	Stuttgart	Museumsdirektor
Dr. Robert Frank	Ludwigsburg	Oberbürgermeister
Dr. Ing. Otto Hartmann	Stuttgart-Vaihingen	
Prof. Dr. Theodor Heuss	Bonn	Bundespräsident
Prof. Dr. [Paul Egon] Hübinger	Bonn	Bundesministerium d. In- nern – Vertreter: Mini- sterialrat Gussone
Dr. Fritz Kauffmann	Stuttgart	Ministerialrat a. D.
Wilhelm Kleinknecht	Stuttgart-N	Vors. d. Gewerkschafts- bundes Baden-Württ.
Dr. Arnulf Klett	Stuttgart	Oberbürgermeister Vertreter: Stadtdirektor Dr. Schumann
Helmut Palm	Marbach	Apotheker
Dr. [Gerhard] Storz	Schwäb. Hall	Oberstudiendirektor
Dr. [Andreas B.] Wachsmuth	Bln.-Dahlem	Oberstudiendirektor
Helmut Walter	Stuttgart	Regierungsrat
Hans Walz	Stuttgart	Generaldirektor
Prof. Dr. [Carl] Wehmer	Heidelberg	Direktor d. Universitäts- bibliothek

4.) Hölderlin-Gesellschaft

Sitz: Tübingen
Mitglieder: über 1000, davon ca. 80 aus der DDR
Ehrenpräsident: Prof. Dr. Paul Kluckhohn, Tübingen
Vorstand und Ausschuß: Theodor Pfizer, Oberbürgermeister v. Ulm – Präsident –
Stellv. Präsident: wahrscheinlich Dr. Wilhelm Hoffmann, Stuttgart Bibliotheks-
direktor

Vorstand (Stand 1955)

Prof. Dr. Friedrich Beißner	Tübingen
Prof. Dr. Paul Böckmann	Heidelberg
Prof. Dr. Lothar Kempter	Winterthur
Theodor Pfizer	Ulm – Oberbürgermeister
Prof. Dr. Carlo Schmid	Frankfurt/M.

Beratender Ausschuß: (Stand 1955)

Prof. Dr. Joseph-François Angelloz	Saarbrücken
Dr. Walter Bauer	Fulda
Prof. Dr. Adolf Beck	Hamburg
Dr. Wolfgang Binder	Tübingen
Prof. Dr. Wilhelm Böhm	Hannover
Dr. Ernst Boehringer	Ingelheim a. Rh.
Dr. Robert Boehringer	Genf
Theophil Frey	Stuttgart Ministerialrat a. D.
Prof. Dr. Romano Guardini	München
Dr. Erich Haag	Tübingen Oberstudiendirektor
Dr. Theodor Haering	Tübingen
Dr. Theodor Heuss	Bonn – Bundespräsident –
Carl Keidel	Stuttgart – Buchdruckereibesitzer
Frau Vilma Mönckeberg-Kollmar	Hamburg
der Oberbürgermeister der Stadt	Stuttgart
„ „ „ „	Tübingen
Prof. Dr. Walter F. Otto	Tübingen
Prof. Herbert Post	Offenbach a. M.
der Rektor d. Universität	Tübingen
Hans Georg Siebeck	Tübingen – Verlagsbuchhändler

Geschäftsführer:

Dr. Alfred Kelletat	Tübingen

5.) Deutsche Dantegesellschaft

Sitz: München
Geschäftsstelle: Weimar (Stier)
Mitglieder: unbekannte Zahl
Ehrenvorsitzender: Geh. Rat Univ. Prof. Dr. Walter Goetz, Gräfelfing b. München
Vorsitzender: Univ. Prof. Dr. Hans Rheinfelder, München 15
Stellv. Vorsitzender u. Herausgeber des Jahrbuches: Univ. Prof. Dr. Friedrich Schneider,
   Historisches Institut Jena
Schatzmeister: Bankdirektor H. W. Th. Diesselmann, Gräfelfing b. München
Schriftführer: Direktor a. D. Theodor Engelmann, Gräfelfing b. München
Schriftleiter d. Mitteilungsblattes: Prof. Dr. Aug. Vezin, Bonn

Vorstand: DDR

Dr. Ledig	Karl-Marx-Stadt	Oberlandesgerichtsrat
Prof. Dr. Arthur Franz	Jena	Univ. Prof.
Prof. Dr. Eduard von Jan	Jena	„ „

Vorstand: Westdeutschland.

Dr. Kerssenboom	Remagen	Reichsbahndirektor a. D.
Erna Mertes	Krefeld	
Dr. Maria Schlüter-Hermkes	Rhöndorf a. Rh.	
Dr. Aischa Hell	Augsburg	
Dr. Heinrich Fels	Bonn	Rektor
Prof. Dr. Michael Seidlmayer	Würzburg	Univ. Prof.
Prof. Dr. Fritz Wagner	Marburg/Lahn	„ „
Friedrich Schlüter	Krefeld	Bibliotheksdirektor

6.) Gesellschaft der Freunde Wilhelm Raabes

Sitz: Westdeutschland
keine offizielle Geschäftsstelle in der DDR
Die Mitglieder aus der DDR arbeiten im Rahmen der Arbeitsgemeinschaft Literatur des Kulturbundes, insbesondere in Dessau u. Weimar

7.) Eichendorff-Bund

Sitz: Westdeutschland
keine offizielle Geschäftsstelle in der DDR
Einige Mitglieder aus der DDR werden in der DDR geführt. (lt. Angaben des
   Min. f. Kultur, HA Literatur)

8.) Gesellschaft für Musikforschung.

Sitz der Gesellschaft: Kiel
Geschäftsstelle in der DDR: Deutscher Verlag für Musik, Leipzig
   Leiter d. Geschäftsstelle: Frieder Zschoch
Geschäftsstelle in Westdtschld.: Bärenreiter-Verlag Kassel
Mitglieder: ca. 880, davon ca. 269 aus der DDR

Vorstand:

Präsident:	Prof. Dr. Friedrich Blume	Kiel
Vizepräsident	Prof. Dr. Walther Vetter	Berlin
Schatzmeister	Dr. [Richard] Baum	Kassel
Schriftführer	Prof. Dr. [Walter] Gerstenberg	Tübingen

9.) Neue Bach-Gesellschaft.

Sitz der Gesellschaft: Leipzig
Zweiggeschäftsstelle: Hannover
Mitglieder: 904 DDR
                         410 WD
                         40 kap. Ausland

Vorstand:

Präsident:	Prof. [Christhard] Mahrenholz	Hannover
Beirat:	Prof. [Werner] Neumann	Leipzig – Bach-Archiv –
	Prof. [Nathan] Notowicz	Berlin

10.) Neue Schütz-Gesellschaft:

Sitz der Gesellschaft: Dresden (vor 1945 de facto, nach 45 nur de jure)
Mitglieder: 220 DDR
                         243 WD
                         283 kap. Ausland (vor allem Schweiz u. skand. Länder)

Vorstand:
Präsident   D. Dr. [Karl] Vötterle   Kassel
Vizepräsident   Prof. [Kurt] Gudewill   Kiel
Vorstandsmitgl.:   Prof. [Martin] Flämig   Dresden
                   Prof. [Wilhelm] Ehmann   Herford
Beirat: 7 Mitglieder aus Westdeutschland.
                   3 Mitglieder aus der DDR.
                   (Prof. Dr. [Karl] Laux   Dresden
                   Prof. Dr. [Rudolf] Mauersberger Dresden
                   Prof. [Friedrich] Rabenschlag   Leipzig)

11.) Georg-Friedrich-Händel-Gesellschaft:

Sitz der Gesellschaft: Halle
Zweiggeschäftsstelle: Kassel
Mitglieder: in der DDR   198 (+ 9 Kooperativ-
                                                mitglieder) [recte: Kor-
                                                porativmitglieder]
                       in Westdschl.   39 (+ 4   „
                       England   7   (+ 1   „
                       SU und Volksdemokr.   10
                       kap. Ausland   4   (+ 1   „

Vorstand:
Präsident   NPT Prof. Dr. Max Schneider   Halle
Vizepräsident Prof. Dr. Rudolf Steglich   Erlangen
wiss. Sekretär Prof. Dr. Siegmund-Schultze   Halle

12.) Robert-Schumann-Gesellschaft:

Sitz der Gesellschaft: Zwickau (Robert-Schumann-Haus)
Mitglieder: in DDR 37
              in WD   besteht eine selbständige Arbeitsgruppe, die bereits vor
                      der Gründung der Gesellschaft in Frankfurt/M. als eigene
                      Gesellschaft arbeitete.

Vorstand:

Ehrenpräsident	Dr. Johannes Dieckmann	Berlin
Präsident	Prof. Dr. Karl Laux	Dresden
Vizepräsident	Prof. Joseph Haas	München
Wiss. Sekretär	Herbert Schulze	Berlin

Zum Stand der Literarischen Gesellschaften in der Deutschen Demokratischen Republik
– Dezember 1957 –
(Abschrift aus einem Brief d. Min. f. Kultur, HA Schöne Lit., v. 13. 1. 58)

Der Maßnahmeplan des Min. f. Kultur vom Nov. 1957 sieht vor:

Festlegung des Status der Literarischen Gesellschaften gemeinsam mit dem
Staatssekretariat für Hochschulwesen und dem Kulturbund (um die ver-
fassungsmäßigen und kulturpolitischen Prinzipien unserer Republik entsprechend der Existenz zweier deutscher Staaten durchzusetzen.)

Die Festlegung des Status der Literarischen Gesellschaften in der DDR hat zu
erfolgen in prinzipieller Übereinstimmung mit der Direktive über die gesamtdeutschen Gesellschaften auf kulturellem Gebiet vom Nov. 1957, worin es
heißt:

In den bestehenden gesamtdeutschen Gesellschaften auf kulturellem Gebiet
ist eine selbständige Vertretung der DDR zu bilden oder eine paritätische Zusammensetzung des Vorstandes und des Präsidiums zu sichern. Dabei sind
selbständige, von Westdeutschland unabhängige Geschäftsstellen bei uns einzurichten, die unserer Verfassung und unseren Gesetzen verpflichtet sind.

Seit der im Bericht vom Juli 1957[6] dargelegten Situation wurden weitere Fakten
bekannt, aus denen hervorgeht, daß der Druck westlicher Stellen, z. B. des »Mi-

---

[6] Dokument 11.

nisteriums für gesamtdeutsche Fragen«, auf die leitenden Gremien der Literarischen Gesellschaften zunimmt. Demgegenüber bieten die jüngsten Gesetzesmaßnahmen unserer Regierung, wie das Paß-Gesetz, neue Möglichkeiten, den Aufweichungs- und Integrierungsplänen entgegenzuwirken. Unsere staatlichorganisatorischen Maßnahmen werden jedoch erst dann genügend wirkungsvoll, wenn wir sie mit einer systematischen Überzeugungsarbeit der Mitglieder dieser Gesellschaften verbinden. Die Ergebnisse der Kulturkonferenz müssen hierbei als Ausgangspunkt dienen.

Für jede einzelne Gesellschaft ist der Stand des Kräfteverhältnisses in Vereinbarung mit dem Staatssekretariat für Hochschulwesen und anderen Stellen nochmals
a) in Bezug auf die leitenden Gremien auf dem Gebiet der DDR
b) in Bezug auf die in der DDR ansässigen Mitglieder
zu prüfen. Zu erwägen ist, ob und wie eine echte Parität in den Vorständen, Geschäftsführenden Ausschüssen und Redaktionskollegien der Jahrbücher herzustellen ist, wie weit systematische ideologische Anstrengungen unternommen werden müssen, um eine wirklich kämpferische und kritische Aneignung des jeweiligen literarischen Erbes durchzusetzen.

gez.: Johanna Rudolph
Abteilungsleiter

Über die Hölderlin-Gesellschaft
Deutsche Dantegesellschaft
Gesellschaft der Freunde Wilhelm Raabes und
Eichendorff-Bund
wurden bisher vom Min. f. Kultur keine Angaben gemacht.

TH

Zur Deutschen Shakespeare-Gesellschaft
(Abschrift aus einem Schr. d. Min. f. Kultur, HA Schöne Lit., v. 13. 1. 58)

Die Deutsche Shakespeare-Gesellschaft wurde 1864 gegründet und ist somit die älteste literarische Gesellschaft in Deutschland, älter als die Goethe-Gesellschaft.

Der geschäftsführende Ausschuß Weimar reichte einen Vorschlag auf Durchführung der Jahreshauptversammlung 1958 in Weimar ein unter Annahme von drei Vorträgen (zwei DDR, einer Bundesrepublik) und zwei Theateraufführungen (darunter nach mündl. Rücksprache evt. Austauschgastspiel Bochum in Weimar).

Eine Entscheidung über die Frage, ob die für April vorgesehene Jahreshauptversammlung 1958 in Weimar stattfinden werde, konnte bisher noch nicht getroffen werden.

Um die Voraussetzungen dafür zu prüfen, fand in Weimar im Aug. 1957 eine Sitzung des Geschäftsführenden Ausschusses statt in Anwesenheit eines Vertreters des Min. f. Kultur, sowie von Prof. A. G. Kuckhoff. Folgende Fragen wurden von uns in den Mittelpunkt der Aussprache gerückt:

1.) Die Anerkennung des Existierens von zwei deutschen Staaten und die für den Vorstand in Bochum daraus resultierende Verpflichtung, die entsprechenden Anreden an Repräsentanten der DDR sachlich richtig vorzunehmen sowie falsche Ortsangaben (Ostzone, Ostsektor etc.) zu vermeiden.

2.) Zumindest erst einmal die laut Statut den Vertretern aus der DDR zustehenden Sitze im Vorstand zu gewährleisten und mindestens einen Vizepräsidenten aus der DDR in das Präsidium zu nehmen.

3.) Auf die Redaktion des Shakespeare-Jahrbuches, die bisher einseitig in Heidelberg erfolgte, in Weimar entsprechenden Einfluß zu erhalten.

4.) Zum Inhalt der Shakespeare-Pflege nicht ein eingeengtes Shakespeare-Bild zu machen, sondern eine breite Popularisierung, die Wiedergewinnung einer echten Volkstümlichkeit.

Entgegen der Tendenz des Vorsitzenden des Geschäftsführenden Ausschusses, Dr. Behr, der davon ausging, »*Bochum* will wissen«, ob die Jahreshauptversammlung in Weimar stattfinde, legten wir Wert auf die Feststellung, daß die Entscheidung erst getroffen werden könne, wenn *wir* wissen, wie »Bochum« sich vornehmlich zu dem obengenannten Punkt 1 stellt. Der Geschäftsführende Ausschuß beschloß daraufhin einen entsprechenden Brief nach Bochum zu senden. Bis heute ist uns die Antwort Bochums nicht bekannt. Statt dessen übersandte uns Dr. Behr die Durchschriften von Briefen, die *er* als Antwort auf Briefe von Dr. Diekamp *nach Bochum gesandt* hatte. Gerade diese Briefe lassen aber den Schluß zu, daß Diekamp besonders nach der Publizierung des Briefwechsels von Staatssekretär Girnus mit Wissenschaftlichen Gesellschaften im »Sonntag« (Okt. [recte: September] 1957)[7] auf seinem Standpunkt beharrt.

Dr. Behr äußerte auch diesmal wieder, er werde infolge seines schlechten Gesundheitszustandes den Vorsitz demnächst abgeben. Er ist im November 1957 zurückgetreten.

---

[7] *Sonntag*, Berlin [Ost], Jg. 12, Nr. 37 vom 15. 9. 1957, S. 4. Weil Girnus sich weigerte, dem Vorsitzenden der Gesellschaft Deutscher Naturforscher und Ärzte, Karl Heinrich Bauer (Heidelberg), die Garantie zu geben, daß zu der in Leipzig vorgesehenen 100. Tagung dieser Gesellschaft alle westdeutschen Interessenten (und speziell der Philosoph Karl Jaspers) in die DDR einreisen könnten, beschloß der Vorstand, die Tagung in Wiesbaden zu veranstalten.

Inzwischen erhielten wir das Jahrbuch der Shakespeare-Gesellschaft 1957, dem ein großes Titelbild von Kardinal Frings vorangestellt ist. Kardinal Frings ist »Schirmherr« der Shakespeare-Gesellschaft und hielt in Bochum 1956 einen Festvortrag, in dem »das Göttliche« bei Shakespeare eine große Rolle spielte. Folgende Fragen, die Dr. Behr aus Weimar schriftlich an uns richtete, gaben uns Veranlassung zu einem neuerlichen Briefwechsel mit ihm:

1.) Ist das Min. damit einverstanden, daß die Jahrestagung 1958 in Weimar gemäß den vom Minist. geäußerten Wunsch, den Vorstandsbeschluß in Bochum April 1957 auf Grund der geltenden Satzungen stattfindet?
2.) Ist das Ministerium bereit, die Tagung wie bereits in Aussicht gestellt, finanziell zu unterstützen?
3.) Besteht Gewähr dafür, daß alle Mitglieder der Gesellschaft, die an der Tagung teilzunehmen wünschen, Einreise- und Aufenthaltsgenehmigung erhalten?

In unserer Antwort wiesen wir insbesondere die dritte Frage zurück:

»Denn diese Frage schließt die Unterstellung ein, als ob die Regierung der Deutschen Demokratischen Republik Einreise- und Aufenthaltsgenehmigung nach subjektiven Gesichtspunkten erteilt. Die Frage ist völlig gegenstandslos, da bekanntlich jeder Besucher unserer Republik verpflichtet ist, ebenso wie jeder Staatsbürger der DDR, sich an die bei uns geltenden Gesetze und Bestimmungen zu halten. Der Präsident bzw. der Geschäftsführende Ausschuß der Deutschen Shakespeare-Gesellschaft in Bochum wird, falls ihnen an einer sachlich durchgeführten Jahreshauptversammlung gelegen ist, also nicht solche Teilnehmer schicken, die unseren Gesetzen und Bestimmungen zuwiderhandeln. Blanko-Vollmachten für bisher nicht genannte Teilnehmer auszugeben, ist allerdings nirgends üblich, und wir wüßten nicht, ob es sich jemand in der Deutschen Bundesrepublik gefallen ließe, wenn von uns aus irgendwelche Blanko-Vollmachten verlangt werden würden. Leider sind uns gegenteilige Beispiele aus der Bundesrepublik gerade im Zusammenhang mit Shakespeare bekannt. So verweigerte das Auswärtige Amt der Bundesrepublik im Frühjahr 1957 den drei sowjetischen Hauptdarstellern des ›Othello‹-Films Sergej Bondartschuk, Irina Skobzewa, Andrej Popow (lt. Frankfurter Rundschau v. 16. 4. 1957) die Einreise zur Erstaufführung des Films in Frankfurt/Main. Obwohl der sowj. Film ›Othello‹ (›Der Mohr von Venedig‹) in vielen Städten der Bundesrepublik als ›besonders wertvoll‹ bezeichnet wurde und mit außergewöhnlichem Erfolg lief, obwohl er bei den Filmfestspielen in Cannes preisgekrönt wurde, ist uns nicht bekannt, ob der Präsident und der Geschäftsführende Ausschuß der Deutschen Shakespeare-Gesellschaft Bochum gegen das Einreiseverbot für die drei sowj. Künstler bei den entsprechenden Regierungsstellen der Deutschen Bundesrepublik Protest erhoben hat.«

Dr. Behr vertritt in einem kurzen Antwortschreiben die Meinung, der Brief enthalte eine Reihe Unrichtigkeiten und Widersprüche.

Trotz aller dieser Einzelheiten können die Perspektiven bei der Shakespeare-Gesellschaft andere sein als bei der Schillergesellschaft, wenn wir uns, *entsprechend der neuen Lage*, jetzt auf das Statut berufen, in dem es unzweideutig heißt: Sitz Weimar. Es ist uns dadurch die Möglichkeit gegeben, einen eigenen, vom Westen unabhängigen Vorstand, Geschäftsführenden Ausschuß etc. zu schaffen und Bochum vor die Alternative zu stellen, entweder auf Parität zu gehen oder mit unserem neuen Vorstand in sachlicher Vereinbarung von Fall zu Fall zu verhandeln. Wir müßten dazu unsere eigenen organisatorischen und inhaltlichen Voraussetzungen schaffen. Das würde uns, ähnlich wie bei der Händelgesellschaft, deren Sitz Halle ist, und in der wir die tatsächliche und ideologische Führung haben, eine eigene, offensive kulturpolitische Haltung in Sachen Shakespeare erlauben, die unter Umständen positive Verbindungen mit England fördern könnte.

Als ein wichtiges Pfand haben wir die Shakespeare-Bibliothek in Weimar, die der materielle Beweis dafür ist, daß Bochum historisch gesehen nicht den Hauptsitz darstellt. Bochum baut, wie aus neuesten Feststellungen hervorgeht, seine eigene Shakespeare-Bibliothek immer mehr aus, führt also offensichtlich Weimar nicht die entsprechenden Bücher zu. Die Besetzung der Bibliothekarstelle in Weimar ist, wie bereits im Bericht vom Juli 1957 erklärt, eine Sache von größter Wichtigkeit. Eine Kandidatur Campe, die in einigen Weimarer Kreisen erörtert wird, kann meines Erachtens keine Unterstützung finden. Dorthin sollte ein politisch und ideologisch fest erprobter Genosse geschickt werden.

Gegenwärtig besteht die Schwierigkeit darin, daß unsere Genossen Anglisten und Intendanten größtenteils sich nicht bereit finden, eine verantwortliche Tätigkeit in der Deutschen Shakespeare-Gesellschaft zu übernehmen. Sie ließen die reaktionären Kräfte dadurch quasi unter sich, so daß vor allem Prof. Kirchner, Jena, dort mit tonangebend ist. Kirchner ist Verfasser eines Manuskripts über die amerikanische Literatur der Gegenwart, das imperialistische und dekadente Auffassungen über die Literatur propagiert.

Schlußfolgerungen:

1.) Wenn wir in der DDR die Shakespeare-Gesellschaft in die eigenen Hände nehmen, wenn wir u. a. veranlassen würden, daß die Genossen Intendanten,

Dramaturgen, Anglisten Mitglieder werden und mit einem auszuarbeitenden Perspektivplan, angeleitet durch ein Aktiv, entsprechend in der Gesellschaft arbeiten, dann können wir nicht nur die wirkliche Shakespeare-Gesellschaft werden, sondern sicherlich zugleich auch innerhalb der DDR zahlreiche Mitglieder, die bisher ideologisch »heimatlos« waren, weil die richtige Führung fehlte, gewinnen. Bei einem entsprechenden richtigen Zusammenwirken unter verantwortlicher Leitung könnte hier im ideologischen Kampf eine positive Wendung herbeigeführt werden.

2.) Ein Artikel (Verfasser Prof. Kuckhoff) »Was hat die DDR in Bezug auf Shakespeare geleistet?« (Forschung, neue Übersetzungen, Inszenierungen, neue Shakespeare-Ausgabe). Ist es aufgrund dieser Leistungen nicht an der Zeit, den Hauptsitz der Gesellschaft wieder nach Weimar zu verlegen, so daß das Statut wieder in Kraft tritt?

3.) Klärung, ob Jahreshauptversammlung 1958 in Weimar stattfinden kann oder unter den gegenwärtigen Umständen nicht.

gez.: Johanna Rudolph
Abteilungsleiter.

Deutsche Schillergesellschaft
(Abschrift aus einem Schr. d. Min. f. Kultur, HA Schöne Lit., v. 13. 1. 58)

Am 10. 11. 1959 ist der 200. Geburtstag Schillers. Bei der Ausarbeitung der Konzeption für die Schiller-Veranstaltungen etc. kann die Deutsche Schillergesellschaft in ihrem gegenwärtigen Zustand nicht als ein positiver Faktor bewertet und einbezogen werden. Es ist zu klären, ob sie überhaupt gesetzlich Existenzberechtigung auf dem Boden der DDR besitzt.

Dabei ist zu beachten:

Die Jahreshauptversammlung der Deutschen Schillergesellschaft am 29. Juni 1957 beschloß Satzungsänderungen, die sich noch mehr als bis dahin von dem ursprünglichen Ziel der Gesellschaft entfernen. Es wird nunmehr laut Paragraph 3, Absatz 3, der Satzung besonderer Wert auf den Ausbau des Literaturarchivs gelegt.:

»Das im Jahre 1955 angegliederte *Literaturarchiv* der Deutschen Schillergesellschaft dient über den schwäbischen Bereich hinaus in Zusammenarbeit *mit anderen Instituten* der Sammlung, Bewahrung und Erschließung literarischer Nachlässe deutscher Dichter und Schriftsteller.«

Dieses Literaturarchiv tritt immer mehr in den Mittelpunkt der Tätigkeit der Gesellschaft und hat mit Schiller so gut wie gar nichts mehr zu tun. Es ist eine rein westdeutsche Angelegenheit. Die Bestände dieses Archivs aufzufüllen, können wir aus mehreren Gründen keinerlei Interesse haben. Die in § 3 angedeuteten Aufgaben werden bei uns nicht von privaten Gesellschaften ausgeführt, sondern von Institutionen, wie den Nationalen Forschungs- und Gedenkstätten der klassischen deutschen Literatur, der Deutschen Akademie der Künste, den wissenschaftlichen Bibliotheken. Welche Institutionen der Bundesrepublik bei deren chronischem Geldmangel für kulturelle Zwecke Nutznießer des in Marbach aufgezogenen Literaturarchivs sind, ist uns direkt nicht bekannt, doch lassen sich gewisse Schlüsse ziehen, wenn man weiß, daß Herr Stier aus Weimar bis Ende 1957 aus DDR-Mitgliedsbeiträgen unter anderem folgende Zeitschriften-Abonnements nach Marbach vermittelte:

Deutsche Nationalbibliographie Reihe A und B
Deutsches Bücherverzeichnis mit den laufenden Lieferungen
Weimarer Beiträge
Bibliographie der Übersetzungen mit den laufenden Heften
Kunst und Literatur
Archivmitteilungen
Neue Deutsche Literatur
Der Aufbau
Deutsche Literaturzeitung
»Sonntag«
Die Weltbühne
Zentralblatt für Bibliothekswesen
Der Bibliothekar
Börsenblatt für den deutschen Buchhandel Leipzig.

und daß für relativ hohe Summen aus DDR-Mitgliedsbeiträgen Bücher aus Weimar nach Marbach versandt werden, unter denen sich gerade in der letzten Zeit Titel von Bloch und Lukács befinden, ebenso wie die »Weltbühne«, Jahrgang 1946–1957. Der Erscheinungstermin dieser Bücher und Sammelbände liegt teilweise bereits Jahre zurück.

Eine weitere gegen fortschrittliche Einflüsse gerichtete Satzungsänderung ist auch der neue § 5. Es heißt darin u. a.:

»Jede Person kann auf Antrag Mitglied der Gesellschaft werden. Der Vorstand kann im Einvernehmen mit dem Ausschuß die Aufnahme ablehnen. Eine Angabe von Gründen ist nicht erforderlich.«

Von dieser Satzungsänderung erhielten wir durch den Geschäftsführer, Herrn Stier, keine Kenntnis; wir erfuhren es von anderer Seite. In einer Unterredung, die wir mit ihm im Okt. 1957 hatten, äußerte er jedoch mit sichtbarer Genugtuung, alle aus der DDR in Marbach zur Jahreshauptversammlung anwesenden Mitglieder hätten für die Satzungsänderung gestimmt.

Das trifft zu. Eine Ausnahme bildeten lediglich fünf Personen, unter ihnen zwei Mitglieder aus Halle und der Vorsitzende der Deutschen Goethe-Gesellschaft, Prof. Wachsmuth, dem diese antidemokratische Maßnahme offensichtlich gegen den Strich ging. Herr Stier versuchte, die Satzungsänderung uns gegenüber zu rechtfertigen; die vorliegende Fassung sei gegenüber der ursprünglich beantragten »gemildert« worden.

Es sei nochmals darauf hingewiesen, daß die Jahreshauptversammlung 1957 außer zu diesen Satzungsänderungen nur zu einer Hesse-Geburtstagsfeier diente, mit einem Staatsakt in Stuttgart unter Teilnahme von Heuss, wohin alle Teilnehmer in Autobussen aus Marbach gebracht wurden.

Die Deutsche Schillergesellschaft verfügt in Weimar über ein Konto für Mitgliedsbeiträge, da diese nicht transferiert werden. Es bestand bisher eine Vereinbarung mit Stier, daß von diesem Geld Literatur aus der DDR (Bücher und Zeitschriften) gekauft und nach Westdeutschland geschickt wurden. Der Versand erfolgte in den meisten Fällen mit Warenbegleitschein. Da es sich um ein Sperrkonto handelt, besteht die Verpflichtung, daß die Bewegung auf diesem Konto genehmigt wird. Anfang Oktober 1957 gingen im Ministerium Rechnungen für Bücher ein, die teilweise den Betrag von DM 800.– überschritten. Die Liste der in den Westen gesandten Bücher und Zeitschriften wies aus, daß es sich keinesfalls um die Belieferung einer Fachbibliothek handeln konnte.

Diese mit dem Bekanntwerden der Satzungsänderungen alarmierenden Tatsachen veranlaßten uns, Ende Okt. nach Weimar zu fahren und Herrn Stier zu ersuchen, vorläufig keine Büchersendungen nach Marbach vorzunehmen und auch die Abonnements der Zeitschriften nach Jahresende 1957 vorläufig nicht mehr zu erneuern. Dieses Ersuchen erfolgte nach Absprache mit den Kollegen Tümmler u. Dr. Münzer.

Herr Stier versuchte, für seine bisherigen Maßnahmen dadurch Verständnis zu finden, daß er erklärte, aus Marbach würde an die Mitglieder der Deutschen Schillergesellschaft in der DDR als Äquivalent literarisches Material versandt, das einen beträchtlichen materiellen Wert repräsentiere. Aber gerade dieses Argument bestärkte uns in unserer Ansicht, daß es sich bei den beiderseitigen Sendungen um einen mehr oder weniger verschleierten Warenaustausch handelt, der in dieser Form nicht vertretbar ist.

Zu den über Herrn Stier eingeschleusten Büchern gehört eine in Stuttgart erscheinende Schiller-Ausgabe, obwohl in der DDR Schiller-Ausgaben veröffentlicht wurden (im Aufbau-Verlag, im Volksverlag Weimar sowie die in Weimar erscheinende Schiller-Nationalausgabe).

Die einbändige westdeutsche Dünndruck-Schiller-Ausgabe wurde 1955 nicht nur an die Mitglieder versandt, sondern lt. Brief von Herrn Stier vom 30. 10. 1957 auch an die Studierenden und Germanisten in Jena und die Schulentlassenen in Weimar, insgesamt 1.400 Bände. Dies geschah, trotz der ausdrücklichen Ablehnung von Staatssekretär Abusch, durch Vermittlung des damaligen Rates der Stadt Weimar.

Am 7. Januar 1958 ging bei uns eine Mitteilung der Deutschen Schillergesellschaft an ihre Mitglieder ein, mit der ein Faksimile »Welkes Blatt« von Hermann Hesse für die Mitglieder übersandt wird.

Welkes Blatt:

Jede Blüte will zu Frucht,
Jeder Morgen Abend werden,
Ewiges ist nicht auf Erden
Als der Wandel, als die Flucht.

Auch der schönste Sommer will
Einmal Herbst und Welke spüren.
Halte, Blatt, geduldig still,
Wenn der Wind dich will entführen.

Spiel dein Spiel und wehr dich nicht,
Laß es still geschehen.
Laß vom Winde, der dich bricht,
Dich nach Hause wehen.

Hermann Hesse.[8]

Dieses Faksimile, so heißt es in der Mitteilung, »soll eine neue Reihe einleiten, in der in zwangloser Folge Handschriften des Schiller-Nationalmuseums in getreuen Nachbildungen veröffentlicht werden«. Die Auswahl dieses 1934 entstandenen Gedichts durch den Präsidenten der Deutschen Schillergesellschaft Wilhelm Hoffmann zeigt in besonders krasser Form, auf welche Weise Bürger der DDR durch westliche Literatur politisch und psychologisch beeinflußt werden sollen. Dieser Eindruck wird verstärkt durch die gleichfalls zum Jahresende

---

[8] Veröffentlicht in dem Gedichtband *Stufen*, u. a. in: H. Hesse, *Gesammelte Werke*, Bd. 1, Frankfurt a. M.: Suhrkamp, 1970, S. 103 f.

1957 an die Mitglieder versandten »Erzählungen« von Dr. Owlglass aus der Serie der Turmhahn-Bücherei, die mit dem Zitat eines Gedichts abschließen, in dem es heißt:

»Oder wärs, daß sie wirklich
Leicht nur ans Gitter gelehnt
Nachbar noch hießen und Freund
Jeglichem Lassen und Tun?
Wärs, daß wir rufen und sie
Kommen, die selig Befreiten,
Wärs – und sie blieben für immer
Liebend auf unserer Bahn?«[9]

Die Auswahl dieses Gedichts erfolgte durch den ehemaligen Präsidenten der Gesellschaft, das Ehrenmitglied Dr. Erwin Ackerknecht.

Zu soviel elegischem »Gefühl« kommt dann die materielle Seite der Sache. Lt. Mitteilung der Geschäftsstelle der Deutschen Schillergesellschaft in Weimar verfügte der Marbacher Vorstand eine *Erhöhung der Mitgliedsbeiträge* ab 1. April 1958. Hiermit erhöht sich der Mindestbeitrag von DM 5.– auf DM 7.50, für die Bezieher des Jahrbuches sogar von DM 5.– auf DM 18.–. Es ist nicht einzusehen, weshalb Bürger der DDR die Preiserhöhungen in der Deutschen Bundesrepublik mittragen und damit letzten Endes die Aufrüstung im Adenauer-Staat mitfinanzieren sollen. Dieses Argument ist im Prinzip auch dann richtig, wenn vorgeschützt werden sollte, daß die Beiträge aus der DDR nicht transferiert werden. Bis vor kurzem wurden ja die Äquivalente in Büchern und Zeitschriften aus der DDR nach Marbach geschickt, die eben den entsprechenden materiellen Wert repräsentierten. Gerade diese Preiserhöhung bestätigt uns, daß unser Ersuchen, jede Sendung von Büchern und Zeitschriften durch die Geschäftsstelle der Deutschen Schillergesellschaft in Weimar vorläufig zu stoppen, vollkommen berechtigt ist.

Eine in Aussicht genommene Besprechung über die endgültige Regelung dieser Frage, zu der Herr Stier Prof. Flach, Prof. Hans Mayer und Prof. Wachsmuth einzuladen wünscht, konnte bisher nicht stattfinden. Das sollte erst geschehen, wenn in unserem Bereich der Status der Literarischen Gesellschaften festgelegt ist.

Diese Tatsachen führen zu folgenden *Schlußfolgerungen:*

---

[9] Dr. Owlglass [d. i. Hans Erich Blaich], *Erzählungen*, ausgewählt und mit einem Nachwort versehen von Erwin Ackerknecht, Marbach: Schiller-Nationalmuseum, 1957, 78 S. (*Turmhahn-Bücherei*, Bd. 25/26); das Zitat steht im Nachwort auf S. 77.

1.) Bevor im Zusammenhang mit der Deutschen Schillergesellschaft über ideologische Fragen gesprochen werden kann, ist die Bereinigung der Angelegenheit Stier notwendig. Hierüber erfolgten bereits mehrere Unterredungen mit dem Gen. Blaimer, Abteilungsleiter für Kultur beim Rat des Bezirkes Erfurt, der sich mit unseren Auffassungen einverstanden erklärte.

2.) Die Beziehung zwischen den Nat. Forschungs- und Gedenkstätten der klassischen deutschen Literatur in Weimar und dem Schiller-Nationalmuseum in Marbach, das nicht identisch ist mit der Deutschen Schillergesellschaft, aber enge Verbindungen zu der Gesellschaft hat, ist so zu gestalten, daß, wenn möglich, eine notwendige wissenschaftl. Verbindung aufrecht erhalten bleiben kann.

3.) Zu entscheiden ist, wie verhindert werden kann, daß die in der DDR wohnenden Mitglieder der Deutschen Schillergesellschaft weiterhin nur als Anhängsel von Marbach dienen, sich mit den dortigen Maßnahmen identifizieren und gegebenenfalls zu den Jahreshauptversammlungen auch ohne Genehmigung »auf privater Grundlage« reisen?

4.) Es ist zu erwägen, ob ein Mitglied der Deutschen Schillergesellschaft öffentlich, evtl. im »Sonntag«, zu der Erhöhung der Mitgliedsbeiträge Stellung nimmt, um so die Diskussion über den wahren Charakter der leitenden Gremien der Deutschen Schillergesellschaft in der Bundesrepublik in Gang zu bringen.

5.) Es sind mehrere Artikel zu veröffentlichen, aus denen hervorgeht, was die Nat. Forschungs- und Gedenkstätten für die Schillerforschung und -Pflege tun, wodurch nachgewiesen wird, daß diese Institution unseres Arbeiter- u. Bauernstaates die Arbeit für die Schillerforschung und -Pflege leistet, während dies bei der Deutschen Schillergesellschaft nicht der Fall ist, da sie sich vorwiegend anderen Aufgaben widmet. (schwäbischer Dichterkreis, Literaturarchiv etc.) Schlußfolgerung: Somit hat die Deutsche Schillergesellschaft also keine legitime Existenzberechtigung.

gez.: Johanna Rudolph
I. A. (Johanna Rudolph)
Abteilungsleiter.

Aufgabenstellung der »Georg-Friedrich-Händel-Gesellschaft«
(Abschrift v. Schr. d. Min. f. Kultur, HA Musik, v. 20. 1. 58)

Die Georg-Friedr. Händel-Gesellschaft wurde 1955 in Halle gegründet und hat 2 Hauptaufgaben:
1.) die Pflege und größere Verbreitung der Werke Händels,
2.) Erarbeitung eines neuen wissenschaftl. Händel-Bildes, das die aktive Rolle der Volksmassen im Händelschen Schaffen herausarbeitet und auf der Grundlage der marxistischen Musikbetrachtung die reaktionären Verfälschungen des Händelbildes besonders im 20. Jahrh. entlarvt und bekämpft.
Im Sinne dieser Aufgaben veranstaltet die Gesellschaft jährlich Händel-Festspiele in Halle, ist maßgebend an der neuen Gesamtausgabe der Werke des Meisters beteiligt (Gemeinschaftsarbeit der Verlage: Deutscher Verlag für Musik, Leipzig und Bärenreiter-Verlag, Kassel) und fördert entsprechende wissenschaftl. Veröffentlichungen.
Die Leitung der Gesellschaft liegt in erster Linie in unseren Händen und stellt ein positives Beispiel für eine offensive, gesamtdeutsche Arbeit dar.

Aufgabenstellung der »Robert-Schumann-Gesellschaft«

Die Robert-Schumann Gesellschaft wurde im März 1957 in Zwickau gegründet und von der westdeutschen Gesellschaft als einzige legitime Schumann-Gesellschaft anerkannt. Sie hat sich die Aufgabe gestellt, die musikalischen Werke und das literarische (vor allem musikschriftstellerische) Schaffen des Komponisten zu pflegen und den Werktätigen näherzubringen. Die Gesellschaft plant eine Herausgabe sämtlicher Werke und Schriften Robert Schumanns in der DDR. Weiterhin unterstützt sie musikwissenschaftl. Forschungen und Veröffentlichungen, die Robert Schumann gewidmet sind und geht dabei vom Standpunkt des Marxismus-Leninismus aus. Es wurde festgelegt, die Zahl der Mitglieder auf die Musikschaffenden und Musikfreunde zu begrenzen, die in irgendeiner Form tätig an der Erforschung und Verbreitung des Werkes von R. Schumann beteiligt sind.

gez.: Uszkoreit
(Dr. Uszkoreit)

Aufgabenstellung der Gesellschaft für Musikforschung
(Abschrift v. Schreiben d. Min. f. Kultur, HA Musik, v. 20. 1. 58)

Im Mittelpunkt der Arbeit der Gesellschaft für Musikforschung steht die Förderung der musikwissenschaftl. Forschung unter Einbeziehung der Probleme
der Musikerziehung, der Vergleichenden Musikwissenschaft, der Akustik, sowie
der Verbreitung der Musik durch Rundfunk, Schallplatte u. ä. Zu diesem Zweck
veranstaltet die Gesellschaft musikwissenschaftliche Kongresse und unterstützt
musikwissenschaftl. Veröffentlichungen. Dabei knüpft sie vor allem an die große
Tradition der bürgerlichen Musikwissenschaft des 19. Jahrhunderts an, ver-
nachlässigt aber die zeitgenössische Musik und die damit im Zusammenhang
stehenden Fragen der Musikästhetik.

Von einem großen Teil der Mitglieder aus der DDR wird jedoch immer stärker die Diskussion dieser Probleme auch in der Gesellschaft für Musikforschung
gefordert. Z. Zt. sind wir bestrebt, entsprechend des Anteils der Mitglieder aus
der DDR zahlenmäßig auch im Vorstand, im Beirat und in den ständigen Kommissionen vertreten zu sein. Ein solcher Antrag wurde bisher unter verschiedensten formalen Vorwänden nicht behandelt bzw. nicht zur Abstimmung gebracht,
obwohl er auch von einem Teil der westdeutschen Musikwissenschaftler unterstützt wird. Vom Ausgang dieser Verhandlungen wird unsere zukünftige Stellung zur Gesellschaft abhängen.

Von der westdeutschen Seite wird angestrebt, diese Gesellschaft international
unter »bundesrepublikanischer Führung« und mit chauvinistischem Akzent auszuweiten. Dabei entstand die schwierige Situation, daß auch soz. und bürgerl.
Musikwissenschaftler aus den soz. Ländern (ČSR, Ungarn, Polen) die Mitgliedschaft erwerben wollen oder bereits erworben haben. Wir haben diese Entwicklung nicht gefördert und dort, wo es unumgänglich war, die Bewerber aus dem
befreundeten Ausland von der DDR-Geschäftsstelle in Leipzig betreuen lassen.

Den befreundeten Ländern haben wir mehrfach empfohlen, ihre Musikwissenschaftler in die Internationale Gesellschaft für Musikwissenschaft zu delegieren (Sitz Basel), weil damit die Souveränität der einzelnen Staaten deutlicher
zum Ausdruck gebracht wird.

gez.: Uszkoreit
(Dr. Uszkoreit)

Aufgabenstellung der »Neuen Bach-Gesellschaft«
(Abschrift v. Schr. d. Min. f. Kultur, HA Musik, v. 20. 1. 58)

Die Neue Bach-Gesellschaft hat es sich zur Aufgabe gemacht, die Werke Joh. Seb. Bachs zu pflegen und breitesten Kreisen nahezubringen. Sie unterstützt die neue kritische Gesamtausgabe der Werke Joh. Seb. Bachs (gemeinsame Arbeit der Verlage Deutscher Verlag für Musik, Leipzig und Bärenreiter-Verlag, Kassel) und führt jährlich ein Bach-Fest durch, und zwar abwechselnd in der DDR und in der BR.

Obwohl über zwei Drittel der Mitglieder Bürger der DDR sind, wird die Politik der Gesellschaft vom Westen bestimmt und tritt für ein einseitiges, kirchlich-dogmatisches Bachbild auf, das selbst hinter den Ergebnissen der fortschrittlichen bürgerl. Musikwissenschaft zurückbleibt. Die Bach-Feste sind mehr und mehr in ein routiniertes Schema gepreßt worden. Dabei wird versucht, Fragen der liturgischen Kirchenmusik und theologische Musikbetrachtungen in den Vordergrund zu stellen. Es kommt darauf an, in kürzester Zeit unseren Einfluß auf die Neue Bach-Gesellschaft zu verstärken und eine Persönlichkeit an die Spitze der Gesellschaft zu stellen, die Bürger der DDR ist.

Wir müssen damit rechnen, daß diese Auseinandersetzungen sehr kompliziert werden und daß sie uns möglicherweise zu einer völligen Umbildung der Bach-Gesellschaft zwingen können. Wenn die maßgeblichen Kirchenkreise in Westdeutschland sich vor die Frage gestellt sehen werden, die staatliche Oberhoheit über diese Gesellschaft anzuerkennen, kann es unter Umständen zu einer westdeutschen Spaltergründung kommen mit dem Ziel, die theologisch und konfessionell gebundenen Mitglieder aus der DDR für eine Mitgliedschaft in der westdeutschen Gesellschaft zu werben.

gez.: Uszkoreit
(Dr. Uszkoreit)

Aufgabenstellung der »Neuen Schütz-Gesellschaft«
(Abschrift v. Schreiben d. Min. f. Kultur, HA Musik, v. 20. 1. 58)

Die Tätigkeit der Neuen Schütz-Gesellschaft erstreckt sich auf eine besondere Pflege der Werke Heinrich Schütz und die jährliche Veranstaltung von Schütz-Festen, die vor allem in Westeuropa (nach 1945 erst einmal in der DDR) stattfinden. Obwohl die Gesellschaft noch die Bezeichnung »Sitz Dresden« führt, wird ihre Arbeit fast ausschließlich von Bürgern der BR bestimmt. Im Zusammenhang mit der engen Verbindung der Stadt Dresden und des Kreuzchores zu Heinrich Schütz soll versucht werden, den Sitz der Gesellschaft wieder de facto nach Dresden zu verlegen und einen entsprechenden Einfluß auf die Arbeit der Gesellschaft auszuüben.

Das internationale Schützfest 1958 sollte in Leipzig oder Dresden stattfinden. Da es jedoch Anzeichen dafür gab, dieses Musikfest für eine Veranstaltung mit Kirchentag-Charakter zu mißbrauchen, wurde die erwartete Einladung unsererseits nicht ausgesprochen. Die Reaktion des Präsidenten Dr. Vötterle auf diesen Schritt bestätigte unsere Vermutung. Dieses Problem ist auch bei den jährlichen Musikfesten der Neuen Bach-Gesellschaft zu beachten.

gez.: Uszkoreit
(Dr. Uszkoreit)

SAPMO, DY 30/IV 2/2.026/112, Bl. 204–222.

Dokument 13

Ni/Ha.
Berlin, den 28. Mai 1958

Aktennotiz

Aussprache über unsere Mitarbeit in der Gesellschaft für Musikforschung am 9. April 1958

Teilnehmer: Gen. Prof. Dr. Bönninger
Gen. Prof. Dr. E. H. Meyer
Gen. Prof. Notowicz
Gen. Peter Rudolph
Genn. Johanna Rudolph
Gen. Winfried Höntsch
Gen. K. Niemann

Gen. Prof. Bönninger[10] sprach über die in unserer Vorlage dargelegten Gründe zu dieser Zusammenkunft und führte zu den sog. »gesamtdeutschen Gesellschaften« folgendes aus:

1) Gleichberechtigte Vorstände, die im Übereinstimmungsprinzip arbeiten und unsere Selbständigkeit garantieren.

2) Eigene Gesellschaften, die alle Wissenschaftler in unserer Republik erfassen, zu denen sich auch die parteilosen Wissenschaftler bekennen.

Gen. Prof. Notowicz führte aus, daß wir in der DDR keiner eigenen Gesellschaft bedürfen, diese Aufgaben kann der Verband der Komponisten und Musikwissenschaftler übernehmen. Wir sollten nicht einfach austreten, sondern Forderungen stellen. Gen. Prof. Meyer und Gen. Niemann waren der Ansicht, man sollte den Anlaß, den Prof. Vetter bietet, wahrnehmen und eine eigene Gesellschaft innerhalb des Verbandes gründen. Es darf kein Vakuum entstehen. Unsere Kräfte sind zu schwach, um die Arbeit in der jetzigen Gesellschaft zu beeinflussen. Gen. Notowicz war der Ansicht, daß wir bei richtiger Forderungsstellung doch gewisse Wirkungsmöglichkeiten erhalten würden.

Es wurde beschlossen:

1) Beratung mit Professoren Vetter und Meyer bei Prof. Bönninger mit dem Ziel
   a) eigene Sektion innerhalb des Verbandes oder
   b) Forderungen an Gesellschaft, die unsere Selbständigkeit garantieren.

---

[10] Karl Bönninger, damals im SfH als Zweiter Stellvertreter des Staatssekretärs verantwortlich für die Gesellschaftswissenschaften. Im Juni 1958 wurde er vom Sekretariat des ZK der SED in die Provinz versetzt.

2) Ausarbeitung eines Programmes für eigene Sektion innerhalb des Verbandes der Komponisten und Musikwissenschaftler.

3) Unsere Teilnahme am internationalen Kongreß ist unabhängig von der Gesellschaft durchzuführen. Es findet noch eine Vorbesprechung statt, die Verhaltensregeln festlegt.

[gez.] *Niemann*

BA Berlin, DR-3/1743.

Dokument 14

Berlin, den 6. 5. 1958
Ni[emann]/Na.

Vorlage für eine Unterredung mit Prof. Dr. Vetter und Prof. Dr. Meyer über die Gesellschaft für Musikforschung

1) Erklärung, daß Prof. Meyer als Vorsitzender des Beirates bei so wichtigen Beratung von uns hinzugezogen wurde.

2) Wir haben sorgfältig sein Schreiben geprüft und auch das Wirken der Gesellschaft für Musikforschung analysiert. Prof. Vetter bitten, uns noch Erläuterndes zu seinem Schreiben:

»... hierdurch teile ich dem Staatssekretariate mit, daß ich im April dieses Jahres mein Amt als Vizepräsident der Gesellschaft für Musikforschung niederzulegen gedenke. Abgesehen davon, daß ich mich gesundheitlich den Ansprüchen dieses Amtes, so den wiederholten kurzfristigen Reisen nach der Bundesrepublik nicht mehr voll gewachsen fühle, bestimmen noch andere Gründe mich zu meinem Beschlusse. Es ist mir nicht gelungen, die Mitgliederversammlung der Gesellschaft im Herbst 1957 in Ost- und Westberlin durchzusetzen; ich habe auch nicht erreichen können, daß der Kongreß 1959, wie von uns beantragt, in Halle S. stattfindet; auch in manchen anderen wichtigen Punkten ist mein Einfluß im Vorstande auf ein Minimum gesunken, und es wurden in meiner Abwesenheit Entschlüsse gefaßt und Rundschreiben erlassen, die ich als Professor der Humboldt-Universität nicht billigen kann.«

zu sagen, besonders zu Beschlüssen und Rundschreiben, die uns nicht bekannt sind.

3) Wir billigen den Entschluß von Prof. Vetter und sehen darin mehr, denn das Verhalten der westdeutschen Vorstandsmitglieder richtet sich nicht allein gegen Prof. Vetter als Bürger der DDR, sondern ist überhaupt gegen die sozialistische Entwicklung unserer Republik und gegen die fortschrittliche Musikwissenschaft gerichtet.

Weil die Eigenständigkeit unserer Musikwissenschaft und damit die Entwicklung der sozialistischen Musikwissenschaft durch die Musikwissenschaftler beider deutscher Staaten nicht gefördert, sondern gehindert wird, halten wir diese Art der Zusammenarbeit für nicht mehr opportun. Wir prüfen z. Zt. überhaupt die Tätigkeit gesamtdeutscher Gesellschaften und sehen auch in diesem konkreten Falle zur Wahrung der Interessen der Musikwissenschaftler der DDR keine andere Möglichkeit, als die, daß wir in einer geeigneten Form eine Vereinigung der Musikwissenschaftler der DDR schaffen, die bei allen Anlässen als Vertretung unseres Staates – so beispielsweise bei internationalen Kongressen – auftritt und sich nicht wie bisher durch westdeutsche Vertreter mitrepräsentieren läßt – wie in dem Präsidium[11] der internationalen Gesellschaft für Musikwissenschaft.

4) Verfahrensweise: Wir schlagen vor, daß die Professoren Vetter, Meyer und Reuter[12] die Beiräte für Musikwissenschaft und -erziehung und weitere prominente Vertreter der Musikwissenschaft der DDR zu einer Beratung einladen, auf der eine Erklärung von Prof. Vetter über seinen Rücktritt und die Konsequenzen und von Prof. Meyer eine Erklärung über die Schaffung einer Vereinigung der Musikwissenschaftler der DDR beraten werden; Diese Versammlung muß Beschluß fassen über den Austritt der Musikwissenschaftler der DDR aus der Gesellschaft für Musikforschung, da unsere Interessen dort nicht gewährt werden und soll aber eine freundschaftliche Zusammenarbeit beider Vereinigungen vorschlagen.

5) Die Schaffung einer Vereinigung der Musikwissenschaftler der DDR ist schnellstens mit zuständigen Organen, Verband Deutscher Komponisten und Musikwissenschaftler, wiss. Beiräte, zu behandeln.

6) Grundsätze für eine Vereinigung (s. Anlage!)

7) Diese Beratung vertraulich. Prof. Vetter seine offizielle Rücktrittserklärung nach erweiterter Beiratssitzung.

---

[11] In der DDR wurden die Leitungsgremien der GfM und der IGMW (Vorstand bzw. Direktorium) oft irrtümlich als »Präsidium« bezeichnet – wohl weil das entsprechende Gremium des Komponistenverbandes so hieß.

[12] Fritz Reuter (1896–1963), damals Direktor des Instituts für Musikerziehung der Humboldt-Universität zu Berlin und Leiter des Beirats für Musikerziehung beim SHF.

Anlage 1
Thesen für die Gründung einer Vereinigung der Musikwissenschaftler der Deutschen Demokratischen Republik

1) Die Musikwissenschaft hat als gesellschaftswissenschaftliche Disziplin großen Anteil bei der Bewußtseinsbildung unserer sozialistischen Gesellschaft. Für die Verbreitung und Weiterentwicklung der marxistischen Ideologie auf dem Sektor der Musikwissenschaft ist es von besonderer Wichtigkeit, alle Musikwissenschaftler der DDR in einer Vereinigung zu erfassen. Die Aufgaben, die an die Entwicklung der sozialistischen Musikwissenschaft gestellt werden, können nicht in einer Gesellschaft, die »gesamtdeutschen Charakter« tragen soll und im Vorstand von westdeutschen Vertretern geleitet wird, geleistet werden. Es ist daher erforderlich, in der DDR eine Vereinigung zu schaffen, die die Ergebnisse der fortschrittlichen bürgerlichen Musikwissenschaft auswertet und auf der Grundlage des dialektischen und historischen Materialismus eine sozialistische Musikwissenschaft begründet.

2) Aufgaben einer Vereinigung der Musikwissenschaftler der DDR
   a) Schaffung einer Musikgeschichte auf der Grundlage des dialektischen und historischen Materialismus
   b) Verbreitung neuer Erkenntnisse in wissenschaftlichen und populärwissenschaftlichen Publikationen
   c) Mitarbeit bei der Entwicklung eines sozialistischen Kulturlebens in Stadt und Land durch Publikationen und Vorträge
   d) Mitarbeit bei der Entwicklung der soziatistischen Kunst- und Musikkritik

3) Dazu sind folgende organisatorische Maßnahmen nötig:
   a) Die Vereinigung arbeitet in
      I.   Plenum
      II. Zentralen Gruppen (nach Spezialthemen)
      III. Bezirksweise (alle Bezirksmitglieder)
      und hat für besondere Aufgaben
      IV. gewählte Kommissionen
      Dem Vorstand gehören gewählte Mitglieder und die Leiter von II. bis IV. an.
   b) I. Das Plenum sollte jährlich eine wissenschaftliche Tagung abhalten zu wichtigen musikhistorischen, ästhetischen und Gegenwarts- sowie kulturpolitischen Fragen.
      II. Die zentralen Gruppen sind nach Spezialarbeitsgebieten erfaßt und sollten 2 bis 4 kleinere wissenschaftliche Tagungen im Jahr abhalten. Jedes Mitglied kann in diesen Gruppen mitarbeiten. Folgende Gruppen werden vorgeschlagen:

1. Marxistische Ästhetik
2. Musikerziehung
3. Musikkritik
4. Volksmusikforschung
5. Systematische Musikwissenschaft
6. Instrumentenkunde
7. Sozialistisches Musikschaffen

III. Die Mitglieder sollten bezirksweise 4–6 Veranstaltungen im Jahr durchführen. Dort stehen immer im Mittelpunkt Fragen der Massenkulturarbeit, der Musikkritik und des ästhetischen Musikschaffens.

IV. Die Kommissionen sind Organe, die die Arbeit des Vorstandes vorbereiten und unterstützen. Folgende Kommissionen werden vorgeschlagen:

1. Redaktionskommission für Zeitschrift
2. Kommission für Forschung
3. Publikationskommission
4. Internationale Zusammenarbeit
5. Kulturelle Massenarbeit

4) Die Vereinigung sollte einen engeren und erweiterten Vorstand haben. Für die laufenden Sekretariatsarbeiten müßte ein Sekretär zur Verfügung stehen. Die Besetzung der einzelnen Funktionen ist vorberaten, aber noch nicht zu einem Abschluß gebracht.

5) Es bedarf noch der Klärung, ob die Vereinigung der Musikwissenschaftler eine eigene Gesellschaft im Rahmen des Verbandes Deutscher Komponisten und Musikwissenschaftler wird oder ob es eine Kommission des Verbandes wird. Wir schlagen vor, eine Gesellschaft unter der Dachorganisation des VDK zu bilden:
»Gesellschaft für Musikwissenschaft – im Verband Deutscher Komp. und Musikwissenschaftler –«

BA Berlin, DR-3/1743.

Dokument 15

Berlin, den 28. 5. 58

Forderungsprogramm für die weitere Zusammenarbeit in der Gesellschaft für »Musikforschung«

Die mit den Beschlüssen des Bonner Bundestages über die Atombewaffnung und die durch diese immer mehr zunehmende Refaschisierung des politischen und kulturellen Lebens in Westdeutschland hervorgerufene Zuspitzung der politischen Lage in Deutschland zwingen uns die Zusammenarbeit der Musikwissenschaftler der Deutschen Demokratischen Republik und der Bundesrepublik zu prüfen.

Wiederholte Vorschläge und Anträge der Musikwissenschaftler der Deutschen Demokratischen Republik eine Mitgliederversammlung in Berlin durchzuführen, den Internationalen Kongreß 1959 in Halle abzuhalten und einen weiteren Vertreter der Deutschen Demokratischen Republik in den Vorstand der Gesellschaft aufzunehmen wurden gegen die Stimmen unseres einzigen Vertreters im Vorstand, Herrn Prof. Dr. Walther Vetter als Vizepräsident abgelehnt. Der Vorstand der Gesellschaft hat einseitig die politischen Interessen des sogenannten Bonner »Ministeriums für Gesamtdeutsche Fragen« unterstützt.

Da die Musikwissenschaft als Gesellschaftswissenschaft für uns eine große Bedeutung bei der Bewußtseinsbildung und Erziehung der Menschen hat, hemmt der gegenwärtige Stand der Zusammenarbeit die Entwicklung der Musikwissenschaft und die Lösung ihrer Aufgaben in der Deutschen Demokratischen Republik.

Diese Situation kann nur dadurch überwunden werden, indem die Gesellschaft für Musikforschung der Existenz zweier deutscher Staaten in all ihren Beschlüssen und ihrer Organisationsform Rechnung trägt. Dazu ist folgendes erforderlich:

1. Der Vorstand und die Mitgliederversammlung müssen bei Beschlüssen dem Einstimmigkeitsprinzip Rechnung tragen. Nur dadurch wird die Gefahr der Majorisierung einer Seite innerhalb der Gesellschaft überwunden.
2. In allen Gremien der Gesellschaft, also im Vorstand, im Beirat und den Kommissionen müssen die Musikwissenschaftler der Deutschen Demokratischen Republik paritätisch vertreten sein.
3. Die Mitglieder der Gesellschaft, die Bürger der Deutschen Demokratischen Republik sind, müssen durch den Präsidenten oder Vizepräsidenten vertreten

werden und als selbständiger Teil der Gesellschaft zu besonderen Anlässen zusammengerufen werden.

4. Die Geschäftsstelle der Gesellschaft in Leipzig untersteht direkt dem Präsidenten oder Vizepräsidenten, der ebenfalls Bürger der Republik ist.

5. Bei allen internationalen Organisationen muß die Vertretung der Musikwissenschaftler aus der Deutschen Demokratischen Republik dadurch gewährleistet werden, daß ein Mitglied der Gesellschaft (Präsident oder Vizepräsident) an allen Besprechungen mit Sitz und Stimme teilnimmt.

6. Der Vorstand muß insofern erweitert werden, daß mindestens drei Mitglieder des Vorstandes Bürger der Deutschen Demokratischen Republik sind. Es ist anzustreben, zwei gleichberechtigte Präsidenten zu wählen, die als offizielle Vertreter der Mitglieder aus den beiden deutschen Staaten fungieren.

7. Die Forderungen, die Satzungsänderungen der Gesellschaft nach sich ziehen, müssen in der Mitgliederversammlung in Köln 1958 beschlossen werden.

BA Berlin, DR-1/66.

Dokument 16

[Staatssekretariat für das Hoch- und Fachschulwesen]
Sektor Philosophische Fakultäten

Berlin, den 17. 1. 1961
Nie/Ab

Aktennotiz
Betrifft: Konzeption zur Arbeit der Gesellschaft für Musikforschung

Teilnehmer der Beratung:
Proff. Meyer, Notowicz, Knepler, Dr. Uszkoreit, Koll. Niemann

1. Die Teilnehmer haben grundsätzlich dem vorgelegten Entwurf zugestimmt. Es wurde nochmals herausgestellt:
   a) Die Haltung der Gesellschaft zur Rückgabe der gestohlenen Beethovenhandschriften ist ein Prüfstein, wie aktiv die Gesellschaft in echter gesamtdeutscher Arbeit werden kann;

b) es ist unbedingt nötig, nachdem wir uns in der Maitagung der Musikwissenschaftler mit den reaktionären Tendenzen der westdeutschen Musikwissenschaft beschäftigt haben, sich jetzt intensiver mit den humanistischen Kräften in Westdeutschland zu verbünden und sie aus ihrer Zurückhaltung und privaten positiven politischen Haltung zu öffentlicher
Stellungnahme zu aktivieren.

2. Genosse Notowicz schlägt vor, für die Vorbereitung wissenschaftlicher Tagungen und zur Ausarbeitung von Konzeptionen zu wissenschaftspolitischen
Fragen und Fragen der Zusammenarbeit gesellschaftlicher Organisationen
eine zentrale Stelle zu schaffen, die beim [Komponisten-]Verband liegen
könnte. Kollege Niemann führt dazu aus, daß Fragen der wissenschaftlichen
Gesellschaften und Organisierung ihrer Kontakte sehr richtig durch eine
Kommission des Verbandes vorbereitet werden sollen. Weil eine solche Regelung auch auf Vereinigungen wie Schütz- und Neue Bach-Gesellschaft usw.
zutreffen würde, muß diese Frage noch gründlich ausdiskutiert werden.

3. Kollege Niemann gibt Bericht über letzten Verhandlungsstand in Fragen der
gestohlenen Beethoven-Konversationshefte. Es wird festgestellt, daß der Beirat längst gegen die Antwort Professor Blumes auf das Beiratsschreiben hätte
protestieren sollen. Das muß schnellstens auf der nächsten Sitzung nach-
geholt werden.
Die Behandlungsweise dieser politisch so wichtigen Angelegenheit durch die
staatlichen Stellen wird von Meyer und Notowicz sehr kritisiert. Meyer ist
ungehalten, daß die Frage schleppend bearbeitet wird, weil zu viele Stellen in
der Verhandlung sind (Sektor Bibliotheken, Abt. Musikwissenschaft des Kulturministeriums, Sektor Philosophische Fakultäten), daß Genosse Professor
Kunze[13] ungenügende Anleitung erhalte, daß die Presse sich in unqualifizier-
ter Weise des Falles angenommen habe; deshalb fordere er, daß ein verantwortlicher Funktionär der Partei und des Staatsapparates mit der Leitung dieser Angelegenheit beauftragt wird. Er will, wenn weiter so unkoordiniert und
unkonzentriert gearbeitet wird, die Angelegenheit Genossen Professor Hager
vortragen. Kollege Niemann wird beauftragt, Genossen Köhler[14] die Angelegenheit vorzutragen und ihn im Auftrage der Versammelten zu bitten, die
Leitung zu übernehmen und in nächster Woche mit Meyer und Notowicz eine Besprechung zur Lage durchzuführen. Folgende Fragen müssen geklärt
werden:

---

[13] Horst Kunze, geb. 1909, damals Generaldirektor der Deutschen Staatsbibliothek in Ost-Berlin.
[14] Roland Köhler, damals Leiter der Abteilung IV des SHF.

a) Genosse Steinitz[15] habe erklärt, es gäbe ein Abkommen aus dem Jahre
   1946 zwischen den Besatzungsmächten, daß verlagerte Bände bis zu end-
   gültiger Regelung dort verbleiben, wohin sie ausgelagert wurden;
b) es ist zu prüfen, ob Schmidt-Görg der Hehlerei angeklagt werden kann;
c) man sollte mit einer Prozeßführung Professor Kaul[16] beauftragen und ihn
   schnellstens zur Lage konsultieren;
d) Genosse Knepler erarbeitet weiter das Informationsmaterial und macht es
   für Februar druckbereit;
e) auf der Jahresversammlung der Gesellschaft müssen diese Fragen zur
   Diskussion gebracht werden;
f) es ist ein Zeitpunkt zu bestimmen, wann wir Persönlichkeiten des Beet-
   hovenkuratoriums (Prof. Dr. [Paul] Mies) in diese Fragen einschalten.

4. Zur Jahreshauptversammlung der Gesellschaft für Musikforschung wird beschlossen:
   a) Die DDR-Mitglieder werden zu einer vorbereitenden Tagung in der Wo-
      che vom 15. bis 20. 4. 1961 zusammengerufen. Einen Programmvorschlag
      für diese Veranstaltung erarbeiten die Kommission für Musikwissenschaft
      beim VDK und der Vizepräsident der Gesellschaft, Genosse Professor
      Laux;
   b) die vorliegende Konzeption zur Jahreshauptversammlung berät Genosse
      Notowicz mit Genossen Laux und stellt sie am 2. 2. 1961 dem Beirat und
      seiner Arbeitsgruppe zur Diskussion.

Niemann

BA Berlin, DR-3/1743.

---

[15] Wolfgang Steinitz (1905–1967), Linguist, damals Professor an der Humboldt-Universität und Vizepräsident der Deutschen Akademie der Wissenschaften in Ost-Berlin.
[16] Friedrich Karl Kaul (1906–1981), damals prominentester Rechtsanwalt in der DDR.

Dokument 17

Deutscher Musikrat
Deutsche Sektion des Internationalen Musikrates

Hamburg

Protokoll des Gespräches über gesamtdeutsche Fragen im Bereich der Musikwissenschaft am 20. April 1961, in Frankfurt/Main, Hotel Baseler Hof

Vertraulich

Beginn: 14.30 Uhr

Teilnehmer des Gespräches waren:
Dr. [Richard] Baum, Kassel
Prof. Dr. [Friedrich] Blume, Schlüchtern
Prof. [Wolfgang] Fortner, Heidelberg
Oberregierungsrat Dr. [Heinrich] Geißler, Bonn (begleitet von Frau Herzog)
Dr. [Kurt] Hahn, Köln
Dr. [Harald] Heckmann, Kassel
Regierungsdirektor a. D. Dr. [Karl] Holl, Offenbach/Main
Dr. Holzmann, Hamburg
Prof. Dr. [Helmuth] Osthoff, Frankfurt
Dr. [Hans-Peter] Reinecke, Hamburg
Herr [Herbert] Sass, Hamburg
Prof. Dr. [Joseph] Schmidt-Görg, Bonn
Bibliotheksrat Dr. [Wolfgang] Schmieder, Frankfurt
D. Dr. h. c. [Karl] Vötterle, Kassel
Prof. Dr. [Walter] Wiora, Kiel
Ministerialrat [Friedrich] von Zahn, Bonn

Zu dem Gespräch hatte der Deutsche Musikrat eingeladen. Sein stellvertretender Vorsitzender, *Prof. Wiora*, wies einleitend auf vier Punkte hin, die ihm für die Wandlung in der gesamtdeutschen Situation auf dem Gebiet der Musikwissenschaft wichtig zu sein schienen:
    die durchgreifende Sowjetisierung der Musikwissenschaft über ihre bisherige kommunistische Färbung hinaus; ihre politische Radikalisierung und die planmäßigen Angriffe gegen die »westdeutsche Musikwissenschaft«; die Entwissen-

schaftlichung, der Verlust konstitutiver Wesenszüge, welche eine Wissenschaft zur Wissenschaft machen; die Unfruchtbarkeit des dialektischen Materialismus für das systematische und historische Verstehen der Musik.

Die gegenwärtige Lage der mitteldeutschen Musikwissenschaft münde in die Überwucherung aller sachlichen Fragen durch politische Ausnutzung für die Interessen des Kommunismus. Vor diesem Hintergrund sei auch der Komplex der vom Bonner Beethoven-Archiv verwahrten Beethovenmanuskripte zu erörtern.

Prof. Schmidt-Görg verlas anschließend einen Bericht über die Annahme und bisherige Aufbewahrung der Beethovenschen Konversationshefte, den er im November 1959 für die Kriminalpolizei angefertigt hatte. Aus ihm ging u. a. hervor, daß die Annahme der Manuskripte 1951 in gutem Glauben und völlig korrekt erfolgte, daß der Hauptdirektor der Ostberliner Staatsbibliothek Kunze und andere Persönlichkeiten aus der Sowjetzone schon seit Jahren von dem Verschwinden und Verbleib der Handschriften in Westdeutschland wissen mußten und daß trotzdem von Ostberliner Seite hierauf nicht reagiert wurde.

Die jetzige Situation, führte Prof. Schmidt-Görg aus, habe sich erst nach der Verhaftung Krüger-Riebows im Herbst 1959 ergeben. Einen Brief Direktor Kunzes vom 28. 3. 1960 habe er durch Übersendung von 2 Listen aller ihm übergebenen Stücke beantwortet. Direktor Kunze habe ihm am 24. 4. 1960 gedankt und die Erwartung der Rückgabe ausgesprochen, bei der die Interessen des Bonner Beethoven-Archivs berücksichtigt werden sollten. Am 1. 5. 1960 sei ein Artikel in der Basler National-Zeitung erschienen, in der die in Bonn aufbewahrten Handschriften als Diebesgut usw. bezeichnet worden seien. Möglicherweise habe sich in diesem Artikel Schweizer Groll gegen die Beerbung des Bodmerschen Nachlasses durch das Beethoven-Archiv entladen. Die folgende Entwicklung sei durch die zonalen Presseangriffe und die Einschaltung der Gesellschaft für Musikforschung gekennzeichnet.

Prof. Schmidt-Görg betonte abschließend, daß das Beethoven-Archiv im Gegensatz zum Beethovenhaus keine Handschriften besitze. Das Beethoven-Archiv sei am wissenschaftlichen Leihverkehr und daran interessiert, die Handschriften dorthin zurückzugeben, wohin sie rechtmäßig gehörten.

Prof. Blume berichtete sodann über die Rolle der Gesellschaft für Musikforschung. Diese habe mit der Angelegenheit von 1951 bis 1960 nichts zu tun gehabt. Ende 1960 habe Dr. Köhler einen offiziellen Brief an die Gesellschaft für Musikforschung geschrieben. Daraufhin sei eine Zusammenkunft mit Prof. Schmidt-Görg und Prof. Gerstenberg erfolgt. Besonders im Hinblick auf die sowjetzonalen Presseangriffe sei damals der Wunsch nach einer Bereinigung der

Angelegenheit ausgedrückt worden. Es wurde eine persönliche Besprechung
zwischen Prof. Schmidt-Görg und Direktor Kunze vorgeschlagen. Diese Besprechung kam nicht zustande. Des weiteren habe sich dann der musikwissenschaftliche Beirat beim Staatssekretariat für [das] Hoch[- und Fachschul]wesen
eingeschaltet, dessen Vorsitzender E. H. Meyer ist, und in einem offenen Brief
die Distanzierung der Gesellschaft für Musikforschung von Prof. Schmidt-Görg
gefordert. In einem jüngsten Schreiben habe der Beirat ultimativ die Rückgabe
der Handschriften bis zum 1. 5. 1961 gefordert. In einer privaten Antwort an
Prof. E. H. Meyer habe er, Prof. Blume, erklärt, die Gesellschaft für Musikforschung sei zur Rückgabe nicht legitimiert; es sei immer wieder zu fragen,
warum denn die »DDR« nichts unternommen habe, um auf gerichtlichem Wege
den Eigentumsanspruch der Deutschen Staatsbibliothek geltend zu machen.

Prof. Fortner sprach als stellvertretender Direktor der Abteilung Musik der Akademie der Künste in Berlin-West. Er verwies auf die Unabhängigkeit der Akademie, welche sie befähige, zur Aufrechterhaltung einer Art von Burgfrieden gute
Kontakte zur Ostberliner Akademie der Künste zu unterhalten. Eine Frucht
dieser Kontakte sei z. B. die gemeinsam herausgegebene Zelterbiographie[17]. –
Auf Bitte der Herren Prof. [Boris] Blacher und von Buttlar[18] habe er vor einiger Zeit an einem Gespräch in der Ostberliner Akademie teilgenommen, zu
der außer ihm die Herren [Leo] Spies, [Max] Butting und ein dritter Herr erschienen seien. Dieses Gespräch habe deutlich werden lassen, daß die als Mit-
läufer zu charakterisierenden Vertreter der Ostberliner Akademie im Fall der
Beethoven-Manuskripte an der Sache selbst interessiert seien. Seine Gesprächspartner hätten andererseits die Befürchtung geäußert, daß der Staatssekretär für
Hochschulwesen Girnus die Dinge politisch in einem geeigneten Augenblick
hochspielen, vielleicht sogar einen internationalen Prozeß inszenieren wolle. Sie
hätten sich peinlich berührt gezeigt von dem gegen Prof. Schmidt-Görg gerichteten Artikel Dr. Köhlers und sich bereiterklärt, 3–4 Wochen lang das

---

[17] *Carl Friedrich Zelter und die Akademie. Dokumente und Briefe zur Entstehung der Musik-Sektion in der Preu-
ßischen Akademie der Künste,* ausgewählt u. eingeleitet von Cornelia Schröder, hrsg. von der Deutschen Akademie der Künste zu Berlin und der Akademie der Künste Berlin, Berlin [West]: v. Hol-
ten, [1959], 142 S. (*Akademie der Künste. Monographien und Biographien,* Bd. 3). Die Musikwissenschaft-
lerin Dr. Cornelia Schröder, geb. 1900, war von 1955 bis 1959 Fachgruppenleiterin der Sektion
Musik der Ost-Berliner Akademie der Künste. Weil sie mit dem in West-Berlin lebenden Komponisten Hanning Schröder verheiratet war und nicht der SED angehörte, wurde sie, ungeachtet ihrer antifaschistischen Vergangenheit, für diese Tätigkeit mehr und mehr als untragbar angesehen.
Noch bevor sie im April 1959 ihr Buch über Zelter fertiggestellt hatte, wurde sie von der Akademie, in Umsetzung eines Beschlusses der Sektion Musik vom 29. 12. 1958, ohne Angabe von
Gründen entlassen. Die Initiative dazu war vermutlich von E. H. Meyer ausgegangen.
[18] Herbert von Buttlar-Brandenfels, damals Generalsekretär der Akademie der Künste in West-
Berlin.

Schweigen der Presse zu erwirken, wenn Prof. Fortner sich in der Zwischenzeit um die Rückgabe der Handschriften bemühen würde. Er habe den Herren versprochen, darauf hinzuwirken, daß die Sache elegant erledigt werde. Das rätselhafte Schweigen der Zone von 1951 bis 1960 erkläre er sich dadurch, daß die Staatsbibliothek den blamablen Verlust der Manuskripte zunächst nach oben habe vertuschen wollen. Die Verhältnisse in der Sowjetzone erklärten dieses Verhalten hinreichend. – Zur Beurteilung der ganzen Sachlage meinte Prof. Fortner, daß durch die Entlarvung Krüger-Riebows als Dieb und die folgenden Presseangriffe alles von vornherein diskreditiert sei, was Krüger-Riebow getan habe, selbst wenn er tatsächlich die Handschriften in der guten Absicht nach Bonn geschafft hätte, um sie vor dem Zugriff der Sowjets zu schützen. Insofern bedeute eine Verzögerung der Rückgabe nur Wind in die Segel des Ostens. Die Frage, was jetzt getan werden solle, müsse vor allem unter politischen Gesichtspunkten gestellt werden.

Herr Ministerialrat von Zahn nahm zu dem Fragenkomplex aus der Sicht des Bundesministeriums für gesamtdeutsche Fragen Stellung.[19] Er unterschied
1.) eine menschliche,
2.) eine juristische,
3.) eine politische Seite des Problems.
[...]
Auf Veranlassung Herrn Prof. Schmidt-Görgs habe das Bundesministerium für gesamtdeutsche Fragen ein Rechtsgutachten des Hamburger Planck-Instituts für Internationales Privatrecht angefordert, von welchem das weitere Vorgehen abhängig sei.

Nach diesen Berichten und Stellungnahmen erfolgte eine Aussprache.
[...]

Dr. Reinecke empfahl, den Fragenkomplex der Beethovenmanuskripte nicht isoliert zu betrachten. Hier handele es sich um einen Aspekt eines Generalangriffs, der gegen die westdeutsche Musikwissenschaft gerichtet sei. Es gehe der östlichen Seite überhaupt nicht um die Handschriften, sondern um die Unterwanderung und Unterminierung der westlichen Argumentation. Um diesem Generalangriff begegnen zu können, sei klare Einsicht in seine einfachen Denkstrukturen und Verfahrensweisen nötig.

---

[19] Friedrich von Zahn (FDP) leitete damals das Referat I/6 (Kulturelle Angelegenheiten) des Bundesministeriums für gesamtdeutsche Fragen (nach G. Rüß, *Anatomie einer politischen Verwaltung*, S. 193).

Prof. Blume erwiderte, die Ansicht Dr. Reineckes werde von der gesamten westlichen Musikwissenschaft geteilt. In diesem speziellen Fall gehe es jedoch darum, eine Lösung für ein akutes Problem zu finden. Für die negativen Begleitumstände dieses Problems werde die Gesellschaft für Musikforschung mitverantwortlich gemacht. Er bitte deshalb darum, von juristischen Bedenken abzusehen und einen Modus zu finden, wie die alten Besitzverhältnisse wiederhergestellt werden könnten. Bei der Jahresversammlung der Gesellschaft für Musikforschung in Dresden werde die Gesellschaft sicher zu einer Resolution gegen Schmidt-Görg und das Beethoven-Archiv aufgefordert. Er habe deshalb den Wunsch, wenigstens die Aussicht darauf mitzunehmen, daß die Handschriften bald zurückgegeben würden.

Oberregierungsrat Dr. Geißler begründete das Mitspracherecht des Bundesministeriums des Innern[20] damit, daß dieses die Interessen der Stiftung Preußischer Kulturbesitz wahrzunehmen habe. Eigentümer der Beethovenmanuskripte sei möglicherweise die Stiftung. Das Bundesministerium des Innern lege deshalb Wert darauf, daß sie in der Bundesrepublik Deutschland verblieben, zumal die Zone bei einem für uns positiven Rechtsgutachten sicherlich nichts herausgeben werde. Wenn in Ostberlin wirklich ein wissenschaftliches Interesse an den Handschriften bestünde, würde man sich dort auch mit Fotokopien zufriedengeben. Alle Angriffe aus der Zone richteten sich dann notgedrungen gegen das Bundesministerium des Innern oder die Bundesregierung, die daran schon gewöhnt sei.

Dr. Reinecke stellte die Frage, ob es sich lohne, um der Handschriften willen eine äußerst prekäre Situation zu riskieren. Für den Osten sei nur die politische, nicht aber die juristische Seite des Falles interessant.

Prof. Blume wies nachdrücklich darauf hin, daß die Übersendung von Kopien anstelle der Originale von der Gegenseite nur als Beweis unseres schlechten Gewissens gewertet würde.

Prof. Fortner warnte davor, die Eigentumsfrage so in den Vordergrund zu stellen bei Dingen, deren realer Besitz in höchst fragwürdiger Weise zustandegekommen sei. Durch die Beteiligung des Krüger-Riebow sei eine nicht hinwegzudiskutierende schlechte Nachbarschaft für die westdeutsche Musikwissenschaft gegeben. Beim internationalen Kongreß in New York würde die Elite der östlichen Musikwissenschaft zweifellos eine nicht zu unterschätzende Wirkung

---

[20] Heinrich Geißler, Vater des späteren CDU-Politikers Heiner Geißler, leitete damals im Bundesministerium des Innern die Abteilung III (Kulturelle Angelegenheiten des Bundes).

durch Kulissengespräche über die fragwürdige Rolle der westdeutschen Musikwissenschaft erzielen. Die Übersendung von Fotokopien sei jedenfalls schlim-
mer, als wenn gar nichts unternommen würde. Er empfehle nochmals die Rückgabe der Manuskripte, damit aus der bisher noch begrenzten Sache keine La-
wine werde.

Prof. Osthoff erklärte, daß die Gesellschaft für Musikforschung sich in einer sehr
schwierigen Lage befinde. Die von Prof. Blume und Prof. Fortner angedeuteten
Konsequenzen würden auch nach seiner Ansicht bestimmt eintreten. Nötig sei
daher rasches Handeln.

Prof. Blume dankte Prof. Osthoff für seine Stellungnahme und betonte nochmals,
daß im Interesse der Gesellschaft für Musikforschung die Wiederherstellung der
alten Lage sehr wichtig sei.

[...]

Prof. Wiora faßte die Ergebnisse der bisherigen Aussprache zusammen.
   Man habe zwei Maßnahmen in die Wege geleitet:
1.) die Einholung eines Rechtsgutachtens,
2.) den Versuch, die Angelegenheit durch Einschaltung der Westberliner Akademie der Künste zu bereinigen.
Es sei jedoch damit zu rechnen, daß Politiker der Zone weniger an der sachlichen und juridischen Seite des Problems und damit an der realen Rückgabe
interessiert seien, als vielmehr an dem politischen Trumpf, den sie in den Händen haben und in noch spektakulärerer Weise auszuspielen gedenken als bisher.
Die Musikwissenschaft befinde sich in der Abwehr gegen einen Gesamtangriff.
Die Frage der Beethovenmanuskripte sei der schwächste Punkt auf unserer
Seite. Er solle um der Gesamtposition willen aufgegeben werden. Dies bedeute
die möglichst schnelle Rückgabe der Handschriften.
   Prof. Wiora stellte fest, daß die Frage der Beethovenmanuskripte von den
Anwesenden übereinstimmend in der von ihm dargelegten Weise beurteilt werde
und daß man mit den erwähnten zwei Maßnahmen einverstanden sei. Er bat
Herrn Ministerialrat von Zahn, diese Einstellung der Gesprächsteilnehmer im
Bundesministerium für gesamtdeutsche Fragen bekanntzugeben und eine Lö-
sung im Sinne der westdeutschen Musikwissenschaft zu suchen.
[...]

Ministerialrat von Zahn erwähnte, daß Staatssekretär Girnus 1957 die Parole aus-
gegeben habe, die Zone solle zukünftig mit eigenen nationalen Gremien in in-

ternationalen wissenschaftlichen Gesellschaften vertreten sein. Die Begründung dieser Parole liege in der vom Ostblock vertretenen 2-Staatentheorie. – Entsprechende Vorstöße seien in letzter Zeit im Zusammenhang des geophysikalischen Jahres 1960 besonders bei den Geographen, Geodäten und Geophysikern zu beobachten gewesen. Gegenwärtig sei die Zone in 132, die Bundesrepublik Deutschland in 820 internationalen wissenschaftlichen Gremien vertreten.

1958 habe die Bundesregierung empfohlen, die gesamtdeutsche Form wissenschaftlicher Zusammenarbeit bis zur Grenze des Zumutbaren zu wahren. Diese Grenze liege da, wo unsere Wissenschaft durch Beibehaltung des gesamtdeutschen Arguments unglaubhaft werde. So hätten die Historiker der Bundesrepublik Deutschland 1958 auf dem Historikertag in Trier einen Trennungsstrich gegenüber den Kollegen aus der Zone ziehen müssen.[21]

Prof. Blume dankte für die Hinweise und meinte, nach den letzten Ereignissen sei auch für den Vorstand der Gesellschaft für Musikforschung deren gesamtdeutscher Charakter zunehmend fragwürdig geworden. Besonders im Hinblick auf die Frage der Beethovenmanuskripte rechne er mit der Möglichkeit, daß es in Dresden zu einer Trennung kommen könnte.

Prof. Fortner bestätigte diesen Eindruck und erklärte, gerade deshalb sei es so eilig, zu einer Bereinigung der Angelegenheit zu kommen.

Dr. Vötterle erwähnte, daß die Verselbständigung der Zone auch auf dem Gebiet des Verlagswesens zunehme, indem dort wirtschaftliche Druckmittel gegen westliche Verlagserzeugnisse angewandt würden.

Prof. Wiora wies darauf hin, daß – mit einer Ausnahme – im musikalischen Bereich das Eindringen der Zone in internationale Gremien bisher habe verhindert werden können. Dies sei jedoch vor allem eine Sache der Argumentation, die von den Partnern nicht immer verstanden werde. Manchmal habe man argumentiert. daß nur Länder vertreten sein könnten, die auch Mitglieder der UNESCO seien.

Ministerialrat von Zahn erklärte, daß die Abwehr der Zone leicht sei, wenn die jeweilige Satzung nur einen deutschen Vertreter zulasse. Anders sei es, wenn die

---

[21] Diese Trennung war eine Reaktion auf die von der Abteilung Wissenschaften des ZK der SED betriebene und von marxistischen Historikern der DDR (z. B. Ernst Engelberg) massiv unterstützte Gründung einer separaten Historiker-Gesellschaft in der DDR als Gegenorganisation zum »Verband der Historiker Deutschlands«. Diese »Deutsche Historiker-Gesellschaft« war eine bis zuletzt äußerst linientreue und straff durchorganisierte Vereinigung.

Satzung von Gebieten mit eigener Wissenschaftspflege ausgehe. In diesen Fällen sollte angestrebt werden, einzelne Akademien oder Universitäten als Partner aufzunehmen.

Prof. Wiora bat die Anwesenden darum, an Kollegen und Bekannte die Ergebnisse der Besprechung weiterzugeben, um falschen Schritten in Dresden, die durch mangelhafte Information erzeugt werden könnten, tunlichst vorzubeugen. Abschließend wies er auf die ungleichen Publikationsmöglichkeiten in Ost und West hin. Drüben habe man sich eigene Organe geschaffen, in denen die Wissenschaft angegriffen werde. Entsprechende Organe, in denen sie verteidigt werden könnte, gäbe es bei uns nicht. Es käme darauf an, daß auch wir aktiv werden, allerdings in einer spezifisch wissenschaftlichen Weise und einem Stil, der sich von dem der Angriffe gänzlich unterscheide.

Prof. Osthoff griff die Anregungen Prof. Wioras auf. Die Situation sei so, daß angesehene Fachkollegen von drüben angegriffen würden, ohne daß man sich dagegen zur Wehr setzen könne. Die »Musikforschung« sei hierfür ungeeignet. Prof. Osthoff regte in diesem Zusammenhang ein von der Gesellschaft für Musikforschung unabhängiges Jahrbuch an, in dem auf wissenschaftliche Weise auch solche Wahrheiten ausgesprochen werden könnten, die in denjenigen Organen, welche auch in die »DDR« gehen, zurückstehen müssen. Diese Anregung wurde von allen Anwesenden gutgeheißen.

Ende der Besprechung: 18.15 Uhr.

Archiv der Gesellschaft für Musikforschung, Kassel.

Dokument 18

[vermutlich Abteilung Kultur des ZK der SED]
[etwa Anfang September 1961]

An den Gen. Norden

Betr.: Maßnahmen auf dem Gebiet der gesamtdeutschen Kulturarbeit

I. Gesamtdeutsche Gesellschaften

Es wird vorgeschlagen, an Stelle der gesamtdeutschen Gesellschaften entweder
eigene DDR Gesellschaften oder Arbeitskreise zu gründen. Die DDR Gesellschaften arbeiten nach einer neuen, unserer Situation und unseren Aufgaben
entsprechenden Konzeption. In diesen Gesellschaften ist es für führende Persönlichkeiten des jeweiligen Gebietes des Auslands möglich, Mitglied zu werden.

Im einzelnen:

1. Goethe-Gesellschaft

   Bisher Geschäftsstelle in Westberlin und paritätischer Vorstand. 850 Mitglieder aus der Deutschen Demokratischen Republik.
   Vorschlag: Aufbau einer Goethe-Gesellschaft mit dem Sitz in Weimar.

2. Schiller-Gesellschaft
   Sitz in Marbach. 240 Mitglieder aus der Deutschen Demokratischen Repu-
   blik.
   Vorschlag: Bildung eines Arbeitskreises für Schillerfreunde an den Natio-
                  nalen Forschungs- und Gedenkstätten in Weimar.

3. Shakespeare-Gesellschaft
   Sitz in Bochum. 240 Mitglieder aus der DDR.
   Vorschlag: Bildung einer Shakespeare-Gesellschaft mit dem Sitz in Weimar.
                  Dort befindet sich die größte Shakespeare Bibliothek Deutsch-
                  lands.

4. Hölderlin-Gesellschaft
Sitz in Tübingen. 80 Mitglieder aus der Deutschen Demokratischen Republik.
Vorschlag: Bildung von Arbeitsgruppen bei örtlichen Kulturbund-Leitungen (je nach Bedarf)

5. Dante-Gesellschaft
Sitz in München. Nur geringe Mitgliederzahl an der Universität in Jena.
Vorschlag: Bildung eines Arbeitskreises der Dantefreunde an der Universität in Jena.

6. Barlach-Gesellschaft
Sitz in Hamburg.
Vorschlag: Bildung einer Barlach-Gesellschaft mit dem Sitz in Güstrow (dort befindet sich Barlachs Nachlaß)

7. Gesellschaft für Musikforschung
Sitz in Kiel. 270 Mitglieder aus der Deutschen Demokratischen Republik.
Vorschlag: Aufbau einer eigenen Gesellschaft für Musikforschung mit dem Sitz in Leipzig.

8. Bach-Gesellschaft
Sitz in Leipzig. 900 Mitglieder aus der Deutschen Demokratischen Republik.
Vorschlag: Gründung einer eigenen Bach-Gesellschaft mit dem Sitz in Leipzig und den Thomas Kantor als Präsident.

9. Schütz-Gesellschaft
Sitz in Dresden. 220 Mitglieder aus der Deutschen Demokratischen Republik.
Vorschlag: Aufbau einer eigenen Schütz-Gesellschaft in Dresden und den Kreuz Kantor als Präsident.

Die Händel-Gesellschaft mit dem Sitz in Halle und die Schumann-Gesellschaft mit dem Sitz in Zwickau sind ihrem Charakter nach DDR Gesellschaften, in denen führende ausländische Persönlichkeiten Mitglieder sind. Hier erfolgen keine Veränderungen.

Unser Vorhaben in den einzeln aufgeführten Gesellschaften wird zusammen mit den leitenden Genossen dieser Fachrichtung festgelegt.

II. Publikationen als gemeinsam vielbändige Gesamtausgaben werden herausgegeben.

1. Bach
2. Händel
3. Schiller-Gesamtausgabe

Ein Vorschlag, wie diese Frage zu lösen ist, kann heute von uns noch nicht gegeben werden. Es muß vorher genau überprüft werden, ob genügend wissenschaftliche Kader für die Redaktion bei uns vorhanden sind und wie insgesamt die komplizierte Vertragssituation aussieht.

Vorschlag: Das Ministerium für Kultur macht bis zum 15. 9. 1961 einen detaillierten Vorschlag, wie auf dem Gebiet zu verfahren ist.

III. PEN-Zentrum Ost-West

Im Gegensatz zu den noch existierenden gesamtdeutschen Gesellschaften ist das PEN-Zentrum Ost-West völlig unter unserer Leitung. Es ist wie das PEN-Zentrum Bundesrepublik vom internationalen PEN anerkannt. Wir schlagen vor, die Organisationsform des PEN-Zentrums Ost-West vorläufig so zu belassen.

IV. Der deutsche Kulturtag
ist nur eine westdeutsche Einrichtung.

V. Gastspiele

1. Theater, Orchester und Ensembles werden nicht mehr in Westdeutschland eingesetzt. Vorliegende Vereinbarungen sind so auszulegen, daß sich die westdeutsche Seite von der Vereinbarung zurückziehen muß. Das Ministerium für Kultur veranlaßt, daß neue Verhandlungen nicht stattfinden.
2. Gruppen von Künstlern können zu bestimmten Anlässen und mit festgelegtem Programm von Fall zu Fall in Westdeutschland eingesetzt werden. Die Bestätigung erteilt das Ministerium für Kultur.
3. Die in staatlichen Verträgen festgelegten Gastspiele für Einzelkünstler werden von der Grundlage des Beschlusses des Präsidiums des Ministerrates durchgeführt.

VI. Volkskunst

Auf dem Gebiet der Volkskunst bestehen keine gesamtdeutschen Vereinigungen mehr. Das Zentralhaus für Volkskunst in Leipzig hält enge Verbindungen mit:

1. Verband für Heimat- und Volksbühnenspiele Bochum und Arbeitsgemeinschaft zur Förderung der deutschen Volks- und Laienkunst in Bochum (Sammelbewegung aller fortschrittlichen Kräfte dieses Gebietes) Es gibt auf diesem Gebiet auch keine gesamtdeutsche Publikation. In Westdeutschland wird lediglich ein Mitteilungsblatt der Arbeitsgemeinschaft mit unserer Unterstützung herausgegeben.

VII. Deutsche Akademie der Künste

Es gibt unter den Mitgliedern unserer Akademie der Künste einige hervorragende westdeutsche Künstler. Ebenso sind Mitglieder unserer Akademie gleichzeitig noch Mitglied an westdeutschen Akademien.
Wir schlagen vor, den Zustand so zu belassen.

SAPMO, DY 30/IV 2/9.06/24, Bl. 381–384.

Dokument 19

[Nathan Notowicz: Entwurf eines Briefes an den Minister für Kultur, Hans Bentzien; undatiert, etwa September 1961]

Lieber Genosse Bentzien!
Verabredungsgemäß übersende ich Dir unseren Vorschlag für die Weiterarbeit der gesamtdeutschen Gesellschaften. Auf unserem Gebiet gibt es folgende Gesellschaften:

1. Händel-Gesellschaft
2. Schumann-Gesellschaft
3. Neue Bachgesellschaft
4. Schütz-Gesellschaft
5. Gesellschaft für Musikforschung

Zu 1. Die Händelgesellschaft hat ihr Zentrum in Halle. Sowohl im Vorstand als auch innerhalb der Mitgliedschaft gibt es ausländische Kollegen. Insofern hat sie zugleich internationalen Charakter. Hier gibt es keine Probleme.

Zu 2. Zentrum und Vorstand liegen in der DDR. Ebenfalls keine Probleme.

Zu 3. Seit dem Tode von Günther Ramin ist Prof. Mahrenholz, Hannover, Vorsitzender der Neuen Bach-Gesellschaft. Wir sind im Vorstand[22] bisher durch drei Kollegen vertreten (Mauersberger, Stellvertr. Vorsitzender, Neumann, Notowicz). Das Bach-Archiv ist in Leipzig. Es gibt aber in Göttingen noch eine Bach-Forschungsstelle. Beide Institutionen arbeiten zusammen. Bisher fanden alljährlich Bach-Feste entweder in der DDR oder in Westdeutschland statt.

Zunächst wollen wir darauf hinweisen, daß fast alle wichtigen Bach-Stätten in der DDR liegen und wir auch über den wichtigsten Teil der Bach-Dokumente verfügen. Insofern liegen die entscheidenden Positionen bei uns. Nun gibt es zwei Möglichkeiten.

1. Wir sichern uns das Übergewicht im Vorstand. Dies ist angesichts der Lage nicht unmöglich. Wir könnten darauf bestehen, daß der Thomaskantor Vorsitzender wird und ein weiterer Kollege in den Vorstand geht. Darüber hinaus wäre zu prüfen, ob wir nicht anstelle der bisherigen Bachfeste in Ost und West in regelmäßigen Abständen ein Bachfest in Leipzig durchführen und den Kollegen in Westdeutschland freistellen, ihre Bachfeste unabhängig davon in westdeutschen Städten zu organisieren.

2. Bildung einer Bach-Gesellschaft der DDR. Die Zusammenarbeit auf wissenschaftlichem Gebiet (Institute, Bach-Ausgaben usw.) oder in anderer Form (Kontakte der beiden Vorstände) könnte in diesem Fall weitergeführt werden.

Zu 4. Die Schütz-Gesellschaft und -pflege liegt vorwiegend in westdeutschen Händen. Die Schütz-Gesellschaft in ihrer jetzigen Form kann nicht bestehen bleiben.

Ohne Zweifel ist Schütz ein sehr bedeutender Meister und darf man auch nicht übersehen, daß die Stätte seines langjährigen Wirkens Dresden war, daß auch sein Geburtsort in der DDR liegt und in Bad Köstritz eine Gedenkstätte mit Museum eingerichtet wurde. Aber vorläufig dürfte es kaum möglich und zweckmäßig sein, daß wir auf dem Gebiet der Schütz-Pflege über das was unser Kreuz- und Thomanerchor und andere Chöre tun hinaus eine ungewöhnliche Aktivität entwickeln. Daher raten wir auch nicht zur Gründung einer eigenen Schütz-Gesellschaft. An Jahrestagen oder zu ähnlichen Anlässen können wir in der DDR entsprechende Veranstaltungen durchführen.

---

[22] Gemeint sind Vorstand und Verwaltungsrat.

Zu 5. Die Gesellschaft für Musikforschung nennt sich eine gesamtdeutsche Organisation, aber ohne Zweifel wird die Aufgabenstellung und Arbeit dieser Gesellschaft und ihrer verschiedenen Kommissionen im wesentlichen durch die Politik Bonns und die wissenschaftlichen Vorhaben innerhalb der Bundesrepublik bestimmt. Der Vorsitzende der Gesellschaft, Prof. Blume, glaubte bisher noch immer die Fiktion aufrechterhalten zu können, daß für die Gesellschaft die Spaltung Deutschlands nicht existiert. Zwar hat er sich noch immer dafür eingesetzt, daß der Vizepräsident der Gesellschaft ein Wissenschaftler der DDR ist und daß auch dem Redaktionsbeirat der in Kiel [recte: Kassel] erscheinenden Zeitschrift »Die Musikforschung« und den Kommissionen der Gesellschaft einzelne Kollegen der DDR angehören, aber eine paritätische Vertretung hat er konsequent abgelehnt und auch verhindert. Aus einer Korrespondenz über den neuen Redaktionsbeirat der Musikforschung, dem zwei Kollegen aus der DDR angehören sollten, ergab sich noch in der letzten Zeit eindeutig, daß der Beirat keinerlei Machtbefugnisse besitzt und es ihm in erster Linie darauf ankommt, mit den Namen einiger Wissenschaftler aus der DDR operieren zu können, ohne ihnen jedoch die Möglichkeit zu geben, die Politik der Zeitschrift mitzubestimmen.

Prof. Blume war bis vor kurzem auch Präsident der Internationalen Gesellschaft für Musikforschung, deren Tagung im September dieses Jahres in New York stattfand. Einige unserer Kollegen waren als Delegierte zur Tagung gemeldet worden. Sie erhielten kein Visum.

Wir empfehlen nun folgendes Vorgehen: Zunächst einmal muß man feststellen, daß unsere Position in der gegenwärtigen Form untragbar ist. Es ist selbstverständlich, daß der Vorstand der Gesellschaft das Bestehen zweier deutscher Staaten anerkennen und daraus Konsequenzen für seine Arbeit ziehen muß.

1. Sollte Kollege Prof. Laux, Vizepräsident der Gesellschaft, vom Vorstand verlangen, daß er offiziell und öffentlich gegen die Diskriminierung eines Teiles seiner Mitglieder durch die amerikanischen Behörden und die damit verbundene Behinderung der wissenschaftlichen Zusammenarbeit protestiert.

2. sollte die Forderung erhoben werden, daß wir sowohl im Vorstand als auch in den Kommissionen und der Zeitschrift paritätisch vertreten sind, daß die Situation und die Probleme in beiden deutschen Staaten zur Grundlage der Arbeit gemacht werden und daß auch Vertretungen in internationalen Körperschaften nur paritätisch möglich sind. Ohne Zweifel wird Blume und der Vorstand, der bisher die Adenauer-Linie verfolgte, diese Forderung ablehnen. In diesem Falle ist eine Zusammenarbeit in

der gegenwärtigen Form unmöglich. Wir werden die bisherigen Mitglieder der Gesellschaft in der DDR zusammenrufen lassen, um ihnen offen die Situation darzulegen, sie von der Richtigkeit unserer Auffassungen zu überzeugen und sie zu entsprechenden Konsequenzen zu veranlassen. (Dies halten wir, sofern es sich um unsere Fachkollegen handelt, in den meisten Fällen für möglich.)

Die Gründung einer eigenen Gesellschaft für Musikforschung halten wir für überflüssig. Die Kommission Musikwissenschaft des Verbandes sowie das Zentralinstitut [für Musikforschung] beim VDK sind durchaus in der Lage, die entsprechenden Aufgaben zu übernehmen. Es wird notwendig sein, daß sie ihre Arbeit intensivieren. Selbstverständlich wird auch in Zukunft eine Zusammenarbeit mit der westdeutschen Gesellschaft für Musikforschung, sofern es sich um beide Seiten interessierende Fragen handelt, nötig sein und gefördert werden müssen (z. B. Tagungen, Konferenzen oder ähnliche Pläne, deren Konzeption wir gutheißen). Was die internationale Zusammenarbeit anbelangt, werden wir uns unmittelbar darum bemühen, den entsprechenden internationalen Organisationen beizutreten und die Zusammenarbeit mit den nationalen wissenschaftlichen Gesellschaften anderer Länder zu pflegen.

[handschriftliche Ergänzung von Nathan Notowicz:]
Diese Vorschläge als Diskussionsbasis.
Im Interesse unserer weiteren Arbeit empfehle ich Dir, so schnell wie möglich ein Gremium, bestehend aus Vertretern des Staatssekretariats für Hochschulwesen, des Ministeriums für Kultur, des Verbandes (einige der führenden Genossen auf dem Gebiete der Musikwissenschaft, z. B. die Genossen E. H. Meyer, K. Laux, G. Knepler, W. Siegmund-Schultze u. H. Goldschmidt) einzusetzen. Allerdings wird es notwendig sein, daß solche Vertreter der beiden Ministerien anwesend sind, die in der Lage sind, Entscheidungen zu treffen.
Herzliche Gr.

12 Einzelmitglieder
intern. Gesellschaft
Statuten Sitz im Präsidium[23]

SAAdK, VKM, 512.

---

[23] Siehe Fußnote 11 (S. 227).

Dokument 20

Ministerium für Kultur   Berlin, den 2. 11. 1961
Sektor kulturelle Arbeit mit Westdeutschland

**Gesamtdeutsche Gesellschaften auf dem Gebiet der Musik
Notiz über die Beratung am 25. Oktober mit den Genossen
Dr. Uszkoreit, Prof. Notowicz, Dieter Heinze, Peter Czerny
und Gerhard Schröter**

Beratungspunkt: »Veränderung des Status gesamtdeutscher Gesellschaften auf
dem Gebiet der Musik«.
Auf der Grundlage der vom Staatssekretariat für das Hoch- und Fachschulwesen unter Mitarbeit des Ministeriums für Kultur der Partei eingereichten Konzeption.

Es handelt sich bei dieser Beratung vor allem um das taktische Vorgehen bei den
einzelnen bestehenden Gesellschaften, sobald der generelle Beschluß der Partei
dazu festgelegt worden ist.

Gesellschaften im einzelnen:

1. Händel-Gesellschaft
Hier gibt es keine Veränderung, da die Händel-Gesellschaft eine DDR-Gesellschaft ist, die politisch fest in unseren Händen liegt.

2. Neue Bach-Gesellschaft, Sitz Leipzig
Es erscheint notwendig, die zur Zeit bestehende Neue Bach-Gesellschaft,
Sitz Leipzig, aufzulösen und danach eine Bach-Gesellschaft der DDR zu
gründen, ebenfalls mit dem Sitz in Leipzig mit dem Thomaskantor Prof.
Mauersberger als Vorsitzenden.
Es soll wie folgt vorgegangen werden:
a) Grundsätzliche Aussprache mit Prof. Mauersberger und Prof. Neumann,
   Bach-Archiv Leipzig, und Prof. Notowicz bei dem Stellvertreter des Ministers, Prof. Dr. Pischner. In dieser Aussprache muß Einigung erzielt werden vor allem mit Prof. Mauersberger und mit Prof. Neumann.
b) Es muß eine Konzeption für ein Statut dieser neuen DDR Bach-Gesellschaft erarbeitet und einige juristische Fragen, die mit den Eigentumsverhältnissen des Bach-Hauses in Eisenach und der Bachzeitschrift zusammenhängen, geklärt werden.

c) Die westdeutschen Mitglieder des Vorstandes der Neuen Bach-Gesellschaft sollen nach Leipzig zu einer Vorstandssitzung eingeladen werden,
auf der die Veränderung begründet werden soll. Sollten die westdeutschen
Vorstandsmitglieder der bisherigen Neuen Bach-Gesellschaft es ablehnen
nach Leipzig zu kommen, wird ihnen unser Entschluß schriftlich mitgeteilt.

d) Aufklärung der Mitglieder der bisherigen Neuen Bach-Gesellschaft in der
DDR über die Veränderungen. Es erscheint zweckmäßig, in Zukunft nur
Mitglieder in der Bachgesellschaft der DDR zu haben, die aktiv in der
Bach-Pflege tätig sind.

e) Auf der neuen Grundlage mit einer klaren kulturpolitischen Konzeption
sollen die Vorbereitungen für das Bachfest 1962 in Leipzig getroffen werden.

2. Neue Schütz-Gesellschaft

Für die Mitglieder der Neuen Schütz-Gesellschaft aus der DDR soll ein Arbeitskreis der Schütz-Freunde mit dem Sitz in Dresden geschaffen werden;
Vorsitzender dieses Arbeitskreises soll der Kreuzkantor Prof. Mauersberger
werden.

3. Gesellschaft für Musikforschung

Wir gründen eine eigene Gesellschaft für Musikforschung in der DDR mit
der Perspektive, sie später zu einer Gesellschaft der Freunde der Musik und
der Musikpflege zu entwickeln.

Es soll wie folgt vorgegangen werden:

a) Generelle Beratung im Staatssekretariat für das Hoch- und Fachschulwesen mit der Abteilung Musik des MfK, Prof. Laux und den Mitgliedern
des Beirates der Gesellschaft.

b) Prof. Dr. Karl Laux, der Vizepräsident der Gesellschaft für Musikforschung ist, wendet sich an Prof. Blume, Kiel, den Präsidenten der Gesellschaft mit einem Schreiben und fordert ihn auf, daß sich die Gesellschaft für Musikforschung von der Diskriminierung unserer Wissenschaftler im Zusammenhang mit der Tagung der Internationalen Gesellschaft
für Musikforschung distanziert und begründet gleichzeitig seinen Rücktritt
als Vizepräsident der Gesellschaft.

c) In einem weiteren ausführlichen Schreiben wird dem Vorstand der Gesellschaft für Musikforschung unser Standpunkt dargelegt. Wir schlagen vor,
die Geschäftsstelle in Leipzig auszubauen und in Zukunft als eigene
DDR-Gesellschaft in enger Beziehung mit dem Verband Deutscher Komponisten und Musikwissenschaftler zu arbeiten.

d) Ein noch festzulegender Kreis der bisherigen Mitglieder der Gesellschaft für Musikforschung soll einberufen werden, um über die Veränderung zu beraten und gleichzeitig eine Konzeption für die weitere Arbeit beschließen zu lassen.

[gez.] *Gerhard Schröter*
Sektorenleiter

SAPMO, DY 30/IV 2/9.06/309, Bl. 77–79.

Dokument 21

[Hans-Georg Uszkoreit: Brief an Karl Laux]

Regierung der Deutschen Demokratischen Republik
Ministerium für Kultur
Abteilung Musik

Genossen Prof. Dr. *Laux*
Carl-Maria-von-Weber-Hochschule
Dresden A 1
Blochmannstr. 2–4

13. 11. 1961

Sehr geehrter Genosse Prof. Dr. Laux!
Diese Zeilen richte ich an Sie in Ihrer Eigenschaft als Präsident der Robert-Schumann-Gesellschaft. Nach den Maßnahmen unserer Regierung am 13. August 1961 ist es unseres Erachtens erforderlich, noch eindeutiger als bisher die volle Souveränität der DDR hinsichtlich musikalischer Vereinigungen, Gesellschaften usw. zu bekräftigen. Glücklicherweise haben wir die Robert-Schumann-Gesellschaft seit ihrer Gründung in dieser Richtung konzipiert. Nun entnehmen wir jedoch der Satzung der Robert-Schumann-Gesellschaft (nach Vorschlag der Gründungsversammlung am 14. 3. 1957 und gemäß Mitgliederversammlung am 8. 6. 1961), 1. Absatz des § 9, daß der Vorsitzende der Robert-Schumann-Gesellschaft in Frankfurt/Main obligatorisch und automatisch zum Vorstand der Robert-Schumann-Gesellschaft gehören soll. Wir meinen, daß dieser Passus im Hinblick auf die gegenwärtige politische Situation in Deutschland einer Kor-

rektur bedarf. Selbstverständlich soll und wird die Robert-Schumann-Gesellschaft, Sitz Zwickau, mit der Robert-Schumann-Gesellschaft in Frankfurt/Main freundschaftlich zusammenarbeiten wie bisher, aber wir halten es aus politischen und auch aus sachlich-organisatorischen Gründen nicht für angängig, daß der Präsident der westdeutschen Gesellschaft Vorstandsmitglied ist. Der Umfang und die Form der Zusammenarbeit mit der westdeutschen Gesellschaft sollte von Fall zu Fall in Übereinstimmung mit der jeweiligen Situation erfolgen, ohne jedoch diese Zusammenarbeit in einem Statut als bindend zu fixieren.

Ich bitte Sie um Ihre Vorschläge, ob und in welcher Form eine Änderung dieses korrekturbedürftigen Paragraphen erfolgen könnte.

Mit freundlichen Grüßen
[gez.] *Uszkoreit*
(Dr. Uszkoreit)
Abteilungsleiter

SLB, Mscr. Dresd. x 21, 379.

Dokument 22

[Karl Laux: Brief an Hans-Georg Uszkoreit]

Herrn
Abteilungsleiter
Dr. Hans-Georg *Uszkoreit*
Ministerium für Kultur
Berlin C2

16. November 1961

Werter Genosse Dr. Uszkoreit,
ich danke Ihnen für Ihren Brief vom 13. d. M. Ihre Anregung, die Satzung der Robert-Schumann-Gesellschaft in dem von Ihnen vorgeschlagenen Sinne zu ändern, nehme ich gern auf.

Wir beabsichtigen sowieso, in der nächsten Zeit im Vorstand der Robert-Schumann-Gesellschaft (Sitz Zwickau) zusammenzukommen. Ich werde bei dieser Gelegenheit einen Antrag auf Satzungsänderung stellen und Ihnen von der neuen Formulierung Kenntnis geben.

Ich freue mich über Ihre Zustimmung dazu, daß wir nach wie vor mit der Robert-Schumann-Gesellschaft in Frankfurt freundschaftliche Beziehungen aufrechterhalten wollen.

Mit freundlichen Grüßen
[gez.] *Lx*
(Prof. Dr. Laux)

Durchschrift in: SLB, Mscr. Dresd. x 8, 295.

Dokument 23

[Karl Laux: Brief an Hans-Georg Uszkoreit]

3. Juli 1962

Sehr geehrter Genosse Dr. Uszkoreit,
in Ihrem Brief vom 13. November 1961 regten Sie an, die Satzung der Robert-Schumann-Gesellschaft insofern zu verändern, als der Vorsitzende der Robert-Schumann-Gesellschaft in Frankfurt/Main nicht mehr obligatorisch und automatisch zum Vorstand der Robert-Schumann-Gesellschaft gehören soll. Damit sollte eindeutiger als bisher auch durch das Statut der Robert-Schumann-Gesellschaft (Sitz Zwickau) die volle Souveränität der DDR in Erscheinung treten.

Der Vorstand der Robert-Schumann-Gesellschaft hat meinem Antrag auf Satzungsänderung zugestimmt, ebenso die Mitgliederversammlung, die am 8. Juni 1962 in Zwickau stattgefunden hat.

Unter Punkt 9, Absatz 1, wird also gestrichen:
»und dem Vorsitzenden der Robert-Schumann-Gesellschaft in Frankfurt/Main«,
dafür wird bei Punkt 2 als neuer Absatz f) hinzugefügt – im Sinne Ihres Briefes –

f) In diesen Bestrebungen arbeiten wir freundschaftlich zusammen mit der Robert-Schumann-Gesellschaft in Frankfurt/Main.

Mit freundlichen Grüßen
[gez.] *Lx*

Durchschrift in: SLB, Mscr. Dresd. x 8, 304.

Dokument 24

Aktennotiz

Der Beirat für Musikwissenschaft und Musikerziehung befaßte sich am 1. Dezember in Auswertung der politischen Situation nach dem 13. 8. und der Parteidokumente mit der Frage der weiteren Arbeit der Gesellschaft für Musikforschung, die Musikwissenschaftler aus der DDR und Westdeutschland als Mitglieder hat. Die Gesellschaft hat ihren Sitz in Kiel und eine Zweigstelle in Leipzig. Präsident ist der westdeutsche Prof. Blume, Vizepräsident Gen. Prof. Laux, Schriftführer Prof. Gerstenberg aus Tübingen und Schatzmeister Dr. Baum aus Kassel. Das ist das Präsidium[24]. In weiteren Kommissionen etc. sind einige Mitglieder der DDR vertreten. Fest steht aber, daß die Westdeutschen die meisten Positionen besetzen.

Unsere Gen. Musikwissenschaftler waren seit Jahren bemüht, größeren Einfluß auf die Gesellschaft auszuüben. Hier sind einige Teilerfolge zu verzeichnen. Es konnte aber keine grundsätzliche Wendung in der Arbeit der Gesellschaft herbeigeführt werden. Unsere Wissenschaftler wurden durch diese Westorientierung an der sozialistischen Musikentwicklung in der DDR gehemmt. Eine Widerspiegelung dieser knappen Einschätzung gab die Diskussion im Beirat. Die Gen. Wissenschaftler legten eindeutig unsere Position dar. Bedenken äußerte Prof. Wolff, der befürchtet, künftig von der westlichen Wissenschaft durch Nichtbeziehung der [Zeitschrift der] Gesellschaft abgeschnitten zu werden und der eingehend auf die politische Argumentation eine DDR-Gesellschaft unterstützt bei gleichzeitiger Mitgliedschaft in der westdeutschen Gesellschaft. Dr. Eller nahm eine etwas differenzierte Haltung ein, aber auch bei ihm kam eine gewisse Reserviertheit zum Ausdruck. Wie die Professoren Besseler und Vetter reagieren, wissen wir nicht, da beide fehlten. Bekannt ist, daß Vetter seine Vizepräsidentschaft vor Jahren niederlegte, weil er den Kurs der Gesellschaft mit seiner Pflicht als DDR-Hochschulprofessor nicht mehr vereinbaren konnte und daß Prof. Besseler wegen des Gebahrens der Gesellschaft seine Beiratsfunktion in der Gesellschaft niedergelegt hat[25]. Diese wichtigen Fragen sind auf der Beiratssitzung angeschnitten worden mit dem Ziel, eine eigene DDR-Gesellschaft zu gründen, die die internationale Vertretung der DDR übernehmen kann. Der

---

[24] Siehe Ebd.

[25] Auf der Mitgliederversammlung 1959 in Nürnberg wurde Heinrich Besseler im Beirat durch Rudolf Eller ersetzt – aufgrund persönlicher Spannungen Besselers zu Blume; der tiefere Hintergrund dieses Zerwürfnisses dürfte darin bestanden haben, daß Besseler in den fünfziger Jahren bei seinen Bemühungen um einen westdeutschen Lehrstuhl unakzeptable Forderungen gestellt hatte (Mitteilung von R. Eller).

Beirat hat eine Kommission gebildet, bestehend aus Prof. Laux, Notowicz, Siegmund-Schultze, Goldschmidt und Wolff sowie Dr. Eller. Die Kommission wird
noch im Dezember tagen. Wir müssen bis dahin unseren Genossen für die
grundsätzliche Entscheidung einige Fragen beantworten:

1. Konstituierung der DDR-Mitglieder der Gesellschaft für Musikforschung als
   Gesellschaft für Musikforschung der DDR innerhalb des Komponisten-Ver-
   bandes. Dazu benötigen wir Zustimmung des ZK und der staatl. Stellen.
2. Ausarbeitung der dazu benötigten Statuten
3. Einberufung einer Mitgliederversammlung der Gesellschaftsmitglieder, die
   zur Gründungsveranstaltung der eigenen Gesellschaft wird.

4. 12. 1961

gez. Niemann

BA Berlin, DR-3/2602.

Dokument 25

[Karl Laux: Brief an Nathan Notowicz und Walther Siegmund-Schultze]

Hochschule für Musik Dresden
Carl Maria von Weber
Der Rektor

Dresden A 1, den 16. Januar 1962

Herrn
Prof. Nathan *Notowicz*
Herrn
Prof. Dr. Walther *Siegmund-Schultze*

Liebe Genossen,
in einer Besprechung mit den Genossen Dr. Uszkoreit und Niemann wurde
vorgeschlagen, eine kleine Kommission zu bilden, die den Entwurf ausarbeiten
soll, nach dem wir vor eine Mitgliederversammlung der Gesellschaft für Musikforschung (DDR) treten wollen. Bei dieser Mitgliederversammlung soll der Vor-

schlag gemacht werden, daß wir uns von der Gesellschaft für Musikforschung (Bundesrepublik) lösen und in der DDR eine eigene Gesellschaft gründen. Damit wir gleich mit konkreten Angaben kommen können, soll diese Kommission, bestehend aus Euch beiden und mir, vorher schon formulieren

1. die Erklärung des Austritts
2. die Begründung der Neugründung.

Außerdem sollen sofort die Statuten vorgelegt werden. Mit dieser Ausarbeitung ist Kollege Zschoch beauftragt worden; Genosse Niemann hat ihm dafür das Statut der Deutschen Historiker-Gesellschaft als Muster vorgelegt.

In einer Parteigruppensitzung des Wissenschaftlichen Beirats muß vorberaten und dann dem Wissenschaftlichen Beirat vorgetragen werden:

1. daß ich als Vizepräsident der GfM zurücktrete,
2. daß die Mitglieder der DDR austreten,
3. daß eine GfM (DDR) gebildet wird (unter dem Dach des VDK),
4. Vorschläge für den Vorstand der neuen Gesellschaft.

Nach der Sitzung des Wissenschaftlichen Beirates, dessen Zustimmung sicherlich zu erwarten ist, würde dann eine Mitgliederversammlung einberufen werden, in deren Mittelpunkt nicht die Frage der Neugründung stehen soll. Vielmehr soll eine Tagesordnung aufgestellt werden, die folgende Punkte enthält:

1. Auswertung der Konferenz von Eisenhüttenstadt[26]
2. Perspektivplan der Musikwissenschaft in der DDR
3. Neugründung einer GfM (DDR).

Lieber Noto, lieber Walther, ich möchte Euch hiermit um Euer Einverständnis bitten, in dieser Kommission mitzuarbeiten. Wenn ich Euer Einverständnis habe, werde ich einen Termin vorschlagen.

Mit herzlichen Grüßen
Euer
[gez.] Karl Laux

SAAdK, VKM, 271.

---

[26] Vom 17. bis 19. November 1961 fand in Eisenhüttenstadt eine vom MfK, vom Bundesvorstand des FDGB und vom VDK einberufene »populärwissenschaftliche Konferenz« statt; siehe u. a. G. Mayer, *Konferenz über die populärwissenschaftlichen Aufgaben der Musikforschung.*

Dokument 26

SED Hausmitteilung

An	*Von Abteilung*	*Diktatzeichen*	*Datum*	*Erledigungsvermerk*
Abt. Wissenschaft	Kultur	26/Cz/	19. 2. 62	
Gen. Hörnig		Zs/Gl		

Werter Genosse Hörnig!

Die Lage in einigen noch bestehenden sogenannten gesamtdeutschen Gesellschaften auf dem Gebiet der Kultur veranlaßt uns, Euch zu bitten, gemeinsam mit uns in einigen Fragen zu Entscheidungen zu kommen.

Es handelt sich dabei zur Zeit insbesondere um die Neue Bachgesellschaft, Sitz Leipzig, sowie um die Gesellschaft für Musikforschung. Besonders dringend ist es, die Lage in der Bachgesellschaft zu klären, weil im Juni 1962 in Leipzig ein Bach-Fest stattfindet (anläßlich des 750jährigen Bestehens des Thomaner-Chores) und in Verbindung damit eine Mitgliederversammlung dieser Bachgesellschaft vorgesehen ist.

Wir haben das Ministerium für Kultur aufgefordert, eine Konzeption für die Durchführung des Bach-Festes in Leipzig auszuarbeiten, die gleichzeitig eine Klärung der Lage in der Bachgesellschaft enthalten muß. Wir sind der Meinung, daß unsere Vertreter in der Bachgesellschaft ihren Einfluß entscheidend erhöhen müssen, damit sie die Führung in der Bachgesellschaft übernehmen, was zur Zeit nicht der Fall ist.

Zur Zeit ist der westdeutsche Professor Mahrenholz der Präsident dieser Gesellschaft und unsere Vertreter haben nicht die Führung. Auf dem Bach-Fest in Leipzig sollte ein Vertreter der DDR das Hauptreferat halten, das darlegt, daß die DDR die rechtmäßige Erbin des Schaffens von Bach ist, weil sie Bach für die ganze Nation erschließt, während in Westdeutschland das Schaffen von Bach nur kirchlich-klerikal ausgedeutet wird.

Das Ziel sollte unseres Erachtens sein, daß die westdeutschen Vertreter entweder die Führung der DDR in der Bachgesellschaft einräumen oder keine offizielle Vertretung Westdeutschlands am Bach-Fest in Leipzig teilnimmt. In beiden Fällen würde der Weg frei für die Umgestaltung der jetzt bestehenden Neuen Bachgesellschaft, Sitz Leipzig, die gesamtdeutschen Charakter hat, in ein Zentrum der Bachpflege in der Deutschen Demokratischen Republik.

Dieses Organ könnte evtl. lose Kontaktbeziehungen zu einer entsprechenden westdeutschen Bachgesellschaft haben.

Auch in der Gesellschaft für Musikforschung haben die Vertreter der DDR nicht die Führung, obwohl Genosse Professor Dr. Laux formal Vizepräsident dieser Gesellschaft ist. Die Gesellschaft für Musikforschung hat eine Linie, die mit der Linie der Bonner Kulturpolitik übereinstimmt. Führende westdeutsche Vertreter dieser Gesellschaft betreiben sogar musikwissenschaftliche Forschungen, die eine Propagierung des Chauvinismus und Revanchismus bedeuten.

Es ist unseres Erachtens nicht länger tragbar, daß namhafte Musikwissenschaftler der DDR nominell Mitglied dieser Gesellschaft sind.

Genosse Professor Laux hat uns wiederholt vorgeschlagen, seine Funktion als Vizepräsident der Gesellschaft niederzulegen. Im Unterschied zur Bachgesellschaft wird es uns hier nicht möglich sein, in dem entsprechenden Organ die Führung zu übernehmen, da die westdeutsche Seite über die Publikationsmittel verfügt. (In Kiel [recte: Kassel] erscheint die Zeitschrift dieser Gesellschaft unter dem Titel »Musikforschung«.)

Fast alle führenden Musikwissenschaftler der DDR, die Mitglied dieser Gesellschaft sind, sind zu einer Erklärung bereit, warum sie aus dieser Gesellschaft ausscheiden. Es müßte allerdings noch geklärt werden, auf welche Weise wir im einzelnen den Prozeß der Trennung vollziehen und wie die Arbeit dann in der DDR weitergeführt wird.

Dafür gibt es zwei Möglichkeiten: entweder wir bilden eine eigene Gesellschaft für Musikforschung oder es wird die Arbeit auf dem Gebiet der Musikwissenschaft im Verband Deutscher Komponisten und Musikwissenschaftler verstärkt. Wir halten die zweite Lösung für besser, weil sonst wiederum zwei Organe mit gleichen Aufgaben nebeneinander bestehen würden.

Eine eingehende Konzeption für die Klärung der Lage in der Gesellschaft für Musikforschung müßte vom Staatssekretariat für Hochschulwesen in Verbindung mit dem bestehenden Beirat für Musikwissenschaft ausgearbeitet werden.

Wir möchten gleichfalls darauf hinweisen, daß wir es für notwendig halten, auch für die Klärung der Lage in den anderen noch bestehenden gesamtdeutschen Gesellschaften auf dem Gebiet der Kultur im einzelnen Konzeptionen auszuarbeiten, mit Ausnahme der Goethegesellschaft, wo dies ja bekanntlich geschehen ist.

Wir bitten um Eure Rückäußerung zu unseren Vorschlägen.

Mit sozialistischem Gruß
[gez.] *Siegfried Wagner*
S. Wagner
Abteilungsleiter

Dokument 27

[Friedrich Blume: Brief an Karl Laux]

Gesellschaft für Musikforschung
Der Präsident
Prof. Dr. Friedrich Blume   Schlüchtern
                                                              Postfach 182
                                                              am 3. 3. 1962
An den
Vizepräsidenten der Gesellschaft für Musikforschung
Herrn Prof. Dr. Karl *Laux*
Dresden
Hochschule für Musik »Carl Maria von Weber«

Sehr geehrter Herr Vizepräsident!
Zu unserem Bedauern haben Sie nicht an der Vorstandssitzung in Kassel am 1.
März teilnehmen können. Ich möchte Ihnen deshalb gleich heute aus den Ergebnissen dieser Sitzung dasjenige mitteilen, was sich auf den Kasseler Kongreß
1962 bezieht.

Wie Sie wissen, hat dem Vorstand ein Kongreß vorgeschwebt, der (entsprechend den Tendenzen, um die sich die GfM von jeher bemüht hat) die Mitglieder aus beiden Teilen Deutschlands gleichermaßen umfassen und zu Wort
kommen lassen sollte. Wir haben infolgedessen zur Vorbereitung dieses Kongresses eine Kommission eingesetzt, der Mitglieder aus beiden Teilen Deutschlands angehörten und angehören. Die Kommission hat schon vor längerer Zeit
einige prominente Mitglieder aus der DDR zu aktiver Mitarbeit (in der Form
von Referaten oder Vorsitzen) eingeladen. Diesem ganzen Plan entsprechend
habe ich an alle Mitglieder der Gesellschaft eine gedruckte Einladung ergehen
lassen, die den Grundsatz der Gleichberechtigung und Gleichbeteiligung in die
Tat umsetzen und neben den Mitgliedern in der Bundesrepublik und im Ausland auch den Mitgliedern in der DDR die Möglichkeit zur Anmeldung von Referaten gewähren sollte.

Diese Einladungen sind am 25. Januar 1962 in Leipzig persönlich überbracht
und in der Geschäftsstelle der Gesellschaft für Musikforschung abgegeben worden, sind jedoch, wie wir zu unserem Befremden feststellen mußten, bis zum
heutigen Tage den Mitgliedern nicht ausgehändigt worden. Damit ist der Termin
zur Referatanmeldung verstrichen und den Mitgliedern aus der DDR eine
aktive Beteiligung an diesem von der Gesellschaft veranstalteten Kongreß unmöglich gemacht worden.

Der Vorstand erblickt hierin den Ausdruck einer Nichtachtung gegenüber der Grundkonzeption unseres Kongresses, und ich kann nicht umhin, offen auszusprechen, daß ich es überdies als einen Affront empfinde, wenn ein der Geschäftsstelle der Gesellschaft vor etwa sechs Wochen übergebenes Schreiben des Präsidenten den Mitgliedern in der DDR vorenthalten wird. Aus der Tatsache, daß durch dieses Vorgehen die Mitglieder in der DDR eines ihrer wesentlichsten Rechte, des Rechtes zu aktiver wissenschaftlicher Mitarbeit, beraubt worden sind, bedauert der Vorstand, die Konsequenz ziehen zu müssen, daß auch die bisher mit einzelnen prominenten Mitgliedern in der DDR getroffenen Vereinbarungen über deren aktive Teilnahme am Kongreß als hinfällig betrachtet werden müssen.

Mit verbindlichen Empfehlungen

Ihr

[gez.] *Blume*

SLB, Mscr. Dresd. x 10, 94.

Dokument 28

[Karl Laux: Brief an Friedrich Blume]

[Dresden], 30. März 1962

Sehr geehrter Herr Präsident,

nach langem Zögern sehe ich mich gezwungen, von meinem Amt als Vizepräsident der Gesellschaft für Musikforschung zurückzutreten.

Den letzten Anstoß dazu hat Ihr Brief v. 3. 3. 1962 gegeben. Aus der Tatsache, daß sich die Versendung der Einladungen zum Kasseler Kongreß durch die Geschäftsstelle verzögert hat, konstruieren Sie einen »Affront«, eine Mißachtung des Präsidenten. Sie selbst aber begehen dabei einen Affront gegen einige Mitglieder der Gesellschaft für Musikforschung aus der DDR, indem Sie, ohne daß Sie sich mit mir als dem Vizepräsidenten in Verbindung gesetzt haben, sofort die Konsequenz ziehen, die Kollegen Besseler, Goldschmidt, Knepler, Siegmund-Schultze und sogar mich selbst, d. h. den Vizepräsidenten, an den Sie Ihren Brief richten, von der vereinbarten Mitwirkung bei dem Kasseler Kongreß auszuschließen. Nun haben aber, mit Ausnahme von mir, die genannten Kollegen nichts mit der Maßnahme der Nichtversendung der Einladungen zu tun, d. h. also, Sie machen sie – sozusagen per Sippenhaft – haftbar für ein Vorgehen des Vizepräsidenten, das dieser allein zu verantworten hat.

Ich kann es sehr wohl verantworten. Die Einladungen wurden auf meine Weisung hin nicht versandt, da – wie auch in früheren Jahren – die Beteiligung von Mitgliedern aus der DDR an Jahresversammlungen und erst recht an Kongressen der GfM von Formalitäten abhängt, die noch zu klären waren. Um diese Klärung herbeizuführen, brauchte ich noch Zeit. Sie ist nun allerdings hinfällig, da Sie ja mit Ihrem Brief einen Schlußstrich gezogen haben, den allerdings weder ich noch die Kollegen aus der DDR erwartet hatten. Man könnte auf den Gedanken kommen, daß Ihnen das Zurückhalten der Einladungen lediglich ein willkommener Vorwand war, um die Beteiligung der Kollegen aus der DDR an dem Kasseler Kongreß unmöglich zu machen.

Mich persönlich hat es besonders betroffen, daß Sie mir als dem Vizepräsidenten, dem Sie gewiß nicht den guten Willen zur Zusammenarbeit absprechen können, den schweren Vorwurf machen, die Mitglieder der DDR »eines ihrer wesentlichen Rechte, des Rechtes zu aktiver wissenschaftlicher Mitarbeit beraubt« (!) zu haben.

Ich muß allerdings feststellen, daß es diese Mitarbeit in der GfM nie gegeben hat. Noch nie war die GfM die gemeinsame Plattform der Musikwissenschaft aus beiden Teilen Deutschlands. Dafür sprechen u. a. folgende Tatsachen:

1. Als einige Kollegen aus der DDR nicht die Einreisegenehmigung in die USA erhielten, und zwar aus Gründen, die einer Diskriminierung gleichkommen, hat es der Vorstand der GfM abgelehnt, gegen diese entwürdigende Behandlung zu protestieren.

2. Eine ähnliche Haltung hat der Vorstand eingenommen, als es darum ging, die widerrechtlich im Bonner Beethoven-Haus zurückgehaltenen, jahrelang überhaupt verleugneten Beethoven-Manuskripte in den Besitz der Deutschen Staatsbibliothek zurückzuführen. Wie aus dem Briefwechsel zwischen Ihnen und dem Koll. Meyer hervorgeht, konnte sich der Vorstand nicht entschließen, sich von diesem Diebstahl zu distanzieren und eindeutig zu erklären, daß er das Verhalten eines Mitgliedes der Gesellschaft, Prof. Schmidt-Görg, als nicht vereinbar mit den Fragen der wissenschaftlichen Moral und mit internationalen Rechtsnormen verurteilt. Erst nachdem sich der Diebstahl zu einem internationalen Skandal ausgeweitet hatte und andere Kräfte aus der Bundesrepublik sich einsetzten, konnte das gestohlene Gut zurückgeführt werden.

3. Mehrfach trat in Erscheinung, daß die GfM lediglich eine einseitig auf die Belange der Musikwissenschaft in der Bundesrepublik ausgerichtete Vereinigung ist. Immer mehr zeigte es sich, daß sie völlig auf die Linie der Politik, wie sie die Regierung der Bundesrepublik gegenüber der DDR betreibt, eingeschwenkt ist, auf die Politik der Nichtanerkennung der DDR als eines deutschen Staates. Das wurde deutlich

a) bei der Jahresversammlung 1956, als Koll. Siegmund-Schultze den Antrag stellte, ein weiteres Mitglied aus der DDR in den Vorstand zu wählen. Der Antrag wurde abgelehnt

b) als der Antrag des Koll. Max Schneider, 1956 den Händel-Festspielen in Halle einen Kongreß der GfM anzuschließen, ebenfalls abgelehnt wurde

c) in der Arbeit der Kommissionen, in denen die DDR nicht nur nicht paritätisch, sondern auch nicht so vertreten war, daß von einer echten Zusammenarbeit die Rede sein konnte; das war schon deshalb nicht möglich, weil die Tätigkeit der Kommissionen sich im wesentlichen auf Anliegen der Wissenschaft in der Bundesrepublik erstreckte. Wenn Koll. Meyer in eine Kommission für Fragen der akademischen Ausbildung gewählt wurde, so war das nur eine Irreführung, denn er wurde nicht ein einziges Mal zu einer Aussprache in diese Kommission eingeladen. Ein anderes eklatantes Beispiel ist die Kommission zur Förderung von Auslandsstudien, für die ein östliches, in unserer Sprache: ein sozialistisches Ausland überhaupt nicht existiert. In keiner Kommission ist ein Wissenschaft[l]er[27] der DDR als Vorsitzender tätig.

4. Aus dem zwischen Ihnen und dem Koll. Goldschmidt geführten Briefwechsel geht ebenso deutlich hervor, daß von einem echten Einfluß eines Vertreters der DDR auf die Gestaltung der »Musikforschung« nicht die Rede sein kann, da Sie den von Ihnen als Herausgeberkommission bezeichneten Kollegen die Möglichkeit einer verantwortlichen Tätigkeit absprechen. Die Benennung eines Mitgliedes aus der DDR wäre also auch hier, wie bei den anderen Kommissionen, lediglich eine Formalität.

Wenn sich also die Tätigkeit der GfM im wesentlichen auf die westdeutsche Musikwissenschaft bezieht, ist es sinnlos, daß der Vizepräsident von der DDR gestellt wird. Ich ziehe daraus die Konsequenzen und lege hiermit mein Amt nieder.

Ich möchte aber betonen, daß es mir weiterhin am Herzen liegen wird, mit den Kollegen aus der Bundesrepublik im Interesse der deutschen Musikwissenschaft zusammenzuarbeiten. Ich glaube, auch im Namen der Kollegen aus der DDR zu sprechen, wenn ich diese Versicherung abgebe.

Mit verbindlichen Empfehlungen
[gez.] *Laux*

Durchschrift in: SLB, Mscr. Dresd. x 2, 290.

---

[27] Bei der Schreibweise »Wissenschafter« handelt es sich um eine Lauxsche Marotte.

Dokument 29

Herrn Prof. Notowicz zur Kenntnisnahme

[Karl Laux:] Statut der »Gesellschaft für Musikforschung der DDR«
[Anlage eines Briefes von Karl Laux an Nathan Notowicz vom 3. 4. 1962]

Zur Förderung der sozialistischen Musikwissenschaft und zum Zusammenschluß aller auf dem Gebiet der Musikwissenschaft in Forschung und Lehre
tätigen Wissenschaft[l]er, Lehrer und anderer interessierter Personen wird die
»Gesellschaft für Musikforschung der DDR« gegründet.
    Sie gibt sich folgendes Statut:

§ 1
Die Gesellschaft führt den Namen »Gesellschaft für Musikforschung der DDR«.
Sie ist eine juristische Person und kann Rechtsträger von Volkseigentum sein.
Ihr Sitz ist Dresden.

§ 2
Die »Gesellschaft für Musikforschung der DDR« ist eine demokratische Organisation der in Forschung, Lehre und populärwissenschaftlicher Arbeit tätigen
Musiker in der Deutschen Demokratischen Republik. Sie verpflichtet ihre Mitglieder zur Unterstützung des sozialistischen Aufbaus in der Deutschen Demokratischen Republik und zur Mitarbeit an der demokratischen Wiedervereinigung Deutschlands im Sinne des Dokuments des Nationalrats »Die geschichtliche Aufgabe der DDR und die Zukunft Deutschlands« und des an alle Bürger
der Deutschen Demokratischen Republik und an die ganze deutsche Nation gerichteten Appells des 1. Sekretärs des Zentralkomitees der Sozialistischen Einheitspartei Deutschlands und Vorsitzenden des Staatsrats der Deutschen Demokratischen Republik, Walter Ulbricht.[28]
    Die Aufgaben der Gesellschaft bestehen darin, den dialektischen und histori-
schen Materialismus auf allen Gebieten der Musikwissenschaft anzuwenden und
zu verbreiten, den wissenschaftlichen Meinungsstreit zu entfalten und die sozialistische Erziehung und Bewußtseinsbildung zu fördern. Sie will dazu beitragen,
daß die neuesten Forschungsergebnisse der Musikwissenschaft schnell und wirksam verbreitet werden. Sie unterstützt besonders die fachlichen Belange des wis-

---

[28] Wahrscheinlich sind die beiden Reden am 23. und 25. 3. 1962 vor dem ZK der SED bzw. vor dem
Nationalrat der Nationalen Front gemeint, in denen Ulbricht das »Nationale Dokument« erläuterte
(vgl. F. Kopp, *Kurs auf ganz Deutschland?*, S. 259 f.).

senschaftlichen Nachwuchses in Forschung [und] Lehre, der Musikgeschichts-
lehre, der Heimatforscher, der wissenschaftlichen Mitarbeiter an Musikbibliotheken.

Die »Gesellschaft für Musikforschung der DDR« soll die Musikwissenschaft
der Deutschen Demokratischen Republik nach außen und in den internationalen
Fachgremien vertreten sowie internationale Beziehungen fördern.

Um diese Aufgaben zu erreichen, hält die »Gesellschaft für Musikforschung
der DDR« engen Kontakt mit dem »Verband Deutscher Komponisten und Musikwissenschaftler«, besonders auch hinsichtlich der Verbindung mit den Musikwissenschaft[l]ern in der Bundesrepublik und in West-Berlin. Damit leistet die
Gesellschaft einen Beitrag im Kampf um die friedliche Wiedervereinigung.

Besondere Bedeutung mißt die Gesellschaft dem ständigen Erfahrungsaustausch insbesondere mit den Komponistenverbänden der Sowjetunion und
der anderen sozialistischen Länder bei. Hierbei rechnet er [recte: sie] auf die tat-
kräftige Unterstützung durch den »Verband Deutscher Komponisten und Musikwissenschaftler«.

§ 3
Mitgliedschaft

Die Mitgliedschaft in der »Gesellschaft für Musikforschung der DDR« können
erwerben: Angehörige des Lehrkörpers der Universitäten, Hochschulen und
Fachschulen, wissenschaftliche Mitarbeiter musikwissenschaftlicher Universitäts-
und anderer Forschungsinstitute, Archivare, Bibliothekare, Musikkritiker, Redak-
teure und Lektoren der musikwissenschaftlichen Verlage sowie Mitarbeiter von
Bibliotheken, Musiklehrer an allgemeinbildenden Schulen, Berufsschulen und an
Schulen politischer oder kultureller Organisationen mit abgeschlossener Berufs-
ausbildung und andere Personen, die eigene Beiträge zur Entwicklung der sozialistischen Musikwissenschaft und ihre Verbreitung nachweisen können. Die Mitglieder müssen das Statut anerkennen und für die Ziele der Gesellschaft arbeiten.

Die Mitgliedschaft berechtigt zur Teilnahme an der Wahl der leitenden Or-
gane, zur Teilnahme an allen Tagungen und Arbeitsgemeinschaften sowie zum
Bezug von musikwissenschaftlicher Literatur zu einem vom Präsidium erwirkten
Vorzugspreis.

Die Mitgliedschaft wird auf Antrag durch Aufnahmebeschluß einer zu bildenden Aufnahmekommission erworben. Sie gilt nach Entrichtung der Aufnahmegebühr. Sie endet durch den Tod, durch schriftliche Austrittserklärung,
durch Streichung nach einjährigem Verzug in der Beitragszahlung oder durch
Ausschluß. Die Aufnahmekommission besteht aus den vom Präsidium gewählten Mitgliedern. Eine Stellvertretung ist unzulässig.

Das Präsidium kann von sich aus und auf Vorschlag von Mitgliedern solche Personen zu Ehrenmitgliedern ernennen, die sich um die Erfüllung der Ziele und Aufgaben der Gesellschaft besonders verdient gemacht haben.

Ein Mitglied, das gegen die Ziele der Gesellschaft verstößt oder auf andere Art ihr Ansehen oder ihre Interessen schädigt, kann vom Präsidium ausgeschlossen werden. Gegen den Beschluß kann beim Staatssekretariat für Hoch- und Fachschulwesen Einspruch erhoben werden.

§ 4
Organisatorische Gliederung

Das höchste Organ der »Gesellschaft für Musikforschung der DDR« ist die Haupttagung der Mitglieder, die mindestens aller vier Jahre einberufen wird. Sie nimmt den Rechenschaftsbericht des Präsidiums entgegen, beschließt die Richtlinien für die künftige Arbeit, kontrolliert die Verwendung der Mittel und wählt das Präsidium. Die Haupttagung ist möglichst mit einer wissenschaftlichen Tagung zu verbinden, auch hier in engem Kontakt mit dem VDK.

Das Präsidium leitet die Arbeit der Gesellschaft zwischen den Haupttagungen. Es besteht aus

einem Präsidenten,

einem stellvertretenden Präsidenten,

bis zu 15 weiteren Mitgliedern der Gesellschaft

und dem Sekretär.

Es wählt aus seiner Mitte den Präsidenten und den Stellvertreter. Der Sekretär wird vom Präsidium dem Staatssekretariat für Hoch- und Fachschulwesen zur Bestätigung vorgeschlagen. Dem Präsidium gehören je ein Vertreter des Staatssekretariats für das Hoch- und Fachschulwesen sowie des Ministeriums für Volksbildung an.

Das Präsidium tritt in der Regel zweimal im Jahr zusammen. Es muß auf Verlangen von einem Drittel seiner Mitglieder zu einer außerordentlichen Sitzung einberufen werden.

Die laufende Arbeit wird durch das Präsidium und den Sekretär erledigt. Der Präsident und im Verhinderungsfalle sein Stellvertreter vertreten die Gesellschaft gerichtlich und außergerichtlich.

§ 5
Finanzierung

Die Mittel der Gesellschaft setzen sich aus Mitgliedsbeiträgen und Zuschüssen zusammen.

Die Höhe der Jahresmitgliedsbeiträge ist nach dem monatlichen Bruttoeinkommen der Mitglieder wie folgt gestaffelt:

bis DM 1.000,–	DM 12,–
von DM 1.001,– bis DM 2.000,–	DM 25,–
über DM 2.000,–	DM 50,–

Die Mitgliedsbeiträge werden je nach Vereinbarung vierteljährlich, halbjährlich oder jährlich im voraus gezahlt. Bei der ersten Beitragszahlung ist eine Aufnahmegebühr von DM 1,– zu entrichten.

§ 6
Änderungen des Statuts

Änderungen des Statuts bedürfen der Zustimmung von zwei Dritteln der anwesenden Mitglieder der Haupttagung.

§ 7
Auflösung der Gesellschaft

Bei Auflösung der Gesellschaft fällt ihr Vermögen der Regierung der Deutschen Demokratischen Republik zu.

Gesellschaft für Musikforschung der DDR
Dresden – A 1
Blochmannstr. 2–4

Durchschrift in: SAAdK, VKM, 512.

Dokument 30

Entsendung von Wissenschaftlern der Deutschen Demokratischen Republik zu Tagungen und Kongressen in nichtsozialistische Länder und nach Westdeutschland
[Beschluß des Sekretariats des ZK der SED vom 18. 4. 1962]

1. Im Interesse der Stärkung der internationalen Autorität der Deutschen Demokratischen Republik, der Förderung der wissenschaftlichen Entwicklung innerhalb der Deutschen Demokratischen Republik und zur Unterstützung der Volkswirtschaft nehmen künftig Wissenschaftler der Deutschen Demokratischen Republik an Tagungen und Kongressen, die in nichtsozialistischen Ländern und in Westdeutschland stattfinden, teil. Diese Teilnahme muß ziel-

gerichtet erfolgen, gründlich vorbereitet sein und mit einer sorgfältigen Auswertung verbunden sein.

2. Bei der Entsendung von Wissenschaftlern der Deutschen Demokratischen Republik zu Tagungen und Kongressen in das nichtsozialistische Ausland und nach Westdeutschland ist nach folgenden Prinzipien zu verfahren:

a) Im kapitalistischen Ausland ist eine Teilnahme an Tagungen und Kongressen dann möglich, wenn

eine selbständige Mitgliedschaft der DDR in einer internationalen wissenschaftlichen Organisation (Kollektivmitgliedschaft oder Einzelmitgliedschaft) besteht und ein selbständiges Auftreten unserer Wissenschaftler von vornherein gegeben ist,

auf dem betreffenden Kongreß über den Antrag der DDR auf selbständige Mitgliedschaft beraten wird und Aussicht besteht, daß der Antrag Zustimmung erhält,

zwar keine Mitgliedschaft besteht, unsere Wissenschaftler aber die Möglichkeit haben, hervorragende wissenschaftliche Ergebnisse zu popularisieren und andererseits sich der internationale Erfahrungsaustausch auf ihre wissenschaftliche Arbeit fruchtbringend auswirkt.

Vom Besuch der Veranstaltungen ist abzusehen oder der Tagungsbesuch ist abzubrechen, wenn

ein selbständiges Auftreten der DDR nicht gewährleistet ist und Diskriminierungsmaßnahmen erfolgen,

die internationale Organisation unter maßgeblichem Einfluß reaktionärer Kräfte steht und die Tagung zu politischen Zwecken gegen die DDR mißbraucht wird,

der wissenschaftliche Nutzen gering ist.

Bei der Entscheidung über die Teilnahme an Tagungen und Kongressen sowohl internationaler Organisationen als auch nationaler wissenschaftlicher Vereinigungen und Einrichtungen ist neben dem zu erwartenden wissenschaftlichen Nutzeffekt das entscheidende Kriterium, die Politik Bonns und der übrigen NATO-Länder zur Isolierung der Wissenschaft der DDR und zur Diskriminierung der Bürger unseres Staates zu durchkreuzen.

b) In Westdeutschland sind grundsätzlich nur wissenschaftliche Tagungen und Kongresse zu besuchen, wenn Träger dieser Veranstaltungen internationale Wissenschaftsvereinigungen sind, die DDR selbst Mitglied ist, die DDR sich dort um eine Mitgliedschaft bewirbt oder die Vertreter der DDR hervorragende wissenschaftliche Ergebnisse darlegen können.

Im Ausnahmefall sind internationale Tagungen und Kongresse westdeutscher wissenschaftlicher Vereinigungen oder Einrichtungen dann zu be-

suchen, wenn das mit der Möglichkeit einer umfassenden politischen Offensive zur Durchsetzung unserer nationalen Konzeption oder im äußerst
dringlichen und unmittelbaren Interesse für die volkswirtschaftliche Entwicklung liegt.

Eine Teilnahme ist ausgeschlossen, wenn die Veranstaltungen von großen
Monopolen oder vom westdeutschen Staat getragen werden, in Westberlin
stattfinden oder den bereits unter 2a) genannten übrigen Bedingungen
nicht entsprechen.

c) Für die Auswahl der Teilnehmer aus den vorgenannten Veranstaltungen
gelten folgende Grundsätze:

Alle Reisen erfolgen offiziell als »Delegation der DDR«.

Es sind nur solche Wissenschaftler zu delegieren, die klar und unzweideutig die Interessen unserer Republik vertreten, ein ausgewiesenes
hohes wissenschaftliches Ansehen besitzen und in der Regel auf Tagungen mit einem Vortrag auftreten.

Die Anzahl der zu delegierenden Wissenschaftler ist auf ein Mindestmaß zu reduzieren, in der Zusammensetzung der Delegation ist auch
quantitativ der Einfluß unserer Parteimitglieder zu sichern.

Es sind grundsätzlich keine Ehepaare zu delegieren.

3. Für die Entsendung von DDR-Delegationen zu Tagungen und Kongressen
ist ein Jahresplan auszuarbeiten.

[...]

Nach dem zentralen Plan erfolgt die Auswahl der Wissenschaftler durch die
jeweils verantwortlichen Staatsorgane.

Zentrale Staatsorgane für Reisen in das kapitalistische Ausland sind:

[...]

für Gesellschaftswissenschaften das Staatssekretariat für das Hoch- und
Fachschulwesen.

Die Teilpläne der zentralen Organe sind nach vorliegender Zustimmung des
Ministeriums für Auswärtige Angelegenheiten vom Stellvertreter des Vorsitzenden des Ministerrats, Genossen Abusch, zu koordinieren und dem Präsidium des Ministerrats zur Bestätigung vorzulegen.

Verantwortlich: Genosse Abusch
und die Leiter der genannten zentralen staatlichen Organe.

4. Im Interesse eines geschlossenen Auftretens der Delegationen sozialistischer
Länder sind die Pläne der Teilnahme an wissenschaftlichen Veranstaltungen
in nichtsozialistischen Ländern den entsprechenden Regierungsorganen sozialistischer Länder zur Kenntnis zu geben. Für politisch und wissenschaftlich besonders herausragende Veranstaltungen sind mit den aus anderen sozialistischen Ländern vorgesehenen Leitern der Delegationen Konsultationen

durchzuführen und auf allen Veranstaltungen am Tagungsort Kontakte aufzunehmen.

Verantwortlich: Leiter der zentralen staatlichen Organe
und Ministerium für Auswärtige Angelegenheiten, Genosse
Wandel

[...]

*Protokoll Nr. 21/62 der Sitzung des Sekretariats des ZK vom 18. 4. 1962, Anlage 4, SAPMO, DY 30/J IV
2/3/804, Bl. 37–44.*

Dokument 31

[Friedrich Blume: Brief an Ernst Hermann Meyer]

Prof. Dr. F. Blume   649 Schlüchtern, den 10. 5. 1962
                                                       Postfach 182

Herrn Professor Dr. E. H. Meyer
Berlin-Hessenwinkel
Bogenstr. 12

Lieber Herr Meyer!

Wie Sie wissen, hat es in der letzten Zeit in der Gesellschaft für Musikforschung
Verstimmungen zwischen Ost und West gegeben. Diese Verstimmungen finde
ich umso bedauerlicher, als ich ebenso wie meine westlichen Vorstandskollegen
gehofft hatte, der Kasseler Kongreß im Oktob. dieses Jahres würde uns die
Möglichkeit verschaffen, eine größere Anzahl Mitglieder aus der DDR bei uns
zu sehen und sie mit Referaten und dergleichen zu Wort kommen zu lassen.
Unglücklicherweise ist dieser Plan dadurch, daß die Einladungen zum Kongreß
den Mitgliedern in der DDR nicht zugestellt worden sind, durchkreuzt worden.
Der Vorstand hat dieses Vorgehen nicht hinnehmen zu können geglaubt und hat
hierauf mit einem Ihnen wahrscheinlich dem Inhalt nach bekannten Brief vom
3. März reagiert. Die Sache hat sich weiter dadurch verschärft, daß Herr Laux
mit Brief vom 30. März sein Amt als Vizepräsident niedergelegt und gegen den
Vorstand eine Reihe von Vorwürfen erhoben hat. Da ich den ganzen April hindurch verreist war, konnte ich leider erst im Mai mit meinen westlichen Vorstandskollegen Verbindung aufnehmen, und mit deren Zustimmung antworte
ich heute Herrn Laux. Ich füge Ihnen einen Durchschlag dieser Antwort bei

und bitte Sie damit, Ihren Einfluß in dem Sinne geltend zu machen, daß die Verstimmungen behoben werden und Herr Laux seinen Rücktritt zurückzieht.

Da gleichzeitig einige geschäftliche Fragen geregelt werden müssen, schreibe ich heute auch an Herrn Zschoch und füge Ihnen ebenfalls einen Durchschlag bei. Ich würde Ihnen dankbar sein, wenn Sie Herrn Zschoch bei der Durchführung seiner Aufgaben unterstützen könnten.

Ich bitte Sie, meinen heutigen Schritt als einen rein privaten zu betrachten. Ich unternehme ihn nicht im Namen des Vorstandes, sondern rein von mir aus, weil ich darauf hoffe, daß unsere altbewährte persönliche Verbindung etwas dazu beitragen könnte, einen Konflikt aus der Welt zu schaffen, den ich für überflüssig halte.

Mit herzlichen Grüßen
Ihr
[gez. *Blume*]

Abschrift in: SAPMO, DY 30/IV 2/9.06/296, Bl. 31.

Dokument 32

[Friedrich Blume: Brief an Karl Laux]

Gesellschaft für Musikforschung
Der Präsident
Prof. Dr. Friedrich Blume

649 Schlüchtern
Fernspr. Schlüchtern 300
Postfach 182
am: 10. 5. 1962

Herrn Professor Dr. Karl Laux
Dresden A1
Altmarkt 23

Lieber Herr Laux!
Für die Verspätung meiner Antwort auf Ihren offiziellen Brief vom 30. März entschuldige ich mich. Ich bin, wie Sie wissen, den ganzen April hindurch auf Reisen gewesen und konnte mich erst nach meiner Rückkehr mit meinen übrig

gebliebenen Herren Vorstandskollegen ins Benehmen setzen. Mein Brief an Sie
vom 3. März ist ebenso wie mein heutiger nicht als meine persönliche Aktion,
sondern als Äußerung des Vorstandes unserer Gesellschaft zu betrachten.

Die in Ihrem Brief vom 30. März zum Ausdruck kommende Vermutung, als
sei »das Zurückhalten der Einladungen lediglich ein willkommener Vorwand
gewesen, um die Beteiligung der Kollegen aus der DDR am Kasseler Kongreß
unmöglich zu machen«, berührt mich schmerzlich. Sie wissen selbst gut genug,
daß das ganze Kasseler Programm auf eine vollkommen paritätische Beteiligung
von Ost- und Westdeutschland (neben dem Ausland) abgestellt war und daß wir
damit den von DDR-Seite häufig, wenn auch nach unserer Ansicht vollkommen
unberechtigt, geäußerten Vorhaltungen, wir ließen die DDR-Mitglieder nicht
genügend zum Zuge kommen, nachdrücklich begegnen wollten. Wenn nun
durch die Zurückhaltung der Einladungen (einerlei, ob Sie für Ihre Person allein
großzügig die Verantwortung übernehmen oder ob andere mitbeteiligt waren)
der großen Mehrheit unserer DDR-Mitglieder zugunsten einer kleinen Minderheit die Möglichkeit zur Wortmeldung genommen wurde, so war es für den Vorstand klar, daß damit von der Seite der DDR, nicht von unserer Seite die
Grundlage des Kongresses zerstört worden war, und ergab sich der Schritt des
Vorstandes vom 3. März von selbst. Wenn Sie einwenden, man hätte Sie vorher
fragen sollen, so muß ich Ihnen entgegnen: ganz im Gegenteil, es wäre angesichts des Meldeschlußtermins Ihre Sache gewesen zu fragen, ob eine Termin-
verlängerung nicht möglich sei. Wir können uns schwer vorstellen, daß vom Januar bis 1. März nicht genügend Zeit zu einer rechtzeitigen Erledigung etwa
noch erforderlicher Formalitäten gewesen sein sollte. Der Schritt vom 3. März
war uns keineswegs ein »Vorwand«, sondern hat uns Kummer genug bereitet.
Ich verzichte darauf, Ihnen die billige »Retourkutsche« anzubieten, mein Brief
vom 3. März sei für Sie nur der »Vorwand« für Ihren offenbar seit langem geplanten Rücktritt gewesen.

Die Vorwürfe, die Sie in Ihrem Brief vom 30. März erheben, die GfM sei
noch nie die gemeinsame Plattform der Musikwissenschaft aus beiden Teilen
Deutschlands gewesen, sind großenteils schon so oft Gegenstände von Erörte-
rungen gewesen, daß ich nur ungern nochmals darauf eingehe. Wenn ich es
dennoch tue, so geschieht es, um Ihnen zu zeigen, daß der Vorstand nach wie
vor den guten Willen hat, sie ernst zu nehmen.

1. Hierzu habe ich unter dem 11. November 1961 bündig und abschließend
Stellung genommen.

2. Wieviel seitens der GfM in der Angelegenheit geschehen ist, kann seitens der
DDR gar nicht beurteilt werden. Ich kann nur versichern, daß die GfM bis zur

Grenze des Möglichen gegangen ist und daß ohne diese Aktivität die Rückgabe ganz gewiß nicht so bald erfolgt wäre.

3. Die GfM hat sich stets bemüht, alle Politik aus ihren Handlungen fernzuhalten.

   a) Der Antrag ist abgelehnt worden, weil er der Satzung nicht entsprach, und es wurde anheimgestellt, zur nächsten Mitgliederversammlung einen satzungsgemäßen Antrag zu stellen.

   b) Der Antrag wurde ordnungsgemäß von der Mitgliederversammlung zugunsten eines anderen abgelehnt.

   c) In allen Kommissionen mit einer Ausnahme sind DDR-Mitglieder beteiligt; einige Vorsitzende wie z. B. die Herren Oberborbeck, Berner und Reinecke haben sich um aktive Mitarbeit ihrer DDR-Mitglieder besonders bemüht. Es liegt nicht am Westen, wenn von der DDR-Seite keine zureichende Aktivität entfaltet worden ist. Die Wahl des Kollegen Meyer in eine Kommission für Hochschulfragen als eine »Irreführung« zu bezeichnen, muß ich im Namen des Vorstandes als böswillige Unterstellung zurückweisen; Tatsache ist, daß die Kommission niemals zustandegekommen ist (vgl. Kommissionenverzeichnis, Mf. XIII, 1960, 126 ff.). Die einzige Ausnahme bildet die Kommission für Auslandsstudien, die zu dem Zweck errichtet worden ist, die von der westdeutschen Bundesregierung in Rom errichtete (und evtl. weitere von derselben Regierung in westlichen Ländern zu errichtende) Forschungsstelle zu leiten. Sollte von der Regierung der DDR in einem östlichen Lande eine ähnliche deutsche Forschungsstelle errichtet werden, so würde gewiß der Vorstand der GfM mit Vergnügen zustimmen, daß die Kommission für Auslandsstudien um eine paritätische Anzahl von DDR-Mitgliedern erweitert wird.

4. Den für die Herausgeberkommission der »Musikforschung« ursprünglich in Aussicht genommenen DDR-Mitgliedern ist in meiner Korrespondenz mit Herrn Kollegen Goldschmidt genau derselbe Einfluß eingeräumt worden wie den entsprechenden Kollegen aus der Bundesrepublik.

Wie Sie sehen, kann ich kein einziges ihrer Argumente als stichhaltig anerkennen. Ich möchte als langjähriger Präsident der GfM, als Kollege und als Deutscher hier ausdrücklich feststellen, daß die GfM, seit sie besteht, und erst recht, seit sie gesamtdeutsch geworden ist, stets um ehrliche Zusammenarbeit zwischen den Musikwissenschaftlern beider Teile Deutschlands bemüht gewesen ist, daß sie in dieser Hinsicht materiell und ideell bis an die Grenzen dessen gegangen ist, was sie leisten und vertreten konnte und daß sie auch weiterhin bereit ist, sich zu demselben Bemühen zu bekennen. Insofern begrüße ich die im Schlußabsatz Ihres Briefes ausgesprochene Zusicherung, die ich erwidere. In diesem Sinne bitte ich Sie auch, lieber Herr Laux, Ihren Entschluß noch einmal zu revidieren, den ich, falls er definitiv bleiben sollte, im Interesse des gesamtdeutschen Charakters und der wissenschaftlichen Gemeinschaft unserer Gesellschaft sehr bedauern würde.

Es bleiben einige geschäftliche Fragen offen, mit denen ich mich (da ich Sie vorerst als »zeitweilig zurückgetreten« betrachten muß) an den Leiter unserer Leipziger Geschäftsstelle, Herrn Zschoch, wende. Durchschlag füge ich zu Ihrer Unterrichtung bei. Ich wäre Ihnen natürlich dankbar, wenn Sie Herrn Zschoch trotz Ihres z. Zt. geltenden Rücktritts bei seinen Bemühungen unterstützen wollten.

Ich bitte Sie um eine baldige Antwort, da die Aufrechterhaltung Ihres Rücktritts Einfluß auf die Vorbereitung der Neuwahl des Vorstandes haben würde, die ja gemäß der Leipziger Wahlordnung von 1955 durchgeführt werden muß, und verbleibe

mit den besten Grüßen
Ihr
[gez.] *Blume*

SLB, Mscr. Dresd. x 10, 97.

Dokument 33

[Friedrich Blume: Brief an Frieder Zschoch]

10. 5. 1962

Herrn Frieder Zschoch
Leipzig W 31
Nonnenstr. 2

Sehr geehrter Herr Zschoch!
Wie Ihnen wohl bekannt geworden ist, hat der Vizepräsident unserer Gesellschaft, Herr Professor Dr. Laux, mit Brief vom 30. März 1962 seinen Rücktritt erklärt. Ich hoffe zwar, daß die Stellungnahme des westlichen Vorstandsteils, die ich Ihnen durch beiliegende Kopie meines Briefes vom 10. Mai an Kollegen

Laux zur Kenntnis gebe, zu einer Überprüfung dieses Entschlusses führen wird, jedoch ist an der Tatsache nicht vorbeizukommen, daß die DDR-Mitglieder unserer Gesellschaft in den Führungsgremien z. Zt. vorwiegend durch Sie als Beiratsmitglied und Leiter unserer Leipziger Zweiggeschäftsstelle vertreten sind. Ich wende mich daher im Einvernehmen mit den übrigen Vorstandsmitgliedern an Sie mit der Bitte, sofort und energisch einige Maßnahmen zu ergreifen, die im Sinne unserer gesamtdeutschen Zusammenarbeit und zur Erfüllung des zwischen uns am 18. 5. 55 geschlossenen Vertrages dringend erforderlich sind.

1. Kongreß: Sie erhielten in 10 eingeschriebenen Paketen 230 Einladungen zum Kasseler Kongreß. Diese Einladungen müssen vertragsgemäß unverzüglich in die Hände aller unserer Mitglieder in der DDR gelangen. Zu meinem größten Bedauern ist anläßlich der Ihnen rechtzeitig übersandten Einladung zur wissenschaftlichen Mitarbeit gegen § 6 unseres Vertrages verstoßen worden. Dieser Vorgang darf sich nicht wiederholen. Ich müßte sonst an dem Willen zur Einhaltung der selbstverständlichen demokratischen Gepflogenheiten zweifeln.

Sollten aus politischen Gründen Schwierigkeiten für die Ausreisegenehmigung der DDR-Mitglieder bestehen, so bitte ich Sie, bei den hierfür zuständigen Stellen unverzüglich entsprechende Anträge zu stellen, die es ihnen ermöglichen, am Kasseler Kongreß und an der Mitgliederversammlung teilzunehmen. Von einem etwa hierzu nötigen Begleitschreiben an die Mitglieder bitte ich, mir drei Exemplare zur Unterrichtung des Vorstandes zu übersenden. Bitte teilen Sie mir mit, wann die Einladung verschickt worden ist. Zur finanziellen Seite darf ich daran erinnern, daß durch unser Abkommen, wie es anläßlich der Mitgliederversammlungen in Fulda und Dresden praktiziert wurde, ausreichende Mittel zur Verfügung stehen, um jede wünschenswerte Anzahl von DDR-Mitgliedern in Kassel mit dem nötigen Westgeld zu versehen.

2. Mitgliederversammlung: Ich bitte um Bestätigung, daß Heft 4/1961 der Zeitschrift »Die Musikforschung« mit der Einladung zur Mitgliederversammlung inzwischen allen DDR-Mitgliedern ausgehändigt ist.

3. Zeitschrift »Die Musikforschung«: Unsere Zeitschrift wurde im Rahmen des Postzeitungsdienstes über den Deutschen Buch-Export-Import eingeführt. Wie Sie wissen, hat der Buch-Export-Import für 1962 keine neuen Verträge für die Lieferung von Westzeitschriften in die DDR abgeschlossen. Für Heft 1/1962 unserer Zeitschrift, das Sie wohl inzwischen erhalten haben, war eine Ausnahmegenehmigung auf anderem Wege noch möglich. Ab Heft 2 und folgende steht dieser Weg nicht mehr offen. Die Zeitschrift unserer Gesellschaft ist das gemeinsame Bindeglied. Ich bitte Sie daher dringend, alsbald unter Berufung auf unseren Vertrag beim Postzeitungsdienst bzw. beim Buch-Export-Import eine Ausnahmegenehmigung für die Zeitschrift »Die Musikforschung« zu erreichen.

Sollten Sie in irgendeiner Form – etwa durch offiziellen Antrag von seiten des Vorstandes oder des Präsidenten – meine Hilfe oder die unseres Schatzmeisters benötigen, so stehen wir Ihnen selbstverständlich zur Verfügung.

Ich danke Ihnen im voraus ganz besonders für die Mühe und den Aufwand an Zeit, den diese Schritte für Sie bedeuten werden. Ihr bisheriger erfolgreicher Einsatz im Interesse unserer gesamtdeutschen Gesellschaft läßt mich hoffen, daß es Ihnen gelingen wird, auch die jetzt erforderlichen Maßnahmen bald zu bewältigen.

Ich bitte Sie, mich über Ihre Schritte und deren Erfolg auf dem Laufenden zu halten.

Mit den besten Grüßen

Ihr

[gez.] *Blume*

Durchschrift in: SLB, Mscr. Dresd. x 8, 676.

Dokument 34

[Karl Vötterle: Brief an Karl Laux]

D. Dr. phil. h. c. Karl Vötterle
Bärenreiter-Verlag Kassel – Basel – London – New York
Kassel-Wilhelmshöhe
14. 5. 62

Lieber Herr Professor!

Ich bin kein Vorstandsmitglied der Gesellschaft für Musikforschung, aber seit Gründung und durch meine verlegerische Zusammenarbeit engstens mit der Gesellschaft verbunden.

Herr Prof. Blume hat mir Einblick in Ihren Brief v. 30. 3. 62 gegeben. Erlauben Sie mir, daß ich mich ganz persönlich und nicht offiziell in das Gespräch einmische und auch Herrn Prof. Blume durch Übersenden einer Durchschrift unterrichte.

Sie wissen, daß ich in der Musik eine Brücke über jede Grenze sehe. Ich bin im Gegensatz zu Ihrer Meinung der Überzeugung, daß innerhalb der Gesellschaft für Musikforschung enorm viel – im Rahmen des Möglichen – getan worden ist und daß keineswegs geschlossen werden kann, daß die Gesellschaft für Musikforschung einen einseitigen politischen Kurs steuert.

Hinsichtlich des Kasseler Kongresses war es doch so, daß alle Mitglieder der Gesellschaft zur Mitarbeit in Gestalt von Referaten eingeladen waren und in Zusammenhang damit Männer aus beiden Teilen Deutschlands für leitende Aufgaben eingesetzt waren. Es ist meiner Meinung nach doch verständlich, daß – sobald feststand, daß die Mitglieder der D.D.R. keine Möglichkeit erhalten, sich bis zu dem aus organisatorischen Gründen festgelegten Termin für Referate zu melden – Hauptreferate und leitende Funktionen anläßlich des Kongresses doch unmöglich an Mitglieder des Teiles Deutschlands gegeben werden konnten, der allen übrigen Mitgliedern nicht einmal die Einladungen zur Mitarbeit zugänglich macht. Es war eine bittere Entscheidung, keineswegs ein willkommener Vorwand! Selbstverständlich sind alle Mitglieder der Gesellschaft und auch Nichtmitglieder nach wie vor bei dem Kongreß herzlich willkommen. Nur Hauptvorträge und leitende Funktionen können unsererseits doch nicht zur Verfügung gestellt werden, wenn für alle übrigen Mitglieder, also vor allem für den ganzen Nachwuchs, eine Mitarbeit im Referatensektor nicht möglich ist.

Zu den verschiedenen Punkten Ihres Briefes:

Zu 1.): Kongreß in New York: Sicher können Sie erwarten, daß der Vorstand der Gesellschaft für Musikforschung für eine Teilnahme aller seiner Mitglieder an dem New Yorker Kongreß eintritt, obwohl dieser keine Veranstaltung der Gesellschaft für Musikforschung war. Da aber die Regierung der USA, deren Gäste wir anläßlich des Kongresses waren, eine Einreisegenehmigung für Bürger der D.D.R. generell ablehnte, konnte von dem Vorstand der Gesellschaft für Musikforschung doch wirklich nichts unternommen werden. In solchen Fällen zu protestieren, gehört einfach nicht zu unserem Stil.

Zu 2.): Hier muß ich Ihnen aus genauer Kenntnis widersprechen. Ich glaube wirklich sagen zu können, wenn Herr Prof. Blume und andere Vorstandsmitglieder und Mitglieder der Gesellschaft nicht energisch für die Rückgabe der Beethoven-Manuskripte eingetreten wären, wäre die Rückgabe nicht erfolgt. Sie dürfen nicht übersehen, daß die Möglichkeiten einer Gesellschaft Grenzen haben, besonders wenn es sich um staatliche oder politische Fragen handelt. Das ist bei Ihnen nicht anders wie bei uns.

Zu 3.): In der Gesellschaft für Musikforschung ist nie eine Politik gegen die D.D.R. betrieben worden.

Zu 3a): Wenn in einem demokratischen Plenum ein Antrag abgelehnt wird, können daraus doch keine politischen Konsequenzen gezogen werden.

Zu 3b): Hierzu kann ich nichts sagen, denn daran erinnere ich mich nicht.

Zu 3c): Es liegt in der Natur einer Kommission, daß sie ihre Tätigkeit in vielen Fällen nur auf einem bestimmten Territorium durchführen kann. Die völlig verschiedenen Verhältnisse in den beiden Teilen Deutschlands machen es doch praktisch unmöglich, daß ein Westdeutscher etwa in einer Kommission tätig ist, die die musikalische Zusammenarbeit zwischen der D.D.R. und Sowjetrußland bestimmt, – und entsprechend hat es doch wirklich keinen Sinn, wenn ein Bürger Ihres Staates in einer Kommission ist, deren Aufgabe im wesentlichen eine Zusammenarbeit mit dem Bundesinnenministerium oder mit den Kultusministerien darstellt.

Zu 4.) die Zeitschrift: Das betrifft mich als Verleger besonders. Sie wissen doch genauso wie ich, daß ganz generell bei musikwissenschaftlichen Zeitschriften ein repräsentatives Herausgeberkollegium tätig ist, daß aber die Arbeit von einem Schriftleiter gemacht werden muß. Eine aktive Mitarbeit in dem Sinne, daß alle Beiträge mit den Herausgebern abgestimmt werden, ist praktisch undurchführbar und würde an der Zeitfrage und an den Kosten scheitern.

Ich würde es persönlich sehr bedauern, wenn es bei Ihrem Beschluß bliebe. Ob nicht persönliche Gespräche zu einer anderen Lösung führen könnten? Vielleicht gibt uns das Bach-Fest eine Gelegenheit dazu. Ich kann allerdings erst am Sonntag, dem 24. 6. 62, nach Leipzig kommen, da eine meiner Töchter am Tag vorher heiratet. Meine Adresse in Leipzig ist voraussichtlich: bei Herbert Dost, Leipzig C 1, Thomaskirchhof 18.

Erlauben Sie mir, daß ich Ihnen als Zeichen dafür, daß mir weiter an einem guten Kontakt mit Ihnen liegt, einige Schallplatten aus meiner Schallplattenarbeit überreiche. Vielleicht haben Sie Freude daran, vielleicht können Sie auch einigen Schülern eine Freude damit machen. Ich lasse die Sendung an die Hochschule gehen, damit bei der Paketkontrolle keine Schwierigkeiten entstehen.

Mit den besten Grüßen
Ihr
[gez.] *Karl Vötterle*

SLB, Mscr. Dresd. x 22, 63.

Dokument 35

Staatssekretariat für das Hoch- und Fachschulwesen
[14. 5. 1962]

Vorlage für das Sekretariat des Zentralkomitees der SED
Betr.: Gründung der »Deutschen Gesellschaft für Musikforschung«

Beschluß:

1. Die Professoren der Beiräte beim Staatssekretariat für das Hoch- und Fachschulwesen für Musikwissenschaft und Musikerziehung treten mit einer Erklärung an die Öffentlichkeit, die ausgehend vom Nationalen Dokument die
   Lage in der Musikwissenschaft einschätzt,
   a) den Austritt der DDR-Wissenschaftler aus der »Gesellschaft für Musik-
      forschung« – einer sogenannten gesamtdeutschen Gesellschaft – und
   b) den Aufruf zur Gründung einer DDR-Gesellschaft[,] der »Deutschen Ge-
      sellschaft für Musikforschung«[,] mitteilt und
   c) Vorschläge für die Normalisierung der Zusammenarbeit der Musikwissen-
      schaftler beider deutscher Staaten unterbreitet. *Termin:* 1. 6. 62
2. Dem Ersuchen der Beiräte für Musikwissenschaft und Musikerziehung, die
   »Deutsche Gesellschaft für Musikforschung« mit Sitz in Dresden zu gründen,
   wird zugestimmt.
   a) Aus Mitgliedern der Beiräte soll sich ein Gründungskomitee konstituieren
      und bis zum 1. 7. 62 einen Gründungsaufruf bekanntgegeben und
   b) für das I. Quartal 1963 einen wissenschaftlichen Gründungskongreß vor-
      bereiten.
   c) Als Präsident ist Prof. Dr. Karl Laux, Rektor der Carl-Maria-[von-]Weber-
      Hochschule für Musik Dresden, zu gewinnen. *Termin:* 1. 7. 62
3. Die Deutsche Gesellschaft für Musikforschung hat die Aufgabe, das musikwissenschaftliche Leben in der DDR durch Entfaltung des wissenschaftlichen
   Meinungsstreites und Förderung der sozialistischen Erziehung und Bewußtseinsbildung zu entwickeln. Sie hat die musikwissenschaftliche Lehre und
   Forschung so zu unterstützen, daß schnell die neuesten Forschungsergebnisse in der kulturpolitischen Praxis und Volksbildung angewendet werden.
   Sie hat als Nationaler Verband die Interessen der Musikwissenschaft in internationalen Vereinigung[en] zu vertreten.
4. Die Deutsche Gesellschaft für Musikforschung benötigt keine finanziellen
   Mittel. Alle Verwaltungskosten sind aus Mitgliedsbeiträgen zu decken. Für
   Kongresse und Jahresversammlungen werden gesonderte Anträge gestellt.

5. Das Staatssekretariat für das Hoch- und Fachschulwesen wird beauftragt, auf der Grundlage des Beschlusses ein detailliertes Programm für die ideologische und organisatorische Durchführung der erforderlichen Maßnahmen aufzustellen. *Termin:* 25. 5. 62

Dr. Girnus
Staatssekretär
[gez.] *Girnus*

Begründung zum Beschluß über die Gründung der »Deutschen Gesellschaft für Musikforschung«

Die Festigung und Weiterentwicklung der marxistisch-leninistischen Musikwissenschaft der DDR, die die Einheit von wissenschaftlicher Forschung und kulturpolitischer Praxis zu verwirklichen hat, ist ein Teil der sozialistischen Kulturrevolution. Die Musikwissenschaft muß durch ihre Entwicklung den ihr gemäßen Beitrag für den Sieg des Sozialismus in der *DDR* leisten.

Für die Lösung dieser Aufgabe ist es dringend erforderlich, daß die DDR-Wissenschaftler aus der gesamtdeutschen Gesellschaft für Musikforschung austreten, die ein ernstes Hemmnis für die fortschrittliche kulturelle Entwicklung geworden ist. In der Gesellschaft für Musikforschung sind alle entscheidenden Positionen in Händen Westdeutscher. Der Sitz der Gesellschaft und ihrer Zeitschrift befindet sich in Kiel. Ihre Tätigkeit ist seit Jahren auf die Bedürfnisse und Pläne der westdeutschen Forschung ausgerichtet. Alle Versuche, zu einer gleichberechtigten Zusammenarbeit zu kommen, wurden damit abgelehnt, daß für die Gesellschaft eine Spaltung nicht existiere. Unsere Musikwissenschaftler wurden als ein Anhängsel betrachtet. Die Lösung der Gesellschaftsfrage hat sich dadurch zugespitzt, daß der Präsident Prof. Blume unter fadenscheiniger Begründung unsere Wissenschaftler vom Kongreß der Gesellschaft im Oktober in Kassel 1962 ausgeladen hat. Daraufhin hat Prof. Laux seinen Rücktritt als Vizepräsident erklärt und diesen Schritt ausführlich mit der diffamierenden Behandlung begründet.

Die »Deutsche Gesellschaft für Musikforschung« hat die Aufgabe, alle ehemaligen DDR-Mitglieder der Gesellschaft für Musikforschung und weitere Interessierte zu vereinigen und das musikwissenschaftliche Leben zu aktivieren.

Die »Deutsche Gesellschaft für Musikforschung« hat als nationaler Verband die internationalen Interessen der Musikwissenschaft der DDR zu vertreten und wird bei Achtung der Selbständigkeit und Souveränität der DDR die Beziehungen zu westdeutschen musikwissenschaftlichen Gremien leiten.

Die Beiräte für Musikwissenschaft und Musikerziehung haben sich in mehreren Beratungen für die zu beschließenden Maßnahmen ausgesprochen.

SAPMO, DY 30/IV 2/9.04/261, Bl. 225 f.

Dokument 36

Aktenvermerk
über ein Gespräch Baum – Zschoch am Donnerstag, dem 14. Juni 1962,
in Ost-Berlin

Streng vertraulich! (wegen der Gefährdung von Zschoch)

Meine Teilnahme an den Festlichen Tagen Musik, Spiel und Tanz Berlin in der Woche nach Pfingsten hatte ich zum Anlaß genommen, Herrn Zschoch meine Berliner Adresse zu geben für den Fall, daß eine Besprechung erwünscht sei. Dieser Brief ist im Deutschen Verlag für Musik geöffnet worden, dem Verlagsleiter, Dr. [Helmut] Zeraschi, vorgelegt und dann Herrn Zschoch ausgehändigt worden. Bei einem Gespräch hatte Zschoch seinen Vorgesetzten gebeten, ihm die Erlaubnis zu erteilen, die Gelegenheit zu einem Gespräch mit mir wahrzunehmen, da er sich verpflichtet fühle, die an ihn gestellten Fragen in Erfüllung seiner Vertragsobliegenheiten zu beantworten.

Zschoch fuhr also mit Wissen und Genehmigung seines Vorgesetzten nach Berlin. Als Treffpunkt hatte er die Musikabteilung der Deutschen Staatsbibliothek vorgeschlagen, so daß von seiner Seite aus auch Dr. [Karl-Heinz] Köhler über das Gespräch unterrichtet war. Es ist nicht wahrscheinlich, daß die oberen Dienststellen (Beirat, Ministerium für Kultur, Staatssekretariat für Hochschulwesen) von dem Gespräch erfahren, es ist aber auch nicht ausgeschlossen. Zschoch glaubt, daß er von Dr. Zeraschi und Dr. Köhler keine Schwierigkeiten bekommt.[29]

---

[29] Karl-Heinz Köhler, geb. 1928, damals Leiter der Musikabteilung der Bibliothek, will über das Gespräch Stillschweigen gewahrt haben (schriftliche Mitteilung). Dafür spricht, daß Zschoch keinerlei Anzeichen für eine Indiskretion erkennen konnte (Mitteilung von F. Zschoch). Auch war Köhler zum damaligen Zeitpunkt noch nicht für den Staatssicherheitsdienst tätig; seine inoffizielle Zusammenarbeit mit dem MfS, von der er sich offenbar bessere Reisemöglichkeiten ins westliche Ausland erhoffte, begann im Jahr 1976 – und währte bis zum Zusammenbruch des SED-Regimes. Für die Bezirksverwaltung Berlin, später für die BV Erfurt, berichtete er unter dem

Das Gespräch fand im Musikzimmer der Musikabteilung statt. Die herumstehenden Tonbandgeräte hatten mich zunächst mißtrauisch gemacht. Die Ausführlichkeit und Art der Äußerungen von Zschoch lassen es jedoch ausgeschlossen erscheinen, daß das Gespräch aufgenommen wurde. Trotzdem habe
ich mich fast überhaupt nicht geäußert, d. h. nur durch wenige Gegenfragen,
ohne in irgendeiner Weise gegen die Maßnahmen des Ostens etwa zu polemisieren. Ich habe auch keine Vorschläge gemacht, so daß meine wenigen Äußerungen von der Gegenseite nicht irgendwie ausgewertet werden können. Dies
zur allgemeinen Situation des Gesprächs, das also im wesentlichen aus einem
Bericht von Zschoch bestand.

Bach-Fest Leipzig: Zschoch teilte mit, daß für zwei Personen die Aufenthaltsgenehmigung für das Bach-Fest nicht erteilt worden sei, nämlich für Prof. [Oskar] Söhngen, Berlin und Dr. Vötterle, in beiden Fällen ohne Angabe von
Gründen.[30] Es läuft noch der Antrag für die Aufenthaltsgenehmigung von Dr.
[Wolfgang] Rehm; ob er genehmigt oder abgelehnt wird, war Zschoch nicht bekannt. Es sei vielleicht in Kassel aufgefallen, daß auch für das Händel-Fest Dr.
Vötterle diesmal nicht eingeladen wurde. Zschoch betonte, daß Prof. Siegmund-
Schultze diese Einladung gern aussprechen wollte, sie aber nicht genehmigt bekam. Prof. Siegmund-Schultze legt Wert darauf, daß seine Absicht in Kassel bekannt wird. Wegen der nicht erteilten Aufenthaltsgenehmigung für Dr. Vötterle
für das Bach-Fest hat sich der Deutsche Verlag für Musik im Interesse der notwendigen geschäftlichen Besprechungen an die Fachabteilung Verlage im Staatssekretariat gewandt. Die Aufenthaltsgenehmigung für Dr. Rehm sei von der
Fach-Abteilung Verlage befürwortet worden. Von Leipzig aus wurde dann Dr.
Pischner vom Ministerium für Kultur in Kenntnis gesetzt. Pischner hat an die
Musikabteilung verwiesen, die Musikabteilung hat erklärt, das sei eine Angelegenheit des Rates der Stadt Leipzig, man habe von dort aus keine Veranlassung, beim Rat der Stadt zu intervenieren. Auch beim Rat der Stadt Leipzig
war der Grund für die Ablehnung nicht zu erfahren und die Ablehnung nicht
rückgängig zu machen. Man hatte im Deutschen Verlag für Musik also den Eindruck, daß die Ablehnung von höchster Stelle befohlen wurde, jedoch niemand
sich dazu bekennen will. Es wird alles an die unteren Instanzen weitergegeben.

Decknamen »Meiler« als IMF bzw. IMS über Interna aus seinen jeweiligen Wirkungsstätten: zunächst über Vorgänge an der Ost Berliner Deutschen Staatsbibliothek, dann über seine Kollegen
an der Musikhochschule in Weimar.

[30] In einem SED-internen Bericht über das Bachfest wurde vermerkt, daß von 213 angemeldeten
Westdeutschen acht keine Einreisegenehmigung erhielten, in fast allen Fällen wegen »Republikflucht«, im Fall von Oskar Söhngen wegen »republikfeindlichem Verhalten in Westdeutschland«
(*38. Deutsches Bachfest und 750-jähriges Bestehen des Thomaner-Chores vom 21. bis 26. Juni 1962 in Leipzig,*
SAPMO, DY 30/IV 2/9.06/25, Bl. 161–168).

Nach Angaben von Zschoch wird vermutet, daß das Leipziger Bach-Fest zum Anlaß genommen wird, den gesamtdeutschen Charakter der Neuen Bach-Gesellschaft aufzulösen und sie in zwei Teile mit getrennten, selbständigen Vorständen zu gliedern; die beiden Vorstände sollen dann zusammenarbeiten.

Gesellschaft für Musikforschung: Zschoch hatte erst durch den Brief Blume an Zschoch vom 10. Mai 1962 Kenntnis davon erhalten, daß Laux zurückgetreten war. Der Stand der Dinge, von den Ost-Mitgliedern aus gesehen, ist zur Zeit folgender:

Musikforschung 1/1962: befindet sich in der Leipziger Geschäftsstelle, darf jedoch nicht ausgeliefert werden. Auch die Jahresrechnung an die Mitglieder darf nicht verschickt werden.

Die erste Kongreßeinladung (zur wissenschaftlichen Mitarbeit) ist, wie bereits bekannt, nicht verschickt worden. Vor Absendung des Blume-Briefs an Laux vom 3. März 1962 hatte ich mich durch Telefonanruf noch einmal bei der Geschäftsstelle vergewissert, ob die Einladung inzwischen verschickt worden sei. Während dieser Zeit war Zschoch gerade bei Laux in Dresden, seine Sekretärin hatte mir wahrheitsgemäß mitgeteilt, daß die Einladungen noch in der Geschäftsstelle lägen, also nicht verschickt worden seien. Laux erhob nachträglich den Vorwurf, daß die Sekretärin mir das nicht hätte sagen dürfen.[31]

Die zweite Kongreßeinladung ist von der Zensur beschlagnahmt worden. Sie war in 10 Einschreibpäckchen am 3. Mai in Kassel abgeschickt worden. Ende Mai wurde Zschoch zum Rat der Stadt Leipzig zitiert und gefragt, was das für eine Sendung sei. Nach entsprechender Aussage von Zschoch hieß es beim Rat der Stadt, die Sendung würde ihm zugestellt. Nach mehreren Tagen hat Zschoch reklamiert, jedoch bis heute keine Nachricht erhalten. Er weiß jedoch, daß im Ministerium für Kultur mehrere Exemplare der Einladung vorhanden sind. Da diese unseres Wissens nicht von Westdeutschland aus hingeschickt wurden, dürfte eindeutig sein, daß die Beschlagnahme der zweiten Einladung ebenfalls von höherer Stelle angeordnet ist.

Auf den Blume-Brief vom 10. 5. hin hat sich Zschoch nicht mit Laux, aber mit Prof. Meyer in Verbindung gesetzt, was zu tun sei. Meyer hat mit Notowicz geklärt, daß der Blume-Brief zunächst nicht beantwortet werden soll. Zschoch hat Besseler Abschrift gegeben, da Zschoch auch sonst von Besseler über die

---

[31] Diese Beschreibung deckt sich mit einem Bericht Zschochs an Laux vom 17. 3. 1962 (SLB, Mscr. Dresd. x 23, 215). Baum hatte demnach am 2. 3. 1962 im Deutschen Verlag für Musik angerufen. Außerdem berichtete Zschoch, daß Karl Vötterle und dessen Verlagsmitarbeiter Wolfgang Matthei diese Anfrage gelegentlich eines Besuchs während der Leipziger Messe wiederholt und ihn, Zschoch, gefragt hätten, ob er Kenntnis von einem Brief Blumes an Laux habe, was er verneinen mußte. Erst am Tag zuvor (also am 16. März 1962) hätte ihm Siegmund-Schultze etwas davon angedeutet.

Vorgänge im Beirat usw. informiert worden war. Den ersten Blume-Brief an Laux (vom 3. 3. 62)[32] hat Zschoch nie zu sehen bekommen. Von Besseler erfuhr er, daß dieser Brief im Beirat nur teilweise verlesen worden sei. Besseler hat Laux um Abschrift dieses Briefes gebeten, hat sie jedoch nicht erhalten. Nach genauerer Kenntnis der Vorgänge hat Besseler Zschoch erklärt, daß im Beirat eine falsche Darstellung der Situation gegeben worden sei. Besseler hat an Dr. Vötterle einen Brief geschrieben als Versuch, Dr. Vötterle zur Vermittlung einzuschalten.

Die ganze Angelegenheit wird dirigiert vom Staatssekretariat für [das] Hoch- [und Fach]schulwesen, Abteilung philosophische Fakultät[en], Beauftragter: Herr Konrad Niemann. Von dort wurde Zschoch offiziell mitgeteilt: »Wir dissoziieren uns von der Gesellschaft für Musikforschung.« (So wörtlich) Die Begründung hierfür käme in einer Erklärung der Mitglieder eines noch nicht bestimmten Kreises, in der u. a. darauf hingewiesen werden soll, daß die Gesellschaft ihren in § 1 des Vertrages festgelegten Charakter nicht gewahrt habe. Zschoch hat dann Prof. Meyer gefragt, an wen er sich nun wenden solle, um seine vertraglichen Verpflichtungen korrekt erfüllen zu können. Antwort Meyer: »Sie werden rechtzeitig hinzugezogen, wenn eine Antwort an den Westen gerichtet wird.« Von Besseler erfuhr Zschoch, daß eine kleine Gruppe gebeten worden sei, die Angelegenheit eingehend zu besprechen und eine Antwort des Beirats auszuarbeiten. Dieser Gruppe gehören nach Kenntnis von Zschoch an: Laux, Notowicz, Siegmund-Schultze, Vetter.

Zschoch hat sich auch mit Vetter in Verbindung gesetzt, der aber sehr resigniert gewesen sei. Was längst besprochen sei, könne nicht mehr aufgehalten werden. Der einzige, der praktisch immer noch gegen den Stachel löckt, ist Wolff. Auch Besseler hat noch Hoffnung, daß etwas zu retten ist. Da er, Besseler, im zweiten Brief von Blume an Laux alles anders erfuhr, als er durch die auszugsweise Mitteilung des ersten Briefs von Blume an Laux im Beirat gehört hatte, hielt er eine nochmalige Beiratssitzung für nötig. Diese wird nach Ansicht Zschochs wohl kaum genehmigt werden.

Inzwischen wird übrigens auch der Herausgeberkreis in Heft 1 übelgenommen. Besseler und Vetter erhielten von Zschoch ein Exemplar des Hefts; Laux bekennt sich aber durchaus dazu, daß er diesen Vermerk ausdrücklich genehmigt habe.

Zschoch wurde vor etwa 14 Tagen vom Staatssekretariat für Hochschulwesen beauftragt, sich mit Prof. Laux solidarisch zu erklären und zurückzutreten. Zschoch hat darauf aufmerksam gemacht, daß er nicht, wie Laux, gewählt sei und zurücktreten könne, sondern daß er beauftragt sei und einen Vertrag unter-

---

schrieben habe. Er könne also nicht zurücktreten, sondern habe diesen Vertrag
zu erfüllen, bis er gekündigt und abgelaufen sei; er sei also juristisch gebunden.
Er wurde zu einer Besprechung in die Rechtsstelle des Staatssekretariats zitiert,
wo ihm bedeutet wurde, der Vertrag sei unwesentlich. Es sei auch kein Gerichts-
stand in ihm angegeben.[33] Zschoch erwiderte, der Vertrag sei jedoch stets von
beiden Seiten genau erfüllt worden. Es wurde ihm abschließend der Auftrag gegeben, möglichst rasch einen Briefentwurf vorzulegen, in dem oben dargelegten
Sinn. Zschoch fuhr nach Leipzig zurück, hat dann nochmals um Erlaubnis gebeten, einen Leipziger Fachjuristen zu seiner Beratung heranzuziehen. Dieses
Ansinnen wurde ihm telegrafisch abgelehnt. Ein Gutachten von Dr. Glücksmann (Jurist des Deutschen Verlages) sei nicht erwünscht.[34] Zschoch hat privat
Dr. Glücksmann trotzdem um Rat gefragt, der ihm geraten hat, nichts zu unternehmen. Er brauche sich nicht vorschieben zu lassen, wenn die oberen Stellen
passiv blieben, und den bösen Mann zu spielen. Wenn sich die Professoren Zeit
ließen, so hätte er auch Zeit. Zschoch wird also zunächst diesen Kündigungs-
brief nicht schreiben.

Bei den ganzen Verhandlungen hat Zschoch auch darauf hingewiesen, daß
man damit rechnen müsse, daß der Präsident Blume einen direkten Brief an alle
Ost-Mitglieder schicke, denn die Adressen seien ja in Kassel alle bekannt. Diese
Drohung hat keinen Eindruck gemacht; damit müsse man rechnen. Laux selbst
hat, um Klärung herbeizuführen, zweimal an das Ministerium für Kultur geschrieben, jedoch keine Antwort erhalten. Zschoch vermutet übrigens, daß ein
direkter Brief aus dem Westen an alle Mitglieder nicht alle Mitglieder erreichen
würde, da er wahrscheinlich, mindestens teilweise, von der Zensur beschlagnahmt würde. Er macht auch darauf aufmerksam, daß bei Eingang eines solchen West-Briefes eine Reihe von Mitgliedergruppen zusammengezogen würden
und entsprechende Weisungen erhalten könnten, so z. B. alle Berliner Dozenten
und Studenten, alle in Halle, in Leipzig usw. Damit wäre ein großer Teil der Ost-
Mitglieder dann doch irgendwie erfaßt und direkt im persönlichen Gespräch be-
einflußbar. Man müsse also mit einer solchen Beeinträchtigung eines West-Briefs
rechnen.

Wenn noch irgend etwas erreicht werden sollte, so sei nach Meinung von
Zschoch (und Besseler) ein Kollektiv aller Musikwissenschaftsprofessoren nötig.
Dieses würde aber wohl nicht einberufen werden. Auch wird mit bestimmten
Professoren, wie z. B. [Max] Schneider und Eller, so umgesprungen, daß sie nie

---

[33] Schon 1955, während der Verhandlungen über die Formulierung des Vertrages, hatte die DDR-
Seite durchgesetzt, daß die ursprünglich vorgesehene Angabe des Gerichtsstandes Kassel gestrichen wird.

[34] Am 24. 3. 1962 schickte Zschoch eine Abschrift des Vertrages zur Errichtung der Zweiggeschäftsstelle an Laux – mit dem Hinweis, daß er auch an Glücksmann eine Abschrift gegeben habe (SLB,
Mscr. Dresd. x 23, 216).

genau erfahren, was vom Westen aus geschehen ist und warum es geschehen ist, sondern das Bild wird östlich gefärbt. Wenn daraufhin Stellungnahmen zu Gunsten des Ostens erfolgen (z. B. von Schneider[35]), so werden sie entsprechend ausgenützt.

In den Gesprächen spielte auch noch eine Rolle, daß Besseler für den Kasseler Kongreß ein Referat angemeldet habe, dessen Thema irgendwie eine Auseinandersetzung mit dem Faschismus oder Nazismus enthalten hätte. Prof. [Georg] Reichert habe das Referat abgelehnt. Diese Ablehnung würde ebenfalls ausgeschlachtet.

Zschoch gibt zu erwägen, ob man als letzten Versuch einen Brief von Blume an die musikwissenschaftlichen Professoren richten solle. Auf meine Frage, an wen, zitierte er aus dem Gedächtnis folgende Namen: Pischner, Goldschmidt, Knepler, Meyer, Vetter, Besseler, Wolff, [Richard] Petzoldt, Eller, Notowicz, Siegmund-Schultze, Schneider, Laux. In dem Brief könnte nach Zschochs Meinung stehen, daß die Gesellschaft von keiner Seite auf die Briefe an Laux und Zschoch Antwort erhalte, sich daher an einen größeren Kreis von beamteten Kollegen wende mit der Bitte, sich in irgendeiner Form zu äußern.

Zur Zeitschrift korrigierte Zschoch noch unsere ihm brieflich[36] ausgedrückte Meinung, daß die Zeitschrift nur bis Heft 2 ordnungsgemäß geliefert werden könne. Der Buch-Export-Import habe ihm ausdrücklich gesagt, daß alle vier Hefte des Jahrgangs 1962 geliefert werden können und von Zschoch abgenommen werden müssen. Zschoch wies auf dieses Wort »müssen« ausdrücklich hin, weil es für den weiteren Verlauf der Dinge vielleicht wichtig sein könnte.

Zschoch hat im Staatssekretariat auch auf das Vermögen der GfM hingewiesen. Daraufhin wurde von dort angeordnet, die vier Hefte der »Musikforschung« sollten bezahlt, aber nicht ausgeliefert werden.

Auf seine Frage, wann mit der Erklärung des Beirats, die dann an den Westen zu richten sei, gerechnet werden könne, erhielt er zur Antwort, wann diese Erklärung komme, sei ungewiß, eventuell nach 8 Wochen, es könne aber auch ein Vierteljahr dauern. Er, Zschoch, solle jedenfalls vorziehen. Wie oben schon gesagt, will sich aber Zschoch so lange es ihm irgend möglich ist, davor drücken, einen entsprechenden Brief zu schreiben.

Eine Teilnahmemöglichkeit für irgend jemand aus der DDR am Kasseler Kongreß hält er nach dem derzeitigen Stand für hundertprozentig ausgeschlossen.

---

[35] Gemeint war möglicherweise folgende, Anfang 1962 veröffentlichte Erklärung Max Schneiders: »Dem gemeinsamen Appell der am 2. November 1961 an der Internationalen Manifestation zum Abschluß eines deutschen Friedensvertrages beteiligten Komponisten- und Musikwissenschaftlerverbände stimme ich in allem zu« (*MuG* 12, 1962, H. 1, S. 5).

[36] Dokument 33.

Übrigens sei der Vertrag zwischen GfM und Leipziger Zweiggeschäftsstelle überall bekannt, da er von den oberen Stellen mehrfach angefordert [worden] sei und auch von Zschoch jedermann, der in der Sache zu tun hatte, gegeben worden sei.

Aus dem Umfang und der Art des Zschoch-Berichts geht eindeutig hervor, was Zschoch persönlich damit riskiert. Jede Auswertung dieses Aktenvermerks, der nur an die Herren Blume, Gerstenberg und Vötterle geht, darf unter keinen Umständen erkennen lassen, daß diese Einzelheiten uns bekannt sind. Ich habe Zschoch ausdrücklich gefragt, ob er beauftragt sei, mir dies alles zu berichten, oder ob er das von sich aus getan habe, und wie die Tatsache zu bewerten sei, daß sein Vorgesetzter Dr. Zeraschi und Dr. Köhler von dieser Zusammenkunft wissen. Zschoch antwortete, er habe von sich aus Wert darauf gelegt, mir das alles zu berichten. Selbstverständlich bäte er darum, daß keinerlei Einzelheiten dieses Berichts dem Osten gegenüber ausgesprochen würden. Wir könnten nur Konsequenzen aus der Tatsache ziehen, daß wir keinerlei Antwort erhalten haben, wenn wir überhaupt Konsequenzen ziehen wollten.

P. S. Soeben (18. 6.) hat Dr. Vötterle nun doch die Aufenthaltsgenehmigung für Leipzig erhalten.

18. Juni 1962

Archiv der Gesellschaft für Musikforschung, Kassel.

Dokument 37

[Nathan Notowicz: Brief an Siegfried Wagner]

Verband Deutscher Komponisten und Musikwissenschaftler   VDK
Sekretariat

Berlin W 8, Leipziger Str. 26
2. Juli 1962 – Prof. No/Jo

Zentralkomitee der SED
Abteilung Kultur
Gen. Siegfried Wagner

Gründlich prüfen! Stellungnahme z. d. Vorschlagen[37]

Lieber Genosse Wagner!
Anbei die versprochene Einschätzung. Sie wurde etwas länger als ursprünglich
beabsichtigt. Bei der Arbeit ergab es sich, daß es am sinnvollsten ist, wenn ich
als Teilnehmer und Verhandlungspartner – auch zum Zwecke der Selbstverständigung – meine Gedanken zu beiden Gesellschaften fixiere. Sicherlich ist Dir
vieles davon bereits bekannt, aber ich hoffe, daß meine Zusammenfassung doch
eine Reihe zusätzlicher Informationen enthält. Ich verweise besonders auf die
Bemerkungen über die zukünftige Arbeit der Neuen Bachgesellschaft und auf
den zweiten Teil, die Gesellschaft für Musikforschung betreffend.

Mit sozialistischem Gruß
[gez.] *N. Notowicz*
Prof. Notowicz

---

[37] Handschriftlicher Vermerk von S. Wagner.

Anbei einige Bemerkungen
I.   *zum Status der Neuen Bachgesellschaft*
II. *zum Status der Gesellschaft für Musikforschung.*

Zu I.

Nach den Verhandlungen mit dem westdeutschen Vorsitzenden der »Neuen Bachgesellschaft« und den Erfahrungen des Bachfestes, sowie der Mitgliederversammlung in Leipzig kann folgendes festgestellt werden:

a) Mahrenholz und die anderen westdeutschen Vorstandsmitglieder haben unsere Konzeption akzeptiert und alle Leitungsgremien paritätisch besetzt (Sitz Leipzig). Dabei wurde statutenmäßig festgelegt, daß das geschäftsführende Vorstandsmitglied sowie zwei Mitglieder des 6-köpfigen Verwaltungsrates ihren Wohnsitz in Leipzig haben sollen. Desgleichen, daß die beiden Vorsitzenden (entsprechend der Wahl sind es Mahrenholz und ich) die Gesellschaft im juristischen Sinne vertreten. Prof. Mahrenholz hat unsere vorherige Absprache genau eingehalten und bei der Mitgliederversammlung offen ausgesprochen, daß Entscheidungen nicht durch Majorisierung, sondern nur gemeinsam getroffen werden können.

b) Mahrenholz hat auf der Mitgliederversammlung gegen unwahre, entstellende Presseberichte über das Bachfest in Leipzig und die Bachgesellschaft (in der »Welt« und in einem Interview des Vorsitzenden der sogenannten internationalen Bachgesellschaft, die in Wirklichkeit eine schweizerische Gesellschaft ist) Stellung genommen. Er hat meinem öffentlich geäußerten Wunsche zugestimmt, daß unsere westdeutschen Kollegen im Interesse einer loyalen Zusammenarbeit in Zukunft gegenüber solchen Störversuchen, die auf der Linie des kalten Krieges liegen, in der Bundesrepublik publizistisch auftreten und nicht nur uns die Richtigstellung überlassen. Einen von Dr. Vötterle, dem Inhaber des Bärenreiterverlages, verfaßten und gegen die »Welt« gerichteten Artikel hat er mir übrigens zugesandt. Außerdem sagte mir Mahrenholz, daß er nach seiner Rückkehr versuchen wolle, in Verbindung mit der Berichterstattung über Leipzig gegen den Welt-Artikel vorzugehen und sich bemühen würde, einen geeigneten Journalisten dafür finden.

c) Alle Vorschläge für die Leitungsgremien der Gesellschaft, die ich Mahrenholz übermittelte, wurden von ihm gegenüber dem alten Vorstand und der Mitgliederversammlung vertreten und infolgedessen ohne längere Diskussion bestätigt. Was mich anbelangt, ging die Initiative von ihm aus. Er erklärte mir unter vier Augen, daß er mit meinem (ursprünglichen) Vorschlag, Mauersberger zum stellvertretenden Vorsitzenden zu wählen, nicht sehr glücklich sei, da es diesem an dem nötigen »Geschick« fehle und fragte mich, ob ich nicht bereit wäre, diese Funktion zu übernehmen. Er weiß natürlich genau, wo ich stehe. Aber da er ein sehr kluger und geschickter Mann ist, weiß er auch seine eigenen Leute einzuschätzen. So kam es ihm offensichtlich nicht darauf an, einen Partner zu finden, der ihm zwar weltanschaulich nahesteht, aber weder bereit noch in der Lage ist, auftretende Probleme zu klären oder Entscheidungen zu treffen. Lieber wollte er dann schon einen kommunistischen Kollegen in Kauf nehmen, bei dem er weiß, woran er ist.

d) Die Gesellschaft umfaßt ca. 1500 Mitglieder (in beiden deutschen Staaten und im Ausland). Die Mitgliederversammlung bestätigte, was sich bereits aus der Mitgliederliste ergab, daß nämlich die DDR-Mitglieder nicht gerade zu den fortschrittlichsten Elementen unserer Republik gehören. Genossen gibt es darunter nur in verschwindend geringer Anzahl; traditionsgemäß sind es vor allem Angehörige bürgerlicher Kreise und der Kirche. So ist es kein Zufall, daß bei der Mitgliederversammlung auch von DDR-Seite empörte Äußerungen gegenüber Wissenschaftlern laut wurden, die es, gestützt auf neue Forschungen, wagen, eine Revision des kirchlichen Bachbildes vorzunehmen. Mahrenholz hat sich auch in dieser Frage an unsere Absprache gehalten und erklärt, daß er – unbeschadet seiner persönlichen weltanschaulichen Position – die Neue Bachgesellschaft nicht als Reservat einer Gruppe von Menschen betrachten könne. Die Gesellschaft vereinige Anhänger Bachs, unbeschadet der Form, in der sie Zugang zu seinem Werke finden, seien sie nun Gläubige oder Atheisten. Auf diesem Boden könne man wissenschaftliche Meinungsverschiedenheiten in sachlicher Form austragen. Ich habe natürlich ebenfalls zu dieser Frage gesprochen.

e) Für uns wird es nun darauf ankommen, uns ernsthaft und systematisch mit der Arbeit auf diesem Gebiete zu befassen, was bisher noch nicht geschehen ist. Unsere Bachpflege kann, in der Perspektive weit mehr noch als bisher und vielleicht in noch höherem Maße als die Händelpflege (denn alle entscheidenden Bachstätten und -traditionen liegen in der DDR), zu einem wichtigen internationalen Orientierungs- und Anziehungspunkt werden. Das Schwergewicht innerhalb der Bachgesellschaft wird vor allem dann bei uns liegen, wenn wir nach einer langfristigen Konzeption arbeiten (unter Einbeziehung des nunmehr bestätigten internationalen Bachwettbewerbes, der in Abständen von 4 Jahren durchzuführenden Bachfeste in Leipzig, sowie einer breiteren Bachpflege – Laiensinfonieorchester usw.) und die Zusammensetzung der Mitgliedschaft verändern (Erweiterung entsprechend der Struktur unseres sozialistischen Kulturlebens).

f) Ich habe mit Mahrenholz verabredet, daß wir zur Lösung spezifischer Aufgaben die Leitungsmitglieder in der DDR zusammenfassen können. Das gleiche steht ihm gegebenenfalls in der Bundesrepublik frei, unter der Voraussetzung, daß die Vorhaben nicht gegen die andere Seite gerichtet sind und mit den Prinzipien unserer Zusammenarbeit übereinstimmen. Wir sollten von dieser Möglichkeit Gebrauch machen und können auf diese Weise eine bereits bestehende Organisation in Vorhaben einbeziehen. Wenn es uns gelingt, eine vorbildliche und weithin sichtbare Breitenarbeit zu leisten und Maßstäbe zu setzen, werden wir auch nach der Seite hin wirken. Alle Möglichkeiten sind gegeben.

g) Zur Position Mahrenholz': Prof. Mahrenholz ist ein Mann der Kirche und genießt in bürgerlichen Kreisen großes Ansehen (Oberlandeskirchenrat und Universitätsprofessor). Er hat weltanschaulich mit uns nichts gemein. Nach meiner Meinung konnten wir uns mit ihm aus drei Gründen verständigen: 1. hält er die Bonner Konzeption für falsch (er hat mir unter vier Augen erklärt, daß er und seine Freunde mit dem verständigungsfeindlichen Adenauerkurs nicht einverstanden sind, und sein Verhalten macht diese Erklärung glaubhaft); 2. weiß er sehr gut, daß die wichtigsten Bachstätten und -traditionen in der DDR liegen und er ohne uns nur ein Kopf ohne Körper ist; 3. fühlt er sich auch gegenüber der alten Tradition der Bachgesellschaft und der Bachpflege verpflichtet. Er ist seit 12 Jahren Vorsitzender der Gesellschaft.

Zu II.:

Nach der Mitgliederversammlung kam der Verleger Dr. Vötterle auf mich zu und fragte mich, ob ich nicht auch im Falle der Gesellschaft für Musikforschung eine ähnliche Lösung für möglich halte. Ich gab ihm zur Antwort, daß dieser Möglichkeit die jahrelange Sabotage unserer Bemühungen um Verständigung auf gleichberechtigter Basis seitens des Vorstandes und insbesondere des Vorsitzenden dieser Gesellschaft im Wege stehe.

Wir gingen gemeinsam essen und führten ein etwa 1½stündiges Gespräch über die Situation in der Gesellschaft für Musikforschung. Vötterle erklärte, ebenso wie ich, daß er dem Vorstand dieser Gesellschaft nicht angehöre und infolgedessen ohne Verbindlichkeit spreche; aber es war klar – Vötterles Einfluß ist mir bekannt –, daß wir beide in einer vergleichbaren Position sind.

Er fragte mich, ob wir nicht gemeinsam die Initiative zur Lösung der aufgetretenen Schwierigkeiten ergreifen könnten. Er habe die Absicht, über die Vorgänge in Leipzig in seiner Zeitschrift ausführlich zu berichten, denn er betrachte sie als Vorbild und Beweis für die Möglichkeit der Zusammenarbeit im gesamtdeutschen Rahmen. Ich reagierte zunächst auf seinen Vorschlag nicht, sondern wies ihn auf unsere zahlreichen vergeblichen Bemühungen hin, die systematisch von Blume zurückgewiesen wurden. Dabei erwähnte ich besonders folgende Tatsachen:

1. Die Gesellschaft ist ihrer Leitung, Planung und Position nach eine westdeutsche Gesellschaft. Sie nennt sich aber eine gesamtdeutsche. Die Mitglieder aus der DDR haben keinerlei Einfluß, geschweige denn eine gleichberechtigte Position. Alle diesbezüglichen Änderungsvorschläge hat Blume mit der an Ade-

nauer geschulten Fiktion beantwortet, daß für die Gesellschaft die Spaltung Deutschlands nicht existiere und infolgedessen eine Wahl nur nach persönlichen und nicht nach staatlichen Gesichtspunkten vorgenommen werden könne. Er hat sich lediglich bereiterklärt, uns einen – praktisch einflußlosen – Vizepräsidenten oder andere mehr oder weniger nominelle Funktionen zuzugestehen.

2. Die Gesellschaft beschäftigt sich mit der wissenschaftlichen und Erziehungsarbeit in Westdeutschland. Von einer gesamtdeutschen Gesellschaft muß man zumindest erwarten, daß sie ihrem Arbeitsprogramm die Planung und Erfahrungen in beiden deutschen Staaten zugrundegelegt. Nicht weniger auch, daß sie sich gründlich und in aller Offenheit mit chauvinistischen, rassistischen Erscheinungen auseinandersetzt. Dazu sei sie gegenüber dem eigenen Volke und der Weltöffentlichkeit verpflichtet.

3. Der westdeutsche Vorstand der Gesellschaft hat viele Jahre lang gewußt, daß sich die aus der Staatsbibliothek geraubten Beethoven-Dokumente bei einem prominenten Mitglied der Gesellschaft in Bonn befinden und in skandalöser Weise dazu geschwiegen. Desgleichen hat er eine öffentliche Stellungnahme abgelehnt, als die in der DDR ansässigen Delegierten der Gesellschaft für den internationalen Kongreß in New York in diskriminierender Weise durch die amerikanische Regierung daran gehindert wurden, am Kongreß teilzunehmen. Diese und andere Tatsachen beweisen, daß der Vorstand der Gesellschaft nicht bereit war, seinen Verpflichtungen gegenüber den in der DDR ansässigen Mitgliedern nachzukommen. Der Vorstand war – wie im Falle der geraubten Dokumente – eher bereit, durch schweigende Duldung gegen alle Grundsätze der Moral und des Anstandes zu verstoßen, als Schritte zu unternehmen, die vielleicht von der Bonner Regierung nicht günstig aufgenommen werden könnten.

4. Wie sehr die Arbeit des Vorstandes mit der Bonner politischen Konzeption übereinstimmt, beweist die Tatsache, daß die »gesamtdeutsche« Gesellschaft für Musikforschung prominentes Mitglied des westdeutschen Musikrates ist. Der westdeutsche Musikrat ist Mitglied des internationalen Musikrates bei der UNESCO. Als Fachorganisation gehört die Gesellschaft für Musikforschung der internationalen Gesellschaft für Musikforschung an. In beiden Fällen werden wir also durch Westdeutschland »vertreten«, und überall, wo wir versuchten, unmittelbar Mitglied internationaler Organisationen zu werden, waren es insbesondere die westdeutschen Vertreter, welche sich dem im Auftrage Bonns am schärfsten widersetzten.

5. Die letzte Bestätigung für die Richtigkeit unserer Einschätzung erhielten wir durch die grobe »Ausladung« unserer bereits bestätigten Referenten und Diskussionsleiter vom internationalen musikwissenschaftlichen Kongreß der Gesellschaft in Kassel – darunter auch des Vizepräsidenten Genossen Laux – durch Blume und den Vorstand der Gesellschaft. Er wählte dafür einen Anlaß,

der mit den bereits verpflichteten Kollegen in keiner unmittelbaren Verbindung steht.

Vötterle äußerte folgende Gedanken:

1.) Blume wird im Herbst bei der Mitgliederversammlung in Kassel seinen Rücktritt erklären (aus Altersgründen). Über seinen Nachfolger herrsche noch Ungewißheit. Drei Kollegen, die Professoren Gerstenberg, Fellerer und Dadelsen stehen zur Diskussion, aber die ersten beiden seien als Persönlichkeiten nicht stark genug, und Dadelsen sei noch zu jung. Daher überlege man noch. Vötterle schlug zunächst vor, daß man über den Kopf von Blume hinweg oder nach dem Kongreß in Kassel über eine Änderung der Struktur der Gesellschaft verhandle.

2.) In einigen der von mir angeführten Vorgänge gab Vötterle mir recht, zu anderen schwieg er. Insgesamt jedoch war deutlich, daß er sich für Verhandlungen auf paritätischer Basis, auch was die Vertretung der Gesellschaft in internationalen Vereinigungen anbelangt, einsetzen wolle. Daß die Gesellschaft nicht Mitglied des westdeutschen Musikrates sein könne, gab er ohne weiteres zu. Ich habe Vötterle geraten, sich an Meyer und Laux zu wenden, sofern Blume oder andere führende westdeutsche Kollegen bereit sind, den bisherigen Standpunkt des Vorstandes zu revidieren und in Respektierung der Tatsache des Bestehens zweier deutscher Staaten auf gleichberechtigter Basis zu verhandeln wünschen. Als Ort einer möglichen Aussprache nannte ich Berlin (etwa im Verband [Deutscher Komponisten und Musikwissenschaftler] o. ä.).

Schlußfolgerungen:

a) Bei der Abt. Wissenschaft[en] des ZK liegt eine Vorlage des Staatssekretariats, die die Bildung einer eigenen Gesellschaft für Musikforschung vorsieht. Die Angelegenheit wurde beim Staatssekretariat immer wieder verschleppt, so daß wir in Verzug geraten sind und auch die Öffentlichkeit nicht über die Vorgänge des letzten Jahres informiert ist. So können wir auch der Kulturredaktion des ND kaum Vorwürfe machen, daß sie die fehlerhafte Einschätzung Blumes im Artikel von Gen. Seeger[38] nicht bemerkt hat.

Die wissenschaftlichen Auffassungen Blumes mögen uns in mancherlei Hinsicht näherstehen, als die von Mahrenholz – seine Politik innerhalb der Gesellschaft entspricht jedoch der Bonner Konzeption der Nichtanerkennung. Meiner Meinung nach sollten wir die so lange verschleppte Erklärung schleunigst publi-

---

[38] H. Seeger, *Bachs wahre Universalität*. Seeger hatte sich lobend über Blumes »mutiges Auftreten gegen die Diktatur der musikalischen Dekadenz in Westdeutschland« geäußert – eine Anspielung auf dessen aufsehenerregenden Artikel *Was ist Musik?* von 1958 (in: *Hausmusik* 22, H. 6, S. 165–176) – und über Blumes 1962 in Mainz gehaltenen Vortrag *Umrisse eines neuen Bach-Bildes* (u. a. in: *Musica* 16, H. 4, S. 169–176).

zieren. (Im übrigen sollten wir durch eine klare Konzeption den bisherigen Miß-
stand beseitigen, daß für die Beantwortung eines jeden Briefes monatelange interne Verhandlungen notwendig sind. Auf diese Weise kann man operativ überhaupt nicht arbeiten. Man muß allerdings wissen, was man will.) Die Leitung des
Staatssekretariats schlägt, soweit ich unterrichtet bin, vor, daß die Gründung unserer Gesellschaft gemeinsam mit der Publikation der Erklärung erfolgt. Ich bin
nicht dieser Auffassung. Durch die Verschleppung sind wir weiter als früher davon entfernt, die Vorbehalte einiger führender parteiloser Kollegen gegen eine
eigene Gesellschaft überwunden zu haben. Inzwischen haben sich einige von
ihnen offensichtlich »Rat geholt«. Für die Bildung einer eigenen Gesellschaft für
Musikforschung liegen nur taktische Gründe vor. Objektiv brauchen wir sie
nicht, denn der Verband ist in der Lage, die entsprechenden Aufgaben zu erfüllen. Wir hatten uns nur dazu entschlossen, weil es uns unzweckmäßig erschien,
die Verbindungen abzubrechen, ohne den Kollegen ein ihren Traditionen ent-
sprechendes Äquivalent zu geben.

Ob und wann wir eine eigene Gesellschaft für Musikforschung gründen,
hängt meiner Meinung nach von der Beantwortung folgender Frage ab: Sollen
wir sie auch dann gründen, wenn die reale Möglichkeit besteht, daß Blume und
seine Anhänger zurückgedrängt werden und wir zu einer Zusammenarbeit auf
paritätischer Basis (nach innen und außen) kommen?

Dagegen sprechen allgemeine politische Erwägungen im Kampfe gegen die
Adenauer-Linie. Dafür spricht die Überlegung, daß wir das Übergewicht in die-
ser Gesellschaft in absehbarer Zeit nicht bekommen können, daß wir selbst bei
Parität die »gesamtdeutsche« Illusion gewisser Kollegen fördern und ständig
Schwierigkeiten haben, wenn sie zu Zusammenkünften der Gesellschaft nach
Westdeutschland fahren wollen. Was unsere Wissenschaft heute in erster Linie
braucht, ist eine entschiedene Orientierung auf unsere Aufgaben.

Ich würde mit der Gründung auf jeden Fall warten und folgendes Vorgehen
vorschlagen:

a) Publikation der Erklärung und evtl. des Antwortbriefes von Gen. Laux

b) nochmalige Fühlungnahme mit der SU, ČSSR, Polen und den übrigen sozialistischen Ländern. Wir haben sie bereits früher auf diplomatischem Wege
darüber informiert, daß wir von Kassel ausgeschlossen wurden und sie gebeten, zu prüfen, ob sie unter diesen Umständen sich ebenfalls nicht beteiligen. Von Ungarn liegt eine entsprechende Zusage vor, von den anderen Ländern nicht. Wir haben bereits vor einiger Zeit mit den uns bekannten Referenten aus den sozialistischen Ländern Jarustowski (SU), Sychra (ČSSR) und
Zofia Lissa (Polen) persönlich gesprochen. Sie waren bereit abzusagen, aber
es versteht sich, daß es dazu noch einer entsprechenden Entscheidung ihrer
zuständigen Stellen bedarf. Durch die Absage der Vertreter aus dem soziali-

stischen Lager würden Blume und seinen Anhängern alle Felle wegschwimmen und würde die Position der verhandlungsbereiten Kräfte gestärkt werden.

c) Wir lassen Vötterle auf geeignete Weise wissen, er möge uns Namens- und Terminvorschläge für eine Aussprache in Berlin machen. Dabei stellen wir fest, zu welchen Formen der Zusammenarbeit sie bereit sind. U. a. müssen wir darauf bestehen, daß die Gesellschaft in aller Form aus dem westdeutschen Musikrat austritt und die Parität auch bei der Vertretung der Gesellschaft in der Internationalen Gesellschaft für Musikforschung o. a. entsprechenden Körperschaften und Kommissionen gewahrt wird. Dazu werden sie ohne scharfe Auseinandersetzung mit der eigenen Regierung kaum in der Lage sein.

Uns eilt es aus den erwähnten Gründen nicht mit der Bildung einer Gesellschaft. Die vorgeschlagenen Maßnahmen und Verhandlungen werden zu einer stärkeren Differenzierung der Kräfte in Westdeutschland führen und uns zugleich die Möglichkeit geben, unsere noch zögernden Kollegen mehr als nur formal zu gewinnen.

d) Meiner Meinung nach müssen wir uns von der westdeutschen Gesellschaft trennen und können im Herbst noch entscheiden, ob die Bildung einer eigenen Gesellschaft zweckmäßig ist. Wir können dem westdeutschen Vorstand auf jeden Fall anbieten, daß unsere Leitungen regelmäßig zusammenarbeiten und notfalls auch entsprechende Gremien schaffen.

SAPMO, DY 30/IV 2/9.06/296, Bl. 74–80.

Dokument 38

Sektor Kunst und Literatur

Berlin, den 19. Juli 1962
Cz/Hö

Stellungnahme
zu den Vorschlägen des Genossen Notowicz bezüglich der Entwicklung
in der Neuen Bach-Gesellschaft und in der Gesellschaft für Musik-
forschung

I. *Neue Bach-Gesellschaft*
Die Lage wird von dem Genossen Notowicz richtig eingeschätzt. Folgende
Hauptaufgaben sind bis 1964, dem Termin des nächsten Bach-Festes in Leip-
zig, zu lösen:

1. Die Zusammensetzung der Mitgliedschaft aus der DDR ist sozial und po-
    litisch entscheidend zu verbessern, indem neue Mitglieder aus dem Kreis
    unserer Musikwissenschaftler und Studenten, Leitern von Orchestern,
    darunter auch Arbeitersinfonieorchestern und Chören, sowie Liebhaber
    der Bachschen Musik, die ideologisch zu uns gehören, gewonnen werden.
    Zur Unterstützung dieser Mitgliederwerbung ist ein weitaus verbessertes
    Bach-Jahrbuch als bisher herauszugeben, ist die Möglichkeit der verbillig-
    ten Herausgabe von Schallplatten mit Bachscher Musik für den Kreis der
    Mitglieder zu prüfen.
2. Die wissenschaftliche Arbeit über Bach in der DDR ist entschieden zu
    verstärken. Das nächste Bach-Fest in Leipzig sollte mit einer wissenschaft-
    lichen Tagung verbunden sein. Unsere wissenschaftliche Arbeit muß er-
    möglichen, Bach-Jahrbücher herauszugeben, in denen unser Standpunkt
    dargelegt und weiterentwickelt wird.
3. Bis zum September soll das Ministerium für Kultur die genauen Bedin-
    gungen des Bach-Wettbewerbs veröffentlichen und Maßnahmen für eine
    breite Popularisierung im Ausland, besonders im kapitalistischen, treffen.
    Unsere Teilnehmer für diesen Bach-Wettbewerb müssen bereits jetzt fest-
    gelegt und vorbereitet werden mit dem Ziel, daß sie einige Preise ge-
    winnen können.
4. Das Referat des Genossen Pischner auf der Bach-Tagung ist unbedingt
    wenigstens auszugsweise zu veröffentlichen. »Musik und Gesellschaft«
    wird dies übernehmen.[39] Zu erwägen ist, ob wir auch den »Sonntag« dazu
    auffordern.

---

[39] H. Pischner, *Das Bachbild unserer Zeit.*

Die Veröffentlichung ist deshalb so wichtig, weil die neuesten Darlegungen in Westdeutschland, daß Bach nicht in erster Linie als Kirchenkomponist zu sehen ist, in ihrer wesentlichen Substanz bereits auf unserer Bach-Tagung 1950 vorweggenommen wurden. Genosse Pischner setzte sich damit auseinander. Für die Fortführung der Bach-Forschung und den Nachweis der Überlegenheit der Position unserer Wissenschaft ist die Veröffentlichung dieses Referats sehr notwendig.

II. *Gesellschaft für Musikforschung*

Die Lage ist von dem Genossen Notowicz richtig eingeschätzt. Wir müssen berücksichtigen, daß wir z. Z. auch deshalb in einer ungünstigen Lage sind, weil alle Entscheidungen über die Entwicklung in dieser Gesellschaft verzögert wurden. Es gibt z. B. einen unverschämten Brief des westdeutschen Präsidenten dieser Gesellschaft an den Leiter der Leipziger Geschäftsstelle, in dem sich der westdeutsche Präsident anmaßt, bei uns herumzukommandieren, ohne daß bis heute eine Antwort darauf erfolgte. Der westdeutsche Präsident Blume erkennt im Unterschied zum westdeutschen Vorsitzenden der Bach-Gesellschaft die Existenz von zwei selbständigen deutschen Staaten nicht an. Von dieser Meinung ist auch der erwähnte unverschämte Brief getragen. Wenn wir in dieser Gesellschaft überhaupt etwas erreichen wollen, so müssen wir umgehend unsere Maßnahmen einleiten, ohne die es überhaupt nicht zu einer Differenzierung der westdeutschen Kräfte dieser Gesellschaft kommen kann. Eine wirkliche Parität in dieser Gesellschaft zu erreichen, so wie sie in der Bach-Gesellschaft besteht, wird meines Erachtens in der nächsten Zeit noch nicht möglich sein. Wir sollten jedoch alles darauf anlegen, mit unseren Maßnahmen und Verhandlungen die Differenzierung der westdeutschen Kräfte so weit wie möglich zu treiben. Dazu wäre folgendes notwendig:

1. Es wird mit dem westdeutschen Verleger Vötterle in dem vorgeschlagen Sinn verhandelt.

2. Es wird geprüft, ob eine Beteiligung von Vertretern der DDR an der musikwissenschaftlichen Tagung der Gesellschaft im Herbst in Kassel möglich ist. Soweit mir die Themen der Referate bekannt sind, halte ich von der Tagesordnung her eine Teilnahme für möglich. Voraussetzung dafür muß jedoch sein, daß unsere Vertreter offen als Vertreter der DDR auftreten können. Auch darüber müßte mit Vötterle und anderen Kräften der Gesellschaft verhandelt werden. Ist diese Gewähr nicht gegeben, müßten wir alle anderen sozialistischen Länder darüber orientieren mit dem Ziel, daß sie in Kassel absagen. Nur auf diese Weise durch die Wirkung des realen Kräfteverhältnisses werden eine weitere Reihe von westdeutschen Musikwissenschaftlern zum Umdenken gezwungen.

3. Bis zu diesem Zeitpunkt sollte die Gründung einer eigenen Gesellschaft
für Musikforschung in der DDR noch nicht entschieden werden. Wenn
sich die Lage ergibt, daß wir keine wirkliche Parität in der Gesellschaft für
Musikforschung erreichen, schlage ich vor, eine eigene Gesellschaft zu bilden, die jedoch im Rahmen des Verbandes Deutscher Komponisten und
Musikwissenschaftler arbeiten sollte, damit nicht Institutionen mit gleicher
Aufgabenstellung nebeneinander bestehen. Eine dem Titel nach eigene
Gesellschaft für Musikforschung in der DDR sollte bestehen bleiben, weil
wir auch weiterhin die Politik betreiben sollten, eine Zusammenarbeit mit
der westdeutschen Gesellschaft für Musikforschung zu versuchen mit dem
Ziel, durch diese Methode weiterhin einen Druck für die Differenzierung
der Kräfte in der westdeutschen Gesellschaft ausüben zu können und zu
erreichen, daß die verständigungsbereiten Kräfte mit uns Kontakt bleiben
und wir unsere nationale Politik für diesen Kreis der Westdeutschen entwickeln können.

Da die Gesellschaft für Musikforschung im Verantwortungsbereich des Staatssekretariats fur das Hoch- und Fachschulwesen und der Abteilung Wissenschaften beim ZK liegt, müßten wir schnellstens die entsprechenden Absprachen
treffen. Die Vorlage für das Sekretariat des ZK über die Gesellschaft für Musikforschung sollte bis dahin zurückgestellt werden.

bitte nächste Seite noch lesen

Ergänzung zu Punkt II – Gesellschaft für Musikforschung
Wie ich soeben erfahre, ist eine Beteiligung von Vertretern der DDR an der Tagung der Gesellschaft in Kassel faktisch nicht mehr möglich, da von unserer
Seite niemand vorbereitet ist und außerdem bereits von den sozialistischen Ländern Polen und Ungarn aufgrund der Diskriminierung der DDR abgesagt haben. Der Komponistenverband und das Staatssekretariat für das Hoch- und
Fachschulwesen bzw. das Ministerium für Kultur müßten lediglich noch klären,
daß auch die anderen sozialistischen Länder noch absagen, wofür es bereits von
einigen Seiten vorläufige Zusagen gibt. Genosse Notowicz hat Vötterle mitgeteilt, daß man seines Erachtens nicht über den Kongreß in Kassel, sondern
über die spätere zukünftige Arbeit in der Gesellschaft verhandeln soll. Ich halte
das für richtig. Dann sollte die Linie unserer Arbeit weiter bestehen bleiben.

[gez.] *Peter Czerny*

SAPMO, DY 30/IV 2/9.06/296, Bl. 69–72.

Dokument 39

Mitteilung an alle Mitglieder der Gesellschaft für Musikforschung*

* Diese Mitteilung wurde als Vorabdruck aus der »Musikforschung« Ende September 1962 an alle Mitglieder der Gesellschaft für Musikforschung gesandt.

Die Gesellschaft für Musikforschung ist im Jahre 1946 gegründet worden. Weder eine Bundesrepublik Deutschland noch eine Deutsche Demokratische Republik existierten damals. Die in der späteren DDR wohnenden Mitglieder waren anfangs offiziell nur Postbezieher der Gesellschaftspublikationen, genossen aber praktisch dieselben Rechte wie die in der späteren Bundesrepublik ansässigen. Im Jahre 1955 ist dieses Verhältnis dadurch legalisiert worden, daß durch die ständigen Bemühungen des Vorstandes von den zuständigen Behörden in der DDR die Einrichtung einer Zweiggeschäftsstelle in Leipzig genehmigt wurde und die bisherigen Postbezieher als Vollmitglieder in die Gesellschaft aufgenommen werden konnten. Sie sind seither im Vorstand, im Beirat und in den Ständigen Kommissionen der Gesellschaft angemessen vertreten (vgl. Mitgliederverzeichnis 1961, S. 18–20). Dieses Verhältnis hat seinen Ausdruck u. a. darin gefunden, daß die Mitgliederversammlung der Gesellschaft bisher regelmäßig den Vizepräsidenten aus den Reihen der DDR-Mitglieder gewählt hat, ohne dazu satzungsmäßig verpflichtet zu sein.

Die Zusammenarbeit im Rahmen der Gesellschaft für Musikforschung ist jahrelang ungestört und nahezu reibungslos verlaufen. Erst seit dem Ende des Jahres 1961 ist der Vorstand von seiten einiger DDR-Mitglieder in zunehmendem Maße ungerechtfertigten Angriffen und Unterstellungen ausgesetzt worden. Sie wurden in laufenden Verhandlungen entkräftet und zurückgewiesen. Um dem wiederholt erhobenen, wenngleich unberechtigten Vorwurf zu begegnen, die DDR-Mitglieder seien mit wissenschaftlichen Arbeiten im Rahmen der GfM nicht genügend zum Zuge gekommen, wurde die gemeinsame Planung des Kasseler Kongresses 1962, an der wiederum die DDR-Mitglieder durch einen Vertreter beteiligt waren, auf dem Grundgedanken aufgebaut, daß alle Mitglieder der Gesellschaft nach Themastellung und Meldefreiheit volle Gleichberechtigung genießen sollten, ein Recht, das ihnen die Satzung ohnehin gewährt und das auch von den Organen der Gesellschaft stets respektiert worden ist. Um auch in personeller Hinsicht weitestgehendes Entgegenkommen zu zeigen, wurden einige prominente DDR-Mitglieder im voraus zur Übernahme von Referaten und Vorsitzen eingeladen.

Ihre sämtlichen Rechte sind jedoch den DDR-Mitgliedern dadurch vorenthalten worden, daß die Geschäftsstelle Leipzig nicht die Genehmigung erhielt,

1. die wissenschaftliche Einladung zum Kongreß Kassel 1962,
2. die spätere offizielle Einladung zu diesem Kongreß,
3. die bisher erschienenen Hefte 1 und 2 der »Musikforschung« 1962,
4. die Briefe des Wahlausschusses mit den Drucksachen zur Nomination von Kandidaten für die am 4. Oktober 1962 stattfindende Neuwahl und
5. die wiederholte Einladung zur Mitgliederversammlung 1962 mit Angabe der Tagesordnung

den DDR-Mitgliedern auszuhändigen, ohne daß der Vorstand hierüber jemals in Kenntnis gesetzt worden wäre. Als der Vorstand feststellen mußte, daß zum Schlußtermin für Referatmeldungen, dem 1. März 1962, den DDR-Mitgliedern noch nicht einmal die ersten Ankündigungen zugestellt worden waren, sah er sich zu seinem Bedauern veranlaßt, gegen diesen Rechtsbruch zu protestieren und die an einige prominente DDR-Mitglieder ergangenen Vorauseinladungen zurückzuziehen. Der Vorstand stellt fest, daß auch bis zum 15. September 1962 alle Mitteilungen den DDR-Mitgliedern vorenthalten worden sind und daß bisher nichts geschehen ist, um die satzungsmäßigen Rechte dieser Mitglieder wiederherzustellen. Der bisherige Vizepräsident hat, wie bereits mitgeteilt, sein Amt niedergelegt.

Neuerdings haben die »Beiräte für Musikwissenschaft und Musikerziehung beim Staatssekretariat für das Hoch- und Fachschulwesen«, also eine Körperschaft, die weder als solche der GfM angehört noch mit ihr in irgendwelchen Beziehungen steht, dem Vorstand (und einer unbekannten Anzahl weiterer Personen) die folgende »Erklärung« zugeleitet, die von 16 Mitgliedern und 5 Nichtmitgliedern der GfM unterzeichnet und in der Wochenschrift »Der Sonntag« [recte: »Sonntag«] veröffentlicht worden ist, bevor der Vorstand Gelegenheit zur Stellungnahme hatte.

Erklärung
der Beiräte für Musikwissenschaft und Musikerziehung
beim Staatssekretariat für das Hoch- und Fachschulwesen

Herr Professor Dr. Karl Laux hat in einem ausführlichen Bericht von Vorgängen im Vorstand der Gesellschaft für Musikforschung, deren Vizepräsident er war, Kenntnis gegeben, die zu seinem Rücktritt führten. Die Unterzeichneten billigen die Haltung und die Begründung des Kollegen Laux.

Kollege Laux hat in seinem Schreiben an den Präsidenten der Gesellschaft anhand mehrerer Beispiele nachgewiesen, daß der Vorstand es in allen wesentlichen Fragen verabsäumt hat, seinen Aufgaben als Repräsentant der Musikwissenschaft in beiden deutschen Staaten gerecht zu werden. So ist die »gesamtdeutsche« Gesellschaft für Musikforschung seit Jahren prominentes Mitglied des westdeutschen Musikrates: diesem trat sie bei, ohne die Vertretung der Mitgliedschaft der Deutschen Demokratischen Republik auch nur darüber zu informieren, geschweige denn um ihre Einwilligung zu bitten. Der westdeutsche Musikrat maß sich wiederum im International Music Council der UNESCO an, für das gesamte deutsche Musikleben zu sprechen. Doch kann keine Rede davon sein, daß unsere Deutsche Demokratische Republik auf diese Weise vertreten ist; die Bundesrepublik hat weder Auftrag noch Berechtigung, als unser Sachwalter aufzutreten.

Besonders empörend empfanden wir das Verhalten des Vorstandes im Zusammenhang mit dem New Yorker Kongreß. Von allem Anfang an war das Programm des Kongresses so angelegt, daß auch nicht ein einziger Vertreter der Deutschen Demokratischen Republik als Leiter eines Symposiums oder Tischgespräches vorgesehen war, obwohl Themen auf dem Programm standen, bei deren Behandlung die Anwesenheit einer Reihe Fachleute aus der DDR unerläßlich gewesen wäre. Als die Behörden der USA der Gruppe von Kollegen aus der DDR, die den Kongreß besuchen wollten, – mit einer einzigen Ausnahme – mitteilten, sie seien für die Erteilung eines Einreisevisums in die USA »nicht qualifiziert«, nahm der Vorstand das wortlos hin.

In ähnlich gelagerten Fällen, etwa auf dem Gebiete des Sportes, wurden seitens der jeweils verantwortlichen Gremien internationale Veranstaltungen in andere Länder verlegt oder sogar abgesagt, wenn politische Diskriminierung die Teilnahme von Vertretern sozialistischer Länder unmöglich machte. Aber der Vorstand fand nicht einmal ein öffentliches Wort des Bedauerns, geschweige denn des Protestes.

Die Musikwissenschaft der DDR distanziert sich auch nachdrücklich und mit aller Entschiedenheit von wissenschaftlichen Tendenzen, wie sie in einer Reihe westdeutscher Veröffentlichungen sichtbar werden. Wir erwähnen vor allem die sogenannte Ostforschung. Eine Anzahl von Publikationen ist erschienen, denen die wissenschaftliche Anlage ein Vorwand ist, um die Leistungen und Fähigkeiten der slawischen Völker herabzusetzen, große Gebiete Osteuropas für Deutschland zu reklamieren und auf diese Weise den Boden für einen Revanchekrieg vorbereiten zu helfen. Aber alles das hat den Vorstand der Gesellschaft noch zu keinem Wort des Protestes veranlaßt.

Herr Präsident Blume hat – offenbar mit Zustimmung des Vorstandes, allerdings ohne den Vizepräsidenten auch nur zu befragen – unter einem Vorwand die in allen Einzelheiten festgelegte Vereinbarung über die Teilnahme von Kollegen aus der DDR als Referenten oder Leiter von Diskussionen an dem Kongreß der Gesellschaft in Kassel mit einem Federstrich aus der Welt geschafft. Selbst den Vizepräsidenten der Gesellschaft, Karl Laux, schloß er von der verantwortlichen Teilnahme am Kasseler Kongreß aus. Damit hat er gegen elementare Prinzipien kollegialer Zusammenarbeit verstoßen und unsere Beteiligung am Kasseler Kongreß unmöglich gemacht. Mit einem Wort, die Tatsache läßt sich nicht aus der Welt schaffen, daß in allen entscheidenden Fragen vom Vorstand der Gesellschaft für Musikforschung keine Verständigung und Zusammenarbeit auf der Grundlage der Gleichberechtigung angestrebt wurde. Bezeichnend ist auch, daß die Vorsitzenden sämtlicher Kommissionen der Gesellschaft für Musikforschung Kollegen aus Westdeutschland sind.

Alles das ergibt ein eindeutiges Bild. Der Vorstand der Gesellschaft hat zwar den Schein aufrechterhalten, die Gesellschaft spräche und handele für ganz Deutschland, in Wahrheit jedoch hat sich seine Arbeit in allen wesentlichen Fragen einseitig auf die Bundesrepublik bezogen; also wurde faktisch keine demokratische Politik betrieben.

Wir stellen das mit größtem Bedauern fest, nachdem in den vergangenen Jahren von unserer Seite zahlreiche, leider ergebnislose Versuche unternommen wurden, die Gesellschaft zu einer, beiden Seiten gerecht werdenden, Zusammenarbeit zu bewegen.

Das Verhalten des Vorstandes zwingt uns, unsere Stellung zur Gesellschaft für Musikforschung zu überprüfen. Das Beispiel der Bach- und Goethe-Gesellschaften zeigt, daß eine Form der Zusammenarbeit auf paritätischer Grundlage möglich ist, die der Realität der Existenz beider deutscher Staaten Rechnung trägt und der Vorwärtsentwicklung der deutschen Wissenschaft dient.

Sicherlich gab es und gibt es innerhalb der Gesellschaft und wahrscheinlich auch des Vorstandes Kollegen, die zu echter, ehrlicher Zusammenarbeit mit uns bereit waren und sind. Zwar unterscheiden sich die vorherrschenden Entwicklungstendenzen und Methoden der musikwissenschaftlichen Arbeit in den beiden deutschen Staaten grundsätzlich voneinander. Doch meinen wir, daß Diskussionen und Auseinandersetzungen die wissenschaftliche Arbeit in ganz Deutschland ein gutes Stück weiterbringen können. Wir werden nach wie vor alle Bestrebungen unterstützen, die einer Verständigung und loyalen Zusammenarbeit dienen, und sind uns unserer nationalen Verantwortung bewußt, auch auf diese Weise für ein Deutschland des Friedens und des Fortschrittes zu wirken. Wir geben der Hoffnung Ausdruck, daß es unseren westdeutschen Kollegen gelingen wird, die notwendigen Voraussetzungen für eine kollegiale und gleichberechtigte Zusammenarbeit zu schaffen.

Die Beiräte für Musikwissenschaft und Musikerziehung beim Staatssekretariat für das Hoch- und Fachschulwesen: gez.: E. H. Meyer, Heinrich Besseler, Harry Goldschmidt, Georg Knepler, Karl-Heinz Köhler, Karl Laux, Konrad Niemann, Fritz Reuter, Hella Brock, Hellmuth Christian Wolff, Rudolf Eller, Walther Vetter, Walther Siegmund-Schultze, Richard Petzoldt, Kurt Schöne, Max Schneider, Hans-Georg Uszkoreit, Herbert Kettwig, Nathan Notowicz, Georg Grosch, Paul Michel.

Der Vorstand hat zu früher erhobenen Angriffen und Unterstellungen (großenteils denselben, die in der oben abgedruckten »Erklärung« erhoben werden) entweder geschwiegen oder hat versucht, sie in direktem Schriftwechsel zu widerlegen. Er beabsichtigt weder, zu der obenstehenden »Erklärung« in Einzelheiten Stellung zu nehmen, noch in Verhandlungen mit einer Körperschaft einzutreten, der er keine Rechenschaft schuldet. Er bedauert die Vorgänge, die zu einer ernstlichen Gefährdung der bisherigen kollegialen Zusammenarbeit geführt haben, sieht sich jedoch außerstande, die Kontroverse fortzusetzen. Er gibt der Hoffnung Ausdruck, daß die Mitglieder der Gesellschaft in der DDR einen Weg finden werden, der die Voraussetzungen für die Fortdauer einer vertrauensvollen Zusammenarbeit gewährleistet. Die erste dieser Voraussetzungen würde darin bestehen, daß die Rechte der in der DDR ansässigen Mitglieder der GfM in uneingeschränktem Maße wiederhergestellt und garantiert werden.

Der Vorstand

| Richard Baum | Friedrich Blume | Walter Gerstenberg |
| Schatzmeister | Präsident | Schriftführer |

Mf 15 (1962), H. 4, S. 411–414.

Dokument 40

Kurzer Bericht

Am 5. und 6. Januar 1963 fand in Hannover eine Aussprache statt, an der die Genossen N. Notowicz und E. H. Meyer sowie der Professor W. Vetter aus der Deutschen Demokratischen Republik und zwei Vertreter des Vorstandes der Gesellschaft für Musikforschung, teilnahmen. Die Aussprache war zustande gekommen aufgrund einer Initiative der westdeutschen Kollegen angesichts der durch die westdeutsche Leitung entstandene Lage in der Gesellschaft für Musikforschung. Zweck der Besprechung war ein Meinungsaustausch über die zukünftige Struktur der Gesellschaft für Musikforschung, die bisher eine gesamtdeutsche Gesellschaft war.

Innerhalb der Gesellschaft war die Situation eingetreten, daß alle entscheidenden Positionen sich in Händen von westdeutschen Kollegen befanden und daß die offizielle Vertretung der Mitgliedschaft nach innen und außen durch sie ausgeübt wurde. Über die Lage im einzelnen gibt unser offener Brief Aufschluß (erschienen in der Nr. 36 des »Sonntag« am 2. Sept. 1962). Nach dem im September 1962 erfolgten Rücktritt des bisherigen Präsidenten der Gesellschaft, Prof. Dr. Friedrich Blume, und der Wahl eines neuen Vorstandes führten wir nun eine vertrauliche, in kollegialem Ton gehaltene, sehr offenherzige Aussprache über die entstandene Lage und die Möglichkeiten ihrer Bereinigung.

Zwei Wege wurden auch von den westdeutschen Kollegen ins Auge gefaßt:
1. Die Gesellschaft für Musikforschung (GfM) bleibt eine einheitliche gesamtdeutsche Gesellschaft; zur Lösung der spezifischen unterschiedlichen Aufgaben werden in beiden deutschen Staaten Sektionen und Fachgruppen gebildet, die in der Spitze im gemeinsamen Vorstand und in zentralen Kommissionen vereinigt sind. Es erfolgt zum nächstmöglichen Termin eine Änderung der Statuten der GfM, durch die wir im gemeinsamen Vorstand fortan durch einen Vizepräsidenten und einen Beisitzer vertreten sind. Die Entscheidungen des Vorstands erfolgen nach dem Prinzip der Einstimmigkeit, nicht dem der Majorisierung.

Nach Auffassung beider Seiten soll zunächst unbedingt versucht werden, diese Lösung zu erreichen. Allerdings wäre ein Hindernis zu beseitigen, was die bisher noch bestehende Vertretung der gesamtdeutschen Gesellschaft im westdeutschen Musikrat anbelangt. Wie bereits aus unserer öffentlichen Erklärung ersichtlich, schloß sich die GfM auf Initiative des alten Vorstandes vor einiger Zeit offiziell dem westdeutschen Musikrat an, der wiederum im internationalen Musikrat (UNESCO) als Repräsentant der ganzen deutschen

Musik auftritt und der schärfste Opponent unserer Aufnahme in den internationalen Musikrat ist. Die westdeutschen Kollegen müßten nun erreichen, daß entweder die GfM den westdeutschen Musikrat verläßt oder nur eine zu bildende Sektion Bundesrepublik als Mitglied in diesem verbleibt. – Der neue Präsident der GfM, Professor Fellerer, hat sich auf unser Ersuchen hin bereit erklärt, diesbezügliche Schritte zu unternehmen, wobei er jedoch Zweifel hegte, ob seine Bemühungen erfolgreich verlaufen werden. Gegen den Austritt der GfM aus dem westdeutschen Musikrat hatten die westdeutschen Kollegen in der GfM insofern große Bedenken, als sie nicht nur einen politischen Eklat fürchteten, sondern auch die Arbeit der westdeutschen Kollegen in der GfM von den finanziellen Zuwendungen des westdeutschen Musikrats zum Teil abhängig ist. Der Präsident der GfM mußte aber andererseits einsehen, daß wir auf diesen Teil unserer Forderung auf jeden Fall bestehen. Er selbst schlug eine zweite Lösung vor für den Fall, daß seine Verhandlungen mit dem westdeutschen Musikrat scheitern sollten:

2. Bildung einer eigenen musikwissenschaftlichen Organisation in der DDR, deren Vorstand mit der (dann nur westdeutschen) GfM zusammenarbeitet.

Eine weitere Aussprache ist für März 1963 im demokratischen Berlin vorgesehen.

Der Präsident versprach uns, sich bei dem Vertreter des westdeutschen Musikrats im internationalen Musikrat zu erkundigen, ob dessen Anweisungen durch Bonn so verbindlich sind, daß er gezwungen ist, einem Antrag der DDR auf Aufnahme in den internationalen Musikrat auf alle Fälle zu opponieren oder ob es für ihn eine Möglichkeit der Stimmenthaltung oder des Fernbleibens von der Abstimmung gibt. Wir erwarten nun einen Bescheid unserer westdeutschen Kollegen über den Ausgang dieser Verhandlungen – bis dahin, so kamen wir überein, soll über die laufenden Verhandlungen der Öffentlichkeit noch nichts mitgeteilt werden.

Wir gewannen erneut den Eindruck, daß es unter den westdeutschen Kollegen eine ganze Anzahl gibt, die ehrlich an einer fruchtbaren, positiven und paritätischen Zusammenarbeit mit uns interessiert sind.

Nathan Notowicz   Ernst Hermann Meyer

Berlin, den 10. Januar 1963

SAAdK, VKM, 512.

Dokument 41

Vertraulicher Aktenvermerk über die Hannover-Besprechung der Gesellschaft für Musikforschung am 5./6. 1. 1963

Beteiligt:
Die Professoren E. H. Meyer, N. Notowicz, W. Vetter, K. G. Fellerer und Dr. Baum.

Dauer: 5. 1., 18 Uhr bis nach Mitternacht und 6. 1., 8.30–9.30 Uhr

Thema:
Gegenseitige Fühlungnahme zur Prüfung der Möglichkeiten zur weiteren Zusammenarbeit von Ost und West in der Gesellschaft für Musikforschung. Reines Informationsgespräch. Entscheidungen bleiben gegenseitig vorbehalten.

Verlauf:
Das Gespräch verlief in höflichen, kollegialen Formen ohne aggressive Töne. Nur Herr Notowicz machte gelegentlich bissige Bemerkungen, die witzig sein sollten; er entschuldigte sich am nächsten Morgen ausdrücklich deswegen: es sei hoffentlich richtig als nicht ernstgemeint verstanden worden.

Man verabredete, Vergangenes nur insoweit zu besprechen, als es für die Zukunft von Bedeutung ist. Auf die »Erklärung« wurde also im einzelnen nicht eingegangen.

Herr Fellerer bat Herrn Meyer, einmal zu sagen, was sie wollen. So kam ein langes Gespräch mit vielem Hin und Her in Gang.

Ergebnis:
Der nur indirekt ausgesprochene Hintergrund bei den DDR-Mitgliedern ist ihre intensive Bemühung um die Anerkennung der DDR, in der Gesellschaft für Musikforschung also um bessere Berücksichtigung ihrer Aktionen, ihrer Wissenschaftsauffassung, ihrer Studienpläne usw. Vetter machte geltend, daß ihre Vorschläge, auch einmal einen Kongreß in der DDR abzuhalten, schon seit Rothenburg immer wieder elegant abgelehnt worden seien.

Man sah durchaus ein, daß gewisse Unternehmungen in der DDR für uns im Westen stark politischen Akzent haben, den wir grundsätzlich vermeiden wollen, aber man machte auch geltend, daß die ständige Ablehnung dieser Unternehmungen ja auch schon ein Politikum sei. Man solle doch unter gegenseitiger klarer Anerkennung der Verschiedenheit der Auffassungen sich gegenseitig in-

formieren und auseinandersetzen. Das Problem sei, wie die Gesellschaft beiden
Teilen gerecht werden könne.

Das Gespräch verdichtete sich schließlich zu folgenden konkreten Punkten:

1.) Es soll versucht werden, die Gesellschaft, im allgemeinen mit der bisherigen
Satzung, zusammenzuhalten. Lediglich folgende organisatorische bzw. Satzungsänderungen werden zur Diskussion gestellt:

   a) Der Vorstand soll um einen *zweiten Vizepräsidenten* und wenn möglich um
   einen Beisitzer erweitert werden. Für die Wahl dieser beiden neuen Vor-
   standsmitglieder sollen der Mitglieder-Versammlung Mitglieder aus der
   DDR vorgeschlagen werden (wie bisher ohne satzungsmäßigen Zwang).
   Als Vizepräsidenten wurde von der DDR Professor *Laux* vorgeschlagen.
   Man war sehr gespannt, ob wir das für möglich halten. Unser sofortiges
   Einverständnis zu Laux war offenbar unerwartet. Bedenken gegen zwei
   zusätzliche Mitglieder meldete der Schatzmeister an wegen der Kosten.
   Dem wurde entgegengehalten, daß Vorstandssitzungen doch auch hin und
   wieder in der DDR (z. B. in Eisenach oder Magdeburg) stattfinden kön-
   nen, wobei man gern die Hannoversche Gastfreundschaft erwidern wolle.

   b) Artikel 7 zweitletzter Satz soll lauten:»Sie beschließt über die Bildung von
   Sektionen, Fachgruppen, Kommissionen innerhalb der Gesellschaft und wählt
   deren Vorsitzende«. Diese nach außen unauffällige Änderung soll die
   Möglichkeit geben, unter Leitung des 2. Vizepräsidenten eine Sektion
   DDR mit eigenem intern aufzustellendem Leitungsgremium zu bilden, in
   welchem alle Aktionen geplant und durchgeführt werden können, die in
   der Gesamtgesellschaft aus politischen Gründen nicht getätigt werden
   können. (Entsprechende Sicherungen zum Schutz des Gesamtinteresses
   der Gesellschaft müßten in Geschäftsordnungen festgelegt werden).
   Eine Sektion Bundesrepublik kann – muß aber nicht – entsprechend gegründet werden.

2.) Für die DDR ist es unerträglich, daß die Gesellschaft (und damit auch die
DDR-Mitglieder) im *Musikrat* vertreten ist, dessen Vertreter im internationalen Rahmen dann beispielsweise dagegen stimmt, daß der Musikrat der
DDR aufgenommen wird. Sie könnten sich im Internationalen Musikrat kei-
nesfalls durch den bundesdeutschen Musikrat vertreten lassen. Die Bach-
Gesellschaft sei aus diesem Grunde auch nicht Mitglied. Man sah ein, daß ein
Austritt der Gesellschaft für Musikforschung aus dem Musikrat nicht in Fra-
ge kommt. Es würde den DDR-Mitgliedern genügen, wenn die Gesellschaft
dem Musikrat brieflich mitteilt, daß die DDR-Mitglieder sich durch diese
Mitgliedschaft der GfM nicht im Musikrat vertreten fühlen.

Wortlaut eines Briefes etwa: »Die Gesellschaft für Musikforschung ist eine
gesamtdeutsche Gesellschaft und wünscht es zu bleiben. Angesichts der all-

gemeinen politischen Lage haben unsere Mitglieder in der DDR den Wunsch
geäußert, der Musikrat möge zur Kenntnis nehmen, daß die Mitglieder in der
DDR sich durch die Mitgliedschaft der Gesellschaft für Musikforschung im
Musikrat nicht vertreten fühlen. Da bei der derzeitigen Struktur des Musikrates die DDR-Mitglieder unserer Gesellschaft ohnehin die einzigen nicht zur
Bundesrepublik gehörenden Mitglieder wären, halten wir eine Differenzierung im oben genannten Sinne für zweckmäßig.« Herr Fellerer erbot sich,
einmal mündlich mit Herrn Professor Mersmann[40] in dieser Sache vorzu-
fühlen.

3.) *Mitgliederversammlungen und Kongresse* sollten im Prinzip abwechselnd in Ost und
West stattfinden. Der Tatsache, daß im Westen viel mehr Mitglieder sind, sowie anderen maßgebenden Umständen soll Rechnung getragen werden.
Wechsel also nicht stur, sondern nach Möglichkeit. Jedoch wurde von den
Ostvertretern der dringende Vorschlag gemacht, daß man sich nicht gegenseitig majorisiert, sondern Belange der Minderheit (also z. B. auch bei Mitgliederversammlungen im Osten) nicht einfach übergehe oder überfahre.
Fellerers Hinweis, daß andererseits in der Demokratie nun einmal abgestimmt
und das Ergebnis dann anerkannt werden müsse, wurde anerkannt. Wiederholt wurde zu diesem Gesprächspunkt der Nicht-Majorisierung die Bach-
Gesellschaft als Beispiel erwähnt. Obwohl sie viel mehr Mitglieder im Osten
habe, habe man selbstverständlich verabredet, daß die Bachfeste regelmäßig
zwischen Ost und West wechseln und habe die Leitungsgremien paritätisch
(50 : 50) aufgestellt. Für den nächsten Kongreß (1966?) wurde die DDR vorgeschlagen, wobei u. a. Diskussion und Vorführung ganz neuer phäno-
menaler Forschungsergebnisse östlicher Volks- und Kunstmusik (China, In-
dien, Vietnam usw.) als interessante Themen in Aussicht gestellt wurden.

4.) Was bisher »Kommission« genannt wurde, sollte besser »Fachgruppe« genannt werden, während Kommission z. B. die Gruppe zur Betreuung des
Rominstitutes heißen könnte.
Die Fachgruppen sollten nach fachlicher Eignung zusammengesetzt werden
und können, wenn es die Sache nahelegt, in Ost- und West-Fachgruppen getrennt werden (z. B. Fachgruppe Musikerziehung). In solchen Fällen soll
dann die *zentrale* Fachgruppenleitung aus den beiden Leitern der regionalen
Fachgruppe bestehen, die gegenseitig Fühlung halten.

5.) Zur *Zeitschriftenfrage* hatten die DDR-Vertreter den Wunsch, entweder auf irgend eine Weise ein Mitspracherecht (wie es z. B. Prof. Goldschmidt gefordert hatte) bei der »Musikforschung« zu erhalten oder, wenn Aufnahme
von Beiträgen, die nach westlicher Auffassung politische Tendenz haben,

---

[40] Hans Mersmann (1891–1977) war von 1953 bis 1964 Präsident des Deutschen Musikrates.

nicht möglich ist, die »Musikforschung« so zu lassen, wie sie z. Zt. ist, dann aber eine Ostzeitschrift danebenzustellen. Die Lieferung der »Musikforschung« in die DDR wird weiter gewünscht. Ferner wird von der DDR vorgeschlagen, daß auf jeden Fall mehr Austausch als bisher in der gegenseitigen Mitarbeit mit unpolitischen Beiträgen erfolgen soll. Also Aufnahme von tragbaren Ostbeiträgen in die »Musikforschung« und Mitarbeit von Westautoren in den »Beiträgen zur Musikwissenschaft«, um echte wissenschaftliche Zusammenarbeit zu fördern.

Wenn die »Musikforschung« ohne DDR-Mitherausgeber bleibt, so wünschen sich die DDR-Vertreter, daß dann ein Weg gefunden würde, die »Beiträge zur Musikwissenschaft« auch an alle Mitglieder im Westen zu liefern. Der Schatzmeister wies darauf hin, daß das also heißen würde, daß ca. 730 Exemplare verschenkt werden müßten, da der Mitgliedsbeitrag keineswegs deshalb erhöht werden könnte.

6.) Als *nächster Besprechungstermin* wurde *Anfang März* in Aussicht genommen. Inzwischen sollten die angeschnittenen Fragen durchdacht und eine Stellungnahme des Gesamtvorstandes herbeigeführt werden.

Fazit:

Beibehaltung des bisherigen gesamtdeutschen Charakters der Gesellschaft wird dringend gewünscht, aber ausdrücklich von der Distanzierung der DDR-Mitglieder zum Musikrat abhängig gemacht. Gelingt diese nicht und erscheint auch die Satzungsänderung mit dem 2. Vizepräsidenten nicht möglich, so bleibt nur die völlige Trennung in zwei selbständige deutsche Gesellschaften unter verschiedenen Namen. Als Zusammenhalt bliebe dann nur die lose Kontaktpflege dieser beiden Gesellschaften übrig. Zeitschriftenfrage hierbei ungewiß.

Kassel, den 9. 1. 63
[gez.] *R. Baum*

Verteiler: Professor Blume
Professor Fellerer
Professor Gerstenberg
Professor Wiora
Dr. Vötterle
Dr. Finscher
Geschäftsstelle Kassel (2)

Archiv der Gesellschaft für Musikforschung, Kassel.

Dokument 42

Vertraulicher Aktenvermerk über das Treffen zweier Delegationen der Gesellschaft für Musikforschung (GfM) in Eisenach am 5. März 1963

Teilnehmer: Professoren Fellerer, Meyer, Notowicz, Vetter, Dr. Baum.

(Der Aktenvermerk wurde am Schluß der Besprechungen als deren Ergebnis gemeinsam formuliert.)

Zur Behebung der entstandenen Schwierigkeiten und zur Verbesserung der Zusammenarbeit wurden folgende Möglichkeiten ins Auge gefaßt:

1. Als einzige Satzungsänderung wird die Einführung eines zweiten Vizepräsidenten, sowie eines weiteren Vorstandsmitgliedes vorgesehen. Zur Wahl werden dann zwei Kollegen aus der Deutschen Demokratischen Republik in Vorschlag gebracht werden. Als Vizepräsident wird Professor Dr. Karl Laux nominiert werden.

2. Fach- und Arbeitsgruppen zur Behandlung besonderer Fragen können in der Bundesrepublik Deutschland (BR) bzw. in der Deutschen Demokratischen Republik (DDR) konstituiert werden. Satzungsgemäß sind die Vorsitzenden der Fachgruppen nach Bestätigung durch die Mitgliederversammlung Mitglieder des Beirats.

3. Grundsätzlich werden *alle* Mitglieder über die Tätigkeit und Vorhaben der Gesellschaft informiert und für alle die Möglichkeit der Teilnahme an den gemeinsamen Vorhaben und Veranstaltungen erstrebt. Sofern sich besondere Zusammenkünfte der Mitglieder oder bestimmter Fachgruppen in der DDR oder BR als notwendig erweisen (z. B. zur Vorbereitung oder Auswertung von Jahresmitgliederversammlungen) steht dem nichts im Wege. Sie werden von den jeweils zuständigen Vorstandsmitgliedern, bzw. Fachgruppenvorsitzenden einberufen und geleitet.

4. Über Fragen, welche die Gesellschaft in ihrer Gesamtheit betreffen, entscheidet der Vorstand nach dem Prinzip der Einmütigkeit.

5. Zum Musikrat:
Der Präsident der Gesellschaft für Musikforschung sieht gegenwärtig keine Möglichkeit, daß die GfM aus dem deutschen Musikrat ausscheidet. Wenn die Mitglieder der DDR erklären, daß sie sich durch die Mitgliedschaft der GfM im Musikrat nicht vertreten fühlen und den Wunsch haben, sich einem Musikrat der DDR anzuschließen, so erfolgt eine entsprechende Mitteilung an den Vorstand der GfM, der dies zur Kenntnis nehmen wird.

6. Es wird in Aussicht genommen, die Jahresversammlung 1964 und den nächsten Kongreß der GfM (1966 oder 1967) in der DDR, die Jahresversammlungen 1963 und 1965 in der BR zu veranstalten. Es wurde der Wunsch geäußert, Weimar als Kongreßort vorzusehen.

7. Der Vorschlag, einen Sonderdruck aus den »Beiträgen zur Musikwissenschaft« (mit eigenem Titelblatt, Hinweis auf die Beiträge im Impressum) enthaltend Bibliographie wissenschaftlicher Publikationen und Übersicht über Forschungseinrichtungen verschiedener sozialistischer Länder als Mitgliedsgabe vorzusehen, wird im Prinzip begrüßt. Eine Prüfung der damit verbundenen organisatorisch-technischen Fragen erfolgt von beiden Seiten. Das gleiche gilt für den Vorschlag zum verbilligten Bezug der »Beiträge« für Mitglieder der GfM in Ost und West. Beide Seiten betrachten es als wichtige Aufgabe, eine bessere gegenseitige Information über die wissenschaftliche Tätigkeit fördern zu helfen.

8. Es wird vorgesehen, daß der Vorstand der GfM nach Kenntnisnahme des Ergebnisses der Gespräche in Hannover und Eisenach die Kollegen Laux, Meyer und Vetter bittet, bis zur endgültigen Regelung bei der Beirats- und Mitgliederversammlung 1963 in Tübingen, die Belange der GfM in der DDR wahrzunehmen.

9. Die Beratungen in Hannover und Eisenach erfolgten im Geiste der Verständigung, im Bemühen um kollegiale Zusammenarbeit und unter Berücksichtigung der gerechtfertigten Interessen beider Seiten. Die an den Verhandlungen Beteiligten sehen darin eine gute Voraussetzung für die weitere Zusammenarbeit.

10. Als ein zur Veröffentlichung bestimmtes Kommuniqué, das möglichst noch in Heft 1 der »Musikforschung« 1963 aufgenommen werden sollte, wird folgender Wortlaut dem Vorstand zur Genehmigung vorgelegt:
»Nach den in der Zusammenarbeit zwischen Mitgliedern der Gesellschaft für Musikforschung in der Deutschen Demokratischen Republik und in der Bundesrepublik aufgetretenen Schwierigkeiten haben sich Vertreter beider Seiten zu Besprechungen am 5. und 6. Januar 1963 in Hannover und am 5. März 1963 in Eisenach getroffen. Die Beratungen erfolgten im Geiste der Verständigung, im Bemühen um kollegiale Zusammenarbeit und unter Berücksichtigung der gerechtfertigten Interessen beider Seiten. Es wurden Vorschläge erarbeitet, die den zuständigen Gremien der Gesellschaft für Musikforschung zur Beschlußfassung unterbreitet werden.«

S AAdK, VKM, 512.

Dokument 43

[Nathan Notowicz:] Erläuterungen zum Aktenvermerk

Zu 1:
Durch die Erweiterung des Vorstandes macht sich diese Satzungsänderung auf
der nächsten Mitgliederversammlung notwendig. Wie auch aus den weiteren
Punkten ersichtlich, waren die Kollegen mit einem Aufbau der Gesellschaft einverstanden, der im Prinzip einer Konföderation entspricht. Satzung und Zusatz-
vereinbarung sollten dafür Raum geben. Allerdings sind sie ängstlich bemüht,
möglichst keinen Schwierigkeiten von seiten Bonns zu begegnen und suchen
daher entsprechende Formen.

Zu 2:
Die Arbeitsgruppen DDR bzw. BR stehen unter Leitung des Vizepräsidenten
und stellen die Leitung der jeweiligen Sektion der Gesellschaft dar. Ihr gehören
die weiteren Vorstandsmitglieder des betreffenden Staates, sowie die Leiter der
Fachgruppen an. (Fachgruppen sind Gremien zur Behandlung spezieller Fragen)
Auf diese Weise können wir innerhalb der DDR eine eigene Arbeit entwickeln,
die unseren Bedingungen entspricht (siehe auch 4. Vorbereitung und Auswertung der Mitgliederversammlungen). Die wichtigsten Probleme können zur
gemeinsamen Behandlung auf Mitgliederversammlungen oder Konferenzen
vorgeschlagen werden. Durch die Aufnahme der Leiter der Fachgruppen in den
Beirat sind wir stärker in den gemeinsamen Gremien vertreten.

Zu 3:
In der Vergangenheit wurden unsere Mitglieder, wenn es Schwierigkeiten mit
Blume gab, nicht oder nur sehr verspätet über die Vorhaben der Gesellschaft informiert. Das war, meiner Meinung nach, auf jeden Fall falsch. Denn sie haben
es doch erfahren und waren nur verärgert. Ob sie z. B. zu Mitgliederversammlungen fahren können oder die angebotene wissenschaftliche Literatur erhalten,
ist eine andere Frage. Wir sind übereingekommen, daß wir, sofern nötig, den
vorgedruckten Mitteilungen unsere Stellungnahme bzw. Erläuterungen beifügen.
Auf diese Weise können wir viel besser erklären, aus welchen Gründen z. B. nur
ein bestimmtes Kontingent die Mitgliederversammlungen in Westdeutschland
besuchen oder Bücher bestellen kann und warum die bestehenden Schwierigkeiten von seiten Bonns verursacht werden. In diesem Zusammenhange haben
wir auch Festlegungen für die kommenden Veranstaltungen getroffen. (s. 6.) Sie
würden einen großen Fortschritt bedeuten, denn bisher fand noch nie ein Kon-

greß bei uns statt, und wir haben zum ersten Male das Prinzip des gleichberechtigten Wechsels der Veranstaltungsorte (einmal Bundesrepublik, einmal DDR) festgelegt.

Wir haben den Kollegen natürlich in aller Offenheit erklärt, daß und warum keine Zusicherung für die Teilnahme aller Mitglieder an Veranstaltungen in der Bundesrepublik gegeben werden kann, solange sich die Politik Bonns nicht ändert.

Zu 4:
siehe Kommentar 3.

Zu 5:
Professor Fellerer hat mit dem Präsidenten des westdeutschen Musikrates gesprochen. Er sieht keine Möglichkeit, daß die Gesellschaft in aller Form aus dem dortigen Musikrat austritt. Die Gesellschaft erhält finanzielle Zuwendungen vom Musikrat, und außerdem scheut er einen »politischen Skandal«. An dieser Stelle eine Bemerkung zur Einschätzung des Vorstandes. Er sympathisiert in keiner Weise mit uns, ist andererseits mit der sturen Bonner Politik nicht einverstanden – mit der sog. »freiheitlichen Demokratie« Westdeutschlands dagegen sehr – und versucht, die Verbindungen mit uns aufrecht zu erhalten, sich aber dabei möglichst wenig politisch zu engagieren. Für den neuen Präsidenten, Fellerer, bedeutet es eine Stärkung seiner Autorität, wenn es ihm gelingt, die unter der Präsidentschaft Blumes entstandene Gefahr der Spaltung zu überwinden. Als Wissenschaftler besitzt Blume eine weit größere Autorität.

Fellerer und Baum mußten natürlich einsehen, daß unsere Mitgliedschaft im westdeutschen Musikrat untragbar ist. Aus diesem Grunde kamen wir zu dem unter 5. angeführten Vorschlag. Die Sektion DDR der Gesellschaft tritt unserem Musikrat bei, richtet eine entsprechende Erklärung an den Vorstand, der sie in aller Form zur Kenntnis nimmt. (Der Wortlaut wäre noch zu fixieren).

Übrigens hat Fellerer den Präsidenten des westdeutschen Musikrates gefragt, wie er sich zu einem Antrag von unserer Seite im internationalen Musikrat verhalten würde. Mersmann gab eine ausweichende Antwort. Er meinte, hier handle es sich um politische Fragen und solange wir nicht Mitglied der Unesco seien, gäbe es hier Schwierigkeiten, die nicht nur bei Westdeutschland lägen. Die westdeutschen Vertreter seien an bestimmte Weisungen ihrer Regierung gebunden. Natürlich könne es vorkommen, daß er sich gerade im Augenblick der Abstimmung unpäßlich fühle oder aus anderen Gründen den Raum verlassen müsse. Aber dazu ließe sich jetzt nichts sagen. Auf meine Frage, ob sich Fellerer etwas davon verspreche, wenn z. B. Meyer unter vier Augen mit Mersmann spricht, meinte er, das könne man ja versuchen; aber er empfehle keine Reise zu diesem Zweck, sondern eine gelegentliche beiläufige Anfrage, wenn sich ein Zusammentreffen aus anderem Anlaß ergibt.

Zu 6:
siehe 3.

Zu 7:
Diese Vereinbarungen halten wir für sehr wichtig, da auf diese Weise unser Material in den Westen käme – und zwar mit offizieller Unterstützung der Gesellschaft. Allerdings müssen die Möglichkeiten a) einer erweiterten Auflage, b) der Verrechnung noch genau geprüft werden.
Wir halten die Vereinbarung für einen Erfolg in den wesentlichsten Punkten. Nach Bestätigung sollte nun genau festgelegt werden, wie unsere Arbeit hier verläuft und in verstärktem Maße wirksam wird.

SAAdK, VKM, 512.

Dokument 44

Gesellschaft für Musikforschung

Vertraulicher Kommentar zum Aktenvermerk der Eisenacher Besprechung vom 5. März 1963

Es war das Bestreben der Westvertreter, mit möglichst wenig Satzungsänderungen und ohne Zugeständnisse, die eine Gefährdung für die Existenz und den Charakter der GfM bedeuten würden, zu einer weiteren Zusammenarbeit zu kommen. Die Ostvertreter haben gegenüber Hannover einiges zurückgesteckt.
Auch in Eisenach wurde ausdrücklich betont, daß diese Besprechung einschließlich Aktenvermerk zunächst nur den Charakter des informatorischen Gesprächs hat, daß es sich also nicht um feste Vereinbarungen handelt, sondern alles dem Beschluß des Vorstandes bzw. der weiteren zuständigen Gremien (Beirat, Mitgliederversammlung) unterliegt.

Zu 1.:
Um einen zweiten Mann im Vorstand sind wir nicht herumgekommen.

Zu 2.:

Die Ostvertreter wollten auf die Konstituierung von zwei Sektoren (Ost und West) der Gesellschaft unter Leitung des jeweiligen Vizepräsidenten hinaus. Das haben wir ihnen ausgeredet. Die jetzige Formulierung entspricht den bisherigen Möglichkeiten der Satzung.

Zu 3.:

Auf die präzise Frage, wie es mit der Möglichkeit der Teilnahme von DDR-Mitgliedern an Westveranstaltungen aussieht, erwiderte Meyer vertraulich, daß dies eine Angelegenheit der derzeitigen politischen Lage sei, der sie ebenfalls machtlos gegenüber stehen. Es könnte also nur mit wenigen Teilnehmern aus der DDR im Westen gerechnet werden.

Das ganze sei

a) eine Devisenfrage (wobei die Genehmigung eines entsprechenden Geldaustauschs, wie wir ihn für Dresden und Fulda schon praktiziert haben, nochmals geprüft wird).

b) Eine Frage der Auffassung politischer Instanzen der DDR über Bedrohung, Abwerbung usw., von Ostmitgliedern bei Besuchen im Westen. Auch für die Gesellschaft für Musikforschung kann keine Ausnahme gemacht werden, da dadurch ein Präzedenzfall für andere derartige Anträge in großer Zahl geschaffen würde.

Wenn wir die Verbindung mit den Wissenschaftlern und Freunden in der DDR nicht abbrechen wollen, müssen wir mit dieser Realität rechnen. Ein gewisser Ausgleich soll dadurch geschaffen werden, daß einige Veranstaltungen in der DDR stattfinden und daß über Mitgliederversammlungen, die im Westen stattfinden, ein ausdrücklicher Bericht in einer entsprechenden Ostversammlung der GfM-Mitglieder der DDR erstattet wird.

Zu 4.:

In diesem Punkt wäre ein gewisses Vetorecht, aber natürlich gegenseitig, enthalten.

Zu 5.:

Auch in diesem in Hannover so hochgespielten Punkt Musikrat wurde vom Osten wesentlich zurückgesteckt. Die jetzige Regelung ist ja wohl absolut harmlos.

Zu 7.:

Das ist noch ein weites Feld, da vorerst der Vertrag zwischen GfM und Bärenreiter-Verlag über die Publikationen der Gesellschaft dagegen steht.

Es sei denn, dieser Sonderdruck würde in die Musikwissenschaftlichen Arbeiten aufgenommen. Vom Osten wurden diese Vorschläge als ein gewisser Ausgleich der Tatsache gegenüber angesehen, daß die Zeitschrift »Musikforschung« als offizielles Organ der Gesellschaft keinen Ostherausgeber habe und eine stärkere Einflußnahme ja nicht für möglich gehalten werde. Von uns wurde ausdrücklich betont, daß wenn überhaupt eine Mitgliedsgabe aus Ost in Frage käme, gewisse Tabus zu beachten wären. Als reiner wissenschaftlicher Beitrag, der für den Westen sogar ausgesprochen interessant wäre, wurde deshalb die Bibliographie sozialistischer wissenschaftlicher Publikationen seit 1945 in Aussicht genommen.

Zu 8.:
Da sich die 3 Ostvertreter selbst nicht für kompetent hielten, von sich aus die Belange der Gesellschaft in der DDR wahrzunehmen, bitten sie um eine ausdrückliche kommissarische Beauftragung durch den Vorstand, damit gewisse Vorbesprechungen geführt werden können, zur Klärung von Fragen, die in Tübingen vor die Mitgliederversammlung gebracht werden sollen. (Gründung von Fachgruppen usw.)

Was nicht im Aktenvermerk steht:
Die Ostvertreter hatten beantragt, man solle verabreden, daß die Gesellschaft Publikationen, die einen Teil der Gesellschaft verletzen, Stellung nehmen soll. Als Beispiel wurde die damalige Distanzierung von Mosers Publikation angeführt. In der Diskussion darüber habe ich als Gegenbeispiel den Angriff Kneplers gegenübergestellt. Wir haben eine Vereinbarung dieser Art, sowie jede Zensur der Gesellschaft strikt abgelehnt und uns weder für die Veröffentlichungen einzelner Mitglieder der Gesellschaft, noch für sonstige Veröffentlichungen außer den eigenen Publikationen für zuständig und verantwortlich erklärt.

[gez.] *R. Baum*

Archiv der Gesellschaft für Musikforschung, Kassel.

Dokument 45

Protokoll Nr. 57/63 der Sitzung des Sekretariats des ZK vom 9. 10. 1963

Anwesend: Genosse Grüneberg, Hager, Honecker, Mittag, Norden, Verner, Schön, Jarowinsky, Berger
Entschuldigt: Genosse Ulbricht
[…]

Sitzungsleitung: Genosse Honecker   Protokollführung: Genn. Trautzsch
Beginn: 10.00 Uhr
Ende: 14.00 Uhr
[…]

21. *Teilnahme einer Wissenschaftler-Delegation an der Jahreshauptversammlung der Gesellschaft für Musikforschung in Tübingen vom 11. bis 15. 10. 1963:*

1) Der Teilnahme einer Delegation der DDR an der Jahreshauptversammlung der Gesellschaft für Musikforschung in Tübingen vom 11. bis 15. 10. 1963 in folgender Zusammensetzung wird zugestimmt:

Genosse Prof. Dr. G. *Knepler*;
Herr Prof. Dr. W. *Vetter*;
Genosse Prof. Dr. W. *Siegmund-Schultze*;
Genosse Prof. Dr. W. *Felix*;
Genosse Prof. Dr. K. *Laux*;
Genosse Prof. N. *Notowicz*;
Herr Dr. K. *Sasse*;
Genosse R. *Kluge*;
Herr F. *Zschoch*;
Genosse K. *Niemann*, Musikwissenschaftliches Institut der Humboldt-Universität, vorgesehen als Sekretär der Gesellschaft für die DDR;

2) Für die Nachwahl des Vizepräsidenten wird Genosse Prof. Dr. K. *Laux* nominiert; als weiteres Vorstandsmitglied soll Genosse Prof. E. H. *Meyer* als Kandidat für den Vorstand der Gesellschaft nominiert werden.

3) In der Direktive ist die Konzeption des wissenschaftlichen Auftretens der Delegation genauer festzulegen. Alle Mitglieder der Delegation und die De-

legation als Ganzes haben die Aufgabe, die wissenschaftliche Zusammenarbeit mit den humanistischen, zur Verständigung bereiten Kräften der westdeutschen Musikwissenschaft weiter zu entwickeln und zu pflegen in dem Bemühen, dadurch Bedingungen zu schaffen, die die Durchsetzung unserer Politik der Koexistenz von Staaten mit unterschiedlicher Gesellschaftsordnung und der Konföderation zwischen beiden deutschen Staaten begünstigen.

4) Bei den Bemühungen, mit verständigungsbereiten westdeutschen Musikwissenschaftlern zusammenzuarbeiten und sie in die DDR einzuladen (Vgl. Direktive, Punkt 3), darf nicht übersehen werden, daß bestimmte westdeutsche Organe ihrerseits an Kontakten mit DDR-Bürgern interessiert sind, die auf die Unterminierung der DDR gerichtet sind.

5) Die Direktive wird zustimmend zur Kenntnis genommen.

Staatssekretariat für das Hoch und Fachschulwesen

Vorlage an das Sekretariat des ZK der SED
Betr.: Teilnahme einer Wissenschaftler-Delegation der Deutschen Demokratischen Republik an der Jahreshauptversammlung der Gesellschaft für Musikforschung (GMF) in Tübingen vom 11. bis 15. Oktober 1963

Beschluß:

1. Die Teilnahme einer Delegation unter Leitung von Genosse Prof. Dr. E. H. Meyer, Humboldt-Universität Berlin, an der Jahreshauptversammlung der Gesellschaft für Musikforschung (GMF) in Tübingen vom 11. bis 15. Oktober 1963 wird bestätigt.
Der Delegation gehören an:

Gen. Prof. Dr. E. H. *Meyer,*
Musikwissenschaftliches Institut der Humboldt-Universität Berlin;
Gen. Prof. Dr. G. *Knepler,*
Musikwissenschaftl. Institut der Humboldt-Universität Berlin;
Herr Prof. Dr. (emeritiert) Walther *Vetter,*
Humboldt-Universität Berlin;
Genn. Prof. Dr. Hella *Brock,*
Institut f. Musikwissenschaft der Ernst-Moritz-Arndt-Universität Greifswald;

Gen. Prof. Dr. W. *Siegmund-Schultze*,
Dekan der Phil. Fakultät der Martin-Luther-Universität Halle;
Gen. Prof. Dr. Werner *Felix*,
Rektor der Hochschule für Musik Weimar;
Gen. Prof. Dr. K. *Laux*,
Rektor der Hochschule für Musik (emeritiert) Dresden;
Herr Prof. Dr. H. *Besseler*,
Institut f. Musikwissenschaft der Karl-Marx-Universität Leipzig;
Gen. Prof. N. *Notowicz*,
1. Sekretär des Verbandes Dtsch. Komponisten u. Musikwissenschaftler
Berlin;
Herr Dr. K. *Sasse*,
Direktor des Händelhauses in Halle;
Herr Wolfgang *Pieschel*,
Institut für Musikforschung des Verbandes Dtsch. Komponisten und Musik-
wissenschaftler Berlin;
Gen. R. *Kluge*,
Musikwissenschaftl. Institut der Humboldt-Universität Berlin;
Herr Frieder *Zschoch*,
Lektor im Deutschen Verlag für Musik Leipzig;

2. Der Direktive für das Auftreten der Delegation wird zugestimmt.
3. Das Staatssekretariat für das Hoch- und Fachschulwesen und das Ministerium für Kultur werden beauftragt, in einer Beratung mit den Mitgliedern der
   Delegation alle Fragen des Auftretens in Westdeutschland eingehend zu beraten.

Begründung:

Die Teilnahme an der Jahreshauptversammlung ist für die Festigung der Position
unserer Wissenschaftler innerhalb der Gesellschaft von großer Wichtigkeit, da
auf ihr die Ergebnisse der in Hannover und Eisenach geführten Verhandlungen
zwischen Wissenschaftlern unserer Republik und Vorstandsmitgliedern aus
Westdeutschland bestätigt werden sollen.
   In den jetzt abgeschlossenen Verhandlungen konnten die westdeutschen Vorstandsmitglieder weitgehend zur Anerkennung des Prinzips der Parität und der
Gleichberechtigung für die Vertretung der Deutschen Demokratischen Republik
innerhalb der Gesellschaft gezwungen werden. Damit bieten sich nunmehr auch
bessere Möglichkeiten, die Arbeit der Gesellschaft positiv durch unsere Mitglieder zu beeinflussen.

Auf der Tagung in Tübingen soll das Ergebnis der Verhandlungen bestätigt und eine dadurch notwendig werdende Statutenänderung beschlossen werden. Gleichzeitig ist die Nachwahl eines Vizepräsidenten und eines weiteren Vorstandsmitgliedes aus der DDR vorgesehen. Die Delegation soll außerdem erreichen, daß die nächste Jahreshauptversammlung in unserer Republik durchgeführt wird.

Um diesen Forderungen, die für die weitere Entwicklung der Gesellschaft für Musikforschung von entscheidender Bedeutung sind, durch das Auftreten unserer Wissenschaftler den notwendigen Nachdruck zu verleihen, ist es erforderlich, eine nicht nur politisch und wissenschaftlich, sondern auch zahlenmäßig starke Delegation nach Tübingen zu entsenden.

Die Festlegung der Delegation erfolgte nach Beratung mit dem Ministerium für Kultur.

Entstehende Kosten:

Aufenthaltskosten
13 Teilnehmer je   140,– DM DBB = 1.820,– DM DBB

Fahrtkosten
13 Teilnehmer je   50,– DM DBB =   650,– DM DBB
                                      2.470,– DM DBB

Die Vorlage wurde vom Staatssekretariat für das Hoch- und Fachschulwesen, Abt. Hoch- und Fachschulbeziehungen, Gen. Hochhaus, ausgearbeitet.

[gez.] *Gießmann*
Prof. Dr. Gießmann
Staatssekretär

Direktive für das Auftreten der Delegation zur Jahreshauptversammlung der Gesellschaft für Musikforschung in Tübingen vom 12. bis 14. Oktober 1963
[erste Fassung]

Leiter der Delegation: Genosse Professor Dr. E. H. *Meyer*
                                 Musikwissenschaftliches Institut der Humboldt-Universität zu Berlin
Parteigruppenorganisator: Genosse Prof. N. *Notowicz*
                                 1. Sekretär des Verbandes Deutscher Komponisten und Musikwissenschaftler

1. Die Mitglieder der Delegation treten geschlossen und einheitlich als Vertreter der Deutschen Demokratischen Republik auf. Sie haben die Aufgabe, in zahlreichen Aussprachen überzeugend nachzuweisen, daß die Politik unserer Partei und Regierung den Interessen des ganzen deutschen Volkes entspricht und in entscheidendem Maße der Erhaltung und Sicherung des Friedens dient.
   Etwa auftretende Provokationen oder Diskriminierungen sind entschieden zurückzuweisen. Der Delegationsleiter bestimmt die Form des Protestes (Presseerklärung, Abreise).
2. In den Aussprachen orientiert sich die Delegation auf folgende Fragen:
   – der 7-Punkte-Vorschlag der Vernunft und des guten Willens
   – die demokratische und sozialistische Hochschulreform in der Deutschen Demokratischen Republik, die Brechung des Bildungsprivilegs;
   – die sozialistische Kulturrevolution in der Deutschen Demokratischen Republik hat auch zu einer neuen Blüte unseres Musiklebens geführt.
   Diese Schwerpunkte sind in engem Zusammenhang mit den entgegengesetzten Entwicklungstendenzen in Westdeutschland darzulegen.
3. Es ist zu versuchen, Wissenschaftler und Künstler, aber auch andere Teilnehmer der Tagung zum Besuch in die Deutsche Demokratische Republik einzuladen, damit sie sich mit dem demokratischen Leben in der Deutschen Demokratischen Republik, mit der kulturellen Entwicklung und mit den Fragen des Hochschulwesens besser vertraut machen können.
4. Der Delegationsleiter wertet in Zusammenarbeit mit dem Parteigruppenorganisator täglich die Ergebnisse der Diskussion mit den Delegationsmitgliedern aus und legt die Linie für das weitere Auftreten der Delegation fest.
5. Alle Delegationsmitglieder sind verpflichtet, den Delegationsleiter unverzüglich über besondere Vorkommnisse zu unterrichten.

6. Der Delegationsleiter hat innerhalb von 14 Tagen nach Rückkehr von der Tagung dem Staatssekretariat für das Hoch- und Fachschulwesen schriftlich zu berichten.

19 Exemplare je 28 Blatt
11. Exemplar   28 Blatt

Persönliche Verschlußsache
– Vorlagen –
ZK 02 Tgb.-Nr. 1140

Abteilung Wissenschaften   Berlin, den 8. Oktober 1963
                                                  II/2–V.

Stellungnahme zur Vorlage des Staatssekretariats für das Hoch- und Fachschulwesen an das Sekretariat des Zentralkomitees der SED

Betrifft: Teilnahme einer Wissenschaftler-Delegation der DDR an der Jahreshauptversammlung der Gesellschaft für Musikforschung in Tübingen vom 11. bis 15. Oktober 1963

1. Die Abteilung Wissenschaften befürwortet die Teilnahme einer Wissenschaftler-Delegation der DDR an der Jahreshauptversammlung der Gesellschaft für Musikforschung in Tübingen. In Verhandlungen der vergangenen Monate wurde erreicht, daß einige westdeutsche Vertreter des Vorstandes der Gesellschaft, darunter der derzeitige Vorsitzende Fellerer, zur Anerkennung der Existenz zweier deutscher Staaten bereit waren und eine paritätische und gleichberechtigte Mitarbeit der DDR-Musikwissenschaftler zusicherten. Auf der Jahreshauptversammlung geht es darum, daß diese Festlegungen u. a. durch die Wahl von DDR-Vertretern in den Vorstand der Gesellschaft bestätigt werden. Ein Fernbleiben von der Jahreshauptversammlung hätte zur Folge, daß die Ergebnisse der bisherigen Verhandlungen zunichte gemacht würden und wir damit unseren Einfluß verlieren würden.

2. In Anbetracht der Aufgabe aller Mitglieder der Delegation (vgl. Direktive, Punkt 1), geschlossen und einheitlich als Vertreter der DDR aufzutreten, ist es erforderlich, die in der Vorlage vorgeschlagene Zusammensetzung der Delegation zu verändern. Die zahlenmäßige Stärke der Delegation entscheidet keineswegs (wie in der Begründung angeführt) über den Erfolg unseres Auftretens.

Wir schlagen deshalb folgende endgültige Zusammensetzung der Delegation vor:

1. Genosse Prof. Dr. E. H. Meyer, Kandidat des ZK der SED
2. Genosse Prof. Dr. G. Knepler
3. Herr Prof. Dr. W. Vetter
4. Genosse Prof. Dr. W. Siegmund-Schultze
5. Genosse Prof. Dr. W. Felix
6. Genosse Prof. Dr. K. Laux
7. Genosse Prof. N. Notowicz
8. Herr Dr. K. Sasse
9. Genosse R. Kluge
10. Herr F. Zschoch
11. Genosse K. Niemann, Musikwissenschaftliches Institut der Humboldt-Universität, vorgesehen als Sekretär der Gesellschaft für die DDR

3. Für die Nachwahl des Vizepräsidenten wird Genosse Prof. Dr. K. Laux nominiert; als weiteres Vorstandsmitglied soll Genosse Prof. Dr. E. H. Meyer kandidieren. Genosse Prof. Meyer hat bei den bisherigen Verhandlungen stets politisch klar im Sinne der Politik unserer Partei gehandelt und ist als Komponist und Musikwissenschaftler über die Grenzen der DDR hinaus bekannt. Auch in Westdeutschland genießt er bei den fortschrittlichen Kräften Ansehen. Die vorgeschlagene Funktion würde es erforderlich machen, daß Genosse Prof. Meyer wiederholt nach Westdeutschland reisen müßte. Falls das Sekretariat des ZK diesen Reisen des Genossen Prof. Meyer, der Kandidat des ZK ist, nicht zustimmen kann, ist anstelle des Genossen Prof. Meyer Genosse Prof. Dr. Siegmund-Schultze als Kandidat für den Vorstand zu nominieren.

4. In der Direktive ist die Konzeption des wissenschaftlichen Auftretens der Delegation genauer festzulegen. Alle Mitglieder der Delegation und die Delegation als Ganzes haben die Aufgabe, die wissenschaftliche Zusammenarbeit mit den humanistischen, zur Verständigung bereiten Kräften der westdeutschen Musikwissenschaft weiter zu entwickeln und zu pflegen in dem Bemühen, dadurch Bedingungen zu schaffen, die die Durchsetzung unserer Politik der Koexistenz von Staaten mit unterschiedlicher Gesellschaftsordnung und der Konföderation zwischen beiden deutschen Staaten begünstigen.

5. Bei den Bemühungen, mit verständigungsbereiten westdeutschen Musikwissenschaftlern zusammenzuarbeiten und in die DDR einzuladen (vgl. Direktive, Punkt 3), darf nicht übersehen werden, daß bestimmte westdeutsche Organe ihrerseits an Kontakten mit DDR-Bürgern interessiert sind, die auf die Unterminierung der DDR gerichtet sind.

Diese Stellungnahme ist mit Genossen Peter Czerny, Abteilung Kultur, abgesprochen.
Die Stellungnahme wurde vom Genossen Manfred Börner ausgearbeitet.

[gez.] *Siegfried Wagner*   [gez.] *Hörnig*
Abteilung Kultur   Abteilung Wissenschaften

Müller   [gez.] *Raab*
Abteilung für Kaderfragen   Abteilung Finanzverwaltung und Parteibetriebe

[gez.] *Hager*
Sekretär des ZK

Anmerkung:
In einer Aussprache des Genossen Hager mit Genossen E. H. Meyer wurde vereinbart, daß Genosse Meyer nicht nach Tübingen fährt, da er hier eine wichtige Zusammenkunft mit David Oistrach hat.

Direktive für das Auftreten der Delegation zur Jahreshauptversammlung der Gesellschaft für Musikforschung in Tübingen vom 12. bis 14. Oktober 1963
[überarbeitete Fassung]

Leiter der Delegation: Genosse Prof. Dr. G. Knepler
                                Musikwissenschaftliches Institut der Humboldt-Universität Berlin
Parteigruppenorganisator: Genosse Prof. N. Notowicz
                                1. Sekretär des Verbandes Deutscher Komponisten und Musikwissenschaftler

1. Die Mitglieder der Delegation treten geschlossen und einheitlich als Vertreter der Deutschen Demokratischen Republik auf. Sie haben die Aufgabe, in zahlreichen Aussprachen überzeugend nachzuweisen, daß die Politik unserer Partei und Regierung den Interessen des ganzen deutschen Volkes entspricht und in entscheidendem Maße der Erhaltung und Sicherung des Friedens dient.

Etwa auftretende Provokationen oder Diskriminierungen sind entschieden zurückzuweisen. Der Delegationsleiter bestimmt die Form des Protestes (Presseerklärung, Abreise).

2. In den Aussprachen orientiert sich die Delegation auf folgende Fragen:
   – der 7-Punkte-Vorschlag der Vernunft und des guten Willens
   – die demokratische und sozialistische Hochschulreform in der DDR, die Brechung des Bildungsprivilegs
   – die sozialistische Kulturrevolution in der DDR hat auch zu einer neuen Blüte unseres Musiklebens geführt.
   Diese Schwerpunkte sind in engem Zusammenhang mit den entgegengesetzten Entwicklungstendenzen in Westdeutschland darzulegen.

3. Nach Absprache mit der Delegationsleitung sollten progressive Wissenschaftler zum Besuch in der DDR eingeladen werden, damit sie sich mit dem demokratischen Leben in der Deutschen Demokratischen Republik, mit der kulturellen Entwicklung und mit den Fragen des Hochschulwesens besser vertraut machen können.

4. Es ist zu gewährleisten, daß sich die weitere Zusammenarbeit der Mitglieder der DDR innerhalb der Gesellschaft für Musikforschung entsprechend den bereits in den Aussprachen mit westdeutschen Vorstandsmitgliedern getroffenen Vereinbarungen entwickelt. Diese Vereinbarungen dienen als Grundlage für die Beschlüsse der Mitgliederversammlung und sind auf der nächstfolgenden Vorstandssitzung vom Vorstand als Arbeitsgrundlage zu bestätigen.
   Im einzelnen sind folgende sich daraus ergebende Bedingungen zu sichern.
   a) Zu den innerhalb der Gesellschaft bestehenden Kommissionen werden selbständige Parallelkommissionen und Arbeitsgruppen in der DDR gebildet. Die Vorsitzenden dieser Fachgruppen werden Mitglieder des Beirates der Gesellschaft für Musikforschung.
   b) Die Mitglieder aus der Deutschen Demokratischen Republik führen selbständig Versammlungen und Arbeitstagungen durch, wie sich dies bereits in der Praxis bewährt hat. Unter Berücksichtigung dieser Entwicklung ist die Bildung einer DDR-Sektion vorzusehen.
   c) Die vorgesehene Statutenänderung auf Erweiterung des Vorstandes um zwei Wissenschaftler aus der DDR ist durchzusetzen.
   Zur Nachwahl werden vorgeschlagen:
   Genosse Prof. Dr. *Laux*   als Vizepräsident
   Genosse Prof. Dr. *Siegmund-Schultze* als Vorstandsmitgl.
   d) Über Fragen, welche die Gesellschaft in ihrer Gesamtheit betreffen, sind die Beschlüsse einstimmig zu fassen. Es ist zu gewährleisten, daß die Vorstandssitzungen nach einem durch den Vorstand festzulegenden Turnus in der DDR und in Westdeutschland durchgeführt werden.

e) Es ist klarzustellen, daß sich die Mitgliedschaft der Gesellschaft für Musikforschung in der Internationalen Gesellschaft für Musikforschung nur auf
die Vertretung der westdeutschen Musikwissenschaft bezieht.

5. Sollte es zu keiner Verständigung auf der Grundlage der unterbreiteten Vorschläge kommen, verzichten die vorgesehenen Wissenschaftler aus der DDR
auf ihre Wahl in den Vorstand.
Die Delegationsleitung schlägt in diesem Falle vor, die Aussprache zur Klärung der Form der weiteren Zusammenarbeit zu vertagen.

6. Die Delegationsleitung verlangt bei Ankunft vom Vorstand die Absetzung
des Korreferats von Hofstätter[41]. Wenn dem nicht entsprochen wird, verläßt
die Delegation vor Beginn der Ausführungen Hofstätters den Tagungssaal
und erhebt in der Mitgliederversammlung gegen das Auftreten von Hofstätter Protest.

7. Der Delegationsleiter wertet in Zusammenarbeit mit dem Parteigruppenorganisator täglich die Tagungsergebnisse mit den Delegationsmitgliedern aus
und legt die Linie für das weitere Auftreten der Delegation fest.

8. Alle Delegationsmitglieder sind verpflichtet, dem Delegationsleiter unverzüglich über besondere Vorkommnisse zu berichten.

9. Der Delegationsleiter hat innerhalb von 14 Tagen nach Rückkehr von der
Tagung dem Staatssekretariat für das Hoch- und Fachschulwesen schriftlich
zu berichten.

SAPMO, DY 30/J IV 2/3 A 996.

---

[41] Der Psychologe Peter R. Hofstätter, geb. 1913, damals Professor an der Universität Hamburg, war
während des »Dritten Reichs« in der Deutschen Wehrmacht als »Heerespsychologe« tätig.

Dokument 46

Bericht über die Reise einer achtköpfigen Delegation zur Jahreskonferenz der Gesellschaft für Musikforschung
– 11.–14. 10. 1963 in Tübingen –

von Prof. Dr. Georg Knepler

1. *Vorbereitung der Reise*
Die Vorbereitung wies eine Reihe ernster Versäumnisse und Fehler auf, deren ernstester darin bestand, daß die endgültige Liste der Reiseteilnehmer weder mit den Genossen, die die vorangehenden Verhandlungen geführt haben, noch mit dem Parteisekretär der Parteigruppe des Beirats beraten wurde. Aus der vorgeschlagenen Liste von 16, die auf 10 reduziert werden mußte, wurde die Streichung von 6 Namen willkürlich vorgenommen; darunter waren zumindest 2, wenn nicht 3 (Brock, Eller, Wolff), deren Fehlen verschiedene unangenehme Folgen hatte. Außerdem wurden die Vorbereitungen so verzögert, daß buchstäblich erst am Vorabend der Abreise die endgültige Liste der Delegation, der Delegationsleiter und der Parteisekretär bekanntgegeben wurden.

2. *Die politische Situation innerhalb der westdeutschen Mitglieder der Gesellschaft für Musikforschung*
Nach genauer und wiederholter Beratung schätzen wir die Situation folgendermaßen ein:
Der jetzige Vorstand, soweit er aus Westdeutschen besteht (Fellerer, Wiora, Gerstenberg, Baum), ist ernsthaft an einer Zusammenarbeit mit uns interessiert, wenn auch aus verschiedenen Gründen. Die genannten Kollegen betrachten die von uns erhobenen Forderungen als notwendige Voraussetzung der Zusammenarbeit, man müsse »politisch denken« (diese Formulierung wurde gebraucht), unsere Forderungen annehmen und bereit sein, innerhalb dieses Rahmens, ohne zu majorisieren, kollegial zusammenzuarbeiten. Eine ähnliche Haltung nimmt eine Reihe von Mitgliedern ein, die aus den verschiedensten Gründen, zum Teil sicher auch aus Sympathie für uns, zu ähnlichen Schlüssen kommt. Eine andere Gruppe ist entschlossen, diese Zusammenarbeit zu torpedieren oder ihr den westdeutschen Stempel aufzudrücken. Ihr stärkster Vertreter ist der frühere Präsident Blume, der sich nach seinem Rücktritt offenbar eine ähnliche Rolle zugedacht hat wie Adenauer nach seinem Rücktritt. Als Kern dieser Gruppe fungieren einige republikflüchtige Musikwissenschaftler (Dr. [Kurt] Hahn, [Lothar] Hoffmann-Erbrecht, vielleicht auch Dr. [Werner] Braun,

[Friedrich] Lippmann, [Georg von] Dadelsen u. a.). Hans Engel u. a. stehen dieser Gruppe, oder zumindest deren Bemühungen, nahe.

Eine dritte Gruppe nimmt eine neutrale Haltung ein, läßt sich einerseits von einem allgemeinen Wunsch nach deutscher Zusammenarbeit, andererseits von den verbreiteten Vorurteilen gegenüber der DDR leiten. – Die zahlenmäßige Stärke dieser Gruppierungen abzuschätzen ist nicht möglich, doch ist die zweite Gruppe sicherlich nicht klein.

3. *Der Verlauf der Tagung*
Die von uns geforderte Absetzung des Nazi-Psychologen Prof. Hofstätter von der Tagesordnung wurde durchgeführt, angeblich vor Eintreffen des Briefes von Gen. E. H. Meyer. Sei dem wie immer, Hofstätter erschien nicht in Tübingen; eine offizielle Begründung dafür wurde nicht gegeben. In seinem Rechenschaftsbericht informierte Fellerer verabredungsgemäß die Mitglieder von den Verhandlungen in ihren Hauptpunkten (Statutenänderung zum Zwecke der Erweiterung des Vorstandes um zwei DDR-Kollegen, Anerkennung der von uns gebildeten Arbeitsgruppen und Aufnahme von deren Leitern in den Beirat, nächste Jahresversammlung und Konferenz in der DDR, kollegiale Zusammenarbeit). Die Wahl des Gen. Laux zum Vizepräsidenten erfolgte reibungslos.

Bei der Wahl des zweiten Vorstandsmitgliedes aus der DDR, für den Gen. E. H. Meyer vorgeschlagen worden war, nominierte Hoffmann-Erbrecht[42] in provokatorischer Weise Prof. Wolff. Die Abstimmungen brachten folgendes Ergebnis (bei den Abstimmungen zur Statutenänderung gab es nur 2 Gegenstimmen und 10–12 Stimmenthaltungen):

	1. Abstimmung	2. Abstimmung
Laux	89	–
Wolff	6	49
Meyer	2	37
Vetter	2	24
Eller	3	6
Besseler	4	1
Enthaltungen	19	9
Ungültig	1	–
Dadelsen	–	1
	126	127

---

[42] Lothar Hoffmann-Erbrecht, geb. 1925, hatte in der DDR studiert war am Musikwissenschaftlichen Institut der Universität Jena tätig gewesen, bevor er 1956 nach Frankfurt a. M. übersiedelte.

Das Abstimmungsergebnis zeigt, daß eine Gruppe bewußt politisch arbeitender Menschen am Werk gewesen sein muß. In der ersten Abstimmung fielen auf unseren Kandidaten mehr als zwei Drittel aller Stimmen und die Opposition zeigt sich nur in wenigen Gegenstimmen und einer verhältnismäßig großen Zahl von Stimmenthaltungen: Hätte man unseren Vizepräsidenten abgelehnt, wäre die Zusammenarbeit überhaupt aufs Spiel gesetzt worden. Das sollte offenbar vermieden werden. In der zweiten Abstimmung hingegen konnte man uns Schwierigkeiten bereiten und doch unsere Forderung nach einem zweiten Vorstandsmitglied erfüllen. Die Opposition einigte sich auf Wolff, der die meisten Stimmen erhielt und also gewählt ist.

Nach der Wahl fielen einige provokatorische Zwischenrufe und Diskussionsbemerkungen, z. B.: man solle Prof. Wolff sofort telephonisch von dem Ergebnis verständigen. Dadelsen sagte mit hämischem Nachdruck, daß, wenn Wolff die Wahl nicht annehmen werde, man sich die Situation neu überlegen müsse. Wiora vom Vorstand wollte die Situation mit der Bemerkung retten, daß in diesem Falle der Kandidat mit der zweithöchsten Stimmenzahl, Meyer, als gewählt gelten würde, was aber von anderen Anwesenden abgelehnt wurde.

Gen. Notowicz drückte in einem Diskussionsbeitrag sein Bedauern darüber aus, daß ein Teil der Mitglieder kein Verständnis für Fellerers Erklärungen gezeigt habe. Die 250 Mitglieder der DDR, die Vorschläge gemacht haben, sollten nicht majorisiert werden, zufällige Ergebnisse sollten in Zukunft nicht die Zusammenarbeit gefährden, der Wunsch nach loyaler Zusammenarbeit müßte im Vordergrund stehen. Auch diese Bemerkungen lösten eine Provokation aus.[43]

Fellerer ließ zwei Ausschüsse (Publikationsausschuß mit dem DDR-Kandidaten Eller und Wahlausschuß mit dem DDR-Kandidaten Stockmann) neu wählen. Das war nicht vorgesehen und stellt offenbar einen Versuch dar, nach altem Muster solche DDR-Kandidaten in die westdeutsche Arbeit einzubeziehen, von denen man annimmt, daß sie sich in die westdeutsche Aufgabenstellung einfügen lassen. Die beiden Ausschüsse wurden gewählt.

Nach der Wahl fand eine kurze Vorstandssitzung statt, in der beschlossen wurde, die nächste Vorstandssitzung nach Magdeburg (März 1964), die nächste Jahreskonferenz nach Halle (Herbst 1964) und den nächsten Kongreß nach Weimar (1966) einzuberufen. Am nächsten Tag hatten Gen. Notowicz und ich ausführliche Gespräche mit Fellerer, Wiora, Gerstenberg und Baum. Alle vier waren offenbar ehrlich bestürzt über den Ausgang der Wahl und distanzierten

---

[43] In einem von Karl Laux geschriebenen *Bericht über die Tagung in Tübingen* (SLB, Mscr. Dresd. x 40, 88) heißt es dazu: »Im Anschluß daran machte Noto die sehr ungeschickte Bemerkung, daß wir die Wahl von Wolff nicht gutheißen können, da Meyer von den Kollegen der DDR in einer Mitgliederversammlung ausgewählt worden sei. Daraufhin kam prompt die Antwort von einem Tagungsteilnehmer: Warum dann diese Mitglieder nicht in Tübingen seien, um zu wählen. Das war vorauszusehen, daß man so argumentieren würde.«

sich von dem Manöver dieser Gruppe, das sie als solches erkannten und bezeichneten. Da Gen. Laux es unterlassen hatte, in der kurzen Vorstandssitzung die »Vertrauliche Mitteilung« nochmals bestätigen zu lassen, wählten wir eine andere Form. Wir forderten die Vorstandsmitglieder auf, einen Brief an Gen. Meyer zu schreiben, in dem sie Mitteilung machen, daß der neue Vorstand die »Vertrauliche Mitteilung« zur Grundlage seiner Arbeit macht und das Prinzip der Einmütigkeit der Beschlüsse, das sich auf den jeweils anderen Staat bezieht, wahren werde.

4. *Einschätzung des Auftretens der Delegation*

Die Fehler im Verhalten der Delegation bestanden in folgendem: Wir haben das Manöver der uns feindlichen Gruppe nicht vorhergesehen und daher auch keine Vorbereitung dagegen getroffen. Auf die provokatorischen Bemerkungen in der Diskussion reagierte nur Gen. Notowicz. Der wichtigste Fehler lag *vor* der Reise: Wir hätten verlangen müssen, daß die DDR-Vorstandsmitglieder, in der gleichen Weise wie etwa die Arbeitsgemeinschaften, in der DDR gewählt und vom Vorstand bloß bestätigt werden. Auch diese Bedingung ware sicher angenommen worden.

Ansonsten wurde die Arbeit auf der Grundlage der Direktive gut durchgeführt. Viele Gespräche mit Kollegen, die uns wohlwollend gegenüberstehen, wurden geführt. Besonders die Gespräche mit den Vorstandsmitgliedern waren wichtig und nützlich. Es war möglich, bestimmte Informationen über die Arbeiten in der DDR auf musikwissenschaftlichen und anderen Gebieten unseres Aufbaues zu geben. Um Genossen Reiner Kluge bemühte sich eine Reihe westdeutscher Studenten und jüngerer Kollegen. Er hat über alle diese Kontakte laufend berichtet und sich tadellos parteilich verhalten.

5. *Unsere Meinung zur weiteren Arbeit*

Wir müssen aktiv und energischer als bisher
   a) in der Internationalen Gesellschaft
   b) in der Gesellschaft für Musikforschung
auftreten, indem wir die politischen, ideologischen und ökonomischen Vorzüge unserer Arbeit deutlicher hervortreten lassen, vor allem durch
1) aktiveres Auftreten bei internationalen Kongressen durch Referate, Übernahme leitender Funktionen dabei u. ä.,
2) verstärkte Publikationstätigkeit (die vorgesehenen Denkmäler-Bände, Ergebnisse unserer Kommissions- und marxistischen Seminar-Arbeiten u. ä.)
3) stärkeres Herausstellen unserer jüngeren marxistischen Musikwissenschaftler (Dr. Brockhaus, G. Mayer, Veit Ernst, [Werner] Rackwitz, Reiner Kluge, Dr. [Horst] Seeger, [Gerd] Schönfelder u. a.)

4) Verbesserung der »Beiträge zur Musikwissenschaft« in der Richtung der Konzentration auf zeitgenössisches Schaffen und Forschen und der Herausstellung unserer Errungenschaften.

Die Möglichkeit der Zusammenarbeit mit den westdeutschen Vorstandsmitgliedern der Gesellschaft für Musikforschung auf der Grundlage der Direktive und der Vertraulichen Mitteilung und die Möglichkeit, mit den feindlichen Strömungen innerhalb der Mitgliederschaft fertig zu werden, schätzen wir positiv ein. Wir müssen Arbeitsgruppen bilden, bereits bestehende heranziehen und deren Leiter für den Beirat nominieren (Goldschmidt, Brock, Knepler). Die selbständige Vertretung der DDR in der Internationalen Gesellschaft bei – zumindest – wohlwollender Neutralität der westdeutschen Gruppe muß und kann erreicht werden. Es wurde dem Gen. Laux zugesagt, daß man sich so verhalten werde. Ferner muß schon bei der nächsten Vorstandswahl ein neuer Modus angewandt werden: Die Vorstandsvertreter der DDR werden nicht von der Gesamtmitglieder-Versammlung, sondern von der Mitgliederversammlung der DDR gewählt und vom Vorstand bestätigt. Damit wäre der letzte, in der Vertraulichen Mitteilung noch nicht vorgesehene Schritt zur Verselbständigung der DDR-Sektion und die größtmögliche Annäherung an eine Konföderation getan. Wir halten es für möglich, diesen Schritt im Vorstand durchzusetzen.

Die Probe aufs Exempel wird das Verhalten des Vorstandes in den nächsten Monaten sein, die Formulierung des besprochenen oben erwähnten Briefes, seine Haltung in der Angelegenheit unseres Vorgehens in der internationalen Angelegenheit.

Aus dieser Einschätzung ergibt sich das taktische Verhalten: Es scheint uns richtig, die durch die Wahl von Prof. Wolff erlittene Schlappe zunächst einzustecken. Die nächste Vorstandssitzung findet sowieso in Magdeburg statt. Man kann mit Wolff offen sprechen, ihn veranlassen, sich loyal zu verhalten. Die Alternative, ihn zu veranlassen, die Wahl abzulehnen, ist genau das, worauf unsere Feinde warten. Gen. Laux hat ja, da das Prinzip der Einmütigkeit anerkannt wurde, sowieso die Möglichkeit des Veto.

Die Funktion des *Wahl*ausschusses ist unbedeutend und bezieht sich nur auf den Wahlakt bei den nächsten Vorstandswahlen. Der Mitwirkung des Koll. Eller im *Publikations*ausschuß sollten wir unter der Bedingung zustimmen, daß jeder Staat seinen eigenen Ausschuß hat und Eller nur koordinierende Funktionen übernimmt, jedoch keinerlei Verantwortung für westdeutsche Publikationen wie etwa die Zeitschrift »Musikforschung«.

SAPMO, DY 30/IV A2/9.04/230.

Dokument 47

Protokoll Nr. 67/64 der Sitzung des Sekretariats des ZK vom 26. 8. 1964

Anwesend: Genosse Grüneberg, Honecker, Mittag, Schön, Eberlein
Entschuldigt: Genosse Ulbricht, Hager, Norden, Verner, Berger, Dohlus
[...]
Sitzungsleitung: Genosse Honecker Protokollführung: Genn. Trautzsch
Beginn: 10.00 Uhr
Ende: 14.00 Uhr
[...]

22. *9. Kongreß der IGMW in Salzburg*
Die Vorlage wird bestätigt. (Anlage Nr. 11)
Die Delegation besteht aus 8 Mitgliedern. Zu streichen sind:
  Prof. Dr. Karl Laux
  Dr. Horst Seeger
  Dr. Alfred Brockhaus.

Anlage Nr. 11 zum Protokoll Nr. 67/64 vom 26. 8. 1964

1. Am 9. Kongreß der *IGfM* nehmen teil:
  – Gen. Prof. Dr. Ernst Hermann *Meyer,*
    Direktor des Inst. f. Musikwissenschaft der Humboldt-Universität, Berlin;
  – Gen. Prof. Dr. Georg *Knepler,*
    Geschäftsführender Direktor am Institut für Musikwissenschaft der Humboldt-Universität, Berlin;
  – Gen. Prof. Dr. Walther *Siegmund-Schultze,*
    Direktor des Inst. für Musikwissenschaft der Martin-Luther-Universität, Halle;
  – Prof. Dr. Rudolf *Eller,*
    Direktor des Inst. f. Musikwissenschaft der Universität Rostock;
  – Prof. Dr. Hellmuth Christian *Wolff,*
    Leiter der Abteilung Musikalische Völkerkunde am Inst. für Musikwissenschaft der Karl-Marx-Universität, Leipzig;
  – Gen. Dr. Alfred *Brockhaus,*
    Dozent für Musikästhetik am Inst. f. Musikwissenschaft der Humboldt-Universität, Berlin;

- Dr. Karl-Heinz *Köhler*,
  Direktor der Musikabteilung der Deutschen Staatsbibliothek Berlin;
- Gen. Prof. Dr. Harry *Goldschmidt*,
  Leiter des Zentralinstituts für Musikforschung beim VDKM Berlin;
- Gen. Prof. em. Dr. Karl *Laux*, Dresden
- Gen. Dr. Horst *Seeger*,
  Chefdramaturg der Komischen Oper Berlin
- Dr. Dieter *Lehmann*,
  wiss. Mitarbeiter am Institut für Musikwissenschaft der Humboldt-Universität, Berlin.
2. Gen. Prof. Dr. Ernst Hermann Meyer wird als Delegationsleiter bestätigt.
3. Die Direktive wird zur Kenntnis genommen.

Direktive

a) Die Mitglieder der Delegation werden beauftragt, in folgenden Symposien und Round Tables mitzuwirken und Diskussionsbeiträge zu halten:

2. Musikalisches Hören	– Gen. Dr. Brockhaus, Gen. Prof. Dr. Knepler
3. Musikwiss. Methode und musik. Praxis	– Gen. Prof. Goldschmidt
5. Nationale Komponenten	– Gen. Prof. Dr. E. H. Meyer
6. Mozart-Forschung	– Dr. KH. Köhler, Gen. Prof. Dr. G. Knepler
7. Oper	– Gen. Dr. H. Seeger

Round Tables:

8. Barockkonzert	– Prof. Dr. H. Chr. Wolff, Prof. Dr. R. Eller
10. Slawische Musik	– Dr. Lehmann, Gen. Prof. K. Laux
12. Verdi	– Gen. Prof. Dr. Siegmund-Schultze
13. Informationstheorien	– Gen. Dr. A. Brockhaus

b) Der Delegationsleiter, Gen. Prof. Ernst Hermann Meyer, ist den DDR-Teilnehmern weisungsberechtigt.
Er wird beauftragt, täglich den Kongreß mit den Delegationsmitgliedern auszuwerten und die Verhaltungsgrundsätze für den nächsten Tag festzulegen.

c) Die Delegationsmitglieder werden verpflichtet, durch persönliche Gespräche den Einfluß der marxistisch-leninistischen Musikwissenschaft zu stärken und die Diskussion über kulturpolitische Fragen auf der Grundlage der Beschlüsse des V. Plenums zu führen.

Die Vorlage wurde von Gen. Grampp, Sektor Philologie/Kunst und Gen. Frohß, Sektor Ausland II, ausgearbeitet.

[gez.] *Gießmann*
Prof. Dr. Gießmann

Abschrift

Ministerium der Finanzen
1. Stellvertreter des Ministers   Berlin, den 14. August 1964

Stellungnahme zur Vorlage »9. Kongreß der Internationalen Gesellschaft für Musikwissenschaft vom 30. 8.–5. 9. 1964 in Salzburg«

Nach dem bestätigten Jahresplan sind 10 Teilnehmer vorgesehen. Die Teilnahme an dem Kongreß erfordert einen beträchtlichen Valutaaufwand
(5.991,– VM = 36.850,– ÖS für 11 Teilnehmer).
Ich schlage vor, den Teilnehmerkreis auf 6 bis höchstens 8 Personen zu begrenzen.

gez. Kaminsky

Kostenvoranschlag

Übernachtung	15.660 ÖS =	2.546,– DM
Tagegeld	16.240 ÖS =	2.640,– DM

Reisekosten
a) Berlin-Wien-Berlin   4.453,– DM
   Wien-Salzburg-Wien   500,– DM

Teilnehmergebühren und
Exkursionskosten   4.950 ÖS =   *805,– DM*

insgesamt   10.924,– DM
davon in Valuta: 5.991,– DM (36.850 ÖS)

19 Exemplare je 28 Blatt
13. Exemplar   28 Blatt

Persönliche Verschlußsache
– Vorlagen –
ZK 02 Tgb.-Nr. 1045

Abteilung Wissenschaften   Berlin, den 19. August 1964
                                                  II/6–Ba

Stellungnahme zur Vorlage des Staatssekretariats für das Hoch- und Fachschulwesen an das Sekretariat des Zentralkomitees der SED

Betr.: 9. Kongreß der Internationalen Gesellschaft für Musikwissenschaft vom 30. August bis 5. September 1964 in Salzburg

Die Abteilung Wissenschaften stimmt der Vorlage des Staatssekretariats für das Hoch- und Fachschulwesen zu, eine Delegation von Musikwissenschaftlern aus der DDR zum 9. Kongreß der Internationalen Gesellschaft für Musikwissenschaft vom 30. August bis 5. September 1964 nach Salzburg zu entsenden.

Die Aufgabe unserer Delegation besteht darin, bei allen wissenschaftlichen Veranstaltungen die Kulturpolitik der DDR aktiv zu vertreten, die marxistischen Kräfte in der Internationalen Gesellschaft für Musikforschung zu unterstützen und die Angriffe bürgerlicher Wissenschaftler aus den kapitalistischen Ländern, die den Positivismus propagieren, abzuwehren.

Eine weitere nicht weniger wichtige Aufgabe besteht darin, zu versuchen, daß auf der Generalversammlung der IGfMW ein DDR-Wissenschaftler als Vertreter unseres Landes in das Direktorium der IGfMW gewählt wird.

Gegen den Vorschlag des Ministeriums für Finanzen, die DDR-Delegation von 11 auf 8 Mitglieder zu kürzen, haben wir nichts einzuwenden.

Aus diesem Grunde schlagen wir vor, folgende Mitglieder der Delegation zu streichen: Prof. Dr. Karl Laux, Dr. Horst Seeger, Dr. Alfred Brockhaus

[handschriftlich:] *Warum soll z. B. Dr. Seeger (»er gehört zu den begabten jüngeren Musikwissenschaftlern«) gestrichen werden, aber Gen. Goldschmidt fahren (»bei ihm wurden revisionistische Ansichten deutlich, die noch nicht überwunden sind«).*[44]

---

[44] Handschriftlicher Vermerk eines ZK-Sekretärs.

[gez.] *i. V. Markowski*   [gez.] *Hörnig*
Internationale Verbindungen   Abteilung Wissenschaften

[gez.] *Raab*   [gez.] *Müller*
Finanzverwaltung und Parteibetriebe   Kaderfragen

                                            16. Expl. Internat. Verbind.
Verteiler: 1.–13. Expl. Sekretariat   17. Expl. Finanzverw.
               14. Expl. Büro Hager   18. Expl. St. f. HFSW
               15. Expl. Kaderfragen   19. Expl. Wissenschaften

SAPMO, DY 30/J IV 2/3 A 1.094.

Dokument 48

Ordnung über die Verantwortung der staatlichen Organe bei der Beschickung von Tagungen und Kongressen in den nichtsozialistischen Staaten
[Beschluß des Sekretariats des ZK der SED vom 22. 4. 1965]

Beschluß:
In Ergänzung des Sekretariatsbeschlusses vom 7. 4. 1965 wird beschlossen:
1. Der Stellvertreter des Vorsitzenden des Ministerrates Alexander Abusch ist verantwortlich für die Anleitung der zuständigen staatlichen Leiter in Grundsatzfragen für die Teilnahme von Wissenschaftlern der Deutschen Demokratischen Republik an Veranstaltungen im nichtsozialistischen Ausland, koordiniert und kontrolliert die Durchführung und Einhaltung der grundsätzlichen Beschlüsse auf diesem Gebiet und legt dem Sekretariat des Zentralkomitees der SED und dem Ministerrat in regelmäßigen Abständen Analysen und erforderliche Schlußfolgerungen vor.
2. Für die Beschickung wichtiger wissenschaftlicher Veranstaltungen in nichtsozialistischen Staaten durch Delegationen aus der Deutschen Demokratischen Republik sind verantwortlich:
Auf dem Gebiet
    der Gesellschaftswissenschaften
        der Staatssekretär für das Hoch- und Fachschulwesen

der Naturwissenschaften, Technik, Land- und Forstwirtschaft und Veterinärmedizin

der Staatssekretär für Forschung und Technik

der medizinischen Wissenschaften

der Minister für Gesundheitswesen

Die genannten staatlichen Leiter bestätigen nach Abstimmung mit den Delegationsorganen (Volkswirtschaftsrat, Landwirtschaftsrat, Ministerien und Staatssekretariate mit eigenem Geschäftsbereich, Deutsche Akademie der Wissenschaften, Deutsche Akademie der Künste) die Pläne für die Teilnahme von Vertretern der Deutschen Demokratischen Republik an wissenschaftlichen Veranstaltungen in den nichtsozialistischen Staaten.

Sie tragen Verantwortung für die Anleitung, Kontrolle und Auswertung der Reisen und sind weisungsberechtigt für die betreffenden Gebiete.

3. Das Ministerium für Auswärtige Angelegenheiten ist verantwortlich:

a) für die notwendige außenpolitische Orientierung der delegationsbildenden Organe;

b) für eine einheitliche und zielstrebige Leitung des Kampfes gegen das »Alliierte Reiseamt«;

c) auf diplomatischem Wege die sozialistischen Länder mit unseren Auffassungen über eine bessere Zusammenarbeit bei der Vorbereitung, Beteiligung und Auswertung internationaler Kongresse im nichtsozialistischen Ausland vertraut zu machen.

4. Die im Plan festgelegten Leiter der mit der Bildung, Anleitung und Betreuung der Delegation zu einer Veranstaltung beauftragten Organe sind für die politische, fachliche und kadermäßige Vorbereitung, Durchführung und Auswertung verantwortlich.

Sie sind verpflichtet, die Zusammensetzung der Delegationen mit den anderen beteiligten Organen abzustimmen.

Sie haben Direktiven für die Durchführung von Aufgaben und das Auftreten der Delegation auszuarbeiten und mit dem Ministerium für Auswärtige Angelegenheiten abzustimmen. Die Direktiven werden von dem Leiter des Delegationsorgans bestätigt.

Die Inanspruchnahme des Travelpasses hat das Ministerium für Auswärtige Angelegenheiten nach Absprache mit der zuständigen Abteilung des Zentralkomitees gesondert zu entscheiden.

[...]

Umlauf-Protokoll Nr. 31/65, Anlage 12, SAPMO, DY 30/J IV 2/3/1071, Bl. 31–33.

Dokument 49

Umlauf-Protokoll Nr. 40/65 [des Sekretariats des ZK der SED]
Bestätigt durch die Genossen Honecker, Mittag, Norden, Verner, Schön,
Berger, Jarowinsky, Dohlus, Eberlein
am 2. Juni 1965

[...]
10. *DDR-Delegation zum 40. Deutschen Bach-Fest, das vom 10. bis 14. 6. 1965 in Hamburg stattfindet:*

1. Der Entsendung einer DDR-Delegation zum 40. Deutschen Bachfest, das vom 10. bis 14. Juni 1965 in Hamburg stattfindet, wird zugestimmt. Die Zusammensetzung der Delegation wird bestätigt. – (Anlage Nr. 4) –
2. Es ist eine Parteigruppe zu bilden. Sekretär: Genosse Prof. Dr. Werner *Felix*, Rektor der Musikhochschule Weimar.
3. Die Direktive wird zustimmend zur Kenntnis genommen.
[...]

Ministerium für Kultur
– Der Minister – Berlin, den 11. Mai 1965

Vorlage an das Sekretariat des ZK der SED

Betrifft:
Das 40. Deutsche Bach-Fest in Hamburg und die Beteiligung der Deutschen Demokratischen Republik

Beschluß:
Das Sekretariat des ZK der SED beschließt
1. die Beteiligung der DDR am Bach-Fest in Hamburg mit einer Delegation, deren Zusammensetzung in der Anlage aufgeführt ist;
2. die in der Anlage gegebene Direktive für das Auftreten der Delegation in Hamburg.

[gez.] *Hans Bentzien*
– Hans Bentzien –

Die Vorlage wurde ausgearbeitet von:
der Abteilung Musik des Ministeriums für Kultur
und abgestimmt mit Genossen Professor Nathan Notowicz, 1. Sekretär des
Verbandes Deutscher Komponisten und Musikwissenschaftler und stellv.
Vorsitzender der Neuen Bach-Gesellschaft.

Bei der Behandlung der Vorlage sind einzuladen:
Genosse Kurt Bork, Stellvertreter des Ministers für Kultur
Genosse Dr. Werner Rackwitz, Leiter der Abt. Musik
Genosse Professor Nathan Notowicz, VDK

Das 40. Deutsche Bach-Fest und die Beteiligung der Deutschen Demokratischen Republik

In Hamburg findet vom 10.–14. 6. 1965 das 40. Deutsche Bach-Fest statt. Entsprechend der seit Jahren geübten Praxis und den Festlegungen im Vorstand der Neuen Bach-Gesellschaft finden die jährlichen Bach-Feste alternierend in der Deutschen Demokratischen Republik oder in Westdeutschland statt. Das 39. Deutsche Bach-Fest wurde im September 1964 in Weimar mit gutem Erfolg durchgeführt.

Es ist vorgesehen, daß sich am diesjährigen Bach-Fest in Hamburg eine Delegation von Künstlern, Studenten und Musikwissenschaftlern unserer Republik beteiligt, vor allem Vertreter des Vorstandes, des Verwaltungsrates und des Direktoriums der »Neuen Bach-Gesellschaft«. Über die Zusammensetzung der Delegation gibt die beigefügte Namensliste Aufschluß.

Mit der Beteiligung am Bach-Fest in Hamburg sind folgende Aufgaben gestellt:

1. In der Mitgliederversammlung und in Einzelgesprächen sind Grundgedanken unserer Politik in der nationalen Frage zur Sprache zu bringen und unsere Verständigungsvorschläge und unsere Friedensdoktrin der Entwicklung in Westdeutschland gegenüberzustellen. Es gilt darzulegen, daß die Politik einer friedlichen Verständigung, die Absage an alle Gedanken des Revanchismus und der Atomaufrüstung auch im Lebensinteresse der Neuen Bach-Gesellschaft liegt. Es wird dafür Sorge getragen, daß der Standpunkt der Deutschen Demokratischen Republik in allen politischen und kulturellen Fragen zum Ausdruck kommt.

In Gesprächen soll unsere Auffassung, daß der Abschluß eines Kulturabkommens ein wichtiger Schritt zur Herstellung normaler Beziehungen zwischen den beiden deutschen Staaten ist, dargelegt und die Frage der Anerkennung der Deutschen Demokratischen Republik zur Sprache gebracht werden.

2. Anknüpfend an einen Vortrag von Professor *Neumann*, Leipzig, soll die Diskussion über unser heutiges Bachbild, die bereits auf den Bach-Festen 1962 in Leipzig und 1964 in Weimar begonnen wurde, weitergeführt werden. Durch die Teilnahme bedeutender Musikwissenschaftler und Persönlichkeiten unseres kulturellen Lebens ist eine gute Partnerschaft für das fachliche und kulturpolitische Gespräch gegeben.

3. Namhafte Solisten unserer Republik (Adele Stolte, Gerda Schriever, Hans-Joachim Rotzsch und Johannes Künzel) werden in mehreren Veranstaltungen mitwirken, unter anderem auch im Eröffnungskonzert im Großen Saal der Musikhalle, das unter dem Motto steht: »Die weltlichen Quellen des Weihnachtsoratoriums«. Es konnte erreicht werden, daß das Kammerorchester der Musikhochschule Weimar unter Leitung von Professor [Fritz] *Ehlers* ein eigenes abendfüllendes Konzert im Gesamtprogramm erhielt. Damit sind gute Voraussetzungen gegeben, um den Gästen des Bach-Festes ein Bild vom Stand unserer künstlerischen Leistungen zu vermitteln und ihnen im Auftreten des Kammerorchesters Weimar zugleich Ergebnisse unseres sozialistischen Erziehungswesens sichtbar zu machen.

4. Unsere Delegation wird auf das 1966 in Leipzig stattfindende Internationale Bach-Fest orientieren. Der bisherige Verlauf der Bach-Feste hat eindeutig die Überlegenheit der Bachpflege unserer Republik gezeigt sowohl in den Fragen der künstlerischen Interpretation wie auch der wissenschaftlichen Erarbeitung und Popularisierung des neuen Bachbildes. Die Aufgabe, Leipzig, Sitz der Neuen Bach-Gesellschaft, zum bedeutendsten Zentrum der Bachpflege überhaupt zu machen und mit den in Abständen von zwei Jahren dort durchzuführenden Bach-Festen bzw. Bach-Wettbewerben Höhepunkte von internationaler Geltung zu schaffen, ist in Hamburg zielstrebig in Angriff zu nehmen.

Das Programm des Hamburger Bach-Festes sieht eine große Zahl von Veranstaltungen vor.

Die Programme enthalten vor allem Werke von Johann Sebastian Bach und seiner Zeit. In geringem Umfange werden auch Werke zeitgenössischer Komponisten kapitalistischer Länder gespielt wie zum Beispiel Hindemith, Britten, Fortner, Dallapiccola u. a. Keinesfalls handelt es sich hierbei um Vertreter einseitig formalistischen Schaffens. Auch ist vom Programm her keine Möglichkeit der Äußerung antihumanistischer Auffassungen gegeben. Die Aufnahme von neuen Kompositionen aus unserer Republik wurde vom Vorstand der Bach-Gesellschaft mehrmals befürwortet, konnte aber nicht durchgesetzt werden.

Das Bach-Fest wird finanziell vom Hamburger Senat gestützt. Entsprechend der bisherigen Praxis wird das Programm der Bach-Gesellschaft kein Vorwort seitens der Vertreter des Staates, der Stadt oder des Senats enthalten. Bei den mündlichen Begrüßungen werden seitens der Einlader keine Formulierungen gebraucht, die als Provokation zu betrachten sind oder die die Nennung unserer Teilnahme zu umgehen suchen. In diesem Sinne wird nochmals eine vorherige Absprache mit Professor Dr. *Mahrenholz*, dem Vorsitzenden der Gesellschaft in Westdeutschland, erfolgen. Nach allen bisherigen Erfahrungen ist von den westdeutschen Vorstandsmitgliedern der Gesellschaft ein korrektes Verhalten gegenüber unseren Forderungen in dieser Angelegenheit zu erwarten. In seiner Begrüßung zum Bach-Fest 1964 in Weimar sprach Professor Dr. Mahrenholz offiziell den staatlichen Stellen unserer Republik seinen Dank aus. Sollten wider Erwarten Provokationen versucht werden, so sind die Delegationsmitglieder auf eine klare Zurückweisung vorbereitet.

Die Reise- und Aufenthaltskosten sind grundsätzlich von den Teilnehmern selbst zu tragen. Es wird angestrebt, mit Professor Dr. Mahrenholz, Hannover, eine Übereinkunft zu treffen, daß die notwendigen Mittel von den DDR-Teilnehmern auf das Konto der Geschäftsstelle Leipzig eingezahlt werden und daß ihnen die gleichen Beträge in DM von der Geschäftsstelle Hannover ausgezahlt werden. Damit wird unserer Republik die Ausgabe von Devisen erspart; andererseits treten wir nicht in Erscheinung, als wären wir auf Unterstützung angewiesen.

Anlage
Zusammensetzung der Delegation für das 40. Deutsche Bach-Fest in Hamburg

Vom Verwaltungsrat bzw. Direktorium der Neuen Bach-Gesellschaft:
  Genosse Professor Nathan *Notowicz*
  Thomaskantor Professor [Erhard] *Mauersberger*
  Genosse Prof. Dr. [Günther] *Kraft*, Weimar
  Professor Dr. [Werner] *Neumann*, Leiter des Bach-Archivs Leipzig
  Genosse Dr. [Helmut] *Zeraschi*, Leiter des Deutschen Verlages für Musik, Leipzig
  Landeskirchenmusikdirektor [Gerhard] *Bremsteller*, Magdeburg

Darüber hinaus gehören folgende Persönlichkeiten zur Delegation:
  Genosse Prof. Dr. Werner Felix, Rektor der Musikhochschule, Weimar
  Genosse Heinz Thoma, Parteisekretär der Franz-Liszt-Hochschule, Weimar
  Genosse Stadtrat Dr. [Rudolf] Gehrke, Leipzig
  Genosse Prof. Dr. [Heinz] Hertz, Jena
  Genosse Professor [Günther] Rienäcker, Berlin
  Jochen Ferner, Musikhochschule Leipzig
  Genossin Herta Schetelich, Musikbibliothek Leipzig

Die Leitung der Delegation hat Genosse Professor *Notowicz* als Stellv. Vorsitzender der Bach-Gesellschaft. Die Delegation bildet eine Parteigruppe, deren Sekretär Professor Dr. *Felix*, Weimar, ist.

Die Vorbereitung und Betreuung des Kammerorchesters der Hochschule Weimar liegt in den Händen der Hochschulleitung. Für die politische Anleitung des Kammerorchesters der Franz-Liszt-Hochschule, Weimar, ist Genosse Heinz *Thoma* verantwortlich. Die künstlerische Leitung hat Genosse Professor *Ehlers*.

Ferner wird zur Delegation Frau [Charlotte] *Henneberg* (im Rentenalter) gehören, die als Sekretärin der Bach-Gesellschaft die Erledigung aller technischen Arbeiten übernimmt.

Als Künstler in den Konzerten treten auf:

Adele *Stolte*
Gerda *Schriever*
Hans-Joachim *Rotzsch*
Johannes *Künzel*
Ulrike *Taube*

Das Kammerorchester der Hochschule Weimar wird auf seiner Rückreise am 15. Juni ein Konzert in der Musikhochschule Hannover geben. Damit werden Verbindungen zwischen zwei Musikhochschulen geschaffen, die die Möglichkeit des politischen Gesprächs geben.

Herr Professor *Neumann*, Leipzig, hat den Antrag gestellt, mit seiner Frau fahren zu können. Diesem Antrag wird zugestimmt.

18. Exemplar *11* Blatt
11. Exemplar *11* Blatt

Persönliche Verschlußsache
– Vorlagen –
ZK 02 Tgb.-Nr. 722

Abteilung Kultur   Berlin, den 15. 5. 1965

Stellungnahme
zur Vorlage des Ministeriums für Kultur über die Beteiligung der
Deutschen Demokratischen Republik am Bachfest in Hamburg

Die Abteilung Kultur des ZK ist mit der Vorlage und der darin enthaltenen Direktive für das Auftreten der DDR-Delegation beim 40. Deutschen Bachfest in Hamburg einverstanden.

Durch die Abteilung Kultur des ZK wird aus den Genossen der Delegation eine Parteigruppe gebildet. Ihr Sekretär wird Genosse Prof. Dr. Werner Felix, Rektor der Musikhochschule Weimar.

[gez.] *i. V. Wieland*   [gez.] *i. V. Heinze*
Abteilung Kaderfragen   Abteilung Kultur

[gez.] *Hager*   [gez.] *Geggel*
/K. Hager/   Westkommission

Verteiler: 1.–13. Ex. Sekretariat
          14. Ex. Gen. Hager
          15. Ex. Abt. 62[45]
          16. Ex. Abt. f. Kaderfragen
          17. Ex. Abt. Kultur
          18. Ex. Min. f. Kultur

SAPMO, DY 30/J IV 2/3 A 1.187.

---

[45] Gemeint ist die höchste für die Arbeit nach Westdeutschland zuständige Dienststelle im Partei- und Staatsapparat: die in den fünfziger Jahren gebildete und von ZK-Sekretär und Politbüromitglied Albert Norden geleitete »Kommission für gesamtdeutsche Arbeit beim Politbüro«. Unter der Tarnbezeichnung »Abteilung 62« wurde der Schriftverkehr mit anderen Dienststellen abgewikkelt.

Dokument 50

Entwurf

Vorstandswahl G.f.M. 1965

0 *Vorbesprechungen*
0.1 *Besprechung der Initiativgruppe*
Prof. Dr. Meyer
Prof. Notowicz
Prof. Dr. Vetter   Verantwortlich: Prof. Dr. Meyer
0.2 *Tagung der Parteigruppe der G.f.M.*
Leipzig, am 5. 7. 1965, 9 Uhr, im Rektorat der Universität Leipzig
Verantwortlich für Einladungen und Organisation: K. Niemann

Entwurf *Streng vertraulich !!!*

Vorstandswahl G.f.M. 1965 (Konzeption der DDR-Sektion)

1 *Wahlversammlung der DDR-Sektion der G.f.M. in Leipzig am 5. 7.*
Unter Abweichung von den Statuten der G.f.M., aufgrund mündlicher
Vereinbarungen des Vorstandes wählt die DDR-Sektion selbständig ihren
Vizepräsidenten und einen Beisitzer für den Vorstand.
Die DDR-Sektion grenzt sich damit von Majorisierungen durch den west-
deutschen Teil der G.f.M. ab. Sie demonstriert gegenüber dem westdeutschen Teil der G.f.M., daß die Statuten der G.f.M. der gegenwärtigen politischen und wissenschaftsorganisatorischen Situation in Deutschland nicht
entsprechen.
Die DDR-Sektion wird an der Wahl des westdeutschen Vizepräsidenten
und des westdt. Beisitzers nicht teilnehmen.
Im übrigen wird die Wahl der DDR-Vorstandsmitglieder streng nach den
Statuten durchgeführt.
1.1 Den Mitgliedern der DDR Sektion wird diese prinzipielle Stellungnahme
vorgetragen und erläutert. Die Leistungen der G.f.M. im gesamtdeutschen
und im nationalen Maßstab (DDR-Sektion) werden ausführlich gewürdigt
und die beiderseitigen Interessen an dieser Arbeit besonders betont.
Redner: *Prof. Dr. Meyer* oder *Prof. Notowicz*

1.2 Im Namen des alten Initiativkomitees für die Wiederaufnahme der gesamtdeutschen Arbeit der G.f.M. (1963) schlägt *Prof. Dr. Vetter* die Kandidaten
vor:

  Prof. Dr. Laux   Prof. Dr. Eller

und begründet die Vorschläge; er bittet um weitere Kandidaten-Vorschläge.
(Hierbei werden sicher Prof. Dr. Wolff, ggf. weitere Namen genannt werden. Es ist – im Hinblick auf eine unanfechtbare Demonstration der DDR-
Delegation – nicht zweckmäßig, solche Kandidaturen zu verhindern – besonders nicht in Anbetracht inoffiziell nach Westdeutschland gehender Berichte. Es ist also auch *nicht ratsam*, Prof. Wolff zu einer Ablehnung der
Kandidatur zu bewegen, zumal seine gegenteilige Haltung dem Vorstand
bekannt ist.)

2 *Mitteilung an den Vorstand*
Der neugewählte Vizepräsident teilt dem Präsidenten Prof. Dr. Fellerer die
Ergebnisse der Wahlversammlung mit:
a) die Namen der Gewählten;
b) die DDR-Sektion betrachtet diese Wahl als endgültig; sie lehnt eine Majorisierung durch den westdeutschen Teil der G.f.M. ab, da eine solche
   der politischen und wissenschaftsorganisatorischen Situation in Deutschland widerspricht;
c) die DDR-Delegation wird sich an der Wahl des westdeutschen Vizepräsidenten und Beisitzers ihrerseits nicht beteiligen;
d) die DDR-Sektion bittet den Präsidenten, ihre Entscheidung auf der Mitgliederversammlung in Coburg bekanntzugeben.

3 *Mitgliederversammlung der G.f.M. in Coburg*
3.1 Die Mitglieder der DDR-Delegation erläutern in *persönlichen Gesprächen* – wo
möglich – die prinzipielle Stellungnahme der DDR-Sektion. (Dazu ist
hauptsächlich nötig, daß die Delegationsmitglieder selbst von dieser Stellungnahme überzeugt sind; es hat keinen Sinn, sie bei der Vorbereitung der
Reise zu agitieren oder sie zu ausdrücklicher Agitation in Coburg anzu-
halten. Der Anspruch der DDR-Sektion auf eine der wissenschaftspolitischen Lage entsprechende Selbständigkeit ist so natürlich, daß wir sie nur
beim Auftreten anderer Argumente betonen sollten – dann allerdings post-
wendend.)
3.2 Die DDR-Delegation beteiligt sich an der Wahl des Präsidenten.
3.3 Da die DDR-Sektion ihre Vertreter für den Vorstand bereits in Leipzig gewählt hat und diesbezügliche Eingriffe des westdeutschen Teils der G.f.M.
in die Entscheidungen der DDR-Sektion nicht wünscht, beteiligt sich die

DDR-Delegation *nicht* an der Wahl für den westdeutschen Vizepräsidenten und für den westdeutschen Beisitzer.

3.4 *Erklärungen*

a) Wenn der westdeutsche Teil der G.f.M. die Entscheidungen der DDR-Sektion voll anerkennen und sich auf die Wahl der westdeutschen Kandidaten beschränken sollte: keine Erklärung.

b) Wenn die in Leipzig gewählten DDR-Vertreter nochmals auf die Kandidatenliste gesetzt *und* tatsächlich auch gewählt werden sollten – *oder* wenn andere Kandidaten statt ihrer zwar vorgeschlagen, aber nicht gewählt werden sollten – *oder* wenn *zusätzlich* zu den in Leipzig Gewählten ein DDR-Kandidat gewählt werden sollte:

so wird ein Mitglied der DDR-Delegation eine vorbereitete Erklärung abgeben (*Erklärung Nr. 1*: prinzipielle Stellungnahme der DDR-Sektion; Kritik an der gegenwärtigen Fassung der Statuten).

c) Wenn der westdeutsche Teil der G.f.M. die Entscheidung der DDR-Sektion ignorieren und andere als die bereits gewählten Vertreter wählen sollte:

so wird ein anderes Mitglied der DDR-Delegation eine vorbereitete Erklärung abgeben (*Erklärung Nr. 2*: Bedauern über westdeutsche Eingriffe. »Es wird in dieser Geschäftsperiode also keinen gemeinsamen Vorstand geben.« Kritik an der derzeitigen Fassung der Statuten.).

4 *Antrag auf Statuten-Änderung*

Der Vizepräsident der DDR-Sektion oder ein DDR-Mitglied des neugewählten Vorstandes oder ein Delegationsmitglied übergibt dem neugewählten Vorstand in Coburg einen Antrag der DDR-Sektion, in Weimar eine Statuten-Änderung vorzunehmen.

(Verantwortlich für die Ausarbeitung: Prof. Dr. Laux)

BA Berlin, DR-3/2152/1.

Dokument 51

Bericht über die Verhandlung mit Prof. Fellerer
[Anlage eines Briefes von Karl Laux an das SHF, Sektor Philologie/Kunst, vom
30. 9. 1965]

Prof. Fellerer war der Ansicht, daß es nur darum ginge, die von der Sektion
DDR gewählten Vorstandsmitglieder der Mitgliederversammlung zur Annahme
zu empfehlen. Er stellte es sich so vor, daß er, wenn er zunächst wiedergewählt
würde (oder aber ein anderer, der sich sicherlich dem anschließen würde – es
besteht übrigens kaum ein Zweifel darüber, daß F. wiedergewählt wird), der Versammlung die Mitteilung davon macht, daß Laux und Eller gemäß einer geheimen Wahl von den DDR-Mitgliedern (den Ausdruck »Sektion« erkennt er
nicht an, es gäbe keine Sektionen in der GFMf) vorgeschlagen seien, und er
empfehle der Versammlung diese Kollegen. Damit ist die Forderung der Statuten erfüllt, daß der Präsident die Mitglieder des Vorstandes vorschlägt.
    Man müsse aber – laut Wahlordnung – gegenwärtig sein, daß der Wahlleiter,
in diesem Falle Frau Prof. Abert, die Frage stellt, ob andere Kandidaten genannt
werden. Doch wäre es möglich, daß die Kollegin diese Frage »vergißt«. Dagegen
müsse aber dann – laut Statut – gewählt werden, d. h. alle Mitglieder, auch die
westdeutschen, entscheiden auch über unsere Kandidaten. Fellerer ist der Überzeugung, daß Laux und Eller gewählt werden, die älteren Kollegen wollen in
diesem Sinne auch auf die jüngeren einwirken – durch »Flüsterpropaganda«, wie
sich F. ausdrückte.
    Ich versuchte dann, F. klarzumachen, daß es uns nicht *darum* gehe. Vielmehr
fordern wir, daß unsere Wahl anerkannt wird, daß wir es ablehnen, von den
westdeutschen [Mitgliedern] gewählt zu werden, wie auch wir uns nicht an der
Wahl der westdeutschen Vorstandsmitglieder beteiligen werden.
    Darauf glaubt Fellerer nicht eingehen zu können.
1. Wir seien eine Fachgesellschaft, keine nationale Gesellschaft, wir hätten ja
   auch Mitglieder aus der Schweiz und aus Österreich.
2. Das Statut verlangt die Wahl, also müsse, solange nicht das Statut geändert
   ist, gewählt werden, in diesem Falle käme ja die Wahl der Akzeptierung des
   DDR-Vorschlages gleich.
3. Eine Satzungsänderung kann nicht vorgenommen werden. Ein entsprechender Antrag muß – das bezieht sich auch auf die von uns geplante Vorlage
   nach Coburg, von der ich andeutungsweise gesprochen habe – laut Statut
   dem Präsidenten und dem Vorstand zur Vorlage bei der Mitgliederversammlung zugeleitet werden. Ohne Mitgliederversammlung könne die Änderung
   nicht vorgenommen werden.

Fellerer geht also ganz formal vor, er müsse sich ja auch, da die GFMf ein E. V. sei, an das Gesetz halten. Er ist lediglich bereit, nicht nur zu sagen, Laux und Eller werden von den DDR-Mitgliedern vorgeschlagen, sondern: Auf Grund einer geheimen Wahl, über die dem Präsidenten und dem Vorstand an Hand eines Protokolls berichtet wurde, schlage ich Laux und Eller vor.

F. ist der Ansicht, wenn er der Versammlung davon Kenntnis geben würde, daß die DDR-Mitglieder die Wahl als endgültig betrachten und daß sie sich nicht an der Wahl der westdeutschen Vorstandsmitglieder beteiligen, gäbe es eine starke Opposition (unter Berufung auf das, was man drüben unter Demokratie versteht – dieser Ausdruck stammt natürlich von mir!), die ausbleiben würde, wenn man nach seiner Taktik (Vorschlag und Bestätigung durch die Wahl) vorginge.

Folgerungen

Ich erlaube mir eine natürlich ganz persönliche Stellungnahme. Es gibt meiner Ansicht nach zwei Möglichkeiten:
1. Wir brechen sofort die Beziehungen ab. Eine Möglichkeit weiterer Verhandlungen gibt es nicht. Fellerer ist heute nach Italien gereist, wo er bis Coburg in einem Institut zu tun hat. Man könnte also nur noch mit dem Vizepräsidenten West, Prof. Wiora, verhandeln. Ich glaube nicht, daß etwas anderes dabei herauskäme. Wir brauchten dann nicht nach Coburg zu fahren und unnötig Geld auszugeben.
2. Wir fahren nach Coburg und lassen es dort auf eine Auseinandersetzung ankommen, wobei wir zahlenmäßig weit unterlegen sind und aller Wahrscheinlichkeit nach vorzeitig, aber, da die Mitgliederversammlung erst am Nachmittag des letzten Tages stattfindet, nach Absolvierung des ganzen Programms, auch unserer Vortrag- und Referat-Beiträge, abreisen.

Ich nehme an, daß in Bälde eine Besprechung über die Lage stattfinden wird und erwarte eine entsprechende Einladung.

[gez.] *Laux*

BA Berlin, DR-3/2152/1.

Dokument 52

Grundsätze zur weiteren Arbeit in der Gesellschaft für Musikforschung und Maßnahmen zu ihrer Durchsetzung
[Anlage III zur Vorlage des SHF für das Sekretariat des ZK der SED vom 14. 4. 1966 über den Kongreß der GfM in Leipzig]

Grundsätze:

1. Die weitere Entwicklung der Beziehungen der Musikwissenschaftler aus beiden deutschen Staaten innerhalb der Gesellschaft für Musikforschung muß dem Ziel dienen, die politische und organisatorische Selbständigkeit der DDR-Sektion ständig zu sichern und zu festigen und dabei gleichzeitig den Einfluß der marxistischen Musikwissenschaft auf die progressiven Kräfte Westdeutschlands systematisch weiter auszubauen.
   Alle Bemühungen der DDR-Sektion um Zusammenarbeit mit der Sektion der Bundesrepublik müssen getragen sein von dem Bewußtsein der nationalen Verantwortung der DDR für die Entwicklung der deutschen Wissenschaft unter friedlichen und fortschrittlichen Bedingungen.

2. Ausgehend von der Existenz zweier selbständiger deutscher Staaten ist in Vorbereitung der Jahresversammlung der G.f.M. im Oktober 1965 in Coburg die Existenz zweier gleichberechtigter Sektionen der Gesellschaft für Musikforschung, deren Zuständigkeit sich jeweils auf das Territorium eines Staates beschränkt, durch den Vorstand in geeigneter Form zu fixieren und eine entsprechende Statutenänderung bzw. Ergänzung vorzubereiten.
   Der Sitz der DDR-Sektion, Leipzig, ist gleichberechtigt neben dem Sitz der westdeutschen Sektion, Kassel, in Urkunden und im Schriftverkehr anzuführen.

3. Jede Sektion kann Mitglied des Musikrates ihres Staates werden. Die Vertretung der deutschen Musikwissenschaft im Internationalen Musikrat allein durch den westdeutschen Musikrat (eine Körperschaft des öffentlichen Rechts, die von westdeutschen Industrie- und Finanzkreisen gestützt wird und ausschließlich die Interessen der Bundesrepublik vertritt) wird für die DDR nicht anerkannt.
   Die Anerkennung dieses Grundsatzes und die aktive Unterstützung des Erwerbs der selbständigen Mitgliedschaft der DDR im Internationalen Musikrat ist eine Voraussetzung für die weitere sachliche Zusammenarbeit der beiden Sektionen der Gesellschaft für Musikforschung.

4. Die Vorstände der Sektionen werden in selbständigen Wahlvorgängen innerhalb der Sektionen gewählt und bedürfen nicht der Bestätigung durch eine gemeinsame Mitgliederversammlung beider Sektionen.

5. Zur Beratung gemeinsamer Probleme beider Sektionen und zur Vertretung gemeinsamer Interessen tritt der gemeinsame Vorstand der Gesellschaft für Musikforschung zusammen. Der gemeinsame Vorstand soll sich paritätisch aus Mitgliedern der Sektionsvorstände beider Sektionen zusammensetzen, die ohne besondere Wahl in den gemeinsamen Vorstand der Gesellschaft für Musikforschung zu kooptieren sind.
Alle Entscheidungen im gemeinsamen Vorstand erfolgen nach dem Prinzip der Einstimmigkeit, jeder Versuch einer Majorisierung ist entschieden zurückzuweisen.

6. Der gegenwärtige Zustand, daß die westdeutsche Sektion den Präsidenten des gemeinsamen Vorstandes, die DDR-Sektion nur einen Vizepräsidenten stellt, ist dahingehend abzuändern, daß entweder
   a) die Präsidentschaft periodisch gewechselt und der Präsident in der einen Amtsperiode (3 Jahre) von der DDR-Sektion, in der folgenden von der westdeutschen Sektion gestellt wird, oder
   b) ständig zwei völlig gleichberechtigte Kopräsidenten, aus jeder Sektion einer, gemeinsam amtieren.

7. Die von der Gesellschaft für Musikforschung regelmäßig veranstalteten gemeinsamen Jahresversammlungen und Kongresse sind als wissenschaftliche Veranstaltungen durchzuführen (die Mitgliederversammlungen finden innerhalb der Sektionen statt) und werden abwechselnd von der DDR-Sektion und der westdeutschen Sektion ausgerichtet und gestaltet. Die Verantwortung für die Vorbereitung und Durchführung trägt allein der jeweilige Gastgeber.

8. Die in der DDR-Sektion gegründeten Fachgruppen haben sich zu konsolidieren und die Vorsitzenden der Kommission[en] im Beirat der Gesellschaft für Musikforschung mitzuarbeiten. Die Möglichkeit der Neugründung von Fachkommissionen ist zu prüfen.
   Vorschläge für Fachkommissionen:
   1) Musikerziehung, Leitung Genn. Prof. [Hella] *Brock*
   2) Instrumentenkunde, Leitung Dr. [Konrad] *Sasse*
   3) Musikethnologie, Leitung Dr. [Erich] *Stockmann* (oder Prof. Dr. [Hellmuth Christian] *Wolff*)
   4) Musiksoziologie, Leitung Gen. [Konrad] *Niemann*
   5) Arbeiterlied, Leitung Genn. Inge *Lammel*

9. Die westdeutsche Sektion muß die Verpflichtung übernehmen, daß sie im Zeichen aufrichtig angestrebter guter Zusammenarbeit den Antrag der DDR-Sektion auf eine eigene Ländervertretung im Direktorium der I.G.f.M.W. aktiv unterstützt. Vorschlag: Der Vizepräsident (Kopräsident) aus der DDR vertritt als Direktoriumsmitglied die Interessen der DDR-Musikwissenschaft.

10. Da die wissenschaftliche Zeitschrift der Gesellschaft »Musikforschung« vollständig in westdeutscher Hand liegt, sind die in der DDR erscheinenden »Beiträge zur Musikwissenschaft«, die vom Verband Deutscher Komponisten und Musikwissenschaftler herausgegeben werden, als Organ der DDR-Sektion der Gesellschaft für Musikforschung zu verwenden und zu entwickeln.

Leitungsfragen:

Es wird vorgeschlagen, die Anleitung der DDR-Sektion in der GfM durch ein zentrales staatliches Organ zu überprüfen.

Nach den Erfahrungen der letzten Jahre und entsprechend der Abgrenzung und Koordinierung der staatlichen Leitungsaufgaben im Rahmen der Perspektivplanung halten wir eine Unterstellung der DDR-Sektion der GfM weiterhin unter das Staatssekretariat für das Hoch- und Fachschulwesen nicht für zweckmäßig. Entsprechend ihren Zielen und Aufgaben gehört die Sektion in den Verantwortungsbereich des Ministeriums für Kultur.

Begründung:

1. Der Kreis der Mitglieder der GfM geht weit über den Kreis der an den Universitätsinstituten für Musikwissenschaft und Musikerziehung tätigen Wissenschaftler hinaus und entspricht etwa dem vom VDK erfaßten Kreis von Musikwissenschaftlern.

2. Der Charakter der GfM entspricht im wesentlichen solchen wissenschaftlich-künstlerischen Gesellschaften, wie die Händel-, die Goethe-, die Shakespeare-Gesellschaft u. a., die dem Ministerium für Kultur unterstehen.

3. Das Hauptanliegen der GfM ist die Förderung der musikwissenschaftlichen Forschung, für deren inhaltliche Bestimmung und Orientierung in der DDR das Ministerium für Kultur verantwortlich zeichnet.

4. Die Koordinierung, Planung und Leitung der musikwissenschaftlichen Forschung erfolgt wesentlich durch das Zentral-Institut für Musikforschung beim VDK.

5. Musikwissenschaftliche Ausbildungsprobleme, für die das Staatssekretariat für das Hoch- und Fachschulwesen hauptverantwortlich ist, spielen in der Arbeit der GfM nur eine untergeordnete Rolle.

Wir schlagen deshalb vor, die DDR-Sektion der GfM dem Ministerium für Kultur zu unterstellen.

BA Berlin, DR-3/2152/1.

Dokument 53

[Karl Laux: Brief an das Staatssekretariat für das Hoch- und Fachschulwesen]

[Dresden], am 3. Februar 1967

Staatssekr.

Werte Genossen,

aufgefordert, meine Meinung über den Weiterbestand der GfMf in der bisherigen Form zu äußern, möchte ich vorausschicken, daß es sich bei dem nachstehend Gesagten um meine persönliche Meinung handelt, die sich auf frühere Gespräche mit Kollegen und Genossen stützt.

Sicherlich würden es viele Kollegen, besonders Nichtgenossen, bedauern, wenn die Sektion DDR in der GfMf nicht weiter existieren würde. Der Leipziger Kongreß hat gezeigt, daß es zu fruchtbaren Gesprächen zwischen Ost und West gekommen ist. Das Positive daran war, daß wohl die meisten unserer Kollegen, auch was die Privatgespräche angeht, unseren Standpunkt parteilich vertreten haben, ganz zu schweigen von den Referaten, die von unseren jungen Musikwissenschaft[l]ern gehalten wurden. Diese Referate haben – wie die Kollegen aus der Bundesrepublik mehrfach äußerten – sehr zum Ansehen unserer, d. h. der marxistischen Musikwissenschaft beigetragen.

Andererseits aber bin ich der Meinung, daß wir über das Fachliche hinaus keinen fruchtbringenden Kontakt mit den Kollegen aus Westdeutschland bekommen können. Das ist in Leipzig besonders deutlich in Erscheinung getreten, als wir versucht hatten, eine gemeinsame Erklärung gegen den amerikanischen Krieg in Vietnam zu erreichen. Ich bin der festen Überzeugung, daß wir die Kollegen aus der Bundesrepublik nicht dazu bringen können, irgendwelche Stellung gegen ihre Regierung zu beziehen, sei es in einer öffentlichen Erklärung oder auch nur in ihrer privaten Sphäre. Die meisten und vor allen Dingen die maßgeblichen unter ihnen sind in Staatsstellungen und wären damit in dieser ihrer Stellung gefährdet. Sie werden also nach wie vor Anhänger der »kleinen Schritte«-Theorie sein.

Das weitere Bestehen der GfMf in der bisherigen Form wird also keineswegs dazu führen, daß die Zusammenarbeit auf der Grundlage der Gleichberechtigung der beiden deutschen Staaten herbeigeführt wird. Angesichts der immer mehr in Erscheinung tretenden Politik des Revanchismus, auch und besonders in der Regierung Kiesinger-Strauß, kann nach meiner Meinung die bisherige Form nicht aufrecht erhalten werden, vielmehr müssen wir dazu übergehen, uns zu trennen und in der DDR eine eigene musikwissenschaftliche Vereinigung – in welcher Form dies geschieht, müßte noch beraten werden – zu gründen. Damit würden wir auch gegen das Alleinvertretungsrecht der Bonner Regierung energisch protestieren.

Aus dem Gesagten ergeben sich zwei wichtige und sehr schnell zu realisierende Maßnahmen: Wenn die Entscheidung gefallen ist, müssen wir dem Präsidenten mitteilen,

1. daß wir unseren Vorschlag, die Jahresversammlung 1967 in einer anderen Stadt und zu einem anderen Zeitpunkt, nämlich wie von dort vorgeschlagen wurde, im Oktober in Kassel, abzuhalten zurückziehen (Gen Prof. Meyer war zunächst der Ansicht, daß wir den Vorschlag annehmen sollten, wurde aber dann doch unschlüssig, als er vom Gen. Notowicz hörte, daß in der Frage gesamtdeutsche Gesellschaften neue Beschlüsse bevorstehen)

2. daß wir keine Veranlassung mehr sehen, an der für 14./15. März vorgesehenen Vorstandssitzung teilzunehmen. (Wichtig wegen Ausstellung der Personalbescheinigung und auch wegen der eventuellen Zimmerbestellung!)

Außerdem müßte eine Mitgliederversammlung der Sektion DDR einberufen werden, in der den Mitgliedern Mitteilung davon gemacht wird, daß die Sektion DDR aufgelöst und durch eine eigene DDR-Gesellschaft für Musikforschung ersetzt wird. Unter Umständen könnte man mit dieser Versammlung auch die Konstituierung der neuen Gesellschaft verbinden.

Mit sozialistischem Gruß
[gez. *Laux*]

Obenstehender Brief wurde diktiert vor der Umbenennung des Staatssekretariats für Gesamtdeutsche Fragen in Staatssekretariat für westdeutsche Fragen und der Hochschulkonferenz. In den Beschlüssen beider Gremien sehe ich eine Bestätigung meiner obigen Stellungnahme.

Durchschrift in: SLB, Mscr. Dresd. x 2, 183.

Dokument 54

Richtlinien für die Gestaltung der Arbeit im Bereich der Wissenschaft und Kultur der DDR nach Westdeutschland sowie nach Westberlin
[Beschluß des Sekretariats des ZK der SED vom 5. 4. 1967]

Entsprechend der neuen Lage in Westdeutschland und der verschärften Revanchepolitik der Regierung Kiesinger/Strauß gegen die DDR, die in der zugespitzten Alleinvertretungsanmaßung ihren Ausdruck findet, ist es erforderlich, die politischen Maßstäbe für Reisen in die westdeutsche Bundesrepublik sowie nach Westberlin und für die Tätigkeit der wissenschaftlichen sowie literarisch-künstlerischen Gesellschaften, Akademien, Vereinigungen und Vereine zu überprüfen und notwendige Veränderungen vorzunehmen.

Die Hauptaufgabe der Arbeit nach Westdeutschland auch im Bereich von Wissenschaft und Kultur besteht darin, den Einfluß der DDR und ihrer Politik zu erhöhen, den Kampf für die Anerkennung der souveränen sozialistischen DDR aktiv zu unterstützen und die Bonner Politik der Alleinvertretungsanmaßung zu durchkreuzen. Alle Möglichkeiten sind zu nutzen, um die Wahrheit über die sozialistische Entwicklung in der DDR zu verbreiten. Die kulturellen Mittel der DDR sind besonders dafür einzusetzen, unter der westdeutschen Arbeiterklasse und der Arbeiterjugend aktiv zu wirken, um die Sammlung der demokratischen Kräfte in Westdeutschland zu fördern. Alle Versuche des Gegners, ideologisch in die DDR einzudringen und unter Ablehnung gleichberechtigter Regierungsverhandlungen die Ebene von Wissenschaft und Kultur zu mißbrauchen, sind zu unterbinden.

I. Reisen von Einzelpersonen und Delegationen der DDR nach Westdeutschland

Angesichts der gegenwärtigen Lage ist bei der Genehmigung von Reisen für Wissenschaftler und Künstler (Einzelpersonen und Delegationen) nach Westdeutschland ein strenger Maßstab anzulegen. Die politische und wissenschaftliche Zweckmäßigkeit und Zielstellung für Reisen ist sorgfältiger zu prüfen. Dabei ist der politische, volkswirtschaftliche, wissenschaftliche und kulturpolitische Nutzen ausschlaggebend. In jedem Fall muß eine dementsprechende, unter Beteiligung der Reisenden auszuarbeitende Konzeption vorliegen, die durch das zuständige zentrale staatliche Organ zu bestätigen ist und als verbindliche Direktive für die Reise gilt.

Die Auswahl und Bestätigung von Einzelpersonen und Delegationen der DDR zu Reisen nach Westdeutschland sowie nach Westberlin erfolgen grundsätzlich durch das für sie zuständige zentrale staatliche Organ. Das gilt auch für die Delegierung von Wissenschaftlern und Künstlern durch andere staatliche Organe bzw. durch Parteien oder gesellschaftliche Organisationen.

Die politische und taktische Vorbereitung von Einzelpersonen und Delegationen muß qualitativ verbessert werden. Sie erfolgt zu besonders wichtigen politischen Veranstaltungen in Westdeutschland sowie in Westberlin durch leitende Staatsfunktionäre. Nach Rückkehr der Einzelreisenden bzw. Delegationen ist eine gründliche Auswertung zu sichern. Durch die zentralen staatlichen Organe sind daraus geeignete Schlußfolgerungen für die weitere Arbeit nach Westdeutschland sowie nach Westberlin auf dem jeweiligen Gebiet zu ziehen.

Zu Reisen werden Wissenschaftler und Künstler vorgeschlagen und bestätigt, die

- in ihrer bisherigen Tätigkeit zur Stärkung des Ansehens der DDR beigetragen haben und fest mit unserem Arbeiter-und-Bauern-Staat verbunden sind;
- aktiv die Politik der DDR vertreten und überzeugend darlegen;
- sich in der Auseinandersetzung mit dem Neonazismus in Westdeutschland bereits politisch bewährt haben und die Gewähr dafür bieten, sich in komplizierten politischen Situationen richtig zu verhalten;
- konsequent gegen jede Diskriminierung ihres Staates, der DDR, auftreten.

Der Einsatz von künstlerischen Ensembles und das Auftreten von Künstlern in Westdeutschland sowie in Westberlin, gleich welcher Unterstellung, erfolgt auf der Grundlage des Ministerratsbeschlusses vom 13. Januar 1967 und bedarf – vor Aufnahme von Verhandlungen zur Festlegung der Bedingungen für unser Auftreten und der Zusage – der Bestätigung des Ministers für Kultur und des Leiters der Abteilung Kultur beim ZK. Für die Einsätze von Ensembles, Künstlergruppen und Künstlern in Westdeutschland sowie in Westberlin muß grundsätzlich und rechtzeitig die Zustimmung der jeweiligen Bezirksleitung der SED eingeholt werden.

II. *Arbeit in und mit wissenschaftlichen sowie literarisch-künstlerischen Gesellschaften, Vereinigungen und Vereinen*

In der Arbeit mit wissenschaftlichen und literarisch-künstlerischen Gesellschaften, Vereinigungen und Vereinen ist davon auszugehen, daß es für die Existenz und Tätigkeit sogenannter gesamtdeutscher Gesellschaften und für die Mitgliedschaft von DDR-Bürgern in westdeutschen Gesellschaften keine Grundlage mehr gibt. Die Regelung dieses Problems wird zielstrebig in Angriff genommen. Dabei ist schrittweise vorzugehen und zu beachten, daß bei der Liquidierung »gesamtdeutscher Gesellschaften« für die DDR keine Nachteile eintreten. Es ist die volle Selbständigkeit, Gleichberechtigung und Unabhängigkeit der wissenschaftlichen und kulturellen Gesellschaften der DDR zu sichern und ihre internationale Autorität zu stärken. Das Hauptziel dieser Maßnahme muß darin bestehen, dem Gegner zu verwehren, unter dem Tarnmantel »gesamtdeutscher Gesellschaften« seine Alleinvertretungsanmaßung zu praktizieren und die Souveränität der DDR zu untergraben.

Im einzelnen ergibt sich daraus folgendes:

1. Wissenschaftliche Gesellschaften, die in Westdeutschland ihren Sitz haben, werden generell nicht als »gesamtdeutsche Gesellschaften« behandelt oder anerkannt.

2. In westdeutschen Gesellschaften, die die Bonner Alleinvertretungsanmaßung praktizieren und die die Mitgliedschaft von Wissenschaftlern der DDR dazu mißbrauchen, die Aufnahme von DDR-Gesellschaften in internationale Organisationen zu sabotieren, ist eine Mitgliedschaft von Bürgern der DDR ab sofort ausgeschlossen.

   Über alle übrigen Mitgliedschaften von Bürgern der DDR in westdeutschen Gesellschaften sind etappenweise – bis Ende 1968 – Entscheidungen herbeizuführen.

   Neue Mitgliedschaften von Bürgern der DDR in westdeutschen Gesellschaften werden nicht mehr eingegangen.

3. Bei einzelnen bisher »gesamtdeutschen Gesellschaften«, mit Sitz in der DDR, denen Wissenschaftler oder Künstler aus der DDR und aus Westdeutschland sowie aus anderen Staaten angehören, ist die Möglichkeit zu prüfen, sie in Internationale Gesellschaften bzw. in Gesellschaften der DDR mit internationaler Mitgliedschaft einschließlich der Mitgliedschaft von Bürgern der westdeutschen Bundesrepublik umzuwandeln. Die zuständigen staatlichen Organe unterbreiten der beim Ministerrat zu bildenden Kommission bis Juli 1967 entsprechende Vorschläge.

4. Eine Mitgliedschaft von westdeutschen und Westberliner Bürgern in Gesellschaften der DDR wird nicht angestrebt. In Ausnahmefällen ist eine besondere Zustimmung des zuständigen staatlichen Organs – nach Abstimmung mit dem Staatssekretariat für westdeutsche Fragen und des MfAA – erforderlich.

   Die Übernahme von Funktionen in Gesellschaften der DDR durch westdeutsche oder Westberliner Bürger ist generell nicht möglich. Durch die Regelung des Status westdeutscher sowie Westberliner Mitglieder ist zu sichern, daß keine schädlichen politischen Einflußmöglichkeiten bestehen und die Sicherheitsinteressen der DDR gewährleistet werden.

5. Es sind Maßnahmen einzuleiten (z. B. Mitgliedschaften in den wichtigsten internationalen Gesellschaften, Verleihung von Ehrenmitgliedschaften an hervorragende ausländische Wissenschaftler), die zu einer Erhöhung des internationalen Ansehens und der Wirksamkeit der Gesellschaften der DDR führen.

Die zuständigen zentralen staatlichen Organe unterbreiten dem MfAA bis
Ende Juli 1967 Konzeptionen für die Ermöglichung neuer Mitgliedschaften
in internationalen Organisationen. Der Austritt von Bürgern der DDR aus
westdeutschen Gesellschaften, die bereits Mitglied in entsprechenden internationalen Organisationen sind, ist als wichtiges Erfordernis für die Durchsetzung selbständiger Mitgliedschaften der DDR-Gesellschaften vorrangig zu
betreiben.

6. Die zuständigen zentralen staatlichen Organe haben in ihrem Bereich zu gewährleisten, daß eine Mitgliedschaft von Bürgern der DDR in Gesellschaften
   und Vereinigungen anderer Länder nur mit ihrer Zustimmung erworben oder
   angenommen wird.
   Der Minister des Innern und Chef der Deutschen Volkspolizei hat in Verbindung mit den zuständigen zentralen staatlichen Organen außerdem zu
   prüfen, welche Maßnahmen zur Zulassung und besseren Erfassung sowie zur
   Registrierung der Mitgliedschaft von Bürgern der DDR in Gesellschaften
   und Vereinigungen anderer Länder sowie der in der DDR bestehenden Gesellschaften und Vereinigungen möglich und zweckmäßig sind. Er unterbreitet dazu dem Ministerrat entsprechende Vorschläge.

7. In Einzelfällen besitzen bisher »gesamtdeutsche Gesellschaften« auf Grund
   ihres bisherigen Statuts Konten in der DDR, auf die durch die Wissenschaftler und Künstler der DDR Mitgliedsbeiträge eingezahlt werden.
   Diese Konten sind aufzulösen bzw. in Verwahrkonten umzuwandeln. Die erforderlichen Maßnahmen sind durch den Minister der Finanzen einzuleiten.

III. *Teilnahme an internationalen wissenschaftlichen und künstlerischen Veranstaltungen in
Westdeutschland sowie in Westberlin*

1. Bei Veranstaltungen in Westdeutschland, die von internationalen Gesellschaften durchgeführt werden bzw. die einen internationalen Charakter besitzen,
   ist in jedem Falle zu gewährleisten, daß unsere Teilnehmer als selbständige
   DDR-Delegation auftreten und unter gleichberechtigten Bedingungen – wie
   alle anderen Mitgliedsländer – teilnehmen können. Ist dies nicht gewährleistet, erfolgt keine Teilnahme an der Veranstaltung.

2. Bei Veranstaltungen, die von westdeutschen Gesellschaften bzw. entspre-
   chenden wissenschaftlichen Institutionen durchgeführt werden, erfolgt eine
   Teilnahme nur dann, wenn ein dringendes staatliches Interesse daran besteht.
   In jedem Falle ist von dem Veranstalter die Garantie zu erreichen, daß unsere
   Wissenschaftler und Künstler als Staatsbürger der souveränen sozialistischen
   DDR teilnehmen können und keinen diskriminierenden Bedingungen unter-
   liegen.

Die Teilnahme von Wissenschaftlern und Künstlern der DDR an diesen Veranstaltungen bezieht sich nur auf den Teil der Tagung, die dem wissenschaftlichen Meinungsaustausch vorbehalten ist. Eine Teilnahme an den oft damit verbundenen Mitgliederversammlungen westdeutscher Gesellschaften ist nicht zulässig.

3. Wissenschaftliche Veranstaltungen westdeutscher Gesellschaften, die auf der Position der aggressiven Alleinvertretungsanmaßung bzw. unter der Schirmherrschaft belasteter Kriegsverbrecher und in der feindlichen Tätigkeit gegen die DDR exponierter Vertreter Westdeutschlands stehen, sind nicht zu besuchen. Bestehen bei wissenschaftlichen Veranstaltungen internationaler Gesellschaften in Westdeutschland die gleichen Bedingungen, so kann in Ausnahmefällen durch Beschluß des Sekretariats des ZK eine Teilnahme erfolgen, wenn ein dringendes staatliches Interesse vorliegt.

4. Eine Teilnahme an offiziellen Veranstaltungen westdeutscher Regierungsstellen bzw. des Westberliner Senats ist ohne besondere Ausnahmegenehmigung nicht gestattet, die durch Beschluß des Sekretariats des ZK bestätigt wird.

5. Veranstaltungen, die westdeutsche Gesellschaften in Westberlin durchführen, sind nicht zu besuchen. Das gilt auch für internationale Veranstaltungen, die an Westdeutschland vergeben wurden, aber provokatorisch in Westberlin durchgeführt werden.
Eine Teilnahme an internationalen Veranstaltungen in Westberlin ist – nach entsprechender Überprüfung – nur mit besonderer Ausnahmegenehmigung auf Beschluß des Sekretariats des ZK möglich.

6. Mitglieder-, Jahres- und andere Versammlungen westdeutscher Gesellschaften können nicht in der DDR durchgeführt werden.

7. Vereinbarungen und Verträge zwischen Akademien, wissenschaftlichen Gesellschaften, Künstlerverbänden und anderen Institutionen der DDR und solchen Westdeutschlands oder »gemeinsame Erklärungen« können nicht abgeschlossen bzw. abgegeben werden, da das geregelte, gleichberechtigte Beziehungen zwischen den Regierungen der beiden deutschen Staaten voraussetzt. Vorhandene Verträge sind zu überprüfen. Dabei ist festzulegen, wie sie annulliert bzw. welche anderen Lösungswege beschritten werden können.

IV. Veröffentlichungen in westdeutschen Publikationsorganen

1. Veröffentlichungen von Wissenschaftlern und Künstlern der DDR in westdeutschen Publikationsorganen sind nur mit Zustimmung durch das zuständige zentrale staatliche Organ oder dessen Bevollmächtigte möglich. Voraussetzung dafür ist, daß die Autoren mit ihren Publikationen das internationale

Ansehen und den Einfluß unseres sozialistischen Staates stärken. Publikationen, die »gesamtdeutsche« Illusionen nähren, sind zu unterbinden.

Es muß gewährleistet sein, daß die Veröffentlichungen ohne Änderungen durch den Herausgeber erfolgen bzw. Änderungen nur nach Zustimmung durch den Verfasser vorgenommen und die internationalen Gepflogenheiten beachtet werden. Es ist anzustreben, daß die Institution, der der Autor angehört, exakt angegeben wird.

Darüber hinaus sind geeignete westdeutsche Publikationsorgane zu nutzen, um Probleme des wissenschaftlichen Sozialismus überzeugend darzulegen, die expansive Politik der Bonner Regierung zu entlarven sowie ihre verhängnisvollen Auswirkungen auf das Verhältnis zwischen den beiden deutschen Staaten und die europäische Sicherheit zu erläutern.

2. Bei allen Veröffentlichungen muß jede Preisgabe von Geheimnissen, wirtschaftlichen und technischen Forschungen sowie Entwicklungen verhindert werden. Forschungsergebnisse und -methoden können nur dann vorgetragen bzw. veröffentlicht werden, wenn das Erstveröffentlichungsrecht der DDR gewahrt wird, kein Schaden für die DDR entsteht und die zentralen staatlichen oder wirtschaftsleitenden Organe ihre Genehmigung erteilt haben.

Es ist nicht zulässig, daß wissenschaftliche Einrichtungen der DDR Forschungsvorhaben mit westdeutschen Einrichtungen abstimmen bzw. über laufende Forschungsvorhaben Erfahrungen austauschen. In besonderen Fällen ist die Genehmigung der zuständigen zentralen staatlichen Organe notwendig.

Durch die zuständigen zentralen staatlichen Organe sind umgehend, der neuen Lage entsprechend, Sicherungsbestimmungen auszuarbeiten und die Verantwortlichkeiten festzulegen.

3. Bei wissenschaftlichen Zeitschriften oder anderen Unternehmen, die gemeinsam mit westdeutschen Wissenschaftlern oder Institutionen herausgegeben bzw. bearbeitet werden, ist in jedem Einzelfalle durch die zuständigen zentralen staatlichen Organe zu prüfen, wie diese Form der Zusammenarbeit geändert werden kann bzw. ob sie im Interesse unserer Republik beibehalten werden muß. Die erforderlichen Veränderungen sind konkret festzulegen.

V.

Geschäftliche Beziehungen in den Bereichen des Verlagswesens, des Filmwesens und des VEB Deutsche Schallplatte mit entsprechenden westdeutschen Partnern werden so geführt, daß sie eindeutig im politischen und ökonomischen Interesse der DDR liegen und gewährleistet ist, daß diese Beziehungen von westdeutscher Seite weder im Sinne der Alleinvertretungsanmaßung noch als

»gesamtdeutsche Manifestation« mißbraucht werden können, also die Souveränität der DDR auch in dieser Beziehung gesichert wird.

VI.

Die Teilnahme an Preisausschreiben und Ausschreibungen, die Annahme von Preisen, die Mitgliedschaft usw. in westdeutschen sowie in westberliner Akademien und Ehrungen der verschiedenen Art von Wissenschaftlern und Künstlern der DDR bedürfen vor Zusage bzw. Annahme der Genehmigung durch das zuständige zentrale staatliche Organ.

VII.

Zur politischen Koordinierung und Unterstützung sind durch die zentralen staatlichen Organe dem Staatssekretariat für westdeutsche Fragen die langfristigen Pläne für die Arbeit nach Westdeutschland und die Konzeption für Reisen zu wichtigen Veranstaltungen in Westdeutschland rechtzeitig zur Kenntnis zu geben. Die Berichte über diese Reisen sind ebenfalls zur Information und politischen Auswertung zu übermitteln.

VIII.

Für die Einreise westdeutscher Wissenschaftler und Künstler in die DDR gelten die in diesen Richtlinien dargelegten Grundsätze sinngemäß.
  Einladungen in die DDR an westdeutsche Wissenschaftler und Künstler erfolgen in einem begrenztem Umfange und nur dann, wenn sie
  – zur Stärkung der Autorität unseres souveränen sozialistischen Staates beitragen,
  – der Unterstützung, Sammlung und Orientierung der friedliebenden, demokratischen Kräfte in Westdeutschland dienen,
  – nicht gegen die Gesetze der DDR verstoßen.
Der Minister des Innern und Chef der Deutschen Volkspolizei veranlaßt eine Überprüfung der Liste der Antragsberechtigten für diese Einreisen in die DDR und der dafür gültigen staatlichen Regelungen.

IX.

Es muß gewährleistet werden, daß die Verwirklichung dieser Richtlinie verbunden wird mit einer umfassenden politisch-ideologischen Arbeit in den zentralen staatlichen Organen sowie in den wissenschaftlichen und kulturellen Institutionen und Organisationen unter Führung ihrer Parteiorganisationen. Der Beschluß des Politbüros des ZK vom 10. 1. 1967 über »Die politisch-ideologische Arbeit an den Universitäten, Hoch- und Fachschulen in Vorbereitung des VII. Parteitages« wird in die Verwirklichung dieser Richtlinien einbezogen.

[es folgen sechs Anlagen]

Protokoll Nr. 24/67 der Sitzung des Sekretariats des ZK vom 5. 4. 1967, Anlage 31, SAPMO, DY 30/J IV 2/3/1290, Bl. 128–137.

Dokument 55

Anordnung über die Rechtsfähigkeit der Georg-Friedrich-Händel-Gesellschaft
Vom 11. Juni 1967

§ 1

Der Georg-Friedrich-Händel-Gesellschaft, Sitz Halle (Saale), wird die Rechtsfähigkeit verliehen.

§ 2

Die Georg-Friedrich-Händel-Gesellschaft arbeitet auf der Grundlage der als Anlage veröffentlichten Satzung.

§ 3

Diese Anordnung tritt mit ihrer Verkündung in Kraft.

Berlin, den 11. Juni 1967

Der Minister für Kultur
Gysi

[folgt Anlage: Satzung der Georg-Friedrich-Händel-Gesellschaft – tritt mit Wirkung vom 11. Juni 1967 in Kraft]

GBl., Teil II, Nr. 72, S. 507.

Dokument 56

Protokoll Nr. 31 der Sitzung des Sekretariats des Zentralkomitees vom 23. August 1967

Anwesend waren die Genossen Honecker, Grüneberg und Mittag
Entschuldigt fehlten die Genossen Axen, Hager, Jarowinsky, Lamberz, Norden, Verner, Schön, Dohlus
An der Sitzung nahmen die Genossen Eberlein, Herrmann und Hörnig teil
[…]

Beginn: 10.00 Uhr
Ende   12.45 Uhr
Sitzungsleitung: Genosse Honecker
Protokollführung: Genossin Trautzsch
[…]

12. Entsendung einer Delegation zum X. Kongreß der Internationalen Gesellschaft für Musikwissenschaft vom 3. bis 8. September 1967 in Jugoslawien:

Der Entsendung einer Delegation zum X. Kongreß der Internationalen Gesellschaft für Musikwissenschaft vom 3. bis 8. September 1967 in Ljubljana, Jugoslawien, wird zugestimmt.
    Genosse Hörnig wird beauftragt, die Delegation auf 10–12 Teilnehmer zu kürzen.

[gez.] *Hörnig*
[gez.] *Borning*
[gez.] *Dickel*
[gez.] *Müller*
[gez.] *Markowski*
[gez.] *Winzer*
[gez.] *Feist*
[gez.] *Gießmann*
[gez.] *Rost*

[…]

Vorlage für das Sekretariat des ZK der SED

Berlin, den 20. 6. 1967

Einreicher der Vorlage: Staatssekretariat für das Hoch- und Fachschulwesen

... Ex. je ... Bl.
.... Ex. je ... Bl.

Betrifft:
Entsendung einer Delegation zum X. Kongreß der IGMW (Internationale Gesellschaft für Musikwissenschaft) vom 3. bis 8. September 1967 in Ljubljana, SFR Jugoslawien

Beschlußentwurf:
1. Am Kongreß der Internationalen Gesellschaft für Musikwissenschaft vom 3. bis 8. September 1967 in Ljubljana nimmt eine DDR-Delegation von 18 Wissenschaftlern teil:
    1. Prof. Dr. Walther *Siegmund-Schultze*,
       Martin Luther-Universität Halle, Institut für Musikwissenschaft
       – Delegationsleiter
    2. Konrad *Niemann*,
       Zentralinstitut für Musikforschung beim VDK Berlin,
       – Delegationssekretär
    3. Dr. Alfred *Brockhaus*,
       Humboldt-Universität zu Berlin, Institut für Musikwissenschaft,
       – Parteiorganisator
    4. Prof. Dr. Siegfried *Bimberg*,
       Martin-Luther-Universität Halle, Institut für Musikwissenschaft
    5. Prof. Dr. Hella *Brock*,
       Ernst-Moritz-Arndt-Universität Greifswald, Institut für Musikwissenschaft
    6. Prof. Dr. Rudolf *Eller*,
       Universität Rostock, Institut für Musikwissenschaft
    7. Reiner *Kluge*,
       Humboldt-Universität zu Berlin, Rechenzentrum
    8. Prof. Dr. Georg *Knepler*,
       Humboldt-Universität zu Berlin, Institut für Musikwissenschaft
    9. Prof. em. Dr. Karl *Laux*,
       Vizepräsident der Gesellschaft für Musikforschung, Dresden

10. Dr. phil. habil. Dieter *Lehmann,*
    Humboldt-Universität zu Berlin, Institut für Musikwissenschaft
11. Prof. Dr. Dr. h. c. Ernst Hermann *Meyer,*
    Humboldt-Universität zu Berlin, Institut für Musikwissenschaft
12. Prof. Nathan *Notowicz,*
    Verband Deutscher Komponisten und Musikwissenschaftler, Zentral-
    vorstand, Berlin
13. Dr. Johanna *Rudolph,*
    Ministerium für Kultur, Berlin
14. Dr. Konrad *Sasse,*
    Direktor des Händel-Hauses, Halle
15. Gerd *Schönfelder,*
    Karl-Marx-Universität Leipzig, Institut für Musikwissenschaft
16. Dr. Helmut *Seidl,*
    Prüfdienststelle für Musikinstrumente, Markneukirchen
17. Dr. Erich *Stockmann,*
    Deutsche Akademie der Wissenschaften zu Berlin
18. Dr. Lukas *Richter,*
    Deutsche Akademie der Wissenschaften zu Berlin
2. Die Direktive (Anlage I) für die Vorbereitung und das Auftreten der Delegation wird bestätigt.
3. Das Staatssekretariat für das Hoch- und Fachschulwesen wird beauftragt, den
   Mitgliedern der Delegation die Direktive zu erläutern und ihre Einhaltung zu
   sichern.

Begründung:
Die IGMW führt alle drei Jahre wissenschaftliche Kongresse durch, die mit einer Generalversammlung verbunden sind. Der X. Kongreß findet erstmalig in
einem sozialistischen Land statt. Sein zentrales Thema »Krisenjahre der Musik-
entwicklung« ist für die Erforschung der Entwicklung eines realistischen und
humanistischen Musikschaffens von hervorragender Bedeutung.
Drei von insgesamt 18 Referenten für die Symposia kommen aus sozialistischen Ländern (1 UdSSR, 2 ČSSR). Vier der neun Rundtischgespräche (Round
Tables) werden von Wissenschaftlern aus sozialistischen Ländern geleitet (2 SFR
Jugoslawien, 1 ČSSR, 1 DDR). Westdeutschland stellt drei Referenten für die
Symposia und den Chairman für zwei Round Tables.
Die IGMW kennt als internationale Vereinigung der Musikwissenschaftler
nur Einzel- und kooperative [recte: korporative] Mitgliedschaften, keine nationalen Vertretungen. Das Statut sieht aber vor, daß Länder mit mehr als 20 Mit-
gliedern Anspruch auf einen Sitz im Direktorium haben.

Die IGMW hat gegenwärtig mehr als 1000 Mitglieder, die meisten davon in den USA und Westdeutschland. Die Gesellschaft wird von einem Büro und dem Direktorium von 20 Mitgliedern geleitet. Drei der Direktoriumsmitglieder sind aus sozialistischen Ländern: Prof. Dr. Bartha, VR Ungarn, Prof. Dr. Sychra, ČSSR, und Prof. Dr. Hellmuth Christian Wolff, DDR, der unter der Bezeichnung Deutschland eine nicht von uns anerkannte Gesamtmitgliedschaft repräsentieren soll.

Die DDR ist mit 25 Einzelmitgliedern in der IGMW vertreten. In der Vergangenheit wurde den DDR-Wissenschaftlern der ihnen rechtmäßig zustehende Sitz im Direktorium mit der Begründung verwehrt, daß die »in der DDR wohnenden Mitglieder der gesamtdeutschen Mitgliedschaft zugerechnet werden«. Unter der Bezeichnung »Deutschland« wurde ein DDR-Bürger auf Vorschlag des Direktoriums in dieses Gremium aufgenommen. Die ablehnende Haltung der Funktionäre der IGMW zur selbständigen Vertretung der DDR wurde dadurch begünstigt, daß die überwiegende Mehrheit der Einzelmitglieder aus der DDR der (west) Deutschen Gesellschaft für Musikforschung, die kooperatives [recte: korporatives] Mitglied der IGMW ist, als Mitglied angehören. Die Mehrzahl der in der Vorlage genannten Delegierten ist auch gegenwärtig noch Mitglied der westdeutschen Gesellschaft. Auf den erneuten Antrag der DDR-Wissenschaftler, durch einen eigenen Vertreter im Direktorium der IGMW repräsentiert zu werden, wurde nach Abstimmung im Direktorium mit Mehrheit beschlossen, »den in der DDR wohnenden Mitgliedern der IGMW Gelegenheit zu geben, anläßlich der diesjährigen Wahlen einen eigenen Vertreter in das Direktorium zu entsenden«. Als Kandidaten für die Wahl in das Direktorium wurden die Genossen Professoren Ernst Hermann Meyer und Walther Siegmund-Schultze benannt. Damit gibt es begründete Aussichten, daß die selbständige Vertretung der DDR im Direktorium der IGMW erreicht werden kann.

Nach dem Kongreß der IGMW werden die erforderlichen Maßnahmen zur Liquidierung der Mitgliedschaften in der westdeutschen Gesellschaft und zur Umbildung der DDR-Sektion zu einer selbständigen DDR-Gesellschaft getroffen und damit Voraussetzungen für eine Kooperativmitgliedschaft [recte: Korporativmitgliedschaft] der DDR in der IGMW geschaffen.

Die Teilnahme von Wissenschaftlern aus der DDR am X. Kongreß der IGMW wird für notwendig erachtet, weil der Kongreß mit der gleichberechtigten Behandlung der DDR-Teilnehmer als Bürger eines souveränen Staates die Möglichkeit bietet,

1. die Leistungsstärke der DDR-Musikwissenschaft zu demonstrieren und wichtige Positionen, die früher die deutsche Musikwissenschaft auf Grund ihres internationalen Ansehens besessen hat und heute von Westdeutschland be-

ansprucht werden, für die DDR zu gewinnen bzw. schon gewonnene auszubauen.

2. durch die Mitwirkung von DDR-Wissenschaftlern im offiziellen Kongreß-
programm als Gesprächsleiter und Gesprächsteilnehmer, durch Diskussionsbeiträge in den Symposien und durch gezielte Anfragen in den Round Tables
die Auffassungen der marxistisch-leninistischen Musikwissenschaft, insbesondere zu den Wurzeln der Krisenjahre im Klassenkampf, zu den Wertkriterien
einer humanistischen Musik im 19. Jahrhundert und zu dem dialektischen
Verhältnis von musikalischem Stil und politischer Geschichte, darzulegen.

3. durch das Auftreten einer starken DDR-Delegation auf dem Kongreß und in
persönlichen Gesprächen die Friedenspolitik der DDR auf der Grundlage
der Beschlüsse des VII. Parteitages darzulegen, die verbrecherische Alleinvertretungsanmaßung der Kiesinger-Strauß-Regierung zu entlarven und der
Aktivität westdeutscher Wissenschaftler in der IGMW zu begegnen.

Kosten

Gem. Kostenvoranschlag (Anlage II) werden folgende Mittel benötigt:

MDN 15.074.58

davon MDN 2.834.58 in Valuta.

Außerdem sind für die Teilnahme von

10 Personen,

deren Reiseorganisation vom Reisebüro der DDR besorgt wird,

ca. MDN 6.000.– erforderlich.

Davon werden

MDN 800.– (Taschengeld)

von den teilnehmenden Wissenschaftlern finanziert.

[gez.] *i. V. Bernhardt*
Staatssekretär für das Hoch- und Fachschulwesen

[gez.] *i. V. Rumpf*
Minister der Finanzen

[gez.] *i. V. Stibi*
Minister für Auswärtige Angelegenheiten.

Die Vorlage wurde ausgearbeitet von: Gen. Hans-Dieter Grampp,
Abt. Philologie/Kunst
Zur Behandlung der Vorlage sind einzuladen: Gen. Prof. Nathan Notowicz, VDK
Gen. Prof. Dr. E. H. Meyer, HUB

Anlage I
Direktive

0. Tagung
X. Kongreß der IGMW
3.–8. September 1967
SFR Jugoslawien
Ljubljana
IGMW (= Internationale Gesellschaft für Musikwissenschaft)

1. Delegierende Institution
Ministerium für Hoch- und Fachschulwesen – Delegationsbildendes Organ
andere beteiligte Organe:
Ministerium für Kultur,
Verband Deutscher Komponisten und Musikwissenschaftler,
Ministerium für Wissenschaft und Technik,
Deutsche Akademie der Wissenschaften.

2. Teilnehmer
18 Teilnehmer, siehe Beschlußvorlage Seiten 1 und 2

3. Verpflichtung zur Beratung und Berichterstattung
Erläuterung der Direktive und Delegationsberatung am 31. August 1967 im
Ministerium für Hoch- und Fachschulwesen,
verantwortlich: Gen. Grampp.
Abstimmung der Diskussionsbeiträge und der Anfragen für die Round
Tables, Verteilung der Delegationsteilnehmer auf die parallel stattfindenden
Symposia und Round Tables im Juli 1967 im Ministerium für Hoch- und
Fachschulwesen,
verantwortlich: Gen. Prof. Dr. Siegmund-Schultze.
Berichtstermin: 30. September 1967,
verantwortlich: Delegationsleiter Gen. Prof. Dr. Siegmund-Schultze.
Auswertung:
Auswertung in einer gemeinsamen Beratung der Delegation, Anfang Ok-
tober 1967; Auswertung in der Beiratssektion Musikwissenschaft;
Berichterstattung
in der Tagespresse: ND, Sonntag,
in der Fachpresse: Musik und Gesellschaft, Bulletin des Musikrates der
DDR, Beiträge zur Musikforschung [recte: Musikwissenschaft], Musikerziehung [recte: Musik] in der Schule.

4. Wissenschaftliches Anliegen

4.1. Die Teilnehmer der Delegation nehmen als offizielle Vertreter der DDR-Musikwissenschaft am Kongreß teil. Sie vertiefen durch ihr Auftreten in den wissenschaftlichen Veranstaltungen und in persönlichen Gesprächen das Ansehen, das die Musikwissenschaft der DDR bereits in vielen Staaten der Welt besitzt, und tragen damit zur Stärkung der internationalen Autorität unseres souveränen sozialistischen Staates bei.

4.2. Nach den Festlegungen im offiziellen Festprogramm leitet Prof. Dr. Knepler als Chairman das Rundtischgespräch zum Thema »Musikalischer Stilwandel und allgemeine Geschichte«. Genosse Reiner Kluge nimmt als Podiumsmitglied am Round-Table »Computer-Hilfen für die Musikwissenschaft« teil. Dr. habil. Dieter Lehmann wirkt als Panelist und Sekretär im Symposium »Barock in der slawischen Musik«.

4.3. Für die Diskussion während der Symposia und für Anfragen während der Round Tables bereitet jeder Delegationsteilnehmer entsprechend seiner eigenen fachwissenschaftlichen Spezialisierung einen Beitrag vor. Dabei kommt es darauf an, die ursächlichen Zusammenhänge der musikgeschichtlichen Krisenjahre mit den Klassenauseinandersetzungen der verschiedenen Epochen, die Wertkriterien einer humanistischen Musikkultur und das dialektische Verhältnis von musikalischem Stil und politischer Geschichte, dessen ideologische, soziale und ökonomische Grundlagen überzeugend herauszuarbeiten.

Das Ministerium für Hoch- und Fachschulwesen übernimmt die Verantwortung, daß die Beiträge auf einer Delegationsberatung im Juli 1967 abgestimmt werden.

4.4. Die Mitglieder der Delegation nehmen die Gelegenheit wahr, in Diskussionen und persönlichen Gesprächen die Prinzipien und Methoden des dialektischen und historischen Materialismus in seiner Anwendung auf die Musikgeschichte und die ästhetischen Grundpositionen der marxistischen Musikwissenschaft parteilich darzulegen.

4.5. Die Delegation nutzt alle Möglichkeiten des Kongresses, sich über den internationalen Stand der Musikwissenschaft zu informieren, die Hauptentwicklungstendenzen zu analysieren und für die Prognostik und die Lösung der Aufgaben der DDR-Musikwissenschaft nutzbar zu machen. Besonders beachtet sie neue Forschungsergebnisse und Methoden in systematischen Disziplinen (Soziologie, Kybernetik, mathematische Verfahren u. a.).

5. Außenpolitische Verpflichtungen

5.1. Das Auftreten der Delegation wird von dem Ziel bestimmt, zur wachsenden internationalen Anerkennung unserer Republik wirkungsvoll beizutragen. Die Delegationsmitglieder nutzen jede Gelegenheit, um die dem Frieden und dem gesellschaftlichen Fortschritt dienende Politik der DDR darzulegen. Insbesondere kommt es darauf an, die Notwendigkeit der Anerkennung der DDR und der nach dem Zweiten Weltkrieg entstandenen Grenzen als eine entscheidende Voraussetzung für die europäische Sicherheit und die Erhaltung des Friedens zu betonen. Die Kongreßteilnehmer der DDR nehmen konsequent Stellung gegen die verbrecherische imperialistische Aggression in Vietnam und gegen die Unterstützung des israelischen Überfalls auf die arabischen Staaten insbesondere durch die USA, Großbritannien und die westdeutsche Bundesrepublik.

5.2. Die Delegierten bestehen darauf, daß sie als Staatsbürger der souveränen sozialistischen Deutschen Demokratischen Republik respektiert und die korrekte Staatsbezeichnung in Kongreßmaterialien, Veröffentlichungen u. a. angewandt wird. Etwaigen Diskriminierungsversuchen ist entschieden entgegenzutreten. Über die zweckmäßigste Form notwendiger Proteste und Maßnahmen entscheidet die Delegationsleitung nach Abstimmung mit der Botschaft der DDR und Konsultation mit den Delegationsleitungen der anderen sozialistischen Länder.

5.3. Die Delegationsleitung nimmt unverzüglich Kontakt zur Botschaft der DDR in der SFR Jugoslawien auf und setzt sich mit den Delegationsleitern aus der UdSSR und den anderen sozialistischen Staaten in Verbindung mit dem Ziel eines einheitlichen gemeinsamen Vorgehens bei prinzipiellen politischen und wissenschaftlichen Entscheidungen.

5.4. Die Delegationsmitglieder nehmen Kontakte zu profilierten Vertretern der internationalen Musikwissenschaft, insbesondere der jungen afroasiatischen Nationalstaaten, Frankreichs und der USA auf unter der Bedingung, daß diese sich klar von der Aggressionspolitik der USA und anderer imperialistischer Staaten gegen Vietnam und die arabischen Länder distanzieren und mit dem Ziel, die politischen und wissenschaftlichen Standpunkte kennenzulernen.

5.5. Zu der anwesenden westdeutschen Vertretung wird die Delegation der DDR keinerlei Kontakte auf Delegationsebene herstellen. Jeder Anschein einer gesamtdeutschen Vertretung insbesondere unter Ausnutzung der Mitgliedschaft von DDR-Bürgern in der GfM ist konsequent zu verhindern. Die Delegierten der DDR gehen davon aus, daß ihre Zugehörigkeit zur GfM ebensowenig wie die Mitgliedschaft von Wissenschaftlern anderer deutschsprachiger Länder (Österreich, Schweiz) auf die selbständige internationale Vertretung ihres Staates Einfluß besitzt. Etwaige Versuche westdeutscher Vertreter, Absprachen oder Vereinbarungen in mündlicher oder schriftlicher Form über die Fortführung der DDR-Mitgliedschaften oder über sonstige Fragen der Zusammenarbeit in der GfM herbeizuführen, sind kompromißlos zurückzuweisen.

6. Hochschulpolitische Verpflichtungen

6.1. Die DDR-Teilnehmer informieren in Ljubljana über unser sozialistisches Hochschulwesen und seine Perspektive im Zusammenhang mit den Beschlüssen des VII. Parteitages der SED und die »Prinzipien zur weiteren Entwicklung von Lehre und Forschung an den Hochschulen der DDR«, die Hinweise des Staatsratsbeschlusses »Jugend und Sozialismus« und die in der Beiratssektion Musikwissenschaft erarbeiteten Perspektivmaterialien.

6.2. Die DDR-Teilnehmer informieren sich über die Situation der Musikwissenschaft, der Forschung und Lehre an den Hochschulen der Teilnehmerländer.

6.3. Im Gastgeberland ist nach weiteren Möglichkeiten zur Konkretisierung und Vertiefung der wissenschaftlichen und kulturellen Beziehungen auf der Grundlage der Freundschaftsverträge zwischen jugoslawischen und DDR-Hochschulen und zwischen den Komponistenverbänden unserer Länder zu suchen.

7. Wirken in internationalen Organisationen

7.1. Es ist unbedingt zu sichern, daß einer der benannten Kandidaten, Prof. Ernst Hermann Meyer oder Prof. Siegmund-Schultze, als offizieller DDR-Vertreter im Direktorium der IGMW fungiert. Der Anspruch auf Vertretung der DDR im Direktorium ist im Statut begründet. Falls diesem Recht nicht entsprochen werden sollte, protestiert der Delegationsleiter namens der DDR-Mitglieder und kündigt an, daß unter diesen Umständen ihr weiterer Verbleib in der IGMW überprüft werden wird.

7.2. Hinsichtlich der Vorschläge für den Tagungsort des XI. Kongresses der IGMW wirken unsere Delegierten gemeinsam mit den Delegierten der sozialistischen Bruderländer und mit anderen progressiven Wissenschaftlern darauf hin, daß der XI. Kongreß in einem Land stattfindet, das den DDR-Wissenschaftlern eine gleichberechtigte Teilnahme ohne diskriminierende Einreisebedingungen ermöglicht.

7.3. Die Delegation erarbeitet im Ergebnis des Kongresses eine Einschätzung der entscheidenden Kräfte innerhalb der IGMW und eine Konzeption für die weitere Arbeit der DDR-Mitglieder in der IGMW.

Einschätzung und Konzeption sind dem Ministerium für Hoch- und Fachschulwesen und der Abteilung Wissenschaft[en] beim ZK der SED bis zum 30. November 1967 vorzulegen.

Anlage II

	MDN	Dinar
3 Personen Gr. II je 8 Tage =	1.085,28	3.192,–
5 Personen Gr. III je 8 Tage =	1.672,80	4.920,–
Flugplatzgebühr f. 18 Personen je MDN 4,25 = Dinar 12,50	76,50	225,–
Flugkarten und Reisekosten in Jugoslawien je MDN	690,–	12.240,–
10 Personen übers Reisebüro je Tag MDN 75,– je 8 Tage	*6.000,–*	*21.074,58*

Abteilung Wissenschaften   Berlin, den 4. 8. 1967
                                                                            II/6–Gra

**Stellungnahme zur Vorlage des Ministeriums für Hoch- und
Fachschulwesen an das Sekretariat des Zentralkomitees der SED**

Betrifft: Entsendung einer Delegation zum X. Kongreß der Internationalen Gesellschaft für Musikwissenschaft vom 3. bis 8. September 1967 in Jugoslawien

> *Persönliche Verschlußsache*
> *– Vorlagen –*
> *ZK 02 Tgb.-Nr. 1060*
>
> 22 Exemplare je 13 Blatt
> 1. Exemplar 13 Blatt

[handschriftlich Albert Norden:] *Ich halte die Zahl von 18 Delegierten für entschieden
zu hoch! Norden*
[handschriftlich Erich Honecker:] *Warum so viele? EH*

Die Abteilung Wissenschaften stimmt der Vorlage des Ministeriums für Hoch-
und Fachschulwesen über die Entsendung einer Delegation zum X. Kongreß
der Internationalen Gesellschaft für Musikwissenschaft zu.

Die in der Vorlage enthaltenen außenpolitischen Verpflichtungen der Delegation und ihr wissenschaftliches Auftreten wurde vorher mit den Mitgliedern
der Delegation beraten und gebilligt. Unsere Delegation hat die Pflicht, alles zu
versuchen, daß einer der von uns vorgeschlagenen Kandidaten in das Direktorium der Internationalen Gesellschaft für Musikwissenschaft aufgenommen wird,
damit die DDR-Musikwissenschaft selbständig vertreten ist.

[gez.] *i. V. Kempke*   [gez.] *i. V. Wieland*
Abteilung Wissenschaften   Abteilung für Kaderfragen

[gez.] *Markowski*   [gez.] *Raab*
Abteilung Internationale   Abteilung Finanzverwaltung und
Verbindungen   Parteibetriebe

                                     [gez.] *Feist*
                                     Abteilung Auslandsinformation

Die Stellungnahme wurde von Gen. Dr. Martin ausgearbeitet.

Verteiler: 1.–15. Ex. Sekretariat   16. Ex. Büro Hager
                17. Ex. Abt. IV   18. Ex. Abt. Finanzverw.
                19. Ex. Abt. Kader   20. Ex. Abt. Auslandsinformation
                21. Ex. MHF   22. Ex. Abt. Wissenschaften

SAPMO, DY 30/J IV 2/3 A 1485.

Dokument 57

**Verordnung zur Registrierung von Vereinigungen
vom 9. November 1967**

Zur Registrierung der auf den verschiedensten Gebieten des gesellschaftlichen
Lebens tätigen Vereinigungen wird folgendes verordnet:

§ 1
Vereinigungen im Sinne dieser Verordnung sind organisierte Zusammenschlüsse
von Bürgern oder juristischen Personen zur Wahrnehmung ihrer Interessen und
Erreichung gemeinsamer Ziele.

§ 2
(1) Vereinigungen bedürfen zur Ausübung ihrer Tätigkeit der staatlichen Registrierung.
(2) Vereinigungen können registriert werden, wenn ihr Charakter und ihre Zielstellung den Grundsätzen der sozialistischen Gesellschaftsordnung entsprechen,

sie zur Befriedigung geistig-kultureller oder anderer gesellschaftlicher Bedürfnisse beitragen und nicht den gesetzlichen Bestimmungen zuwiderlaufen.

§ 3

(1) Zuständig für die Registrierung von Vereinigungen sind:
  a) für Vereinigungen, die auf Kreisebene tätig werden, der Rat des Kreises
  b) für Vereinigungen, deren Tätigkeit sich über mehrere Kreise eines Bezirkes
     erstreckt, der Rat des Bezirkes
  c) für Vereinigungen, deren Tätigkeit sich über mehrere Bezirke oder über
     das Gebiet der Deutschen Demokratischen Republik hinaus erstreckt, sowie für Vereinigungen von internationaler Bedeutung das Ministerium des
     Innern.

(2) Mit dem Antrag auf Registrierung einer Vereinigung sind ein Statut (Satzung,
Ordnung o. ä.) aus dem Charakter und Ziel der Vereinigung ersichtlich sind, und
eine personelle Aufstellung des Vorstandes vorzulegen.

(3) Die Prüfung der Anträge für Vereinigungen nach Abs. 1 Buchstaben a und b
obliegt dem Mitglied des Rates, nach Abs. 1 Buchst. c dem Leiter des zentralen
staatlichen Organs, dessen Aufgabenbereich durch den Charakter und die Zielstellung der Vereinigung berührt wird.

(4) Wird der Registrierung durch die für die Prüfung nach Abs. 3 Verantwortlichen zugestimmt, hat die Registrierung durch die Abteilung Innere Angelegenheiten der Räte der Kreise, der Räte der Bezirke bzw. die Hauptabteilung Innere
Angelegenheiten des Ministeriums des Innern zu erfolgen.

(5) Die Registrierung ist zu widerrufen, wenn die Vereinigung nicht mehr den im
§ 2 Abs. 2 genannten Grundsätzen entspricht.

(6) Änderungen des Statuts, personelle Veränderungen im Vorstand sowie die
Auflösung einer Vereinigung sind dem nach Abs. 3 Verantwortlichen mitzuteilen.

(7) Für die Registrierung von Vereinigungen werden Verwaltungsgebühren erhoben.

§ 4

Die staatlichen Organe haben im Rahmen ihrer Zuständigkeit zu gewährleisten,
daß registrierte Vereinigungen bei der Erfüllung ihrer Aufgaben entsprechend
unterstützt werden.

§ 5

Die Mitgliedschaft von Bürgern und Vereinigungen der Deutschen Demokratischen Republik in internationalen Organisationen sowie in Organisationen, die
außerhalb der Deutschen Demokratischen Republik ihren Sitz haben, und die

Zusammenarbeit mit diesen sowie die Mitgliedschaft von Bürgern oder Organisationen anderer Staaten in Vereinigungen in der Deutschen Demokratischen Republik bedarf der Zustimmung des zuständigen zentralen staatlichen Organs, dessen Aufgabenbereich durch den Charakter und die Zielstellung der Organisation bzw. Vereinigung berührt wird.

§ 6

(1) Gegen Entscheidungen gemäß §§ 2, 3 und § 5 ist die Beschwerde zulässig. Die Beschwerde ist innerhalb von 2 Wochen nach Ablauf des Tages, an welchen dem Betreffenden die Entscheidung zur Kenntnis gelangt ist, bei dem staatlichen Organ einzulegen, welches die Entscheidung getroffen hat.

(2) Wird der Beschwerde nicht abgeholfen, entscheidet der Vorsitzende des Rates, bei Entscheidungen zentraler staatlicher Organe der Leiter dieses Organs, endgültig.

(3) Die Beschwerde hat keine aufschiebende Wirkung.

§ 7

(1) Die gesetzlichen Bestimmungen über die Erlangung der Rechtsfähigkeit von Vereinigungen werden durch diese Verordnung nicht berührt.

(2) Von der Registrierpflicht nach § 2 Abs. 1 sind die durch gesetzliche Bestimmungen bestätigten oder vor Inkrafttreten dieser Verordnung in das Vereinsregister eingetragenen Vereinigungen sowie die Arbeits- und Interessengemeinschaften, Klubs und Zirkel, die den staatlichen Klub- und Kulturhäusern, anderen staatlichen Einrichtungen oder Einrichtungen der landwirtschaftlichen Produktionsgenossenschaften angehören, ausgenommen.

(3) Bestehende Vereinigungen haben sich innerhalb von 6 Monaten nach Inkrafttreten dieser Verordnung bei dem gemäß § 3 Abs. 1 zuständigen staatlichen Organ registrieren zu lassen.

(4) Bestehende Mitgliedschaften und die Zusammenarbeit gemäß § 5 sind den zuständigen zentralen staatlichen Organen innerhalb von 3 Monaten nach Inkrafttreten dieser Verordnung mitzuteilen. Diese treffen die erforderlichen Entscheidungen.

§ 8

Die Bestimmungen dieser Verordnung gelten nicht für
  a) politische Parteien
  b) demokratische Massenorganisationen und Gruppen
  c) Gemeinschaften oder Verbände, die der effektiven Wirtschaftsführung dienen
  d) Religionsgemeinschaften, die beim zuständigen staatlichen Organ angemeldet sind.

§ 9

(1) Soweit nicht andere strafrechtliche Bestimmungen Anwendung finden, kann mit einem Verweis oder einer Ordnungsstrafe von 10 bis 500 MDN bestraft werden, wer vorsätzlich oder fahrlässig

a) entgegen den Bestimmungen des § 2 eine Vereinigung bildet, die Tätigkeit in einer solchen Vereinigung ausübt oder unterstützt

b) zur Erreichung der Registrierung unwahre Angaben macht

c) eine Änderung des Statuts, eine personelle Veränderung im Vorstand nicht meldet oder dabei unwahre Angaben macht oder den Widerruf der Registrierung einer Vereinigung nicht beachtet

d) entgegen den Bestimmungen des § 5 einer internationalen Organisation oder einer Organisation, die außerhalb der Deutschen Demokratischen Republik ihren Sitz hat, als Mitglied angehört oder mit dieser zusammenarbeitet.

(2) Ist die Handlung vorsätzlich und in grober Mißachtung der gesellschaftlichen Entwicklung begangen worden, kann eine Ordnungsstrafe bis zu 1000 MDN ausgesprochen werden.

(3) Die Durchführung des Ordnungsstrafverfahrens obliegt den Vorsitzenden der Räte der Kreise und Bezirke, deren zuständigen Stellvertretern und den Leitern der zuständigen zentralen staatlichen Organe.

(4) Für die Durchführung des Ordnungsstrafverfahrens und den Ausspruch von Ordnungsmaßnahmen gilt die Ordnungsstrafverordnung vom 5. November 1963 (GBl. II S. 773).

§ 10

Der Minister des Innern und Chef der Deutschen Volkspolizei ist berechtigt, Bestimmungen zur Durchführung dieser Verordnung zu erlassen.

§ 11

Diese Verordnung tritt am 1. Januar 1968 in Kraft.

Berlin, den 9. November 1967

Der Ministerrat der Deutschen Demokratischen Republik
Stoph
Vorsitzender

Der Minister des Innern und Chef der Deutschen Volkspolizei
Dickel

GBl., Teil II, Nr. 122, S. 861.

Dokument 58

Protokoll der Generalversammlung der Internationalen Gesellschaft für Musikwissenschaft vom 8. September 1967 in Ljubljana

[…]

Präsident Fédorov verliest seinen Antrag betr. Zulassung der Mitglieder in der DDR als selbständige Gruppe und deren Vertretung im Direktorium der IGMW: […]
(Dieser Antrag wurde in drei Sprachen verlesen.)
(Deutsche Fassung:)
»Wir kommen jetzt zu einem heiklen Problem. Ich möchte dazu selbst das Wort nehmen, bevor ich die Debatte eröffne. Es handelt sich um die Wahl der deutschen Gruppe zum Direktorium der IGMW.

Wir haben eine nationale Liste der deutschen Mitglieder verschickt, die in einem einzigen Alphabet alle Namen der deutschen Mitglieder, einerlei ob sie in Ost- oder Westdeutschland wohnen, zusammenfasste; das geschah entsprechend den Vorschriften unseres ›Règlement intérieur‹, Ziffer V, Absatz 3a, in normaler Weise, das heisst entsprechend den vorgeschriebenen Terminen. Die deutschen Mitglieder haben daraufhin in normaler Weise durch Abstimmung ihre Kandidaten designiert.

Inzwischen haben sich die Mitglieder, die in Ostdeutschland wohnen, an das Direktorium gewendet und beantragt, eine *selbständige* Gruppe zu bilden und ihre *eigenen* Kandidaten zu designieren. Das Direktorium ist darauf sofort schriftlich befragt worden und hat bei 4 Enthaltungen mit 9 gegen 7 Stimmen beschlossen, diesen Antrag zu genehmigen.

Da jedoch die Antworten von den Mitgliedern des Direktoriums nur langsam eingingen, konnten die vorgeschriebenen Fristen für eine neue Abstimmung dieser unabhängigen Gruppe nicht eingehalten werden.

Im Hinblick auf die positive Abstimmung des Direktoriums habe ich *trotz* dieser Verspätung, und *obwohl* ich damit gegen die Vorschriften der Statuten verstiess, unseren Generalsekretär gebeten, der ostdeutschen Gruppe eine erneute Abstimmung und damit die Designation ihrer eigenen Kandidaten zu ermöglichen. Diese Prozedur hat schliesslich den Protest einer beträchtlichen Anzahl unserer Mitglieder hervorgerufen, und zwar einen juristischen Protest, der mir, wie ich freimütig zugebe, durchaus *gerechtfertigt* erscheint. Die protestierenden Mitglieder haben durchwegs betont, dass ihr Einwand sich weder gegen ein Land, noch gegen eine Person, noch gegen eine Gruppe richte, sondern ausschliesslich *gegen das Verfahren* der Abstimmung, das den zwingend vorgeschriebenen Fristen unseres Reglements widersprochen hat.

Der Fehler ist von mir begangen worden und ist leider eine Tatsache. Ich kann mich also bei den protestierenden Mitgliedern nur entschuldigen. Um endlose Komplikationen zu vermeiden, bitte ich die Generalversammlung um folgenden Beschluss:

- Alle nationalen und internationalen Wahlen, die unter normalen Bedingungen, d. h. unter Innehaltung der Bestimmungen unseres Reglements vollzogen worden sind, werden als gültig anerkannt, mit Ausnahme der deutschen;
- Das Bureau soll sobald als möglich hinsichtlich der deutschen Kandidaten eine neue nationale und internationale Wahl vornehmen;
- Interimistisch treten sofort zwei neue deutsche Delegierte im Direktorium in Funktion, einer der auf die westdeutsche Liste gewählt worden ist, der andere, der auf die ostdeutsche Liste gewählt worden ist.
- Was die genauen Modalitäten und den Zeitpunkt der Wahl der neuen deutschen Delegierten zum Direktorium der IGMW angeht, bevollmächtigt die Generalversammlung das neue Direktorium, alle notwendigen Vorkehrungen zu treffen, und bringt ihm in dieser Angelegenheit volles Vertrauen entgegen.«

Es wird abgestimmt:

1. ob eine Diskussion stattfinden soll: Die Generalversammlung beschliesst mehrheitlich, dass keine Diskussion stattfinden soll.

2. über den Antrag Fédorov: Der Antrag wird bei 8 Enthaltungen mit 134 gegen 17 Stimmen angenommen.

Mohr verliesst die Resultate der Wahlen ins Direktorium für die neue Amtszeit 1967–1972:

Es wurden gewählt: Gerald Abraham (GB), Denés Bartha (H), Ingmar Bengtsson (S), Geneviève de Chambure (F), Dragotin Cvetko (YU), Kurt von Fischer (CH), Edith Gerson-Kiwi (IL), Donald J. Grout (USA), R. B. M. Lenaerts (B), François Lesure (F), Zofia Lissa (PL), Gustave Reese (USA), Eduard Reeser (NL), Claudio Sartori (I), M. Santiago Kastner (P), Walter Senn (A), Willi Schuh (CH), Søren Sørensen (DK), Antonín Sychra (ČSSR), Sir Jack Westrup (GB).

Als Vertreter Deutschlands tritt Friedrich Blume an die Stelle K. G. Fellerers, der auf das Mandat verzichtet, für die Bundesrepublik; für die DDR Ernst H. Meyer. Da dieser an der Generalversammlung nicht anwesend ist, wird die Gruppe aus der DDR gebeten, einen Delegierten an die erste Sitzung des neuen Direktoriums zu entsenden.

[...]

(Huguette Zimmermann)

IGMW, Communiqué No. 25, Dezember 1967.

Dokument 59

Strafgesetzbuch der Deutschen Demokratischen Republik – StGB – vom 12. Januar 1968

[...]

§ 218
Vereinsbildung zur Verfolgung gesetzwidriger Ziele

(1) Wer einen Verein oder eine sonstige Vereinigung gründet, unterstützt oder in einer solchen tätig wird, um gesetzwidrige Ziele zu verfolgen, wird mit Freiheitsstrafe bis zu zwei Jahren oder mit Verurteilung auf Bewährung bestraft.

(2) Der Versuch ist strafbar.

Anmerkung:

Unbefugte Vereinstätigkeit ohne gesetzwidrige Zielsetzung kann als Ordnungswidrigkeit verfolgt werden.

§ 219
Ungesetzliche Verbindungsaufnahme

Wer zu Organisationen, Einrichtungen, Gruppen oder Personen, die sich eine gegen die staatliche Ordnung der Deutschen Demokratischen Republik gerichtete Tätigkeit zum Ziele setzen, in Kenntnis dieser Ziele oder Tätigkeit in Verbindung tritt, wird mit Freiheitsstrafe bis zu drei Jahren oder mit Verurteilung auf Bewährung bestraft.

[...]

GBl., Teil I, Nr. 1, S. 41.

Dokument 60

Einschätzung der Internationalen Gesellschaft für Musikwissenschaft[46]

1) *Federführendes zentrales Organ der DDR*
   Ministerium für Hoch- und Fachschulwesen
   (es fragt sich, ob es für alle unten angegebenen Mitglieder zuständig ist,
   die im Augenblick noch vom Ministerium für Kultur usw. betreut werden)
2) a) *Bezeichnung der Gesellschaft*
   Société Internationale de Musicologie
   International Musicological Society
   Internationale Gesellschaft für Musikwissenschaft
   b) *Abkürzung*
   SIM (frz.); IMS (engl.); IGMW (dt.)
3) *Sitz:* Basel (Schweiz)
4) *Charakter der Zusammenarbeit*
   Laut Statut der IGMW, das auf dem letzten September-Kongreß in Ljubljana
   1967 bestätigt und ergänzt wurde, sind Einzel- und Kollektiv-Mitgliedschaf-
   ten möglich. Im Augenblick gibt es folgende 24 Mitglieder aus der DDR:
   Verband Deutscher Komponisten und Musikwissenschaftler, [...] Berlin
   Besseler, Prof. Dr. Heinrich, [...] Leipzig
   Bimberg, Prof. Dr. Siegfried, [...] Halle (S.)
   Brock, Prof. Dr. Hella, [...] Greifswald
   Brockhaus, Dr. Heinz Alfred, [...] Berlin-Oberschöneweide
   Eller, Prof. Dr. Rudolf, [...] Rostock
   Goldschmidt, Prof. Dr. Harry, [...] Berlin-Karlshorst
   Knepler, Prof. Dr. Georg, [...] Berlin-Grünau
   Köhler, Dr. Karl-Heinz, [...] Berlin
   Köhler, Dr. Siegfried, [...] Berlin
   Kraft, Prof. Dr. Günther, [...] Weimar
   Lammel, Inge, [...] Berlin
   Laux, Prof. Dr. Karl, [...] Dresden
   Lehmann, Dr. Dieter, [...] Leipzig
   Meyer, Prof. Dr. Ernst H., [...] Berlin-Hessenwinkel

---

[46] Dieses Dokument ist von W. Siegmund-Schultze vermutlich im April 1968 für das Ministerium für
Hoch- und Fachschulwesen angefertigt worden, wie aus einem Brief Siegmund-Schultzes an H.-D.
Grampp vom 17. 6. 1968 (Abschrift, SAAdK, EHMA, 774) hervorgeht: »Ich habe vor etwa zwei
Monaten Eurer entsprechenden Dienststelle [gemeint ist vermutlich die Abteilung Internationale
Verbindungen im MHF – L. K.] eine längere Stellungnahme zu dem Fragenkomplex [IGMW]
übersandt.«

Michel, Prof. Dr. Paul, [...] Weimar
Neumann, Prof. Dr. Werner, [...] Markkleeberg b. Lpzg.
Rackwitz, Dr. Werner, [...] Berlin
Sasse, Dir. Dr. Konrad, [...] Halle
Seeger, Dr. Horst, [...] Berlin
Seidl, Dr. Helmut, [...] Markneukirchen
Siegmund-Schultze, Prof. Dr. Walther, [...] Halle (S.)
Stockmann, Dr. Erich, [...] Berlin
Wolff, Prof. Dr. H. Chr., [...] Leipzig
Es sind also einige mehr, als in Ihrer Liste stehen;[47] andererseits sind 3 (Prof. Nathan Notowicz, Prof. D. Dr. Max Schneider und Prof. Dr. Walther Vetter) in der Zwischenzeit verstorben. Eine feste Funktion wurde bisher nur durch Prof. Dr. Hellmuth Christian Wolff/Leipzig als Mitglied des Direktoriums wahrgenommen (bis 1967), wo er aber lediglich als »Deutscher« geführt wurde; aus Westdeutschland gehörten zwei dem Direktorium an. Westdeutsche Mitglieder gibt es nach den mir zugänglichen Zahlen im Augenblick etwa 220 (davon etwa 30 Institute, Verlage usw.).

Kongresse fanden bisher alle 3 Jahre statt; doch ist vorgesehen, sie nur noch alle 5 Jahre stattfinden zu lassen; als nächster Kongreßort (für 1972) wurde von der Generalversammlung *Kopenhagen* (Dänemark) gewählt (gegen den Antrag von Portugal, Lissabon zu wählen). Außerdem finden zwischenzeitlich Konferenzen und Kolloquien statt, so 1970 in Paris über »Die europäische Musik im 19. Jahrhundert«. Die IGMW ist die maßgebende internationale Gesellschaft für unsere Disziplin; im allgemeinen ist das wissenschaftliche Niveau dadurch, insbesondere in Spezialfragen, beträchtlich, wenn auch infolge Fehlens genügender marxistischer Positionen und zahlreicher widerstreitender Tendenzen eine eindeutige progressive Entwicklung im Augenblick nicht gegeben ist.

Der Mitgliedsbeitrag beträgt 30 Schweizer Franken (wurde im vorigen Jahr um 5 Franken erhöht), deren Gegenwert durch unsere zuständigen Ministerien getragen wird.

5) Charakter und Zielstellung der IGMW
Laut § II des Statuts ist der Zweck der Gesellschaft, mit allen ihr zur Verfügung stehenden Mitteln die musikwissenschaftliche Forschung zu fördern. Die Gesellschaft wird alle im Gebiet der Musik stehenden wissenschaftlichen Unternehmungen organisieren, unterstützen oder anregen, insbesondere diejenigen, die eine internationale Zusammenarbeit erfordern.

---

[47] Hier dürfte wohl Lucie Ulinski angesprochen worden sein, die damals in der Abteilung Internationale Verbindungen des MHF für die Zahlung der IGMW-Mitgliedsbeiträge zuständig war.

Sie soll den Musikwissenschaftlern, den Gesellschaften und den musikwissenschaftlichen Instituten aller Länder die gegenseitigen wissenschaftlichen Beziehungen erleichtern.

Die Leitungsgremien sind laut Statut § V folgende:
»Die leitenden Organe der Gesellschaft setzen sich zusammen aus der Generalversammlung, dem Direktorium und dem Bureau.
1. Die Generalversammlung setzt sich aus den Mitgliedern der Gesellschaft zusammen. Sie übt die oberste Aufsicht über alle Angelegenheiten der Gesellschaft aus. Das Direktorium und das Bureau sind ihr gegenüber verantwortlich. Die Generalversammlung kontrolliert die Kassenführung des Bureaus, wählt die Rechnungsrevisoren und beschließt über die Auflösung der Gesellschaft. Die Generalversammlung tritt alle fünf Jahre zusammen, womöglich in Verbindung mit einem internationalen musikwissenschaftlichen Kongreß. Zwischen den Kongressen soll in der Regel ein internationales Symposium durchgeführt werden.
2. Das Direktorium, in dem kein Land mit mehr als drei Mitgliedern vertreten sein kann, besteht aus wenigstens 12 Mitgliedern. Das Direktorium setzt sich zusammen
   a) aus denjenigen Mitgliedern, die aus den von den einzelnen Ländern vorgeschlagenen Kandidaten gewählt worden sind. Jedes Land, das mindestens 30 eingeschriebene Mitglieder aufweist, hat Anrecht auf einen Sitz. Jedes Land, das mindestens 100 eingeschriebene Mitglieder aufweist, hat Anrecht auf 2 Sitze. Maßgebend für die Zugehörigkeit eines Mitgliedes zu einem Lande ist sein Wohnsitz und nicht seine Nationalität;
   b) aus fünf Mitgliedern, die auf Vorschlag des Direktoriums gewählt worden sind, und von denen mindestens drei aus Ländern stammen, die sonst nicht im Direktorium vertreten sind;
   c) aus den ehemaligen Präsidenten der Gesellschaft. Sie gehören dem Direktorium ohne Stimmrecht an mit Ausnahme des letzten Präsidenten, der noch für fünf Jahre Stimmrecht besitzt. Die ehemaligen Präsidenten werden den Ländern nicht auf ihre Quoten angerechnet;
   d) aus zwei Mitgliedern, die vom Konsultativkomitee bestellt werden und die dem Direktorium mit beratender Funktion ohne Stimmrecht angehören;
   e) aus dem Generalsekretär, der schweizerisches Mitglied sein muß, aber der Schweiz nicht auf ihre Quote angerechnet wird.
Die Amtsdauer der Mitglieder des Direktoriums beträgt fünf Jahre; nach deren Ablauf sind sie wieder wählbar.

Das Direktorium wählt aus seiner Mitte den Präsidenten und zwei Vizepräsidenten. Der Präsident kann nicht länger als fünf Jahre hintereinander im Amt bleiben. Das Direktorium ernennt außerdem einen Schatzmeister, der schweizerisches Mitglied sein muß und den Sitzungen des Direktoriums mit beratender Stimme beiwohnt.

Das Direktorium entscheidet über alle Fragen allgemeiner Natur und legt die Tätigkeit der Generalversammlung fest.

3. Der Präsident, die zwei Vize-Präsidenten, der Generalsekretär und der Schatzmeister bilden das Bureau, welches die laufenden Geschäfte besorgt. Falls es das Direktorium für notwendig hält, erläßt es ein Reglement, welches die Aufgaben des Direktoriums und des Bureaus festlegt.«

Das Direktorium setzt sich nach der Neuwahl 1967 folgendermaßen zusammen (1967–1972):

Präsident:
    Prof. Dr. Kurt von Fischer (Schweiz)
Vizepräsidenten:
    Prof. Dr. Dragotin Cvetko (SFR Jugoslawien)
    Prof. Dr. Eduard Reeser (Niederlande)
Weitere Mitglieder des Direktoriums:
    Prof. Gerald Abraham (Großbritannien)
    Prof. Dr. Denés Bartha (VR Ungarn)
    Prof. Dr. Ingmar Bengtsson (Schweden)
    Geneviève de Chambure (Frankreich)
    Dr. Edith Gerson-Kiwi (Israel)
    Prof. Dr. Donald Grout (USA)
    Prof. Dr. René B. M. Lenaerts (Belgien)
    François Lesure (Frankreich)
    Prof. Dr. Zofia Lissa (VR Polen)
    Prof. Dr. Gustave Reese (USA)
    Prof. Claudio Sartori (Italien)
    Prof. M. Santiago Kastner (Portugal)
    Prof. Dr. Walter Senn (Österreich)
    Dr. Willi Schuh (Schweiz)
    Prof. Dr. Søren Sørensen (Dänemark)
    Prof. Dr. Antonín Sychra (ČSSR)
    Prof. Sir Jack Westrup (Großbritannien)

Hinzu kommen als Büro-Mitglieder der Schatzmeister Mathis *Burckhardt* und der Generalsekretär Dr. Ernst *Mohr*, beide aus der Schweiz.

Als deutsche Vertreter wurden vorläufig Prof. Dr. Friedrich *Blume* (DDR [recte BRD]) und Prof. Dr. Dr. h. c. Ernst Hermann *Meyer* gewählt; innerhalb eines Jahres, d. h. bis Herbst 1968, soll auf Grund eines Schweizer juristischen Gutachtens geklärt werden, ob die DDR eine eigene Ländergruppe bilden kann. Letzterem hatte das damalige Direktorium auf Grund unserer mehrmaligen Eingabe (der Briefwechsel mit dem Direktorium wurde vom Unterzeichneten geführt) schriftlich zugestimmt; auf dem Ljubljan[a]er Kongreß wurde aber, auf westdeutschen Einspruch, der in dieser Entscheidung einen Eingriff in den schon laufenden Wahlakt sah (die Wahl des Direktoriums ging auf brieflichem Wege vor sich und erstreckte sich auf mehrere Monate), festgelegt, daß die Entscheidung nochmals ausgesetzt werden soll, bis das genannte Gutachten vorläge. Natürlich war das lediglich die formaljuristische Seite, die von einer – anscheinend nur kleinen – westdeutschen [Minderheit] vorgebracht worden war; fast alle in Ljubljana anwesenden Westdeutschen bedauerten uns gegenüber diese Aktion. Von uns konnte während des Kongresses nur erreicht werden, daß die beiden Genannten als gleichberechtigte Mitglieder des Direktoriums interimistisch fungieren, bis die Angelegenheit geklärt ist. Der neue Präsident, Prof. Dr. Kurt von Fischer, versicherte mir auf der Sitzung des neuen Direktoriums (an der ich in Vertretung von Prof. Dr. Ernst H. Meyer teilnahm), selbst wenn das juristische Gutachten negativ ausfiele, könnte das Direktorium für die DDR entscheiden (was auch wirklich nach der Zusammensetzung nicht unmöglich ist, zumal das alte Direktorium ja auch *für* die eigene Ländergruppe DDR schon entschieden hatte).

Man sieht daraus, daß der westdeutsche Einfluß natürlich sehr groß ist, zumal über 200 westdeutsche Mitglieder der Gesellschaft angehören, von dort aus übrigens auch die Möglichkeit besteht, *zwei* Mitglieder im Direktorium zu haben (man hat, angeblich aus Loyalität uns gegenüber, im Augenblick auf einen Sitz verzichtet, rechnet also unseren eigentlich dazu). Insofern ist der Bonner Alleinvertretungsanspruch stark spürbar, zumal die USA mit ihrer großen Mitgliederzahl (etwa 400) dahinterstehen. Westdeutschland, Frankreich, England und USA sitzen auch stark in verschiedenen Gremien und Kommissionen der Gesellschaft; wir sind da nirgends vertreten. Eine Diffamierung der DDR hat allerdings nirgends stattgefunden; wir wurden offiziell als DDR-Gruppe begrüßt, und ich hatte als Delegationsleiter und Vertreter im Direktorium, manche Möglichkeit, unsere Meinung zu vertreten. Die Sympathien des Direktoriums waren, wie aus vielen Gesprächen hervorging, auf unserer Seite, d. h. für Anerkennung der DDR-Gruppe; selbstverständlich wurde von uns immer wieder hervorgehoben, daß solch eine Anerkennung in einer Internationalen Gesellschaft nicht von der staatlichen Anerkennung der DDR durch die Schweiz abhängig gemacht werden dürfe. Ich habe über all diese Probleme ausführlich seinerzeit dem Ministerium berichtet. Die Direktoriumsmitglieder aus anderen sozialistischen Staaten – Antonín Sychra (ČSSR), Zofia Lissa (VR Polen), Denés Bartha (VR Ungarn) – waren im Direktorium, abgesehen von Erstgenanntem, allerdings wenig aktiv für uns, soweit ich beobachten konnte. Bedauerlich ist, daß auf Grund der geringen Mitgliederzahl die UdSSR keinen Vertreter im Direktorium hat.

Was die Mitgliedschaft der DDR-Mitglieder in westdeutschen Gesellschaften betrifft, so möchte ich zum wiederholten Male betonen, daß die Frage des Verhältnisses zu der Gesellschaft für Musikforschung (GfM), die in Westdeutschland ihren Sitz hat, endlich geklärt werden muß. Alle Mitglieder der IGMW aus der DDR sind auch Mitglieder der GfM; wir haben dort allerdings unsere eigene DDR-Sektion mit einem eigenen Vizepräsidenten (Prof. Dr. Karl Laux).

6) *Konzeption für die weitere Mitarbeit der DDR*

Es erscheint dringend notwendig, in kürzester Zeit Verbindung zum Präsidenten der IGMW Prof. Dr. Kurt von Fischer/Zürich aufzunehmen, damit im Herbst die gleichberechtigte Vertretung der DDR-Sektion im Direktorium gesichert ist; im Augenblick ist das noch durchaus zweifelhaft, wie ich aus persönlichen Informationen erfahren habe. Ebenso sicher scheint es mir aber, daß der Präsident und die Mehrzahl der Direktoriumsmitglieder, die ja dann endgültig entscheiden müßten, zu überzeugen wären. Zugleich müßten auch Positionen in einzelnen (nicht allen) Kommissionen erwogen werden, was nur über das Direktoriumsmitglied zu erreichen ist. Am günstigsten wäre unsere Mitarbeit im Redaktionsgremium der »Acta Musicologica« (das ist die Zeitschrift der IGMW) und in der Kommission für das Internationale Quellenlexikon der Musik (RISM). Vertreter sozialistischer Staaten sitzen bisher nur in der Kommission »Catalogus Musicus« (Zofia Lissa/VR Polen) und in der Kommission zur Erforschung älterer slawischer Musik für das RISM (darunter auch ein sowjetischer Vertreter). Es müßte erreicht werden, die weitgehend historisierende und positivistische Haltung in der Redaktion der Zeitschrift Acta Musicologica durch unsere Beiträge überwinden zu helfen; von uns ist dort in den letzten Jahren nur ein kurzer Artikel von mir zum Ableben von Prof. D. Dr. Max Schneider erschienen. Es sollte auch die Teilnahme maßgebender DDR-Wissenschaftler an dem Pariser Kolloquium 1970 über die europäische Musik des 19. Jahrhunderts angestrebt werden, zumal wir dort dann auch unser marxistisches Beethoven-Bild (1970 ist das Beethoven-Jahr) vertreten könnten.

Insgesamt ist einzuschätzen, daß die Möglichkeit für feste Positionen in der IGMW besteht, daß aber schleunigst die Kontakte wieder aufgenommen werden müssen. Da künftighin eine Mitgliederzahl von zumindest 30 Mitgliedern für die Aufnahme eines Mitglieds in das Direktorium Voraussetzung ist, sollte in nächster Zeit die Zahl unserer Mitglieder (im Augenblick 24) um etwa 10 erhöht werden. Dafür könnten von der Sektion Musikwissenschaft des Beirats bis Mitte Juni 1968 namentliche Vorschläge gemacht werden.

[gez.] *W. Siegmund-Schultze*
(Prof. Dr. W. Siegmund-Schultze)

Durchschrift in: SAAdK, EHMA, 827.

Dokument 61

Ministerrat der Deutschen Demokratischen Republik
Ministerium für Kultur
Abteilung Kulturelle Beziehungen

An den
Verband Deutscher Komponisten
108 Berlin
Leipziger Str. 26

18. 6. 68

Registrierung Ihrer Mitgliedschaft

Gemäß § 5 der Verordnung vom 9. November 1967 zur Registrierung von Vereinigungen (Gbl. II, S. 861) ist Ihre Mitgliedschaft in der
Intern. Gesellschaft für Musikwissenschaften (SIM)
unter der Nummer 74/68 registriert worden.

Mit dieser Genehmigung ist kein Anspruch auf Zuteilung von ausländischen Währungsmitteln für die Ausübung der Mitgliedschaften verbunden.

Diese Genehmigung ist jederzeit widerruflich.

Mit freundlichen Grüßen
[gez.] *Irene Gysi*
(Irene Gysi)
Abteilungsleiterin

SAAdK, VKM, 508.

Dokument 62

[**Martin Ruhnke: Brief an den Vorstand (West) der Gesellschaft für Musikforschung**]

Prof. Dr. Martin Ruhnke   852 Erlangen-Buckenhof, den 9. 9. 1968
                                  Im Herrengarten 22

An den Vorstand (West) der Gesellschaft für Musikforschung

Sehr verehrter Herr Präsident, sehr verehrte Herren!
Über verschiedene Kanäle haben Sie schon Kenntnis davon erhalten, daß die »Sektion DDR« der GfM und die Kommission Musikwissenschaft des Verbandes deutscher Komponisten und Musikwissenschaftler (VDK) am 3. 9. in Berlin eine Versammlung durchgeführt haben, bei der die Auflösung der Sektion DDR beschlossen worden ist. Nach Rückkehr von einer seit Monaten für diese Zeit festgelegten Berlinreise kann ich dazu Näheres mitteilen und möchte damit zugleich die bisherigen Geheiminformanten entlasten. Bitte entschuldigen Sie, daß ich etwas ausführlicher werde; wir können uns dann vielleicht bei der Vorstandssitzung kürzer fassen.
    Am Montag, den 2. 9., erfuhr ich in Ostberlin zum erstenmal von der bevorstehenden Versammlung. Daraufhin habe ich mich zur angesetzten Zeit am 3. 9. im Mw. Institut der Humboldt-Universität eingefunden und dort den Wunsch geäußert, an der Versammlung teilzunehmen. Ich wußte zu diesem Zeitpunkt, daß das Ergebnis der Beratungen bereits feststand, wollte es aber darauf ankommen lassen, daß man den offiziellen Vertreter des Präsidenten von einer Versammlung der GfM ausschloß. Nach einer kurzen Beratung des Führungsgremiums erklärte mir Herr Laux, er möchte mir dringend nahelegen, nicht teilzunehmen, denn es handele sich um Fragen, die die Mitglieder der DDR zunächst selbst beraten und klären müßten; er sei aber gern bereit und lege großen Wert darauf, mich hinterher bei einem Mittagessen über die Ergebnisse zu informieren. An dem Essen hat dann auf eigenen Wunsch auch Herr Siegmund-Schultze teilgenommen.
    Zunächst klärten wir die Frage, ob ich, da aus der DDR niemand nach Mainz komme, offiziell als geschäftsführender Präsident informiert werden solle. Ich stimmte für eine inoffizielle Information und empfahl, eine offizielle Erklärung und Begründung schriftlich an den Herrn Präsidenten mit Durchschriften an die übrigen Vorstandsmitglieder gehen zu lassen. Das wurde akzeptiert (aber später

wieder in Frage gestellt, s. u.). Von Herrn Laux und Herrn Siegmund-Schultze
(in erster Linie von diesem) bekam ich etwa folgendes zu hören:
    Die Versammlung mit »ca. 70« Teilnehmern (Aufschlüsselung s. u.) hat ein-
stimmig beschlossen, die Sektion DDR der GfM aufzulösen. Man legt weiterhin
Wert auf Zusammenarbeit, aber nur auf der Basis internationaler Anerkennung
und Gleichberechtigung. Gründe für die Auflösung: 1.) Politische Realitäten. Es
gibt zwei deutsche Staaten. Die GfM ist eine Gesellschaft der Bundesrepublik
mit Sitz in Kiel; die neu gedruckte Satzung erwähnt nicht die DDR. Die Sektion
DDR ist ein Anhängsel und nicht als gleichberechtigt anerkannt; z. B. gehören
der Kommission der habilitierten Hochschullehrer nur Kollegen aus der Bundesrepublik an. Aus politischen Gründen ist es zu zahlreichen Anti-DDR-
Maßnahmen gekommen (Wahlen in Tübingen und Coburg; Brüskierung der
DDR in Ljubljana[48]). 2.) In beiden Staaten gibt es unterschiedliche Wissen-
schaftsinteressen. Der Mw. der DDR erwachsen neue große Aufgaben, die die
Koordinierung aller Kräfte und eine Lenkung der mw. Arbeit nötig machen. Alle
Musikwissenschaftler sollen dem VDK angehören.
    Ich habe sämtliche Beschuldigungen zurückgewiesen und Verdrehungen
richtiggestellt, habe erinnert an die Kommission der »drei Weisen«, an die paritätische Besetzung in Coburg, Leipzig und in der Planung für Mainz, an den Erfolg des Leipziger Kongresses, an die lobenden Worte, die Herr Laux und andere nach Leipzig im DDR-Rundfunk gesprochen haben, an die gemeinsamen
Forschungsanliegen usw. usw. Im Zusammenhang mit Tübingen und Coburg
habe ich nachdrücklich auf unser Demokratieverständnis hingewiesen und im
übrigen die bekannten Irrtümer über die Rolle der GfM in der IGMw korrigiert.
Aber es war natürlich nutzlos; die Entscheidung war gefallen. Schließlich habe
ich erklärt, es sei für mich schwierig, in Mainz Bericht zu erstatten. Nach der
Rechtslage gebe es keine Sektion DDR, die ihren Austritt erklären könne. In
Leipzig seien wir bereit gewesen, Satzungsänderungen in Erwägung zu ziehen.
Daß es dazu nicht gekommen sei, sei nicht unsere Schuld. Wir müßten daher
einstweilen die 250 Betroffenen als Einzelmitglieder betrachten; auch die Mitglieder aus Österreich, der Schweiz, Polen, Ungarn usw. bildeten keine nationalen Sektionen. Für mich sei es unsinnig, daß man den 250 verbieten wolle, der
GfM anzugehören, ihnen aber gleichzeitig erlaube, als Nichtmitglieder für einen
höheren Preis die »Musikforschung« per Post zu beziehen, und das entgegen
den offiziellen Abmachungen betr. die Geschäftsstelle Leipzig.

---

[48] Die westdeutschen Vorstandsmitglieder hatten Laux' Wunsch abgelehnt, auf der IGMW-General-
versammlung in Ljubljana den Antrag der DDR auf Anerkennung als »Land« in dieser Gesellschaft zu unterstützen (E. Wenzke/M. Ruhnke, *Protokoll der Vorstandssitzung der Gesellschaft für Musikforschung am 14./15. März 1967 in Kassel (Restaurant Henkel und Bärenreiter-Verlag)*, Archiv der
GfM).

Als im Verlauf des Gesprächs das Problem der Reisebeschränkungen berührt
wurde, meinte Herr Laux, daß man ja die Bestimmungen schon gelockert habe;
er könne als Rentner z. B. in die Bundesrepublik reisen. Daraufhin konterte ich:
Wenn Sie also nicht nach Mainz kommen, wollen Sie nicht, obwohl Sie können.
Vielleicht hat diese bissige Bemerkung dazu beigetragen, daß beide Herren am
Schluß erklärten, noch einmal ernsthaft erwägen zu wollen, ob es nicht (wie ich
vorgeschlagen hatte) doch besser sei, wenn Herr Laux wenigstens dem Vorstand
gegenüber in Mainz den Schritt begründe. – Soweit die inoffiziell-offizielle Mitteilung. Den Text des Einladungsschreibens, dessen Kopie uns Frau Wenzke[49]
zugeschickt hat, habe ich mir von Herrn Laux zeigen lassen und mir die wichtigsten Passagen abgeschrieben.

Zwei Tage nach der Versammlung habe ich ein zweistündiges Gespräch mit
Herrn E. H. Meyer geführt. Er hatte an der Versammlung nicht teilgenommen,
obwohl er in Berlin war. Er erklärte mir, er habe sich nach seiner Emeritierung
ganz zurückgezogen und sich über die Frage des Austritts aus der GfM gerade
erst telefonisch bei Herrn Brockhaus (seinem Nachfolger auf dem Berliner
Lehrstuhl) informiert. So hörte ich praktisch dieselben Argumente noch einmal.
Im übrigen haben wir uns über Politik unterhalten.

Daneben habe ich eine Reihe von Gesprächen geführt mit nichtprominenten
DDR-Mitgliedern der GfM, die sämtlichst die Entwicklung zutiefst bedauerten.
Was ich im folgenden zusammenfasse, geht auf diese Gespräche zurück. Ich
bitte, es vertraulich zu behandeln, damit den Informanten kein Schaden er-
wächst.

Bereits am 29. 7. hat eine vorbereitende Besprechung stattgefunden; Teilnehmer: Dr. Niemann (VDK), ein Herr vom Ministerium für Kultur [recte: Ministerium für Hoch- und Fachschulwesen][50], E. H. Meyer (!), Knepler, Siegmund-Schultze, Laux, Eller, Brockhaus und Zschoch. Hier wurden noch drei
Möglichkeiten erörtert: 1. Gründung einer eigenen Gesellschaft. 2. Festigung
des Eigencharakters der Sektion DDR innerhalb der GfM. 3. Zusammenschluß
aller Musikwissenschaftler im VDK, Austritt aus der GfM. Obwohl Eller und
Knepler sich für Punkt 2 ausgesprochen hatten, wurde von Brockhaus zusammenfassend festgestellt, es bestehe Einmütigkeit darin, daß man die Sektion
DDR auflösen müsse. Auch E. H. Meyer erklärte, bei der Alleinvertretungsanmaßung der Kiesinger-Brandt-Strauß-Regierung gebe es nur die Möglichkeit
der Lösung von der westdeutschen GfM. Herr Laux erhielt den Auftrag, einen
Resolutionstext zu entwerfen, welcher der für den 3. 9. vorgesehenen Ver

---

[49] Elisabeth Wenzke, damals Mitarbeiterin im Bärenreiter-Verlag, betreute die Geschäftsstelle der
GfM.
[50] Aus Aufzeichnungen von M. Ruhnke (Privatarchiv M. Ruhnke) geht hervor, daß es sich um H.-D.
Grampp handelte.

sammlung vorgelegt werden sollte. Diesen Entwurf habe ich gesehen. Er enthält eine Fülle von Verdrehungen, erwähnt immerhin noch die drei Möglichkeiten für die Mw. in der DDR, entscheidet sich aber für die dritte. Der Entwurf ist vor dem 3. 9. auch Herrn Eller zugestellt worden, der ihn aber nicht unterschrieben, sondern ausdrücklich erklärt hat, er könne die Verantwortung nicht mittragen. Er hat seine Meinung vor dem 3. 9. auch noch telefonisch zum Ausdruck gebracht. All dies ist in der Versammlung nicht erwähnt worden. Mir hat Herr Laux gesagt, Herr Eller sei wegen Krankheit nicht erschienen.[51]

Der Entschließungsentwurf hat jedoch nicht die Gnade der zuständigen Ministerien gefunden, so daß die angesetzte Versammlung beinahe ganz kurzfristig hätte abgesagt werden müssen. Man arbeitete ganz schnell einen neuen Resolutionstext aus.[52] Diesmal war von Alternativen nicht mehr die Rede. Es wurde nur noch die Auflösung der Sektion DDR begründet und die Stärkung des VDK beschlossen. Die Gruppe der Parteigenossen hatte sich am 3. 9. bereits anderthalb Stunden vor Beginn der Versammlung zusammengefunden und offensichtlich Generalstabsarbeit geleistet. Nur aus diesem Kreise meldete sich sehr schnell eine Reihe von Diskussionsrednern. Rechtzeitig bevor einer etwas anderes sagen konnte, wurde zusammenfassend Übereinstimmung festgestellt. An der Versammlung haben 62 Personen teilgenommen. 6 davon vertreten gleichzeitig ein Institut. Die offizielle Zahl ist also 68. 16 anwesende Personen waren nicht Mitglieder der GfM. Von den 46 GfM-Mitgliedern sollen etwa 30 zur Parteigruppe gehören. Nicht anwesend waren u. a. Knepler, Meyer, Eller, Wolff, Goldschmidt, R. Petzoldt.

Es soll jetzt noch ein Rundbrief an die GfM-Mitglieder der DDR herausgehen, in dem sie über die Möglichkeit eines Weiterbezugs der »Musikforschung« ohne Mitgliedschaft informiert werden sollen.[53]

Ausdrücklich möchte ich noch sagen, daß Herr Eller mir keinerlei Informationen gegeben hat, obwohl er mich am 5. 9. in einer persönlichen Angelegenheit in Berlin angerufen hat. Er wechselte betont das Thema, als ich auf die jüngsten Ereignisse zu sprechen kam.[54]

---

[51] Laux' Vermutung, daß Eller wegen Krankheit nicht erschienen wäre, stützt sich auf einen Brief Ellers vom 27. 8. 1968 (SLB, Mscr. Dresd. x 11, 416). In Wirklichkeit nahm Eller an der Sitzung nicht teil, weil er sie »nur als eine Farce ansehen konnte« (R. Eller, *Die Spaltung der Gesellschaft für Musikforschung 1961 bis 1968*, S. 53).

[52] Diesen Text hatte H. A. Brockhaus ausgearbeitet.

[53] Dieser von K. Laux und H. A. Brockhaus gezeichnete Brief wurde vom Vorstand der GfM veröffentlicht in: *Mf* 21 (1968), H. 4, S. 537.

[54] Aufgrund entsprechender Erfahrungen mußte Eller damit rechnen, daß das Gespräch vom Staatssicherheitsdienst abgehört wurde. Die Praxis, bei Telefongesprächen sofort das Thema zu wechseln, wenn der Gesprächspartner auf heikle politische Fragen zu sprechen kam, war ihm bereits im »Dritten Reich« zur Gewohnheit geworden, die er später in der DDR wieder aufnahm, als erneut Telefonkontrollen vorgenommen wurden (schriftliche Mitteilung von R. Eller).

Wenn ich Ihnen, sehr verehrte Herren, jetzt versichere, daß ich mich un-
geheuer kurz gefaßt habe, werden Sie verstehen, daß ich in Ostberlin drei sehr
ausgefüllte Tage erlebt habe. Einigermaßen erschütternd waren einerseits die
Reaktionen der Normalmitglieder, andererseits die gleichgeschalteten politischen
Äußerungen der Prominenz, vor allem zu den Ereignissen in der ČSR (»Sie werden uns noch dankbar sein, daß wir durch unser Eingreifen die Welt vor dem 3.
Weltkrieg bewahrt haben«).

Mit den besten Grüßen bin ich
Ihr sehr ergebener
[gez. *Ruhnke*]

Durchschrift in: Privatarchiv Martin Ruhnke.

Dokument 63

[Karl Vötterle: Brief an Karl Laux]

Internationale Heinrich Schütz-Gesellschaft e. V.

Herrn Professor
Dr. Karl Laux
X 801 *Dresden*
Altmarkt 23

12/SP/ISG – 19. 12. 1968

Lieber Herr Professor Laux!
Ich habe Sie schon kurz informiert. Das Gespräch mit Rackwitz und Pischner
hat mir Hoffnung gegeben, daß es nun doch zu einer Sektionsgründung in der
DDR kommen kann. Ich gebe Ihnen vertraulich Einblick in meinen letzten
Brief an Dr. Rackwitz und füge auch Ihnen die Satzung der ISG, die er erbeten
hat, bei. In einem früheren Brief habe ich unter Betonung der Tatsache, daß jede Sektion absolut selbständig ihre Gremien und ihre Aufgaben bestimmen
kann, den Vorschlag gemacht, daß Ernst Hermann Meyer und vor allem
Kreuzkantor Mauersberger, letzterer vielleicht als Ehrenpräsident oder sonstwie,
herangezogen werde. Die unvorstellbar schöne Aufführung der Messe in h-moll
hat mich in diesem Gedanken noch bestärkt. Ich hoffe aber, daß Sie mit von der

Partie sind. Wie, ist Sache der Sektion. Es wäre gut, wenn die Sache nicht hinausgezögert würde, denn das Jubiläumsjahr 1972 kommt schneller auf uns zu als wir denken, und nachdem in der Zwischenzeit auch die Gründung einer finnischen Sektion bevorsteht, wäre die DDR, das Land in dem Schütz den Hauptteil seines Lebens verbrachte, bald das einzige europäische Land, in dem es keine Sektion gibt.

Mit herzlichen Grüßen
Ihr
[gez.] *Karl Vötterle*

Anlagen

SLB, Mscr. Dresd. x 22, 66.

Dokument 64

Bericht

Berlin, den 28. 10. 1969
Prof. Me/Mz

Am 27. und 28. 9. 1969 tagte in Basel das Direktorium der Internationalen Gesellschaft für Musikforschung, dem ich z. Zt. in Interimsfunktion als »einer der beiden deutschen Vertreter« (der andere ist der westdeutsche Prof. Dr. F. Blume) angehöre. Die Lösung, derzufolge bis zu einer endgültigen Regelung zwei deutsche Vertreter, einer für die DDR, einer für die BRD, im Direktorium dieser Gesellschaft vertreten sein sollten, wurde als Kompromiß bei der letzten Gesamttagung der IGMW mit Billigung unserer Delegation beschlossen. Im vergangenen Jahr fand eine Direktoriumtagung in Utrecht statt, zu der ich aber von den Holländern kein Visum erhielt.

In Basel waren anwesend: Prof. Reeser (Holland), Comtesse de Chambure (Frankreich), Prof. Fédorov (Frankreich), Dr. Schuh (Schweiz), Prof. von Fischer (Präsident, Schweiz), Dr. Mohr (Generalsekretär, Schweiz), Dr. Hosch (Schatzmeister, Schweiz), Prof. Blume (Westdeutschland), Prof. Senn (Österreich), Prof. Federhofer (Österreich), Prof. Lenaerts (Belgien), Prof. Kastner

(Portugal), Prof. Grout (U.S.A.), Prof. Cvetko (Jugoslawien), Prof. Abraham (England), Prof. Westrup (England), Prof. Sørensen (Dänemark), Prof. Bengtsson (Schweden) und ich selbst. Nicht anwesend waren: Frau Prof. Lissa (Polen, krank), Prof. Sychra (ČSSR, krank), Prof. Bartha (Ungarn).

Es war mein Auftrag durchzusetzen, daß nunmehr die DDR eine eigene und unabhängige nationale Vertretung erhält – nicht als »Deutschland«. Doch stand die Frage der DDR-Vertretung nicht auf der Tagesordnung. Es war sehr schwierig zu erreichen, daß dieser Punkt behandelt wurde; vor allem waren die Schweizer Kollegen sehr dagegen. Doch brachte ich diese Frage nach einer Reihe von Einzel-Rücksprachen mit verschiedenen Kollegen unter »Verschiedenes« vor und ersuchte um Abstimmung über die Frage der DDR-Vertretung. Diese fand statt. Resultat: In geheimer Abstimmung wurde einstimmig akzeptiert, daß bei den nächsten Wahlen (1972) die DDR eine eigene nationale Liste aufstellt und als selbständige Vertretung anerkannt wird. Unterstützt wurde ich dabei von Prof. Fédorov, Prof. Cvetko und Prof. Blume (!); der letztere kann sich infolge seiner großen Berühmtheit und auch seines Alters (77) offensichtlich leisten, gegen die offizielle Bonner Linie aufzutreten (dabei spielte wohl eine Rolle, daß ich seinerzeit bei Blume studiert hatte und er mich natürlich gut kennt).

Erschwert wurde meine Position dadurch, daß die DDR lange nicht genug Mitglieder in der IGMW hat – die Unterbesetzung der DDR-Kollegen resultiert aus Todesfällen, aber auch aus der Tatsache, daß bei der letzten G[eneral]-V[ersammlung] eine Heraufsetzung der zur Vertretung im Direktorium notwendigen Mitgliederzahl auf 30 beschlossen worden war, wir aber nicht für Einbeziehung zusätzlicher Kollegen gesorgt hatten. Besonders unangenehm war, daß nur sehr wenige Kollegen ihre Mitgliedsbeiträge bezahlt hatten; einige von ihnen sind Beiträge seit drei Jahren schuldig. (siehe Anlage)

Dieser Tatbestand war mitbestimmend dafür, daß ich zustimmen mußte, daß mit einer Publikation des Ergebnisses der Abstimmung über die DDR-Vertretung in unserer Tages- und Fachpresse noch gewartet würde, bis dieses im Mitteilungsblatt der IGMW veröffentlicht wird (offenkundig wollen die Schweizer Kollegen erst sehen, ob wir die erforderliche Zahl von Mitgliedern zusammenkriegen und auch unsere Beiträge bezahlen!). Doch schlug ich vor, in zwei Blättern dieses Ergebnis sofort zu publizieren: im »Sonntag« und in unserem VDK-Blatt[55]. Es liegt bei uns, ob wir davon Gebrauch machen wollen. Der zu publizierende Text wurde in folgendem Wortlaut besprochen: »In einer Konsultativ-Befragung hat sich das Direktorium der IGMW bei seiner letzten Tagung in Basel im September 1969 darauf geeinigt, die Mitglieder der DDR bei den nächsten Wahlen als selbständige Gruppe zu behandeln«. – Das nächste Mitteilungs-

---

[55] Gemeint ist die vom Komponistenverband herausgegebene Zeitschrift *Musik und Gesellschaft*.

blatt der IGMW mit seinem nächsten offiziellen Communiqué müßte etwa in zwei Monaten erscheinen. Bis dahin sollten wir auch unsere Mitgliederzahl erhöht und die Beiträge bezahlt haben. Die nächste Tagung des Direktoriums wird in ein- bis anderthalb Jahren in Kopenhagen stattfinden, wo auch der nächste Kongreß ablaufen wird.

Über weitere Einzelheiten der Verhandlungen habe ich der Leitung unseres Komponistenverbandes und dem Musikrat der DDR Mitteilung gemacht; hervorheben möchte ich nur, daß Gen. Dr. Jürgen Elsner, Fachmann für arabische Musik, vom Direktorium beauftragt wurde, bei der großen musikalischen und musikologischen Veranstaltung der VAR im Dezember 1969 offiziell die IGMW zu vertreten.

Prof. Dr. Dr. h. c. Ernst Hermann Meyer

[gez.] *E. H. Meyer*

Verteiler:
Ministerium für Kultur
Ministerium für das Hoch- und Fachschulwesen
ZK, Abt. Kultur
ZK, Abt. Wissenschaft[en]
Prof. Meyer
VDK
MAA Dr. Jung (Min. f. Ausw. Angel.)
HUB = Internat. Verbindg.

Anlage

[...]

Die Mindestmitgliederzahl wurde für einen Direktoriumssitz auf 30 erhöht. Es müßte also schnellstens unsere Mitgliedschaft auf ca. 32 Personen erweitert werden. Die Bezahlung der Mitgliedsbeiträge läuft über verschiedene Ministerien (Hochschulwesen, Kultur, Deutsche Akademie der Wissenschaften). Diese Stellen müssen schnellstens zusammentreten, um die Bezahlung der Beiträge für 1969 und auch die Frage der neuen Mitgliedschaften zu regeln.

S.AAdK, VKM, 508.

Dokument 65

[Konrad Niemann: Brief an Jürgen Elsner]

1. 2. 1971

An
Dr. J. Elsner
Humboldt-Universität
108 Berlin
Universitätsstr. 7

Betr. Internationale Gesellschaft für Musikwissenschaft (IGMW)

Ich wurde aufgefordert der IGMW beizutreten und stelle hiermit den Antrag,
die Mitgliedschaft in dieser Gesellschaft zu genehmigen.

[gez.] *Niemann*
Dr. K. Niemann

Stellungnahme des Betriebes:
Das Sekretariat des Verbandes Deutscher Komponisten und Musikwissenschaftler befürwortet den Antrag des Koll. Dr. Niemann. Koll. N. ist Mitglied
des Sekretariats und Leiter des Zentralinstitutes für Musikforschung beim VDK.

[gez.] *W. Lesser*
Wolfgang Lesser
1. Sekretär

Stellungnahme der Parteileitung
Die Leitung der GO des VDK hat keine Einwände gegen den Antrag des Gen.
Dr. Niemann. Gen. N. ist Sekretär der GO.

[gez.] *H. Arenz*
Heinz Arenz
Stellv. Parteisekretär

Durchschrift in: SAAdK, VKM, 508.

Dokument 66

Direktive
Für Herrn Professor Dr. Ernst H. Meyer zur Teilnahme an der Sitzung des Direktoriums der Internationalen Gesellschaft für Musikwissenschaft (IGMW)

1. Professor Ernst H. Meyer nimmt seine Funktion als Präsidiums[56]-Mitglied der IGMW wahr. Zur Zeit übt er diese auf Grund der Festlegungen des Kongresses im Jahre 1967 noch interimistisch aus. Er betont offiziell in geeigneter Form, daß er als Vertreter der Ländergruppe der DDR im Direktorium fungiert, wozu er durch den bereits vom vorigen Präsidium gefaßten Beschluß über die Anerkennung einer selbständigen DDR-Ländergruppe, der auf dem Statut der Organisation basiert, und den einstimmigen Beschluß der Präsidiumstagung in Basel 1950 berechtigt ist.

2. Die Tagesordnung für die Sitzung liegt noch nicht vor.
   Mit Sicherheit werden jedoch behandelt:
   a) die selbständige Ländervertretung der DDR in der Internationalen Gesellschaft für Musikwissenschaft.
   b) der 11. Kongreß der Internationalen Gesellschaft für Musikwissenschaft 1972 in Kopenhagen.
   Herr Prof. Meyer tritt dazu in folgender Weise auf:
   zu a) Er weist das Recht der DDR auf eine eigene völlig selbständige und gleichberechtigte Ländervertretung der DDR an Hand des Statuts nach, verweist auf die Unrechtmäßigkeit der Machenschaften (Schweizer-Gutachten) 1967 in Ljubljana und in Utrecht im Sinne westdeutscher Alleinvertretungsanmaßung hin und verlangt mit Bezug auf die Festlegungen 1970 [recte: 1969] in Basel, die endliche Beseitigung des Interimszustandes und offizielle Anerkennung der DDR-Ländergruppe und ihrer Repräsentanz im Präsidium.
   Sollte dieser Standpunkt wider Erwarten nicht durchzusetzen sein, erklärt Prof. Meyer sich gezwungen, mit den Mitgliedern der IGMW in der DDR über den weiteren Verbleib in der Organisation sowie die Teilnahme am Kongreß 1972 beraten zu müssen und erklärt sich außerstande unter diesen Bedingungen im Präsidium weiterhin mitzuarbeiten.
   zu b) Unter der Voraussetzung, daß die Fragen der Ländervertretung entsprechend dieser Direktive geklärt werden konnten, erklärt Prof. Meyer

---

[56] Siehe Fußnote 11 (S. 227).

– grundsätzliche Zustimmung zu dem Vorschlag des Programm-
  ausschusses
– stimmt zu, daß Dr. Stockmann, DDR, eines der Round-Tables zum
  Thema »Die Musikinstrumente als Gegenstand historischer und an-
  thropologischer Forschung« leitet
– unterbreitet den Vorschlag, in die Round-Tables weitere DDR-
  Wissenschaftler aufzunehmen (1. Round-Table, Gen. Dr. Reiner
  Kluge, 2. Round-Table, Gen. Prof. Goldschmidt oder Gen. Dr.
  Günter Mayer)
– Bringt zum Ausdruck daß mit einer DDR-Delegation zu rechnen ist.
  Herr Prof. Meyer bringt den Vorschlag zum Beschluß ein, daß das
  Präsidium der Internationalen Gesellschaft für Musikforschung sich
  an die dänische Regierung mit dem Ersuchen wendet, der DDR-
  Delegation die Einreise ohne Diskriminierung zu ermöglichen, das
  heißt
– Erteilung der Visa in die gültigen DDR-Reisepässe
– Visa-Erteilung im Gastland direkt oder in einem sozialistischen
  Land.
  Er bringt bei dieser Gelegenheit seinen persönlichen Protest gegen
  die Diskriminierungen zum Ausdruck, der er durch die Ausstellung
  des separaten Einreisepapiers in Westberlin ausgesetzt ist.
3. Prof. Meyer nutzt die vorhandenen Möglichkeiten, um den Standpunkt der
DDR zur Europäischen Sicherheit – insbesondere zur Einberufung einer Europäischen Sicherheitskonferenz – darzulegen.
Er erläutert Ansichten und Vorschläge der DDR zum Verhältnis beider deut-
scher Staaten zueinander, der Herstellung und Entwicklung ihrer Beziehungen auf völkerrechtlicher Grundlage und der Mitgliedschaft in der UNO und
deren Spezialorganisationen.
Weiterhin wird er die Notwendigkeit der diplomatischen Anerkennung der
DDR im internationalen Maßstab als aktuelles Erfordernis und der Sicherung
des Friedens in Europa aufzeigen.
Zu den anwesenden Vertretern der BRD werden keine Kontakte gepflegt. –
Einladungen westdeutscher Institutionen werden nicht angenommen.
Prof. Meyer tritt unmittelbar nach Ankunft in Verbindung zur DDR-Vertre-
tung im Gastland.

Berlin, den 5. 2. 1971

[gez.] M[eyer]

S AAdK, EHMA, 827.

Dokument 67

[Konrad Niemann:] B[etr].: IGMW
Entwurf

[Mitte März 1971]

1. Sitzung des Direktoriums April 1971. Der wichtigste Tagesordnungspunkt auf der Direktoriumstagung ist für uns die Bestätigung als selbständige Vertretung. Das bedeutet, daß die IGMW die beiden deutschen Staaten anerkennt und bedeutet für uns, wenn wir die laut Statut erforderliche Mitgliedzahl von 30 haben, einen Sitz im Direktorium. Bislang hatten wir 24 Mitglieder. Im Februar erfolgten für 10 Kollegen Neuanmeldungen, so daß wir jetzt 34 Mitglieder haben und nach tel. Auskunft vom 11. 3. (Genossin Ulinski) werden im Monat März für alle Mitglieder die Beiträge bezahlt, so daß alle Voraussetzungen gegeben sind, die Frage unserer Vertretung im Direktorium auf der Aprilsitzung abzuschließen.

Weiterhin wird von Belang sein, was in dieser Direktoriumssitzung zur Vorbereitung des Kongresses beschlossen wird. Der Kongreß 1972 in Kopenhagen sieht 3 Round-table vor: 1. Neue Methoden der musikalischen Stilanalyse (Lockwood), 2. Die Musikinstrumente als Gegenstände historischer und anthropologischer Forschung (Stockmann), 3. Neue Forschungen über das Verhältnis zwischen Sprache und Musik (Noske). An den Round-table-Diskussionen nehmen jeweils 8 Wissenschaftler teil, die durch die Vorsitzenden der Round-table[s] aufgefordert werden. In dem Zusammenhang sind für uns 2 Dinge wichtig: a) daß wir Einfluß auf die Konzeption vom Kollegen Stockmann nehmen. Er will nach Auskunft von Prof. Meyer 2 DDR-Kollegen in seinen Round-table nehmen, nämlich Dr. [Herbert] Heyde und Dr. [Konrad] Sasse. Das wäre schon zu überlegen, weil es zuviel des guten darstellt. Man muß wissen, wen er sonst aus den sozialistischen Ländern berücksichtigt. b) gilt es, im Direktorium Vorschläge zu unterbreiten für die Teilnahme an den beiden anderen Round-table[s]. Es wäre denkbar, daß bei der Musikanalyse A. Brockhaus vorgeschlagen wird und bei der Frage Sprache – Musik H. Goldschmidt. Nur wenn wir uns in dem Fall nicht rühren, passiert unter Umständen gar nichts. Weiterhin wäre zu bedenken, daß in den freien Sektionen, derer es wohl 15 oder 20 gibt, Sektionsleiter eingesetzt werden. Dazu könnten wir Vorschläge machen: Meyer, Knepler, Michel, evtl. auch Eller. Was nun die Teilnahme an den freien Sektionen betrifft, so wäre zu überlegen, daß vor allem Kollegen hingehen, die nach unserer Auffassung innerhalb der nächsten Jahre international bekannt gemacht werden sollen und die dort mit einem wissenschaftlichen Beitrag ihre Visitenkarte vorlegen. Da kämen infrage: Elsner, Kluge, Lippold, Niemann, [Axel] Hesse. Aus all den genannten Namen ergibt sich die mögliche Zusammensetzung einer Delegation, die berücksichtigt, daß dort neben den führenden Vertretern der marxistischen Musikwissenschaft unserer Republik, die bereits international bekannt sind, eine Reihe von jüngeren Genossen auftreten, die künftig unsere Musikwissenschaft international vertreten werden:

Gen. Prof. Dr. E. H. Meyer, Gen. Prof. Dr. G. Knepler, Gen. Prof. Dr. H. Goldschmidt, Gen. Prof. Dr. H. A. Brockhaus, Gen. Prof. Dr. P. Michel, Koll. Prof. Dr. R. Eller, Gen. Dr. J. Elsner, Gen. Dr. R. Kluge, Gen. Dr. E. Lippold, Gen. Dr. K. Niemann, Kollege Dr. Stockmann, Kollege Dr. Sasse, Genosse A. Hesse.

Weiterhin wird zu beachten sein, daß wir laut Statut einen Vertreter in das Konsultativkomitee der IGMW entsenden können. Jede der [der] IGMW angehörenden musikwissenschaftlichen Gesellschaften entsendet einen Vertreter in ein internationales Konsultativkomitee, das das Direktorium in wissenschaftlichen Fragen berät, einen Ausschuß bildet und 2 Mitglieder mit beratender Stimme ins Direktorium delegiert. Da die Kommission Musikwissenschaft des VDK Mitglied der IGMW ist, trifft dieser Fall hier zu, und wir müssen entscheiden, wer dieser Vertreter sein soll.

2. Die Frage eines Nationalkomitees. Um unsere Arbeit in der IGMW künftig besser zu gestalten, ist zu überprüfen, ob aus den DDR-Mitgliedern der IGMW ein Nationalkomitee mit einer Leitungsgruppe (Vorsitz, Vertreter, Sekretär) gebildet werden sollte. In den Statuten der IGMW wird darüber nichts ausgesagt, weder für noch gegen solche Vereinigungen wird gesprochen. Es ist uns aber bekannt, daß bislang in keinem anderen Land ein ähnliches Komitee besteht. Nur das spricht eigentlich dagegen. Dafür spricht, daß unsere internationalen Aktivitäten im Hinblick auf die IGMW bei uns im Land besser organisiert werden können, und daß wir erreichen werden, daß alle individuellen Beziehungen zu den Kollegen der IGMW nur in Koordination[57]

S AAdK, VKM, 508.

---

[57] Der Text bricht an dieser Stelle ab.

Dokument 68

[Konrad Niemann: Handschriftliche Aufzeichnungen einer Sitzung im MHF]

Aussprache Ministerium 16. 11. 71
Meyer, Ulinski, Hoppe [?], Ni[emann]

Größe der Delegation   Meyer Leiter
                                Brockhaus Grupperorg[anisator]
                                Niemann Sekretär
    Meyer
    Brockhaus
    Siegmund-Schultze
    Stockmann
  * Kluge – Lippold   von beiden Konzept
                            Hochschulwesen fordert zur Anmeldung auf.
    Köhler
    Niemann
            Nicht für Eller, Mainka
    Knepler   Goldschmidt.

Vorlage März 1972 Brockhaus Niemann.

Acta: – Musikrat oder Zentralinstitut.
      – Brief an Basel/ Zimmermann

Frage des nächsten Kongreßortes

Ländergruppe – Direktoriumsvertreter sollte das [unleserlich] werden.
                keine feste Organisation sonst Sekretariatsvorlage
                Statut etc.
                DDR Delegation innerhalb der IGMW

S.AAdK, VKM, 508.

Dokument 69

[Ernst Hermann Meyer: Brief an die Zollverwaltung der DDR]

23. 11. 1971

Sachgebiet Eingaben der Bezirksverwaltung Berlin
Postzollamt
1017 Berlin
Straße der Pariser Kommune 8–11

Betrifft: Beschlagnahme-/Einziehungs-Entscheid Nr. D 117460 v. 19. 11. 1971

Am 22. 11. 71 erhielt ich Ihren Beschlagnahmebescheid[,] der mir mitteilt, daß die an mich gerichtete wissenschaftliche Zeitschrift Acta Musicologica beschlagnahmt wurde. Hierbei beziehen Sie sich auf § 1 der 5. DB zur Geschenkverordnung

Gegen die Beschlagnahme dieser Zeitschrift erhebe ich gemäß der geltenden Bestimmungen

Beschwerde.

Begründung:

1. Es handelt sich hier keinesfalls um ein »Geschenk«, sondern um das wissenschaftliche Organ der Internationalen Gesellschaft für Musikwissenschaft. Diese Zeitschrift steht den Mitgliedern der Gesellschaft rechtmäßig zu, denn sie ist in dem Beitrag, den jedes Mitglied an das Ministerium für Hochschulwesen bzw. Ministerium für Kultur, Abt. Internationale Verbindungen, entrichtet, eingeschlossen. Von diesen Ministerien wird der Betrag insgesamt *in Devisen* an die Internationale Gesellschaft für Musikwissenschaft in Basel entrichtet.
Bezahlte Sendungen sind keine »Geschenke« und somit kann die von Ihnen angezogene Geschenkverordnung keine Anwendung finden.

2. Wie unter Punkt 1 erwähnt, zahlt unser Staat für die Mitgliedschaft und damit für den Bezug der Acta Musicologica Devisen, denn die Vertretung der DDR als Sektion in der Internationalen Gesellschaft für Musikwissenschaft ist eine Hilfe in unserer Politik, die diplomatische Anerkennung unserer Republik durchzusetzen.

3. Die Mitgliedschaft eines Staates in der Internationalen Gesellschaft für Musikwissenschaft ist u. a. von einer bestimmten Anzahl von Mitgliedern abhängig. Wenn den Mitgliedern der DDR-Sektion der Empfang der genannten Zeitschrift vorenthalten wird, so besteht die Gefahr ihres Austretens aus der Gesellschaft, so daß die offizielle Mitgliedszahl nicht mehr erreicht bleibt und

infolgedessen die DDR-Sektion keine eigene Vertretung im Präsidium[58] mehr beanspruchen kann, was eine Schädigung des politischen Prestiges der DDR zugunsten Westdeutschlands bedeuten würde. Ich ersuche Sie darum, auch die Beschlagnahme der an die übrigen Kollegen Mitglieder der Internationalen Gesellschaft für Musikwissenschaft Sektion DDR geschickten Zeitschrift Acta Musicologica der laufenden Ausgabe aufzuheben, und diese Publikation ihren Mitgliedern zuzuleiten.

Für die weiteren Nummern dieser Zeitschrift werden wir Ihnen eine Adresse angeben, an die sämtliche Exemplare der den Mitgliedern der DDR zustehenden Zeitschrift von Basel aus versandt wird. Es wird entweder die Adresse des Musikrats der Deutschen Demokratischen Republik oder das Zentralinstitut für Musikforschung beim Verband Deutscher Komponisten und Musikwissenschaftler sein.

Prof. Dr. Dr. h. c. E. H. Meyer

Durchschrift in: SAAdK, VKM, 508.

Dokument 70

[Zollverwaltung der DDR: Brief an Ernst Hermann Meyer]

Zollverwaltung der Deutschen Demokratischen Republik
Hauptverwaltung
– Sachgebiet Eingaben –   108 Berlin, den 4. 1. 1972
                                           Otto-Nuschke-Str. 9
                                           Az. HVR 1593/71
Herrn Prof. Dr. Ernst H. *Meyer*
1167 Berlin-Hessenwinkel
Bogenstr. 12

Sehr geehrter Herr Professor!
Von unserer Bezirksverwaltung Berlin wurde uns Ihre Beschwerde vom 23. 11. 1971 gegen die Einziehung der Zeitschrift »Acta Musicologica« durch das Postzollamt Berlin zur Entscheidung zugeleitet.

---

[58] Siehe Ebd.

Wir haben hierzu eine Überprüfung vorgenommen und konnten dabei feststellen, daß diese Entscheidung in Übereinstimmung mit den geltenden gesetzlichen Bestimmungen der DDR erfolgte.

Gemäß der 5. Durchführungsbestimmung zur Geschenkverordnung vom 30. 11. 1961 (GBl. II, S. 515) ist die Einfuhr von Presseerzeugnissen, wie Zeitungen und Zeitschriften, in die DDR gestattet, wenn sie in der Postzeitungsliste der DDR enthalten sind. Nicht in der Postzeitungsliste enthaltene Zeitschriften werden bei Feststellung grundsätzlich nicht zur Einfuhr zugelassen. Eine Ausnahme bilden Inhaber von Sondergenehmigungen.

Die Umstände, die Sie in Ihrem Schreiben geltend machen, waren zum Zeitpunkt der Einziehung der Zollverwaltung nicht bekannt. Vom Ministerium für Hoch- und Fachschulwesen der DDR wurde uns erst im Zusammenhang mit der Bearbeitung Ihrer Eingabe Ihre Mitgliedschaft in der Internationalen Gesellschaft für Musikwissenschaft bestätigt.

Wir haben unter Berücksichtigung dieser Umstände eine Freigabe der Zeitschrift verfügt und übersenden Ihnen diese als Anlage. Um auch den zukünftigen Empfang dieser Zeitschrift zu gewährleisten, ist es erforderlich, daß seitens des Ministeriums für Hoch- und Fachschulwesen der Zollverwaltung eine Aufstellung der Mitglieder dieser Internationalen Gesellschaft zugeleitet wird. Das Ministerium für Hoch- und Fachschulwesen ist darüber bereits in Kenntnis gesetzt.

Hochachtungsvoll
[gez.] *Rudolph*
i. V. Rudolph
Zollhauptkommissar
Sachgebietsleiter

S A AdK, EHMA, 827.

Dokument 71

[Konrad Niemann: Protokoll der Gründungsversammlung der »Ländergruppe DDR« in der IGMW]

Begrüßung

Meyer: Ländergruppe Notwendigkeit
dazu Knepler, Verhältnis VDK
auch Lesser, Rackwitz
        Abstimmen Musikrat Siegmund-Schultze
        auch über Acta diskutieren

Meyer: Brockhaus zur acta Redaktion eingeladen
        Zum acta-Bezug – ist gesichert   Zoll
Beschluß alle einverstanden mit Ländergruppe
Leitung: Meyer, Eller, Brockhaus, Siegmund-Schultze, Niemann

Frage der Wahl [19]72. Wahlvorgang.
[Meyer:]   – tritt zurück. Schlägt vor Brockhaus, Siegmund-Schultze
        Warum Knepler nicht, [österreichische] Staatsbürgerschaft
Eller: Knepler Laudatio – unsere Musikwissenschaft
Meyer: Begründung B[rockhau]s. Siegm.[und-Schultze] internat.[ionaler] Ruf
Keine Einwände; alle einverstanden
Bitte Vertreter soz. Länder wählen!

Meyer   zum Kongreß in Kopenhagen
        Begründung. Größe der Delegation   7
        Auslandserfahrung, intern. Auseinandersetzung
        Funktion in IGMW
        junge Kollegen.
        Namen
        Eller nicht   zu anderen Reisen
                    keine Abwertung
Rackwitz: 2 Plätze Min. f. Kultur
Grampp: schlagkräftige Delegation
Sasse: ob er überhaupt 1 Tag hinfahren soll und dann abfahren.
Rackwitz: Muß geprüft werden.

Eller: Bittet um Rat, Mitglied round table
            dachte was Gutes für uns zu tun, bei Annahme.
Meyer: noch überlegen und besprechen.
Schmidt[59]: Für alle sind Beiträge bezahlt

Meyer verabschiedet

SAAdK, VKM, 508.

Dokument 72

Zur Vorbereitung IGMW-Kongreß Kopenhagen vom 20.–25. Aug. 1972

Nach Zusammenkunft des Hochschulministeriums vom 6. April werden der
Delegation angehören:

1. Prof. Meyer	als bisheriges Mitglied des Direktoriums und Leiter der Delegation
2. Prof. Brockhaus	Referat: Bemerkungen zur Verbalisierung des Musikalischen im Prozeß der musikalischen Analyse – sowie als vorgesehenes Direktoriumsmitglied
3. Prof. Siegmund-Schultze	als vorgesehenes Direktoriumsmitglied
4. Dr. Kluge	Referat: Was kann die Kybernetik der Musikwissenschaft helfen?
5. Dr. K.-H. Köhler	Referat: Das Jugendwerk Felix Mendelssohns, Basis seiner Stil- und Persönlichkeitsentwicklung
6. Dr. Stockmann	als Leiter des round table über Musikinstrumente

Außerhalb der Delegation wird Prof. Goldschmidt reisen, der als Panelist am
round table »Musikwissenschaft heute« teilnimmt. Nicht reisen werden Prof.
Eller, der als Panelist im round table über »Neue Methoden und Stilanalyse«
vorgesehen war und Dr. Hesse, von dem ein Referat angenommen war »Zur
Theorie der musikalischen Transkulturation«.

Die Anmeldungen zur Teilnahme sollten bis zum 15. Mai erfolgen, da bei
späterer Anmeldung höhere Preise für die Teilnahme verlangt werden. Das ist
im Ministerium bekannt und soll in den nächsten Tagen geschehen. Mit Prof.

---

[59] Wissenschaftliche Mitarbeiterin der Zentralstelle für Internationale Tagungen und Reiseorganisation beim MHF.

Brockhaus sind die Formalitäten darüber besprochen, und er wird die Teilnehmer zur Anmeldung auffordern.

Was die Wahl des neuen Direktoriums betrifft, so haben auch unsere Mitglieder in einer Besprechung verabredet, als Kandidaten Prof. Brockhaus u. Prof. Siegmund-Schultze zu nominieren. Bis zur Zeit sind noch keine Unterlagen zur Wahl den Mitgliedern zugeschickt.

Dr. Niemann

SAAdK, VKM, 508.

Dokument 73

[Ernst Hermann Meyer: Brief an Søren Sørensen]

6. 5. 72

Herrn
Prof. Dr. Søren Sørensen
Programme Commitee
of the Eleventh Congress of the International Musicological Society
Lindevangsvej 4
Copenhagen

Sehr verehrter und lieber Kollege Sørensen!
Für Ihren Brief, den ich vor wenigen Tagen erhielt, besten Dank; ich habe seinen Inhalt noch einmal weitergegeben. Mir ist bekannt, daß folgende Kollegen aus der DDR nach Kopenhagen kommen möchten:

1. Prof. Dr. Heinz Alfred Brockhaus (Referent und Kandidat für Wahl im Direktorium)
2. Prof. Dr. Harry Goldschmidt (Rundgespräch)
3. Dr. Erich Stockmann (Symposion)
4. Dr. Reiner Kluge (Referent)
5. Dr. Karl-Heinz Köhler (Referent)
6. Prof. Dr. Walther Siegmund-Schultze (Kandidat für Wahl im Direktorium)
   – b. w. –[60]
7. ich selbst.

---

[60] Der Text geht auf der Rückseite des Briefbogens weiter.

Von Kollegen Dr. Axel Hesse weiß ich positiv, daß er um die Zeit des Kongresses in Budapest sein muß; er hat Ihnen sicher schon abgesagt. Von Koll. Prof. Dr. Eller hörte ich, daß er aus anderen Gründen nicht kann und absagen mußte. Auch von ihm haben Sie zweifellos inzwischen eine Mitteilung erhalten.

Die genannten Kollegen haben alle Visumsanträge gestellt und ich hoffe sehr, daß mit der Einreise alles glatt gehen wird.

Ich danke Ihnen nochmals, daß Sie sich freundlicherweise bemüht haben, die Einreiseformalitäten für unsere Kollegen zu erleichtern.

Mit freundlichen Grüßen, auch an Herrn Kollegen Glahn,

Ihr

[gez. *Ernst Hermann Meyer*]

Durchschrift in: SAAdK, EHMA, 828.

Dokument 74

Umlauf-Protokoll Nr. 66/72 [des Sekretariats des ZK der SED]
Bestätigt durch die Genossen Honecker, Axen, Grüneberg, Hager,
Jarowinsky, Lamberz, Mittag, Norden, Verner, Dohlus, Naumann,
Herrmann
am 27. Juni 1972

[...]

18. *Teilnahme einer Delegation von DDR-Wissenschaftlern am XI. Kongreß der Internationalen Gesellschaft für Musikwissenschaft in Kopenhagen (Dänemark) vom 20. bis 25. 8. 1972*

Die Vorlage wird bestätigt.
(Anlage Nr. 6)

[...]

Behandl. Uml. 66-18 v. 27. 6. 72

Persönliche Verschlußsache
– Vorlagen –
ZK 03 Tgb.-Nr. 985

21 Exemplare je *33* Blatt
11. Exemplar   *33* Blatt

Ministerium für Hoch- und Fachschulwesen   Berlin, den 12. 6. 1972
Abteilung Wissenschaften des ZK
– 40 –

Vorlage für das Sekretariat des ZK der SED

Betreff:
Teilnahme einer Delegation von DDR-Wissenschaftlern am XI. Kongreß der Internationalen Gesellschaft für Musikwissenschaft in Kopenhagen/Dänemark

Beschluß
1. Der Teilnahme einer DDR-Delegation von 6 Wissenschaftlern am XI. Kongreß der Internationalen Gesellschaft für Musikwissenschaft in Kopenhagen/ Dänemark vom 20.–25. 8. 1972 wird zugestimmt.

2. Der Delegation gehören an:

Prof. Dr. Ernst Hermann *Meyer*
Humboldt-Universität Berlin
– Delegationsleiter –

Prof. Dr. Heinz Alfred *Brockhaus*
Humboldt-Universität Berlin
– Parteigruppenorganisator –

Prof. Dr. Walther *Siegmund-Schultze*
Martin-Luther-Universität Halle

Dr. Karl-Heinz *Köhler*
Deutsche Staatsbibliothek Berlin

Dr. Reiner *Kluge*
Humboldt-Universität Berlin

Dr. Erich *Stockmann*
Deutsche Akademie der Wissenschaften

3. Die Direktive für das Aufreten der Delegation auf dem Kongreß ist mit der Abteilung Wissenschaften des Zentralkomitees der SED abzustimmen.

4. Die erforderlichen Mittel in Höhe von
   3.607.67 VM für den Aufenthalt
   1.449.80 VM für die Fahrt
sind im Rahmen der Valuta- und Haushaltspläne der beteiligten Institutionen bereitzustellen.

Verantwortlich für die Durchführung und Kontrolle: MHF

Unterschriften: [gez.] *Ernst Hermann Meyer*
                                     Gen. Prof. Ernst-Hermann Meyer
                                     Mitglied des Zentralkomitees der SED

                                     [gez.] *Böhme*
                                     Minister für Hoch- und Fachschulwesen

[gez.] *Hörnig*   [gez.] *Klare*
Abt. Wissenschaften   Präsident der Deutschen Akademie der
d. ZK   Wissenschaften

[gez.] *Markowski*   [gez.] *i. V. Schumann*
Abt. Intern. Verbindungen   Minister für Auswärtige
des ZK   Angelegenheiten

[gez.] *i. V. Wagner*   [gez.] *i. V. Oemig* [?]
Abt. f. Kaderfragen d. ZK   Minister der Finanzen

[gez.] *Raab*   [gez.] *i. V. Grünheid*
Abt. Finanzverwaltung und   Vorsitzender der Staatlichen
Parteibetriebe des ZK   Plankommission

Zur Behandlung der Vorlage sind einzuladen:[61]

Verteiler:
1.– 15. Ex. Sekretariat
16. Ex. Büro Hager
17. Ex. Abt. Kaderfragen
18. Ex. Abt. Intern. Verbindungen
19. Ex. Abt. Finanzverwaltung
20. Ex. MHF
21. Ex. Abt. Wissenschaften

Die Vorlage wurde ausgearbeitet von Genn. Schmidt, wissenschaftliche Mitarbeiterin der Zentralstelle für Internationale Tagungen und Reiseorganisation beim MHF

Begründung:
Vom 20.–25. 8. 1972 findet in Kopenhagen/Dänemark der XI. Kongreß der Internationalen Gesellschaft für Musikwissenschaft (IGMW) statt.

Die DDR hat 32 Einzelmitglieder in dieser Organisation. Seit dem Frühjahr 1971 haben die DDR-Mitglieder ihren Anspruch auf eine selbständige, gleichberechtigte Vertretung im Direktorium der Gesellschaft durchgesetzt. Direktoriumsmitglied ist Gen. Prof. Ernst Hermann Meyer. Diese Position wurde in harten Auseinandersetzungen mit reaktionären Kräften innerhalb der IGMW, besonders mit westdeutschen Vertretern, errungen. In den Auseinandersetzungen fanden wir Unterstützung von Wissenschaftlern der VR Polen und der SFR Jugoslawiens.

Im Frühjahr 1972 finden Neuwahlen (als Briefwahl) für das Direktorium der Gesellschaft statt. Aus der DDR werden als Kandidaten für den DDR-Sitz im Direktorium Gen. Prof. Brockhaus und Gen. Prof. Siegmund-Schultze vorgeschlagen. Das neugewählte Direktorium wird in Kopenhagen seine Arbeit aufnehmen. Am Kongreß in Kopenhagen nehmen teil: Gen. Prof. Ernst Hermann Meyer als Direktoriumsmitglied, Gen. Prof. Brockhaus und Gen. Prof. Siegmund-Schultze als Kandidaten für die Direktoriumswahl, Dr. Stockmann als Leiter des Round-tables über Musikinstrumente, Gen. Dr. Köhler und Gen. Dr. Kluge als Referenten. Wichtigste Aufgabe der DDR-Delegation ist es, in enger Zusammenarbeit mit anwesenden Vertretern aus der Sowjetunion und anderen

---

[61] Auslassung im Original.

sozialistischen Bruderländern den internationalen Einfluß der marxistisch-leninistischen Musikwissenschaft auszubauen.

Die internationale Entwicklung der Musikwissenschaft weist gegenwärtig zwei charakteristische Tendenzen auf. Während die Mehrheit der IGMW-Mitglieder in ihren zumeist faktologischen Arbeiten positivistische Positionen vertritt, gibt es neben der kleinen Gruppe marxistisch-leninistischer Wissenschaftler aus den sozialistischen Ländern einige Ansätze zu marxistischen Positionen, die aber durch vielerlei »marxologische« und andere revisionistische Strömungen beeinträchtigt werden.

In der Konfrontation und Auseinandersetzung mit den verschiedenen Strömungen sind die Positionen und Grundsätze unserer Musikwissenschaft als marxistisch-leninistische Gesellschaftswissenschaft prägnant und überzeugend darzulegen.

Alle Mitglieder der Delegation treten in Kopenhagen als Repräsentanten unseres sozialistischen Friedensstaates auf. Die Teilnahme einer DDR-Delegation am XI. IGMW-Kongreß in Kopenhagen wird dazu beitragen, die Gemeinsamkeit ideologischer Grundpositionen der Länder der sozialistischen Staatengemeinschaft zu festigen und den Aktivitäten des Gegners offensiv entgegenzutreten.

Die Delegierten gehen in ihrer Argumentation stets von den Beschlüssen des XXIV. Parteitages der KPdSU und des VIII. Parteitages der SED aus. Sie nutzen den Kongreß zu Gesprächen mit potentiellen politischen und ideologischen Bündnispartnern unter den progressiv-humanistischen Wissenschaftlern des kapitalistischen Auslands, zur Propagierung der Friedenspolitik der Länder der sozialistischen Staatengemeinschaft.

Mit unserer Teilnahme am Kongreß ist die Voraussetzung gegeben, die Positionen der sozialistischen Bruderländer in der IGMW zu stärken und aktiv außenpolitisch wirksam zu werden.

Kalkulation

Betr.: XI. Kongreß der Internationalen Gesellschaft für Musikwissenschaft in Kopenhagen/Dänemark vom 20.–25. 8. 1972

1. *Tage- und Übernachtungskosten:*
   a) Tagegelder für 5 Personen je 7 Tage   2.455.26 VM
   b) Übernachtungskosten
   c) Gesamt   *2.455.26 VM*

2. *Nebenkosten:*
   a) Sicherheitsbetrag   350.75 VM
   b) Teilnehmergebühren und überhöhte Übernachtungskosten   801.66 VM
   c) Gesamt   *1.152.41 VM*

3. *Gesamtreisekosten:*
   a) Flugreise 5 Personen   *1.449.80 VM*

Plan: Gesellschaftswissenschaften FG VIIa Nr. 1

Besondere Hinweise:

MHF 4 Personen	Reisekosten	Beförderungskosten
	2.886.14	1.159.84
	721.53	*289.96*
	3.607.67	*1.449.80*

Für den Teilnehmer der DAW werden keine Devisen benötigt

SAPMO, DY 30/J IV 2/3 A 2194/2195.

Dokument 75

Aktennotiz
Betr.: Beratung über die weitere Arbeit der Neuen Bachgesellschaft
am 3. 1. 1973 in Berlin

Leipzig, den 11. 1. 1973
Prof. Dr. Fe.: Gl.

Teilnehmer: Dr. Rackwitz, Stellv. Minister
                  Kollege Brattke, Wissenschaftlicher Mitarbeiter
                  Kollege Schröter, Ministerium für Kultur
                  Professor Dr. Pischner   und
                  Professor Dr. Felix

Als Hauptfrage für die Tätigkeit der leitenden Organe der Gesellschaft ist [die]
Verwirklichung des internationalen Charakters der Gesellschaft anzusehen, d. h.
die Überwindung der Überreste des »gesamtdeutschen« Denkens in der Gesell-

schaft und die Vorstellung, daß auch weiterhin die Angelegenheiten der Gesellschaft unter dem Gesichtspunkt der Parität zwischen den beiden deutschen Staaten zu behandeln sind.

Diese Probleme müssen von seiten der DDR-Mitglieder in Vorstand, Verwaltungsrat und Direktorium durchgesetzt werden. Dabei ist der nächste Schwerpunkt die bevorstehende Sitzung des Vorstandes und des Verwaltungsrates der NBG in Berlin.

1. Im Jahre 1974 beabsichtigt Professor Dr. Mahrenholz aus Altersgründen von der Funktion des Vorsitzenden der NBG zurückzutreten. Sein Nachfolger wird Prof. Dr. Pischner. Der Leiter der Hauptgeschäftsstelle in Leipzig, Prof. Dr. Felix, wird geschäftsführendes Vorstandsmitglied, d. h., daß bei ihm die Fäden der praktischen Arbeit der Gesellschaft zusammenlaufen müssen.

2. Das in der Gesellschaft in den zurückliegenden 25 Jahren praktizierte Prinzip der Parität zwischen DDR und BRD, das nicht verbindlich schriftlich fixiert ist, muß durch das Prinzip der Internationalisierung abgelöst werden. Es wird verwirklicht durch die Bildung und Tätigkeit der gleichberechtigten Ländersektionen und durch die zentrale, durch die Hauptgeschäftsstelle in Leipzig zu steuernde Gesamtleitung. Leipzig ist und bleibt Sitz der NBG. Demzufolge können die Beziehungen zwischen DDR und BRD innerhalb der NBG in Zukunft nur Beziehungen zwischen Ländersektionen sein bzw. Beziehungen zwischen der Hauptgeschäftsstelle und der Sektion BRD.

3. Die bisherige Praxis der Bachfeste, die abwechselnd in den beiden deutschen Staaten stattfanden, bedarf der Veränderung. Die in der Satzung stehende Formulierung der »wandernden Bachfeste« ist im Sinne der Internationalisierung anzuwenden. Zugleich soll die Stellung von Leipzig als dem Sitz und dem Zentrum der Gesellschaft auch in bezug auf die Bachfeste deutlich werden. Dies macht sich vor allem erforderlich, um die Bachfeste mit den praktischen Anliegen der Arbeit der Gesellschaft in eine echte Übereinstimmung zu bringen. Die Gesellschaft soll sich in Zukunft zu folgender Regelung entschließen:

   a) Bachfeste, die von den Sektionen in eigener Verantwortung, jedoch nach Absprache mit dem Vorstand, durchgeführt werden.

   b) Gezählte Bachfeste der NBG in Leipzig, die im Abstand von 4 Jahren durchzuführen wären und die mit den Internationalen Bachfesten in Leipzig, deren Veranstalter das Bach-Komitee der DDR ist, koordiniert werden. Damit würde zugleich das Problem der Zählung auf eine sinnvolle Weise gelöst. Die Tradition der Zählung bleibt erhalten und wäre den neuen Bedingungen angepaßt.

Über diese Regelung sollte der Vorstand eine Protokollfestlegung vornehmen.

4. Die Internationalisierung der Gesellschaft macht eine Neuregelung für die Durchführung der Mitgliederversammlungen erforderlich. Mitgliederversammlungen können in Zukunft nicht mehr abwechselnd in der DDR und der BRD stattfinden. Sie müßten eigentlich in allen Ländern möglich sein, in denen Sektionen der NBG bestehen. Dies würde jedoch eine erhebliche Komplizierung der Arbeit mit sich bringen und ist in der Praxis nicht durchführbar. Gleichfalls müßte in Zukunft gewährleistet werden, daß die Beteiligung an Mitgliederversammlungen nicht dem Zufall überlassen bleibt, sondern daß die Entsendung von Delegationen aller Sektionen zur Mitgliederversammlung gewährleistet wird. Auf diese Weise werden die Mitgliederversammlungen zu wirklichen Arbeitssitzungen. Es wird zweckmäßig sein, folgende Praxis einzuführen:

a) Es werden Mitgliederversammlungen der Sektionen durchgeführt, in deren Mittelpunkt die Tätigkeit der Sektionen steht. Die Mitgliederversammlungen finden jährlich statt.

b) Im Abstand von 4 Jahren findet in Leipzig die Generalversammlung statt. An ihr nehmen die in der vorangegangenen Mitgliederversammlung der Ländersektionen gewählten Delegierten teil. In der Generalversammlung erfolgt die Wahl bzw. die Bestätigung der Mitglieder der leitenden Gremien der Gesellschaft. In ihr berichten die Sektionen über ihre Tätigkeit und werden die Aufgaben der kommenden Jahre beraten. Der Vorstand gibt seinen Rechenschaftsbericht vor der Generalversammlung. Die Generalversammlung findet anläßlich gezählter Bachfeste der NBG in Leipzig statt.

5. Die neue Arbeitsweise macht erforderlich, daß die leitenden Gremien der Gesellschaft regelmäßig zu Beratungen zusammentreten. Es muß gewährleistet werden, daß entsprechend dem neuen Charakter der Gesellschaft die leitenden Gremien international besetzt werden. Dies bezieht sich auf die Stellvertretenden Vorsitzenden, die Mitglieder des Verwaltungsrates und des Direktoriums. Die Vorsitzenden der Ländersektionen werden Mitglieder des Direktoriums. Seitens des Vorstandes und der Leitung der Ländersektionen ist zu gewährleisten, daß die Mitglieder der leitenden Gremien der Gesellschaft an Bachfesten der Ländersektionen teilnehmen. Über diese Regelungen soll der Vorstand eine Protokollfestlegung treffen.

6. Für die nächsten Bachfeste wird folgender Vorschlag unterbreitet:

1973 – 48. Bachfest der NBG in Würzburg und ein Bachfest der Sektion DDR in Eisenach (im Zusammenhang mit der Wiedereröffnung des rekonstruierten Bach-Hauses)

1974 – Bachfest der Sektion Slowakei in Bratislava. Ein Bachfest der Sektion DDR in Frankfurt/Oder mit polnischer Beteiligung.

1975 – 49. Bachfest der NBG und III. Internationales Bachfest in Leipzig
(225. Todestag Bachs)

[gez.] *Fx.*
Prof. Dr. Werner Felix

SAAdK, HPA, 1356.

Dokument 76

Verordnung über die Gründung und Tätigkeit von Vereinigungen vom 6. November 1975

Zur Verwirklichung des Rechts der Bürger, ihre Interessen durch gemeinsames
Handeln in Vereinigungen entsprechend den Grundsätzen und Zielen der Verfassung der Deutschen Demokratischen Republik wahrzunehmen, wird folgendes verordnet:

§ 1

(1) Vereinigungen im Sinne dieser Verordnung sind organisierte Zusammenschlüsse von Bürgern zur Wahrnehmung ihrer Interessen und zur Erreichung
gemeinsamer Ziele.
(2) Vereinigungen können tätig werden, wenn sie in ihrem Charakter und ihrer
Zielstellung den Grundsätzen der sozialistischen Gesellschaftsordnung entsprechen, ein geistig-kulturelles oder ein anderes gesellschaftliches Bedürfnis für
ihre Tätigkeit besteht und diese den Gesetzen und anderen Rechtsvorschriften
nicht zuwiderläuft.

§ 2

(1) Vereinigungen bedürfen zur Ausübung ihrer Tätigkeit der staatlichen Anerkennung. Mit der staatlichen Anerkennung sind Vereinigungen rechtsfähig.
(2) Über die staatliche Anerkennung von Vereinigungen entscheiden:
   a) der Stellvertreter des Vorsitzenden für Inneres des Rates des Stadt- oder
      Landkreises, wenn sich die Tätigkeit der Vereinigungen auf den Stadt-
      oder Landkreis beschränkt;
   b) der Stellvertreter des Vorsitzenden für Inneres des Rates des Bezirkes,
      wenn sich die Tätigkeit der Vereinigungen über mehrere Kreise des Be-
      zirkes erstreckt;

c) der Leiter der Hauptabteilung Innere Angelegenheiten des Ministeriums des Innern, wenn sich die Tätigkeit der Vereinigungen über mehrere Bezirke erstreckt, es sich um Vereinigungen mit internationaler Bedeutung oder Vereinigungen von Bürgern anderer Staaten in der Deutschen Demokratischen Republik handelt.

(3) Die Gründung und Tätigkeit von Vereinigungen kann durch besondere Rechtsvorschriften bestimmt werden.

§ 3

(1) Die beabsichtigte Gründung einer Vereinigung ist beim Fachorgan des Rates des Stadt- oder Landkreises bzw. des Bezirkes bzw. zentralen staatlichen Organ, dessen Aufgabenbereich durch den Charakter sowie die Zielstellung der Vereinigung berührt wird (nachfolgend zuständiges Fachorgan bzw. zuständiges zentrales staatliches Organ genannt), schriftlich anzumelden.

(2) Gründungshandlungen sind erst nach der Bestätigung der Anmeldung durch das zuständige Fachorgan bzw. zuständige zentrale staatliche Organ zulässig und innerhalb von 3 Monaten abzuschließen.

§ 4

(1) Jede Vereinigung muß nach ihrer Gründung eine Leitung sowie ein Statut, eine Satzung oder Ordnung (nachfolgend Statut genannt) haben.

(2) Die Leitung muß aus mehreren, entsprechend dem Statut gewählten Personen bestehen.

§ 5

Das Statut einer Vereinigung muß Festlegungen enthalten über

a) Name und Sitz der Vereinigung,

b) Charakter, Ziel, Tätigkeitsbereich sowie Struktur der Vereinigung,

c) Aufgaben, Rechte und Pflichten sowie Einberufung und Beschlußfassung der Mitgliederversammlung bzw. der anderen durch das Statut bestimmten Organe,

d) Zusammensetzung, Aufgaben, Rechte und Pflichten sowie Wählbarkeit der Leitung,

e) Rechte und Pflichten der Mitglieder,

f) Ein- und Austritt der Mitglieder,

g) Finanzierung, Eigentumsverhältnisse, Haftung und Vertretung im Rechtsverkehr,

h) Beendigung der Tätigkeit der Vereinigung und die damit verbundene Abwicklung der Geschäfte.

§ 6

(1) Nach erfolgter Gründung einer Vereinigung ist beim zuständigen Fachorgan bzw. zuständigen zentralen staatlichen Organ der Antrag auf staatliche Anerkennung zu stellen.

(2) Dem formgebundenen Antrag sind das Statut, die personelle Aufstellung der Leitung, Angaben über die Mitgliederstärke und das Protokoll der Gründungsversammlung in dreifacher Ausfertigung beizufügen.

§ 7

(1) Die Prüfung des Antrages auf staatliche Anerkennung einer Vereinigung sowie eine auf die Mitwirkung der Vereinigung bei der Erfüllung gesamtgesellschaftlicher Aufgaben ausgerichtete Anleitung und die Kontrolle über die Einhaltung der Rechtsvorschriften hat durch das zuständige Fachorgan bzw. zuständige zentrale staatliche Organ zu erfolgen.

(2) Die überprüften Antragsunterlagen sind mit einer schriftlichen Stellungnahme des Leiters des zuständigen Fachorgans bzw. zuständigen zentralen Organs dem im § 2 Abs. 2 genannten Verantwortlichen zuzuleiten. Dieser entscheidet über die staatliche Anerkennung der Vereinigung. Die Entscheidung ist der Vereinigung schriftlich mitzuteilen.

§ 8

Änderungen und Ergänzungen des Statuts werden erst wirksam, wenn sie innerhalb von 4 Wochen, gerechnet vom Zeitpunkt der Beschlußfassung, durch die Vereinigung dem zuständigen Fachorgan bzw. zuständigen zentralen staatlichen Organ zur Prüfung vorgelegt und von dem im § 2 Abs. 2 genannten Entscheidungsbefugten bestätigt wurden. Personelle Veränderungen der Leitung sind im gleichen Zeitraum durch die Vereinigung schriftlich mitzuteilen.

§ 9

(1) Die staatliche Anerkennung einer Vereinigung kann durch den im § 2 Abs. 2 genannten Entscheidungsbefugten widerrufen werden, wenn die Vereinigung die im § 1 Abs. 2 festgelegten Voraussetzungen nicht mehr erfüllt.

(2) Bei Ablehnung oder Widerruf der staatlichen Anerkennung hat die Vereinigung ihre Tätigkeit einzustellen und die zur Auflösung erforderlichen Maßnahmen unverzüglich durchzuführen.

(3) Eine Vereinigung, die ihre Tätigkeit selbständig beendet, hat dem zuständigen Fachorgan bzw. zuständigen zentralen staatlichen Organ unverzüglich darüber Mitteilung zu geben.

(4) Die schriftliche Bestätigung der staatlichen Anerkennung ist einzuziehen.

§ 10

Die Begründung des Sitzes durch internationale nichtstaatliche Vereinigungen in der Deutschen Demokratischen Republik ist zulässig. Der Antrag ist beim zuständigen zentralen staatlichen Organ zu stellen und bedarf dessen Zustimmung.

§ 11

Die Mitgliedschaft von Bürgern und Vereinigungen der Deutschen Demokratischen Republik in internationalen Vereinigungen sowie in Vereinigungen, die außerhalb der Deutschen Demokratischen Republik ihren Sitz haben, und die Aufnahme von Beziehungen mit diesen sowie die Mitgliedschaft von Bürgern oder Vereinigungen anderer Staaten und Berlin (West) in Vereinigungen in der Deutschen Demokratischen Republik bedarf der Zustimmung des zuständigen zentralen staatlichen Organs.

§ 12

(1) Gegen die Ablehnung gemäß § 7 oder den Widerruf der staatlichen Anerkennung gemäß § 9, gegen die Versagung der Zustimmung gemäß den §§ 10 und 11 oder gegen die Ablehnung der Bestätigung gemäß § 8 kann Beschwerde eingelegt werden.

(2) Die Beschwerde ist schriftlich oder mündlich unter Angabe der Gründe innerhalb einer Frist von 4 Wochen nach Zugang der Entscheidung bei dem staatlichen Organ einzulegen, das die Entscheidung getroffen hat.

(3) Die Beschwerde hat keine aufschiebende Wirkung.

(4) Über die Beschwerde ist innerhalb von 2 Wochen nach ihrem Eingang zu entscheiden. Wird der Beschwerde nicht oder nicht in vollem Umfang stattgegeben, ist sie innerhalb dieser Frist dem übergeordneten Leiter zur Entscheidung zuzuleiten. Dieser entscheidet innerhalb weiterer 4 Wochen endgültig. Der Einreicher der Beschwerde ist von der Weiterleitung der Beschwerde zu informieren.

(5) Kann in Ausnahmefällen eine Entscheidung innerhalb der Frist nicht getroffen werden, ist rechtzeitig ein Zwischenbescheid unter Angabe der Gründe sowie des voraussichtlichen Abschlußtermins zu geben.

(6) Entscheidungen über Beschwerden sind dem Einreicher der Beschwerde bekanntzugeben und zu begründen.

§ 13

Für die staatliche Anerkennung, die Bestätigung von Änderungen oder Ergänzungen des Statuts sowie die Anfertigung von Abschriften werden im Rahmen der dafür geltenden Rechtsvorschriften Verwaltungsgebühren erhoben.

§ 14

(1) Die Bestimmungen dieser Verordnung gelten nicht für

a) die politischen Parteien,

b) die in der Volkskammer vertretenen Massenorganisationen und deren Arbeits- bzw. Interessengemeinschaften, Klubs, Freundeskreise, Zirkel sowie Fachgruppen,

c) die in der Nationalen Front der DDR, den staatlichen Organen und Einrichtungen, den wirtschaftsleitenden Organen, den Kombinaten und volkseigenen Betrieben sowie den sozialistischen Genossenschaften angehörenden Arbeits- und Interessengemeinschaften, Klubs und Zirkel und Gruppen des kulturellen sowie künstlerischen Volksschaffens,

d) Gemeinschaften der Bürger nach dem Zivilgesetzbuch der Deutschen Demokratischen Republik,

e) Vereinigungen und Gesellschaften, die auf der Grundlage von Rechtsvorschriften ökonomische Aufgaben durchführen.

(2) Auf Vereinigungen, deren Gründung und Tätigkeit durch besondere Rechtsvorschriften bestimmt wird, sind nur die §§ 4, 5, 11 und 16 anzuwenden.

(3) Kirchen und Religionsgemeinschaften, die beim zuständigen staatlichen Organ erfaßt sind, unterliegen, bis auf die Festlegungen des § 15 Absätze 2 und 3, nicht den Bestimmungen dieser Verordnung.

§ 15

(1) Vereinigungen, die gemäß der Verordnung vom 15. Oktober 1952 über die Übertragung der Angelegenheiten der Freiwilligen Gerichtsbarkeit (GBl. Nr. 146 S. 1057) in das Vereinsregister eingetragen sowie nach der Verordnung vom 9. November 1967 zur Registrierung von Vereinigungen (GBl. II Nr. 122 S. 861) in der Fassung der Ziff. 93 der Anlage 1 zur Anpassungsverordnung vom 13. Juni 1968 (GBl. II Nr. 62 S. 363) registriert wurden und die Voraussetzungen des § 1 Abs. 2 dieser Verordnung erfüllen, werden staatlich anerkannt und erhalten darüber eine schriftliche Bestätigung.

(2) Kirchen und Religionsgemeinschaften, die nach den im Abs. 1 genannten Rechtsvorschriften im Vereinsregister eingetragen bzw. beim zuständigen staatlichen Organ angemeldet waren, sind rechtsfähig.

(3) Beschlüsse über die Eintragung in das Vereinsregister bzw. Registrierbescheinigungen verlieren am 31. März 1976 ihre Gültigkeit und sind einzuziehen.

§ 16

(1) Wer vorsätzlich oder fahrlässig entgegen den Bestimmungen dieser Verordnung

a) eine Vereinigung gründet oder ihre Gründung fördert, die Tätigkeit einer Vereinigung organisiert bzw. unterstützt, eine Vereinigung nicht unverzüglich auflöst oder ihre Tätigkeit fortsetzt,

b) Änderungen und Ergänzungen des Statuts nicht oder nicht fristgemäß bestätigen läßt oder personelle Veränderungen der Leitung nicht fristgemäß mitteilt,

c) den Sitz einer internationalen nichtstaatlichen Vereinigung in der Deutschen Demokratischen Republik begründet oder einer internationalen Vereinigung bzw. einer Vereinigung, die außerhalb der Deutschen Demokratischen Republik ihren Sitz hat, als Mitglied angehört oder Beziehungen mit diesen herstellt oder Bürger bzw. Vereinigungen anderer Staaten und Berlin (West) als Mitglied aufnimmt oder führt,

kann mit Verweis oder einer Ordnungsstrafe von 10 bis 500 M belegt werden.

(2) Ist eine vorsätzliche Handlung nach Abs. 1 aus Vorteilsstreben oder ähnlichen, die gesellschaftlichen Interessen mißachtenden Beweggründen oder wiederholt innerhalb von 2 Jahren begangen und mit Ordnungsstrafe geahndet worden, kann eine Ordnungsstrafe bis zu 1000 M ausgesprochen werden.

(3) Gegenstände, die zur Begehung einer Ordnungswidrigkeit benutzt werden oder auf die sich die Ordnungswidrigkeit bezieht, können neben anderen Ordnungsstrafmaßnahmen oder selbständig eingezogen werden.

(4) Die Durchführung des Ordnungsstrafverfahrens obliegt den Vorsitzenden der Räte der Stadt- oder Landkreise bzw. Bezirke, deren zuständigen Stellvertreter[n], den Leitern der zuständigen zentralen staatlichen Organe, dem Leiter der Hauptabteilung Innere Angelegenheiten des Ministeriums des Innern und den Leitern der Dienststellen der Deutschen Volkspolizei.

(5) Für die Durchführung des Ordnungsstrafverfahrens und den Ausspruch von Ordnungsmaßnahmen gilt das Gesetz vom 12. Januar 1968 zur Bekämpfung von Ordnungswidrigkeiten – OWG – (GBl. I Nr. 3 S. 101) in der Fassung der Ziff. 29 der Anlage zum Gesetz vom 19. Dezember 1974 zur Änderung des Strafgesetzbuches, des Anpassungsgesetzes und des Gesetzes zur Bekämpfung von Ordnungswidrigkeiten (GBl. I Nr. 64 S. 591).

§ 17

Der Minister des Innern und Chef der Deutschen Volkspolizei und die Leiter der zentralen staatlichen Organe erlassen im gegenseitigen Einvernehmen die zur Durchführung dieser Verordnung erforderlichen Bestimmungen.

§ 18

(1) Diese Verordnung tritt am 1. Januar 1976 in Kraft.

(2) Gleichzeitig treten außer Kraft:

a) die §§ 38 bis 41 und 43 und 44 der Verordnung vom 15. Oktober 1952 über die Übertragung der Angelegenheiten der Freiwilligen Gerichtsbarkeit (GBl. Nr. 146 S. 1057),

b) die Verordnung vom 9. November 1967 zur Registrierung von Vereinigungen (GBl. II Nr. 122 S. 861) in der Fassung der Ziff. 93 der Anlage 1 zur Anpassungsverordnung vom 13. Juni 1968 (GBl. II Nr. 62 S. 363),

c) die Erste Durchführungsbestimmung vom 25. Januar 1968 zur Verordnung zur Registrierung von Vereinigungen (GBl. II Nr. 16 S. 69).

Berlin, den 6. November 1975

> *Der Ministerrat der Deutschen Demokratischen Republik*
> *Sindermann*
> Vorsitzender

GBl., Teil I, Nr. 44, S. 723.

Dokument 77

Anordnung über die Verleihung der Rechtsfähigkeit an Verbände und Gesellschaften auf dem Gebiet der Kultur vom 23. März 1976

§ 1

1. Dem Schriftstellerverband der DDR,
   dem Verband der Komponisten und Musikwissenschaftler der DDR,
   dem Verband der Bildenden Künstler der DDR,
   dem Verband der Film- und Fernsehschaffenden der DDR,
   dem Verband der Theaterschaffenden der DDR,
   dem Börsenverein der Deutschen Buchhändler zu Leipzig,
2. der Goethe-Gesellschaft,
   der Deutschen Shakespeare-Gesellschaft,
   der Winkelmann-Gesellschaft,
   der Neuen Bach-Gesellschaft,
   der Robert Schumann-Gesellschaft,
   der Chopin-Gesellschaft der Deutschen Demokratischen Republik

wird auf der Grundlage des § 2 Abs. 3 der Verordnung vom 6. November 1975 über die Gründung und Tätigkeit von Vereinigungen (GBl. I Nr. 44 S. 723) die Rechtsfähigkeit verliehen.

§ 2

(1) Die im § 1 Ziff. 1 aufgeführten Verbände der DDR üben ihre Tätigkeit auf der Grundlage von Statuten aus, die von den Kongressen bzw. Hauptversammlungen der Verbände beschlossen werden.

(2) Die im § 1 Ziff. 1 aufgeführten Gesellschaften der DDR üben ihre Tätigkeit auf der Grundlage von Statuten aus. Die Statuten und Änderungen der Statuten bedürfen der Genehmigung des Ministers für Kultur.

§ 3

Diese Anordnung tritt mit ihrer Veröffentlichung in Kraft.

Berlin, den 23. März 1976

Der Minister für Kultur
i. V. Löffler
Staatssekretär

GBl., Teil I, Nr. 13, S. 198.

Dokument 78

Abteilung XX [der BV Halle des MfS]   Halle, 24. Juli 1981
                                                        ku-ha

Information über die Georg-Friedrich-Händel-Gesellschaft Halle (Saale)

Die Georg-Friedrich-Händel-Gesellschaft, die am 23. 4. 1955 in Halle gegründet wurde, ist eine Vereinigung von Personen und Institutionen, die sich die Aufgabe gestellt hat, das Werk Georg Friedrich Händels allseitig auf der Grundlage fortgeschrittener wissenschaftlicher Erkenntnisse zu erforschen, sein Werk im Geist des Humanismus zu verbreiten und insbesondere die Händel-Renaissance in der DDR weiterzuentwickeln.

Die Händel-Gesellschaft verfolgt die gesamte Händelforschung, die Aufführung Händelscher Werke in aller Welt und fördert alle Initiativen und Bestrebungen[,] Händels Werk den Menschen unverfälscht zu erschließen, entsprechend ihren Möglichkeiten.
Die seit 1952 durch den Rat der Stadt Halle alljährlich veranstalteten Händelfestspiele werden durch die Gesellschaft vielfältig unterstützt.

Der Georg-Friedrich-Händel-Gesellschaft gehören mit Stand vom 15. 7. 81
  635 Personen aus DDR   davon
  366 Personen aus Halle u. Halle-Neustadt
  184 Personen aus der BRD und Berlin-West
    6 Institutionen der BRD
an.
An der Zusammenstellung ausländischer Mitglieder der Gesellschaft außer
der BRD und Berlin-West wird gearbeitet.
Als Mitglied der Gesellschaft kann jede natürliche und juristische Person des
In- und Auslandes aufgenommen werden, wenn vom Antragsteller eine An-
meldekarte (Vordruck im Statut) ausgefüllt, an das Sekretariat der Händel-
Gesellschaft gesandt wird und ein Mindestbeitrag von jährlich 10,– Mark gezahlt
wird.*

Bei der Aufnahme der BRD-Person
Carstens, Veronica
whn. [...]
Ehefrau des Bundespräsidenten der BRD
verlief das Aufnahmeverfahren folgendermaßen:
Mittels des Anmeldeformulares erklärte die BRD-Ärztin, Carstens, Veronica,
ihren Beitritt zur Georg-Friedrich-Händel-Gesellschaft am 30. 10. 1980.** Da
dem Wissenschaftlichen Sekretär der Gesellschaft nicht ersichtlich war, ob es
sich bei der Antragstellerin um die Ehefrau des Bundespräsidenten der BRD
handelt, wandte sich dieser im Dezember 1980 an das Mitglied des ZK der SED
und Sekretär der BL Halle, Genn. Brandt, mit der Bitte um Prüfung des Sach-
verhaltes.
Im Februar 1981 wurde der Sekretär der Gesellschaft durch die Genn. Brandt
darüber informiert, daß es keine Anhaltspunkte gibt, daß die Antragstellerin die
Ehefrau des Bundespräsidenten der BRD ist.
Erst nach dieser Information erfolgte auf Veranlassung des Wissenschaftlichen Sekretärs die Zustellung der Mitgliedskarte an Frau Carstens.

Die Aktivitäten der Georg-Friedrich-Händel-Gesellschaft beschränken sich im wesentlichen während der jährlich stattfindenden Händelfestspiele auf die Durchführung von Mitgliederversammlungen, an denen alle Mitglieder der Gesellschaft einreisen können und wenn sie wollen, auch sprechen können[,] und weiteren Veranstaltungen.

Regelmäßige Zusammenkünfte außerhalb dieser Zeit, an denen alle Mitglieder der Gesellschaft einreisen können, finden nicht statt.

Nach bisherigen Erkenntnissen reisen zu den Händelfestspielen jährlich ca. 15 bis 20 % der BRD-Mitglieder der Gesellschaft nach Halle ein. Verschiedentlich wird durch die BRD-Mitglieder der Fakt ihrer Mitgliedschaft in der Georg-Friedrich-Händel-Gesellschaft ausgenutzt, um günstige Möglichkeiten zur Einreise in die DDR zu erhalten (Verwandtenbesuch).

Zwischen den Händel-Gesellschaften in Halle und Göttingen (BRD) gibt es Kontakte und Verbindungen in der Form, daß gegenseitige Einladungen erfolgen zu Fachvorträgen und zu bestimmten Veranstaltungen. An den Veranstaltungen der Händel-Gesellschaft 1981 nahm der Vorsitzende der Händel-Gesellschaft in Göttingen
    Riethmüller, Friedrich
    31. 5. 53 Hannover
    whn. Göttingen
    Stadtrat in Göttingen
    Mitglied der SPD
teil.

Gemeinsame Vorhaben, die von den Händelgesellschaften in der DDR und der BRD getragen werden, gibt es nicht.

Es gehen jedoch ständig Bemühungen durch die Händelgesellschaft in Göttingen aus, bestimmte Vorhaben gemeinsam zu planen und durchzuführen.

Für die Einzahlung der Mitgliedsbeiträge durch die Mitglieder der Georg-Friedrich-Händel-Gesellschaft besitzt die Gesellschaft zwei Konten. Es handelt sich dabei um ein Konto bei der Sparkasse in Halle sowie um ein Konto bei der Berliner Handelsgesellschaft Frankfurter Bank in der BRD in Kassel.

Mitglieder der Händel-Gesellschaft aus der DDR und des sozialistischen Auslandes zahlen ihre Beiträge auf das Konto in Halle. Die Beiträge der Mitglieder der Gesellschaft aus den kapitalistischen Ländern werden auf das Konto in Kassel überwiesen. Dadurch gelangt die Händel-Gesellschaft in Besitz von Devisen.

Bei Dienstreisen des Wissenschaftlichen Sekretärs der Händel-Gesellschaft nach der BRD, in denen Aufgaben für die Händel-Gesellschaft gelöst werden, kann dieser nach Abstimmung mit dem Rat des Bezirkes Halle Devisen vom Konto in Kassel abheben. Dadurch soll erreicht werden, daß der Wissenschaftliche Sekretär nicht in Abhängigkeit von der Göttinger Händel-Gesellschaft gelangt.

Leiter der Abteilung
[gez.] *Gröger*
Oberstleutnant

Anlage:
– namentliche Aufstellung der Mitglieder der Georg-Friedrich-Händel-Gesellschaft aus Halle und Halle-Neustadt, der DDR, der BRD und Berlin-West

Verteiler:
1 x AKG
1 x XX/7
1 x XX/A

* Die Anträge auf Mitgliedschaft werden durch die Mitarbeiter des Sekretariats der Georg-Friedrich-Händel-Gesellschaft bearbeitet und dem Wissenschaftlichen Sekretär der Gesellschaft zur Entscheidung vorgelegt.
Die Funktion des Wissenschaftlichen Sekretärs übt Gen.
Prof. Dr. sc. Siegmund-Schultze, Walther
geb. 6. 7. 1916 in Schweinitz/Elster
Halle, [...]
aus.
Bei seinen Entscheidungen im Rahmen des Aufnahmeverfahrens konsultiert er sich mit dem Mitglied des ZK der SED und Sekretär der BL Halle, Genn. Brandt, und mit dem Stadtrat für Kultur der Stadt Halle, Genn. Schubert.

** Die Mitarbeiter des Sekretariats der Georg-Friedrich-Händel-Gesellschaft erkannten nicht, daß es sich bei der BRD-Person um die Ehefrau des Bundespräsidenten der BRD handelt

BStU, ASt Halle, MfS BV Halle, Abt. XX, Sachakten, Nr.: 173, Bl. 1–4.

Dokument 79

[Claus Jürgen Arnold: Brief an den Vorstand der Georg-Friedrich-Händel-Gesellschaft]

Claus Jürgen Arnold   D-7980 Ravensburg, den 28. 9. 1985
                                       Adlerstraße 1

An den Vorstand der Georg-Friedrich-Händel-Gesellschaft
Große Nikolaistraße 5
DDR-4020 Halle (Saale)

Sehr geehrte Damen und Herren!
Ich erkläre hiermit meinen Austritt aus der Georg-Friedrich-Händel-Gesellschaft.

»Sein Werk im Geiste des Humanismus zu verbreiten«, ist Ihr hochgestecktes Ziel. Bitte erläutern Sie zukünftig diesen Passus Ihrer Satzung etwas genauer; zum Beispiel mit »das Werk Händels für die Ziele der SED einzuspannen«, »jegliches christliches Ziel Händels wegzudiskutieren«. Dies sage ich nach genauer Lektüre der Händeljahrbücher 1984 und 1985 sowie des neuen Händel-Führers. Besonders bedrückend war dabei für mich das Vorwort des Vorsitzenden Prof. Dr. h. c. Meyer im Jahrbuch 1984. Es ist eine üble Verleumdung der westlichen Welt.[62]

Ich sehe mich selbst im deutlichsten Widerspruch zu den ideologischen Zielen Ihrer Gesellschaft, wünsche Ihnen aber dennoch viel Glück bei der Verbreitung Händelscher Werke, weil ich fest darauf vertraue, daß sie trotz aller Verdunkelung dennoch in ihrem *Humanismus* (i. e. die Überzeugung von der Würde des Menschen, gerade weil er Geschöpf eines alliebenden Vaters ist) abseits jeder Ideologie die Herzen der Menschen erreichen werden.

Mit freundlichen Grüßen
[gez.] *Claus Arnold*

Anlage: eine Mitgliedskarte

Archiv der Georg-Friedrich-Händel-Gesellschaft, Halle (Saale).

---

[62] E. H. Meyer, *Ansprache zur Eröffnung der Mitgliederversammlung der Georg-Friedrich-Händel-Gesellschaft am 12. Juni 1983*, S. 9: »Da vernehmen wir Stimmen des Hasses und der Verleumdung gegen unser Land und gegen andere sozialistische Staaten, da lesen wir von [...] tausenden Stützpunkten, die von einer ganz bestimmten Seite her über den ganzen Erdball hin aufgerichtet werden [...]«.

ANHANG

Abkürzungen

a. a. O.	am angegebenen Ort
Abt.	Abteilung
AIBM	Association Internationale des Bibliothèques, Archives et Centres de Documentation Musicaux
AKG	Auswertungs- und Kontrollgruppe [des MfS]
ASt	Außenstelle [des BStU]
ATO	Allied Travel Office
BA	Bundesarchiv
bes.	besonders
BJ	*Bachjahrbuch*, Leipzig, 1904 ff.
BL	Bezirksleitung [der SED]
BR	Bundesrepublik
BStU	Der Bundesbeauftragte für die Unterlagen des Staatssicherheitsdienstes der ehemaligen Deutschen Demokratischen Republik
BV	Bezirksverwaltung [des MfS]
BzMw	*Beiträge zur Musikwissenschaft*, Berlin [Ost] 1959–1992
CDU	Christlich Demokratische Union Deutschlands
ČSR	Tschechoslowakische Republik
ČSSR	Tschechoslowakische Sozialistische Republik
DAW	Deutsche Akademie der Wissenschaften zu Berlin
DBB	Deutsche Bundesbank
DDR	Deutsche Demokratische Republik
ders.	derselbe
dies.	dieselbe (bzw. dieselben)
ebd.	ebenda
EHMA	Ernst-Hermann-Meyer-Archiv
EKD	Evangelische Kirche in Deutschland
EKU	Evangelische Kirche der Union
FDGB	Freier Deutscher Gewerkschaftsbund
GBl.	*Gesetzblatt der Deutschen Demokratischen Republik*, Berlin [Ost], 1949–1990
Gen.	Genosse [der SED]
Genn.	Genossin (bzw. Genossen) [der SED]
GfM	Gesellschaft für Musikforschung

GMS	Gesellschaftlicher Mitarbeiter [des MfS] für Sicherheit
GO	Grundorganisation [der SED]
HA	Hauptabteilung
HPA	Hans-Pischner-Archiv
HUB	Humboldt-Universität zu Berlin
HVA	Hauptverwaltung Aufklärung [des MfS]
ICTM	International Council for Traditional Music
IFMC	International Folk Music Council
IGMW	Internationale Gesellschaft für Musikwissenschaft
IMC	International Music Council
IMF	Inoffizieller Mitarbeiter der inneren Abwehr [des MfS] mit Feindverbindung zum Operationsgebiet
IMS	Inoffizieller Mitarbeiter [des MfS] zur politisch-operativen Durchdringung und Sicherung des Verantwortungsbereiches
ISG	Internationale Heinrich Schütz-Gesellschaft
KPD	Kommunistische Partei Deutschlands
KZ	Konzentrationslager
MDN	Mark der Deutschen Notenbank [frühere Bezeichnung für »Mark der DDR«]
Mf	*Die Musikforschung*, Kassel, 1948 ff.
MfAA	Ministerium für Auswärtige Angelegenheiten
MfK	Ministerium für Kultur
MfS	Ministerium für Staatssicherheit
MfV	Ministerium für Volksbildung
MGG	*Die Musik in Geschichte und Gegenwart. Allgemeine Enzyklopädie der Musik*, hrsg. von Friedrich Blume, Kassel [u. a.], 1949 ff.
MHF	Ministerium für Hoch- und Fachschulwesen
MuG	*Musik und Gesellschaft*, Berlin [Ost], 1951–1990
Mw.	Musikwissenschaft[…]
ND	*Neues Deutschland*, Berlin [Ost], 1946 ff.
NBG	Neue Bachgesellschaft
NSG	Neue Schütz-Gesellschaft
NSW	Nichtsozialistisches Währungsgebiet
OGA	Ottmar-Gerster-Archiv
Proff.	Professoren
SAAdK	Stiftung Archiv der Akademie der Künste [Berlin]
SAPMO	Stiftung Archiv der Parteien und Massenorganisationen der DDR im Bundesarchiv [Berlin]
SBZ	Sowjetische Besatzungszone
SED	Sozialistische Einheitspartei Deutschlands

SfH	Staatssekretariat für Hochschulwesen
SHF	Staatssekretariat für das Hoch- und Fachschulwesen
SHSA	Sächsisches Hauptstaatsarchiv [Dresden]
SLB	Sächsische Landesbibliothek [Dresden]
SMAD	Sowjetische Militäradministration in Deutschland
SPD	Sozialdemokratische Partei Deutschlands
SU	Sowjetunion
UdSSR	Union der Sozialistischen Sowjetrepubliken
UNESCO	United Nations Educational, Scientific and Cultural Organization
UNO	United Nations Organization
VDK	Verband Deutscher Komponisten und Musikwissenschaftler
VKM	Verband der Komponisten und Musikwissenschaftler der DDR
WD	Westdeutschland
ZK	Zentralkomitee
VM	Valutamark [interne Verrechnungseinheit im DDR-Außenhandel; 1 VM = 1 DM]
ZA	Zentralarchiv [Archiv der Zentralstelle des BStU]
ZVOBl.	*Zentralverordnungsblatt. Amtliches Organ der Deutschen Wirtschaftskommission und ihrer Hauptverwaltungen sowie der Deutschen Verwaltungen für Inneres, Justiz und Volksbildung*, Berlin [Ost], 1945–1949.

Quellen- und Literaturverzeichnis

Archivalien

Stiftung Archiv der Parteien und Massenorganisationen der DDR im Bundesarchiv, Berlin
- Kulturbund der DDR (DY 27)
  249; 433; 1281; 1530; 1567; 1568; 1569; 1570; 1571; 1572; 1573
- SED (DY 30)
  - Protokolle der Sitzungen des Zentralsekretariats
    IV 2/2.1/264
  - Protokolle der Sitzungen des Politbüros des ZK
    J IV 2/2/... (Reinschriftprotokolle)
      8; 76; 77; 98; 1010; 1040; 1093; 1101; 1107; 1197
  - Protokolle der Sitzungen des Sekretariats des ZK
    J IV 2/3 A ... (Arbeitsprotokolle)
      53; 996; 1071; 1077; 1094; 1187; 1485; 2194; 2195
    J IV 2/3/... (Reinschriftprotokolle)
      057; 070; 076; 084; 268; 604; 804; 808; 866; 917; 1005; 1066; 1071;
      1080; 1178; 1290; 1325; 1736; 1889; 2878; 3518
  - Büro Kurt Hager
    IV A 2/2.024/... 5; 19
  - Büro Alfred Kurella
    IV 2/2.026/... 7; 19; 96; 112
  - Ideologische Kommission beim Politbüro
    IV A 2/9.01/1
  - Westkommission beim Politbüro
    IV 2/1002/46
  - Abteilung Wissenschaften des ZK
    IV 2/9.04/... 45; 119; 129; 228; 261; 449; 655
    IV A 2/9.04/... 17; 58; 129; 147; 151; 217; 221; 230; 239; 448
  - Abteilung Kultur des ZK
    IV 2/9.06/... 3; 4; 19; 24; 25; 33; 69; 70; 151; 152; 169; 290; 294; 296; 309
    IV A 2/9.06/... 51; 56; 151; 152; 155; 158; 169
- Erinnerungsarchiv (SgY 30)
  2184 (Walther Siegmund-Schultze)

Bundesarchiv, Außenstelle Berlin-Lichterfelde
- Ministerium für Kultur (DR-1)
  35; 36; 37; 38; 40; 60; 61; 62; 64; 66; 76; 77; 78; 79; 98; 99; 100; 102; 104;
  106; 109; 111; 112; 113; 114; 115; 116; 348; 667; 936/7; 977/3; 1004/28;
  5116
- Ministerium für Volksbildung (DR-2)
  1093
- Ministerium für Hoch- und Fachschulwesen (DR-3)
  144; 146; 187; 206; 1644; 1643; 1667; 1671; 1743; 2152; 2171; 2602; 5261;
  6260
- Staatssekretariat für westdeutsche Fragen (DD-2)
  15

Der Bundesbeauftragte für die Unterlagen des Staatssicherheitsdienstes
der ehemaligen Deutschen Demokratischen Republik
- Archiv der Zentralstelle, Berlin
  MfS HA XX ZMA 347; MfS HA XX ZMA 1636; Gr. Bln. 2452/63;
  2284/75; MfS AIM 4952/89; MfS AGMS 8999/91; MfS 4 9875/92
  – Dokumentenstelle
    VVS MfS 008-506/76; VVS B 2 – 1034/81; VVS MfS 008-59/85
- Außenstelle Berlin
  XX A 297-19
- Außenstelle Chemnitz
  AGMS 2365/73
- Außenstelle Erfurt
  Eft. AOP 198/56; IMS 1296/76
- Außenstelle Frankfurt (Oder)
  Ffo. AIM 399/79
- Außenstelle Halle
  BV Halle, Abt. XX, Sachakten Nr.: 173; BV Halle, Abt. XX ZMA Nr.: 2709
- Außenstelle Leipzig
  ZMA BV Lpz. Abt. XX 7253

Sächsisches Hauptstaatsarchiv Dresden
- Landesregierung Sachsen, Ministerium für Volksbildung
  2596; 2597

Sächsisches Staatsarchiv Leipzig
- SED-Kreisleitung der Karl-Marx-Universität Leipzig
  IV A-4/14/058

Sächsische Landesbibliothek, Dresden
- Nachlaß Karl Laux (Mscr. Dresd. x …)
  2; 3; 5; 6; 7; 8; 9; 10; 11; 12; 13; 16; 18; 21; 22; 23; 38; 40; 41; 43; 44

Stiftung Archiv der Akademie der Künste, Berlin
- Verband der Komponisten und Musikwissenschaftler der DDR
  140; 271; 285; 403; 404; 508; 512; 518; 602; 822; 827; 1097
- Ernst-Hermann-Meyer-Archiv
  826; 827; 828
  Ordner: 20; 21; 22
- Hans-Pischner-Archiv
  695; 700; 1355; 1356; 1357; 1358; 1359; 1360; 1361; 1362; 1363; 1364; 1365;
  1366; 1367; 1368; 1369; 1370
- Ottmar-Gerster-Archiv
  554

Universitätsarchiv der Humboldt-Universität zu Berlin
- Musikwissenschaftliches Institut
  188; 190; 191; 192; 193; 194; 197; 198; 200; 203; 204; 206

Archiv der Georg-Friedrich-Händel-Gesellschaft, Halle (Saale)

Archiv der Gesellschaft für Musikforschung, Kassel

Archiv der Neuen Bachgesellschaft, Leipzig

Archiv der Robert-Schumann-Gesellschaft, Zwickau

Privatarchiv Rudolf Eller, Rostock

Privatarchiv Wolfgang Osthoff, Würzburg

Privatarchiv Martin Ruhnke, Erlangen

Gedruckte Quellen und Literatur

Adorno, Theodor W.: *Was bedeutet: Aufarbeitung der Vergangenheit*, in: ders.: *Gesammelte Schriften*, Bd. 10/2, Frankfurt a. M.: Suhrkamp, 1977, S. 555–572.

Albrecht, Hans: *Die deutsche Musikforschung im Wiederaufbau. Zum Beginn des 10. Jahrgangs der Zeitschrift »Die Musikforschung«*, in: *Die Musikforschung*, Kassel, 10 (1957), H. 1, S. 85–95.

Allihn, Ingeborg: *Bericht: Schütz-Konferenz*, in: *Beiträge zur Musikwissenschaft*, Berlin [Ost], 15 (1973), H. 4, S. 277–279.

Dies.: *»Georg Philipp Telemann – Leben, Werk, Wirkung«. Zur Konferenz des Kulturbundes der DDR in Erfurt*, in: *Bulletin*, Hrsg.: Musikrat der Deutschen Demokratischen Republik, Berlin [Ost], 18 (1981), H. 1, S. 46–51.

Dies.: *Zentrum internationaler Forschung. Gründung der Telemann-Gesellschaft in Magdeburg*, in: *Motiv*, Berlin, H. 4/5 (Oktober 1991), S. 86.

An die Mitglieder der Gesellschaft für Musikforschung in der ehemaligen DDR. An alle Musikwissenschaftler in den neuen Bundesländern, in: *Die Musikforschung*, Kassel, 43 (1990), H. 4, S. 405.

Arendt, Hannah: *Elemente und Ursprünge totaler Herrschaft*, aus dem Englischen von der Verfasserin, München, Zürich: Piper, 1986, 758 S. (*Serie Piper*, Bd. 1032).

Arnold, Hans: *Das kulturelle Nebeneinander der Bundesrepublik Deutschland und der DDR*, Bonn-Bad Godesberg: Friedrich-Ebert-Stiftung, 1973, 17 S.

Bach-Bibliographie. Nachdruck der Verzeichnisse des Schrifttums über Johann Sebastian Bach (Bach-Jahrbuch 1905–1984), mit e. Supplement u. Register hrsg. von Christoph Wolff, Kassel: Merseburger, 1985, 464 S. (*Edition Merseburger*, Bd. 1199).

Das Bachschrifttum 1981 bis 1985, zusammengestellt von Rosemarie Nestle, in: *Bach-Jahrbuch*, Berlin [Ost], 75 (1989), S. 107–189.

Das Bachschrifttum 1986 bis 1990, zusammengestellt von Rosemarie Nestle, in: *Bach-Jahrbuch*, Leipzig, 80 (1994), S. 75–162.

Bach-Händel-Schütz-Ehrung der Deutschen Demokratischen Republik 1985. Bericht über die internationale wissenschaftliche Konferenz »Georg Friedrich Händel – Persönlichkeit, Werk, Nachleben« anläßlich der 34. Händelfestspiele der Deutschen Demokratischen Republik in Halle (Saale) vom 25. bis 27. Februar 1985, Leipzig: Deutscher Verlag für Musik, 1987, 231 S.

Bärenreiter-Chronik. Die ersten 50 Jahre, 1923–1973, Redaktion: Anna Martina Gottschick, Kassel [u. a.]: Bärenreiter, 1973, 152 S.

Bahro, Rudolf: *Die Alternative. Zur Kritik des real existierenden Sozialismus*, Köln: Bund-Verlag, 1990, 559 S.

Baselt, Bernd: *Rechenschaftsbericht über die Tätigkeit der Georg-Friedrich-Händel-Gesellschaft 1989/1990*, in: *Händel-Jahrbuch*, Köln, 38 (1992), S. 169–177.

Becker, Jurek: *Eine Art Einheit*, in: *Freibeuter*, Berlin, H. 57 (Oktober 1993), S. 39–41; Vorabdruck unter dem Titel *Der Defekt ist der Normalfall*, in: *Der Spiegel*, Hamburg, 47. Jg., Nr. 36 vom 6. 9. 1993, S. 86, 88.

Beethoven-Zentenarfeier Wien, 26. bis 31. März 1927, Internationaler Musikhistorischer Kongreß, Wien: Universal-Edition, 1927, 404 S.

Bender, Peter: *Die »Neue Ostpolitik« und ihre Folgen. Vom Mauerbau bis zur Vereinigung*, 3. überarb. u. erw. Neuausgabe, München: Deutscher Taschenbuch Verlag, 1995, 370 S. (*dtv*, Bd. 4528; *Deutsche Geschichte der neuesten Zeit vom 19. Jahrhundert bis zur Gegenwart*).

Benton, Rita: *International Association of Music Libraries*, in: *The New Grove Dictionary of Music and Musicians*, edited by Stanley Sadie, London: Macmillan Publishers, 1980, Bd. 9, S. 272.

Bergsdorf, Wolfgang und Uwe Göbel: *Bildungs- und Wissenschaftspolitik im geteilten Deutschland*, München, Wien: Olzog, 1980, 440 S. (*Dokumente unserer Zeit*, Bd. 2).

Bericht über die wissenschaftliche Bachtagung der Gesellschaft für Musikforschung. Leipzig 23. bis 26. Juli 1950, i. A. des Deutschen Bach-Ausschusses 1950 hrsg. von Walther Vetter und Ernst Hermann Meyer, bearb. von Hans Heinrich Eggebrecht, Leipzig: C. F. Peters, 1951, 504 S.

Bernhard, Karl [d. i. Karl Vötterle]: *IX. Heinrich-Schütz-Fest in Dresden*, in: *Hausmusik*, Kassel und Basel, 20 (1956), H. 4/5, S. 129–131.

Besier, Gerhard: *Der SED-Staat und die Kirche. Der Weg in die Anpassung*, München: C. Bertelsmann, 1993, 927 S.

Ders.: *Der SED-Staat und die Kirche 1969–1990. Die Vision vom »Dritten Weg«*, Berlin und Frankfurt a. M.: Propyläen, 1995, 949 S.

Ders.: *Der SED-Staat und die Kirche 1983–1991. Höhenflug und Absturz*, Berlin und Frankfurt a. M.: Propyläen, 1995, 976 S.

Ders. und Stephan Wolf (Hrsg.): *»Pfarrer, Christen und Katholiken«. Das Ministerium für Staatssicherheit der ehemaligen DDR und die Kirchen*, Neukirchen-Vluyn: Neukirchener Verlag, 2., durchgesehene und um weitere Dokumente vermehrte Aufl. 1992 (*Historisch-theologische Studien zum 19. und 20. Jahrhundert (Quellen)*, Bd. 1), 959 S.

Beyme, Klaus von: *Gesellschaftliche Organisationen, Interessengruppen, Verbände*, in: *Sowjetsystem und demokratische Gesellschaft. Eine vergleichende Enzyklopädie*, hrsg. von C. D. Kernig, Bd. II, Freiburg [u. a.]: Herder, 1968, Sp. 972–1000.

Ders.: *Interessengruppen – Gesellschaftliche Organisationen*, in: *Bundesrepublik Deutschland und Deutsche Demokratische Republik. Die beiden deutschen Staaten im Vergleich*, hrsg. von Eckhard Jesse, Berlin [West]: Colloquium Verlag, 1980, S. 339–347.

Bibliographie zur Deutschlandpolitik 1941–1974, bearb. von Marie-Luise Goldbach [u. a.], in: *Dokumente zur Deutschlandpolitik, Beihefte*, hrsg. vom Bundesministerium für innerdeutsche Beziehungen, Bd. 1, Frankfurt a. M.: Alfred Metzner Verlag, 1975, 248 S.

Bibliographie zur Deutschlandpolitik 1975–1982, bearb. von Karsten Schröder, in: *Dokumente zur Deutschlandpolitik, Beihefte*, hrsg. vom Bundesministerium für innerdeutsche Beziehungen, Bd. 6, Frankfurt a. M.: Alfred Metzner Verlag, 1983, 219 S.

Bierwisch, Manfred: *Wissenschaft im realen Sozialismus*, in: *Kursbuch*, Berlin [West], Nr. 101 (September 1990), S. 112–123.

Bimberg, Siegfried: *Nachhall. 44 Jahre Schulmusik nach Marx und Lenin. Reflexionen zur Musikpädagogik in der DDR*, Bde. I u. II, Essen: Verlag Die Blaue Eule, 1996, 247 u. 240 S. (*Musikwissenschaft/Musikpädagogik in der Blauen Eule*, Bde. 22 u. 27).

Biographisches Handbuch der SBZ/DDR 1945–1990, hrsg. von Gabriele Baumgartner und Dieter Hebig, 2 Bde., München [u. a.]: Saur, 1996 u. 1997, 1057 S.

Bittinger, Werner: *Schütz-Gesellschaften*, in: *Die Musik in Geschichte und Gegenwart. Allgemeine Enzyklopädie der Musik*, hrsg. von Friedrich Blume, Bd. 12, Kassel [u. a.]: Bärenreiter, 1965, Sp. 226 f.

Blankenburg, Walter: *Die Neue Schütz-Gesellschaft*, in: *Musik und Kirche*, Kassel und Basel, 19 (1949), H. 4, S. 97 f.

Ders.: *Deutsche Bach-Feier Leipzig 1950*, in: *Musik und Kirche*, Kassel und Basel, 20 (1950), H. 5, S. 165–169.

Ders.: *Von der Neuen Bach-Gesellschaft*, in: *Musik und Kirche*, Kassel und Basel, 25 (1955), H. 6, S. 316 f.

Blume, Friedrich: *Johann Sebastian Bach im Wandel der Geschichte*, Kassel: Bärenreiter, 1947, 39 S. (*Musikwissenschaftliche Arbeiten*, Bd. 1).

Ders.: *Zum Geleit*, in: *Die Musikforschung*, Kassel, 1 (1948), H. 1, S. 1 f.

Ders.: *Bilanz der Musikforschung*, in: *Die Musikforschung*, Kassel, 1 (1948), H. 1, S. 3–19.

Ders.: *Bach-Gesellschaft*, in: *Die Musik in Geschichte und Gegenwart. Allgemeine Enzyklopädie der Musik*, hrsg. von Friedrich Blume, Bd. 1, Kassel und Basel: Bärenreiter, 1949–1951, Sp. 1058–1063.

Böhm, Hans: *9. Heinrich-Schütz-Fest. Dresden*, in: *Musica*, Kassel und Basel, 10 (1956), H. 7/8, S. 507–509.

Brockhaus, Heinz Alfred: *Musikwissenschaft als Leitungswissenschaft*, in: *Musik und Gesellschaft*, Berlin [Ost], 18 (1968), H. 11, S. 747, 750–757.

Ders. und Peter Czerny: *Unter anderem – Beethoven. Internationaler musikwissenschaftlicher Kongreß in Bonn 1970*, in: *Musik und Gesellschaft*, Berlin [Ost], 19 (1969), H. 9, S. 577–591.

Brunner, Renate: *Bibliographie des Schütz-Schrifttums 1926–1950*, in: *Schütz-Jahrbuch*, Kassel [u. a.], 3 (1981), S. 64–79.

Dies.: *Bibliographie des Schütz-Schrifttums 1672–1925*, in: *Schütz-Jahrbuch*, Kassel [u. a.], 6 (1984), S. 102–124.

Bruns, Wilhelm: *Die UNO-Politik der DDR*, Stuttgart: Verlag Bonn aktuell, 1978, 210 S. (*Bonn aktuell*, Bd. 41).

Ders.: *Die Uneinigen in den Vereinten Nationen. Bundesrepublik Deutschland und DDR in der UNO*, Köln: Verlag Wissenschaft und Politik, 1980, 160 S. (*Bibliothek Wissenschaft und Politik*, Bd. 25).

Ders.: *Die Außenpolitik der DDR*, Berlin [West]: Colloquium-Verlag, 1985, 86 S., Tab. (*Beiträge zur Zeitgeschichte*, Bd. 16).

Ders.: *Von der Deutschlandpolitik zur DDR-Politik. Prämissen – Probleme – Perspektiven*, Opladen: Leske + Budrich, 1989, 280 S.

Buch, Günther: *Namen und Daten wichtiger Personen der DDR*, Berlin [West], Bonn: J. H. W. Dietz Nachf., 4. überarb. u. erw. Aufl. 1987, 400 S.

Chopin-Gesellschaft der DDR, in: *Musik und Gesellschaft*, Berlin [Ost], 13 (1963), H. 1, S. 61.

DDR. Dokumente zur Geschichte der Deutschen Demokratischen Republik 1945–1985, hrsg. von Hermann Weber, München: Deutscher Taschenbuch Verlag, 1986, 469 S. (*dtv*, Bd. 2953; *dtv dokumente*).

DDR Handbuch, 2 Bde., Wiss. Leitung: Hartmut Zimmermann unter Mitwirkung von Horst Ulrich u. Michael Fehlauer, hrsg. vom Bundesministerium für innerdeutsche Beziehungen, Köln: Verlag Wissenschaft und Politik, 3. überarb. u. erw. Aufl. 1985, 1660 S.

Dietrich, Gerd: *Politik und Kultur in der Sowjetischen Besatzungszone Deutschlands (SBZ) 1945–1949*, Bern [u. a.]: Peter Lang, 1993, 474 S.

Diskriminierung abgewiesen. Erklärung der Beiräte für Musikwissenschaft und Musikerziehung beim Staatssekretariat für das Hoch- und Fachschulwesen, in: *Sonntag* 17 (1962), Berlin [Ost], Nr. 36, S. 1 f.; auch erschienen unter dem Titel *Erklärung der Beiräte für Musikwissenschaft und Musikerziehung beim Staatssekretariat für das Hoch- und Fachschulwesen*, in: *Musik und Gesellschaft*, Berlin [Ost], 12 (1962), H. 2, S. 530 f.; außerdem enthalten in: *Mitteilung an alle Mitglieder der Gesellschaft für Musikforschung*, in: *Die Musikforschung*, Kassel, 15 (1962), H. 4, S. 412–414.

Dokumente der Sowjetischen Militäradministration in Deutschland zum Hoch- und Fachschulwesen 1945–1949, hrsg. von Gottfried Handel u. Roland Köhler, Berlin [Ost]: Institut für Hochschulbildung, 1975, 86 S.

Dokumente zur Deutschlandpolitik, begründet von Ernst Deuerlein, wissenschaftl. Leitung: Karl Dietrich Bracher und Hans-Adolf Jacobsen, hrsg. vom Bundesministerium für gesamtdeutsche Fragen/für innerdeutsche Beziehungen/des Innern, Frankfurt a. M.: Alfred Metzner Verlag, 1961 ff.

Dokumente zur Kultur- und Kunstpolitik der SED. 1971–1986, hrsg. vom Zentralrat der FDJ, Berlin [Ost]: Dietz, 3. Aufl. 1987, 239 S.

Dokumente zur Kunst-, Literatur- und Kulturpolitik der SED, Stuttgart: Seewald, [Bd. 1:] 1946–1970, hrsg. von Elimar Schubbe, 1972; 1813 S.; [Bd. 2:] 1971–1974, hrsg. von Gisela Rüß, 1976; 1145 S.; [Bd. 3:] 1975–1980, hrsg. von Peter Lübbe, 1984; XXXVI, 1071 S.

Domitzlaff, Ilse: *Über die Rekonstruktion und Neugestaltung des Bachhauses in Eisenach*, in: *Johann Sebastian Bach. Lebendiges Erbe*, hrsg. vom Johann-Sebastian-Bach-Komitee der Deutschen Demokratischen Republik, Leipzig 1975 (*Beiträge zur Bachpflege der DDR*, Bd. 3), S. 35–40.

D[ornberger], P[aul]: *Vereinsmeierei – unsere alte deutsche Schwäche?*, in: *Schöpferische Gegenwart*, Weimar, 1 (1948), H. 5, S. 335 f.

Drei Jahrzehnte Außenpolitik der DDR. Bestimmungsfaktoren, Instrumente, Aktionsfelder, hrsg. von Hans-Adolf Jacobsen [u. a.], München, Wien: R. Oldenbourg Verlag, 1979, 949 S. (*Schriften des Forschungsinstituts der Deutschen Gesellschaft für Auswärtige Politik e. V., Bonn, Reihe: Internationale Politik und Wirtschaft*, Bd. 44).

Ebner, J.: *Schaffhausen als Bach-Stadt*, in: *Bach-Gedenkschrift 1950*, i. A. der Internationalen Bach-Gesellschaft hrsg. von Karl Matthaei, Zürich: Atlantis Verlag, 1950, S. 212–216.

Eggebrecht, Hans Heinrich: *Die Musikwissenschaftliche Bach-Tagung Leipzig 1950 der Gesellschaft für Musikforschung (23. bis 26. Juli)*, in: *Die Musikforschung*, Kassel, 3 (1950), H. 3, S. 284–289.

Ehlenbeck, Marianne: *Zur Auseinandersetzung mit imperialistischen Angriffen auf die Rolle der gesellschaftlichen Organisationen in der politischen Organisation der sozialistischen Gesellschaft*, in: *Wissenschaftliche Zeitschrift der Pädagogischen Hochschule »Karl Liebknecht« Potsdam*, Potsdam, 21 (1977), H. 4, S. 545–549.

Dies.: *Zu Rolle und Aufgaben der gesellschaftlichen Organisation der sozialistischen Gesellschaft*, in: *Wissenschaftliche Zeitschrift der Pädagogischen Hochschule »Karl Liebknecht« Potsdam*, Potsdam, 23 (1979), H. 4, S. 523–529.

E[ismann], G[eorg]: *Zur 100. Wiederkehr des Todestages. Robert-Schumann-Fest in Zwickau*, in: *Neue Zeitschrift für Musik*, Mainz, 117 (1956), H. 10, S. 566 f.

Eller, Rudolf: *Die Spaltung der »Gesellschaft für Musikforschung« 1961 bis 1968*, in: *Beiträge zur Musikwissenschaft*, Sankt Augustin, 33 (1991), H. 1, S. 26–34; Nachdruck (mit geringfügigen Änderungen) unter dem Titel *Die Spaltung der Gesellschaft für Musikforschung 1961 bis 1968* in: *Einheit und Spaltung der Gesellschaft für Musikforschung. Zur Wissenschaftsgeschichte im geteilten Deutschland. Eine Dokumentation*, hrsg. von der Gesellschaft für Musikforschung, Schriftleitung: Wolfram Steinbeck, Kassel [u. a.]: Bärenreiter, 1993, S. 48–55.

Ders.: *Zum Thema*, in: *Einheit und Spaltung der Gesellschaft für Musikforschung. Zur Wissenschaftsgeschichte im geteilten Deutschland. Eine Dokumentation*, hrsg. von der Gesellschaft für Musikforschung, Schriftleitung: Wolfram Steinbeck, Kassel [u. a.]: Bärenreiter, 1993, S. 6–12.

Ders.: *Bach-Pflege und Bach-Verständnis in zwei deutschen Diktaturen*, in: *Passionsmusiken im Umfeld Johann Sebastian Bachs – Bach unter den Diktaturen 1933–1945 und 1945–1989. Bericht über die Wissenschaftliche Konferenz anläßlich des 69. Bach-Festes der Neuen Bachgesellschaft, Leipzig, 29. und 30. März 1994*, Hildesheim [u. a.]: Olms, 1995 (*Leipziger Beiträge zur Bach-Forschung*, Bd. 1), S. 107–139.

Elsner, Jürgen: *Bericht: Erweiterte Horizonte in der Musikforschung – Zum XII. Kongreß der Internationalen Gesellschaft für Musikwissenschaft 1977 in Berkeley (USA)*, in: *Beiträge zur Musikwissenschaft*, Berlin [Ost], 21 (1979), H. 3, S. 207–209.

Ders.: *XIII. Kongreß der Internationalen Gesellschaft für Musikwissenschaft 1982 in Strasbourg*, in: *Beiträge zur Musikwissenschaft*, Berlin [Ost], 25 (1983), H. 2, S. 154–158.

Emery, Walter: *Bach-Gesellschaft*, in: *The New Grove Dictionary of Music and Musicians*, edited by Stanley Sadie, London: Macmillan Publishers, 1980, Bd. 1, S. 881.

Erklärung, in: *Musik und Gesellschaft*, Berlin [Ost], 18 (1968), H. 11, S. 750 f.

Ernst, Veit: *Die Musikwissenschaft auf dem Bitterfelder Weg. Symposion des Musikwissenschaftlichen Institutes der Humboldt-Universität zu Berlin zum Thema »Aufgaben und Perspektiven der Musikwissenschaft in der DDR«*, in: *Beiträge zur Musikwissenschaft*, Berlin [Ost], 7 (1965), H. 1, S. 67–69.

Feder, Georg: *Händelgesellschaften*, in: *Die Musik in Geschichte und Gegenwart. Allgemeine Enzyklopädie der Musik*, hrsg. von Friedrich Blume, Bd. 5, Kassel und Basel: Bärenreiter, 1956, Sp. 1286–1291.

Feist, Günter: *Allmacht und Ohnmacht. Historische Aspekte der Führungsrolle der SED*, in: *Kunstdokumentation SBZ/DDR 1945–1990. Aufsätze, Berichte, Materialien*, hrsg. von Günter Feist, Eckhart Gillen u. Beatrice Vierneisel, Köln: DuMont, 1996, S. 42–61.

Felix, Werner: *Die Neue Bachgesellschaft*, in: *Johann Sebastian Bach. Lebendiges Erbe*, hrsg. vom Johann-Sebastian-Bach-Komitee der Deutschen Demokratischen Republik, Leipzig 1975 (*Beiträge zur Bachpflege der DDR*, Bd. 3), S. 5–16; leicht gekürzt und aktualisiert auch in: *Bulletin*, Hrsg.: Musikrat der Deutschen Demokratischen Republik, Berlin [Ost], 12 (1975), H. 2/3, S. 13–17.

Ders.: *Das Werk Johann Sebastian Bachs in der Musikkultur der Deutschen Demokratischen Republik*, in: *Bulletin*, Hrsg.: Musikrat der Deutschen Demokratischen Republik, Berlin [Ost], 12 (1975), H. 2/3, S. 3–7.

Festschrift zur Händel-Ehrung der Deutschen Demokratischen Republik 1959, Leipzig: Deutscher Verlag für Musik, [1959], 127 S.

Fricke, Karl Wilhelm: *Außenpolitische Bilanz der DDR*, in: *Deutschland Archiv*, Köln, 2 (1969), H. 9, S. 958–966.

Für Recht und wissenschaftliche Moral. Ein Brief an den Präsidenten der Gesellschaft für Musikforschung, in: *Musik und Gesellschaft*, Berlin [Ost], 10 (1960), H. 12, S. 706.

Garton Ash, Timothy: *Im Namen Europas. Deutschland und der geteilte Kontinent,* aus dem Englischen von Yvonne Badal, Frankfurt a. M.: Fischer Taschenbuch Verlag, 1996, 856 S.

Die geschichtliche Aufgabe der Deutschen Demokratischen Republik und die Zukunft Deutschlands, Hrsg.: Nationalrat der Nationalen Front des demokratischen Deutschland, Berlin [Ost] 1962, 48 S.

Gesellschaft für Musikforschung. Bericht über den Internationalen Musikwissenschaftlichen Kongreß Kassel 1962, hrsg. von Georg Reichert u. Martin Just, Kassel [u. a.]: Bärenreiter, 1963, 392 S.

Die Gesellschaftlichen Organisationen in der DDR. Stellung, Wirkungsrichtungen und Zusammenarbeit mit dem sozialistischen Staat, Akademie für Staats- und Rechtswissenschaften der DDR, Berlin [Ost]: Staatsverlag der Deutschen Demokratischen Republik, 1980, 286 S.

Girnus, Wilhelm: *Zur Idee der sozialistischen Hochschule. Rede auf der Rektorenkonferenz zu Berlin am 14. Juni 1957,* Berlin [Ost]: Deutscher Verlag der Wissenschaften, 1957, 44 S.

Ders.: *Aus den Papieren des Germain Tawordschus. Unvollständiger Bericht über eine Lebenserfahrung,* Rostock: Hinstorff Verlag, 1982, 539 S.

Gojowy, Detlef: *Auch ein »neues Bachbild« bedarf der Entrümpelung. Bach-Fest und Bach-Konferenz rund um den Dreihundertsten in Leipzig,* in: *Neue Zeitschrift für Musik,* Mainz, 146 (1985), H. 5, S. 45–47.

Gottschick, Anna Martina: *Das 38. Deutsche Bach-Fest der Neuen Bach-Gesellschaft,* in: *Musik und Kirche,* Kassel und Basel, 32 (1962) H. 4, S. 183–186.

gr.: *Bach in alles deutschen Landen. Wir feiern den 200. Todestag des Thomaskantors,* in: *Sonntagsblatt,* Hamburg, 3. Jg., Nr. 11 (12. 3. 1950), S. 8.

Gransow, Volker: *Kulturpolitik in der DDR,* Berlin [West]: Verlag Volker Spiess, 1975, 170 S., graph. Darst.

Grimm, Thomas: *Was von den Träumen blieb. Eine Bilanz der sozialistischen Utopie,* Vorwort von Heiner Müller, Berlin: Siedler, 1993, 254 S.

Grüß, Hans: *Der Leipziger Kongreß der Gesellschaft für Musikforschung,* in: *Die Musikforschung,* Kassel, 20 (1967), H. 3, S. 295–297.

Grützner, Vera: *Zur Bach-Ehrung 1950 in Potsdam,* Ms., 1989, 6 S.

Gudewill, Kurt: *Zwanzig Jahre Gesellschaft für Musikforschung. Ein Rückblick auf ihre Anfänge,* in: *Die Musikforschung,* Kassel, 20 (1967), H. 3, S. 247–252.

Die Gründung der Internationalen Gesellschaft für Musikwissenschaft, in: *Mitteilungen der Internationalen Gesellschaft für Musikwissenschaft,* [Leipzig], 1 (1928/29), H. 1, S. 1–5.

Habermas, Jürgen: *Strukturwandel der Öffentlichkeit. Untersuchungen zu einer Kategorie der bürgerlichen Gesellschaft,* Neuauflage 1990, Frankfurt a. M.: Suhrkamp, 1990 (*suhrkamp taschenbuch wissenschaft,* Bd. 891).

Hacker, Jens: *Die Deutschlandpolitik der SPD/FDP-Koalition 1969–1982*, in: *Materialien der Enquete-Kommission »Aufarbeitung von Geschichte und Folgen der SED-Diktatur in Deutschland« (12. Wahlperiode des Deutschen Bundestages)*, hrsg. vom Deutschen Bundestag, Baden-Baden: Nomos, Frankfurt a. M.: Suhrkamp, 1995, Bd. V/2, S. 1489–1542.

Händel-Bibliographie, zusammengestellt von Konrad Sasse, Leipzig: Deutscher Verlag für Musik, 2. verbesserte Aufl. 1967 mit Nachtrag für die Jahre 1962–1965, 433 S.

Händel-Ehrung der Deutschen Demokratischen Republik. Halle 11.–19. April 1959. Konferenzbericht, i. A. des Händel-Komitees der Deutschen Demokratischen Republik hrsg. von Walther Siegmund-Schultze, Leipzig: Deutscher Verlag für Musik, 1961, 274 S.

Häusler, Rudolf: *International Musicological Society*, in: *The New Grove Dictionary of Music and Musicians*, edited by Stanley Sadie, London: Macmillan Publishers, 1980, Bd. 9, S. 274 f.

Hahn, Jochen: *Neue Ansprüche an Musikunterricht und Lehrerausbildung. Verband der Musikpädagogen der DDR gegründet*, in: *Musik und Gesellschaft*, Berlin [Ost], 40 (1990), H. 7, S. 377–381.

Handbuch der deutschen wissenschaftlichen Akademien und Gesellschaften einschließlich zahlreicher Vereine, Forschungsinstitute und Arbeitsgemeinschaften in der Bundesrepublik Deutschland, mit e. Bibliographie deutscher Akademie- und Gesellschaftspublikationen, im Einvernehmen mit den Institutionen bearb. u. hrsg. von Friedrich Domay, Wiesbaden: Franz Steiner Verlag, 2. völl. neu bearb. u. erw. Aufl. d. »Handbuch der deutschen wissenschaftlichen Gesellschaften« 1977, XVII, 1209 S.

Handbuch gesellschaftlicher Organisationen in der DDR. Massenorganisationen, Verbände, Vereinigungen, Gesellschaften, Genossenschaften, Komitees, Ligen, Hrsg.: Akademie für Staats- und Rechtswissenschaft der DDR Potsdam-Babelsberg, Redaktion: Richard Mand (Leitung) u. a., Berlin [Ost]: Staatsverlag der Deutschen Demokratischen Republik, 1985, 207 S.

Handmaterial für den Parteisekretär, von e. Autorenkollektiv (Leiter: Otto Kretzschmar), Berlin [Ost]: Dietz, 2. überarb. u. erw. Aufl. 1972, 128 S. (*Der Parteiarbeiter*).

Havel, Václav: *Versuch, in der Wahrheit zu leben*, aus dem Tschechichen von Gabriel Laub, Reinbek bei Hamburg: Rowohlt Taschenbuch Verlag, 1989, 96 S. (*rororo*, Bd. 12622; *rororo aktuell Essay*).

Heider, Magdalena: *Politik – Kultur – Kulturbund. Zur Frühgeschichte des Kulturbundes zur demokratischen Erneuerung Deutschlands 1945–1954 in der SBZ/DDR*, Köln: Verlag Wissenschaft und Politik, 1993, 250 S. (*Bibliothek Wissenschaft und Politik*, Bd. 51).

Heinrich Schütz. Tradition und Modernität. Konferenz des Präsidiums des Kulturbundes der DDR am 18. und 19. Januar 1985 in Gera anläßlich der Bach-Händel-Schütz-Ehrung der DDR 1985, hrsg. vom Präsidium des Kulturbundes der DDR und dem Rat des Bezirkes Gera, Redaktion: Hans Grüß, Gera 1987, 3 Bde., 112, 82, 112 S.

Heinrich Schütz und seine Zeit. Bericht über die wissenschaftliche Konferenz des Komitees für die Heinrich-Schütz-Festtage der Deutschen Demokratischen Republik 1972, hrsg. von Siegfried Köhler i. A. des Vorstandes des Arbeitskreises Heinrich Schütz im Kulturbund der DDR, Berlin [Ost]: Kulturbund der DDR, 1974, 120 S.

Henrich, Rolf: *Der vormundschaftliche Staat. Vom Versagen des real existierenden Sozialismus*, Reinbek bei Hamburg: Rowohlt Taschenbuch Verlag, 1989, 317 S. (*rororo*, Bd. 12536; *rororo aktuell Essay*).

Herbst, Andreas, Winfried Ranke und Jürgen Winkler: *So funktionierte die DDR*, Bde. 1 u. 2: Lexikon der Organisationen und Institutionen, 1258 S.; Bd. 3: Lexikon der Funktionäre, 415 S., Reinbek bei Hamburg: Rowohlt Taschenbuch Verlag, 1994 (*rororo*, Bde. 6348–6350; *rororo Handbuch*).

Hobohm, Wolf: *20 Jahre Magdeburger Telemann-Pflege*, in: *Bulletin*, Hrsg.: Musikrat der Deutschen Demokratischen Republik, Berlin [Ost], 18 (1981), H. 1, S. 25–28.

[Höntsch, Winfried, Herbert Schulze und Frieder Zschoch]: Kapitel *Musikgesellschaften und Musikfeste*, in: *Das Musikleben in der Deutschen Demokratischen Republik (1945–1959)*, hrsg. von Karl Laux, Leipzig: Deutscher Verlag für Musik, 1963, S. 130–165.

Hoffmann, Dierk, Karl-Heinz Schmidt und Peter Skyba: *Die DDR vor dem Mauerbau. Dokumente zur Geschichte des anderen deutschen Staates 1949–1961*, München, Zürich: Piper, 1993, 411 S. (*Serie Piper Dokumentation*, Bd. 1799).

Hoffmann, Winfried: *Das Johann-Sebastian-Bach-Komitee der DDR*, in: *Bulletin*, Hrsg.: Musikrat der DDR, Berlin [Ost], 12 (1975), H. 2/3, S. 8–12.

Hoffmann-Erbrecht, Lothar: *Internationaler Musikwissenschaftlicher Kongreß der Gesellschaft für Musikforschung vom 17. bis 20. September 1956 in Hamburg*, in: *Die Musikforschung*, Kassel, 10 (1957), H. 1, S. 147–150.

Ignatow, Assen: *Psychologie des Kommunismus. Studien zur Mentalität der herrschenden Schicht im kommunistischen Machtbereich*, München: Johannes Berchmans Verlag, 1985, 181 S.

Innerdeutsche Beziehungen. Die Entwicklung der Beziehungen zwischen der Bundesrepublik Deutschland und der Deutschen Demokratischen Republik 1980–1986. Eine Dokumentation, hrsg. vom Bundesministerium für innerdeutsche Beziehungen, Bonn 1986, 275 S., graph. Darst.

International Musicological Society. Report of the tenth Congress Ljubljana 1967, edited by Dragotin Cvetko, Kassel [u. a.]: Bärenreiter, 1970, 506 S.

International Musicological Society. Report of the eleventh Congress Copenhagen 1972, edited by Henrik Glahn, Søren Sørensen and Peter Ryom, Kopenhagen: Edition Wilhelm Hansen, 1974, 2 Bde., 799 S.

International Musicological Society. Report of the twelfth Congress Berkeley 1977, edited by Daniel Heark and Bonnie Wade, Kassel [u. a.]: Bärenreiter, 1981, 912 S.

Jäger, Manfred: *Kultur und Politik in der DDR. 1945–1990*, Köln: Verlag Wissenschaft und Politik, 1995, 287 S. (*Edition Deutschland Archiv*).

Jäger, Wolfgang: *Die Deutschlandpolitik der Bundesregierungen der CDU/CSU-F.D.P.- Koalition (Kohl-Genscher), die Diskussionen in den Parteien und in der Öffentlichkeit 1982–1989*, in: *Materialien der Enquete-Kommission »Aufarbeitung von Geschichte und Folgen der SED-Diktatur in Deutschland« (12. Wahlperiode des Deutschen Bundestages)*, hrsg. vom Deutschen Bundestag, Baden-Baden: Nomos, Frankfurt a. M.: Suhrkamp, 1995, Bd. V/2, S. 1572–1611.

Kaden, Christian: *DDR-Musikwissenschaft nach 40 Jahren. Bilanz eines Hochschullehrers*, in: *Beiträge zur Musikwissenschaft*, Sankt Augustin, 33 (1991), H. 1, S. 18–25.

Karpeles, Maud: *International Folk Music Council*, in: *The New Grove Dictionary of Music and Musicians*, edited by Stanley Sadie, London: Macmillan Publishers, 1980, Bd. 9, S. 273.

Klemm, Eberhardt: *Gedenkblatt für Manfred Reinelt. Ein vergessener Pianist der Avantgarde*, in: *Positionen*, Leipzig, H. 6/7 (1991), S. 10–13; Nachdruck in: ders.: *Spuren der Avantgarde. Schriften 1955–1991*, Köln: Edition MusikTexte, 1997, S. 42–46.

Ders.: *Zur Lage der Musikwissenschaft in der ehemaligen DDR*, in: ders.: *Spuren der Avantgarde. Schriften 1955–1991*, Köln: Edition MusikTexte, 1997, S. 54–58.

Ders.: *Bilanz und Ausblick*, in: *Beiträge zur Musikwissenschaft*, Sankt Augustin, 33 (1991), H. 1, S. 12–17.

Klingberg, Lars: *Das Verhältnis zum musikalischen Erbe in der Kulturpolitik der vierziger und fünfziger Jahre in der SBZ/DDR*; Diplomarbeit, Humboldt-Universität zu Berlin, 1989, 49 S.

Ders.: *Gesellschaft für Musikforschung und DDR*, in: *Einheit und Spaltung der Gesellschaft für Musikforschung. Zur Wissenschaftsgeschichte im geteilten Deutschland. Eine Dokumentation*, hrsg. von der Gesellschaft für Musikforschung, Schriftleitung: Wolfram Steinbeck, Kassel [u. a.]: Bärenreiter, 1993, S. 18–47.

Ders.: *»Herein mit J. S. Bach in die Nationale Front«. Anmerkungen zur »Deutschen Bach-Feier 1950«*, in: *Rudolf Eller zum Achtzigsten. Ehrenkolloquium zum 80. Geburtstag von Prof. em. Dr. Rudolf Eller am 9. Mai 1994, veranstaltet vom Institut für Musikwissenschaft der Universität Rostock im 60. Jahr seines Bestehens im 575. Jahr der Universität Rostock am 11. Mai 1994*, Hrsg.: Karl Heller und Andreas Waczkat, Rostock: Universität Rostock, 1994, S. 107–114.

Ders.: *Die Kampagne gegen Eberhardt Klemm und das Institut für Musikwissenschaft der Universität Leipzig in den 60er Jahren*, in: *Berliner Beiträge zur Musikwissenschaft*, Berlin, 9 (1994), Beiheft zu Heft 3/1994 der Neuen Berlinischen Musikzeitung, S. 45–51.

Ders.: *Neue Bachgesellschaft und DDR*, in: *Passionsmusiken im Umfeld Johann Sebastian Bachs – Bach unter den Diktaturen 1933–1945 und 1945–1989. Bericht über die Wissenschaftliche Konferenz anläßlich des 69. Bach-Festes der Neuen Bachgesellschaft, Leipzig, 29. und 30. März 1994*, Hildesheim [u. a.]: Olms, 1995 (*Leipziger Beiträge zur Bach-Forschung*, Bd. 1), S. 141–167.

Ders.: *Zum Schicksal musikalischer und musikwissenschaftlicher Gesellschaften in der DDR*, in: *hochschule ost*, Leipzig, 5 (1996), H. 2, S. 46–59.

Ders.: *Internationale Gesellschaft für Musikwissenschaft und DDR*, in: *Acta Musicologica*, Basel, 68 (1996), H. 2, S. 129–148.

Kluge, Reiner: *Jahrestagung der Gesellschaft für Musikforschung (in Halle, 23.–25. Oktober 1964)*, in: *Beiträge zur Musikwissenschaft*, Berlin [Ost], 7 (1965), H. 1, S. 71–73.

Knepler, Georg: *Reaktionäre Tendenzen in der westdeutschen Musikwissenschaft*, Text gekürzt in: *Musik und Gesellschaft*, Berlin [Ost], 10 (1960), H. 7, S. 409–414; ausführlicher in: *Beiträge zur Musikwissenschaft*, Berlin [Ost], 2 (1960), H. 2, S. 3–21.

Ders.: *Zwei musikwissenschaftliche Kongresse*, in: *Beiträge zur Musikwissenschaft*, Berlin [Ost], 9 (1967), H. 2, S. 139–142.

Ders.: *Etwas über Identität*, in: *Musik und Gesellschaft*, Berlin, 40 (1990), H. 10, S. 477–479.

Ders.: *Beiträge zur Bilanz*, in: *Beiträge zur Musikwissenschaft*, Sankt Augustin, 33 (1991), H. 1, S. 5–12.

Kneschke, Karl: *Volksbildende Vereine und Gruppen*, in: *Die Aussprache*, Berlin [Ost], 4 (1949), H. 6/7, S. 10 f.

[Köhler, Karl-Heinz]: *Variationen über einen Diebstahl nach einem denkwürdigen Thema aus dem Bonner Beethoven-Archiv. Stellungnahme des Direktors der Musikabteilung der Deutschen Staatsbibliothek Berlin zu einem Brief des Direktors des Beethoven-Archivs Bonn*, in: *Musik und Gesellschaft*, Berlin [Ost], 10 (1960), H. 11, S. 642–645.

Köhler, Siegfried: *Heinrich Schütz. Anmerkungen zu Leben und Werk*, Leipzig: Deutscher Verlag für Musik, 1985, 251 S.

Kopp, Fritz: *Kurs auf ganz Deutschland? Die Deutschlandpolitik der SED*, Stuttgart: Seewald, 1965, 346 S.

Kraft, Günther: *Zur Heinrich-Schütz-Ehrung 1954*, in: *Festschrift zur Ehrung von Heinrich Schütz (1585–1672)*, hrsg. i. A. des Festausschusses zur »Heinrich-Schütz-Ehrung 1954« anl. der Errichtung der Gedenkstätte zu Bad Köstritz von Günther Kraft, Weimar 1954, S. 11–19.

Kretzschmar, Hermann: *Die Bach-Gesellschaft. Bericht im Auftrage des Directoriums verfaßt von Hermann Kretzschmar*, in: *Johann Sebastian Bach's Werke*. Herausgegeben von der Bach-Gesellschaft zu Leipzig, Jg. 46 (1896), Leipzig: Breitkopf & Härtel, 1899, S. XV–LXVI.

Krüger, Walther: *Internationaler Musikwissenschaftlicher Kongreß der Gesellschaft für Musikforschung vom 15. bis 19. Juli 1953 in Bamberg*, in: *Die Musikforschung*, Kassel, 7 (1954), H. 1, S. 72–76.

Kuppe, Johannes L.: *Die DDR und die nichtsozialistische Welt. Ein Essay zur Außenpolitik der SED*, in: *Rückblicke auf die DDR. Festschrift für Ilse Spittmann-Rühle*, hrsg. von Gisela Helwig, Köln: Verlag Wissenschaft und Politik, 1995 (*Edition Deutschland Archiv*), S. 175–182.

Landgraf, Annette: *Halle und die Hallische Händel-Ausgabe – Idee und Verwirklichung. Ein Exkurs in die Jahre 1940–1946*, in: *Georg Friedrich Händel – ein Lebensinhalt. Gedenkschrift für Bernd Baselt (1934–1993)*, Halle (Saale): Händel-Haus; Kassel [u. a.]: Bärenreiter, 1995 (*Schriften des Händel-Hauses in Halle*, Bd. 11), S. 315–342.

Laux, Karl: *Musikwissenschaftler aus Ost und West in Dresden. Jahrestagung 1961 der Gesellschaft für Musikforschung*, in: *Musik und Gesellschaft*, Berlin [Ost], 11 (1961), H. 9, S. 526–528.

Ders.: *Neues von der GfMf*, in: *Musik und Gesellschaft*, Berlin [Ost], 15 (1965), H. 9, S. 641.

Ders.: *Nachklang. Autobiographie*, Berlin [Ost]: Verlag der Nation, 1977, 528 S.

Lehnert, Martin: *Hundert Jahre Deutsche Shakespeare-Gesellschaft*, in: *Shakespeare-jubiläum 1964. Festschrift zu Ehren des 400. Geburtstages William Shakespeares und des 100jährigen Bestehens der Deutschen Shakespeare-Gesellschaft*, hrsg. im Namen der Gesellschaft von Anselm Schlösser, Weimar: Böhlau, 1964, S. 1–40.

Lemke, Michael: *Die Deutschlandpolitik der DDR zwischen Moskauer Oktroi und Bonner Sogwirkung*, in: *Die DDR als Geschichte. Fragen – Hypothesen – Perspektiven*, hrsg. von Jürgen Kocka und Martin Sabrow, Berlin: Akademie Verlag, 1994 (*Zeithistorische Studien*, Bd. 2), S. 181–185.

Lenin, W[ladimir] I[ljitsch]: *Werke*, Berlin [Ost]: Dietz, 1957 ff.

Leonhard, Wolfgang: *Die Revolution entläßt ihre Kinder*, Köln: Kiepenheuer & Witsch, 17. Aufl. 1997, 698 S. (*KiWi*, Bd. 119).

Lexikon des DDR-Sozialismus. Das Staats- und Gesellschaftssystem der Deutschen Demokratischen Republik, Hrsg.: Rainer Eppelmann, Horst Möller, Günter Nooke u. Dorothee Wilms, Paderborn [u. a.]: Schöningh, 1996, X, 806 S. (*Studien zur Politik*, Bd. 29).

Lindemann, Hans und Kurt Müller: *Auswärtige Kulturpolitik der DDR. Die kulturelle Abgrenzung der DDR von der Bundesrepublik Deutschland*, Mit e. Vorw. von Hans Arnold, Bonn-Bad Godesberg: Verlag Neue Gesellschaft, 1974, 212 S.

Literarische Gesellschaften in Deutschland. Ein Handbuch mit Einzeldarstellungen in Texten und Bildern, hrsg. von der Arbeitsgemeinschaft Literarischer Gesellschaften e. V., zusammengestellt u. bearb. von Sven Arnold, Berlin: Argon, 1991, 320 S., Abb.

Ludz, Peter Christian: *Deutschlands doppelte Zukunft. Bundesrepublik und DDR in der Welt von morgen. Ein politischer Essay*, München: Carl Hanser Verlag, 1974, 181 S. (*Reihe Hanser*, Bd. 148).

Ders.: *Die DDR zwischen Ost und West. Politische Analysen 1961 bis 1976*, München: C. H. Beck, 3. unv. Aufl. 1977, 367 S. (*Beck'sche Schwarze Reihe*, Bd. 154).

Margraf, Horst-Tanu: *Die Händel-Feste in Halle. II. Zur Interpretation von Händels Opern*, in: *Musica*, Kassel und Basel, 10 (1956), H. 9, S. 594–598.

Martin, Uwe: *Die Göttinger Händelopern-Renaissance. II. Von 1920 bis 1934*, in: *Musica*, Kassel und Basel, 10 (1956), H. 9, S. 587–591.

Mayer, Günter: *Konferenz über die populärwissenschaftlichen Aufgaben der Musikforschung*, in: *Beiträge zur Musikwissenschaft*, Berlin [Ost], 4 (1962), H. 1, S. 71–73.

Mayer, Hans: *Höchste künstlerische Qualitätsarbeit. Aus der Eisenacher Bach-Rede*, in: *Neues Deutschland*, Berlin [Ost], 5. Jg., 28. 3. 1950.

Ders.: *Ein Deutscher auf Widerruf. Erinnerungen*, Frankfurt a. M.: Suhrkamp Taschenbuch Verlag, 1988, 2 Bde., 430, 412 S. (*suhrkamp taschenbuch*, Bde. 1500 u. 1501).

Ders.: *Der Widerruf. Über Deutsche und Juden*, Frankfurt a. M.: Suhrkamp, 1994, 467 S.

M[erian], W[ilhelm]: *I. Kongreß der IGMW in Lüttich*, in: *Mitteilungen der Internationalen Gesellschaft für Musikwissenschaft* 2 (1930), [Leipzig], H. 4, S. 97–104.

Mey, Kurt: *Bach-Jahrbuch. 4. Jahrgang 1907*, in: *Die Musik*, Berlin, 8 (1908/1909), H. 7, S. 40.

Meyer, Ernst Hermann: *Kontraste, Konflikte. Erinnerungen, Gespräche, Kommentare*, Gesprächspartner und Hrsg.: Dietrich Brennecke und Mathias Hansen, Berlin [Ost]: Verlag Neue Musik, 1979, 368 S.

Ders.: *Ansprache zur Eröffnung der Mitgliederversammlung der Georg-Friedrich-Händel-Gesellschaft am 12. Juni 1983*, in: *Händel-Jahrbuch*, Leipzig, 30 (1984), S. 7–10.

Mitteilung an alle Mitglieder der Gesellschaft für Musikforschung, in: *Die Musikforschung*, Kassel, 15 (1962), H. 4, S. 411–414 (auch als Sonderdruck).

Mitter, Armin und Stefan Wolle: *Untergang auf Raten. Unbekannte Kapitel der DDR-Geschichte*, München: C. Bertelsmann, 1993, 575 S.

Mohr, Ernst W.: *Internationale Gesellschaft für Musikwissenschaft – Bericht 1965–1966*, in: *The World of Music*, Mainz, 8 (1966), H. 2/3, S. 60.

Müller, Egon Erwin und Marianne Müller: *»... stürmt die Festung Wissenschaft!«. Die Sowjetisierung der mitteldeutschen Universitäten seit 1945*, Hrsg.: Amt f. gesamtdeutsche Studentenfragen des Verbandes Deutscher Studentenschaften und

»colloquium«, Zeitschrift d. freien Studenten Berlins, Berlin [West]: Colloqui-um-Verlag, [1953], 415 S.

Müller, Heiner: *Krieg ohne Schlacht. Leben in zwei Diktaturen. Eine Autobiographie*, erw. Neuausgabe mit einem Dossier von Dokumenten des Ministeriums für Staatssicherheit der ehemaligen DDR, Köln: Kiepenheuer & Witsch, 1994, 505 S. (*KiWi*, Bd. 335).

Müller, Karl Ferdinand: *IX. Internationales Heinrich-Schütz-Fest in Dresden vom 13.–18. Juni 1956*, in: *Musik und Kirche*, Kassel und Basel, 26 (1956), H. 4, S. 198–200.

Murawski, Klaus-Eberhard: *Die Kulturbeziehungen zwischen der Bundesrepublik Deutschland und der DDR*, in: *Kultur im geteilten Deutschland*, hrsg. v. Erika Lieser-Triebnigg u. Siegfried Mampel, Berlin [West]: Duncker & Humblot, 1984 (*Schriftenreihe der Gesellschaft für Deutschlandforschung*, Bd. 9: Jahrbuch 1983), S. 45–57.

Musikgeschichte der Deutschen Demokratischen Republik 1945–1976, von e. Autoren-kollektiv unter Leitung von Heinz Alfred Brockhaus u. Konrad Niemann, Berlin [Ost]: Verlag Neue Musik, 1979, 455 S. (*Sammelbände zur Musikgeschichte der Deutschen Demokratischen Republik*, Bd. V).

»Nach Hitler kommen wir«. Dokumente zur Programmatik der Moskauer KPD-Führung 1944/45 für Nachkriegsdeutschland, hrsg. von Peter Erler, Horst Laude u. Manfred Wilke, Berlin: Akademie Verlag, 1994, 426 S. (*Studien des Forschungsverbun-des SED-Staat an der Freien Universität Berlin*).

Nakath, Detlef/Gerd-Rüdiger Stephan: *Von Hubertusstock nach Bonn. Eine doku-mentierte Geschichte der deutsch-deutschen Beziehungen auf höchster Ebene 1980–1987*, Berlin: Dietz, 1995, 351 S.

Dies.: *Countdown zur deutschen Einheit. Eine dokumentierte Geschichte der deutsch-deut-schen Beziehungen 1987–1990*, Berlin: Dietz, 1996, 383 S.

Nauhaus, Gerd: *Schumann in Zwickau, einst und jetzt*, in: *Neue Zeitschrift für Musik*, Mainz, 152 (1991), S. 23–26.

Neue Bachgesellschaft. Mitteilungsblatt, Leipzig, 1976 ff.

Neue Musik im geteilten Deutschland, hrsg. und kommentiert von Ulrich Dibelius und Frank Schneider, Berlin: Berliner Festspiele GmbH, Bd. 1: Dokumente aus den fünfziger Jahren, 1993; 400 S.; Bd. 2: Dokumente aus den sechziger Jahren, 1995; 439 S.; Bd. 3: Dokumente aus den siebziger Jahren, 1997; 472 S.

Neumann, Werner: *Probleme der Aufführungspraxis im Spiegel der Geschichte der Neuen Bachgesellschaft*, in: *Bach-Jahrbuch*, Berlin [Ost], 53 (1967), S. 100–120.

Niemann, Konrad: *Marxistisches Geschichtsbild und wissenschaftliches Weltbild*, in: *Mu-sik und Gesellschaft*, Berlin [Ost], 19 (1969), H. 2, S. 84–88.

Ders.: *Zur Musikgeschichte der DDR*, in: *Musik in der Schule*, Berlin [Ost], 32 (1981), S. 418–424; 33 (1982), S. 22–28, S. 47–53, 165–172, 253–261.

Ders.: Kapitel *Musikwissenschaft*, in: *Beiträge zur Musikgeschichte der DDR 1970–1988*, Redaktion: e. Forschungskollektiv am Institut für Ästhetik und Kunstwissenschaften d. Akademie der Wissenschaften der DDR, Leiter: Konrad Niemann, Berlin [Ost]: Verlag Neue Musik, 1989 (*Sammelbände zur Musikgeschichte der Deutschen Demokratischen Republik*, Bd. VI) [nicht erschienen], S. 69–86.

–nn: *Mozart-Chor – ein Probefall?*, in: *Neues Deutschland*, Berlin [Ost], 5. Jg., Nr. 85 vom 12. 4. 1950, S. 3.

Organisationen und Verbände in der DDR. Ihre Rolle und Funktion in der Gesellschaft, hrsg. von der Friedrich-Ebert-Stiftung, Bonn: Verlag Neue Gesellschaft, 1980, 68 S. (*Die DDR – Realitäten, Argumente*).

Die Organisationsstruktur des Ministeriums für Staatssicherheit 1989, bearb. von Roland Wiedmann, Berlin: Der Bundesbeauftragte für die Unterlagen des Staatssicherheitsdienstes der ehemaligen Deutschen Demokratischen Republik, Abteilung Bildung und Forschung, 1995, 407 S. (*Anatomie der Staatssicherheit. Geschichte, Struktur und Methoden – MfS-Handbuch –*).

Osthoff, Helmuth: *Die musikwissenschaftliche Tagung der Gesellschaft für Musikforschung vom 26. bis 28. Mai 1949 in Rothenburg ob der Tauber*, in: *Die Musikforschung*, Kassel, 1 (1948), H. 1, S. 59–69.

Parthier, Benno: *Die Leopoldina. Bestand und Wandel der ältesten deutschen Akademie. Festschrift des Präsidiums der Deutschen Akademie der Naturforscher Leopoldina zum 300. Jahrestag der Gründung der heutigen Martin-Luther-Universität Halle-Wittenberg 1994*, Halle (Saale): Druck-Zuck, 1994, 136 S., 46 Abb.

Pfannkuch, Wilhelm: *Organisationen der Musik*, in: *Die Musik in Geschichte und Gegenwart. Allgemeine Enzyklopädie der Musik*, hrsg. von Friedrich Blume, Bd. 10, Kassel [u. a.]: Bärenreiter, 1962, Sp. 204–220.

Pfretzschner, Rudolf (Leiter des Autorenkollektivs), Brigitte Hähner und Norbert Gustmann: *Die politische Organisation der sozialistischen Gesellschaft*, Berlin [Ost]: Deutscher Verlag der Wissenschaften, 1972, 110 S. (*Probleme des wissenschaftlichen Kommunismus*).

Pischner, Hans: *Das Bachbild unserer Zeit. Festrede des Stellvertreters des Ministers für Kultur, Nationalpreisträger Prof. Dr. Hans Pischner, zur Eröffnung des 38. Deutschen Bachfestes*, in: *Musik und Gesellschaft*, Berlin [Ost], 12 (1962), H. 9, S. 513–522.

Ders.: *Premieren eines Lebens. Autobiographie*, Berlin [Ost]: Verlag der Nation, 1986, 476 S.

Pleßke, Hans-Martin: *Zur Geschichte der AIBM-Ländergruppe DDR (1959–1990)*, in: *Fontes Artis Musicae*, Kassel, 39 (1992), H. 2, S. 90–95.

Plück, Kurt: *Innerdeutsche Beziehungen auf kommunaler und Verwaltungsebene, in Wissenschaft, Kultur und Sport und ihre Rückwirkungen auf die Menschen im geteilten Deutschland*, in: *Materialien der Enquete-Kommission »Aufarbeitung von Geschichte und*

Folgen der SED-Diktatur in Deutschland« (12. Wahlperiode des Deutschen Bundestages), hrsg. vom Deutschen Bundestag, Baden-Baden: Nomos, Frankfurt a. M.: Suhrkamp, 1995, Bd. V/3, S. 2015–2064.

Potthoff, Heinrich: *Die Deutschlandpolitik der Bundesregierungen der CDU/CSU-FDP-Koalition (Kohl/Genscher), die Diskussionen in den Parteien und in der Öffentlichkeit 1982–1989*, in: *Materialien der Enquete-Kommission »Aufarbeitung von Geschichte und Folgen der SED-Diktatur in Deutschland« (12. Wahlperiode des Deutschen Bundestages)*, hrsg. vom Deutschen Bundestag, Baden-Baden: Nomos, Frankfurt a. M.: Suhrkamp, 1995, Bd. V/3, S. 2065–2113.

Ders.: *Die »Koalition der Vernunft«. Deutschlandpolitik in den 80er Jahren*, München: Deutscher Taschenbuch Verlag, 1995, 1030 S. (*dtv*, Bd. 2974; *dtv dokumente*).

Ders.: *Bonn und Ost-Berlin 1969–1982. Dialog auf höchster Ebene und vertrauliche Kanäle. Darstellung und Dokumente*, Bonn: J. H. W. Dietz Nachf., 1997, 787 S. (*Archiv für Sozialgeschichte*, Beiheft 18).

Pressler, Karl H.: *Die Deutsche Shakespeare-Gesellschaft. Ihre Entstehung und Entwicklung*, in: *Aus dem Antiquariat*, Frankfurt a. M., 28 (1972), Nr. 3, S. A 108–A 115 (Beilage zu: *Börsenblatt für den Deutschen Buchhandel*, Frankfurter Ausgabe, Nr. 26 vom 30. 3. 1972).

Prieberg, Fred K.: *Musik im anderen Deutschland*, Köln: Verlag Wissenschaft und Politik, 1968, 350 S.

Protokoll der konstituierenden Sitzung der Georg-Friedrich-Händel-Gesellschaft am 23. April 1955, in: *Händel-Jahrbuch*, Leipzig, 2 (1956), S. 171–173.

Rackwitz, Werner: [Ansprache], in: *Zehn Jahre Georg-Friedrich-Händel-Gesellschaft. Ansprachen*, in: *Händel-Jahrbuch*, Leipzig, 12 (1966), S. 10–14.

Ders.: *Zur Geschichte der Händelopern-Renaissance seit 1952*, in: *Bulletin*, Hrsg.: Musikrat der Deutschen Demokratischen Republik, Berlin [Ost], 13 (1976), H. 3, S. 15–22.

Ders.: *Geschichte und Gegenwart der Hallischen Händel-Renaissance*, Halle (Saale): Händelhaus, 1. Teil: 1803–1929; 2. Teil: 1929–1976; 1977, 1979; 122, 253 S. (*Schriften des Händelhauses in Halle*, Bde. 1 u. 2).

Ramin, Charlotte: *Günther Ramin. Ein Lebensbericht*, Freiburg i. Br.: Atlantis, 1958, 184 S.

Rehm, Wolfgang: *Händelfestspiele 1956. Halle*, in: *Musica*, Kassel und Basel, 10 (1956), H. 7/8, S. 509–512.

Reichert, Georg: *Allgemeiner Musikwissenschaftlicher Kongreß der Gesellschaft für Musikforschung vom 16. bis 20. Juli 1950 in Lüneburg*, in: *Die Musikforschung*, Kassel, 3 (1950), H. 3, S. 280–284.

Reimer, Angelika: *Organe der Macht 1945–1954. Von der Deutschen Zentralverwaltung für Volksbildung bis zur Gründung des Ministeriums für Kultur*, in: *Kunstdokumentation SBZ/DDR 1945–1990. Aufsätze, Berichte, Materialien*, hrsg. von Günter

Feist, Eckhart Gillen und Beatrice Vierneisel, Köln: DuMont, 1996, S. 821–834.

Richert, Ernst: *Macht ohne Mandat. Der Staatsapparat in der Sowjetischen Besatzungszone Deutschlands*, mit e. Einl. von Martin Drath, 2. erw. u. überarb. Aufl., Köln und Opladen: Westdeutscher Verlag, 1963, XLIV, 305 S. (*Schriften des Instituts für politische Wissenschaft*, Bd. 11).

Ders.: *»Sozialistische Universität«. Die Hochschulpolitik der SED*, Berlin [West]: Colloquium Verlag, 1967, 279 S.

Richter, Gert: *Annotationen zur Händelpflege im politischen System der DDR*, in: *Georg Friedrich Händel – ein Lebensinhalt. Gedenkschrift für Bernd Baselt (1934–1993)*, Halle (Saale): Händel-Haus; Kassel [u. a.]: Bärenreiter, 1995 (*Schriften des Händel-Hauses in Halle*, Bd. 11), S. 343–358.

Richter, Lukas: *In eigener Sache*, in: *Musik und Gesellschaft*, Berlin [Ost], 40 (1990), H. 2, S. 99 f.

Rossmann, Andreas: *Eins oder nicht eins? Erst 1993 wieder vereint: Die Deutsche Shakespeare-Gesellschaft*, in: *Deutschland Archiv*, Köln, 25 (1992), H. 7, S. 733–736.

Ders.: *Im Pendeltakt der Parität. Wiedervereint in Weimar: die Deutsche Shakespeare-Gesellschaft*, in: *Deutschland Archiv*, Köln, 26 (1993), H. 7, S. 841–843.

Rühle, Jürgen: *Kulturpolitik im Tauwetter. Die kurze Geschichte des Neuen Kurses in der Sowjetzone*, in: *Der Monat*, Berlin [West], 7 (1955), Nr. 82, S. 329–347; leicht gekürzt und mit Anmerkungen versehen auch erschienen unter dem Titel *Der 17. Juni und die Intellektuellen*, in: *17. Juni 1953. Arbeiteraufstand in der DDR*, hrsg. von Ilse Spittmann und Karl Wilhelm Fricke, Köln: Verlag Wissenschaft und Politik, 1982 (*Edition Deutschland Archiv*), S. 156–174.

Rüß, Gisela: *Anatomie einer politischen Verwaltung. Das Bundesministerium für gesamtdeutsche Fragen – Innerdeutsche Beziehungen 1949–1970*, München: C. H. Beck, 1973, XVII, 205 S. (*Münchener Studien zur Politik*, Bd. 23).

Ruhnke, Martin: *Die Ereignisse der 1960er Jahre aus westlicher Sicht*, in: *Einheit und Spaltung der Gesellschaft für Musikforschung. Zur Wissenschaftsgeschichte im geteilten Deutschland. Eine Dokumentation*, hrsg. von d. Gesellschaft für Musikforschung, Schriftleitung: Wolfram Steinbeck, Kassel [u. a.]: Bärenreiter, 1993, S. 13–18.

Rudolph, Johanna [d. i. Marianne Gundermann]: *Händelrenaissance. Eine Studie*, Bd. 1, Berlin [Ost]: Aufbau, 1960, 244 S.

R[uschkowski], A[ndré]: *Auftakt für DecimE. 4. Werkstatt elektroakustischer Musik in Berlin*, in: *Motiv*, Berlin, H. 4/5 (Oktober 1991), S. 88.

Sammlung aller Kräfte. »Gesellschaft für Musikwissenschaft« gegründet, in: *Musik und Gesellschaft*, Berlin [Ost], 40 (1990), H. 6, S. 330 f.

Sass, Herbert und Hannelore Thiemer: *Beziehungen des Deutschen Musikrates zum Musikleben in der ehemaligen DDR*, in: *40 Jahre Deutscher Musikrat. Auftrag und*

Verwirklichung, hrsg. von Herbert Sass u. Andreas Eckhardt, Regensburg: ConBrio Verlagsgesellschaft, 1993, S. 82–96.

Satzung der Georg-Friedrich-Händel-Gesellschaft, in: *Händel-Jahrbuch,* Leipzig, 2 (1956), S. 173–175.

SBZ-Handbuch. Staatliche Verwaltungen, Parteien, gesellschaftliche Organisationen und ihre Führungskräfte in der Sowjetischen Besatzungszone Deutschlands 1945–1949, i. A. des Arbeitsbereiches Geschichte und Politik der DDR an der Universität Mannheim u. des Instituts für Zeitgeschichte München hrsg. von Martin Broszat u. Hermann Weber, München: R. Oldenbourg Verlag, 2. Aufl. 1993, 1106 S.

Schaal, Richard: *Gesellschaften und Vereine,* in: *Die Musik in Geschichte und Gegenwart. Allgemeine Enzyklopädie der Musik,* hrsg. von Friedrich Blume, Bd. 5, Kassel und Basel: Bärenreiter, 1956, Sp. 6–27.

sc–r. [d. i. Hansjürgen Schaefer]: *Dunkelmänner,* in: *Musik und Gesellschaft,* Berlin [Ost], 12 (1962), H. 9, S. 527–529.

Schering, Arnold: *Die Neue Bachgesellschaft 1900–1910,* in: *Neue Bachgesellschaft,* Leipzig: Breitkopf & Härtel, [1910], S. 2–9.

Schlenker, Wolfram: *Das »Kulturelle Erbe« in der DDR. Gesellschaftliche Entwicklung und Kulturpolitik 1945–1965,* Stuttgart: Metzler/Carl Ernst Poeschel Verlag, 1977, VII, 260 S. (*Metzler Studienausgabe*).

Schmidt, Karl-Heinz: *Die Deutschlandpolitik der SED,* in: *Materialien der Enquete-Kommission »Aufarbeitung von Geschichte und Folgen der SED-Diktatur in Deutschland« (12. Wahlperiode des Deutschen Bundestages),* hrsg. vom Deutschen Bundestag, Baden-Baden: Nomos, Frankfurt a. M.: Suhrkamp, 1995, Bd. V/3, S. 2114–2293.

Schneider, Frank: *Die Musikwissenschaft in der DDR,* in: *Beiträge zur Musikwissenschaft,* Berlin [Ost], 11 (1969), H. 3/4, S. 163–175.

Schneider, Max: *Die Händel-Feste in Halle. I. Allgemeiner Überblick,* in: *Musica,* Kassel und Basel, 10 (1956), H. 9, S. 591–593.

Schneiderheinze, Armin: *Nationale Forschungs- und Gedenkstätten Johann Sebastian Bach der DDR (NFG Bach),* in: *Beiträge zur Musikwissenschaft,* Berlin [Ost], 26 (1984), H. 3/4, S. 278 f.

Schön, Otto: *Die höchsten Organe der Sozialistischen Einheitspartei Deutschlands,* 2. überarb. u. erw. Aufl., Berlin [Ost]: Dietz, 1965, 47 S. (*Der Parteiarbeiter*).

Schulmeister, Karl-Heinz: *Auf dem Wege zu einer neuen Kultur. Der Kulturbund in den Jahren 1945–1949,* Berlin [Ost]: Dietz, 1977, 350 S., Ill.

Schulz, Eberhart: *Zwischen Identifikation und Opposition. Künstler und Wissenschaftler der DDR und ihre Organisationen von 1949 bis 1962,* Köln: PapyRossa Verlag, 1995, 364 S. (*PapyRossa Hochschulschriften,* Bd. 6).

Schulze, Hans-Joachim: *Das Bach-Archiv Leipzig,* in: *Bulletin,* Hrsg.: Musikrat der DDR, Berlin [Ost], 12 (1975), H. 2/3, S. 18–20.

Ders.: *Heile Welt der Forschung: Das Bach-Jahrbuch*, in: *Passionsmusiken im Umfeld Johann Sebastian Bachs – Bach unter den Diktaturen 1933–1945 und 1945–1989. Bericht über die Wissenschaftliche Konferenz anläßlich des 69. Bach-Festes der Neuen Bachgesellschaft, Leipzig, 29. und 30. März 1994*, Hildesheim [u. a.]: Olms, 1995 (*Leipziger Beiträge zur Bach-Forschung*, Bd. 1), S. 231–241.

Schulze, Herbert: *Rückblick auf das Schumann-Jahr*, in: *Musik und Gesellschaft*, Berlin [Ost], 7 (1957), H. 2, S. 82–84.

Schwertner, Edwin und Arwed Kempke: *Zur Wissenschafts- und Hochschulpolitik der SED (1945/46–1966)*, Berlin [Ost]: Dietz, 1967, 108 S.

Die SED und das kulturelle Erbe. Orientierungen, Errungenschaften, Probleme, von einem Autorenkollektiv, Leitung: Horst Haase, Berlin [Ost]: Dietz, 1986, 546 S.

SED und Intellektuelle in der DDR der fünfziger Jahre. Kulturbund-Protokolle, hrsg. von Magdalena Heider und Kerstin Thöns, Köln: Verlag Wissenschaft und Politik, 1990, 164 S. (*Edition Deutschland Archiv*).

Seeger, Horst: *Bachs wahre Universalität. Gedanken nach dem 38. Deutschen Bach-Fest in Leipzig*, in: *Neues Deutschland*, Berlin [Ost], 17. Jg., Nr. 176 vom 29. 6. 1962, S. 6.

Ders.: *Musiklexikon. Personen A–Z*, Leipzig: Deutscher Verlag für Musik, 1981, 860 S.

Serauky, Walter: *Händelfestspiele in Halle*, in: *Neue Zeitschrift für Musik* 119 (1958), H. 8, S. 450 f.

Shakespeare »for all times«. Gespräch mit Prof. Dr. Günther Klotz (Berlin) und Prof. Dr. Ulrich Suerbaum (Bochum) zur Vereinigung der Shakespeare-Gesellschaften, in: *Weimar Kultur Journal*, Weimar, 1993, H. 4, S. 10–12.

Siegele, Ulrich: *Die Neue Bachgesellschaft – das verpflichtete Erbe*, in: *Aus dem Antiquariat*, Frankfurt a. M., 29 (1973), Nr. 11, S. A 473–A 479 (Beilage zu: *Börsenblatt für den Deutschen Buchhandel*, Frankfurter Ausgabe, Nr. 93 vom 23. 11. 1973).

Siegmund-Schultze, Walther: *Die hallischen Händel-Festspiele 1952–1954*, in: *Händel-Jahrbuch*, Leipzig, 1 (1955), S. 7–22.

[Ders.]: *Die Jahrestagung 1955 der Gesellschaft für Musikforschung in Leipzig*, in: *Musik und Gesellschaft*, Berlin [Ost], 5 (1955), H. 11, S. 358 f.

[Ders.]: *Aufgaben und Ziele der Georg-Friedrich-Händel-Gesellschaft*, in: *Händel-Jahrbuch*, Leipzig, 2 (1956), S. 7–20.

Ders.: *Händelfeste – Feste der Nation*, in: *Musik und Gesellschaft*, Berlin [Ost], 12 (1962), H. 8, S. 460–462.

[Ders.]: *Rechenschaftsbericht des Vorstandes der Georg-Friedrich-Händel-Gesellschaft über die abgelaufene zweite Wahlperiode auf der Mitgliederversammlung am 23. Juni 1963 in Halle*, in: *Händel-Jahrbuch*, Leipzig, 10/11 (1964/65), S. 9–33.

[Ders.]: *Mitgliederversammlung der Georg-Friedrich-Händel-Gesellschaft 1967* [Rechenschaftsbericht], in: *Händel-Jahrbuch*, Leipzig, 13/14 (1967/68), S. 209–215.

Ders.: *Die Georg-Friedrich-Händel-Gesellschaft*, in: *Bulletin*, Hrsg.: Musikrat der Deutschen Demokratischen Republik, Berlin [Ost], 13 (1976), H. 3, S. 23–26.

Ders.: *Die Hallische Händel-Ausgabe*, in: *Bulletin*, Hrsg.: Musikrat der Deutschen Demokratischen Republik, Berlin [Ost], 13 (1976), H. 3, S. 27–31.

Ders.: *Wandlungen und Stationen. Zur wissenschaftlichen und praktischen Aneignung von Händels Werk in der DDR*, in: *Musik und Gesellschaft*, Berlin [Ost], 35 (1985), H. 2, S. 58–63.

Ders.: *40 Jahre DDR – 4 Jahrzehnte Händelfestspiele*, in: *Händel-Jahrbuch*, Leipzig, 35 (1989), S. 7–52.

Staadt, Jochen: *Die geheime Westpolitik der SED 1960–1970. Von der gesamtdeutschen Orientierung zur sozialistischen Nation*, Berlin: Akademie Verlag, 1993, 368 S. (*Studien des Forschungsverbundes SED-Staat an der Freien Universität Berlin*).

Staats- und rechtstheoretische Probleme der Entwicklung gesellschaftlicher Organisationen in der DDR, hrsg. von der Akademie für Staats- und Rechtswissenschaften der DDR, Institut für Staats- und Rechtstheorie, Potsdam-Babelsberg: Akademie für Staats- und Rechtswissenschaften der DDR, 1978, 128 S. (*Aktuelle Beiträge der Staats- und Rechtswissenschaft*, Bd. 180).

Staritz, Dietrich: *Sozialismus in einem halben Lande. Zur Programmatik und Politik der KPD/SED in der Phase der antifaschistisch-demokratischen Umwälzung in der DDR*, Berlin [West]: Wagenbach, 1976, 197 S. (*Politik*, Bd. 69).

Ders.: *Geschichte der DDR*, erw. Neuausgabe, Frankfurt a. M.: Suhrkamp, 1996, 495 S. (*edition suhrkamp*, Bd. 1260 – Neue Folge, Bd. 260 –; *Neue Historische Bibliothek*).

Statut [der Georg-Friedrich-Händel-Gesellschaft], in: *Händel-Jahrbuch*, Leipzig, 13/14 (1967/68), S. 215–219.

Steglich, Rudolf: *Die Göttinger Händelopern-Renaissance. I. Von 1920 bis 1934*, in: *Musica*, Kassel und Basel, 10 (1956), H. 9, S. 585–587.

Steude, Wolfram: *Mit neuer Perspektive. Die Heinrich-Schütz-Gesellschaft*, in: *Musik und Gesellschaft*, Berlin [Ost], 40 (1990), H. 5, S. 257 f.; Nachdruck unter dem Titel *Die Heinrich-Schütz-Gesellschaft* in: *Beiträge zur Musikwissenschaft*, Berlin, 32 (1990), H. 4, S. 315 f.

Stschiglik, A. I.: *Die sozialistische Revolution und die gesellschaftlichen Organisationen*, in: *Gesellschaftliche Organisationen im Sozialismus. Beiträge sowjetischer Staats- und Rechtswissenschaftler*, hrsg. von der Akademie für Staats- und Rechtswissenschaften der DDR, Informationszentrum Staat und Recht, Bd. 1, Potsdam-Babelsberg: Akademie für Staats- und Rechtswissenschaften der DDR, 1974 (*Aktuelle Beiträge der Staats- und Rechtswissenschaft*, Bd. 120), S. 24–41.

Systematische Bibliographie von Zeitungen, Zeitschriften und Büchern zur politischen und gesellschaftlichen Entwicklung der SBZ/DDR seit 1945 auf der Grundlage der Bestände der Bibliothek des Zentralinstituts für sozialwissenschaftliche Forschung der Freien Uni-

versität Berlin und von Beständen des Gesamtdeutschen Instituts – Bundesanstalt für gesamtdeutsche Aufgaben, Bonn, bearb. von Walter Völkel unter Mitwirkung von Christiana Stuff, Opladen: Westdeutscher Verlag (*Schriften des Zentralinstituts für sozialwissenschaftliche Forschung der Freien Universität Berlin,* Bd. 50); Bd. 1: Geschichte und politisches System der SBZ/DDR, nichtkommunistische Länder aus der Sicht der DDR, deutsche Frage, 1986; XVIII, 983 S.; Bd. 2: Wirtschaft, 1987; XXX, 935 S.; Bd. 3: Gesellschaft, Bildung, Kirchen, 1989; XXXI, 945 S.

Trautmann, Christoph: *Die Neue Bachgesellschaft,* in: *The World of Music,* Mainz, 8 (1966), H. 1, S. 19 f.

Ulbricht, Walter: *Die Staatslehre des Marxismus-Leninismus und ihre Anwendung in Deutschland. Referat und Schlußwort auf der Babelsberger Konferenz am 2. und 3. April 1958,* Berlin [Ost]: Deutscher Zentralverlag, 1958, 63 S.

Ders.: *Was wir wollen und was wir nicht wollen,* in: *Neues Deutschland,* Berlin [Ost], 11. Jg., Nr. 310 vom 30. 12. 1956, S. 1 u. 3 f.

Um die Erneuerung der deutschen Kultur. Dokumente zur Kulturpolitik 1945–1949, zusammengestellt u. eingeleitet von Gerd Dietrich, Berlin [Ost]: Dietz, 1983, 424 S.

Um ein antifaschistisch-demokratisches Deutschland. Dokumente aus den Jahren 1945–1949, Hrsg.: Ministerien für Auswärtige Angelegenheiten der DDR und der UdSSR, Berlin [Ost]: Staatsverlag der Deutschen Demokratischen Republik, 1968, 832 S.

Verhandlungen des Deutschen Bundestages. Stenographische Berichte, Bonn 1950 ff.

Vierneisel, Beatrice: *Die Kulturabteilung des Zentralkomitee der SED 1946–1964,* in: *Kunstdokumentation SBZ/DDR 1945–1990. Aufsätze, Berichte, Materialien,* hrsg. von Günter Feist, Eckhart Gillen und Beatrice Vierneisel, Köln: DuMont, 1996, S. 788–820.

Völkel, Walter: *Nationale Front, Blockparteien, Gesellschaftliche Organisationen,* in: Günter Erbe [u. a.]: *Politik, Wirtschaft und Gesellschaft in der DDR. Studientexte für politische Bildung,* Opladen: Westdeutscher Verlag, 2. verb. u. erw. Aufl. 1980, S. 120–128.

Vötterle, Karl: *An unsere Mitglieder,* in: *Acta Sagittariana. Mitteilungen der Internationalen Heinrich Schütz-Gesellschaft,* Kassel und Basel, 1966/Nr. 1, Beilage zu: *Musik und Kirche* 36 (1966) H. 1, S. 49–56.

Ders.: *Haus unterm Stern. Ein Verleger erzählt,* Kassel [u. a.]: Bärenreiter, 4. Aufl. 1969, 373 S.

Vogtmeier, Andreas: *Egon Bahr und die deutsche Frage. Zur Entwicklung der sozialdemokratischen Ost- und Deutschlandpolitik vom Kriegsende bis zur Vereinigung,* Bonn: J. H. W. Dietz Nachf., 1996, 400 S, (*Forschungsinstitut der Friedrich-Ebert-Stiftung, Reihe Politik- und Gesellschaftsgeschichte,* Bd. 44).

Wagner, Undine: *Konzertpodium – Museum – Forschungszentrum. Das Händel-Haus in Halle*, in: *Musik und Gesellschaft*, Berlin [Ost], 35 (1985), H. 2, S. 76–78.

Wall Lade, Ingeborg: *Aus der Arbeit des Debussy-Kreises in der DDR*, in: *Musik und Gesellschaft*, Berlin [Ost], 12 (1962), H. 8, S. 486.

Weber, Hermann: *Geschichte der DDR*, München: Deutscher Taschenbuch Verlag, 1985, 540 S. (*dtv*, Bd. 4430; *dtv wissenschaft*).

Ders.: *DDR. Grundriß der Geschichte*, Hannover: Fackelträger, vollst. überarb. u. erg. Neuaufl. 1991, 367 S.

Ders.: *Die DDR 1945–1990*, 2. überarb. u. erw. Aufl., München: Oldenbourg, 1993, IX, 330 S. (*Oldenbourg-Grundriß der Geschichte*, Bd. 20).

Wehner, Jens: *Kulturpolitik und Volksfront. Ein Beitrag zur Geschichte der Sowjetischen Besatzungszone Deutschlands 1945–1949*, Frankfurt a. M. [u. a.]: Peter Lang, 1992, 1199 S. (*Europäische Hochschulschriften*, Reihe III, Bd. 518).

Wer war Wer in der DDR. Ein biographisches Handbuch, hrsg. von Bernd-Rainer Barth, Christoph Links, Helmut Müller-Enbergs u. Jan Wielgohs, stark erw. u. aktualisierte Ausgabe, Frankfurt a. M.: Fischer Taschenbuch Verlag, 1995, 874 S.

Wiedereröffnung der Robert-Schumann-Gesellschaft, in: *Die Musikforschung*, Kassel, 3 (1950), H. 1, S. 95.

Wissenschaft und Forschung im geteilten Deutschland. Bericht der Bundesregierung. Vergleichende Darstellung des Wissenschaftssystems im geteilten Deutschland, [Bonn:] Der Bundesminister für wissenschaftliche Forschung, 1969, 120 S.

Das Wörterbuch der Staatssicherheit. Definitionen zur »politisch-operativen Arbeit«, hrsg. von Siegfried Suckut, Berlin: Ch. Links, 1996, 469 S., graph. Darst. (*Analysen und Dokumente. Wissenschaftliche Reihe des Bundesbeauftragten für die Unterlagen des Staatssicherheitsdienstes der ehemaligen Deutschen Demokratischen Republik*, Bd. 5).

Wolf, Markus: *Spionagechef im geheimen Krieg. Erinnerungen*, München: List, 1997, 512 S.

Wolf, Werner: *Bachs Musik gehört dem Volke*, in: *Musik und Gesellschaft*, Berlin [Ost], 12 (1962), H. 9, S. 522–527.

Wolff, Hellmuth Christian: *Kongreß der Internationalen Gesellschaft für Musikwissenschaft*, in: *Beiträge zur Musikwissenschaft*, Berlin [Ost], 7 (1965), H. 1, S. 73 f.

Zehn Jahre Deutschlandpolitik. Die Entwicklung der Beziehungen zwischen der Bundesrepublik Deutschland und der Deutschen Demokratischen Republik 1969–1979. Bericht und Dokumentation, hrsg. vom Bundesministerium für innerdeutsche Beziehungen, [Bonn] 1980, 456 S.

65 Jahre Neue Bach-Gesellschaft, in: *Musik und Gesellschaft*, Berlin [Ost], 15 (1965), H. 4, S. 283.

65 Jahre Neue Bachgesellschaft, in: *Musica*, Kassel und Basel, 19 (1965), H. 2, S. 81 f.

Personenregister